Studienbücher zur Kommunikations- und Medienwissenschaft

Gründungsherausgeber

Günter Bentele, Universität Leipzig, Leipzig, Deutschland

Otfried Jarren, Universität Zürich, Zürich, Schweiz

Reihe herausgegeben von

Hans-Bernd Brosius, Universität München, München, Deutschland

Patrick Donges, Universität Leipzig, Leipzig, Deutschland

Maria Löblich, FU Berlin, Berlin, Deutschland

Jörg Matthes, Universität Wien, Wien, Österreich

Herausgeber und Verlag streben mit der Reihe „Studienbücher zur Kommunikations- und Medienwissenschaft" an, die Kommunikationswissenschaft sowie ihre relevanten Teil- und Forschungsgebiete darzustellen. In den Bänden werden die vielfältigen Perspektiven und Forschungsergebnisse der Kommunikationswissenschaft systematisch präsentiert, eingeordnet sowie kritisch reflektiert. Die Studienbücher wenden sich sowohl an Studierende des Fachs wie angrenzender Bereiche als auch an eine größere, thematisch interessierte Öffentlichkeit.

Herausgeber und Verlag wollen mit der Reihe zweierlei erreichen:

Zum ersten soll zur weiteren Entwicklung und Profilierung des Faches Kommunikationswissenschaft beigetragen werden. Kommunikationswissenschaft wird als sozialwissenschaftliche Disziplin verstanden, die sich – mit interdisziplinären Bezügen – vor allem mit Phänomenen der öffentlichen Kommunikation in der Gesellschaft befasst.

Zum zweiten soll den Studierenden und allen thematisch Interessierten ein solider, zuverlässiger, kompakter und aktueller Überblick über die Teilgebiete der Kommunikationswissenschaft geboten werden. Dies beinhaltet die Darstellung der zentralen Theorien, Ansätze, Methoden sowie der Kernbefunde der Forschung. Die Studienbücher konzentrieren sich also auf das notwendige Basiswissen und sollen sowohl dem studienbegleitenden Lernen an Universitäten, Fachhochschulen und einschlägigen Akademien wie auch dem Selbststudium dienlich sein. Auf die didaktische Aufbereitung des Stoffes wird deshalb großer Wert gelegt.

Gabriele Siegert · Dieter Brecheis

Werbung in der Medien- und Informationsgesellschaft

Eine kommunikationswissenschaftliche Einführung

4., vollständig überarbeitete Auflage

Mit Beiträgen von Renate Fischer

Gabriele Siegert
Institut für Kommunikationswissenschaft
und Medienforschung (IKMZ)
Universität Zürich
Zürich, Schweiz

Dieter Brecheis
Institut für Kommunikationswissenschaft
und Medienforschung (IKMZ)
Universität Zürich
Zürich, Schweiz

ISSN 2524-3306 ISSN 2524-3314 (electronic)
Studienbücher zur Kommunikations- und Medienwissenschaft
ISBN 978-3-658-43632-2 ISBN 978-3-658-43633-9 (eBook)
https://doi.org/10.1007/978-3-658-43633-9

Die Deutsche Nationalbibliothek verzeichnet diese Publikation in der Deutschen Nationalbibliografie; detaillierte bibliografische Daten sind im Internet über https://portal.dnb.de abrufbar.

© Der/die Herausgeber bzw. der/die Autor(en), exklusiv lizenziert an Springer Fachmedien Wiesbaden GmbH, ein Teil von Springer Nature 2005, 2010, 2017, 2024

Das Werk einschließlich aller seiner Teile ist urheberrechtlich geschützt. Jede Verwertung, die nicht ausdrücklich vom Urheberrechtsgesetz zugelassen ist, bedarf der vorherigen Zustimmung des Verlags. Das gilt insbesondere für Vervielfältigungen, Bearbeitungen, Übersetzungen, Mikroverfilmungen und die Einspeicherung und Verarbeitung in elektronischen Systemen.
Die Wiedergabe von allgemein beschreibenden Bezeichnungen, Marken, Unternehmensnamen etc. in diesem Werk bedeutet nicht, dass diese frei durch jede Person benutzt werden dürfen. Die Berechtigung zur Benutzung unterliegt, auch ohne gesonderten Hinweis hierzu, den Regeln des Markenrechts. Die Rechte des/der jeweiligen Zeicheninhaber*in sind zu beachten.
Der Verlag, die Autor*innen und die Herausgeber*innen gehen davon aus, dass die Angaben und Informationen in diesem Werk zum Zeitpunkt der Veröffentlichung vollständig und korrekt sind. Weder der Verlag noch die Autor*innen oder die Herausgeber*innen übernehmen, ausdrücklich oder implizit, Gewähr für den Inhalt des Werkes, etwaige Fehler oder Äußerungen. Der Verlag bleibt im Hinblick auf geografische Zuordnungen und Gebietsbezeichnungen in veröffentlichten Karten und Institutionsadressen neutral.

Planung/Lektorat: Barbara Emig-Roller
Springer VS ist ein Imprint der eingetragenen Gesellschaft Springer Fachmedien Wiesbaden GmbH und ist ein Teil von Springer Nature.
Die Anschrift der Gesellschaft ist: Abraham-Lincoln-Str. 46, 65189 Wiesbaden, Germany

Wenn Sie dieses Produkt entsorgen, geben Sie das Papier bitte zum Recycling.

Vorwort zur 4. Auflage

Die Reaktionen auf unser Lehrbuch waren sowohl in der Fachcommunity als auch bei den Studierenden bereits bei der ersten Auflage 2005 überwiegend positiv und sie sind überwiegend positiv geblieben bei der zweiten und dritten Auflage.

Für die vierte Auflage haben wir gravierende Veränderungen vorgenommen. Denn Werbung ist ein extrem dynamisches Feld und mit Computational Advertising hat sich ein neuer datengetriebener Zweig der Werbung fest etabliert. Auch gesellschaftlich haben sich gravierende Entwicklungen ereignet. Zudem mussten wir selbstkritisch feststellen, dass die Unterteilung des IPI-Cubes in 27 Cubes zwar analytisch richtig, aber schwer les- und vermittelbar ist und zu vielen Wiederholungen führte.

Wir haben also das Lehrbuch neu strukturiert und – an der typischen Vorlesungsstruktur orientiert – auf 14 Kapitel aufgeteilt. Statt der 27 Cubes skizzieren wir nur noch 5 Prototypen der Werbung. Die Beispiele und Daten haben aber – wie in den Auflagen vorher – vor allem prototypischen und illustrativen Charakter. Dieses Mal haben wir auch bewusst auf eine inklusivere Schreibweise geachtet (Werber:innen etc.). Dass sich nicht nur die Werbung dynamisch verändert, sondern auch die Akteur:innen, kann man daran erkennen, dass Nathan Thomas, der sich in der 1. Auflage als „studentischer Leser mit Vorwissen" verdient gemacht hat, nun wieder dabei ist. Dieses Mal aber macht er als ehemaliger Senior Vice President Data Sales at Playwire Praxisausführungen zum In-Game Advertising (13. Kapitel).

Auch für die vierte Auflage dieses Lehrbuches haben wir vielfältige Hinweise und Tipps von Kolleg:innen aus Wissenschaft und Praxis erhalten. Ihnen allen sei an dieser Stelle herzlich gedankt. Ganz besonders bedanken möchte ich mich bei Renate Fischer, ohne die dieses Lehrbuch nicht zustande gekommen wäre. Sie hat Daten recherchiert, Beispiele und Literatur ausfindig gemacht, Widersprüche und Missverständnisse aufgedeckt und war insgesamt die treibende Kraft hinter dem Lehrbuch.

Leider waren die Arbeiten an der vierten Auflage von einem tragischen Ereignis überschattet. Dieter Brecheis ist gegen Ende der Überarbeitung überraschend gestorben, sodass er den Einsatz des Lehrbuchs in der Vorlesung nicht mehr erleben darf. Ihm ist diese vierte Auflage gewidmet.

Zürich Gabriele Siegert
im Sommer 2024

Inhaltsverzeichnis

1 **Einführung: Werbung als Forschungsgegenstand** 1
   1.1 Die Relevanz der Werbung in der und für die Medien- und
        Informationsgesellschaft 2
   1.2 Werbung und Wissenschaft 4
        1.2.1 Das Interesse verschiedener wissenschaftlicher Disziplinen
              an der Werbung 5
        1.2.2 Werbung als Forschungsgegenstand der Publizistik- und
              Kommunikationswissenschaft 7
   1.3 Begrifflich-systematische Grundlagen 9
        1.3.1 Definitionen von Werbung 9
        1.3.2 Traditionelle Differenzierungen in der Werbung 13
   Literatur 27

2 **Abgrenzungen und Systematisierungsansätze der Werbung** 35
   2.1 Differenzierungstheoretische Perspektive als Basis für Systematisierungen ... 36
   2.2 Abgrenzungen zu anderen Kommunikationsaktivitäten 38
        2.2.1 Werbung und Public Relations 40
        2.2.2 Werbung und PR – Journalismus und Unterhaltung 43
        2.2.3 Werbung, PR, Marketingkommunikation und
              Unternehmenskommunikation 45
   2.3 Systematisierung der Werbung anhand des IPI Cubes 47
        2.3.1 Integration als Dimension der Systematisierung 48
        2.3.2 Personalisierung als Dimension der Systematisierung 49
        2.3.3 Interaktivität als Dimension der Systematisierung 51
        2.3.4 Der IPI Cube als dreidimensionales Systematisierungsraster 52
   2.4 Werbung zwischen Ökonomie und Publizistik 53
        2.4.1 Zuordnung der Werbung zum Teilsystem Wirtschaft 55
        2.4.2 Zuordnung der Werbung zum Teilsystem Publizistik/Medien 56
        2.4.3 Werbung als autonomes Funktionssystem 59
        2.4.4 Werbung als Interpenetrationszone 60
   Literatur 63

3 Strukturelle Rahmenbedingungen und gesamtgesellschaftliche Entwicklungen ... 69
3.1 Strukturelle Rahmenbedingungen der Werbung 70
    3.1.1 Politik 71
    3.1.2 Recht 72
    3.1.3 Technologie 75
    3.1.4 Ökonomie 77
    3.1.5 Kultur 80
    3.1.6 Medien 82
3.2 Werberelevante gesamtgesellschaftliche Entwicklungen 85
    3.2.1 Internationalisierung – Globalisierung – Regionalisierung 86
    3.2.2 Digitalisierung – Algorithmisierung – Künstliche Intelligenz 89
    3.2.3 Individualisierung – Posttraditionale Vergemeinschaftung – Vernetzung 91
    3.2.4 Mediatisierung – Eventisierung – Inszenierung 94
Literatur 97

4 Geschichte der Werbung und der Werbebranche 103
4.1 Entwicklung der Werbung 104
4.2 Neue Werbeträger, Kunstorientierung und die Geburtsstunde moderner Werbung 107
4.3 Massenproduktion, Propaganda und Gleichschaltung der Werbung 108
4.4 Wiederaufbau, Wirtschaftswunder und die „heile Welt" in der Werbung 110
4.5 Politische Umbrüche, die 68er und intellektuelle Werbekritik 112
4.6 Terrorismus, individuelle Freizeitgesellschaft und erotische Jugendlichkeit in der Werbung 114
4.7 Umweltkatastrophen, Multioptionsgesellschaft und Rehabilitation der Werbung 116
4.8 Kommunikationswettbewerb, hybride Verbraucher, Skandale und Selbstverweise in der Werbung 118
4.9 Boom und Krise, Internet und Smartphones, Start der Online- und mobilen Werbung 120
4.10 Nachhaltigkeit und Wokeness, Algorithmen und Künstliche Intelligenz, Entgrenzung der Werbung 122
Literatur 126

5 Handlungsbereiche, Akteursgruppen und Akteur:innen in der Werbung 131
5.1 Handlungsbereiche des Werbewirtschaftssystems 132
5.2 Akteursgruppen im Werbeprozess 136
5.3 Differenzierung der Akteur:innen im Werbeprozess 138
    5.3.1 Akteur:innen im Handlungsbereich AUFTRAG 138
    5.3.2 Akteur:innen im Handlungsbereich PRODUKTION 139

		5.3.3	Akteur:innen im Handlungsbereich DISTRIBUTION 140

        5.3.3   Akteur:innen im Handlungsbereich DISTRIBUTION 140
        5.3.4   Akteur:innen im Handlungsbereich REZEPTION 143
        5.3.5   Akteur:innen im Handlungsbereich VERARBEITUNG 144
   5.4   Werbe- und Kommunikationsagenturen als zentrale Akteursgruppe 145
        5.4.1   Typischer Agenturaufbau 146
        5.4.2   Ausdifferenzierung und Agenturmodelle 148
   5.5   Berufsrollen und Selbstbilder in der Werbung 151
        5.5.1   Berufe und Anforderungen 152
        5.5.2   Selbstbilder und Intra-Rollenkonflikte 154
   Literatur 156

6 Werbeprozess(e) 161
   6.1   Werbung als Managementprozess oder Kommunikationsprozess 162
   6.2   Werbung als gemanagter Kommunikationsprozess 164
   6.3   Stufen im gemanagten Kommunikationsprozess der Werbung 165
        6.3.1   Situationsanalyse und Kommunikationsstrategie 165
        6.3.2   Werbestrategie 167
        6.3.3   Briefing 172
        6.3.4   Erfolgskontrolle und Werbewirkungen 174
   6.4   Akteurs- und Interessenskonstellationen in der Werbung 177
        6.4.1   Idealtypische Struktur der Werbekommunikation 178
        6.4.2   Struktur der Werbekommunikation im Programmatic
                Advertising 181
   Literatur 183

7 Kreativstrategie, kreative Umsetzung und digitale Kreativität 187
   7.1   Kreativstrategie 188
        7.1.1   Angebotsnutzen (Consumer Benefit) 190
        7.1.2   Nutzenbegründung (Reason Why) 190
        7.1.3   Stil der Werbung (Tonality) 191
   7.2   Kreative Umsetzung 192
        7.2.1   Content 193
        7.2.2   Komposition 197
        7.2.3   Komponenten 203
   7.3   Digitale Kreativität und Programmatic Creation 213
        7.3.1   Kreatives Arbeiten für digitale Werbemittel 213
        7.3.2   Digitales Arbeiten für (mehr oder weniger) kreative
                Werbemittel 216
   Literatur 218

8	**Mediastrategie, Mediaplanung und Programmatic Advertising**	**221**
	8.1 Mediastrategie	221
	8.2 Mediaplanung	224
	8.3 Programmatic Advertising: Programmatic Media Buying	226
	8.4 Medien als Werbeträger und ihre Werbemittel	230
	8.4.1 Zeitungen	230
	8.4.2 Zeitschriften	232
	8.4.3 Fernsehen	234
	8.4.4 Radio	236
	8.4.5 Außenwerbung	237
	8.4.6 Verkehrsmittel	240
	8.4.7 Online-, Mobile- und Social Media Werbung	241
	Literatur	245
9	**Konfliktkonstellationen in der Werbung**	**249**
	9.1 Konfliktkonstellation Werbungtreibende – Agenturen	250
	9.2 Agenturinterne Konfliktkonstellationen	256
	9.3 Konfliktkonstellationen in Buchung, Platzierung und Abrechnung	258
	9.4 Konfliktkonstellationen in Partizipation und Datenschutz	263
	9.5 Werbekritik, moralische und ethische Konflikte	266
	Literatur	274
10	**Prototyp I: Werbung ohne mediumsspezifischen Kontext – Direktwerbung, Out-of-Home-, Ambient- und Retail-Medien**	**279**
	10.1 Definition und Rahmenbedingungen	280
	10.2 Spezifika zu Akteurskonstellationen und Werbeprozess	284
	10.3 Spezifika zur Kreativstrategie und -umsetzung – Werbeinhalte und Werbebotschaften	290
	10.4 Spezifika zur Mediastrategie und -planung – Werbemittel und Werbeträger	294
	10.5 Spezifika zu Werbewirkung und Werbeerfolg	299
	Literatur	302
11	**Prototyp II: Klassische analoge und digitale Mediawerbung**	**305**
	11.1 Definition und Rahmenbedingungen	306
	11.2 Spezifika zu Akteurskonstellationen und Werbeprozess	311
	11.3 Spezifika zur Kreativstrategie und -umsetzung – Werbeinhalte und Werbebotschaften	315
	11.4 Spezifika zur Mediastrategie und -planung – Werbemittel und Werbeträger	318
	11.5 Spezifika zu Werbewirkung und Werbeerfolg	323
	Literatur	327

12 Prototyp III: Analoge und digitale, hybride bzw. (programm-)integrierte Werbung ... 331
- 12.1 Definition und Rahmenbedingungen ... 332
- 12.2 Spezifika zu Akteurskonstellationen und Werbeprozess ... 336
- 12.3 Spezifika zur Kreativstrategie und -umsetzung – Werbeinhalte und Werbebotschaften ... 340
- 12.4 Spezifika zur Mediastrategie und -planung – Werbemittel und Werbeträger ... 344
- 12.5 Spezifika zu Werbewirkung und Werbeerfolg ... 347
- Literatur ... 351

13 Prototyp IV: Werbung als Content Creation – Werbung anstelle des Programms ... 355
- 13.1 Definition und Rahmenbedingungen ... 356
- 13.2 Spezifika zu Akteurskonstellationen und Werbeprozess ... 364
- 13.3 Spezifika zur Kreativstrategie und -umsetzung – Werbeinhalte und Werbebotschaften ... 368
- 13.4 Spezifika zur Mediastrategie und -planung – Werbemittel und Werbeträger ... 369
- 13.5 Spezifika zu Werbewirkung und Werbeerfolg ... 370
- Literatur ... 374

14 Prototyp V: Crossmediale Werbung ... 379
- 14.1 Definition und Rahmenbedingungen ... 380
- 14.2 Spezifika zu Akteurskonstellationen und Werbeprozess ... 386
- 14.3 Spezifika zur Kreativstrategie und -umsetzung – Werbeinhalte und Werbebotschaften ... 388
- 14.4 Spezifika zur Mediastrategie und -planung – Werbemittel und Werbeträger ... 389
- 14.5 Spezifika zu Werbewirkung und Werbeerfolg ... 391
- Literatur ... 394

Einführung: Werbung als Forschungsgegenstand

1

Inhaltsverzeichnis

1.1 Die Relevanz der Werbung in der und für die Medien- und Informationsgesellschaft ... 2
1.2 Werbung und Wissenschaft ... 4
    1.2.1 Das Interesse verschiedener wissenschaftlicher Disziplinen an der Werbung ... 5
    1.2.2 Werbung als Forschungsgegenstand der Publizistik- und Kommunikationswissenschaft ... 7
1.3 Begrifflich-systematische Grundlagen ... 9
    1.3.1 Definitionen von Werbung ... 9
    1.3.2 Traditionelle Differenzierungen in der Werbung ... 13
        1.3.2.1 Above-the-Line-Werbung ... 17
        1.3.2.2 Below-the-Line-Werbung ... 19
        1.3.2.3 Direktwerbung ... 21
        1.3.2.4 Programmintegrierte Werbung und hybride Werbeformen ... 24
Literatur ... 27

Überblick

Im Alltag zeigt sich Werbung omnipräsent, von facettenreicher Komplexität und in vielschichtigen Erscheinungsformen und Vernetzungen. Werbung hat eine enorme Bedeutung in der und für die Medien- und Informationsgesellschaft. In diesem Kapitel soll aber vor allem die wissenschaftliche Herangehensweise an das Phänomen Werbung skizziert werden, die sich entsprechend umfassend gestaltet.

© Der/die Autor(en), exklusiv lizenziert an Springer Fachmedien Wiesbaden GmbH, ein Teil von Springer Nature 2024
G. Siegert, D. Brecheis, *Werbung in der Medien- und Informationsgesellschaft*, Studienbücher zur Kommunikations- und Medienwissenschaft,
https://doi.org/10.1007/978-3-658-43633-9_1

> *Sichtet man die Literatur zur Werbung, sieht man sich mit einer nahezu unüberschaubaren Fülle und Bandbreite konfrontiert. Es nimmt daher kaum Wunder, dass Werbung nicht nur studentische Qualifikationsarbeiten inspiriert, sondern auch unterschiedlichste Wissenschaftsdisziplinen beschäftigt. Diese werden mit ihrem Bezug zur Werbung kurz vorgestellt, bevor der Stellenwert der Werbung als Forschungsgegenstand der Publizistik- und Kommunikationswissenschaft thematisiert wird.*
>
> *Deren Interesse an der Werbung hat in den 2000er-Jahren massiv zugenommen, sodass sich heute eine Auswahl an Werbetheorien und eine zunehmende Institutionalisierung finden. Zu Recht; denn obwohl Werbung stark von anderen Disziplinen geprägt wurde und wird, findet sie sich als Kommunikationsprozess eigentlich im Kern der Publizistik- und Kommunikationswissenschaft.*
>
> *Zudem werden aus den vorhandenen Definitionen essenzielle Elemente zur Begriffsbestimmung herausgefiltert, um angesichts der weit streuenden Ausdifferenzierung der Werbung zumindest ein Grundmaß an Struktur zu schaffen.*

1.1 Die Relevanz der Werbung in der und für die Medien- und Informationsgesellschaft

Die ursprüngliche Bedeutung der Werbung ergibt sich aus ihrer Informationsleistung für die Konsument:innen. Damit neue Anbieter:innen, neue oder veränderte Marken, Produkte und Leistungen, veränderte Preise oder neue Produktzusammenstellungen überhaupt bekannt werden, bedarf es werblicher Botschaften, die die Konsument:innen darüber in Kenntnis setzen. Insofern leistet Werbung auch einen Beitrag dazu, dass Konsument:innen informiert sind und entsprechend informierte Entscheidungen treffen können. Für die Unternehmen stellt sie folglich die prototypische Möglichkeit dar, Neues, Verändertes oder Bewährtes zu thematisieren und als „begehrenswert" darzustellen.

Die namensgebende Schlüsselstellung und der immense Stellenwert der Medien in der Medien- und Informationsgesellschaft resultieren einerseits aus ihrer Rolle in der öffentlichen Kommunikation und andererseits aus ihrer Rolle als allgegenwärtige Lebensbegleiter und Organisatoren. Wir unterscheiden im Folgenden traditionelle Medien als Medienunternehmen der ersten sowie Plattformen und Social Media als Medienunternehmen der zweiten Generation (vgl. Hess 2014; Hess und Bründl 2015).

Traditionelle Medien (d. h. Medienunternehmen der ersten Generation) charakterisiert, dass sie Inhalte kreieren, bündeln und verbreiten. Ihre Kernkompetenzen sind mithin „Journalistic-artistic competences to create, edit, and provide content, today thoroughly supported by IT" (Hess 2014, S. 6). Sie können zum einen publizistisch-journalistisch ausgerichtet sein, wie z. B. traditionelle Tageszeitungen. Dann vermitteln sie die von anderen

Akteur:innen in den Diskurs eingebrachten Themen und Meinungen, sind dabei jedoch nicht objektive Transporteur:innen und Verarbeiter:innen dieser Themen und Meinungen. Vielmehr agieren sie mit einer Eigenlogik und mischen sich nicht selten mit eigenen Stellungnahmen und Schwerpunktsetzungen in die Diskurse ein. Diese Entwicklung wird unter den Stichworten Mediatisierung bzw. Medialisierung (vgl. u. a. Mazzoleni und Schulz 1999; Krotz 2001a; Schulz 2004; Marcinkowski 2005; Imhof 2006; Donges 2013 [2006] und 2008) diskutiert. Zum anderen können sie fiktionale und nicht-fiktionale Unterhaltung, wie z. B. Serien oder Games, anbieten, die nicht in erster Linie journalistisch produziert ist. Unterhaltungsorientierte Medien werden von mehr oder weniger künstlerischen Orientierungshorizonten geleitet, in spezischen Produktionsmodellen generiert und in eigene Formate und Genres gegossen (vgl. u. a. Beiträge Siegert und von Rimscha 2008).

Traditionelle Medien bilden insofern keine homogene Gruppe von Organisationen, sondern sind nicht nur im Hinblick auf unterschiedliche Mediengattungen in sich heterogen. Gleichwohl orientieren sich die Medienunternehmen der ersten Generation zum einen an einem inhaltlichen Globalziel, nämlich der Veröffentlichung von Inhalten im weitesten Sinn. Zum anderen verfolgen sie ein formales Globalziel, das im Fall der öffentlich finanzierten Medien wirtschaftliche Arbeitsweise, bei allen privatwirtschaftlichen Medien Gewinnerzielung und Steigerung des Unternehmenswerts heißt.

Plattformen und Social Media (d. h. Medienunternehmen der zweiten Generation) sind nur bedingt publizistisch-journalistische oder unterhaltungsorientierte Medien im oben beschriebenen Sinn. Suchmaschinen, soziale Netzwerke, Empfehlungs-, Bewertungs- und Auktionsplattformen produzieren Inhalte nicht selbst, sondern aggregieren und verbreiten Inhalte anderer, darunter auch die von Nutzer:innen. Das heißt die Texte, Geschichten, Bilder und Filme, die ausgetauscht und einer mehr oder weniger begrenzten Anzahl von Personen zugänglich gemacht werden, können sowohl persönlicher als auch öffentlicher Natur sein. Darüber hinaus sind Plattformen und Social Media Marktplätze und Dienstleister, indem sie Angebot und Nachfrage (z. B. Wohnungen, Fahrzeuge oder andere Produkte, aber auch Mitarbeiter:innen oder Lebenspartner:innen) – auf algorithmischer Selektion und Bewertung basierend – zusammenführen oder Beziehungen und Netzwerke organisieren. Auch die Medienunternehmen der zweiten Generation orientieren sich an einem inhaltlichen Globalziel, das sich nach ihrer spezifischen Funktionalität richtet, und am formalen Globalziel der Gewinnerzielung und Unternehmenswertsteigerung.

Spätestens an dieser Stelle kommt die Werbung ins Spiel: Nicht nur die Medienunternehmen der ersten, sondern auch Medienunternehmen der zweiten Generation bauen ihre Erlösmodelle in hohem Maß auf Werbung auf. Daher ist die Relevanz der Werbung in der und für die Medien- und Informationsgesellschaft mit dem Aufschwung der Medienunternehmen der zweiten Generation nicht geringer geworden, sondern eher gewachsen.

Zudem speist sich die Bedeutung der Werbebranche insgesamt auch aus ihrer Rolle als eigenständiger Wirtschaftszweig, dessen Leistung und Arbeitsplätze einen nicht zu vernachlässigenden Beitrag zur volkswirtschaftlichen Gesamtleistung liefern. Daneben hat Werbung auch Einfluss auf verschiedene gesellschaftliche Teilbereiche und persönliche Lebenssituationen.

1.2 Werbung und Wissenschaft

Werbung ist zumindest Thema, oft auch Forschungsobjekt vieler wissenschaftlicher Disziplinen. Entsprechend umfangreich zeigt sich die relevante Literatur, wobei ein eigener geschlossener Schwerpunkt der publizistik- und kommunikationswissenschaftlich geprägten Literatur lange Zeit nicht erkennbar war.

Neben unzähligen Monografien und Sammelbänden finden sich zahlreiche Fachzeitschriften aus unterschiedlichen Disziplinen, die sich – entweder deutlich auf die Werbepraxis und/oder auf wissenschaftliche Analysen zum Thema fokussiert – mit Werbung befassen (u. a. Journal of Advertising, International Journal of Advertising, Journal of Advertising Research, Advertising & Society Quarterly (ASQ); Journal of Current Issues & Research in Advertising, Journal of Interactive Advertising). Hand- und Lehrbücher, die sich ausschließlich mit Werbung auseinandersetzen (vgl. u. a. Kloss 2003; Schmidt 2004; Schweiger und Schrattenecker 2021; Janich 2012; Nöcker 2021), stehen neben solchen, die benachbarten oder übergreifenden Themenkreisen, wie z. B. dem Marketing, gewidmet sind und die Werbung im jeweiligen Kontext behandeln (vgl. u. a. Bruhn 2019; De Pelsmacker et al. 2021; Tropp 2019) sowie solchen, die sich explizit auf die Werbeforschung konzentrieren (vgl. u. a. Verlegh et al. 2016; Christodoulides et al. 2017; Cauberghe et al. 2018; Bigne und Rosengren 2019; Rosengren et al. 2013; Bušljeta Banks et al. 2015; Siegert et al. 2016).

Dramatisch angestiegen ist in den 2000er-Jahren die Zahl der Publikationen zum Themenkreis Online-Marketing (vgl. u. a. Bauer et al. 2012; Schwarz und Vakhnenko 2021; Lammenett 2021) oder Online-Werbung (vgl. Liu-Tompkins 2018). Allerdings führt die rasante Entwicklung technologischer Neuheiten, die von der Werbung genutzt werden (oder ausschließlich zu dieser Nutzung entwickelt wurden), immer noch dazu, dass die wissenschaftliche Bearbeitung mit deren Tempo nicht mithalten kann, und Belege und aktuelle Informationen zu derartigen Innovationen, wie z. B. Near-Field-Communication-Payment, i-Beacons, Chatbots u. ä., fast nur in Online-Beiträgen von Fachzeitschriften, Blogs oder Newslettern und Webseiten der Anbieter:innen gefunden werden können.

Zur Situation der Werbebranche stellen Verbände und Institutionen ein umfangreiches Set an Publikationen zur Verfügung. Am bekanntesten dürfte hier wohl das jährlich aufgelegte und mittlerweile in Teilen online zugängliche ZAW-Jahrbuch sein, das bis 2013 unter dem Titel „Werbung in Deutschland – plus jeweilige Jahreszahl" veröffentlicht worden war, seit 2014 aber nur noch den Titel „Werbung – plus aktuelle Jahreszahl") trägt. Die Werbestatistik Schweiz weist jährliche Angaben zum dortigen Werbemarkt aus. Für internationale Vergleiche bieten sich z. B. die Publikationen des World Advertising Research Center, der International Advertising Association (IAA), der World Federation of Advertisers oder des Interactive Advertising Bureau (IAB) an, so u. a. das Advertising Statistics Yearbook, World Advertising Trends oder die Revenue and Spend Reports des IAB. Viele Daten zu den Werbemärkten sind jedoch nicht mehr unentgeltlich zu beziehen. Die in dieser Einführung zitierte und angeführte Literatur kann aufgrund dieser Fülle – trotz allen Bemühens – immer nur einen exemplarischen Auszug aus dem gesamten Angebot repräsentieren.

1.2.1 Das Interesse verschiedener wissenschaftlicher Disziplinen an der Werbung

Das Interesse unterschiedlichster Disziplinen an der Werbung (ausführlich dazu: Borchers 2014, S. 31 ff.) kann bereits sehr früh, nämlich zu Beginn des 20. Jahrhunderts, nachgewiesen werden. Dabei haben sich vor allem die Betriebswirtschaftslehre und die Wirtschaftspsychologie kontinuierlich dem Phänomen Werbung gewidmet. Bereits damals wurde Werbung als komplexer Prozess aufgefasst und festgestellt, dass Reize nicht alleinige Ursache für Werbewirkungen sind (vgl. Regnery 2003 und 2004, S. 113 ff.).

Ein wesentlicher Teil der Untersuchungen zur Werbung entstammt folglich dem wirtschaftswissenschaftlichen Kontext: Dabei hat sich die Volkswirtschaftslehre zu Beginn der zweiten Hälfte des 20. Jahrhunderts mit dem Phänomen Werbung intensiv auseinandergesetzt (vgl. z. B. Lever 1947; Streißler 1965; Seitz 1971). Später hat sie in einigen Abhandlungen die Bedeutung der Werbung und ihre Ausstrahlungseffekte auf andere Branchen untersucht oder die Konjunkturabhängigkeit von Veränderungen im Werbemarkt analysiert (vgl. Chowdhury 1994; Larsen Andras und Srinivasan 2003; Lang 2004). Gegenwärtig zeigt sie eher geringes Forschungsinteresse am Thema.

Der Betriebswirtschaftslehre – und hier insbesondere dem Marketing – ist dagegen ein Grossteil der vorhandenen Literatur zur Werbung zu verdanken. Sie fokussiert auf die Rolle der Werbung in der unternehmerischen Kommunikationspolitik innerhalb des Marketing-Mix. Danach spielt die Kommunikationspolitik zusammen mit Preis-, Distributions- und Produktpolitik die fundamentale Rolle in einer marktorientierten Unternehmensführung (vgl. u. a. Meffert 1994; Bruhn 1997; Kotler et al. 2017). Das Marketing hat ebenso frühzeitig den Stellenwert der Werbung als Marktkommunikation beim Übergang von der ‚Mangel-‘ zur ‚Überflussgesellschaft‘ bzw. vom Verkäufer- zum Käufermarkt erkannt und in der Phase der Marketingorientierung (1970er-Jahre) die Arbeiten zur Werbung forciert. Kennzeichnend für viele dieser frühen Arbeiten ist, dass sie – obwohl betriebswirtschaftlich initiiert – Werbung als Phänomen begreifen, das nur interdisziplinär untersucht werden kann. Entsprechend haben Autor:innen auf andere Disziplinen zurückgegriffen bzw. deren Erkenntnisse integriert (vgl. stellvertretend: Behrens 1970a; Meyer und Hermanns 1981; Tietz 1981, 1982a und b).

Besonders ausgeprägt zeigte und zeigt sich die Verbindung zwischen Werbung und Psychologie, namentlich Wirtschafts-, Konsumenten- und Werbepsychologie, die vor allem das Erleben und Verhalten der Werbeadressat:innen analysiert. Darunter sind u. a. aktivierende Prozesse wie Motivation oder Involvement, Wahrnehmungs- und Lernprozesse, Prozesse der Einstellungs- und Verhaltensveränderung sowie Entscheidungsprozesse mit Schwerpunkt Kaufentscheidung (vgl. u. a. Rosenstiel und Kirsch 1996; Kroeber-Riel und Gröppel-Klein 2019; Mayer und Illmann 2000; Felser 2023) zu verstehen. Wie auch in der allgemeinen Medienwirkungsforschung haben deshalb psychologisch orientierte Abhandlungen, Modelle und Untersuchungen einen prominenten Platz vor allem in der Werbewirkungsforschung. Aufgrund der dort gewonnenen Erkenntnisse thematisiert die Werbepsychologie jedoch auch die Inhaltsebene und damit die Werbe- und Produktgestaltung.

Die Soziologie sieht Werbung zum einen als System, das kulturell relevante Bedeutungen liefert und Einfluss auf die Sozialisation nimmt. Zum anderen wird Werbung auch zum Konstruktionsbestandteil von Lebensstilen, von Identität und Image (vgl. u. a. Hölscher 1998; Schnierer 1999). Für die für Marketing und Werbung wichtige Zielgruppenforschung bildet die Sozialstruktur- und Lebensstilforschung insgesamt das wissenschaftliche Fundament. Des Weiteren befasst sich die soziologische Perspektive mit dem Zusammenhang zwischen allgemeinem Wertewandel und Werbewandel (vgl. z. B. Schulze 2005, z. B. S. 13 ff.). Schließlich ist auch die auf der Kritischen Theorie basierende Werbekritik hier zu verorten. Der dort hergestellte Zusammenhang zwischen Werbung und kapitalistischem System wurde aber bereits viel früher u. a. von Theodor Geiger (1943) thematisiert (vgl. Regnery 2004, S. 126 ff.).

Linguistik und Semiotik befassen sich mit der Ästhetisierung der Darstellungstechniken und mit werbespezifischen Symbolen und Codes (vgl. für eine Übersicht: Bechstein 1987; Sowinski 1998). Nicht selten wird dabei explizit auf die Werbesprache fokussiert und u. a. deren Wandel, deren Verknüpfung mit dem jeweiligen Werbeträger oder deren Adaption im internationalen Werbekontext thematisiert (vgl. z. B. Baumgart 1992; Wyss 1998, S. 207 ff.; Cölfen 1999). Mittlerweile sind Wort-/Bild-Kombinationen in Werbeanzeigen und Werbespots, die insgesamt als zu interpretierender Text verstanden werden, ein häufig untersuchtes Feld (vgl. z. B. Stöckl 1997; Wyss 2002).

Neben diesen Disziplinen, die sich in eigenen Schwerpunkten mit Werbung befassen, ist Werbung als Untersuchungsgegenstand in vielen weiteren Disziplinen präsent. Deshalb verwundert es nicht, dass viele Sammelbände zur Werbung disziplinenübergreifend angelegt sind (vgl. stellvertretend: Hartmann und Haubl 1992; Jäckel 1998; Willems 2002). Die Faszination der Werbung spiegelt sich nicht zuletzt auch darin, dass diese als Thema für studentische Qualifikationsarbeiten immer noch beliebt ist.

Dass Werbung insgesamt so viel wissenschaftliche Beachtung findet, hat auch damit zu tun, dass sie einerseits bei vielen Unternehmen und Organisationen immer noch das wichtigste Kommunikationsinstrument mit dem höchsten Budget und andererseits die offenkundigste Darstellung von Produkten, Dienstleistungen, Unternehmen und Marken ist. Entsprechend sieht sich die Werbung immer wieder massiver Kritik ausgesetzt, die im frühen Vorwurf der geheimen Verführung (Packard 1958) ansetzt und bis hin zu real existierenden und angedachten Werbeverboten für Tabak, Alkohol oder Leistung betonende Automobilwerbung reicht.

1.2.2 Werbung als Forschungsgegenstand der Publizistik- und Kommunikationswissenschaft

Die bereits 1981 von Wolfgang Langenbucher (1981, S. 35) formulierte Aussage „Werbung ist selten ein eigenständiger Gegenstand der Kommunikationswissenschaft" galt lange Zeit: Werbung war in der Publizistik- und Kommunikationswissenschaft weder ein geschlossenes Forschungsfeld, noch war sie als Kernbereich der Disziplin verankert. Dies ist insofern erstaunlich, als Vertreter:innen anderer Disziplinen schon frühzeitig kommunikationstheoretische Probleme der Werbung reflektiert und dabei maßgeblich auf allgemeine Modelle des Kommunikationsprozesses, auf Ansätze wie den Two-Step-Flow of Communication und auf die kommunikationswissenschaftlichen Untersuchungen von Paul F. Lazarsfeld, Harold D. Lasswell, Carl I. Hovland oder Bernard Berelson rekurriert haben (vgl. z. B. Haseloff 1970; Meyer und Hermanns 1981, S. 33 ff.). So betonen Paul W. Meyer und Arnold Hermanns, dass sich Werbung als Teilgebiet der Wirtschaftswissenschaften früher als andere Bereiche interdisziplinär geöffnet hätte, und dass neben Psychologie, Sozialpsychologie und Soziologie die „Informations- und Kommunikationstheorie" dabei besonders wichtig sei.

Dennoch hat die Publizistik- und Kommunikationswissenschaft Werbung als ein für sie relevantes Thema lange ignoriert. Und dies, obwohl einerseits Werbung als öffentliche Kommunikation aufgefasst wird, deren Beeinflussungsabsicht inhärent ist, andererseits aber die Publizistik- und Kommunikationswissenschaft eben jene öffentliche Kommunikation und deren Beeinflussung als Schwerpunkt fokussiert. Unverständlich ist diese Ignoranz auch vor dem Hintergrund, dass in den frühen Jahren der Werbeforschung auf die Perspektive von Werbung als Kommunikationsprozess hingewiesen wurde. „Werbwart" Weidenmüller hat bereits 1926 eine Definition von Werbung vorgelegt, die alle wesentlichen Bestandteile – Kommunikator, Aussage, Medium, Rezeptionssituation, Rezipient und Wirkung – beinhaltete (vgl. Regnery 2003, S. 279 ff.). Auch verwies Hans Amandus Münster bereits 1956 im ersten Jahrgang der Fachzeitschrift „Publizistik" auf drei Schnittstellen zwischen Werbung und Publizistik- und Kommunikationswissenschaft, nämlich auf die „Einordnung der Werbung in den Gesamtbereich Publizistik, die publizistischen Organe im Dienste der Wirtschaftswerbung und die Eigenwerbung publizistischer Unternehmen." (Münster 1956, S. 78) Erst gut 50 Jahre später greifen Thomas Schierl (2003) und Guido Zurstiege (2005, S. 5 ff.) als eine der ersten diese frühe Verknüpfung wieder auf, um die disziplinäre Relevanz der Werbung zu begründen.

Zu Beginn des 20. Jahrhunderts kann die – durchaus kritisierte – Missachtung des Themas damit begründet werden, dass die Zeitungskunde um ihre wissenschaftliche Legitimation kämpfte (vgl. Regnery 2003, S. 299 ff.). Zudem kann ein wesentlicher Grund für die Vernachlässigung darin gesehen werden, dass sich die Publizistik- und Kommunikationswissenschaft lange Zeit nur journalistisch-redaktionellen Beiträgen gewidmet hatte (vgl. Saxer 1987, S. 650). Da aber über die gesetzlich verankerte Kennzeichnungspflicht sichergestellt war, dass klassische Werbung deutlich vom redaktionellen Teil getrennt war und als getrennt erkannt werden konnte, wurde das Verhältnis zwischen

Medien und Werbung – anders als das zwischen Medien und PR – lange Zeit als unproblematisch angesehen, und die relevanten Themen der öffentlichen Kommunikation galten als davon unbeeinflusst.

Ein weiterer Grund für die nur punktuell stattfindende Auseinandersetzung mit dem Forschungsgegenstand Werbung kann sicher auch darin vermutet werden, dass Publizistik- und Kommunikationswissenschaftler:innen sich eher politischen Fragestellungen widmeten und (vor allem mikro-) ökonomischen Themen distanziert gegenüber standen. Die bis etwa in die 1980er-Jahre hineinreichenden Reputationsprobleme der Werbung – am pointiertesten dokumentiert im Buchtitel Jaques Séguélas (zu seiner Zeit einer der bekanntesten französischen Agenturinhaber) „Ne dites pas à ma mère que je suis dans la publicité ... Elle me croit pianiste dans un bordel" (Séguéla 1978) – mögen dieser Haltung nachhaltig Vorschub geleistet haben.

Es kann daher kaum verwundern, dass Werbung als Forschungsgegenstand nur zögerlich und in Form der ab dem Ende der 1960er-Jahre von soziologischer und psychologischer Seite formulierten Werbekritik (vgl. z. B. Horkheimer und Adorno 1969; Haug 1971) Eingang in publizistik- und kommunikationswissenschaftliche Arbeiten z. B. zur Presseökonomie fand. Hier wurde Werbung als Finanzierungsquelle der Medien auf ihr Macht- und Einflusspotenzial hin problematisiert (vgl. z. B. Knoche 1978, S. 76 ff.). Dies schließt an Karl Bücher an, der 1926 die wirtschaftliche Abhängigkeit der Presse von der Werbung kritisierte, dessen Kritik aber fälschlicherweise oft als Kritik an der Werbung selbst missverstanden wurde (vgl. Regnery 2003, S. 298).

In den nachfolgenden Jahrzehnten und bis heute wurde und wird die Auseinandersetzung mit Werbung innerhalb der Publizistik- und Kommunikationswissenschaft dann in mehreren Forschungsfeldern geführt.

In medienökonomischen Untersuchungen wird begründet dargelegt, dass sich die Medien in ihrer Programmstrukturierung und -gestaltung zuerst an den Anforderungen der Werbewirtschaft orientieren und erst danach an jenen der Rezipient:innen (vgl. u. a. Ang 1991; Siegert 1993; Heinrich 1996). Später weitet sich der Fokus der Teildisziplin auf Werbung insgesamt aus (vgl. z. B. den Band von Seufert und Müller-Lietzkow 2005). Hauptthema ist aber die Rolle der Werbung in der Erlösstruktur der Medien. Diese Thematik wird im Kontext des Erfolgs von Social Media besonders virulent: Während die Kosten für die Erstellung des journalistischen Inhalts bei den publizistisch-journalistischen Medienunternehmen der ersten Generation anfallen, generieren Plattformen und Social Media als Medienunternehmen der zweiten Generation den Hauptteil der Erlöse (vgl. u. a. Lobigs 2018).

Eng damit verbunden – wenn auch aus anderer Perspektive heraus – sind die Untersuchungen zu den Medien als Werbeträger. Dieser Forschungsbereich behandelt im intermedialen Vergleich die Vor- und Nachteile der einzelnen Mediengattungen, während im intramedialen Vergleich die Vor- und Nachteile der einzelnen Titel und Programme gegeneinander abgewogen werden. Entsprechend wird dieser Bereich stark durch die praktische Forschung und die Praxis der Mediaplanung bestimmt (vgl. u. a. Wessbecher und Unger 1991; Korff-Sage 1999; Unger et al. 2013).

Ein weiteres, in der Publizistik- und Kommunikationswissenschaft intensiv diskutiertes Feld ist die Werbewirkungsforschung. Mit Werbung sollen explizit Einstellungen und Verhalten beeinflusst werden, der Werbung wird also ein besonderes Einflusspotenzial zugesprochen. Damit öffnet sich gerade in der Überprüfung dieses Wirkungspotenzials eine nicht nur wissenschaftlich anspruchsvolle und interessante, sondern auch eine in der Medienpraxis nachgefragte Perspektive (vgl. u. a.: Schenk et al. 1990; Brosius und Fahr 1998; Weber und Fahr 2013; Fahr et al. 2014; Hüsser 2016; Mattenklott 2016).

Als Fazit kann mit Guido Zurstiege und Siegfried J. Schmidt (2003, S. 492) Werbung zu Recht als ein Forschungsbereich der Publizistik- und Kommunikationswissenschaft bezeichnet werden, auch wenn dieser Forschungsbereich erst in den 2000er-Jahren wirklich Schwung aufgenommen hat. Mittlerweile ist die Werbeforschung institutionell im Fach etabliert, und die Anzahl an deutschsprachigen Publikationen hat stetig zugenommen. So werden z. B. Schlüsselwerke der Werbeforschung diskutiert (vgl. Beiträge in Meitz et al. 2022).

1.3 Begrifflich-systematische Grundlagen

Wie gezeigt haben sich unterschiedliche Disziplinen früh mit Werbung befasst, wenn auch wissenschaftliche Erkenntnisse nur teilweise Eingang in die Werbepraxis gefunden haben. Noch 1987 stellt Ulrich Saxer (1987, S. 651) fest, dass Werbung als Kommunikationstätigkeit wesentlich stärker verwissenschaftlicht sei als Journalismus. Mit zunehmend systematischer, wissenschaftlicher Auseinandersetzung wurde der bis in die 1950er-Jahre häufig verwendete Begriff der „Reklame" vom Begriff „Werbung" verdrängt. „Reklame" ist seitdem zumindest leicht negativ besetzt und findet in eher abwertendem Kontext Verwendung, wenn auch der Begriff hin und wieder in Agenturnamen oder Medientiteln kreatives Anderssein dokumentieren soll.

Obwohl die zwischenzeitlich erarbeiteten Definitionen bis heute in den Grundzügen prägend sind, bringt die Beteiligung zahlreicher Disziplinen auch eine gewisse definitorische Unschärfe mit sich. Zudem ist Werbung ein hoch dynamisches Forschungsobjekt, das Veränderungen in seinem gesellschaftlichen, historischen und wirtschaftlichen Umfeld nachvollzieht und in vielen Fällen widerspiegelt, wenn nicht sogar selbst antreibt. Die Antworten auf die Frage „Was ist Werbung?" sind deshalb zumeist Momentaufnahmen mit begrenzter Gültigkeit. Anstelle des Versuchs, eine statisch-dauergültige Definition zu finden, scheint es daher zielführender, Grundmerkmale und -charakteristika herauszuarbeiten und Werbung auf dieser Basis begrifflich zu fassen.

1.3.1 Definitionen von Werbung

Unstrittig ist, dass der Werbung die absichtliche Beeinflussung inhärent ist. Werbung will bei ihren Adressaten etwas bewirken. Sie will via Information den Wissensstand erhöhen, will die Meinungen und Einstellungen zu den beworbenen Objekten positiv verändern und letztlich auch zu bestimmtem Verhalten führen. Bereits Karl Christian Behrens (1970b, S. 4) betont die Persuasionsfunktion der Werbung, wenn er diese als „eine absichtliche und zwangfreie Form der Beeinflussung, welche die Menschen zur Erfüllung der Werbeziele veranlassen soll" definiert. Während diese Definition keine Angaben zu den Mitteln macht, mit denen diese Beeinflussung erzielt werden soll, wurde in anderen Definitionen, vor allem solchen von Verbänden der Werbepraxis, der non-personale Charakter und der Transport der Werbebotschaft über Massenmedien betont. In jüngster Zeit wird auf diesen Verweis verzichtet, so z. B. bei der American Marketing Association (AMA) die früher (leider nicht mehr auffindbar) Werbung als „the placement of announcements and persuasive messages in time or space purchased in any of the mass media by ...." definierte, diese Einschränkung aber mittlerweile weglässt (vgl. AMA o. J.).

Doch stellte bereits Paul W. Meyer (1973, S. 96) fest, dass Werbung auch direkte, personale Kommunikation sein kann und nicht auf Massenmedien angewiesen ist – eine Erkenntnis, die besonders mit der Etablierung digitaler Werbung mit einem „living proof" nachvollziehbar untermauert wird. Diese Unterscheidung in massenmedial verbreitete vs. personalisierte Werbung verweist auf die lange gebräuchlichen Begriffe „Above-the-Line"-vs. „Below-the-Line"-Werbung.

Um eine deutlichere Akzentuierung des ökonomischen Kontextes zu erzielen, sprechen viele Autor:innen auch von Absatz- oder Wirtschaftswerbung und grenzen diese von anderen Werbebereichen, wie z. B. politischer Werbung, ab. Auf diese Ausdifferenzierungen der Werbung wird in Abschn. 1.3.2 eingegangen.

Aus publizistik- und kommunikationswissenschaftlicher Perspektive erscheinen vor allem solche Begriffsbestimmungen interessant, die Werbung deutlich als Kommunikationsprozess auffassen. Sie beziehen sich mehr oder minder auf die bekannte Lasswell-Formel: „Who says what in which channel to whom with what effect" (Lasswell 1948). So definiert etwa Lutz von Rosenstiel Werbung als Kommunikationsprozess,

> „... der einen Sender, einen Empfänger, eine Botschaft und ein Medium umfaßt, durch Kommunikationshilfen positiv oder negativ beeinflußt wird, sich in spezifischen Situationen abspielt und zu einem bestimmten Ergebnis führt" (Rosenstiel 1973, S. 47).

Der Versuch, aus den genannten und vielen weiteren Definitionen (vgl. dazu z. B. Schenk et al. 1990, S. 5 ff.; Brosius und Fahr 1998, S. 12; Koschnick 1996, S. 1186 ff.; Schweiger und Schrattenegger 2021, S. 142; Woelke 2004, S. 74 ff.) die charakteristischen Merkmale von Werbung als diejenigen herauszufiltern, die auf einer abstrakten Ebene auf alle Formen von Werbung zutreffen, fördert fünf beschreibende Wesensbestandteile der Werbung zu Tage: Prozesscharakter, Zielorientierung, Inhalte, Vermittlungswege, Mittel/Formate. Sie werden im Folgenden dargestellt und unter dem Blickwinkel ihrer Akzeptanz in Werbewissenschaft und -praxis kommentiert, auch wenn Borchers (2014, S. 19 ff.) festhält, dass ein eigener, empirisch und theoretisch angemessener kommunikationswissenschaftlicher Werbebegriff fehlt.

1.3 Begrifflich-systematische Grundlagen

▶ *Werbung als Kommunikationsprozess*: Sender:innen (Kommunikator:innen), Empfänger:innen (Rezipient:innen), Botschaft, Medium sind fixe Bestandteile der Werbekommunikation.

Dass Werbung ein Kommunikationsprozess ist, wird in einigen Definitionen explizit betont, in den meisten anderen nur implizit angenommen. Die Betrachtung dieses Prozesses konzentriert sich in den überwiegenden Fällen auf Rezipient:innen, Botschaften und Medien, lässt aber die maßgeblichen Akteur:innen, d. h. Kommunikator:innen, und ihre wechselseitige Vernetzung in der Werbung, weitgehend unbeachtet. Dagegen wird die Frage, wann von gelungener Werbekommunikation gesprochen werden kann, intensiver diskutiert. Analog zur Massenkommunikation ist sie auch für die werbliche Kommunikation nicht einfach zu beantworten. Und zwar deshalb, weil zunächst generell geklärt werden muss, wie denn eine gelungene Kommunikationsbeziehung überhaupt zu bestimmen ist. Ferner muss für alle nicht-personalen Formen der Werbekommunikation jeweils individuell festgelegt werden, was denn als Feedback auf die Botschaft gewertet werden kann. Das aber ist wesentlich davon abhängig, ob überhaupt und – falls ja – welche Werbeziele formuliert wurden.

▶ *Ziele der Werbung:* Aus dem Generalziel der absichtlichen Beeinflussung von Wissen, Meinungen, Einstellungen und/oder Verhalten lassen sich die Ziele werblicher Kommunikation ableiten.

Wenn sie den geplanten und strategischen Charakter der Werbung oft auch nur am Rande erwähnen, so betonen doch fast alle Definitionen, dass es sich bei Werbung um eine absichtliche Beeinflussung handelt, die jedoch ohne formellen Zwang arbeitet. Einige Begriffsbestimmungen verweisen sogar darauf, dass die offensichtlich intendierte Beeinflussung auch für die Adressat:innen erkennbar ist und diese mithin die Persuasionsabsicht durchschauen (können). Umstritten bleibt dagegen, ob Werbung ausschließlich und ob ausschließlich Werbung auf marktrelevante Einstellungen und ökonomisch wirksames Verhalten zielt. Zwar sucht Werbung sicher primär den ökonomischen Erfolg, doch impliziert ein Buchtitel wie „Werbung ist Kunst" (Schirner 1988) des in den 1980er- und 1990er-Jahren gefeierten Starwerbers Michael Schirner, dass zumindest Werbeschaffende bisweilen auch andere Ziele verfolgen. Andererseits nutzen Kommunikator:innen (wenn auch oft nicht primär, so doch aber unter anderem unter ökonomischer Zielsetzung) nicht alleine die Werbung, sondern auch weitere Kommunikationsformen, wie etwa PR, Sponsoring oder Storytelling, um ihren wirtschaftlichen Zielen näher zu kommen. Diese Ziele finden sich in den Definitionen meist auf hohem Abstraktionsniveau und müssen in der Marketing- und Werbepraxis weit konkreter, in den meisten Fällen auch quantifizierbar formuliert werden.

Zudem müssen angesichts der Mediatisierung der Gesellschaft die Ziele der Werbung differenzierter betrachtet werden: Da der ökonomische Erfolg nur sehr schwer ausschließlich auf die Werbung zurückzuführen ist, wird die Thematisierung beworbener

Produkte und Unternehmen in der Medienberichterstattung mindestens zum nachweisbaren Zwischenziel, zunehmend aber auch zum Selbstzweck. Darüber hinaus ist eine Werbebotschaft nur eine von vielen Informationen, die um die knappe Aufmerksamkeit der Konsument:innen buhlen. So kann es als Werbeerfolg gesehen werden, wenn sich eine Werbebotschaft zu einem Thema entwickelt, über das gesprochen wird (auch z. B. im Freundeskreis oder in realen oder virtuellen Netzwerken). Insgesamt müssen also Anschlusspublizistik (inhaltliche Thematisierung werblicher Inhalte) und Anschlusskommunikation (Thematisierung werblicher Inhalte in der interpersonellen und Netzwerk-Kommunikation) als weitere Ziele der Werbung festgehalten werden. Besonders in Zeiten von Social Media wird der letztgenannte Aspekt zunehmend erfolgsrelevant.

▶ *Beworbene Objekte:* Werbung transportiert Aussagen zu Produkten, Dienstleistungen, Unternehmen, Menschen, Marken oder Ideen.

Die Einschränkung, dass nur marktrelevante Objekte Inhalte werblicher Kommunikation sein können, wird zwar häufig erwähnt, aber ebenso wenig von allen Autor:innen geteilt wie die enge Begrenzung auf Produkte oder Dienstleistungen. Ein weiter gefasster Definitionsrahmen, der neben dieser reinen Angebotswerbung auch solche für ein Unternehmen oder eine Marke, aber auch religiöse und politische Werbung einschließt, scheint sinnvoll und nötig. Denn nur so lässt sich die aktuelle Werbepraxis adäquat abbilden, in der z. B. Dienstleistungsanbieter:innen häufig eben nicht für einzelne Leistungsangebote, sondern für Vertrauen in ihr Unternehmen werben. Desgleichen stellt die Werbung gerade für bekannte und exponierte Marken auch nicht mehr ausschließlich die markierten Produkte in den Fokus, sondern sehr häufig nur noch die Marke oder gar deren Konsument:innen, allenfalls ergänzt durch die mit ihr bzw. ihnen verbundenen Werte, Emotionen und Lifestyle-Elemente.

▶ *Transporteure/Kanäle:* Werbung nutzt traditionelle Medien wie z. B. Radio, TV, Zeitungen oder Zeitschriften sowohl in gedruckter Form als auch in online-Varianten, Streumedien ohne redaktionelle Inhalte, wie z. B. Flyer oder Plakate, persönlich adressierte Medien wie z. B. Newsletter, ungewöhnliche Werbeträger wie z. B. Ambient-Medien, aber auch in rasant steigendem Ausmaß digitale Kanäle, wie z. B. Websites, Online-Shops, Social Media Plattformen oder E-Games.

Obwohl in den Definitionen vielfach der öffentliche Charakter der Werbung und damit ihre Verbreitung über Medien (Zeitungen, Zeitschriften, Fernsehen, Hörfunk, Internet, Plakat) betont werden, besteht bzgl. dieses Merkmals keineswegs Konsens. Vor dem Hintergrund der Zielsetzung vieler Werbungtreibenden, aus Effizienzgründen mit möglichst klar abgegrenzten Zielgruppen in eine möglichst individualisierte One-to-One-Kommunikation zu treten, differenziert sich Werbung deutlich aus, und es entstehen neue, bisherige Definitionsgrenzen überschreitende Werbeformen. Grenzüberschreitungen lassen sich aber auch im Verhältnis zwischen Werbung und Inhalten sowohl traditioneller als auch neuer digitaler Medien beobachten. Hier werden zwar in gesetzlichen Bestimmungen und Branchenrichtlinien die Kennzeichnungspflicht und die Trennung der Werbung vom inhaltlichen Teil festgelegt, diese Sichtweise ist aber deutlich medienzentriert. Denn in den Definitionen zur Werbung finden sich solche Aussagen nicht, auch wenn in früheren Definitionen oftmals postuliert wurde, dass Werbung in Massenmedien gekauft bzw. bezahlt sein müsse.

▶ *Mittel/Formate:* Auf unterschiedlichste Art und Weise oder mit verschiedenen Techniken gestaltete Werbemittel sind die Werkzeuge, derer sich die Werbung bedient.

Auch wenn die nach wie vor deutliche Dominanz sog. „klassischer" Werbemittel, wie z. B. Anzeigen bzw. Displays und Spots bzw. Reels, auf den ersten Blick eine präzise und trennscharfe Definition von Werbemitteln vermuten ließe, so führen die Vielzahl jener Werbemittel, die mit ihrem Träger verschmelzen, wie z. B. Flyer oder Direct-Mails, sowie der Einsatz gänzlich neuer Formate in der Online-Werbung zu großer definitorischer Unschärfe. Dennoch sollen hier Werbemittel oder Werbeformate als konstitutive Merkmale von Werbung begriffen werden, damit die Werbung von anderen Formen der Beeinflussung unterschieden werden kann.

Die hier skizzierten fünf Wesensbestandteile der Werbung – Prozesscharakter, Zielorientierung, Inhalte, Vermittlungswege und Mittel – ergeben in Kombination eine aktuelle Definition von Werbung.

▶ **Werbung** Werbung ist ein geplanter Kommunikationsprozess. Sie will gezielt Wissen, Meinungen, Einstellungen und/oder Verhalten über und zu Produkten, Dienstleistungen, Unternehmen, Marken oder Ideen beeinflussen. Sie bedient sich spezieller Werbemittel und wird über Werbeträger wie z. B. Medien und andere Kanäle verbreitet.

1.3.2 Traditionelle Differenzierungen in der Werbung

Diese sehr allgemeine Definition von Werbung wurde bereits früh von verschiedenen Autor:innen weiter unterteilt, so z. B. auch in Bereiche, in denen Werbung im wirtschaftlichen von jener im privaten, politischen, kulturellen und ethischen Bereich differenziert wird (vgl. Meyer und Hermanns 1981, S. 15). Insgesamt ging es vor allem um die klare Bestimmung der Wirtschaftswerbung und konkreter, der Absatzwerbung. Während Wirtschaftswerbung die Werbung im weitesten Sinn auf marktrelevante Adressat:innen und ökonomisch wirksame Beeinflussung eingrenzt (vgl. z. B. die häufig zitierte Unterscheidung von Behrens 1970b, S. 4 und Haseloff 1970, S. 158), verweist der Begriff Absatzwerbung innerhalb dieses Rahmens auf betriebliche Teilfunktionen, nämlich auf den Absatz und Verkauf von Produkten und Leistungen. Ihren funktionalen Gegenpol bildet die Beschaffungswerbung. Mit dem Wandel vom Arbeitgeber:innen- zum Arbeitnehmer:innenmarkt bekommt die Werbung zur Beschaffung von Personal im Recruiting von Mitarbeitenden eine spezielle Bedeutung. In zunehmend mehr Branchen finden sich hier aufgrund des akuten Personalmangels sehr kreative Ansätze.

Des Weiteren verweist etwa Siegfried J. Schmidt (1995b, S. 52) darauf, dass Werbung zwar letztlich verkaufen müsse, fasst Verkaufen aber in einem deutlich übergeordneten Sinn auf, nach dem auch Ideen verkauft werden müssen.

Zudem finden sich zahlreiche Unterteilungen von Werbeformen etwa nach Werbezielen, beworbenen Objekten oder nach Auftraggeber:innen der Werbung. Dies führt z. B. zu Differenzierungen zwischen Image- und Verkaufswerbung, Konsum- und Investitionsgüterwerbung, zwischen Produkt-, Marken- und Unternehmenswerbung oder zwischen Industrie-, Handels- und Dienstleistungswerbung (begriffskonsistenter, wenn auch sprachlich sperriger wäre hier: Dienstleisterwerbung).

▶ **Absatzwerbung** Absatzwerbung ist ein geplanter Kommunikationsprozess. Mit der Beeinflussung von ökonomisch relevantem Wissen, Meinungen, Einstellungen und Verhalten will sie gezielt den Absatz von Produkten oder Dienstleistungen steigern. Sie bedient sich spezieller Werbemittel und wird über Medien und andere Kanäle verbreitet.

Die Ökonomisierung vieler Lebensbereiche, die aktuelle Werbe- sowie die aktuelle Medienentwicklung lassen viele dieser Unterscheidungen mehr denn je fragwürdig erscheinen. Warum sollte etwa die Plakatwerbung für das Jahresabonnement eines Opernhauses oder die Multi-Channel-Kampagne für ein 3-Tage-Open-Air-Konzert nicht ökonomisch relevant sein? Oder was genau ist ein Wirtschaftsunternehmen? Was ist dann Wirtschaftswerbung und wie sind vor diesem Hintergrund etwa die Zeitungsanzeigen für kostenpflichtige Weiterbildungskurse einer Universität einzuordnen? Ist ein Tweet einer Präsidentin persönliche Nachricht oder politische Werbung? Und wird ein Post zur Wirtschaftswerbung, wenn er vom CEO eines Unternehmens ins Netz gestellt wird? Inwiefern unterscheidet sich besonders bei Dienstleistungsunternehmen die Unternehmens- von der Produktwerbung? Und ist Unternehmens-, aber auch Markenwerbung nicht auch in letzter Instanz Absatzwerbung?

Fallbeispiel Absatzwerbung

Werbung für Lebensmittel der MIGROS: In Abb. 1.1 ist links die Anzeige in der lokalen Tageszeitung dargestellt, rechts davon – zum Vergleich – die entsprechenden Online-Angebote auf der Webseite. ◀

Viel wichtiger als die genaue Abgrenzung von Wirtschafts- oder Absatzwerbung erscheint es uns daher, auf jene Ausdifferenzierung der Werbung hinzuweisen, die parallel zur Entwicklung der Gesellschaften hin zu Medien- und Informationsgesellschaften verläuft und von drei kraftvollen Motoren angetrieben wird: dem Aufmerksamkeits-

1.3 Begrifflich-systematische Grundlagen

Abb. 1.1 Fallbeispiel Absatzwerbung. (Migros 2023a und b)

und Informationswettbewerb, der Dynamik der Informations- und Kommunikationstechnologien sowie dem wirtschaftlichen Wettbewerb mit seinem permanenten Kostendruck.

Bereits die erste Hürde für eine erfolgreiche Werbekommunikation, nämlich jene, die Rezipient:innen überhaupt zu erreichen, wird angesichts der Informationsflut – zu der die Werbung selbst nicht unmaßgeblich beiträgt – immer höher. Das macht das Umfeld für Werbekommunikation insgesamt schwieriger. Aufmerksamkeit und Zuwendung werden unter den Bedingungen des Informationswettbewerbs zu knappen Ressourcen. Daher scheint es nicht weiter verwunderlich, dass die Werbewirtschaft alle vorhandenen Möglichkeiten ausschöpft und immer wieder neue Möglichkeiten sucht (und findet), ihre Ziele zu erreichen.

Neue Informations- und Kommunikationstechnologien haben nicht nur die Entwicklung der klassischen Medien vorangetrieben, sondern auch neue Medien geschaffen und damit die Kreation neuer oder zumindest veränderter Werbeformen und die Ausdifferenzierung der Werbung befördert. So erlaubt z. B. eine weiter entwickelte Verarbeitungstechnik beim Zeitschriftendruck, nicht mehr nur Antwortkarten, sondern auch (bis zu gegebenen Grenzen) dreidimensionale Warenproben oder gar WLAN-Minisender aufzubringen (Add-on). Und man darf gespannt sein, welche neuen Formate sich aus der Entstehung virtueller Welten wie dem sog. Metaverse entwickeln werden.

Schließlich zwingt der steigende Kostendruck, der auch in der Werbung herrscht, Werbungtreibende wie -agenturen zur Beachtung von Effizienz- und Effektivitätskriterien und zur Entwicklung neuer Werbeformen, die sich in vier Korridoren konkretisiert:

1. Mikrofein rasternde Segmentierungsverfahren ermöglichen die Auswahl von Zielgruppen bzw. -personen anhand festgelegter, für den Werbeerfolg relevanter Kriterien bis hin zur One-to-One-Kommunikation. Ziel ist es, Streuverluste zu minimieren und Werbeträger wie auch die werbliche Botschaft und Ansprache so genau wie möglich auf den Lebensstil der anvisierten Rezipient:innen abzustimmen, um überhaupt zu diesen vorzudringen. Big Data, User-Profile und algorithmische Auswertungsverfahren eröffnen den Werbungtreibenden und ihren Agenturen hier eine in vor-digitalisierter Zeit nicht verfügbare Präzision.
2. Der zweite Korridor lässt sich als „total coverage" bezeichnen. Hier geht es darum, Rezipient:innen in möglichst allen Lebensbereichen werblich erreichen zu können, zumal in solchen, in denen sie Zeit „vertreiben" wollen oder müssen oder sich bewusst der Werberezeption widmen. Dies führt dazu, dass medial vermittelte Werbung mehr denn je öffentliche und teilöffentliche Räume erobert. Diese sind dann dank Videoboards in Bahnhöfen, Shop-TV vor Ladenkassen in Tankstellen, U-Bahn-Fernsehen u. a. „nicht mehr Plätze der Zivil-, sondern Plätze der Konsumgesellschaft" (Krotz 2001b, S. 203). Bereits Ende 2011 wies das Strategieberatungsunternehmen Goldmedia darauf hin, dass sich Smartphones zur „Fernbedienung des Lebens" entwickeln würden (vgl. Goldmedia 2011, S.2). Ihre heutige, an die 100 Prozent heranreichende Nutzung erlaubt es mobiler Werbung, nahezu immer und überall präsent zu sein.
3. Im dritten Korridor wird zunehmend nach Werbeformen gesucht, die es unmöglich machen sollen, Werbung nicht zu beachten oder bewusst zu umgehen. Im Mittelpunkt dieser Bemühungen steht die – möglichst nicht mehr wahrnehmbare – Verschmelzung von medialen Inhalten und Werbung, die besonders für die Publizistik- und Kommunikationswissenschaft von Interesse ist.
4. Die Nutzung interpersoneller Kommunikation für Werbezwecke von Dritten kann als vierter Korridor bezeichnet werden. Die Online-Version der Mund-zu-Mund-Propaganda, das electronic Word-of-Mouth-Marketing (auch: eWOM-, virales oder Buzz-Marketing) oder die gezielte Inanspruchnahme von Influencer:innen, erlangen besondere Bedeutung u. a. durch die höhere Glaubwürdigkeit interpersonaler gegenüber massenmedialer Kommunikation und werden noch bedeutsamer, wenn es sich bei den Empfehlenden um Meinungsführer:innen im jeweiligen Thema handelt.

Gegenwärtig sind also unterschiedliche Kategorien von Werbung zu finden. Beispiele aus der aktuellen Werbepraxis zeigen jedoch auch, dass immer wieder einzelne Kategorien ineinander übergehen, verwischen, sich teilweise widersprechen oder gegenseitig aufheben, sodass letztlich alle Kategorisierungen flüchtig sind. Zumal die meisten von ihnen auf Grund verschiedenster Interessenslagen gestaltet und oft tradiert wurden, ohne hinterfragt zu werden. Meist sind sie weder wechselseitig ausschlussfähig, noch werden sie kontinuierlich auf ihre Funktionalität hin überprüft oder modifiziert. In der Werbepraxis wird bei solchen schlecht zuordenbaren Formen gerne von Crossover-Marketing gesprochen, was im ironischen Sinn auch als „überall und nirgends dazugehörig" verstanden werden kann. Um die aktuelle Ausdifferenzierung der Werbung im Überblick darstellen zu können, werden im Folgenden trotz der oben genannten Bedenken die gebräuchlichsten Kategorien der Werbung vorgestellt und – verbunden mit den entsprechenden Zuordnungsschwierigkeiten – kurz diskutiert.

1.3.2.1 Above-the-Line-Werbung

Above-the-Line-Werbung wird häufig als Bezeichnung für klassische Werbung verwendet. Darunter versteht man im Kern diejenige Werbung, die sich der traditionellen Medien als Transporteure, d. h. als Werbeträger, bedient. Damit wird diese oft auch als Mediawerbung bezeichnete Form zu öffentlicher Kommunikation, der Werbeanzeigen in Zeitungen und Zeitschriften sowie Spots im Fernsehen, Kino, Internet und Hörfunk unbestritten zugeordnet werden. Dagegen herrscht kein Konsens in der Frage, ob und inwieweit Verkehrsmittel- und andere Out-of-Home Werbung „above the line" anzusiedeln sind. Tendenziell wird aber die gesamte „klassische" Außenwerbung zur Above-the-Line-Werbung gerechnet, die neben der Plakatwerbung auf Ganzflächen (populärer: Litfaßsäulen), Großflächen, City-Light-Postern und City-Light-Boards (auch als Mega-Lights bezeichnet) auch öffentliche Videowände, Werbung an Gebäuden sowie Werbung auf und in öffentlichen wie privaten Verkehrsmitteln (Busse, Bahnen, Bergbahnen, Schiffe, LKW etc.) umfasst.

Ebenfalls zur Außenwerbung gerechnet wird die Sportstätten-Werbung, die vor allem als Bandenwerbung im Rahmen von Sportveranstaltungen zum Tragen kommt. Dabei wird die klassische Bandenwerbung zunehmend abgelöst durch so genannte Get-Ups. Das sind unmittelbar an exponierten Flächen (bei Fußballspielen z. B. in Tornähe) am Spielfeldrand ausgelegte Teppiche, die so verzerrt sind, dass sie im Fernsehbild dreidimensional erscheinen. Ihr Vorteil liegt darin, dass Get-Ups ganz nahe ans Sportgeschehen und damit in den Fokus der TV-Kameras gerückt werden können, ohne die Sportler:innen zu behindern. Zudem verfügen Sportstätten über digitale oder LED-Banden, die einerseits eine Mehrfachbelegung der Flächen zulassen (was zu höheren Einnahmen für die Flächeneigner:innen führt) und andererseits in gewissem Rahmen die Wiedergabe bewegter Inhalte zulässt.

Als gemeinsames Kennzeichen der Above-the-Line-Werbung wird die Abhängigkeit der Werbung von medialen Werbeträgern, deren Reichweite und Kontaktwahrscheinlichkeiten bzw. Kontaktqualitäten angegeben (vgl. Koschnick 1996, S. 565). Aus diesem Grund ist sie für die Publizistik- und Kommunikationswissenschaft auch von besonderem Interesse.

Fallbeispiel Above-the-Line-Werbung

Die einseitige Zeitschriften-Anzeige für Patek Philippe im ZEIT Magazin (siehe Abb. 1.2) ist ein typisches Beispiel für Above-the-Line-Werbung. ◀

Abb. 1.2 Fallbeispiel Above-the-Line-Werbung. (Patek Philippe 2023)

Legt man das Kriterium der Abhängigkeit von einem medialen Werbeträger zu Grunde, entstehen schnell Abgrenzungsprobleme: So müsste eigentlich auch die programmintegrierte Werbung – gelegentlich und meist abwertend als Schleichwerbung bezeichnet – dieser Form der Werbung zugerechnet werden. Da sie sich aber nicht der klassischen Werbemittel Spot oder Anzeige bedient, wird sie hier einer eigenen Kategorie zugeordnet. Noch fragwürdiger erscheint bei Anwendung des Kriteriums „medialer Werbeträger" die Zuordnung der Außenwerbung zur Above-the-Line-Werbung, da sich auch eine tausend Fahrzeuge umfassenden Flotte an Stadtbussen nicht als Medium im traditionellen Sinn bezeichnen lässt. Der Zentralausschuss der Werbewirtschaft ZAW zieht daher zur Abgrenzung das Merkmal der Erfassbarkeit eines Werbeträgers heran: Dann fallen unter den Begriff Above-the-Line-Werbung Werbeschaltungen in Tages-, Wochen- und Sonntagszeitungen, in Zeitungssupplements, im Fernsehen und im Radio, in Publikums- und Fachzeitschriften, in Anzeigenblättern, in Filmtheatern und in Online-Angeboten, zudem die gesamte Außenwerbung und die Werbung in Verzeichnismedien. Paradoxerweise werden aber postverteilte Massendrucksachen, die nach ZAW ebenfalls erfassbar sind, nicht above the line gesehen. Andererseits können sie aber z. B. auch nicht der Direktwerbung zugerechnet werden, weil sie nicht persönlich adressiert sind. An diesen Beispielen zeigt sich deutlich, wie wenig trennscharf Werbeformen voneinander abgegrenzt sind, weil die Kreativität und Marktdynamik der Werbepraxis neue Werbeformen schneller hervorbringt, als Verbände oder die Wissenschaft bestehende Systematisierungen aktualisieren könnten.

▶ **Above-the-Line-Werbung** Above-the-Line-Werbung ist Werbung, die sich in Form von Anzeigen und Spots sowie anzeigen- und spotähnlichen Werbemitteln öffentlich zugänglicher Werbeträger bedient.

1.3.2.2 Below-the-Line-Werbung

Unter der imaginären Werbelinie geht es noch diffuser zu als darüber: In praxi werden nahezu alle Werbe- und Kommunikationsformen, die nicht in der Matrix zwischen klassischen Werbemitteln auf der einen Achse und klassischen Werbeträgern auf der anderen einzuordnen sind, im weiten Feld der Below-the-Line-Werbung angesiedelt.

Wenn Wolfgang J. Koschnick (1996, S. 156) darunter Verkaufsförderung (Promotion), Direktwerbung und PoP-Werbung[1] fasst, so ergeben sich aus dieser Zuordnung zwei Fragestellungen: Zum einen erscheint unklar, inwieweit PoP-Werbung und Merchandising letztlich bereits der Verkaufsförderung zuzuordnen sind (vgl. Koschnick 1996, S. 961), in deren Rahmen alle Maßnahmen zu below the line gerechnet werden, die kurzfristig den Absatz von Waren oder Leistungen fördern. Auch eine Aufzählung der in der Praxis eingesetzten Formen, wie z. B. Displays, PoS-Videos, InStore-Radio, Warenproben, Degustationen, Preisausschreiben u. ä., hilft wenig weiter, da nicht nur ständig neue Variationen

---

[1] Werbung am Ort des Einkaufs oder Point of Purchase (PoP). Sie wird in den meisten Fällen, wenn auch unter spiegelbildlicher Perspektive, mit der Werbung am Ort des Verkaufs oder Point of Sales (PoS) gleichgesetzt.

entwickelt werden, sondern auch Verkaufsförderungsmaßnahmen wie Add-on-Warenproben oder -Booklets in der Werbepraxis als below the line gewertet werden, obwohl sie strategisch von einem klassischen massenmedialen Werbeträger abhängig und damit eigentlich Above-the-Line-Werbung sind.

Fallbeispiel Below-the-Line-Werbung

Abb. 1.3 zeigt ein Fallbeispiel einer Below-the-Line-Werbeaktion der Stadtwerke Augsburg für Erdgasfahrzeuge im Einkaufszentrum *City Galerie* in Augsburg am 21.01.2016. ◄

Abb. 1.3 Fallbeispiel Below-the-Line-Werbung. (Eigenes Foto)

Zum zweiten scheint dieser Blickwinkel zu eng angelegt, da er viele aktuell entstandene Sonderwerbeformen ausblendet. Als ein Beispiel für diese Art der Below-the-Line-Werbung sei hier jene Werbung zitiert, die sich so genannter Ambient-Medien bedient. Damit sind Platzierungsmöglichkeiten gemeint, die im täglichen Lebensumfeld (z. B. im Restaurant, im Fitnessstudio oder in der Straßenbahn) auftauchen und als potenzielle Werbeträger dienen können, obwohl sie eigentlich nicht in erster Linie dafür konzipiert sind: Toilettenhäuschen, Eintrittskarten, Skiliftbügel, Zuckerbeutel, Parkscheine, Zapfpistolen zählen ebenso zu den Ambient-Medien wie „floorgraphics", Kanaldeckel oder „kneipenverteilte" Postkarten. Sie „überraschen" sozusagen die Rezipient:innen mit Werbung an ungewöhnlichen Orten und Stellen. Werbung in Ambient-Medien kombiniert die Ausrichtung auf eine klar definierte Zielgruppe mit der Ausnützung bisher werbefreier Räume. Ihr Wirkungsgrad bleibt jedoch in gewisser Weise intransparent.

Ebenfalls als eigene Kategorie dargestellt wird hier die oft der Below-the-Line-Werbung zugeordnete Direktwerbung. Unter dem Label One-to-One-Kommunikation im Zuge der Online-Ökonomie oft und intensiv als Innovation thematisiert, liegen ihre Wurzeln und generellen Funktionsweisen doch weiter zurück im klassischen Direct-Mail-Geschäft als „Verkaufsgespräch per Brief und Antwortkarte" (Vögele 2002 [1982]).

▶ **Below-the-Line-Werbung** Below-the-Line-Werbung ist eine unspezifische Sammelkategorie, zu der summarisch alle von der klassischen Werbung (Mediawerbung) abweichenden Formen gezählt werden.

1.3.2.3 Direktwerbung

Auch in der Direktwerbung zeigt sich ein verschwommenes Konglomerat an Definitionen, das in einer vielfachen und oft unbekümmerten Gleichsetzung der Direktwerbung mit nicht synonym zu gebrauchenden Begriffen wie Direct-Mail oder Direkt-Marketing begründet liegt (vgl. Dallmer und Thedens 1978, S. 13). Auch werden jene Kriterien immer weniger, die die Direkt- von der klassischen Werbung abgrenzen. So trennt z. B. das Kriterium der direkten und persönlichen Adressierung eines Werbemittels, wie z. B. beim klassischen, personal-adressierten Mailing, nicht mehr scharf, da z. B. Coupon-Anzeigen in der Praxis der Direktwerbung zugerechnet werden, aber dennoch in klassischen Printmedien zu finden sind. Weitere, ebenfalls medial verbreitete Formen der Direktwerbung sind Werbespots für Kontakt-Hotlines und so genannte Dauerwerbesendungen des Home-Order-Televisions. Auch eine Abgrenzung über die Auswahl der Werbeträger differenziert nicht hinreichend.

Stattdessen bestimmt ein anderes Merkmal, inwieweit ein Werbemittel der Direktwerbung zuzuordnen ist: die Response- oder Feedbackfähigkeit. Direktwerbung ermöglicht den Rezipient:innen, ohne weitere Informationsbeschaffungsmühe direkt mit den Absender:innen der Werbung Kontakt aufzunehmen. Und sie ermöglicht es nicht nur, es ist sogar meist ihr primäres Werbeziel, just diese Response zu bewirken. Was in Zeiten von Online und Social Media als selbstverständlich und üblich angesehen wird, war in Vor-Online-Zeiten eine aufwändige Angelegenheit. So musste ja bereits zumindest eine Form der

Kontaktadresse zwingender inhaltlicher Bestandteil des jeweiligen Werbemittels sein. Dabei ist „Kontaktadresse" weit gefasst als Telefon-, Faxnummer, Internet- oder postalische Adresse des Absenders zu verstehen. In der Print-Direktwerbung fallen darunter auch Antwort-Coupons, bei Mailings und Katalogen Bestellformulare oder Rückantwortkarten. Allen gemein ist, dass sie so gekennzeichnet werden können, dass die Werbungtreibenden die Response direkt messen und dem jeweiligen Werbeträger bzw. Werbemittel zurechnen können. Zumindest die quantitative Werbeerfolgskontrolle wird damit wesentlich leichter als in der klassischen Werbung.

In der Online-Werbung kann direkt und ohne Gerätewechsel eine Transaktion, d. h. Kauf bzw. Bestellung, herbeigeführt werden. Anschauliche Beispiele für die Kombination von Response und Transaktion finden sich in politischen Kampagnen z. B. bei Wahlen. Dort gelingt es regelmäßig, die Nutzer:innen so zu aktivieren, dass sie für Kandidat:in oder Kampagne Gelder spenden. Völlig neue Möglichkeiten der Response-Gestaltung wie auch der Erfolgskontrolle bieten QR (Quick Response) Codes. Als kontrastreiche, zweidimensionale Zeichen lassen sich QR-Codes in nahezu allen Medien einsetzen, deren Informationen optisch vermittelt werden, also auch auf Mobiltelefon-Displays.

Im Gegenzug kann die nicht-medial verbreitete Direktwerbung nicht von der Verknüpfung mit dem inhaltlichen Kontext von Medien profitieren, sondern muss die Aufmerksamkeit der Adressat:innen aus sich selbst heraus generieren. Die zielgruppen- bisweilen auch zielpersonengerechte Ansprache wird deshalb in der Direktwerbung zum A und O, die Verfügbarkeit möglichst aussagekräftiger Daten von Kund:innen und potenziellen Kund:innen zur Grundlage der adressierten Direktwerbung.

In den 1990er-Jahren in diesem Zusammenhang auftauchende Begriffe wie Database Marketing, Geo-Marketing, Customer Relationship Management (CRM), Mass Customization, Content Customization oder One-to-One-Communication verstellen bisweilen den Blick darauf, dass in der Direktwerbung bereits gute 10 Jahre früher (also in den 1980er-Jahren) mikrogeografische und andere feinst selektive Verfahren der Marktsegmentierung entwickelt worden sind. Sie sollten auch in der Direktwerbung bestehende Streuverluste in der Kommunikation mit potenziellen und bestehenden Kund:innen minimieren, verfolgen damit also eine ähnliche Zielsetzung wie die Mediaplanung in der klassischen Werbung (vgl. Freter 1974, S. 62 ff. und 1983, S. 46).

Fallbeispiel Direktwerbung

Das in Abb. 1.4 gezeigte Beispiel der personalisierten Direktwerbung für Mobility Carsharing zeigt oben die Außenseite sowie unten die Innenseiten des Flyers und wurde im August 2016 zugestellt. ◄

▶   **Direktwerbung** Direktwerbung ist Werbung, bei der eine Kontaktadresse der Absender:innen konstitutiver Bestandteil des eingesetzten Werbemittels ist, um es den Rezipient:innen zu ermöglichen, direkt und ohne weitere Informationsbeschaffungsmühe mit den Absender:innen Kontakt aufzunehmen.

1.3 Begrifflich-systematische Grundlagen

Abb. 1.4 Fallbeispiel Direktwerbung. (Eigenes Foto)

1.3.2.4 Programmintegrierte Werbung und hybride Werbeformen

Werbung steht nicht nur im Wettbewerb um Aufmerksamkeit in Konkurrenz zu anderen Kommunikationsangeboten. Vielmehr sieht sie sich auch der Entwicklung ausgesetzt, dass sie von Rezipient:innen ignoriert, aktiv umgangen oder mittels Werbe- oder Adblockern technisch unterdrückt wird. Hier helfen zum einen besser gestaltete, interessante und aufmerksamkeitsstarke Werbemittel (vgl. Aebi 2003, S. 16 ff.). Zum anderen verhindern verschiedene Programmanbieter durch technische Maßnahmen, dass User:innen beim zeitversetzten Fernsehen oder Streaming, dem sog. Replay-TV die eingebettete Werbung überspringen können. Und schließlich versuchen neue Werbeformen, dieses Problem zu umgehen, indem sie sich den medialen Inhalten – seien es journalistische oder Unterhaltungsinhalte – annähern oder gar mit ihnen zu hybriden Formen verschmelzen. Einige Formen wurden und werden aus diesem Grund auch als Schleichwerbung bezeichnet.

Programmintegrierte Werbung (vgl. dazu auch: Schierl 2003, S. 65 ff.) und hybride Werbeformen bezeichnen diejenige Werbung, die als solche nur noch bedingt oder überhaupt nicht mehr erkennbar ist. Dafür lassen sich vier Gründe ausmachen:

1. Programmintegrierte Werbung ist ins jeweilige redaktionelle Umfeld thematisch optimal eingebettet (sog. „werbefreundliche Umfelder").
2. Programmintegrierte Werbung und hybride Werbeformen imitieren den redaktionellen Kontext in Inhalt und Gestaltung.
3. Programmintegrierte Werbung und hybride Werbeformen ersetzen den redaktionellen Kontext.
4. Bei der programmintegrierten Werbung werden Produkte, Unternehmen und Marken gezielt in Filmhandlungen, Sendungsabläufe oder redaktionelle Kontexte integriert und bestimmen nicht selten deren Aufbau, Ablauf und Dramaturgie (mit).

Typische Beispiele dafür sind Placements (Product, Location, Image u. a.) oder redaktionelle Verweise auf Produkte, Unternehmen, Marken und Dienstleistungen, die in der Medien- und Werbepraxis auch als Infomercials oder Advertorials bezeichnet werden.

> **Fallbeispiel hybride Werbeformen**
>
> Imitation redaktioneller Teile in der Gestaltung am Beispiel eines Artikels von handelsblatt.com: Links in Abb. 1.5 die redaktionelle Seite (dpa 2015), rechts davon die Seite, die beim Aufruf sieben Tage später eingespielt wurde, und bei der der Hauptartikel und alle anderen Beiträge Werbung für IBM (2015) darstellen. Trotz Kennzeichnung als Anzeige sind Originalformat und werbliche Imitation kaum zu unterscheiden. ◄

In den letzten Jahren haben sich – insbesondere im Online-Umfeld – für Werbung, die den medialen Kontext in Inhalt und Gestaltung imitiert und/oder ihn ersetzt, auch die Begriffe Native Advertising und Content Marketing durchgesetzt. In beiden Fällen geht es

1.3 Begrifflich-systematische Grundlagen

Abb. 1.5 Hybride Werbeformen. (dpa 2015; IBM 2015)

auch darum, die (journalistischen) Kompetenzen des „Storytelling" für die werblichen Anliegen zu nutzen. Dabei lässt sich auch bei diesen Werbeformen beobachten, dass sie teilweise explizit als Werbung gekennzeichnet sind, teilweise aber so in das jeweilige Online-Umfeld integriert werden, dass sie trotz Kennzeichnung nicht als Werbung wahrgenommen werden.

Programmintegrierte Werbung lässt sich jedoch auch nicht über diejenigen Kriterien definieren, die es den Rezipient:innen erlauben, Werbung und Programm zu unterscheiden. Dies, weil – wie Woelke (2004, S. 261) auf Basis seiner Experimente bemerkt – eine „für Werbung und deren vermeintliche Angebote einheitliche und typische Rezeptionsweise und Wirkung damit … nicht feststellbar" ist. Immer noch zeigen verschiedene Studien, dass Rezipient:innen programmintegrierte Werbung oft nicht als Werbung erkennen können (vgl. Übersicht von Borchers und Woelke 2020, S. 327 f.).

In der Publizistik- und Kommunikationswissenschaft gibt es seit den 1990er-Jahren ein massives Interesse an dieser Kategorie der Werbung (vgl. dazu u. a. Hänecke 1990; Baerns 1996, 2004; Auer und Diederichs 1993; Jost 1995; Schmidt 1995a; Spitzer 1996; Hartwig 1998; Siegert et al. 2007; Naderer et al. 2020; Weinacht 2022). Vor allem, weil diese Werbeformen die medialen Inhalte am offensichtlichsten beeinflussen und damit die öffentliche Kommunikation verändern (vgl. Siegert und von Rimscha 2016).

Programmintegrierte Werbung wird deshalb immer wieder in der Regulierung des Verhältnisses von Medien und Werbung thematisiert. Z. B. in der EU-Richtlinie über audiovisuelle Mediendienste 2010, in der die EU-Mitgliedstaaten – im Widerspruch zum in der gleichen Richtlinie verankerten grundsätzlichen Verbots von Schleichwerbung und Produktplatzierungen (Präambel, Ziffern 90 und 92) – die Möglichkeit bekommen haben, diese Art Werbung für ihren Hoheitsbereich unter bestimmten Bedingungen zu erlauben. In Deutschland werden im Medienstaatsvertrag von 2022 entsprechend „zulässige Produktplatzierungen" behandelt. Obwohl der Vertrag grundsätzlich fordert, dass Werbung vom redaktionellen Inhalt unterscheidbar sein muss (§ 8), werden in § 38 Ausnahmen formuliert. So werden zum einen Inhalte genannt, in denen Produktplatzierungen erlaubt sind. Zum anderen wird ausgeschlossen, dass solche Placements konkret bezahlt werden, weil nur Produktionshilfen und in einer Sendung ausgelobte Preise erlaubt werden. Die Diskussionen und Formulierungen ignorieren aber weitgehend, dass sich bereits mannigfaltige Formen programmintegrierter Werbung etabliert haben.

▶ **Programmintegrierte Werbung und hybride Werbeformen** Programmintegrierte Werbung und hybride Werbeformen sind nur bedingt oder nicht als Werbung erkennbar. Sie sind thematisch nahtlos in die medialen Umfelder eingebettet, imitieren deren Inhalt und Gestaltung oder ersetzen diese. Die beworbenen Objekte werden gezielt in Sendungsabläufe oder mediale Kontexte integriert und können deren Ablauf, Struktur und Dramaturgie beeinflussen.

Zusammenfassung
Das vorangegangene Kapitel legt in drei Unterkapiteln erste Grundlagen für eine publizistik- und kommunikationswissenschaftliche Auseinandersetzung mit dem Forschungsgegenstand Werbung. Dabei zeigt sich Werbung theoretisch wie pragmatisch außerordentlich umfassend, komplex und dynamisch. Während in Abschn. 1.1 deutlich auf die anhaltend hohe Bedeutung der Werbung in der und für die Medien- und Informationsgesellschaft hingewiesen wird, verdeutlicht Abschn. 1.2, welche wissenschaftlichen Disziplinen sich in welcher Weise mit dem Thema Werbung befasst haben und aktuell befassen. Ein Blick auf die Werbung als Erkenntnisobjekt der Publizistik- und Kommunikationswissenschaft zeigt, dass sich diese mittlerweile als Forschungsgegenstand etabliert hat.

Vor diesem Hintergrund wird zu Beginn der Klärung begrifflich-systematischer Grundlagen in Abschn. 1.3 Werbung als geplanter Kommunikationsprozess definiert, der mit Hilfe spezieller Werbemittel und verbreitet über diverse Werbeträger gezielt zu beeinflussen sucht. Der zweite Teil des Unterkapitels fokussiert die Ausdifferenzierung der Werbung anhand der Darstellung von vier Kategorien von Werbeformen: Above-the-Line-Werbung, Below-the-Line-Werbung, Direktwerbung sowie programmintegrierte Werbung und hybride Werbeformen. Zwar bedingen die hohe Dynamik der Entwicklung der Werbeformen und eine von der Praxis forcierte Begriffsvielfalt eigentlich eine permanente Aktualisierung der Begrifflichkeiten, doch soll mit der gewählten Gruppenbildung zumindest ein idealisierter Überblick ermöglicht werden.

▶ **Empfohlene Literatur** Zurstiege 2015; Siegert et al. 2016; Meitz et al. 2022

Literatur

Aebi, Jean Etienne. 2003. Einfall oder Abfall: Was Werbung warum erfolgreicher macht. Mainz: Schmidt.
AMA American Marketing Association. (o. J.) Advertising. https://www.ama.org/topics/advertising/. Zugegriffen: 12. Januar 2023.
Ang, Ien. 1991. Desperately Seeking the Audience. London, New York: Routledge.
Auer, Manfred, und Frank A. Diederichs. 1993. Werbung: below the line, Product Placement, TV-Sponsoring, Licensing. Landsberg/Lech: Verlag Moderne Industrie.
Baerns, Barbara. 1996. Schleichwerbung lohnt sich nicht! Plädoyer für eine klare Trennung von Redaktion und Werbung in den Medien. Neuwied: Luchterhand.
Baerns, Barbara (Hrsg.). 2004. Leitbilder von gestern? Zur Trennung von Werbung und Programm; eine Problemskizze und Einführung. Wiesbaden: VS Verlag für Sozialwissenschaften.
Bauer, Hans H., Dirk Große-Leege, und Jürgen Rösger (Hrsg.). 2012. Interactive Marketing im Web 2.0+: Konzepte und Anwendungen für ein erfolgreiches Marketingmanagement im Internet, 2. Aufl. München: Vahlen.
Baumgart, Manuela. 1992. Die Sprache der Anzeigenwerbung: Eine linguistische Analyse aktueller Werbeslogans. Heidelberg: Physica-Verlag.
Bechstein, Gabriele. 1987. Werbliche Kommunikation: Grundinformationen zur semiotischen Analyse von Werbekommunikaten. Bochum: N. Brockmeyer.
Behrens, Karl Christian (Hrsg.). 1970a. Handbuch der Werbung: Mit programmierten Fragen und praktischen Beispielen von Werbefeldzügen. Wiesbaden: Gabler Verlag.
Behrens, Karl Christian. 1970b. Begrifflich-systematische Grundlagen der Werbung: Erscheinungsformen der Werbung. In Handbuch der Werbung: Mit programmierten Fragen und praktischen Beispielen von Werbefeldzügen, Hrsg. Karl Christian Behrens, 3–10. Wiesbaden: Gabler Verlag.
Bigne, Enrique, und Sara Rosengren (Hrsg.). 2019. Advances in Advertising Research X: Multiple Touchpoints in Brand Communication. Wiesbaden: Springer Gabler.
Borchers, Nils S. 2014. Werbekommunikation: Entwurf einer kommunikationswissenschaftlichen Theorie der Werbung. Wiesbaden: Springer VS.
Borchers, Nils S., und Jens Woelke. 2020. Epistemological and methodical challenges in the research on embedded advertising formats: A constructivist interjection. Communications 45 (3): 325–349. https://doi.org/10.1515/commun-2019-0119.
Brosius, Hans-Bernd, und Andreas Fahr. 1998. Werbewirkung im Fernsehen: Aktuelle Befunde der Medienforschung, 2. Aufl. München: Reinhard Fischer.

Bruhn, Manfred. 1997. Kommunikationspolitik: Grundlagen der Unternehmenskommunikation. München: Vahlen.

Bruhn, Manfred. 2019. Kommunikationspolitik: Systematischer Einsatz der Kommunikation für Unternehmen, 9. Aufl. München: Vahlen.

Bücher, Karl. 1926. *Gesammelte Werke zur Zeitungskunde.* Tübingen: Verlag der H. Laupp'schen Buchhandlung.

Bundesländer. 2022. Medienstaatsvertrag (MStV). https://www.die-medienanstalten.de/fileadmin/user_upload/Rechtsgrundlagen/Gesetze_Staatsvertraege/Medienstaatsvertrag_MStV.pdf. Zugegriffen: 30. Januar 2023.

Bušljeta Banks, Ivana, Patrick De Pelsmacker, und Shintaro Okazaki (Hrsg.). 2015. Advances in Advertising Research (Vol. V): Extending the Boundaries of Advertising. Wiesbaden: Springer Gabler.

Cauberghe, Verolien, Liselot Hudders, und Martin Eisend (Hrsg.). 2018. Advances in Advertising Research IX: Power to Consumers. Wiesbaden: Springer Gabler.

Chowdhury, Abdur R. 1994. Advertising Expenditures and the Macro-Economy: Some New Evidence. International Journal of Advertising 13 (1): 1–14. https://doi.org/10.1080/02650487.1994.11104557.

Christodoulides, George, Anastasia Stathopoulou, und Martin Eisend (Hrsg.). 2017. Advances in Advertising Research (Vol. VII): Bridging the Gap between Advertising Academia and Practice. Wiesbaden: Springer Gabler.

Cölfen, Hermann. 1999. Werbeweltbilder im Wandel: Eine linguistische Untersuchung deutscher Werbeanzeigen im Zeitvergleich (1960-1990). Frankfurt am Main: Peter Lang.

Dallmer, Heinz, und Reimer Thedens. 1978. Das System des Direct-Marketing. In Handbuch des Direct-Marketing, 4. Aufl., Hrsg. Heinz Dallmer und Reimer Thedens, 13–29. Wiesbaden, Hamburg: ILS-Institut für Lernsysteme.

De Pelsmacker, Patrick, Maggie Geuens, und Joeri van den Bergh. 2021. Marketing Communications: A European Perspective, 7. Aufl. Harlow: Pearson.

Donges, Patrick. 2008. Medialisierung politischer Organisationen: Parteien in der Mediengesellschaft. Wiesbaden: VS Verlag für Sozialwissenschaften.

Donges, Patrick. 2013 [2006]. Mediatisierung. In Lexikon Kommunikations- und Medienwissenschaft, 2. Aufl., Hrsg. Günter Bentele, Hans-Bernd Brosius und Otfried Jarren, 200–201. Wiesbaden: Springer VS.

dpa. 2015. Der Kampf gegen die "Lebenslüge" Datenschutz. *Handelsblatt.com,* 24. März. Zugegriffen: 01. April 2015.

Europäische Union. 2010. Richtlinie 2010/13/EU des Europäischen Parlaments und des Rates vom 10. März 2010 zur Koordinierung bestimmter Rechts- und Verwaltungsvorschriften der Mitgliedstaaten über die Bereitstellung audiovisueller Mediendienste: Richtlinie über audiovisuelle Mediendienste.

Fahr, Andreas, Verena Kaut, und Hans-Bernd Brosius. 2014. Werbewirkung im Fernsehen II: Befunde aus der Medienforschung. Baden-Baden: Nomos.

Felser, Georg. 2023. Werbe- und Konsumentenpsychologie, 5. Aufl. Berlin, Heidelberg: Springer.

Freter, Hermann. 1974. Mediaselektion: Informationsgewinnung und Entscheidungsmodelle für die Werbeträgerauswahl. Wiesbaden: Gabler Verlag.

Freter, Hermann. 1983. Marktsegmentierung. Stuttgart: Kohlhammer.

Geiger, Theodor. 1943. Kritik af reklamen. Kopenhagen: Nyt Nordisk Forlag.

Goldmedia. 2011. Goldmedia Trendmonitor 2012: Trends in den Bereichen Medien, Entertainment, Internet, Social Media und Telekommunikation. Berlin. https://www.goldmedia.com/fileadmin/_migrated/content_uploads/Goldmedia_Trendmonitor_2012_01.pdf. Zugegriffen: 2. August 2023.

Hänecke, Frank. 1990. Die Trennung von Werbung und redakionellem Teil. Ergebnisse einer Schweizer Studie zu Presse und Sponsoring. Media Perspektiven (4): 241–253.

Hartmann, Hans A., und Rolf Haubl (Hrsg.). 1992. Bilderflut und Sprachmagie: Fallstudien zur Kultur der Werbung. Opladen: Westdeutscher Verlag.

Hartwig, Stefan. 1998. Trojanische Pferde der Kommunikation?: Einflüsse von Werbung und Öffentlichkeitsarbeit auf Medien und Gesellschaft. Münster: Lit.

Haseloff, Otto Walter. 1970. Kommunikationstheoretische Probleme der Werbung. In Handbuch der Werbung: Mit programmierten Fragen und praktischen Beispielen von Werbefeldzügen, Hrsg. Karl Christian Behrens, 157–200. Wiesbaden: Gabler Verlag.

Haug, Wolfgang Fritz. 1971. Kritik der Warenästhetik. Frankfurt a.M.: Suhrkamp.

Heinrich, Jürgen. 1996. Qualitätswettbewerb und/oder Kostenwettbewerb im Mediensektor? Rundfunk und Fernsehen 44:165–184.

Hess, Thomas. 2014. What is a Media Company? A Reconceptualization for the Online World. International Journal on Media Management 16 (1): 3–8. https://doi.org/10.1080/14241277.2014.906993.

Hess, Thomas, und Simon Bründl. 2015. Medienunternehmen als Organisatoren öffentlicher Kommunikation – heute und morgen. MedienWirtschaft 12 (1): 27–30.

Hölscher, Barbara. 1998. Lebensstile durch Werbung?: Zur Soziologie der Life-Style-Werbung. Opladen, Wiesbaden: Westdeutscher Verlag.

Horkheimer, Max, und Theodor W. Adorno. 1969. Dialektik der Aufklärung: Philosophische Fragmente. Frankfurt a.M.: S. Fischer.

Hüsser, Andreas. 2016. Psychologische Modelle der Werbewirkung. In Handbuch Werbeforschung, Hrsg. Gabriele Siegert, Werner Wirth, Patrick Weber und Juliane A. Lischka, 243–277. Wiesbaden: Springer VS.

IBM. 2015. Apps sind Einfallstore für Hacker. *Handelsblatt.com,* 31. März. Zugegriffen: 01. April 2015.

Imhof, Kurt. 2006. Mediengesellschaft und Medialisierung. Medien und Kommunikationswissenschaft (M&K) 54 (2): 191–215.

Jäckel, Michael (Hrsg.). 1998. Die umworbene Gesellschaft: Analysen zur Entwicklung der Werbekommunikation. Opladen, Wiesbaden: Westdeutscher Verlag.

Janich, Nina (Hrsg.). 2012. Handbuch Werbekommunikation: Sprachwissenschaftliche und interdisziplinäre Zugänge. Tübingen: Narr Francke Attempto Verlag.

Jost, Karin. 1995. Die gedruckten Verflechtungen: Neue Werbeformen in den Schweizer Printmedien. Media Trend Journal 5:10–13.

Kloss, Ingomar. 2003. Werbung: Lehr-, Studien- und Nachschlagewerk, 3. Aufl. München, Wien: R. Oldenbourg Verlag.

Knoche, Manfred. 1978. Einführung in die Pressekonzentrationsforschung: Theoretische und empirische Grundlagen – Kommunikationspolitische Voraussetzungen. Berlin: V. Spiess.

Korff-Sage, Kirsten. 1999. Medienkonkurrenz auf dem Werbemarkt: Zielgruppendifferenzierung in der Angebotsstrategie der Werbeträger Presse, Rundfunk und Fernsehen. Berlin: E. Schmidt.

Koschnick, Wolfgang J. 1996. Standard-Lexikon Werbung, Verkaufsförderung, Öffentlichkeitsarbeit. München, New Providence, London, Paris: Saur.

Kotler, Philip, Kevin Lane Keller, und Marc Oliver Opresnik. 2017. Marketing-Management: Konzepte – Instrumente – Unternehmensfallstudien, 15. Aufl. Hallbergmoos: Pearson.

Kroeber-Riel, Werner, und Andrea Gröppel-Klein. 2019. Konsumentenverhalten, 11. Aufl. München: Vahlen.

Krotz, Friedrich. 2001a. Die Mediatisierung kommunikativen Handelns: Der Wandel von Alltag und sozialen Beziehungen, Kultur und Gesellschaft durch die Medien. Wiesbaden: Westdeutscher Verlag.

Krotz, Friedrich. 2001b. Die Übernahme öffentlicher und individueller Kommunikation durch die Privatwirtschaft: Über den Zusammenhang von Mediatisierung und Ökonomisierung. In Medienwirtschaft und Gesellschaft: Medienunternehmen und Medienproduktion, Hrsg. Matthias Karmasin, Manfred Knoche und Carsten Winter, 197–217. Münster: Lit.

Lammenett, Erwin. 2021. *Praxiswissen Online-Marketing: Affiliate-, Influencer-, Content-, Social-Media-, Amazon-, Voice-, B2B-, Sprachassistenten- und e-Mail-Marketing, Google Ads, SEO*, 8. Aufl. Wiesbaden: Springer Gabler.

Lang, Günter. 2004. Der deutsche Werbemarkt: Konjunkturkrise oder Strukturbruch? MedienWirtschaft 1 (2): 53–60.

Langenbucher, Wolfgang. 1981. Die Kommunikationswissenschaft. In Die Werbung. Handbuch der Kommunikations- und Werbewirtschaft: Band 1: Rahmenbedingungen, Sachgebiete und Methoden der Kommunikation und Werbung, Hrsg. Bruno Tietz, 33–40. Landsberg am Lech: Verlag Moderne Industrie.

Larsen Andras Trina, und Srini S. Srinivasan. 2003. Advertising Intensity and R&D Intensity: Differences across Industries and Their Impact on Firm's Performance. International Journal of Business and Economics 2 (2): 81–90.

Lasswell, Harold D. 1948. The Structure and Function of Communication in Society. In The Communication of Ideas: A Series of Addresses, Hrsg. Lyman Bryson, 37–52. New York: Institute for Religious and Social Studies.

Lever, Edward E. 1947. Advertising and Economic Theory. London, New York, Toronto: Oxford University Press.

Liu-Thompkins, Yuping. 2018. A Decade of Online Advertising Research: What We Learned and What We Need to Know. *Journal of Advertising* 48 (1): 1–13. https://doi.org/10.1080/00913367.2018.1556138.

Lobigs, Frank. 2018. Wirtschaftliche Probleme des Journalismus im Internet: Verdrängungsängste und fehlende Erlösquellen. In Journalismus im Internet: Profession – Partizipation – Technisierung, 2. Aufl., Hrsg. Christian Nuernbergk und Christoph Neuberger, 295–334. Wiesbaden: Springer VS.

Marcinkowski, Frank. 2005. Die Medialisierbarkeit politischer Institutionen. In Mythen der Mediengesellschaft: The Media Society and Its Myths, Hrsg. Patrick Rössler und Friedrich Krotz, 341–370. Konstanz: UVK.

Mattenklott, Axel. 2016. Wirkung von Werbung im redaktionellen Kontext. In Handbuch Werbeforschung, Hrsg. Gabriele Siegert, Werner Wirth, Patrick Weber und Juliane A. Lischka, 281–298. Wiesbaden: Springer VS.

Mayer, Hans, und Tanja Illmann. 2000. Markt- und Werbepsychologie, 3. Aufl. Stuttgart: Schäffer-Poeschel.

Mazzoleni, Gianpietro, und Winfried Schulz. 1999. "Mediatization" of Politics: A Challenge for Democracy? Political Communication 16 (3): 247–261. https://doi.org/10.1080/105846099198613.

Meffert, Heribert. 1994. Marketing-Management: Analyse, Strategie, Implementierung. Wiesbaden: Gabler Verlag.

Meitz, Tino G.K., Nils S. Borchers, und Brigitte Naderer (Hrsg.). 2022. Schlüsselwerke der Werbeforschung. Wiesbaden: Springer VS.

Meyer, Paul W., und Arnold Hermanns. 1981. Theorie der Wirtschaftswerbung: Ein Beitrag zum Wissenschafts-Praxis-Transfer. Stuttgart: W. Kohlhammer.

Meyer, Paul Werner. 1973. Die machbare Wirtschaft: Grundlagen des Marketing. Essen: W. Girardet.

Migros. 2023a. Wochen-Hits. Anzeiger von Uster, 1. Februar.

Migros. 2023b. Angebote bei Migros Online. https://www.migros.ch/de/offers/home?context=online&gclid=EAIaIQobChMI8IPxlaS7gAMVU_NRCh0yewyoEAAYASABEgIEK_D_BwE&gclsrc=aw.ds. Zugegriffen: 1. August 2023.

Münster, Hans Amandus. 1956. Publizistische Forschungsprobleme der Werbung. Publizistik 1 (1): 48–84.

Naderer, Brigitte, Jens Seiffert-Brockmann, Jörg Matthes, und Sabine Einwiller. 2020. Native and embedded advertising formats: Tensions between a lucrative marketing strategy and consumer fairness. Communications 45 (3): 273–281. https://doi.org/10.1515/commun-2019-0143.

Nöcker, Ralf. 2021. Ökonomie der Werbung: Grundlagen – Wirkungsweise – Geschäftsmodelle, 3. Aufl. Wiesbaden: Springer Gabler.

Packard, Vance Oakley. 1958. Die geheimen Verführer: Der Griff nach dem Unbewußten in jedermann. Düsseldorf: Econ.

Patek Philippe. 2023. Werbeanzeige. ZEIT Magazin, 15. Juni.

Regnery, Claudia. 2003. Die deutsche Werbeforschung 1900-1945. Münster: Monsenstein und Vannerdat.

Regnery, Claudia. 2004. Die frühe Werbeforschung in Deutschland. In Großbothener Vorträge zur Kommunikationswissenschaft, Hrsg. Stephanie Averbeck, Klaus Beck, Arnulf Kutsch und Ute Nawratil, 113–133. Bremen: edition lumière.

Rosengren, Sara, Micael Dahlén, und Shintaro Okazaki (Hrsg.). 2013. Advances in Advertising Research (Vol. IV): The Changing Roles of Advertising. Wiesbaden: Springer Gabler.

von Rosenstiel, Lutz. 1973. Psychologie der Werbung. Rosenheim: Komar-Verlag.

von Rosenstiel, Lutz, und Alexander Kirsch. 1996. Psychologie der Werbung. Rosenheim: Komar-Verlag.

Saxer, Ulrich. 1987. Kommunikationswissenschaftliche Thesen zur Werbung. Media Perspektiven (10): 650–656.

Schenk, Michael, Joachim Donnerstag, und Joachim R. Höflich. 1990. Wirkungen der Werbekommunikation. Köln, Wien: Böhlau.

Schierl, Thomas. 2003. Werbung im Fernsehen: Eine medienökonomische Untersuchung zur Effektivität und Effizienz werblicher TV-Kommunikation. Köln: Herbert von Halem.

Schirner, Michael. 1988. Werbung ist Kunst. München: Klinkhardt und Biermann.

Schmidt, Siegfried J. 1995a. Werbung zwischen Wirtschaft und Kunst. In Werbung, Medien und Kultur, Hrsg. Siegfried J. Schmidt und Brigitte Spieß, 26–43. Opladen: Westdeutscher Verlag.

Schmidt, Siegfried J. 1995b. Werbung und Medienkultur: Tendenzen der 90er Jahre. In Werbung, Medien und Kultur, Hrsg. Siegfried J. Schmidt und Brigitte Spieß, 44–54. Opladen: Westdeutscher Verlag.

Schmidt, Siegfried J. (Hrsg. für die Münsteraner Arbeitsgruppe Werbung). 2004. Handbuch Werbung. Münster: Lit Verlag.

Schnierer, Thomas. 1999. Soziologie der Werbung: Ein Überblick zum Forschungsstand einschließlich zentraler Aspekte der Werbepsychologie. Opladen: Leske + Budrich.

Schulz, Winfried. 2004. Reconstructing Mediatization as an Analytical Concept. European Journal of Communication 19 (1): 87–101. https://doi.org/10.1177/0267323104040696.

Schulze, Gerhard. 2005. Die Erlebnisgesellschaft: Kultursoziologie der Gegenwart, 2. Aufl. Frankfurt a.M.: Campus.

Schwarz, Torsten, und Danylo Vakhnenko. 2021. Erfolgreiches Online-Marketing: Das Standardwerk, 5. Aufl. Freiburg im Breisgau: Haufe.

Schweiger, Günter, und Gertraud Schrattenecker. 2021. Werbung: Einführung in die Markt- und Markenkommunikation, 10. Aufl. München: UVK Verlag.

Séguéla, Jacques. 1978. Ne dites pas à ma mère que je suis dans la publicité … elle me croit pianiste dans un bordel. Paris: Flammarion.

Seitz, Tycho. 1971. Zur ökonomischen Theorie der Werbung. Tübingen: Mohr.

Seufert, Wolfgang, und Jörg Müller-Lietzkow (Hrsg.). 2005. Theorie und Praxis der Werbung in den Massenmedien. Baden-Baden: Nomos.

Siegert, Gabriele. 1993. Marktmacht Medienforschung: Die Bedeutung der empirischen Medien- und Publikumsforschung im Medienwettbewerbssystem. München: Reinhard Fischer.

Siegert, Gabriele, und Bjørn von Rimscha (Hrsg.). 2008. Zur Ökonomie der Unterhaltungsproduktion. Köln: Herbert von Halem.

Siegert, Gabriele, und Bjørn von Rimscha. 2016. Der Einfluss der Werbung auf Medieninhalte. In Handbuch Werbeforschung, Hrsg. Gabriele Siegert, Werner Wirth, Patrick Weber und Juliane A. Lischka, 183–198. Wiesbaden: Springer VS.

Siegert, Gabriele, Werner Wirth, Jörg Matthes, Karin Pühringer, Patrick Rademacher, Christian Schemer, und Bjørn von Rimscha. 2007. Die Zukunft der Fernsehwerbung: Produktion, Verbreitung und Rezeption von programmintegrierten Werbeformen in der Schweiz. Bern: Haupt.

Siegert, Gabriele, Werner Wirth, Patrick Weber, und Juliane A. Lischka (Hrsg.). 2016. Handbuch Werbeforschung. Wiesbaden: Springer VS.

Sowinski, Bernhard. 1998. Werbung. Tübingen: Niemeyer Verlag.

Spitzer, Gerald. 1996. Sonderwerbeformen im TV: Kommunikations-Kooperationen zwischen Fernsehen und Wirtschaft. Wiesbaden: DUV.

Stöckl, Hartmut. 1997. Werbung in Wort und Bild: Textstil und Semiotik englischsprachiger Anzeigenwerbung. Frankfurt a.M.: Peter Lang.

Streißler, Erich. 1965. Die gesamtwirtschaftlichen Funktionen der Werbung. Zeitschrift für Nationalökonomie 25 (3-4): 243–277. https://doi.org/10.1007/BF01319528.

Tietz, Bruno (Hrsg.). 1981. Die Werbung. Handbuch der Kommunikations- und Werbewirtschaft: Band 1: Rahmenbedingungen, Sachgebiete und Methoden der Kommunikation und Werbung. Landsberg am Lech: Verlag Moderne Industrie.

Tietz, Bruno (Hrsg.). 1982a. Die Werbung. Handbuch der Kommunikations- und Werbewirtschaft: Band 2: Die Werbebotschaften, die Werbemittel und die Werbeträger. Landsberg am Lech: Verlag Moderne Industrie.

Tietz, Bruno (Hrsg.). 1982b. Die Werbung. Handbuch der Kommunikations- und Werbewirtschaft: Band 3: Die Werbe- und Kommunikationspolitik. Landsberg am Lech: Verlag Moderne Industrie.

Tropp, Jörg. 2019. Moderne Marketing-Kommunikation: Grundlagen, Prozess und Management markt- und kundenorientierter Unternehmenskommunikation, 3. Aufl. Wiesbaden: Springer VS.

Unger, Fritz, Wolfgang Fuchs, und Burkard Michel. 2013. Mediaplanung: Methodische Grundlagen und praktische Anwendungen, 6. Aufl. Berlin, Heidelberg: Springer Gabler.

Verlegh, Peeter, Hilde Voorveld, und Martin Eisend (Hrsg.). 2016. Advances in Advertising Research (Vol. VI): The Digital, the Classic, the Subtle, and the Alternative. Wiesbaden: Springer Gabler.

Vögele, Siegfried. 2002 [1982]. Die Dialogmethode: Das Verkaufsgespräch per Brief und Antwortkarte, 12. Aufl. München: Redline Wirtschaft bei Verlag Moderne Industrie.

Weber, Patrick, und Fahr Andreas. 2013. Werbekommunikation: Werbewirkungsforschung als angewandte Persuasionsforschung. In Handbuch Medienwirkungsforschung, Hrsg. Wolfgang Schweiger und Andreas Fahr, 333–352. Wiesbaden: Springer Fachmedien.

Weidenmüller, Johannes ["Werbwart"]. 1926. Vom Begriffbau der Anbietlehre. Berlin, Wien: Industrieverlag Spaeth und Linde.

Weinacht, Stefan. 2022. Journalismus & Werbung: Zur Trennung von redaktionellen Inhalten und kommerzieller Kommunikation. In Handbuch Medienökonomie (Living Reference Work), Hrsg. Jan Krone und Tassilo Pellegrini, 1–40. Wiesbaden: Springer Fachmedien.

Wessbecher, Hugo E., und Fritz Unger. 1991. Mediapraxis: Werbeträger, Mediaforschung und Mediaplanung. Heidelberg: Physica-Verlag.

Willems, Herbert (Hrsg.). 2002. Die Gesellschaft der Werbung: Kontexte und Texte, Produktionen und Rezeptionen, Entwicklungen und Perspektiven. Wiesbaden: Westdeutscher Verlag.

Woelke, Jens. 2004. Durch Rezeption zur Werbung: Kommunikative Abgrenzung von Fernsehgattungen. Köln: Herbert von Halem.

Wyss, Eva Lia. 1998. Werbespot als Fernsehtext: Mimikry, Adaptation und kulturelle Variation. Tübingen: Niemeyer Verlag.

Wyss, Eva Lia. 2002. Liaisons dangereuses? Intertextualität und Mimikry der Werbung im Fernsehen, in Zeitungen und im Internet. In Die Gesellschaft der Werbung: Kontexte und Texte, Produktionen und Rezeptionen, Entwicklungen und Perspektiven, Hrsg. Herbert Willems, 597–613. Wiesbaden: Westdeutscher Verlag.

Zurstiege, Guido. 2005. Zwischen Kritik und Faszination: Was wir beobachten, wenn wir die Werbung beobachten, wie sie die Gesellschaft beobachtet. Köln: Herbert von Halem.

Zurstiege, Guido. 2015. Medien und Werbung. Wiesbaden: Springer VS.

Zurstiege, Guido, und Siegfried J. Schmidt. 2003. Werbekommunikation. In Öffentliche Kommunikation: Handbuch Kommunikations- und Medienwissenschaft, Hrsg. Günter Bentele, Hans-Bernd Brosius und Otfried Jarren, 492–503. Wiesbaden: Westdeutscher Verlag.

Abgrenzungen und Systematisierungsansätze der Werbung

Inhaltsverzeichnis

2.1 Differenzierungstheoretische Perspektive als Basis für Systematisierungen 36
2.2 Abgrenzungen zu anderen Kommunikationsaktivitäten 38
    2.2.1 Werbung und Public Relations 40
    2.2.2 Werbung und PR – Journalismus und Unterhaltung 43
    2.2.3 Werbung, PR, Marketingkommunikation und Unternehmenskommunikation 45
2.3 Systematisierung der Werbung anhand des IPI Cubes 47
    2.3.1 Integration als Dimension der Systematisierung 48
    2.3.2 Personalisierung als Dimension der Systematisierung 49
    2.3.3 Interaktivität als Dimension der Systematisierung 51
    2.3.4 Der IPI Cube als dreidimensionales Systematisierungsraster 52
2.4 Werbung zwischen Ökonomie und Publizistik 53
    2.4.1 Zuordnung der Werbung zum Teilsystem Wirtschaft 55
    2.4.2 Zuordnung der Werbung zum Teilsystem Publizistik/Medien 56
    2.4.3 Werbung als autonomes Funktionssystem 59
    2.4.4 Werbung als Interpenetrationszone 60
Literatur 63

> **Überblick**
> *In diesem Kapitel werden theoretisch hergeleitete Abgrenzungen, Überlappungen und Systematisierungsansätze vorgestellt, ohne aber die Werbepraxis aus dem Auge zu verlieren. Am Ausgangspunkt der Betrachtung stehen eine differenzierungstheoretische Perspektive sowie die wechselseitige Bedingtheit von Handeln und Strukturen. Auf dieser Basis lässt sich Werbung zuerst von anderen Kommunikationsaktivitäten abgrenzen, einerseits von anderen unternehmerischen Kommunikationsaktivitäten wie PR und andererseits von publizistisch-journalistischen und unterhaltungsorientierten Inhalten.*
>
> *Diesem eher nach außen gerichteten Systematisierungsversuch wird eine eher nach innen gerichtete Systematisierung gegenübergestellt, die versucht, die Komplexität und Vielfalt der Werbung greifbarer zu machen. Dazu wird anhand von drei Dimensionen – die Integration in den mediumsspezifischen Kontext, der Personalisierungsgrad der Werbung sowie der Grad ihrer Interaktivität – ein dreidimensionaler IPI Cube vorgestellt. Er spannt in 27 idealtypische Kuben, deren Rastergrenzen lediglich idealtypischer Natur und zu benachbarten Kuben hin durchlässig sind, einen Verortungsraum für die aktuellen Erscheinungsformen der Werbung auf.*
>
> *Das letzte Unterkapitel wechselt die Betrachtungsebene, konzentriert sich auf die Makroebene und fragt vor allem: Wie lässt sich Werbung in der Gesamtgesellschaft theoretisch verorten, und nach welcher Logik tickt die Werbung? Zur Beantwortung dieser Fragen werden vor allem systemtheoretische Überlegungen angestellt. Werbung kann demnach sowohl zum System Wirtschaft als auch zum System Publizistik/Medien gehören. Sie kann ein eigenes Funktionssystem darstellen, aber auch als Interpenetrationszone zwischen den Systemen Wirtschaft und Publizistik/Medien verstanden werden.*

2.1 Differenzierungstheoretische Perspektive als Basis für Systematisierungen

Will man Werbung abgrenzen, ausdifferenzieren, in zeitliche Phasen oder Prototypen systematisieren und Werbeprozesse nachvollziehbar strukturieren, erweist sich eine differenzierungstheoretische Perspektive im Sinne einer allgemeinen Herangehensweise als besonders geeignet. Dies, weil sie die Makro- und die Mesoebene ebenso berücksichtigt wie das Zusammenspiel von Strukturen und Akteurshandeln. Auch in der Werbung zeigt sich, dass sich bestimmte Akteur:innen und Akteurskonstellationen und die Strukturen, in denen Werbung produziert, distribuiert und rezipiert wird, deutlich unterscheiden können. Insofern folgen die kommenden Kapitel des Buches vor allem einer differenzierungstheoretischen Perspektive.

Dabei ist diese Perspektive kein einheitliches Theoriegebäude, sondern vielmehr eine, verschiedenen Theorien zugrunde liegende Ausrichtung. Uwe Schimank (2007) hat sie nachvollziehbar sowohl aus den soziologischen Klassikern als auch aus system- und akteurstheoretischen Konzeptionen extrahiert.

2.1 Differenzierungstheoretische Perspektive als Basis für Systematisierungen

▶ **Differenzierungtheoretische Perspektive**

„Die moderne Gesellschaft wird primär als funktional differenzierte Gesellschaft gekennzeichnet. Diese Differenzierungsform unterscheidet sich von den anderen, ihr in der Moderne untergeordneten Formen der segmentären und stratifikatorischen Differenzierung sowie der Differenzierung in Zentren und Peripherien.

Als Ebenen funktionaler Differenzierung werden erstens Rollen, zweitens Organisationen und drittens gesellschaftliche Teilsysteme identifiziert. Auf der Ebene der Rollen und der Organisationen ist funktionale Differenzierung eine Arbeitsteilung zwischen spezialisierten Einheiten. Die teilsystemische Differenzierung der modernen Gesellschaft stellt demgegenüber eine Spezialisierung von Orientierungshorizonten des Handelns dar" (Schimank 2007, S. 244).

Daran anschließend sind vor allem solche theoretischen Konzeptionen erklärungskräftig, die system- und akteurstheoretische Konzeptionen miteinander verbinden und damit Handlungen und Strukturen als wechselseitig aufeinander bezogen begreifen (vgl. Giddens 1984; Schimank 1985, 1988). Denn man kann nicht davon ausgehen, dass sich systemische Strukturen im „luftleeren" Raum entwickeln. Vielmehr produzieren, reproduzieren und modifizieren Akteur:innen mit ihrem Handeln diese Strukturen. Gleichwohl unterliegt gerade das Handeln der Akteur:innen systemisch gesetzten, strukturellen Restriktionen (vgl. für Einführungen dazu: Schimank 2016 und angewendet für den Bereich Politische Kommunikation: Donges und Jarren 2022).

Das heißt : Systeme als situationsübergreifende, generalisierte Handlungsorientierungen bedingen die Auswahlmöglichkeiten der Akteur:innen, lassen ihnen aber gleichwohl Handlungsspielraum (vgl. Gerhards 1994, S. 80 f.). Strukturen sind folglich einerseits als Ergebnis individuellen und kollektiven Handelns aufzufassen, und andererseits als generalisierte Vorgaben, die individuelles und kollektives Handeln begrenzen, zugleich aber auch erst ermöglichen (zu dieser Dualität von Struktur vgl. Giddens 1984, S. 25).

▶ **„Merkmale von Akteuren**

1. Ein Akteur hat Interessen und er verfolgt Ziele.
2. Ein Akteur hat Orientierungen (Wertorientierungen; kognitive Muster etc.).
3. Ein Akteur verfügt über Ressourcen, um seine Ziele verfolgen zu können (Mitglieder, Unterstützer, Geld, Personal, Einfluss, Macht etc.).
4. Ein Akteur verfügt über eine Strategie, die es ihm ermöglicht, Mittel und Ziele miteinander zu kombinieren.
5. Ein Akteur versteht sich selbst als Akteur und wird von anderen als solcher anerkannt" (Donges und Jarren 2022, S. 32).

Konkret ergibt sich eine Verbindung von system- und akteurstheoretischen Konzeptionen dadurch, dass das Handeln nach Schimank (2007, S. 220 ff.) durch drei gesellschaftliche Strukturdimensionen geprägt ist und zugleich diese drei Strukturdimensionen produziert und reproduziert, und zwar durch:

▶ **Wichtig** 1. die hochgradig generalisierten teilsystemischen Orientierungshorizonte:

"*Teilsystemische Orientierungshorizonte* reduzieren für die Akteure die Komplexität der Welt – und zwar in umso stärkerem Maße, je mehr sich eine selbstreferentiell geschlossene teilsystemspezifische Handlungslogik herauskristallisiert" (Schimank 2007, S. 220; kursiv im Original).

Wenn – wie in Abschn. 2.3 skizziert – unklar ist, ob die Werbung ein eigenes Teilsystem ist, kann folglich nicht eindeutig festgehalten werden, an welcher Logik sich die Werbeakteur:innen ausrichten. Offensichtlich orientieren sich die Werbeakteur:innen aber an Publizität, Geld und Aufmerksamkeit und erwarten dies auch von den anderen in der Werbung Tätigen.

▶ **Wichtig** 2. die weniger generalisierten und eher veränderbaren institutionellen Ordnungen und institutionellen Regelungen:

Bestimmte Umgangsformen und Verfahrensregeln in der Werbebranche vermitteln den einzelnen Werbeakteur:innen, was jeweils in einer bestimmten Angelegenheit zu tun ist und was nicht. Die anderen Werbeakteur:innen wiederum wissen, was sie von dem Betreffenden erwarten können und was nicht. Insofern wird dadurch ein mehr oder weniger konkreter Prozessablauf und wechselseitige Erwartungssicherheit geschaffen. Die Werbeakteur:innen prägen durch ihre Erwartungen an andere wechselseitig ihr Handeln (siehe auch „Werbung als gemanagter Kommunikationsprozess" in Kap. 6).

▶ **Wichtig** 3. die vielen, spezifischen und schnell veränderbaren Akteurskonstellationen:

Noch konkreter gewinnen Werbeakteur:innen aus der Beobachtung anderer Werbeakteur:innen und deren Deutung der spezifischen Situation Informationen darüber, was – auch von bestimmten Rollen – erwartet wird, wie beeinflusst werden kann und wie sich dies auf die eigenen Vorhaben auswirken könnte. Im Wissen um diese spezifische Akteurskonstellation kann dann selbst angemessen gehandelt werden (siehe auch Akteur:innen in der Werbung, Kap. 5).

Diese drei gesellschaftlichen Strukturdimensionen – teilsystemische Orientierungshorizonte, institutionelle Ordnungen und spezifische Akteurskonstellationen – bestimmen zusammen das Handeln der einzelnen Akteur:innen und die jeweilige Handlungssituation – auch in der Werbung. Auf dieser Basis kann auch festgehalten werden, dass Künstliche Intelligenz keine Akteur:in ist.

2.2 Abgrenzungen zu anderen Kommunikationsaktivitäten

Dieser Perspektive folgend ist die Entwicklung der Werbung von Abgrenzungen und gleichzeitig von Entdifferenzierung gekennzeichnet. Teilsystemische Orientierungshorizonte, institutionelle Ordnungen und Akteurskonstellationen helfen, angesichts der

2.2 Abgrenzungen zu anderen Kommunikationsaktivitäten

vielfältigen Kategorien und Formen von Werbung Unterscheidungen zu anderen Kommunikationsaktivitäten zu treffen. Es stellt sich jedoch nicht nur die Frage, wie Werbung abgegrenzt werden kann, sondern auch, inwiefern sich Kommunikationsaktivitäten zunehmend überlappen und die Grenzen der Unterscheidung verschwimmen. Borchers (2014) spricht dementsprechend von „Werbung und ihre[n] appellierenden Nachbarformen" (S. 302) sowie „Werbung und ihre[r] nahe[n] Verwandtschaft" (S. 327).

Die grundsätzlichste Abgrenzung ist wohl die zwischen Marketing und Werbung. Dabei erschien gerade die Abgrenzung zwischen Marketing und Werbung so klar wie sonst fast keine in diesem Bereich und ist in allen Marketinglehrbüchern ausführlich dargelegt: Der überwiegende Teil der Marketingtheorie sieht Marketing als marktorientierte Unternehmensführung. Diese baut maßgeblich auf dem Marketing-Mix auf, in dem Preis-, Distributions-, Produkt- und Kommunikationspolitik vernetzt werden. Ob das Customer Relationship Marketing, das Zuständigkeit für alle Bereiche des Marketing-Mix für sich reklamiert, diese auch begründet beanspruchen kann, soll hier nicht weiter diskutiert werden. Die Kommunikationspolitik jedenfalls bedient sich verschiedener Instrumente, wobei in der Regel Werbung, Direktwerbung, persönlicher Verkauf, Verkaufsförderung, Messen und Ausstellungen sowie Sponsoring und Events unterschieden werden. Werbung ist also ein Tool der unternehmerischen Kommunikationspolitik, die wiederum ein Teilbereich des Marketings ist.

Auch hier gibt es jedoch zunehmend Aufweichungen: Wenn in Online-Angeboten, die Werbung zu einer Transaktionsmöglichkeit verlinkt, d. h. Kauf bzw. Bestellung direkt und ohne Gerätewechsel herbeigeführt werden, fallen Kommunikations- und Vertriebspolitik zusammen. Derart verschwimmt auch die Basis für eine entsprechende Abgrenzung. Ebenso verschwimmt die Unterscheidung von Marketingkommunikation und Werbung (siehe auch Tropp 2019).

Im Gegensatz zum weitgehenden Konsens bezüglich der Abgrenzung von Marketing und Werbung ist die in betriebswirtschaftlichen Werken oft übliche Zuordnung der PR zur Kommunikationspolitik des Marketings jedoch heftig umstritten. Eine solche Zuordnung würde die Rolle der PR auf eher technische Aspekte reduzieren (vgl. z. B. Ehling et al. 1992), während die aktuellen Bedingungen in der Medien- und Informationsgesellschaft umfassendere Kommunikationsbeziehungen zur unternehmerischen Umwelt erfordern. Unabhängig von dieser Diskussion bleibt die Abgrenzungsproblematik der PR zur Werbung bestehen. Mittlerweile muss man jedoch von einer hochgradigen Integration und Vernetzung aller kommunikationspolitischen Instrumente ausgehen, sodass alle Kommunikationsaktivitäten auch unter dem Begriff „Strategische Kommunikation" subsummiert werden können (vgl. z. B. Hallahan et al. 2007).

Auch stellt sich die Frage, inwiefern die wissenschaftlich ebenso nötigen wie wichtigen Abgrenzungen sich tatsächlich so im Alltagsleben der Rezipient:innen widerspiegeln. Immer noch kann berechtigterweise vermutet werden, dass Rezipient:innen von jedem Bemühen um Definition und Abgrenzung unbeeindruckt alle erkennbaren Kommunikationsaktivitäten von Unternehmen und Organisationen unter dem Oberbegriff Werbung subsummieren.

2.2.1 Werbung und Public Relations

Das Verhältnis der Werbung zu Public Relations (PR)/Öffentlichkeitsarbeit ist bereits seit Jahrzehnten Thema. Dabei bezeichnete noch in den 1970er-Jahren z. B. Karl Christian Behrens (1970, S. 4 f.) PR als Werbung für den Betrieb als Ganzes, setzte sie also mit Unternehmenswerbung gleich. Seine Definition von PR als „Werbung um öffentliches Vertrauen" bleibt immerhin in gewisser Weise anschlussfähig an aktuelle Diskussionen, auch wenn PR-Definitionen zeit- und perspektivenabhängig sind. Behrens´ Verständnis, dass PR in erster Linie Öffentlichkeitsarbeit ist, ist insofern eher typisch für die 1950er- und 1960er-Jahre (vgl. Bentele 2003, S. 54 f.).

Die Definitionen für PR sind ebenso zahlreich und unterschiedlich wie die für Werbung und können daher hier nicht vollumfänglich diskutiert werden. Mit ihrer kurzen und prägnanten Definition von PR als „management of communication between an organization and its publics" schufen James E. Grunig und Todd Hunt (1984, S. 6) eine begriffliche Orientierungsmarke für viele PR-Wissenschaftler:innen. Günter Bentele hat sie 13 Jahre später wie folgt erweitert und aktualisiert:

> „Öffentlichkeitsarbeit oder Public Relations sind das Management von Informations- und Kommunikationsprozessen zwischen Organisationen einerseits und ihren internen und externen Umwelten (Teilöffentlichkeiten) andererseits. Funktionen von Public Relations sind Information, Kommunikation, Persuasion, Imagegestaltung, kontinuierlicher Vertrauenserwerb, Konfliktmanagement und das Herstellen von gesellschaftlichem Konsens" (Bentele 2001 [1997], S. 22 f.).

Auf dieser Basis kann die „Andersartigkeit" der PR nicht im grundlegenden Kommunikationsprozess gesehen werden, sondern vielmehr in ihrem Inhaltsobjekt, in ihrer Zielsetzung oder auch in ihrer funktional-organisatorischen Zuordnung (vgl. bereits: Meyer und Hermanns 1981, S. 15 f.; neuere Beiträge siehe Hoffjann 2018; Pietzcker 2018). Diese Zuordnung war auch lange das ausschlaggebende Abgrenzungskriterium zwischen PR und Werbung in der Praxis: in Organigrammen der Unternehmen wurde die PR meist als Stabsstelle der Unternehmensleitung, die Werbung dem Marketing zugerechnet. In einer Befragung von PR-Manager:innen aus dem Jahr 2017 (vgl. Seidenglanz und Kindermann 2018) konnte einerseits diese organisatorische Verankerung (dabei Werbung als Teil des Marketings) bestätigt werden. Andererseits konnte gezeigt werden, dass Marketing öfter der PR übergeordnet ist (18 %) als vice versa (7 %), am häufigsten jedoch beide auf derselben Hierarchieebene angesiedelt sind (Seidenglanz und Kindermann 2018, S. 54). Die aus der hierarchischen Verankerung entstehenden Konfliktpotenziale und Ressortegoismen werden dadurch verschärft, dass über die Durchführung von Kommunikationsaktivitäten häufig nicht deren Zurechenbarkeit zu PR oder Werbung entscheidet, sondern die Verfügbarkeit entsprechender Budgets in den jeweiligen Abteilungen.

Gern wird in der Praxis Werbung auch salopp auf Absatzwerbung verkürzt und als „to sell" von PR als „to tell" unterschieden. Dem entspricht in etwa die Differenzierung von Ian R. Bruce:

„If advertising decisions are most often founded on the questions, Will this sell? then public relations decisions are often founded on the question, Will this help establish beneficial relationships?" (Bruce 1999, S. 473).

Obwohl dieses Kriterium PR von der Absatzwerbung zu trennen vermag, beginnt es seine Trennschärfe dann zu verlieren, wenn Werbung sich vom reinen Absatz entfernt und zur Unternehmens- und Markenwerbung wird, oder wenn PR auf lange Sicht eben doch zum monetären Unternehmensergebnis beitragen muss. Eine genaue Abgrenzung wird zusätzlich erschwert, wenn die Ausdifferenzierungen der Werbung einerseits und die unterschiedlichen PR-Modelle, also Publicity, Informationstätigkeit, Überzeugungsarbeit und Dialog andererseits (vgl. dazu: Grunig und Hunt 1984, S. 22) berücksichtigt werden.

Abb. 2.1 listet deshalb vor allem die Unterschiede zwischen PR und Werbung auf, indem sie zwei Idealtypen gegenüberstellt, die sich in Reinform in der Praxis selten finden (vgl. dazu auch: Oeckl 1981, S. 287; Laube 1986, S. 79 ff.; Koschnick 1996, S. 724). Ihr

Abb. 2.1 Abgrenzung von Werbung und Public Relations. (Eigene Darstellung)

ist der eingangs definierte allgemeine und über die Absatzwerbung hinausgehende Begriff von Werbung zugrunde gelegt. Die Pfeile deuten an, dass sich die Konzepte aufeinander zu bewegen und überlappen.

Je stärker sich Werbung von der reinen Absatzwerbung entfernt und das Unternehmen als Ganzes oder seine Marke(n) bewirbt, desto durchlässiger und verwaschener wird die Trennlinie zur PR. Entsprechend stärker wird die Annäherung zwischen beiden Formen der Kommunikation. Zwei kommunikationsbestimmende Kriterien haben überhaupt keine diskriminierende Funktion und sind deshalb in Abb. 2.1 nicht dargestellt: Die Kommunikator:innen sind in Werbung und PR gleichermaßen Unternehmen oder andere Organisationen sowie zwischengeschaltete Agenturen. Auch die Kommunikationsobjekte Produkte, Dienstleistungen, Unternehmen, Organisationen, Marken und Ideen können sowohl in der Werbung als auch in der PR thematisiert werden. Andere Kriterien taugen ebenfalls nicht länger zur Abgrenzung. Das zu Grunde liegende Kommunikationsmodell ist unter den Bedingungen von Co-Creation und User Generated Content in Online und Social Media sowohl für Werbung als auch für PR zweiseitig und dialogorientiert:

> „The emergence of social media has created a two-way many-to-many communication system empowering consumers to connect, create, produce, and share media content like never before throughout human history (e.g., Facebook, YouTube, Twitter, Pinterest, etc.)" (Daugherty und Hoffman 2014, S. 82).

Der Zeithorizont reicht bei beiden Kommunikationsaktivitäten von kurz- über mittel- bis hin zu langfristigen Aktionen. Letztlich hat sich auch der Medienzugang so weit angenähert, dass er nicht mehr diskriminierend ist: Sowohl in der Werbung als auch in der PR finden sich Kommunikationsaktivitäten, die via Massenmedien ablaufen, als auch solche, die keine Massenmedien benötigen. Werden Massenmedien eingesetzt, so wird teilweise dafür bezahlt. Teilweise bedienen die Ereignisse aber die Nachrichtenwerte derart gut, dass Berichte über Produkteinführungen den Weg in die Hauptnachrichten öffentlich-rechtlicher Sender finden.

> **Fallbeispiel PR und Storytelling anstelle bezahlter Werbung: Der 400-Millionen-Dollar-Prototyp**
>
> Meister der Strategie, neue Produkte via PR-, nicht aber via Werbemaßnahmen einzuführen, ist Apple. In ihrer Analyse beschreiben Michael Brandtner und Karsten Kilian (2011), dass die scheinbar zufälligen Geschehnisse in Wahrheit einer strategisch definierten Dramaturgie folgen und zitieren Schätzungen, wonach die Geschichte um den versehentlich in einer Bar vergessenen Prototypen des iPhone 4 eine nicht bezahlte Kommunikationsleistung im Gegenwert von 400 Mio. US-$ initiiert hatte (vgl. auch Nosowitz 2010, Link zum Video im Literaturverzeichnis). ◄

▶ **Werbung und Public Relations** Die zunehmende gegenseitige Annäherung oder Durchdringung von Werbung und PR erschwert die Abgrenzung beider Kommunikationsformen zunehmend. Kommunikationsmodell, Zeithorizont, Medienzugang, Kommunikator:innen und Kommunikationsobjekte entwickeln sich derart aufeinander zu oder überlappen sich derart, dass sie als Abgrenzungskriterien nicht mehr trennscharf sind. Damit verbleiben zur Unterscheidung von Werbung und PR nur noch drei – ebenfalls zunehmend schwächer werdende – Merkmale: Die Kommunikationsziele, die Adressat:innen und die organisatorische Verankerung.

2.2.2 Werbung und PR – Journalismus und Unterhaltung

Im Rahmen der Abgrenzung unterschiedlicher Formen der Unternehmenskommunikation gewinnt im Spannungsfeld zwischen Werbung und PR ein weiterer Aspekt an Bedeutung: Das Verhältnis zwischen Werbung, PR und medienspezifischen Inhalten. Medienspezifische Inhalte können sowohl publizistisch-journalistische als auch unterhaltungsorientierte Inhalte sein. In der Vergangenheit wurde aber vor allem das Verhältnis von PR und Journalismus analysiert.

Während Public Relations dieselbe kommunikative Rolle zugewiesen bekommen wie der Journalismus – nämlich die als Kommunikator:in (vgl. z. B. Bentele et al. 2003) –, wird Werbung üblicherweise nicht zu den Kommunikator:innen bzw. Aussagenproduzent:innen gezählt. Auch ist das Verhältnis zwischen Werbung und Journalismus nicht annähernd so intensiv diskutiert worden wie das zwischen PR und Journalismus. Der Grund kann sicher in der Fachgeschichte der Publizistik- und Kommunikationswissenschaft ausgemacht werden. Lange hat sie sich nur mit den redaktionellen Beiträgen des Journalismus auseinandergesetzt (vgl. Saxer 1987, S. 650). Dieser Fokus auf die öffentliche Kommunikation (ohne Unterhaltung) führte dazu, dass die PR problematisiert wurden, die Werbung jedoch zunächst gänzlich unbeachtet blieb.

Idealtypisch zeigt Abb. 2.2, dass die Ereignisse aus der realen Welt, aus Politik, Wirtschaft, Kultur, Medien etc. entweder direkt in die Aussagenproduktion der Medien gelangen oder bereits über PR. Werbung dagegen hat einen eigenen Zugang zu den Medien:

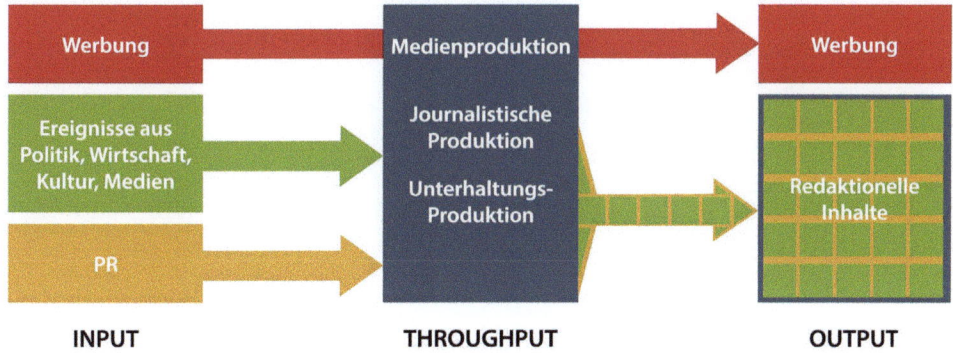

Abb. 2.2 PR, Medienproduktion und die Erkennbarkeit klassischer Werbung. (Eigene Darstellung)

Während Nachrichtenwerte für reale Ereignisse und PR standen, war die klassische Werbung auf bezahlten Werberaum bzw. bezahlte Werbezeit angewiesen. Die Verarbeitung der Inputs war denn auch unterschiedlich. So unterlagen reale Ereignisse und PR spezifischer Selektion und Kommentierung, die Werbung aber nicht. Diese Unterscheidung widerspiegelte sich im Output. Schließlich stellte eine gesetzlich verankerte Kennzeichnungspflicht sicher, dass klassische Werbung deutlich vom inhaltlichen Teil getrennt war und auch als getrennt erkannt werden konnte. Im Gegensatz dazu gingen und gehen die Inhalte der PR in die inhaltlichen Beiträge ein bzw. sind bereits ein erster Vermittler und Filter zwischen realen Ereignissen und journalistischer und Unterhaltungsproduktion. Sie wurden und werden so zu einem Einflussfaktor der öffentlichen Kommunikation. Anders als die Beziehung zwischen PR und Journalismus galt deshalb die Beziehung zwischen Werbung und Journalismus lange Zeit als unproblematisch bzw. wurde sie auf den strukturellen Einfluss der Werbung als Finanzierungsquelle der Medien reduziert.

Die Abb. 2.2 ist allerdings teilweise idealtypisch, weil sie davon absieht, dass auch die PR schon immer bezahlte Anzeigen und Spots z. B. bei Imagekampagnen eingesetzt hat. Damit fand und findet sich der Output von PR sowohl – und zwar überwiegend – in den medienspezifischen Inhalten, aber eben auch erkennbar getrennt von diesen als Anzeige oder Spot. Darüber hinaus ist der qualitäts- und faktenorientierte Journalismus mittlerweile ein Nischenphänomen und finanziell gefährdet, dennoch findet sich eben dieser unbeeinflusste Journalismus auch heute noch.

Zudem: Mit der Ausdifferenzierung der Werbung in Below-the-Line und programmintegrierte Werbung begann diese eher klare Unterscheidung zu erodieren. Auch Werbung wird zunehmend in den mediumsspezifischen Inhalt integriert, sodass sich ein Teil des werblichen Outputs im inhaltlichen Output wiederfindet. Diese Integration betrifft zum weit größeren Teil die Unterhaltung als den Journalismus (Stichwort: Branded Entertainment). Auch gibt es vor allem in der Marken- und Unternehmenswerbung eine Annäherung bzw. Überlappung von Werbung und PR. Abb. 2.3 versucht diese Differenzierungen zu illustrieren.

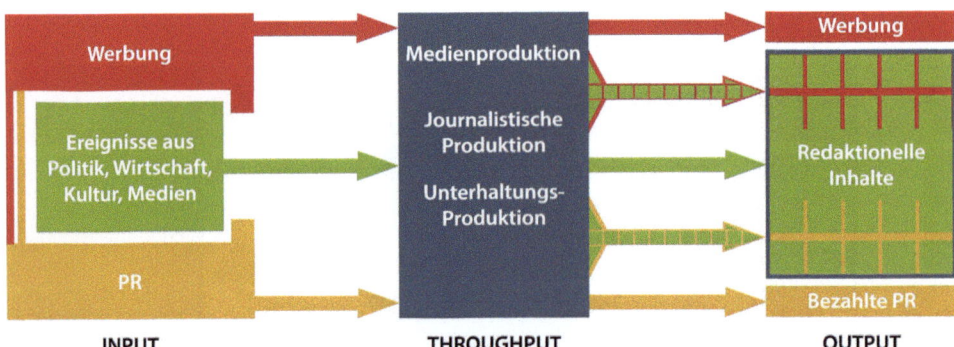

Abb. 2.3 PR, Medienproduktion und die Tendenz zur Integration der Werbung. (Eigene Darstellung)

Insgesamt kommt es zu mehrfachen Überlappungen zwischen den Inputbereichen. Hybridisierung taucht also nicht nur als Verschmelzung von Information und Unterhaltung zu verschiedenen Formen von Infotainment auf, sondern auch als Überlappung von Werbung und PR mit allen möglichen Arten von medienspezifischen Inhalten. Die Hybridisierung von Werbung, Unterhaltung und Journalismus findet sich z. B. in Form von „Publireportagen", „Infomercials", „Advertorials" und neuerdings auch als „Native Advertising".

Die neuen Bedingungen stellen deshalb besondere Herausforderungen dar:

„Literatur, Journalismus, PR und Werbung gehören deshalb so eng zusammen, weil sie durch Differenzbildung und Differenznutzung genau diejenigen kommunikativen Möglichkeiten ausnutz(t)en, die durch die jeweiligen Optionsalternativen eröffnet wurden und werden. Damit wurde das komplizierte Netz von Optionen der Wirklichkeits- und Wahrheitsverhältnisse aufgespannt, das unsere Gesellschaft bis heute bestimmt: Aussagenproduktion kann Authentizität oder Fiktionalität anstreben, sie kann interesselos oder interessegebunden sein, kann uns Zustandsberichte oder Images vermitteln oder uns in Wunschwelten entführen. Und die schwierige Aufgabe der Aktanten in Mediengesellschaften besteht darin, herauszufinden, wann welcher Diskurs geführt wird und auf welche Wirklichkeits- und Wahrheitsbedingungen man sich dementsprechend einstellen muss" (Schmidt 2002, S. 102 f.).

2.2.3 Werbung, PR, Marketingkommunikation und Unternehmenskommunikation

Die Annäherung zwischen Werbung und PR auf der einen Seite, weit stärker aber die Ausdifferenzierung und Multiplikation der unternehmerischen Kommunikationsaktivitäten auf der anderen Seite, haben die Kommunikation von und für Unternehmen, Organisationen, Angebote und Marken vielschichtiger und komplexer gemacht. Bereits 1983 sprechen Hans Raffée und Klaus-Peter Wiedmann von einem ganzheitlichen Konzept der Corporate Communications (Raffée und Wiedmann 1983, S. 52). Große Agentur-Networks lancierten unter verschiedenen Labels, wie z. B. Ogilvy-„Orchestration", ihre Vorstellungen dieser Corporate Communications. Allen liegt die Intention zu Grunde, ein kohärentes Gesamtbild der Unternehmen, Organisationen, Angebote und Marken zu kommunizieren, indem öffentliche Darstellungen und die jeweils gepflegten Kommunikationsbeziehungen aufeinander und auf die jeweiligen Kommunikationsziele hin abgestimmt ihre spezifischen Vorteile ausspielen, anstatt sich wechselseitig zu widersprechen und in ihrer Wirkung zu beeinträchtigen.

Drei Motive können hinter dieser Entwicklung vermutet werden: Aus Agentursicht galt und gilt es, bestehende Kundenbeziehungen durch Kompetenz-Ausbau oder -zukauf vor Wettbewerb abzuschirmen – explizit vor jenem von jenseits der klassischen Werbeagenturszene. Auf Seiten der Werbungtreibenden zwingen nicht nur die allgemeine Konjunktur- und Kostensituation, sondern auch die Zunahme des Medienangebots und der damit einhergehende Anstieg der Schaltkosten zur Nutzung aller möglichen Synergiepotenziale. Dieser Integrationsbedarf wird weiter verstärkt durch die inzwischen für alle unternehmerischen Funktionen als wichtig erkannte Orientierung an den Kundenbeziehungen. Diese wird umso wichtiger als unter Online und Social Media Bedingungen die Position der Kund:innen mächtiger ist als vorher. Direktes Feedback, virale Verbreitung von Kritik und Co-Creation sind nur einige Hinweise darauf. Welche Auswirkungen dies für die Werbung hat, formulierte Don E. Schultz bereits 1999 so:

> „Just what is integrated marketing communications? … it appears to be the natural evolution of traditional mass-media advertising, which has been changed, adjusted, and refined as a result of new technology." (Schultz 1999, S. 337)

Etwas eingeschränkter als mit dem Konzept der Integrierten Unternehmenskommunikation argumentiert er mit dem der Integrierten Marketing-Kommunikation und ordnet damit implizit die PR dem Marketing unter. Wie viel umfangreicher das Konzept der Integrierten Unternehmenskommunikation ist, zeigen seit Beginn der 2000er-Jahre mehrere Publikationen (u. a. Kircher 2001; Bruhn 2014; Zerfaß und Borchers 2017) Oft wird dabei betont, dass der praktischen Umsetzung zahlreiche Widerstände entgegenstehen, aber die vielfältigen Gründe für eine Integration schwerer wiegen. Integrierte Unternehmenskommunikation koordiniert und steuert alle unternehmerischen Kommunikationsfunktionen, also die PR als Kommunikationsmanagement des gesellschaftspolitischen Umfeldes, die Marketingkommunikation als Kommunikationsmanagement des marktorientierten Umfeldes und die interne Kommunikation als Kommunikationsmanagement des internen Umfeldes.

Die Werbung ist dann letztlich in diese Gesamtkommunikation eingebettet und mit den anderen Instrumenten abgestimmt, wie das bereits häufig bei der Markenkommunikation zu finden ist. Schon Paul W. Meyer und Arnold Hermanns (1981, S. 16) deuten an, dass die Zukunft der Werbeverantwortlichen in der Gesamtkommunikation liegt und erstere deshalb die Bezeichnung „Kommunikations-Manager" verdienen. In seinem Buch zu „Moderner Marketing-Kommunikation" hat Jörg Tropp 2019 einen vielversprechenden Versuch unternommen, die zahlreichen Entdifferenzierungen, Ausdifferenzierungen und Hybridisierungen zu fassen. Das Zusammenspiel der verschiedenen Kommunikationsbereiche lässt sich schematisch darstellen (siehe Abb. 2.4). Die Phänomene Online-Vertrieb sowie Corporate Publishing und Markenmedien überlappen sich sowohl mit Marketingkommunikation als auch mit Werbung.

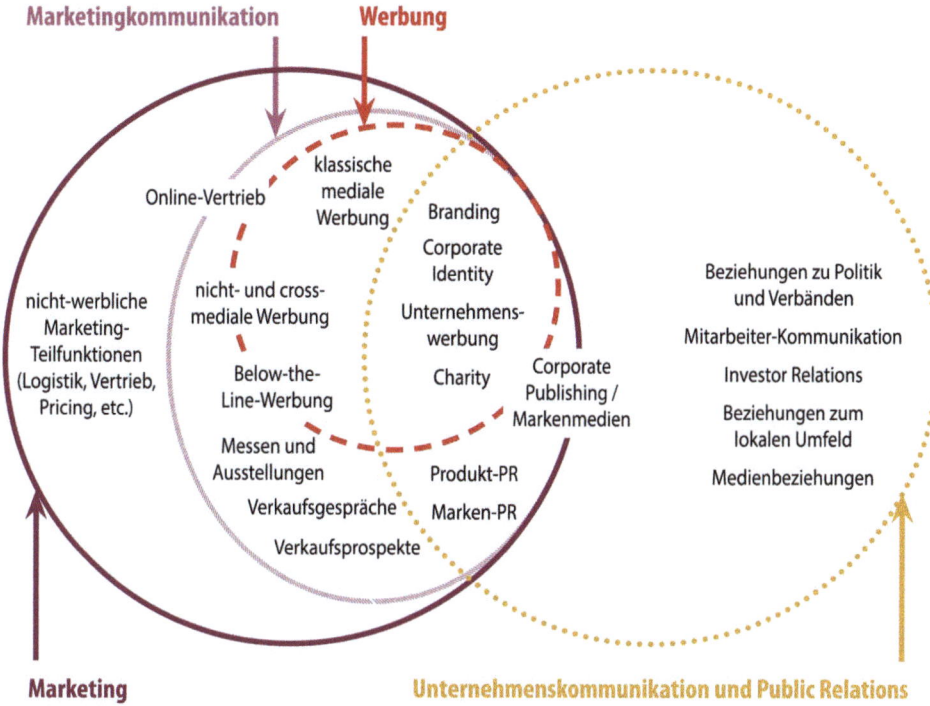

Abb. 2.4 Unternehmenskommunikation und Public Relations, Marketing, Marketingkommunikation und Werbung. (Eigene Darstellung in Anlehnung an Hutton 2010, S. 514)

2.3 Systematisierung der Werbung anhand des IPI Cubes

Werbung selbst differenziert sich immer weiter aus. Mit der Folge, dass das gesamte Feld der Werbung immer undurchschaubarer wird. Um die Werbung systematisieren und die Besonderheiten ihrer Erscheinungsformen herausarbeiten zu können, wurde in der ersten Auflage dieses Lehrbuchs 2005 die zweidimensionale IP Matrix entwickelt mit den beiden Achsen „Integration in den redaktionellen Kontext" und „Personalisierungsgrad der Werbung" als relevanten Verortungsdimensionen. Um der Dynamik der Entstehung neuer Werbeformen folgen und die Vielfalt und Komplexität der realisierten Werbung ordnen zu können, wurde in der dritten Auflage 2017 aus der zweidimensionalen Matrix der dreidimensionale Cube entwickelt, der auf einer dritten Achse „Interaktivität" hinzufügt.

Erst der aus einer differenzierungstheoretischen Perspektive entwickelte, die Werbebotschaften und Werbeträger mitdenkende IPI Cube ermöglicht, dass auch die aktuellen und digitalen Konkretisierungsformen der Werbung verortet werden können. Er berücksichtigt die Integration in den mediumsspezifischen Kontext, den Personalisierungsgrad der Werbung und die Interaktivität der Werbung. Die Rastergrenzen sind dabei idealtypischer Natur und zu benachbarten Kuben hin durchlässig.

2.3.1 Integration als Dimension der Systematisierung

Es gibt verschiedene Gründe und Motive Werbung zu nutzen; ebenso gibt es Motive und Gründe, Werbung zu vermeiden. Rezipient:innen nutzen also tatsächlich aktiv Werbung oder suchen sie sogar, Rezipient:innen tendieren aber auch dazu, Werbung zu vermeiden (vgl. Naab und Schlütz 2016). Technologisch begründet haben die Rezipient:innen immer mehr Möglichkeiten, die traditionelle Werbung zu vermeiden. Um diese Werbevermeidung zu überwinden, generell die Werbeleistung zu erhöhen und Schaltkosten zu reduzieren, wird Werbung mehr oder weniger intensiv in mediumsspezifische Kontexte integriert (vgl. von Rimscha und Siegert 2016).

Während in vorhergehenden Auflagen die Bezeichnung ‚redaktionelle Kontexte' gewählt wurde, haben wir uns für die vorliegende Auflage dazu entschlossen von ‚mediumsspezifischen Kontexten bzw. Inhalten' zu sprechen. Dies, weil der Begriff ‚redaktionelle Kontexte' zu stark an journalistische Produktion gebunden ist. Die Integration von Werbung in Unterhaltungsproduktionen und -formate oder z. B. Spiele, die keine Redaktion im klassischen Sinn haben, ist aber mindestens ebenso wichtig, wenn nicht wichtiger.

In jedem Fall sind diese Werbeformen teilweise immer noch explizit als Werbung gekennzeichnet, teilweise sind sie aber so integriert, dass sie nur noch bedingt oder eben gar nicht als Werbung erkennbar sind. Damit ist ihnen also ein gewisses Täuschungspotenzial inhärent. Die Integration ist eigentlich ein „altes" Phänomen und startete mit Formen von Product Placement in Filmen. Entsprechend umfangreich ist die praktische Auseinandersetzung mit programmintegrierter Werbung. Intensive Diskussionen in der Vergangenheit, ob solche Werbeformen erlaubt sein sollen oder nicht bzw. wie sie reguliert werden können, mündeten letztlich in einer „Kapitulation" vor der Praxis, die integrierte Werbeformen schon lange einsetzt und ausdifferenziert. Andererseits hat sich parallel eine intensive wissenschaftliche Diskussion um solche Werbeformen entwickelt, weil sie die mediumsspezifischen Inhalte am offensichtlichsten beeinflussen und damit die öffentliche Kommunikation verändern können (vgl. für eine Übersicht: Siegert und von Rimscha 2016).

Dies ist auch der Grund, warum Integration als eine aussagekräftige und publizistik- und kommunikationswissenschaftlich relevante Dimension zur Systematisierung der Werbung in der Medien- und Informationsgesellschaft herangezogen wird. Die Dimension erhält ihre Systematisierungskraft dadurch, dass sie bestimmt,

- inwiefern die klassische Prozesslogik der Werbeproduktion und -distribution (Auftraggeber:innen – Agenturen – Medien) und damit das wechselseitige Verhältnis von Werbung und Medien vorzufinden ist,

- inwiefern sich mediumsspezifische und werbliche Inhalte im Sinne von Kontexteffekten wechselseitig in ihrer Ausgestaltung und Dramaturgie sowie in der Wirkung auf Individuen beeinflussen, und
- welche Qualität der Einfluss der Werbung auf die öffentliche Kommunikation im Sinne von gesamtgesellschaftlicher Wirkung hat.

Integration der Werbung in den mediumsspezifischen Kontext, also programmintegrierte Werbung, bedeutet, dass sich Werbeformen den redaktionellen Inhalten annähern oder gar mit ihnen zu hybriden Formen verschmelzen. Dazu gehören u. a. (Product, Location, Image) Placements, redaktionell gestaltete Werbung oder redaktionelle Verweise auf Produkte, Dienstleistungen oder Unternehmen (Infomercials oder Advertorials), Native Advertising, Branded Entertainment und Content Marketing. Integration in den mediumsspezifischen Kontext wird für die folgende Systematisierung anhand der Tiefe der Verbindung der Werbung mit ihrem redaktionellen Umfeld in drei Stufen unterteilt:

- Werbung ohne mediumsspezifischen Kontext
- Werbung mit mediumsspezifischem Kontext, aber von diesem getrennt
- Werbung, die in mediumsspezifische Inhalte integriert ist.

2.3.2 Personalisierung als Dimension der Systematisierung

Auch die Personalisierung der Werbung zielt letztlich auf die Reduktion von Schaltkosten durch Verringerung der Streuverluste (vgl. Hass und Willbrandt 2011). Werbungtreibende verbinden mit ihr zudem die Hoffnung, dass Rezipient:innen Werbung seltener vermeiden, weil die beworbenen Produkte, Leistungen und Marken besser auf ihre Bedürfnisse und die Werbebotschaften besser auf ihre Vorlieben abgestimmt sind. Die Ausrichtung auf Zielgruppen und die genaue Bestimmung ihrer soziodemografischen Merkmale, Vorlieben, Einstellungen und Werte ist auf dem Weg zur Personalisierung von Werbung ein datenbasierter und effizienter Zwischenschritt.

Auch Personalisierung ist im Kern eine „alte" Entwicklung und wurde früher bereits im Rahmen der adressierten Direktwerbung mittels mikrogeografischer und anderer Verfahren der Marktsegmentierung versucht. Damit verknüpft werden u. a. Begriffe wie Customer Relationship Management (CRM) und One-to-One-Marketing. Die neuen IC Technologien ermöglichen aber eine weit umfassendere Datensammlung und deshalb genauere Fokussierung. So definiert z. B. das Personalization Consortium, eine nach eigenen Aussagen international zusammengesetzte Non-Profit-Organisation zur Entwicklung eines verantwortlichen One-to-One-Marketings Personalisierung folgendermaßen:

> „As digital practitioners, we define personalization as the collection of user data to deliver some type of targeted user experience in real-time. This can be based on first-party data (e.g. user profile information), third-party data (e.g. browser data) or many other variations. The

user of the website or app is then served customized content based on this input. While many elite organizations have done this for years using proprietary algorithms (think Amazon or Netflix), personalization has now become accessible to the "everyday" digital team via optimization engines and plugins. We've created a glossary of terms to help better define this universe" (Consortium of Personalization Professionals, o. J.).

Mit den neuen IC Technologien lassen sich Zielgruppen aufgrund vergangenen Such-, Nutzungs- und Transaktionsverhaltens (Behavioral Targeting) segmentieren. Ist die Menge an aufgezeichneten Daten groß genug, unterscheiden sich die Mitglieder innerhalb einer Zielgruppe derart voneinander, dass sich zielpersonenspezifische Muster ergeben. Dies insbesondere dann, wenn die IP-Adresse des Kommunikationsgerätes (Rechner, Tablet, Smartphone) der Nutzer:innen mit ihren soziodemografischen Daten verknüpft werden kann, die dann wiederum mit passenden Zielgruppenprofilen unterlegt werden können. Personalisierte, also auf das Individuum zugeschnittene Werbung, bedeutet aber nicht, dass auch die jeweiligen Werbebotschaften individualisiert sind. Das kann, muss aber nicht sein und wird nicht so häufig eingesetzt wie vermutet werden könnte, weil es die kostspielige Herstellung vieler verschiedener Versionen der Werbebotschaft voraussetzt. Personalisiert wird vielmehr die Komposition von Werbung (und mediumsspezifischem) Inhalt, die sich meist darin zeigt, wie viel Werbung eine Person eingespielt bekommt und für welche Produkte, Leistungen oder Marken diese Einspielungen werben.

Personalisierung wird im Folgenden als publizistik- und kommunikationswissenschaftlich relevante Dimension zur Systematisierung der Werbung in der Medien- und Informationsgesellschaft herangezogen, weil sich durch sie der Kommunikationsprozess und die Kommunikationsbeziehung massiv verändern. In eine extreme Richtung extrapoliert, könnte jede Person in einer eigenen „Advertising Filter Bubble" leben, also mit einer Komposition an Werbung konfrontiert werden, die nur sie so erleben kann. Der Personalisierungsgrad der Werbung erhält seine Systematisierungskraft also dadurch, dass die Dimension bestimmt,

- welche Qualität die Kommunikationsbeziehung zwischen Absender:innen und Empfänger:innen der Werbebotschaft hat,
- wie spezifisch Gestaltungsoptionen, wie z. B. Sprache, Musik und Bilder, verwendet werden können, um bei den Empfänger:innen auf Akzeptanz zu stoßen,
- wie direkt ökonomischer, publizistischer und psychologischer Erfolg messbar sind.

Personalisierung zielt insgesamt auf die quantitative Ausrichtung der Werbeadressierung und wird – der Entwicklung von der One-to-All- über die One-to-Many- hin zur One-to-One-Kommunikation folgend – für die Systematisierung ebenfalls in drei Stufen unterteilt:

- Werbung, die an eine anonyme Masse adressiert ist
- Werbung, die eine ausgewählte spezifizierte Zielgruppe ansprechen will
- Werbung, die sich direkt an eine Zielperson wendet.

2.3.3 Interaktivität als Dimension der Systematisierung

Als wesentliche Kennzeichen von Interaktivität lassen sich aktive Kontrolle, Zwei-Wege-Kommunikation und Synchronizität festhalten (vgl. Liu und Shrum 2002, S. 54). Insgesamt ermöglicht Interaktion, dass die Nutzer:innen schneller, einfacher und häufig kostenlos mit den Kommunikator:innen in Kontakt treten können und diese ihrerseits das Feedback einfacher weiterverarbeiten und gegebenenfalls integrieren können (vgl. Quiring und Schweiger 2006). Zudem beginnen die Rollen von Kommunikator:in und Rezipient:in zu verwischen – Nutzer:innen können zu Produzent:innen werden (Stichworte: User-Generated Content, ProdUser). Dies kann in die Konfiguration des Angebots und/oder in die Konfiguration der Werbekampagne und ihrer Schaltung einfließen. Zugleich ist die nahtlose Verknüpfung der Werbung mit Transaktionen, wie z. B. Bestellungen oder Käufen möglich.

Die meisten dieser Aspekte sind für die Werbung im Kern nicht neu – Feedback oder Bestellungen können auch per Postkarte gegeben werden, wie im klassischen Direct-Marketing. Neu ist aber das einfache Handling und die Synchronizität. Einerseits können Werbeform und Werbebotschaft zusätzliche sensorische Ansprachen beinhalten, so z. B. indem der/die Nutzer:in mit der Computermaus navigieren oder mit dem Finger wischen muss (Rich Media). Andererseits hat Interaktivität für die Werbeproduzent:innen den Vorteil, dass die Präsentationsform werblicher Botschaften im Hinblick auf unterschiedliche Nutzerreaktionen laufend aktualisiert, d. h. selektiert und modifiziert werden kann. Werden z. B. mehrere Plattformen für eine Werbekampagne eingeschaltet, dann können über die Nutzerresponse automatisch diejenigen Plattformen häufiger belegt werden, die ein gutes Ergebnis im Sinne der Zieldefinition liefern (vgl. auch Lammenett 2021, S. 369).

Die vielfältigen Potenziale von Interaktivität müssen in der Werbeproduktion berücksichtigt und mit der werblichen Aussage kompatibel gemacht werden. Werden den Nutzer:innen zu viele Änderungsoptionen eingeräumt, kann eine Werbeaussage bzw. eine Werbekampagne schnell außer Kontrolle geraten. Zudem muss die Organisation hinter der Werbebotschaft bzw. Werbekampagne auf Interaktivität eingestellt sein, d. h. die Reaktionszeiten für Antworten oder Bestellungen müssen entsprechend kurz sein, um keine negativen Reaktionen der Nutzer:innen hervorzurufen. Dies ist für viele Unternehmen mit großem Aufwand verbunden. Tendenziell erhöhen sich durch Interaktivität die Partizipationsmöglichkeiten der Nutzer:innen, womit sich die Kontrollmöglichkeiten der Werbungtreibenden bezüglich (Um-)Gestaltung, Inhalten und Distribution verringern; zugleich steigen aber die Kontrollmöglichkeiten der Werbungtreibenden, weil Nutzungs- und Kaufprozesse online gut zurückverfolgt und die Leistung der Werbeträger kontrolliert werden können (Performance-Based Pricing und Werbecontrolling).

Interaktivität wird im Folgenden als publizistik- und kommunikationswissenschaftlich relevante Dimension zur Systematisierung der Werbung in der Medien- und Informationsgesellschaft herangezogen, weil sich auch durch sie der Kommunikationsprozess und die Kommunikationsbeziehung massiv verändern. Die Dimension erhält ihre Systematisierungskraft dadurch, dass sie bestimmt,

- inwiefern die Werbenutzung insgesamt komplexer wird und mehr Aktivität und Partizipation der Nutzer:innen (Engagement) erfordert bzw. ermöglicht als Werbeformate in Print oder Rundfunk,
- inwiefern sich Kontrollmöglichkeiten für beide Seiten der Kommunikationsbeziehung verändern und sich dies auch auf die Organisation werblicher Kommunikation auswirkt,
- inwiefern Rezeption in (Spontan-)Handlungen übergehen kann oder gar muss und so vielfältige Folgen nach sich ziehen kann.

Interaktivität zielt insgesamt auf den Grad, in dem die Nutzer:innen partizipieren können bzw. müssen, was sich in vielfacher Weise zeigen kann: u. a. mit Views, Plays, Tags, Bewertungen (Likes/Dislikes), Empfehlungen, User Generated Content (UGC: Text, Bild, Audio, Video) oder auch Registrierung mit den eigenen soziodemografischen Daten sowie direkte Bestellungen und Käufe von Waren und Leistungen. Meist müssen die User:innen dazu entweder stationär online sein oder sich mobil mittels Smartphone oder Tablet einbringen.

Für die Unterteilung spielen das Ausmaß an Feedbackmöglichkeiten und -notwendigkeiten, die Gleichzeitigkeit und der Bezug auf das Werbeformat im Austausch zwischen Werbungtreibenden und -adressat:innen eine Rolle. Die Übergänge zwischen den Ausprägungen der Dimension sind hier besonders fließend. Interaktivität wird für die Systematisierung dennoch in drei Stufen unterteilt:

- Werbung als Information im Sinn von Ein-Weg-Kommunikation; Feedback kann nicht oder nur minimal, asynchron und außerhalb des Werbeformats erfolgen. Rezipient:innen sind in erster Linie Informationsempfänger:innen.
- Werbung als Interaktion im Sinn von Zwei-Wege-Kommunikation; Rezipient:innen werden im Rahmen des Werbeformats zu Kommunikationspartner:innen. Wir sprechen dann von Interaktion, wenn die Nutzer:innen sich zwar beteiligen können oder müssen, diese Beteiligung aber niedrigschwellig angesetzt ist, wie z. B. liken.
- Werbung als Transaktion im Sinn von aktivem Austausch; Rezipient:innen werden im Rahmen des Werbeformats zu Kommunikations- und Handelspartner:innen, weil sie aktiv mit Geld oder persönlichen (geldwerten) Daten und Inhalten mitwirken. Wir sprechen dann von Transaktion, wenn die Nutzer:innen sich mit viel Engagement beteiligen können oder müssen, d. h. in der Regel einen eigenen Text-Kommentar beisteuern (die am häufigsten auftretende Form von UGC: Bauer 2010, S. 6) oder andere Inhalte veröffentlichen, sich registrieren oder direkt bestellen bzw. kaufen.

2.3.4 Der IPI Cube als dreidimensionales Systematisierungsraster

Verbindet man die drei skizzierten publizistik- und kommunikationswissenschaftlich relevanten Dimensionen ergibt sich daraus der IPI Cube: I für die Integration in den mediumsspezifischen Kontext, P für den Grad der Personalisierung der Werbung und I für die Inter-

2.4 Werbung zwischen Ökonomie und Publizistik

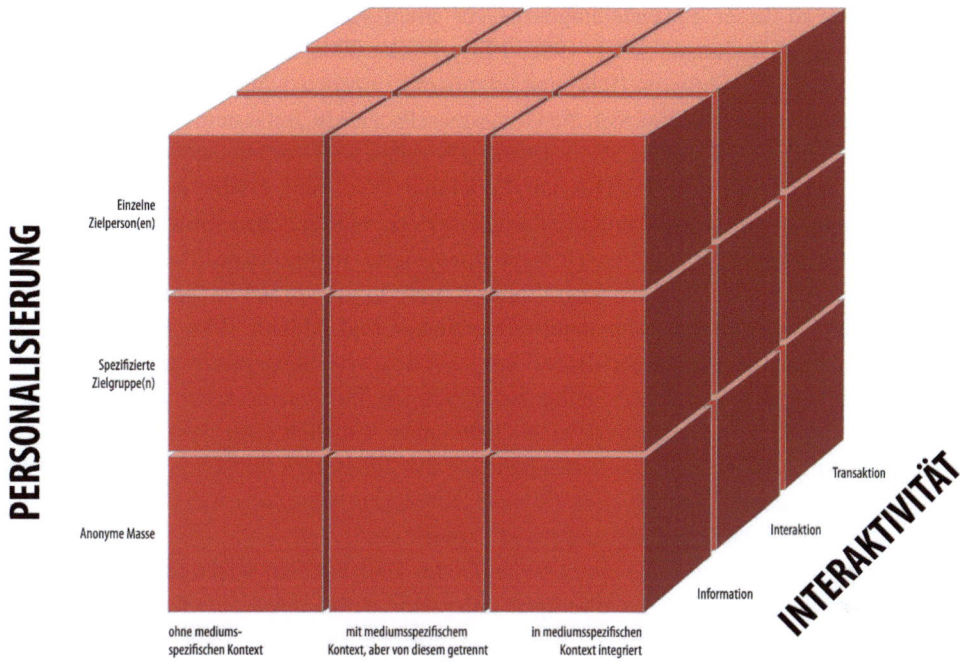

Abb. 2.5 Der IPI Cube (IPIC). (Eigene Darstellung)

aktivität der Werbung. Diese Kombination sollte ausreichen, um die aktuellen Werbe-Verhältnisse umfänglich systematisieren zu können. Integration in den mediumsspezifischen Kontext wird auf der horizontalen, Personalisierung der Werbung auf der vertikalen Achse und Interaktivität der Werbung auf der diagonalen Achse abgetragen und die drei Dimensionen kombiniert. Dies führt zu einem 3 × 3 × 3-Würfel, dem IPI Cube (IPIC), wie in Abb. 2.5 dargestellt.

Mit dem IPIC lassen sich einerseits alle aktuellen Konkretisierungsformen der Werbung in der Medien- und Informationsgesellschaft verorten. Dies führt jedoch andererseits zu einer großen Komplexität mit 27 einzelnen Kuben. Zudem können die einzelnen Kuben nur noch analytisch voneinander getrennt werden.

2.4 Werbung zwischen Ökonomie und Publizistik

Folgt man der differenzierungstheoretischen Perspektive und konzentriert sich dabei auf die Makroebene, stellt sich die Frage nach den generalisierten Handlungsorientierungen und der gesamtgesellschaftlichen Verortung der Werbung. Diese ist nicht nur theoretisch interessant, sondern zeigt auch, an welcher Logik sich die Werbung orientiert, wie sie also tickt, und worum sich die entsprechenden Akteur:innen folglich kümmern müssen und worum nicht.

Die Literatur zu diesen Fragestellungen ist vor allem systemtheoretisch geprägt (grundlegend dazu u. a.: Luhmann 1984, 1987, 1991; Willke 2006 und 2014; Schimank 1985, 1988, 2007, S. 73 ff.; Gerhards 1994) und folgt dem Konzept der funktionalen Differenzierung. Dies geht davon aus, dass sich die Gesamtgesellschaft in Teilsysteme ausdifferenziert, die jeweils einen spezialisierten, aber relevanten Beitrag zum Überleben des Ganzen liefern. Diese Teilsysteme, wie z. B. Wissenschaft, Erziehung, Wirtschaft, Politik, Recht, sind damit für die Lösung der im jeweiligen Gesellschaftsbereich angesiedelten Probleme zuständig. Zugleich sind sie als gesellschaftsweit institutionalisierte, funktionsspezifische Handlungszusammenhänge zu sehen, deren Konstitutionskriterium ein spezieller Sinn bzw. eine besondere Handlungslogik oder Handlungsrationalität ist (vgl. Mayntz 1988, S. 17 f.). Dieser spezielle Sinn kann – in eingeschränkter Form – mit dem systemeigenen Steuerungsmedium gleichgesetzt werden, mit dessen Hilfe die jeweiligen Teilsysteme kommunizieren: dem Code. Gesellschaftliche Teilsysteme entwickeln dabei – ähnlich einer Sprache – einen jeweils eigenen, spezifischen Code, anhand dessen das Teilsystem selbst von seiner Umwelt unterschieden werden kann (System-Umwelt-Differenz). Alles, was nicht dem Code des Teilsystems entspricht, ist folglich außen, ist Umwelt.

Steuerungsmedien und im engeren Sinne Codes sind insofern wichtige Schlüsselkategorien, als sie die Rationalität des jeweiligen Teilsystems definieren. Jedes (Teil-)System folgt also in erster Linie seiner Eigenlogik bzw. seiner eigenen Rationalität, was jedoch nicht bedeutet, dass andere Rationalitäten keine Bedeutung haben, auch wenn sie nicht dominant sind. Insofern beobachtet auch jedes Teilsystem das gesellschaftliche Gesamtsystem und andere Teilsysteme in erster Linie im Rahmen seiner eigenen Rationalität. Ereignisse werden folglich durch die „Systembrille" wahrgenommen. Die zahlreichen Möglichkeiten und Handlungsoptionen, die die Umwelt einem Teilsystem eröffnet, werden unter dem Gesichtspunkt der Handlungsfähigkeit des Systems reduziert. Da Codes aber allein zuwenig strukturierende Vorgaben für das Teilsystem bereitstellen, werden sie durch Erwartungsstrukturen, sogenannte Programme oder Sekundärcodes, operationalisiert, also auf eine Handlungsebene heruntergebrochen. So orientiert sich beispielsweise das politische System systemtheoretisch betrachtet am Steuerungsmedium Macht. Damit gehört alles, was mit dem Thema Macht verknüpft ist, zum Teilsystem, das seinerseits seiner inneren Logik entsprechend zunächst alle Ereignisse auf Machtaspekte reduziert und unter Machtaspekten bewertet.

Für eine theoretische Analyse der Werbung sind vor allem jene beiden Teilsysteme relevant, denen Werbung zugeordnet werden könnte: Wirtschaft auf der einen und Publizistik/Medien auf der anderen Seite (vgl. Siegert 1996, 2001 und 2002; Theis-Berglmair 2000). Zugleich ist aber auch zu klären, ob Werbung nicht doch ein eigenes Teilsystem bildet (vgl. Zurstiege 2002), oder ob, und gegebenenfalls wie, sie anders theoretisch verortet werden müsste. Diese Zugänge werden u. a. diskutiert von Jörg Tropp (2019, S. 117 ff.) und Nils S. Borchers (2014, S. 145 ff.), der die theoretischen Zugänge einer Plausibilitätsprüfung unterzieht:

> „Neben den etablierten Konzeptionen von Werbung als Programmbereich der Massenmedien (Luhmann 2004), als Subsystem des Wirtschaftssystems (Schmidt 1991), als Interpenetrationszone von Massenmedien und Wirtschaft (Siegert und Brecheis 2010, S. 129–32)

sowie als eigenständigem Funktionssystem (Zurstiege 1998, S. 78–123) bestehen Vorschläge, Werbung als Leistungssystem der Öffentlichkeit (Görke 2008) und als Subsystem von Organisationen (Hoffjann 2007, S. 89–90) anzusehen. Auch das von Marcinkowski (1993) beschriebene System der Publizistik beansprucht, für Werbung zuständig zu sein. Und Kautt (2008) unterzieht die Werbung als Programmbereich der Massenmedien – eine Zuordnung, die Luhmann vorschlägt – einer Generalüberholung und fasst sie in entscheidenden Teilen neu" (Borchers 2014, S. 146).

2.4.1 Zuordnung der Werbung zum Teilsystem Wirtschaft

Das Wirtschaftssystem hat sich als Teilsystem der Gesellschaft geschichtlich sehr früh ausdifferenziert (vgl. dazu: Luhmann 1989). Ihm obliegt als Primärfunktion die Vorsorge für die Befriedigung zukünftiger Bedürfnisse. Die dem System zugrunde liegenden Handlungen sind Zahlungen als unit act der Wirtschaft. Sie sind zum einen mit dem Code Geld verbunden, zum anderen beziehen sie sich aber auf Sach- und Dienstleistungen, bei denen es um Bedürfnis- bzw. Bedarfsbefriedigung geht. In Zahlungen stellt das ökonomische System sowohl die Beziehung zu sich selbst (Selbstreferenz) als auch die Beziehung zu anderen Teilsystemen (Fremdreferenz) her. Damit wird Geld zum Steuerungsmedium dieses Systems, und zwar zu einem hochgradig selektiven. Denn im Wirtschaftssystem wird alles entweder auf seine geldwerten Aspekte reduziert oder ausgeklammert, wenn es sich nicht in Geld oder durch Geld ausdrücken lässt. Operationalisiert und handhabbar gemacht wird der Primärcode Geld durch Preise als sekundäre Codes. Sie geben Informationen über Zahlungserwartungen und sind in diesem Zusammenhang Aussagen darüber, wie relevant Aspekte der Systemumwelt für das Wirtschaftssystem geworden sind.

Als institutionelle Ordnung dieser teilsystemischen Orientierungen kann der Markt angesehen werden. Er bezieht sich mit dem als „invisible hand" bezeichneten Marktmechanismus deutlich auf die systemische Logik (vgl. Gerhards 1994, S. 79). Und er ist letztlich die operationale Vorgabe, also die Summe formalisierter Verfahrensregeln, die die teilsystemische Logik für die Akteur:innen greifbarer macht. Damit wissen die Akteur:innen, was zu tun und zu lassen ist, bzw. was sie berechtigterweise erwarten können und was im Gegenzug berechtigterweise von ihnen erwartet werden kann (vgl. auch Schimank 2007, S. 221). Das Teilsystem Wirtschaft orientiert sich an seiner Eigenlogik, der ökonomischen Rationalität, und nur unter dieser Perspektive an übergreifenden gesellschaftlichen Erfordernissen. Dies kann unter gesamtgesellschaftlichen Gesichtspunkten verschiedene dysfunktionale Auswirkungen haben (vgl. Luhmann 1989). So vergisst das ökonomische System Akteur:innen und Dinge, die nicht zahlen oder bezahlt werden können. Es schließt Dankbarkeit oder andere moralische Verpflichtungen in Verbindung mit Geschäften aus, und es legitimiert unsoziales Verhalten, indem Geld als Steuerungsmedium von der Ebene konkreter Akteur:innen und deren Relevanzkriterien abstrahiert. Damit müssen weder die zu befriedigenden Bedürfnisse noch die Herkunft des Geldes erläutert werden.

Diesem Teilsystem Wirtschaft ordnen mehrere Autoren (u. a. Schmidt 1995; Tropp 1997; Kohring und Hug 1997) die Werbung eindeutig zu und sprechen vor dem Hintergrund dieser Zuordnung teilweise vom Werbewirtschaftssystem. Wie auch Jörg Tropp (1997, S. 87) feststellt, gehen sie damit mit der betriebswirtschaftlichen Sichtweise konform, die ja die Werbung in die unternehmerische Kommunikationspolitik und diese wiederum in den Marketing-Mix einordnet. Daneben lässt sich eine solche Zuordnung mit den nachfolgend aufgelisteten Gründen untermauern:

- Die Ausführungen in Kapitel drei und vier zeigen, dass die Entwicklung der Werbung eng mit der Entwicklung der industriellen Massenproduktion verknüpft war, was als Argument für die Zuordnung zum Teilsystem Wirtschaft gedeutet werden könnte.
- Das Wirtschaftssystem wäre ohne die Informationsfunktion der Werbung selbst nicht funktionsfähig. Werbung gehört damit notwendig zum Wirtschaftssystem.
- Die Werbung ist auf eine ökonomische Rationalität ausgerichtet, weil in erster Linie ökonomisch relevante Einstellungen und Verhaltensweisen beeinflusst werden sollen. „Insofern kalkuliert sie wirtschaftlich" (Luhmann 1996, S. 92).
- Die Werbung orientiert sich an der Geldrationalität, weil sie letztlich durch Zahlungen initiiert wird (Auftrag, Budget) und in solche mündet (Umsatzsteigerung etc.).
- Die Werbung rekurriert mit ihrem Ziel, Aufmerksamkeit zu generieren, gleichermaßen auf ein knappes Gut, wie dies das Wirtschaftssystem mit den knappen Gütern Geld bzw. Ressourcen tut.
- Werbung bietet im Gegensatz zu Journalismus eine „besonders egozentrische Form der Selbstbeobachtung" (Kohring und Hug 1997, S. 29). Diese Selbstbeobachtung des Wirtschaftssystems unterscheidet sich massiv von der Fremdbeobachtung, die der Journalismus idealtypisch anbietet.

Deutlich wird an diesen Begründungen eine – wenn auch implizite – Fokussierung auf Wirtschafts- und Absatzwerbung. Einige Gründe verlieren deshalb dann an Stichhaltigkeit, wenn man Werbung in einem etwas umfassenderen Sinn begreift. Insofern ist es wenig verwunderlich, dass sich bei denselben Autoren, die für eine Zuordnung der Werbung zum Wirtschaftssystem argumentieren, durchaus auch Hinweise finden lassen, die eine Zuordnung der Werbung zum Teilsystem Publizistik/Medien rechtfertigen würden.

2.4.2 Zuordnung der Werbung zum Teilsystem Publizistik/Medien

Die enge Koppelung zwischen Werbung und Aufmerksamkeit begründet wohl am besten, dass Werbung auch dem Teilsystem Publizistik/Medien zugerechnet werden kann.

> „Von Aufwand und Ertrag kann keine Rede sein. Eher scheint es um den Zwang zu gehen, sichtbar zu bleiben …. Das heißt aber zugleich, dass für die Formen, mit denen geworben wird, mehr Gestaltungsfreiheit konzediert wird, sofern sie nur geeignet sind, Aufmerksamkeit

2.4 Werbung zwischen Ökonomie und Publizistik

zu mobilisieren, sofern sie nur als Kommunikation funktionieren. Gerade im Verhältnis von Wirtschaft und Werbung findet man demnach gute Argumente für eine zunehmende Differenzierung der Systeme mit Abnahme struktureller Kopplungen. Der Erfolg der Werbung liegt nicht nur im Ökonomischen, nicht nur im Verkaufserfolg" (Luhmann 1996, S. 93 f.).

Eine solche Zurechnung steht und fällt jedoch mit der Bestimmung des Teilsystems Publizistik/Medien. Je nachdem, wie ein solches Teilsystem abgegrenzt und welcher Code als Steuerungsmedium angenommen wird, erscheint eine Zuordnung mehr oder weniger nachvollziehbar.

Die Annahme, dass das Teilsystem Publizistik/Medien zunehmende Eigenständigkeit erlangt, kann u. a. damit begründet werden, dass moderne Gesellschaften mit der Einrichtung von Massenmedien versuchen, der zunehmenden Differenzierung und Komplexität der Kommunikationsprozesse adäquat zu begegnen. Inwiefern sie damit allerdings ein eigenes Subsystem bilden, hängt systemtheoretisch wesentlich davon ab, ob Publizistik/Medien als weitgehend autonomes Teilsystem zu sehen ist, oder ob es nicht doch durch Logiken anderer gesellschaftlicher Subsysteme, wie z. B. durch die Macht der Politik oder das Geld der Wirtschaft, dominiert wird, wie das u. a. in der Wendung „Ökonomisierung der Medien" zum Ausdruck kommt. Bereits Niklas Luhmann sieht Ansatzpunkte einer eigenen gesellschaftlichen Primärfunktion: einerseits im Sinne der Herstellung gemeinsamer Aktualität, andererseits „in der Beteiligung aller an einer gemeinsamen Realität" (Luhmann 1993, S. 320).

Weitere Autoren plädieren zwar allesamt für die Betrachtung von Publizistik/Medien als eigenständiges Teilsystem, benennen dies aber nicht nur unterschiedlich, sondern grenzen auch jeweils anders ab und definieren teilweise einen jeweils anderen Code. Bernd Blöbaum (1994), Siegfried Weischenberg (1994), Alexander Görke und Matthias Kohring (1996 und 1997), Alexander Görke (2002), Stefan Weber (2000) und auch Matthias Kohring und Detlef Hug (1997) sprechen von der Öffentlichkeit als sozialem System bzw. vom Journalismus als sozialem System oder Leistungssystem. Während Kohring und Hug (1997, S. 24 ff.) für das System Journalismus den Code Mehrsystemzugehörigkeit/Nicht-Mehrsystemzugehörigkeit einführen, formuliert Niklas Luhmann (1996) für sein System Massenmedien den Code Information/Nicht-Information. Jürgen Gerhards (1994, S. 89) betrachtet dagegen Aufmerksamkeit als zentrales Steuerungsmedium des Mediensystems. Weil hier aber nicht der Platz ist, diese Abgrenzungsdebatte weiterzuführen, sei auf die angeführte Literatur verwiesen.

Sinnvoller erweist es sich für die folgenden Ausführungen, an den Ansatz von Frank Marcinkowski (1993) anzuschließen, der auf die technischen Verbreitungsmedien rekurriert, ohne dass diese die theoretische Konzeption des publizistischen Systems vorab festlegen. Um einer Verwechslungsgefahr mit dem Begriff der generalisierten Medien in der Systemtheorie vorzubeugen, nennt er das Subsystem nicht Medien-, sondern publizistisches System. Gleichwohl ist das publizistische System deutlich mit Massenmedien verknüpft, weshalb hier auch die Doppelbezeichnung „Publizistik/Medien" gewählt wurde. Die Primärfunktion dieses Teilsystems für die Gesamtgesellschaft ist es, durch Verarbeitung von Umweltkomplexität deren Selbstbeobachtung zu ermöglichen und eine Selbstbeschreibung der Gesellschaft herzustellen. Das dazugehörende Steuerungsmedium ist Publizität, also die Unterscheidung „öffentlich/nicht öffentlich". Die besondere Leistung des Teilsystems Publizistik/Medien liegt folglich in der „Ausstattung von Themen mit Publizität". Indem es über Publizität Aufmerksamkeit generiert, macht es den Kommunikationserfolg von Themen wahrscheinlicher. Um den Code Publizität in Form handhabbarer Strukturvorgaben zu konkretisieren, dienen Nachrichtenwerte als Sekundärcodes bzw. als mehr oder weniger formalisierte institutionelle Ordnungen (vgl. u. a. Gerhards 1994, S. 89; Westerbarkey 1995, S. 154 ff.). Dabei herrscht grundsätzliche Themenoffenheit, d. h. das Teilsystem kommuniziert

> „potentiell alle Themen des umfassendsten Sozialsystems Gesellschaft, allerdings immer in einer spezifisch publizistischen Kreation" (Marcinkowski 1993, S. 50)

Wird das Teilsystem Publizistik/Medien in der eben beschriebenen Form abgegrenzt, kann ihm die Werbung nachvollziehbar zugeordnet werden. Dabei können neben Argumenten, die für eine Zuordnung zum Teilsystem Publizistik/Medien sprechen, auch solche Argumente Begründungen liefern, die eine Zuordnung zum Teilsystem Wirtschaft ausheblen:

- Die Ausführungen in Kapitel drei und vier zeigen, dass deren Entwicklung eng mit der Entwicklung der Massenmedien verknüpft war, was als Argument für die Zuordnung zum Teilsystem Publizistik/Medien gedeutet werden könnte.
- Werbung will und muss über Publizität Aufmerksamkeit für ihre Themen generieren, um den Kommunikationserfolg zu verbessern. Damit rekurriert Werbung auf die Veröffentlichungsrationalität des Teilsystems Publizistik/Medien.
- Werbung ist zwar an Zahlungen gebunden. Dies unterscheidet sie aber nicht absolut von klassischen journalistischen Inhalten, die ebenso notwendigerweise an Zahlungen (Löhne, Produktionskosten, Vertriebspreise etc.) gebunden sind (vgl. dazu auch: Zurstiege 2002, S. 155).
- Die Knappheit bestimmter Ressourcen ist in der Medien- und Informationsgesellschaft nicht nur typisch für das Wirtschaftssystem, sondern als Aufmerksamkeitsknappheit eben auch für andere Systeme.
- Zwar ist Werbung Selbstbeobachtung, sie muss aber, gerade um erfolgreich sein zu können, diese Selbstbeobachtung notwendigerweise so gestalten, dass sie außerwerbliche Themen und Ereignisse aufgreift, mithin die Selbstbeobachtung mindestens anschlussfähig macht. Zudem zeigt sich, dass im Zuge der fortschreitenden Verknappung der Aufmerksamkeit das Aufgabenspektrum der Werbung sukzessive erweitert wird, und Werbung ihrer Rolle als Vermittlerin von Lifestyle und Markenwelten nur dann zielerfüllend gerecht werden kann, wenn sie zumindest ansatzweise Elemente der Fremdbeobachtung aufnimmt.

2.4.3 Werbung als autonomes Funktionssystem

Wie gezeigt lässt sich die Zuordnung der Werbung zum Wirtschaftssystem ebenso wie jene zum Teilsystem Publizistik/Medien sowohl begründen, als auch teilweise widerlegen. Guido Zurstiege (2002, S. 156 ff.; 2005, S. 24 ff. und 2007) schlägt deshalb die Einordnung der Werbung als autonomes, gesellschaftliches Funktionssystem vor, das eigenen Maßstäben folgt. Als Steuerungsmedium konzipiert er Teilnahmebereitschaft/Teilnahmeverzicht, weil Aufmerksamkeit im Hinblick auf ihre Qualität differenziert betrachtet werden muss. Denn den mit Werbung befassten Akteur:innen geht es letztlich um die Transformation von Aufmerksamkeit in Teilnahmebereitschaft.

„Teilnahmebereitschaft bedeutet im Rahmen des Wirtschaftssystems die Bereitschaft, für ein bestimmtes Produkt *zu zahlen*, im Rahmen des politischen Systems die Bereitschaft, eine bestimmte Partei *zu wählen*, im Mediensystem die Bereitschaft, ein bestimmtes Programmangebot *zu rezipieren*, im Religionssystem die Bereitschaft, an eine bestimmte Botschaft *zu glauben* etc. Der Begriff der Teilnahmebereitschaft ist damit genau genug, um die Spezifik werblicher Aufmerksamkeitsgeschäfte abzugrenzen, etwa gegenüber denen der Public Relations; er bietet auf der anderen Seite eine hinreichende semantische Breite, um die verschiedenen Formen der Werbung (politische Werbung, Wirtschaftswerbung, Non-Profit-Werbung etc.) im Rahmen einer allgemeinen Theorie der Werbung zu integrieren" (Zurstiege 2002, S. 156; Hervorheb. im Original).

Dem entsprechen auch die Ausführungen von Herbert Willems (2002, S. 61), der die Autonomisierung der Werbung als wichtiges Entwicklungsprinzip sieht. Für weitere Konkretisierungen greift Zurstiege (2005, S. 16) auf wechselseitig miteinander verknüpfte Beobachtungskategorien zurück, die u. a. bereits bei Luhmann (1996) sowie Schmidt und Spieß (1994) angedacht waren: verschiedene Motivformen (Überparteilichkeit vs. Interessensgebundene Parteilichkeit), verschiedene Diskursqualitäten (Wahrheit vs. Wahrheitsindifferenz) und verschiedene Referenzformen (Wirklichkeit vs. Zuverlässigkeit). Anhand dieser Kategorien lässt sich Werbung in allen ihren relevanten Handlungsdimensionen beobachten und als parteilich, wahrheitsindifferent und zwischen Fakten und Fiktionen vermittelnd einstufen. Parteilich ist sie deshalb, weil sie im Dienste ihrer Auftraggeber:innen steht und darüber auch nicht hinwegtäuscht. Wahrheitsindifferent ist sie deshalb, weil sie nicht auf wahrheitsgetreue Aussagen angewiesen ist. Und sie ist darüber hinaus nicht an sozial verbindliche Wirklichkeitsmodelle gebunden (vgl. Zurstiege 2002, S. 156 ff.), sondern tendenziell der so genannten sachlichen Ausblendungsregel (vgl. Schmidt und Spieß 1994, S. 18) folgend, auf positive Ereignisse und Themen fokussiert.

Unklar bleibt in dieser Argumentation, welche Primärfunktion ein solches autonomes, gesellschaftliches Funktionssystem haben sollte, denn dass es nicht um gesellschaftliche Partizipation insgesamt geht, ergibt sich bereits aus der von Zurstiege (2002, S. 157) eingebrachten Art der Kommunikation, die klar auf Zielgruppen ausgerichtet ist (soziale Ausblendungsregel).

2.4.4 Werbung als Interpenetrationszone

Werbung erscheint also theoretisch eher schwierig zuzuordnen, eben weil sie sich an keinem der diskutierten Codes, weder an Geld noch an Publizität, ausschließlich orientiert, sondern vielmehr an beiden. Damit aber werden bei beiden vorgestellten Zuordnungen zu gesellschaftlichen Teilsystemen eigentlich jeweils systemfremde Aspekte relevant. Denn ebenso wie das Wirtschaftssystem ohne die Informationsfunktion der Werbung nicht funktionieren würde, würde das publizistische System aktuell ohne die Finanzierung durch Werbung nicht überleben. Daher soll im Folgenden eine theoretische Einordnung der Werbung mit Rückgriff auf die Beziehungen zwischen den beiden Teilsystemen versucht werden, auch wenn diese Einordnung nicht frei von Einschränkungen ist. Denn wie Kohring und Borchers (2013) und Borchers (2014, S. 178 ff.) richtig bemerken, schließt der Bezug zu Publizistik/Medien alle Formen von Werbung, die nicht massenmedial verbreitet werden, weitgehend aus.

Die gesellschaftlichen Teilsysteme Publizistik/Medien und Wirtschaft nehmen sich gegenseitig selektiv wahr und zwar unter Bezug auf ihre jeweiligen Steuerungsmedien Publizität und Geld. Sie erbringen jeweils Leistungen füreinander. Der Output des einen Systems wird jedoch erst dann zum Input des anderen, wenn er erkannt werden kann, also anschlussfähig ist. Und das ist erst dann der Fall, wenn die Codes so übersetzt werden, dass das andere Teilsystem sie verstehen und verarbeiten kann. Dazu müssen Institutionen etabliert werden, die die Konvertibilität unterschiedlicher Codes und Rationalitäten bewerkstelligen können (vgl. u. a. Münch 1991, S. 284 ff.; Willke 2006, S. 203 f.).

Konkreter Output des ökonomischen Systems, der als Input beim Mediensystem eingeht, sind z. B. die Geldtransfers für alle Arten werblicher Maßnahmen, wie z. B. Agenturleistungen, Druckkosten, vor allem aber für Werbeschaltungen. Den Transfers ist eine Konvertierung von Geld in Publizität implizit, denn die Höhe des Preises für eine Werbeschaltung sagt etwas über deren Publizitätsgrad aus. Konkreter Output des Systems Publizistik/Medien ist u. a. der Transport von Werbebotschaften oder aber die Veröffentlichung von PR-Beiträgen. Diese Leistung wird dann zum Input im ökonomischen System, wenn sie monetär ausgedrückt werden kann und in Zahlungen mündet. Letztlich kommt es also in der wechselseitigen Beziehung der gesellschaftlichen Teilsysteme Publizistik/Medien und Wirtschaft zur ständigen Konvertierung von Geld in Publizität und umgekehrt, damit die einzelnen Handlungen anschlussfähig werden und ein gegenseitiger Leistungsaustausch stattfinden kann. Diejenige Institution, die in der Beziehung zwischen Mediensystem und ökonomischem System eine Übersetzung von Geld in Publizität und umgekehrt garantieren kann, ist die Medien- und Publikumsforschung (vgl. Siegert 1993, 1996, 2002; Frey-Vor et al. 2008). Sie wird damit gleichsam zu einer Art intersystemischer Wechselstube, einer Konvertierungsinstitution.

Jenseits dieser konkret beobachtbaren Beziehungen tendieren gesellschaftliche Subsysteme aber auch generell dazu, sich zu vernetzen: Ihre Beziehungen etablieren sich über die jeweiligen Systemgrenzen hinaus, sodass das Handeln der Akteur:innen in den sich vernetzenden Systemen grenzübergreifend koordiniert und abgestimmt werden muss.

2.4 Werbung zwischen Ökonomie und Publizistik

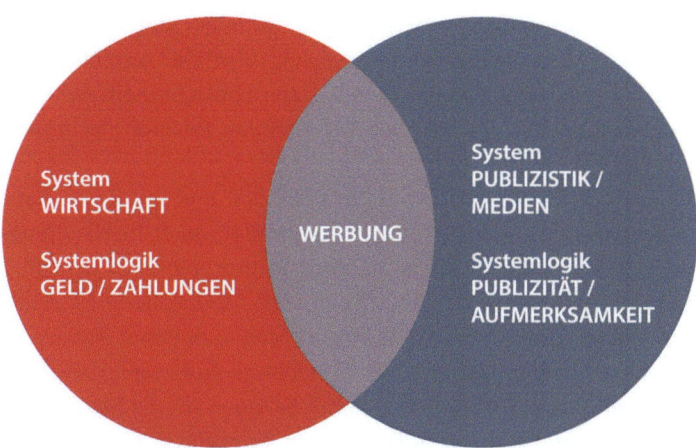

Abb. 2.6 Werbung als Interpenetrationszone. (Eigene Darstellung)

Denn Entscheidungen entziehen sich häufig einer einzigen Systemrationalität und orientieren sich stattdessen an einer „komplexen Gemengelage unterschiedlicher Systemlogiken" (Münch 1991, S. 285). Diese wechselseitige Durchdringung von Systemen und die entsprechende Vernetzung von Systemlogiken führen trotz relativer Autonomie der einzelnen Teilsysteme zu normativen Widersprüchen, faktischen Konflikten, strukturellen Inklusionen, aber auch zu unterschiedlichen Machtverhältnissen. Theoretisch werden diese Phänomene im Konzept der Interpenetration aufgefangen. Entsprechende Bereiche werden als Interpenetrationszonen bezeichnet (vgl. Münch 1991, S. 332 ff.; für die Beziehung Medien und Politik: Westerbarkey 1995, S. 154). Werbung als Interpenetrationszone zwischen den Teilsystemen Wirtschaft und Publizistik/Medien lässt sich dann wie in Abb. 2.6 gezeigt darstellen.

Werbung ist in ihrer Gesamtheit ein Paradebeispiel für eine Interpenetrationszone, in der sich die Systemlogiken Publizität und Geld vermischen (vgl. Westerbarkey 1995, S. 159 ff.). Dies gilt erst recht, wenn man die sich ausdifferenzierenden Werbesonderformen und die zunehmende Hybridisierung berücksichtigt (vgl. auch Weber 2000, S. 23). Während sich andere Interpenetrationszonen erst allmählich entwickelt haben, stellt die Werbung einen klassischen Bereich von vernetzten Systemlogiken dar. Lange bevor theoretisch und praktisch über Aufmerksamkeitsökonomie diskutiert wurde, musste sich die Werbung mit den damit verbundenen Problemen befassen. Und auch die hohen Investitionen in die Medien- und Publikumsforschung und die Bemühungen, diese Konvertierungsinstitution besonders im Hinblick auf die Werbeträgerleistung und die erreichten Publizitätsgrade zu professionalisieren, zeigen, wie etabliert Werbung als Interpenetrationszone ist.

Dass dabei der Code Geld sehr dominant wird (wie auch in anderen gesellschaftlichen Teilsystemen, z. B. der Politik, der Erziehung, der Wissenschaft) lässt sich auf die besondere Leistungsfähigkeit von Geld als Mittel zur Kontextsteuerung zurückführen: Geld generalisiert die damit verbundenen Wahlchancen in sachlicher Hinsicht, befreit sie also vom direkten Austausch von Gütern zwischen Käufer:innen und Verkäufer:innen, temporalisiert sie, überlässt also die Bestimmungsmacht über die zeitliche Realisierung der Wahlchancen den Akteur:innen und macht in sozialer Hinsicht indifferent, abstrahiert also von der Ausrichtung der Zwecke und von der sozialen Position der Akteur:innen (vgl. Willke 2014, S. 147 ff.).

Zunehmend entwickelt sich aber auch die Publizität und mit ihr verbunden die Aufmerksamkeit zu einem „gleichberechtigten" Code, weil sie auch die Handlungspräferenzen anderer teilsystemischer Akteur:innen strukturiert, mithin eine ernst zu nehmende Restriktion für die anderen Teilsysteme darstellt (Stichwort: Mediatisierung). Beispielhaft zeigt sich dies an der Online-Ökonomie und an Social Media, in deren Rahmen auf Publizität basierende Anschlusskommunikation eine so wichtige Rolle spielen. Zudem bekommt Publizität als Systemlogik der Werbung nicht nur bezogen auf die Medien als Werbeträger Gewicht (wie bei Tropp 1997, S. 143), sondern beeinflusst z. B. bereits die Werbeproduktion und Botschaftsgestaltung. Auch diese Einordnung der Werbung als Interpenetrationszone kann kritisch betrachtet werden (z. B. Tropp 2019, S. 120 f.).

> **Zusammenfassung**
> *Im vorangegangenen Kapitel wurde die Werbung in der Medien- und Informationsgesellschaft unter dem Blickwinkel einer differenzierungstheoretischen Perspektive beleuchtet. Während sich die Werbeformen auf der einen Seite immer stärker ausdifferenzieren, ist auf der anderen Seite im Bezugsrahmen von Werbung, PR, Marketingkommunikation, Organisationskommunikation, Unterhaltung und Journalismus eine Entwicklung der Entdifferenzierung zu beobachten. Dabei wird rasch deutlich, dass zur Unterscheidung von Werbung und PR nur noch drei Merkmale Trennschärfe zeigen: Die Kommunikationsziele, die Adressat:innen und die organisatorische Verankerung. Darüber hinaus werden die Durchdringung redaktioneller Inhalte mit werblichen Inputs einerseits und die Integration unternehmerischer Kommunikation andererseits dargestellt und diskutiert.*
>
> *Um diese Komplexität der Werbewelt greifbarer zu machen, wird anhand von drei Dimensionen versucht, Werbung in der Medien- und Informationsgesellschaft zu systematisieren: die Integration in den mediumsspezifischen Kontext, der Personalisierungsgrad der Werbung sowie der Grad ihrer Interaktivität. Im daraus resultierenden IPI Cube spannen 27 idealtypische Kuben einen Verortungsraum für die aktuellen Erscheinungsformen der Werbung auf. Allerdings gilt für diese 27 Kuben, dass die Rastergrenzen lediglich idealtypischer Natur und zu benachbarten Kuben hin durchlässig sind. Der IPI Cube ermöglicht, dass letztlich jede Konkretisierungsform der Werbung verortet werden kann.*
>
> *Die Betrachtung der Makroebene wirft Fragen nach der Verortung der Werbung im Gesellschaftssystem auf und bietet dazu vier grundsätzliche Zuordnungen an. Zum ersten spricht die Orientierung der Werbung an ökonomischen Rationalitäten*

für ihre Zugehörigkeit zum Teilsystem Wirtschaft. Weil Werbung aber zu ihrer Sinn- und Zielerfüllung Aufmerksamkeit schaffen muss, lässt sie sich auch – zweite Option – dem gesellschaftlichen Subsystem Publizistik/Medien zuordnen. Vor dem Hintergrund des solchermaßen hybriden Charakters der Werbung, scheint eine dritte Möglichkeit, Werbung als autonomes Funktionssystem darzustellen, logisch, doch bleiben u. a. Fragen nach der Primärfunktion eines solchen Systems offen. Mit dem Konzept der Interpenetrationszone eröffnet sich eine vierte Möglichkeit, Werbung als Schnittstelle zu diskutieren, die beide Teilsysteme – Wirtschaft und Publizistik/Medien – miteinander vernetzt, indem sie Konvertierungsmöglichkeiten für die jeweiligen Systemlogiken bereitstellt. Auch diese Zuordnung der Werbung als Interpenetrationszone ist jedoch nicht durchgehend kritikfrei zu sehen.

▶ **Empfohlene Literatur** Zurstiege 2005; Kohring und Borchers 2013; Zerfaß und Borchers 2017; Tropp 2019

Literatur

Bauer, Christian Alexander. 2010. User Generated Content: Urheberrechtliche Zulässigkeit nutzergenerierter Medieninhalte. In Nutzergenerierte Inhalte als Gegenstand des Privatrechts: Aktuelle Probleme des Web 2.0, Hrsg. Henning Große Ruse-Khan, Nadine Klass und Silke von Lewinski, 1–42. Berlin, Heidelberg: Springer.

Behrens, Karl Christian. 1970 Begrifflich-systematische Grundlagen der Werbung: Erscheinungsformen der Werbung. In Handbuch der Werbung: Mit programmierten Fragen und praktischen Beispielen von Werbefeldzügen, Hrsg. Karl Christian Behrens, 3–10. Wiesbaden: Gabler Verlag.

Bentele, Günter. 2001 [1997]. Grundlagen der Public Relations: Positionsbestimmung und einige Thesen. In Public Relations in Theorie und Praxis: Grundlagen und Arbeitsweise der Öffentlichkeitsarbeit in verschiedenen Funktionen, 2. Aufl., Hrsg. Wolfgang Donsbach, 21–36. München: R. Fischer.

Bentele, Günter. 2003. Kommunikatorforschung: Public Relations. In Öffentliche Kommunikation: Handbuch Kommunikations- und Medienwissenschaft, Hrsg. Günter Bentele, Hans-Bernd Brosius und Otfried Jarren, 54–78. Wiesbaden: Westdeutscher Verlag.

Bentele, Günter, Hans-Bernd Brosius, und Otfried Jarren (Hrsg.). 2003. Öffentliche Kommunikation: Handbuch Kommunikations- und Medienwissenschaft. Wiesbaden: Westdeutscher Verlag.

Blöbaum, Bernd. 1994. Journalismus als soziales System: Geschichte, Ausdifferenzierung und Verselbständigung. Opladen: Westdeutscher Verlag.

Borchers, Nils S. 2014. Werbekommunikation: Entwurf einer kommunikationswissenschaftlichen Theorie der Werbung. Wiesbaden: Springer VS.

Brandtner, Michael, und Karsten Kilian. 2011. Das Markenvermächtnis des Steve Jobs: Viel mehr als nur Weltmarken. https://brandtneronbranding.com/2011/10/10/das-markenvermchtnis-des-steve-jobs-viel-mehr-als-nur-weltmarken/. Zugegriffen: 15.02.2023.

Bruce, Ian R. 1999. Public Relations and Advertising. In The Advertising Business: Operations, Creativity, Media Planning, Integrated Communications, Hrsg. John Philip Jones, 473–483. Thousand Oaks: Sage.

Bruhn, Manfred. 2014. *Integrierte Unternehmens- und Markenkommunikation: Strategische Planung und operative Umsetzung*, 6. Aufl. Freiburg: Schäffer-Poeschel Verlag für Wirtschaft Steuern Recht GmbH.

Consortium of Personalization Professionals. o. J. What is personalization?: Evolving definitions. http://personalizationprofessionals.org/. Zugegriffen am 15.02.2023.

Daugherty, Terry, und Ernest Hoffman. 2014. eWOM and the importance of capturing consumer attention within social media. Journal of Marketing Communications 20 (1–2): 82–102. https://doi.org/10.1080/13527266.2013.797764.

Donges, Patrick, und Otfried Jarren. 2022. Politische Kommunikation in der Mediengesellschaft: Eine Einführung, 5. Aufl. Wiesbaden: Springer VS.

Ehling, William P., Jon White, und James E. Grunig. 1992. Public Relations and Marketing Practices. In Excellence in Public Relations and Communication Management, Hrsg. James E. Grunig, 357–393. Hillsdale, NJ: Erlbaum.

Frey-Vor, Gerlinde, Gabriele Siegert, und Hans-Jörg Stiehler. 2008. Mediaforschung. Konstanz: UVK.

Gerhards, Jürgen. 1994. Politische Öffentlichkeit: Ein system- und akteurstheoretischer Bestimmungsversuch. In Oeffentlichkeit, öffentliche Meinung, soziale Bewegungen, Hrsg. Friedhelm Neidhardt, 77–105. Opladen: Westdeutscher Verlag.

Giddens, Anthony. 1984. The Constitution of Society: Outline of the Theory of Structuration. Cambridge: Polity Press.

Görke, Alexander. 2002. Journalismus und Öffentlichkeit als Funktionssystem. In Systemtheorie und Konstruktivismus in der Kommunikationswissenschaft: Ansprüche und Herausforderungen, Hrsg. Armin Scholl, 69–90. Konstanz: UVK.

Görke, Alexander, und Matthias Kohring. 1996. Unterschiede, die Unterschiede machen: Neuere Theorieentwürfe zu Publizistik, Massenmedien und Journalismus. Publizistik 41 (1): 15–31.

Görke, Alexander, und Matthias Kohring. 1997. Worüber reden wir?: Vom Nutzen systemtheoretischen Denkens für die Publizistikwissenschaft. MedienJournal 21 (1): 3–14. https://doi.org/10.24989/medienjournal.v21i1.581.

Görke, Alexander. 2008. Perspektiven einer Systemtheorie öffentlicher Kommunikation. In Theorien der Kommunikations- und Medienwissenschaft: Grundlegende Diskussionen, Forschungsfelder und Theorieentwicklungen, Hrsg. Carsten Winter, Andreas Hepp und Friedrich Krotz, 173–191. Wiesbaden: VS, Verlag für Sozialwissenschaften.

Grunig, James Elmer, und Todd Hunt. 1984. Managing Public Relations, 2. Aufl. New York: Holt, Rinehart and Winston.

Hallahan, Kirk, Derina Holtzhausen, Betteke van Ruler, Dejan Verčič, und Sriramesh Krishnamurthy. 2007. Defining Strategic Communication. International Journal of Strategic Communication 1 (1): 3–35.

Hass, Berthold H., und Klaus W. Willbrandt. 2011. Targeting von Online-Werbung: Grundlagen, Formen und Herausforderungen. MedienWirtschaft 8 (1): 12–21. https://doi.org/10.15358/1613-0669-2011-1-12.

Hoffjann, Olaf. 2007. Journalismus und Public Relations: Ein Theorieentwurf der Intersystembeziehungen in sozialen Konflikten, 2. Aufl. Wiesbaden: VS Verlag für Sozialwissenschaften.

Hoffjann, Olaf. 2018. Nachts ist es kälter als draußen. MedienJournal 42 (2): 5–28. https://doi.org/10.24989/medienjournal.v42i2.1714.

Hutton, James G. 2010. Defining the Relationship Between Public Relations and Marketing: Public Relations' Most Important Challenge. In The SAGE Handbook of Public Relations, 2. Aufl., Hrsg. Robert Lawrence Heath, 509–521. Los Angeles: SAGE Publications.

Kautt, York. 2008. Image: Zur Genealogie eines Kommunikationscodes der Massenmedien. Zugl. Diss., Univ. Kassel, 2006, transcript, Bielefeld.

Kirchner, Karin. 2001. Integrierte Unternehmenskommunikation: Theoretische und empirische Bestandsaufnahme und eine Analyse amerikanischer Großunternehmen. Wiesbaden: VS Verlag für Sozialwissenschaften.

Kohring, Matthias, und Nils S. Borchers. 2013. Werbung mit System? Eine konstruktive Kritik systemtheoretischer Theorien der Werbung. Medien & Kommunikationswissenschaft 61 (2): 221–234. https://doi.org/10.5771/1615-634x-2013-2-221.

Kohring, Matthias, und Detleff Matthias Hug. 1997. Öffentlichkeit und Journalismus. MedienJournal 21 (1): 15–33. https://doi.org/10.24989/medienjournal.v21i1.582.

Koschnick, Wolfgang J. 1996. Standard-Lexikon Werbung, Verkaufsförderung, Öffentlichkeitsarbeit. München, New Providence, London, Paris: Saur.

Lammenett, Erwin. 2021. Praxiswissen Online-Marketing: Affiliate-, Influencer-, Content-, Social-Media-, Amazon-, Voice-, B2B-, Sprachassistenten- und e-Mail-Marketing, Google Ads, SEO, 8. Aufl. Wiesbaden: Springer Gabler.

Laube, Gerhard L. 1986. Betriebsgrößenspezifische Aspekte der Public Relations: Eine vergleichende theoretische und empirische Analyse der Public Relations in mittelständischen Unternehmungen und Großunternehmungen. Frankfurt am Main: Peter Lang.

Liu, Yuping, und L. J. Shrum. 2002. What is Interactivity and is it Always Such a Good Thing? Implications of Definition, Person, and Situation for the Influence of Interactivity on Advertising Effectiveness. Journal of Advertising 31 (4): 53–64.

Luhmann, Niklas. 1984. Soziale Systeme: Grundriss einer allgemeinen Theorie. Frankfurt am Main: Suhrkamp.

Luhmann, Niklas. 1987. Soziologische Aufklärung 4: Beiträge zur funktionalen Differenzierung der Gesellschaft. Opladen: Westdeutscher Verlag.

Luhmann, Niklas. 1989. Die Wirtschaft der Gesellschaft, 2. Aufl. Frankfurt a.M.: Suhrkamp.

Luhmann, Niklas. 1991. Soziologische Aufklärung 1: Aufsätze zur Theorie sozialer Systeme, 6. Aufl. Opladen: Westdeutscher Verlag.

Luhmann, Niklas. 1993. Soziologische Aufklärung 3: Soziales System, Gesellschaft, Organisation, 3. Aufl. Opladen: Westdeutscher Verlag.

Luhmann, Niklas. 1996. Die Realität der Massenmedien, 2. Aufl. Opladen: Westdeutscher Verlag.

Luhmann, Niklas. 2004. Die Realität der Massenmedien, 3. Aufl. Wiesbaden: VS Verlag für Sozialwissenschaften.

Marcinkowski, Frank. 1993. Publizistik als autopoietisches System: Politik und Massenmedien. Eine systemtheoretische Analyse. Opladen: Westdeutscher Verlag.

Mayntz, Renate. 1988. Funktionelle Teilsysteme in der Theorie sozialer Differenzierung. In Differenzierung und Verselbständigung: Zur Entwicklung gesellschaftlicher Teilsysteme, Hrsg. Renate Mayntz, Bernd Rosewitz, Uwe Schimank und Rudolf Stichweh, 11–44. Frankfurt am Main: Campus-Verlag.

Meyer, Paul W., und Arnold Hermanns. 1981. Theorie der Wirtschaftswerbung: Ein Beitrag zum Wissenschafts-Praxis-Transfer. Stuttgart: W. Kohlhammer.

Münch, Richard. 1991. Dialektik der Kommunikationsgesellschaft. Frankfurt a.M.: Suhrkamp.

Naab, Teresa K., und Daniela Schlütz. 2016. Nutzung von Werbung: Selektion und Vermeidung persuasiver Inhalte. In Handbuch Werbeforschung, Hrsg. Gabriele Siegert, Werner Wirth, Patrick Weber und Juliane A. Lischka, 223–242. Wiesbaden: Springer VS.

Nosowitz, Dan. 2010. The iPhone 4 Leak Saga From Start to Finish. https://www.fastcompany.com/1621516/iphone-4-leak-saga-start-finish. Zugegriffen: 2. Februar 2023.

Oeckl, Albert. 1981. Die Public Relations im Überblick. In Die Werbung. Handbuch der Kommunikations- und Werbewirtschaft: Band 1: Rahmenbedingungen, Sachgebiete und Methoden der Kommunikation und Werbung, Hrsg. Bruno Tietz, 272–288. Landsberg am Lech: Verlag Moderne Industrie.

Pietzcker, Dominik. 2018. Brüder im Geiste oder entfernte Verwandte? MedienJournal 42 (2): 29–38. https://doi.org/10.24989/medienjournal.v42i2.1715.

Quiring, Oliver, und Wolfgang Schweiger. 2006. Interaktivität – ten years after. Bestandsaufnahme und Analyserahmen. Medien & Kommunikationswissenschaft 54 (1): 5–24. https://doi.org/10.5771/1615-634x-2006-1-5.

Raffée, Hans, und Klaus-Peter Wiedmann. 1983. Glaubwürdigkeits-Offensive. Absatzwirtschaft 26:52–61.

Saxer, Ulrich. 1987. Kommunikationswissenschaftliche Thesen zur Werbung. Media Perspektiven (10): 650–656.
Schimank, Uwe. 1985. Der mangelnde Akteursbezug systemtheoretischer Erklärungen gesellschaftlicher Differenzierung: Ein Diskussionsvorschlag. Zeitschrift für Soziologie 14 (6): 421–434.
Schimank, Uwe. 1988. Gesellschaftliche Teilsysteme als Akteursfiktionen. Kölner Zeitschrift für Soziologie und Sozialpsychologie 40 (4): 619–639.
Schimank, Uwe. 2007. Theorien gesellschaftlicher Differenzierung, 3. Aufl. Wiesbaden: VS Verlag für Sozialwissenschaften.
Schimank, Uwe. 2016. Handeln und Strukturen: Einführung in die akteurtheoretische Soziologie, 5. Aufl. Weinheim, Basel: Beltz Juventa.
Schmidt, Siegfried J. 1991. Werbewirtschaft als soziales System. Siegen: Universität Siegen.
Schmidt, Siegfried J. 1995. Werbung zwischen Wirtschaft und Kunst. In Werbung, Medien und Kultur, Hrsg. Siegfried J. Schmidt und Brigitte Spieß, 26–43. Opladen: Westdeutscher Verlag.
Schmidt, Siegfried J. 2002. Werbung oder die ersehnte Verführung. In Die Gesellschaft der Werbung: Kontexte und Texte, Produktionen und Rezeptionen, Entwicklungen und Perspektiven, Hrsg. Herbert Willems, 101–119. Wiesbaden: Westdeutscher Verlag.
Schmidt, Siegfried J., und Brigitte Spieß. 1994. Die Geburt der schönen Bilder: Fernsehwerbung aus der Sicht der Kreativen. Opladen: Westdeutscher Verlag.
Schultz, Don E. 1999. Integrated Marketing Communications and How It Relates to Traditional Media Advertising. In The Advertising Business: Operations, Creativity, Media Planning, Integrated Communications, Hrsg. John Philip Jones, 325–338. Thousand Oaks: Sage.
Seidenglanz, René, und Andrea Kindermann. 2018. Beziehungsfeld PR und Marketing in Organisationen. MedienJournal 42 (2): 39–60. https://doi.org/10.24989/medienjournal.v42i2.1716.
Siegert, Gabriele. 1993. Marktmacht Medienforschung: Die Bedeutung der empirischen Medien- und Publikumsforschung im Medienwettbewerbssystem. München: Reinhard Fischer.
Siegert, Gabriele. 1996. Die Beziehung zwischen Medien und Ökonomie als systemtheoretisches Problem. In Markt – Macht – Medien: Publizistik im Spannungsfeld zwischen gesellschaftlicher Verantwortung und ökonomischen Zielen, Hrsg. Claudia Mast, 43–55. Konstanz: UVK.
Siegert, Gabriele. 2001. Ökonomisierung der Medien aus systemtheoretischer Perspektive. Medien & Kommunikationswissenschaft 49 (2): 167–176. https://doi.org/10.5771/1615-634x-2001-2-167.
Siegert, Gabriele. 2002. Medienökonomie und Systemtheorie. In Systemtheorie und Konstruktivismus in der Kommunikationswissenschaft: Ansprüche und Herausforderungen, Hrsg. Armin Scholl, 161–177. Konstanz: UVK.
Siegert, Gabriele, und Dieter Brecheis. 2010. Werbung in der Medien- und Informationsgesellschaft: Eine kommunikationswissenschaftliche Einführung, 2. Aufl. Wiesbaden: VS Verlag für Sozialwissenschaften.
Siegert, Gabriele, und Bjørn von Rimscha. 2016. Der Einfluss der Werbung auf Medieninhalte. In Handbuch Werbeforschung, Hrsg. Gabriele Siegert, Werner Wirth, Patrick Weber und Juliane A. Lischka, 183–198. Wiesbaden: Springer VS.
Theis-Berglmair, Anna Maria. 2000. Aufmerksamkeit und Geld, schenken und zahlen: Zum Verhältnis von Publizistik und Wirtschaft in einer Kommunikationsgesellschaft – Konsequenzen für die Medienökonomie. Publizistik 45 (3): 310–329. https://doi.org/10.1007/s11616-000-0112-9.
Tropp, Jörg. 1997. Die Verfremdung der Werbung: Eine Analyse zum Zustand des Werbewirtschaftssystems. Opladen: Westdeutscher Verlag.
Tropp, Jörg. 2019. Moderne Marketing-Kommunikation: Grundlagen, Prozess und Management markt- und kundenorientierter Unternehmenskommunikation, 3. Aufl. Wiesbaden: Springer VS.
von Rimscha, Bjørn, und Gabriele Siegert. 2016. Werbemittel und –formate: Typologien und Abgrenzungen. In Handbuch Werbeforschung, Hrsg. Gabriele Siegert, Werner Wirth, Patrick Weber und Juliane A. Lischka, 173–182. Wiesbaden: Springer VS.

Weber, Stefan. 2000. Was steuert Journalismus?: Ein System zwischen Selbstreferenz und Fremdsteuerung. Konstanz: UVK.

Weischenberg, Siegfried. 1994. Journalismus als soziales System. In Die Wirklichkeit der Medien: Eine Einführung in die Kommunikationswissenschaft, Hrsg. Klaus Merten, Siegfried J. Schmidt und Siegfried Weischenberg, 427–454. Wiesbaden: Springer Fachmedien.

Westerbarkey, Joachim. 1995. Journalismus und Öffentlichkeit: Aspekte publizistischer Interdependenz und Interpenetration. Publizistik 40 (2): 152–162.

Willems, Herbert (Hrsg.). 2002. Die Gesellschaft der Werbung: Kontexte und Texte, Produktionen und Rezeptionen, Entwicklungen und Perspektiven. Wiesbaden: Westdeutscher Verlag.

Willke, Helmut. 2006. Systemtheorie I: Grundlagen, 7. Aufl. Stuttgart: UTB.

Willke, Helmut. 2014. Systemtheorie III: Steuerungstheorie: Grundzüge einer Theorie der Steuerung komplexer Sozialsysteme, 4. Aufl. Konstanz: UVK.

Zerfaß, Ansgar, und Nils S. Borchers. 2017. Integrierte Kommunikation 2017: Studie zum Status Quo und Verständnis von Integrierter Kommunikation in Deutschland. Frankfurt a.M., Leipzig.

Zurstiege, Guido. 1998. Mannsbilder – Männlichkeit in der Werbung. Zugl. Diss. Münster Westf., 1997 / Diss. Univ. Westfalen 1997, Westdt. Verl, Opladen.

Zurstiege, Guido. 2002. Werbung als Funktionssystem. In Systemtheorie und Konstruktivismus in der Kommunikationswissenschaft: Ansprüche und Herausforderungen, Hrsg. Armin Scholl, 147–159. Konstanz: UVK.

Zurstiege, Guido. 2005. Zwischen Kritik und Faszination: Was wir beobachten, wenn wir die Werbung beobachten, wie sie die Gesellschaft beobachtet. Köln: Herbert von Halem.

Zurstiege, Guido. 2007. Werbeforschung. Konstanz: UVK.

Strukturelle Rahmenbedingungen und gesamtgesellschaftliche Entwicklungen

Inhaltsverzeichnis

3.1 Strukturelle Rahmenbedingungen der Werbung 70
    3.1.1 Politik 71
    3.1.2 Recht 72
    3.1.3 Technologie 75
    3.1.4 Ökonomie 77
    3.1.5 Kultur 80
    3.1.6 Medien 82
3.2 Werberelevante gesamtgesellschaftliche Entwicklungen 85
    3.2.1 Internationalisierung – Globalisierung – Regionalisierung 86
    3.2.2 Digitalisierung – Algorithmisierung – Künstliche Intelligenz 89
    3.2.3 Individualisierung – Posttraditionale Vergemeinschaftung – Vernetzung 91
    3.2.4 Mediatisierung – Eventisierung – Inszenierung 94
Literatur 97

Überblick

Werbung kann nicht für sich allein betrachtet werden. Sie ist in ihrer Relevanz und Bedeutung sowie in Ablauf und Ergebnissen wesentlich von allgemeinen Rahmenbedingungen abhängig und beeinflusst diese mit. Die Rahmenbedingungen sind ihrerseits einer mehr oder weniger dynamischen Entwicklung unterworfen und von einzelnen herausragenden Ereignissen geprägt. Auf diesen gesamtgesellschaftlichen Entwicklungen aufbauend ist Werbung in einen historischen Kontext eingebettet, und ihr jeweiliger Status, ihre Prozesse, Akteure und Ergebnisse sind von diesem mitbestimmt.

Die Entwicklung der Werbung ist geprägt von den strukturellen Rahmenbedingungen, vor allem von Politik, Recht, Technik, Ökonomie, Kultur und Medien. Auch wenn diese Rahmenbedingungen wechselseitig eng verwoben sind, werden sie im folgenden Kapitel analytisch getrennt voneinander behandelt.

Im darauffolgenden Kapitel werden darüber hinaus jene übergeordneten gesamtgesellschaftlichen Entwicklungen und Prozesse skizziert, die alle Bereiche der Gesellschaft durchdringen, aber auch für die Werbung bestimmend sind. Auch sie werden zur besseren Übersicht analytisch getrennt vorgestellt, obwohl sie als eine Art Meta-Prozesse ebenfalls als miteinander verknüpft und sich wechselseitig bedingend anzusehen sind.

3.1 Strukturelle Rahmenbedingungen der Werbung

Werbung zu Beginn des 21. Jahrhunderts steht in einer engen Wechselwirkung mit verschiedenen Rahmenbedingungen. Sie wird von Politik, Recht, Technologie, Ökonomie, Kultur und Medien maßgeblich beeinflusst. Vice versa beeinflusst sie ihrerseits diese Rahmenbedingungen – wenn auch ungleich stark. So ist zwar die Politik von werblichen Möglichkeiten geprägt – man denke an moderne Wahlkämpfe oder politische PR – jedoch ungleich weniger als Kultur und Wirtschaft. Auch Technologie wird teilweise von der Werbeentwicklung tangiert, weil es oft Werber:innen und Werbeproduzent:innen sind, die technologische Möglichkeiten auf innovative Weise miteinander verknüpfen und so Standards setzen. Das Recht dagegen ist von werblichen Entwicklungen wenig tangiert, sieht man einmal von den relevanten Teilgebieten, wie z. B. dem Daten- und Verbraucherschutzrecht oder dem Handelsrecht, ab.

Die strukturellen Rahmenbedingungen müssen zudem als wechselseitig miteinander verknüpft betrachtet werden – sie bilden ein sich gegenseitig durchdringendes Bedingungsnetzwerk, in dessen Geflecht die Werbung eingebettet ist. Um dennoch eine möglichst übersichtliche Struktur zu gewährleisten, werden im folgenden Kapitel die sechs strukturellen Rahmenbedingungen analytisch voneinander getrennt erläutert. Dabei soll auf ihren Einfluss auf die Werbung fokussiert werden. Abb. 3.1 illustriert die eben dargestellten Zusammenhänge der strukturellen Rahmenbedingungen.

Abb. 3.1 Strukturelle Rahmenbedingungen der Werbung in der Medien- und Informationsgesellschaft. (Eigene Darstellung)

3.1.1 Politik

Politik ist darauf ausgerichtet, das Zusammenleben von Menschen zu regeln und dazu auf allgemein verbindliche Regelungen und Steuerungsmechanismen hinzuarbeiten (vgl. z. B. Patzelt 2013; Bernauer et al. 2022). Politik setzt so für Branchen und Märkte Rahmenbedingungen; sie lenkt, beschränkt und sanktioniert auch wirtschaftliches Verhalten von Organisationen durch Regeln und Gesetze (siehe Abschn. 3.1.2). Sie erwartet von Organisationen die Einhaltung bestimmter sozialer Normen, Werte und gesetzlicher Vorgaben, wie z. B. die Einhaltung von Arbeitsschutzgesetzen. Zudem nimmt sie – wenn auch meist mit zeitlicher Verzögerung – Erwartungen der Gesellschaft auf und regt dementsprechend die Selbstregulierung der Branchen an oder reguliert selbst. So z. B. mit der Vorgabe von verpflichtenden Umweltstandards oder auch der Regulierung von Plattformen, die sich, obwohl lange als unnötig bzw. unmöglich eingestuft, 2023 doch realisiert hat.

In der Werbung und für die Werbebranche setzt Politik in verschiedenen Bereichen zwar ebenfalls Standards. Sie reguliert die Werbung und die Werbebranche aber auch in Form von Einschränkungen und Verboten, so z. B. bei Werbung für Lebensmittel, pharmazeutische Produkte, Alkohol oder Tabakwaren. Vor allem die beiden letztgenannten waren und sind stark umkämpftes Terrain. So hat die EU-Kommission 2012 strengere Regeln für Lebensmittelwerbung mit dem Ziel erlassen, die Verbraucher:innen vor irreführenden und übertriebenen Werbeaussagen zu schützen. 2022 hat der Rat der EU sein Verhandlungsmandat „für eine Verordnung über die Transparenz und das Targeting politischer Werbung festgelegt", die darauf abzielt, Ziele, Quellen und Sponsor:innen von politischer Werbung transparent offen zu legen und so Fake News und Manipulationen zu verhindern (Rat der EU 2022).

Die Werbebranche ist also im Kern von politischen Entscheidungen ebenso betroffen wie von der Verlagerung von Entscheidungskompetenzen an die EU. Deshalb befassen sich zahlreiche Organisationen der Werbewirtschaft, die sich historisch in allen deutschsprachigen Ländern herausgebildet haben, mit Werbepolitik. Sie setzen sich neben der Wahrung der Verbandsinteressen gegenüber der Öffentlichkeit vor allem für die Institutionalisierung geeigneter rechtlicher Rahmenbedingungen und für die Selbstregulierung ein. Im Ringen um Werbeverbote geht es um die Vertretung der zentralen Interessen der Werbebranche. Folglich engagieren sich dabei besonders Dachorganisationen, wie z. B. der Zentralausschuss der deutschen Werbewirtschaft ZAW, die KS Kommunikation Schweiz und der WKO Fachverband Werbung und Marktkommunikation der Wirtschaftskammer Österreich.

Neben den reinen Interessenvertretungen stehen die Institutionen der Selbstregulierung. Dazu zählen der Deutsche Werberat (Organ des ZAW), der Österreichische Werberat und die Schweizerische Lauterkeitskommission. Alle drei haben sich zu einer Art selbstdisziplinärer Überwachungskommission entwickelt, die als Schiedsrichterin Beschwerdefälle aus der Bevölkerung aufnimmt und versucht, werbliche Missstände zu beseitigen. Basis solcher Untersuchungen sind selbstdisziplinäre Verhaltensregeln, die u. a. gesetzliche Vorgaben auf eine berufspraktische Ebene herunterbrechen. So definiert z. B. die Schweizerische Lauterkeitskommission Geltungsbereich und Anwendungsregeln wie folgt:

„1 Diese Grundsätze bezwecken die Beachtung fairer Geschäftspraktiken in der kommerziellen Kommunikation; sie dienen damit der Vertrauensbildung der Öffentlichkeit in die kommerzielle Kommunikation.2 Kommerzielle Kommunikation soll rechtmässig, wahrheitsgemäss, nicht irreführend und nicht diskriminierend sein, sowie den Grundsätzen von Treu und Glauben im Geschäftsverkehr entsprechen" (Schweizerische Lauterkeitskommission 2022, S. 5).

Die Institutionen der Selbstregulierung berücksichtigen aktuell herrschende Auffassungen über Sitte, Anstand und Moral z. B. dergestalt, dass Personen nicht auf ihre rein sexuelle Funktion reduziert werden dürfen oder ihre ständige sexuelle Verfügbarkeit nicht nahegelegt werden darf. Grenzüberschreitende Beschwerden können entsprechend bei der europäischen Dachorganisation *European Advertising Standards Alliance (ESEA)* vorgebracht werden.

2012 hat sich in Deutschland zudem der *Deutsche Datenschutzrat Online-Werbung (DDOW)* konstituiert. Als freiwillige Selbstkontrolleinrichtung der digitalen Werbewirtschaft zielt der *DDOW* auf Selbstregulierung im Bereich der auf Behavioral Targeting basierten, also auf Grundlage von Nutzer- und Konsumprofilen arbeitenden Online-Werbung (Online Behavioral Advertising, OBA). Eine ähnliche Einrichtung findet sich mit der *European Interactive Digital Advertising Alliance (EDAA)* auf europäischer Ebene.

Konkret münden die meisten politischen Interventionen in Bezug auf Werbung in nationalen und internationalen Rechtsvorschriften als „Hard Law" sowie in den oft auf Selbstregulierung basierenden institutionellen, aber nicht rechtlich verbindlichen Regelungen der Branche als „Soft Law".

Vice versa beeinflusst auch die Werbung die Politik. So hat die Werbung in der Politik eine steile Karriere gemacht: Politische Werbung ist aus Wahl- und Abstimmungskämpfen nicht mehr wegzudenken. Wurde früher vor allem politische PR betrieben, werden in den letzten Jahrzehnten – und je nach Land auch früher – klassische Werbekampagnen in Kombination mit politischer PR eingesetzt. Vor allem Wahlwerbung hat sich über die Jahrzehnte professionalisiert und orientiert sich immer stärker an der klassischen Markenwerbung und ihrem Vorgehen (vgl. u. a. Stauss 2002; Podschuweit 2016; Holtz-Bacha 2020). Das politische Geschehen jenseits von Wahlen und Abstimmungen wird jedoch wenig durch die Werbung beeinflusst.

3.1.2 Recht

Für die Werbung greifen zunächst nationale Rechtsvorschriften, wobei kein einheitlicher Rechtskorpus besteht, sondern Regelungen unterschiedlicher Rechtsbereiche – so des Privat- und des öffentlichen Rechts – relevant werden (vgl. Miklau und Deutsch 2015; Shaver und An 2014). Ausgangspunkt ist dabei die Funktion der Werbung für den Wettbewerb, weil sie eine wichtige Informationsquelle für die Konsument:innen darstellt. Die anwendbaren Vorschriften sind aber auf verschiedenen Hierarchiestufen angesiedelt. Das heißt in den verschiedenen Ländern ist jeweils die Grundordnung, also die Verfassung oder das Grundgesetz, die oberste Richtlinie.

Die wichtigsten Rechtsgrundlagen werden im Folgenden kurz aufgelistet. Je nach Konstellation können zusätzlich u. a. das Immaterialgüterrecht (d. h. das Urheber- und das Markenrecht), der Persönlichkeitsschutz, der Verbraucher- und Konsumentenschutz, aber auch – wie etwa bei der Außenwerbung – die Straßenverkehrsordnung sowie kommunale Bau- oder Raumnutzungsordnungen relevant sein:

1. Meinungsfreiheit: Die in der jeweiligen Grundordnung verankerte Meinungs- und Informationsfreiheit gilt nicht nur für Personen, sondern auch für Unternehmen der Werbewirtschaft. Die Meinungsfreiheit ist in der Diskussion um Werbeverbote denn auch ein gewichtiges Argument. Gegner der Werbeverbote argumentieren, dass Werbung so lange erlaubt sein muss, als auch die beworbenen Produkte und Leistungen legal sind. Befürworter von Werbeverboten sehen Bedarf, die grundsätzliche Werbefreiheit zum Schutz von Gesundheit, Umwelt, Jugend oder des fairen Wettbewerbs einzuschränken (vgl. Hatje 1999, S. 37).
2. Lauterkeitsrechtlicher Schutz: Gesetze gegen unlauteren Wettbewerb wie das UWG in Deutschland, sollen auch in Österreich und der Schweiz den fairen Wettbewerb sichern. Unlauter ist ein gegen den Grundsatz von Treu und Glauben verstoßendes Verhalten oder Geschäftsgebaren. Auf diese Weise soll das Verhältnis zwischen Konkurrent:innen oder zwischen Anbieter:innen und Abnehmer:innen geregelt sowie vor irreführender Werbung und irreführender vergleichender Werbung geschützt werden. Irreführung liegt dann vor, wenn den Durchschnittskonsument:innen bei flüchtiger Werbewahrnehmung unterstellt werden kann, dass sie getäuscht werden. Besonders bei der grundsätzlich erlaubten vergleichenden Werbung und bei der Werbung für Nahrungsmittel führt der lauterkeitsrechtliche Schutz daher zu Einschränkungen.

Fallbeispiel Teekanne

So musste der Europäische Gerichtshof den Fall Teekanne (siehe Abb. 3.2) beurteilen. Dabei ging es darum, zu prüfen, inwiefern die Verpackung des Fruchttees mit der Darstellung von Vanilleblüten und Himbeeren sowie dem Hinweis auf natürliche Aromen und ausschließlich natürliche Zutaten irreführend ist, weil Verbraucher:innen davon ausgehen, dass im Tee tatsächlich diese natürlichen Zutaten enthalten sind, obwohl dies nicht der Fall ist. Zwar haben Verbraucher:innen die Pflicht, Informationen über Zutaten von Lebensmitteln genau zu lesen. Aber der Europäische Gerichtshof stellte in diesem Fall fest: „the list of ingredients, *even though correct and comprehensive*, may in some situations not be capable of correcting sufficiently the (average reasonably well informed, and reasonably observant and circumspect) consumer's erroneous or misleading impression concerning the characteristics of a foodstuff that stems from the other items comprising its labelling" (own emphasis). (§ 40, Teekanne case zitiert nach Straetmans 2017, S. 102 f.) ◄

www.bundesgerichtshof.de; AZ | 45/13

Abb. 3.2 Fallbeispiel Teekanne. (Legal Tribune Online 2015)

3. Internationalisierung Rundfunk- bzw. Medienrecht: In allen drei deutschsprachigen Ländern enthalten die gesetzlichen Vorgaben zum privaten und zum öffentlichen Rundfunk auch Regelungen die Werbung betreffend (z. B. in Deutschland im Medienstaatsvertrag von 2022, vgl. Bundesländer 2022); darunter solche zum Umfang der Werbezeit der Sender, zu den Möglichkeiten für die Unterbrechung von Sendungen, zur Trennung und Erkennbarkeit der Werbung sowie Jugendschutzvorgaben und Hinweise zu Werbeverboten. Die EU-Richtlinie für audiovisuelle Mediendienste 2010, die den EU-Mitgliedstaaten ermöglicht, programmintegrierte Werbung – allen voran Product Placement – für ihren Hoheitsbereich zu erlauben, wird in den Mitgliedsländern unterschiedlich umgesetzt.
4. Werbeverbote und Werbebeschränkungen: Beschränkungen bzw. echte Verbote gibt es zum einen bezogen auf spezifische Berufe. So dürfen z. B. Ärzt:innen oder Psycholog:innen nicht für sich werben. Für andere Berufe, z. B. Anwält:innen oder Wirtschaftsprüfer:innen, gelten entweder wie in der Schweiz gesetzliche (hard law) (vgl. Caroni & Strub 2020) oder vor allem standesrechtliche Regelungen, die zwar nicht vom Gesetzgeber erlassen sind, gleichwohl bindende (und einschränkende) Wirkung für die jeweiligen Mitglieder dieser Berufsgruppen haben (soft law). Zum anderen gibt es Werbeverbote in Bezug auf bestimmte Produkte und Leistungen. So dürfen z. B. verschreibungspflichtige Medikamente nicht beworben werden. Gerade in Bezug auf Arzneimittel müssen zudem entsprechende gesetzliche Grundlagen, wie z. B. das Heilmittelgesetz oder die Arzneimittelverordnung beachtet werden (vgl. z. B. Donauer & Markiewicz 2021). Politische, religiöse sowie Tabak- und Alkoholwerbung sind darüber hinaus in vielen Ländern eingeschränkt. Am umfangreichsten ist bisher die Tabak-

werbung von Verboten betroffen, weil aufgrund des Beschlusses des EU-Ministerrats ab Mitte 2005 auch in den Ländern, in denen bisher noch Tabakwerbung in einigen Medien erlaubt war, weitergehende Verbote installiert werden (müssen).
5. Datenschutz: Bereits für die klassische Direktwerbung früherer Zeiten galten bestimmte Datenschutzregime. Sie sollten einerseits werbliche Direktvermarktung ermöglichen und andererseits die Privatsphäre der Bürger:innen schützen (vgl. Brecheis 1987). So durften zwar Name, Beruf, Alter, Geschlecht und Adresse von Personen zu Werbezwecken erfasst, gespeichert und auch von Adressverlagen gehandelt werden. Doch war es nicht erlaubt, Datensätze anzulegen, die es ermöglichten, Nutzungs- oder Bewegungsprofile abzuleiten. Mittlerweile nutzen viele Akteur:innen eben jene Daten, um mit deren Hilfe das Informationsverhalten, Nutzungs- und Konsumpräferenzen sowie Out-of-Home- und In-Store-Bewegungsprofile konkreten Konsument:innen oder zumindest deren Geräten zuordnen zu können. Lange Zeit konnten Rechtsprechung und Gesetzgebung nicht mit der Entwicklungsgeschwindigkeit der Technologie Schritt halten. Inzwischen versuchen die europäische Datenschutz-Grundverordnung EU-DSGVO aus 2018 (vgl. ausführlich: Europäische Union 2018) und das revidierte Datenschutzgesetz revDSG, das ab dem 1. September 2023 in der Schweiz gilt (vgl. ausführlich: Schweizerische Eidgenossenschaft 2023) diese Regulierungslücke zu schließen.

3.1.3 Technologie

Technologien sind eine Basisvoraussetzung nicht nur für die meisten Formen der Werbung. Analog zu üblichen Medientypologien (vgl. Dahinden und Trappel 2010, S. 439) kann bei der Werbung von folgender Unterscheidung ausgegangen werden:

- Werbung in Primärmedien: Technikeinsatz weder bei den Absender:innen, noch bei der Verbreitung und bei den Empfänger:innen nötig; z. B. Verkaufsgespräch, basale Warenpräsentation im personalen Direktverkauf oder auf Märkten
- Werbung in Sekundärmedien: Technikeinsatz bei den Absender:innen und bei der Verbreitung nötig, nicht jedoch bei den Empfänger:innen; z. B. Zeitungswerbung
- Werbung in Tertiärmedien: Technikeinsatz bei den Absender:innen, bei der Verbreitung und bei den Empfänger:innen nötig; z. B. Werbespot im terrestrischen Fernsehen
- Werbung in Quartärmedien: Technikeinsatz bei den Absender:innen, bei der Verbreitung und bei den Empfänger:innen nötig, zudem netzwerkartige Verbreitung; z. B. virale Videos

Technologie ist also eine bestimmende Bedingung, wie Werbung produziert und verbreitet wird und welche Möglichkeiten sich eröffnen, mit den Empfänger:innen in Beziehung zu treten. Insofern waren bereits die Einführung des Massendrucks, die Möglichkeit, vierfarbig in Zeitungen zu drucken, oder die Einbettung von Werbeblocks in Sendungen hochgradig technologiegetrieben.

Die für die Werbung dominanten Technologien in den letzten Jahrzehnten waren die neuen Informations- und Kommunikationstechnologien (IKT), die auf der Digitalisierung aufbauen. Waren es früher relevante Infrastrukturtechnologien wie Glasfasertechnik, Kompressions- und Reduktions- sowie drahtlose Breitbandtechnik (vgl. Lange und Seeger 1996/97, S. 16 ff.), ist aktuell die infrastrukturelle Versorgung mit Wireless Local Area Networks (WLAN) und mit der 5. Generation des Mobilfunks (5G) von Bedeutung. Die damit verbundene große Reichweite und wesentlich höhere Datenübertragungsrate ermöglichen schnelleres mobiles Internet und multimediale Anwendungen. Sie sind damit Voraussetzung für verschiedene Formen mobiler Werbung. Auf der anderen Seite des Reichweitenspektrums stehen die etwa 10 m reichenden Standards Near Field Communication (NFC) und Bluetooth Low Energy (BLE), die u. a. zur InStore-Navigation und zum bargeld- und berührungslosen Bezahlen via Smartphone genutzt werden können (vgl. Vogt 2014).

Mit den neuen IKT lassen sich Situationen der Kopräsenz, also der zeitlich und räumlich synchronen Anwesenheit verschiedener Kommunikationspartner, realisieren oder zumindest virtuell simulieren. Sie sind zum einen geeignet, Raum und Zeit zu überbrücken, und zum anderen verstärken sie die Interdependenz lokaler, regionaler und nationaler Gemeinschaften. Dadurch entstehen nicht nur neue, virtuelle Räume, technisch können auch Massenkommunikation, zielgruppenspezifische Kommunikation und Individualkommunikation nahtlos kombiniert werden. So bilden Individuen – durch das Internet verbunden – ortsunabhängige virtuelle Gemeinschaften, indem sie z. B. am selben Dokument arbeiten, miteinander diskutieren, gamen oder flirten. Für die Werbung ergeben sich daraus neue Kombinationen und Potenziale, aber auch neue Risiken. Cross-Media dient als Schlagwort nicht selten dazu, die neuen Kombinationsmöglichkeiten von Werbemaßnahmen zu kennzeichnen.

Interaktivität und direkte Rückkopplung bescheren der Werbung zudem erweiterte Möglichkeiten. So erlaubt z. B. IPTV (Internet Protocol Television) Interaktivität von den individuellen Auswahl- und Zugriffsmöglichkeiten bis hin zur Partizipation auch an der werblichen Kommunikation. Im IPTV könnte beispielsweise das T-Shirt des Serienhelden per Klick bestellt werden – direkt und ohne zwischengeschaltete klassische Werbung. Eine solche Verknüpfung von Werbung und Kauf ohne Gerätewechsel ist vor allem in der Online-Werbung ebenso Standard wie die Abrechnung der Werbeschaltung über die Reaktionen der Nutzer:innen in Form des sog. Performance-Based Pricing (Pay-per-Click, Pay-per-Lead, Pay-per-Sale).

Diese Technologien eröffnen in Verbindung mit der personalen Adressierung und einer Selektion nach Nutzerprofilen und -präferenzen für die Werbung neue Potenziale für die One-to-One-Kommunikation. Technologisch neue Möglichkeiten der Response-Gestaltung bieten auch QR-Codes. Diese Quick Response-Codes sind quadratische, briefmarkenähnliche Zeichen aus schwarz-weißen Teilquadraten, die für bestimmte codierte Daten stehen und zusammen mit den Orientierungsinformationen in den Ecken der quadratischen Matrix Informationen transportieren, die von entsprechenden Lesegeräten oder von mit Kamera und Decodier-App ausgestatteten Mobilgeräten wie z. B. Smartphones oder Tablets dechiffriert werden können. Je nach transportierten Informationen und Programmierung der App führen die Codes entweder zu weiteren Informationen, z. B. auf einer Webseite, oder eröffnen andere Optionen, wie z. B. das Bezahlen via Mobile Payment (vgl. Schröder 2015).

Eine neue disruptive Dimension an technologischen Möglichkeiten bietet die rasante Entwicklung von künstlicher Intelligenz (KI; Artificial Intelligence AI) mit den Teilbereichen des maschinellen Lernens (Machine Learning) und des tiefen Lernens (Deep Learning). In der Literatur werden dabei die Begriffe nicht immer trennscharf auseinandergehalten, oft werden Artificial Intelligence und Deep Learning synonym verwendet. Artificial Intelligence ist die Technologie, die es Maschinen ermöglicht, aus Erfahrungen zu lernen und menschenähnliche Funktionen auszuführen (vgl. Davenport et al. 2020). AI verändert traditionelle Abläufe, Strukturen und Berufe auch in der Werbewelt. Bereits 2015 skizzierte Felix Morgan die Auswirkungen des Einsatzes künstlicher Intelligenzen in der Werbung (und man darf gespannt sein, ob sich seine eher positive Prognose in Bezug auf die Nichtsubstituierbarkeit menschlicher Kreativität zugunsten der Werbeschaffenden bewahrheiten wird):

> „AI will transform our world in a dramatic fashion, lighting a fire under the advertising industry. It will change our ways of working, automate aspects of what we do and offer clients more measurability. However, despite the huge potential, AI will never replace the creative spark that leads to breakthrough creativity." (Morgan 2015)

Ngai und Wu (2022) geben einen Literaturüberblick, wie Machine Learning im Marketing – anhand von sieben Ps (product, price, promotion, place, process, people, physical evidence) – eingesetzt wird. So z. B. bei Empfehlungssystemen, dem Einsatz von Chatbots oder der Prognose der Nachfrage oder der Kaufentscheidungen. Dagegen konzentrieren sich Volkmar et al. (2022) auf die Perspektive von Marketingmanager:innen und fragen: „How can marketing managers thrive in the age of AI and benefit from its potential to create value?"

Vice versa beeinflusst die Werbung Technologie insoweit, als ein potenzieller Einsatz zu Werbezwecken und zur Erlösgenerierung technologische Weiter- und Neuentwicklungen vorantreibt. So werden Virtual Reality- und Cyberbrillen durchaus auch als weitere Projektionsfläche für individualisierte, situationsangepasste Werbung eingesetzt. Life- und Fitness-Tracker, aber auch Fahrzeuge mit sog. Connected Driving Modul, sammeln neben ihrer für die Nutzer:innen gedachten Primärfunktion Daten, aus denen sich Nutzungs- und Bewegungsprofile generieren lassen, die dann bei der nächsten Synchronisation an den/die Hersteller:in geschickt werden. „Größtes Interesse an den Nutzungsdaten haben außerdem Versicherer, *die Werbebranche* und nicht zuletzt Ermittlungsbehörden" (Kling 2014, Hervorh. durch d. Verf.). Dabei ist noch keineswegs geklärt, wer rechtmässige/r Eigentümer:in dieser Daten ist.

3.1.4 Ökonomie

Wie in Kap. 2 gezeigt, ist Werbung eng mit dem Wirtschaftssystem verbunden, weil sich wechselseitige Abhängigkeiten und Beeinflussungen zeigen (vgl. Seufert 2016). Entweder geht man davon aus, dass werbliche Maßnahmen den privaten Konsum erhöhen und damit die gesamtwirtschaftlichen Konsumausgaben, oder aber, dass die Umsätze des Vorjahres wesentlich die Werbeausgaben der Unternehmen prägen (vgl. Kienzler und Lischka 2016), der Konsum also die Höhe der Werbeinvestitionen beeinflusst.

Eine zunehmende Ökonomisierung weiter Bereiche der Gesellschaft, so z. B. des Gesundheits- oder des Bildungssystems, mag zwar die Erfüllung normativer gesellschaftlicher Ziele (z. B. Sicherstellung des diskriminierungsfreien Zugangs zu Infrastruktur) in Frage stellen, ist jedoch aus Sicht der Werbung eher erfreulich. Denn der zunehmende Einfluss von marktorientiertem Denken und Handeln in vormals nicht über den Markt organisierten Bereichen (Stichworte: Liberalisierung, Deregulierung, Privatisierung, Marktsteuerung und Wettbewerbsorientierung) führt dazu, dass auch Organisationen in diesen Bereichen mehr werbliche Kommunikation betreiben müssen. Nicht nur bedingen Privatisierungsvorgänge, wie z. B. der Börsengang der Deutschen Post im November 2000 oder der Werbehype der großen Stromkonzerne im Umfeld der Liberalisierung des Strommarktes in Deutschland 1998, kurzfristig steigende Werbeinvestitionen. Es ist auch damit zu rechnen, dass privatwirtschaftliche Unternehmen längerfristig höhere Werbebudgets einsetzen als öffentliche, weil sie unter Konkurrenzbedingungen agieren. So sind die Unternehmen der vormals staatlich regulierten Infrastrukturbereiche wie Energieerzeugung, Ver- und Entsorgung, Bahn, Post oder Telekommunikation mittlerweile große Werbungtreibende.

Zugleich verändern sich auch die Bedingungen in denjenigen Bereichen, die seit jeher durch den Markt gesteuert wurden. Denn auch die Konstitution der Märkte hat wesentlichen Einfluss auf die Werbung. So gleichen sich Produkte und Leistungen immer mehr an und werden dadurch zunehmend austauschbar, weil die funktionalen Produktleistungen (z. B. Motorenleistung eines Autos, Schleuderdrehzahl einer Waschmaschine) – zumindest unter Wettbewerbsaspekten – weitgehend ausgereizt sind und nur mehr bedingt optimiert werden können. Innovationszyklen werden in einigen Branchen immer kürzer, und die Innovationsgewinne schmelzen aufgrund hoher Nachahmerquoten und -geschwindigkeiten (Stichwort: Me-Too-Produkte) schnell. Dies hat zwei Konsequenzen: Auf der Anbieterseite erscheinen einige Branchen gesamthaft innovationsmüde. Seitens der Nachfrager:innen schlägt sich gerade in Produktbereichen mit extrem kurzen Innovationszyklen und schneller Preiserosion eine erkennbare Überforderung in Form abwartender Kaufbereitschaft und nachlassendem Produktinteresse nieder. Die damit gekoppelte Polarisierung der Verhaltensweisen und des Konsums macht Nachfrager:innen immer unberechenbarer und führt sowohl zu abnehmender Kundenloyalität als auch zu sprunghaften und oftmals paradox scheinenden Kaufentscheidungen. So wird z. B. das durch den Einkauf bei Lebensmittel- oder Textildiscountern eingesparte Geld umgehend in den Kauf des dritten oder vierten Mobiltelefons investiert.

Da die objektive Differenzierung von Produkten und Leistungen immer schwieriger wird, verlagert sich die Differenzierung von funktionalen Produkteigenschaften auf symbolische, emotionale Komponenten. Der Stellenwert der werblichen Kommunikation zeigt sich besonders dann, wenn es nicht mehr gelingt, Leistungen, Produkte oder Marken über eine substanzielle Unique Selling Proposition (USP) unterscheidbar zu machen. Denn in diesen Fällen kann trotzdem über die Schaffung einer Unique Advertising Proposition (UAP) oder allgemeiner einer Unique Communication Proposition (UCP) die Abgrenzung gegenüber der Konkurrenz gelingen. Der Kommunikationswettbewerb folgt jedoch einer eigenen Logik.

Dass der oben geschilderte Zusammenhang zwischen Kaufzurückhaltung und Länge bzw. Kürze von Produktlebenszyklen nicht zwingend gegeben ist, zeigt das Beispiel „Mobilkommunikation": Hier gelingt es den Hersteller:innen immer noch, den Besitz der jeweils aktuellsten Gerätegeneration als „Must" zu inszenieren und damit eine Art subtilen Kaufzwangs für die neuen Geräte zu etablieren.

Zugleich wird in vielen Märkten der Preis zu einem für die Konsumentscheidung ausschlaggebenden Kriterium. Entsprechend werden dort die Aufwendungen für die Warenpräsentation und die Kommunikation symbolischer Aspekte weniger, und die Werbebotschaften stellen das Preisargument in den Vordergrund. Zum Teil können Preiswettbewerb und Kommunikationswettbewerb auch im selben Markt nebeneinander bestehen (so z. B. im Markt für Unterhaltungselektronik, im Bekleidungssektor oder bei Baumärkten) und stellen dann besondere Herausforderungen an die werbliche Kommunikation.

Andere Märkte werden mit spezifischen Regulierungsmaßnahmen, wie z. B. ökologischen Anforderungen und technischen Leistungsdaten, oder mit spezifischen Erwartungen der Konsument:innen konfrontiert. Diese können das Marktgeschehen stimulieren, aber auch abschwächen. Trotz technologischer Entwicklung finden sich darüber hinaus so gut wie keine unbesetzten Märkte. Es ist vielmehr in einigen Bereichen von verschärftem Wettbewerb auszugehen, während in anderen hoch konzentrierte Unternehmenskonglomerate das Marktgeschehen dominieren. Zum Teil verlassen diese dabei auch ihre angestammten Märkte. Wo die Werbebranche solchen Konzernen gegenübersteht (z. B. in der Automobilbranche oder bei Waschmitteln), sieht sie sich einer entsprechend großen Verhandlungsmacht in den Auftraggeber-Auftragnehmer-Beziehungen ausgesetzt. Da andererseits auch die Medienunternehmen als wichtige Transporteure werblicher Kommunikation meist hoch konzentriert sind, reagiert die Werbebranche ihrerseits mit zunehmender Konzentration in Form von Agentur-Networks und verflochtenen Mediaagenturen.

Der immense Einfluss der Ökonomie auf die Werbung lässt sich auch anhand der Wirkungen konjunktureller Krisen auf die Werbung ablesen: Deutlich erkennbar nahmen z. B. im Zuge der Finanz- und Wirtschaftskrise nach 2009 sowohl die Gesamtwerbeinvestitionen als auch die Netto-Werbeeinnahmen der Medien ab. Und auch während der Corona-Pandemie 2020 gab es einen deutlichen Rückgang der Netto-Werbeeinnahmen der Medien (siehe auch Abb. 3.3).

Ablesbar sind derartige Entwicklungen primär an der Werbeintensität, also dem Anteil der Werbeinvestitionen am Bruttoinlandsprodukt (BIP). Dieser Anteil sank von 2004 bis 2014 von 1,17 % auf 0,87 % Zudem sanken die Gesamtwerbeinvestitionen über die Jahre 2004 bis 2014 stärker als das BIP und die Netto-Werbeeinnahmen der Medien nochmals stärker als die Gesamtwerbeinvestitionen (vgl. auch Shaver und Shaver 2005; van der Wurff et al. 2008; Deleersnyder et al. 2009; Siegert et al. 2012) (siehe auch hierzu Abb. 3.3).

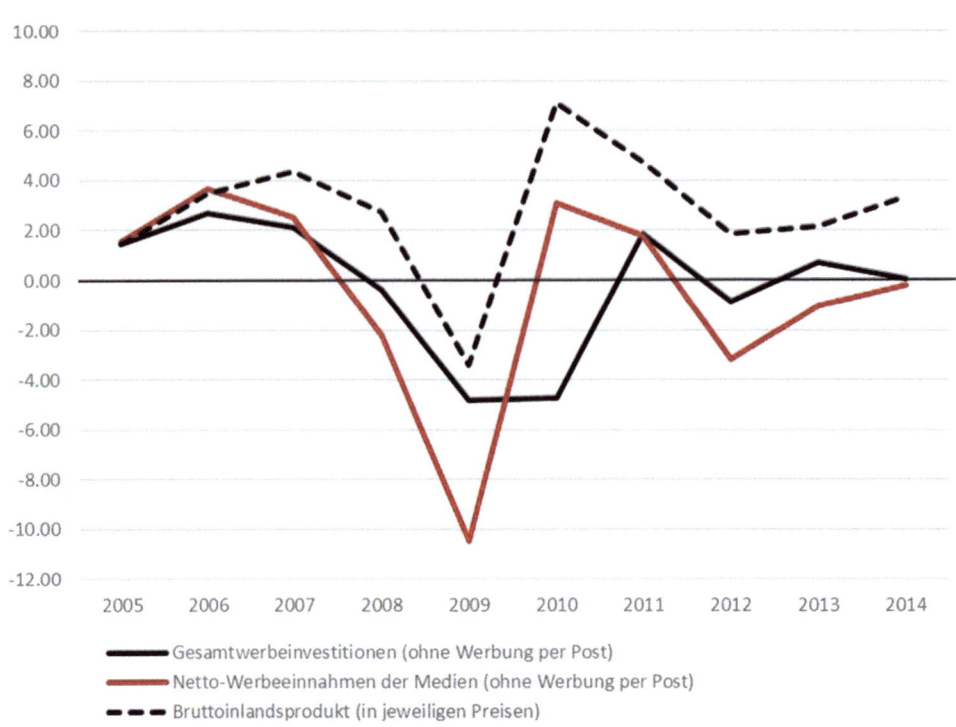

Abb. 3.3 Gesamtinvestitionen, Netto-Werbeeinnahmen der Medien und Bruttoinlandsprodukt in Deutschland 2004 bis 2014 – Veränderungen gegenüber dem Vorjahr in Prozent. (Statistisches Bundesamt, ZAW, eigene Berechnungen und Darstellung)

Angesichts der immensen Bedeutung der Werbung für die Ökonomie stimmen derartige Entwicklungen bedenklich. Erstere sei am Beispiel Deutschland veranschaulicht: So berechnet der ZAW (o. J.) den Anteil der kommerziellen Werbung am Bruttoinlandsprodukt für 2021 mit 1,33 % im Vergleich zur Pharmaindustrie mit 1,2 % oder der Software- und Gamingbranche mit 1,41 %. Die Werbung sichert danach mehr als 890.000 Arbeitsplätze im Vergleich zur Automobilindustrie mit 786.109 Beschäftigten oder der Ernährungsindustrie mit 614.100 Beschäftigten.

3.1.5 Kultur

In einem umfassenden Kulturbegriff würden auch Politik, Recht, Wirtschaft und Technologie der Kultur zugerechnet, weil sie eine menschliche Gestaltungsleistung sind. Im engeren Sinn bezeichnet Kultur nur die hohen Künste und geistigen Leistungen. Im Folgenden gehen wir in Anlehnung an Thomas (2003) und Hofstede (2001) davon aus, dass Kultur nicht nur für Gesellschaften, sondern auch Organisationen und Gruppen prägend ist und weitergegeben wird. Kultur stellt ein jeweils typisches Orientierungssystem dar und ist eine Form von Umweltbewältigung. Sie bedient sich spezifischer Symbole und Codes und beeinflusst die Werte, Normen, Überzeugungen sowie das Denken und Handeln der zu dieser Kultur gehörenden Personen. Insofern ist Kultur etwas, was jeden Tag gelebt wird – „a whole way of life" (Williams 1989, S. 4).

Werbung wird immer in einem bestimmten kulturellen Kontext produziert und rezipiert – also auf eine bestimmte Art und Weise codiert und decodiert. So bezieht sich Werbung auf kulturelle Codes, auf gängige Stereotypen und auf voraussetzbares Wissen. In der Produktion von Werbung greifen deren Macher:innen zwangsweise auf gesellschaftliche Sinnstrukturen zurück, darauf, wie man z. B. Farben, Formulierungen, Bilder, Gesten üblicherweise verwendet. Geschehen Codierung durch die Werbungtreibenden und Decodierung durch die Rezipient:innen nicht im gleichen kulturellen Kontext, kann dies zu Missverständnissen führen, weil der Bedeutungstransfer nicht funktioniert und die Rezipient:innen der Werbung einen anderen Sinn zuordnen als gedacht. Werbung ist also grundsätzlich darauf angewiesen, zu wissen, was kulturell vor allem bei der adressierten Zielgruppe erlaubt ist und was nicht, was üblich ist und unüblich, was den Mainstream trifft und wann die Provokation beginnt. Werbung unterliegt damit dem Einfluss der kulturellen Bedingungen und somit dem kulturellen Wandel.

> „Werbung orientiert sich am Zeitgeist, an den Moden und Vorlieben der Menschen, an allem, was in ist. Sie folgt Trends, in manchen Fällen setzt sie sie sogar. Die Werbung ist ein einflussreicher und aussagekräftiger Kulturfaktor moderner Gesellschaften, daran besteht weder bei Praktikern noch bei Forschern Zweifel." (Zurstiege 2016, S. 78)

In diesem Kontext ist der Einsatz von Stereotypen, wie „die grauen Alten", „die blonden Frauen" oder „die muskelbepackten Männer" für die Werbung gegebenenfalls eine lohnende Inszenierung – zumindest in jenen Kulturräumen, in denen diese Stereotype anerkannt sind. Dabei können Stereotype entweder bestätigend eingesetzt, innovativ ad absurdum geführt oder provokativ konterkariert werden. Immer jedoch dienen sie der Reduktion von Komplexität, sollen auf den ersten Blick und in der Kürze der Zeit verständlich machen, was gemeint ist (vgl. Jäckel 2016, S. 207; Beiträge in: Holtz-Bacha 2011).

Ob diese Reduktion von Komplexität gelingen kann, wird immer fraglicher. Dies, weil die Vorstellung davon, was als angemessen gelten kann, und was noch nicht einmal als Komplexitätsreduktion oder Provokation dienen kann, sich im Zeitverlauf verändert. Unter Begriffen wie Identitätspolitik, kulturelle Aneignung, Wokeness oder Cancel Culture wird seit Ende der 2010er-Jahre in wissenschaftlichen wie öffentlichen Diskursen um moralische Standards und Deutungen gerungen. Diese Diskurse, z. B. über Rassismus oder Geschlechteridentität, sind oft moralisch stark aufgeladen und hochgradig konfliktbeladen; sie werden emotional sowie politisch strategisch geführt und tangieren fast alle Lebensbereiche (vgl. ausführlicher: Dillinger et al. 2023, S. 2 ff.), insbesondere aber Kultur, Medien und Bildung (vgl. Kawamura & de Jong 2022; Distelhorst 2022). Sie tangieren aber eben auch die Werbung (vgl. u. a. Knobloch 2023), weil sie nicht absehbare Fallstricke beinhalten und zu intensiven Kontroversen führen können. So führte beispielsweise 2019 die Gillette Werbekampagne mit dem Werbespot „We believe: The best men can be" zu einer intensiven Debatte im Netz von Applaus für den Mut bis hin zu Boykottaufrufen wegen „Woke Washings" (vgl. Saal 2019).

Obwohl solche Kontroversen der jeweiligen Marke zu mehr Aufmerksamkeit verhelfen, bleibt unklar, ob sie auch den Absatz der Produkte stimulieren und/oder die Identifikation mit bzw. die Reputation der Marke steigern. Offensichtlich scheint aber, dass diese Art von Werbung ein nicht zu unterschätzendes Reputationsrisiko darstellen kann, weil der Einsatz von Unternehmen und Marken für gesellschaftspolitische Sachverhalte, soziale Ungerechtigkeit und bestimmte Werte hinterfragt wird und dann zu „Green bzw. Woke Washing" Vorwürfen führen kann (vgl. u. a. Prevency 2021) oder zu verändertem Konsumverhalten (vgl. z. B. Edmond 2023). Die öffentlichen Diskurse zu Identitätspolitik, kultureller Aneignung, Wokeness oder Cancel Culture haben insgesamt aber auch dazu geführt, dass die Themen- und Personendarstellungen in der Werbung wesentlich diverser geworden sind.

Eine starke Interdependenz zwischen Werbung und Kultur lässt sich quasi naturgegeben dort beobachten, wo sich beide der gleichen Stilmittel, Techniken und Werkzeuge bedienen: Text/Literatur, Bild und 3-dimensional gestaltete Werbemittel/Bildende Kunst, Bewegtbild/Film- und Videokunst, Musik. So finden gängige, auch prominente Musiktitel immer wieder Verwendung in Werbespots (z. B. Queens „We will Rock You" für OBI Baumärkte, Grandmaster Flash & The Furious Five's „The Message" für Lacoste). Andererseits stürmt der eine oder andere Song, der für die Werbung geschrieben wurde, offizielle Hitparaden (z. B. „Wonderful Dream (Holidays are coming)" von Melanie Thornton für Coca Cola oder „On n'a qu'une terre" des Schweizer Rappers Stress für Coop). Wie die Geschichte der Werbung in Kapitel vier zeigen wird, sind solche Interdependenzen keine neue Entwicklung. Toulouse-Lautrec und Andy Warhol stehen stellvertretend für viele Künstler:innen, die immer wieder auch Werbung gestaltet oder Werbesujets in ihrer Kunst verarbeitet haben.

Darüber hinaus kann Werbung aber auch auf so pragmatische Weise Bestandteil von Kultur werden, dass Werbeslogans oder Markennamen in den allgemeinen Wortschatz aufgenommen werden. Oder aber dadurch, dass Werbeinhalte als eigene redaktionelle Inhalte zu Unterhaltungszwecken genutzt werden, z. B. wenn die Super Bowl Werbespots des jährlichen Finales der US-amerikanischen American-Football-Profiliga „National Football League" online aktiv nachgefragt werden oder wenn früher die sogenannte „Cannes-Rolle" mit den preisgekrönten Beiträgen des renommierten Werbefilm-Festivals im Kino (und gegen Eintrittsgeld) gezeigt wurde.

3.1.6 Medien

Neben inhaltlichen Aspekten beeinflussen Kulturspezifika Werbung auch über die Anzahl und unterschiedlichen Arten von Medien und -technologien sowohl in der Verbreitung als auch der Nutzung. So standen beispielsweise 2016 in Deutschland 283 private und 70 öffentlich-rechtliche Hörfunkprogramme sowie 2453 Online Audio Angebote zur Verfügung, zudem 20 öffentlich-rechtliche Fernsehprogramme und 403

3.1 Strukturelle Rahmenbedingungen der Werbung

private Fernsehprogramme (vgl. Hasebrink et al. 2017, S. 42 ff.). Bei Letzteren sind die unzähligen Online Videoangebote nicht mitgerechnet.

Aber nicht nur die technische Ausstattung, sondern auch das Nutzungsverhalten der Haushalte und Personen haben sich deutlich verändert. Die Nutzer:innen wählen crossmedial verschiedene Medien, Plattformen und Social Media aus, um ihre Informations-, Kommunikations- und Unterhaltungsbedürfnisse zu decken. Sie gestalten ihre Medien- und Informationsrepertoires in gewisser Weise medienunabhängig; zudem verändern sich Bedürfnisse, Nutzerkonzepte und primär genutzte Medientypen im Laufe der Biografie (siehe die Beiträge in Kleinen von Königslöw und Förster 2014).

Mediennutzung folgt immer stärker der Devise „anytime, anywhere, any device", was die Bedeutung einzelner Mediengattungen und einzelner Medientitel zunehmend in Frage stellt. Entsprechend hat auch eine der wenigen Langzeituntersuchungen über die Mediennutzung, die 1964/65 erstmals von der ARD in Auftrag gegebene Studie Massenkommunikation, ihre Konzeption an die veränderten Medienbedingungen angepasst. Auf der Basis einer repräsentativen Telefonumfrage bei Personen über 14 Jahren in Deutschland (bestehend aus einer strukturierten Tagesablauferhebung und einem quantitativ geschlossen Fragenkatalog) ermittelt sie bis heute die Nutzung von Text-, Audio- bzw. Videoinhalten über unterschiedliche Kanäle (vgl. Breunig et al. 2020, siehe Abb. 3.4).

Die Mediennutzung (ohne die nicht-mediale Internetnutzung) pendelt sich für die Gesamtbevölkerung bei 488 min täglich sein. Das Smartphone ist für die 14- bis 29-Jährigen das multifunktionale Zugangsgerät schlechthin. Sie verbringen ca. 2 h zusätzlich mit Kommunikation, Suche, Transaktion und Gaming. Dadurch steigt auch die Bedeutung des Internets als Kanal zur Verbreitung von Medien- und Werbeinhalten. Zugleich steigt die zeitsouveräne Nutzung von Audio- und Videoinhalten (vgl. Breunig et al. 2020, S. 413 ff.).

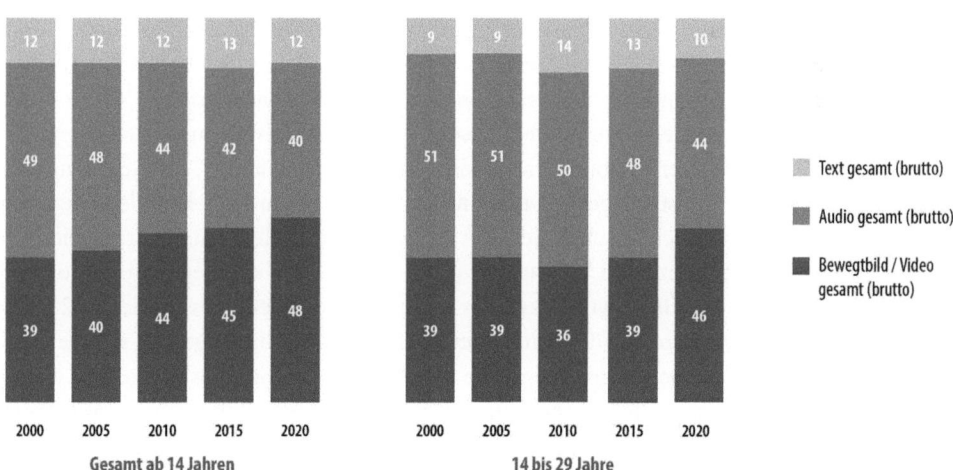

Basis: Deutschsprachige Bevölkerung ab 14 Jahren (2020: n = 3'003; 2015: n = 4'300)

Abb. 3.4 Anteil der Mediengattungen am Medienkonsum 2000 bis 2020 – gesamt und junge Altersgruppe in Prozent. (Nach Breunig et al. 2020, S. 428)

In diesem Kontext haben sich auch die Normen im menschlichen Miteinander, in der Mediennutzung und bei der Verwendung von Telefon und Smartphones wesentlich gewandelt. Während es Zeiten gab, in denen es als ungehörig empfunden wurde, die Zwanzig-Uhr-Nachrichten durch Telefonanrufe zu unterbrechen (vgl. Hömberg 1990, S. 13), ist aktuell eine Jederzeit-und-Überall-Erreichbarkeit gang und gäbe, und es wird nur bedingt als unhöflich empfunden, wenn Menschen während anderer Aktivitäten zugleich ihr Smartphone bedienen.

Die Werbewirtschaft ist von solchen Veränderungen des Mediensystems und der Mediennutzung im Kern betroffen, sind doch Medien immer noch die wichtigsten Werbeträger. So führt die Vielzahl der Informations-, Kommunikations- und Unterhaltungsangebote dazu, dass werbliche mit allen anderen Kommunikationsangeboten in immer schärferem Wettbewerb um die knappen Ressourcen Zeit und Aufmerksamkeit der Rezipient:innen stehen und mit Vermeidung und Reaktanz zu kämpfen haben. Zudem stellt die Diversifizierung und Fragmentierung der Audio- und Videonutzung eine besondere Herausforderung für die Werbung dar.

Betrachtet man vice versa die Bedeutung der Werbung für die Medien, rückt deren Rolle als größte Erlösquelle der meisten Medien ins Zentrum. Grundsätzlich ergeben sich für Medien mehrere Möglichkeiten der Finanzierung (vgl. dazu u. a. Ludwig 1998; Heinrich 1999, S. 270 ff.): Erstens über die Einnahmen aus der Nachfrage der Rezipient:innen (Kauf oder Abo von Inhalten), zweitens über Einnahmen aus den Werbeschaltungen, drittens über Gebühren und viertens über Querfinanzierung aus anderen Unternehmensbereichen. Nach wie vor finanzieren sich die meisten Medien zum großen Teil über Einnahmen aus der Werbung, die damit erst die ökonomischen Voraussetzungen für redaktionelle Unabhängigkeit schafft oder zumindest sichert. Konjunkturflauten der Werbebranche wirken sich daher direkt – und mittlerweile desaströs – auf Medien und Redaktionen aus. Damit wird die Werbung zur wichtigsten Einflussgröße für die Medien und beeinflusst diese durchaus in ihrem Sinne. Diese Beeinflussung wird aber aus drei unterschiedlichen Richtungen gerahmt: Ein juristischer Rahmen wird in Form von Medien-, Werbe- und Wettbewerbsgesetzen aufgezogen. Journalistische Motive zur Eindämmung allzu großer Begehrlichkeiten seitens der Werbung finden sich im Rollenverständnis, der Berufsauffassung, aber auch im Selbstwertgefühl und in eigenen Machtansprüchen der Medienschaffenden. Und schließlich beschränken werbliche Aspekte selbst eine überzogene Beeinflussung der Medien durch die Werbung, weil diese, um überhaupt erfolgreich sein zu können, zwingend auf die Glaubwürdigkeit der Medien angewiesen ist (vgl. Siegert 2015).

Die Bedeutung der Werbung für Plattformen und Social Media zeigt sich in zwei Aspekten. Weil die meisten derartigen Angebote für die Nutzer:innen kostenlos sind, dient die Werbung hier als wesentliche Finanzierungsquelle. Im Gegenzug sammelt die Werbung nutzerbezogene Daten dieser medialen Anbieter:innen und führt sie weiterer ökonomischer Verwertung zu.

Bei der Rolle der Werbung für die Medien muss die Unterscheidung zwischen Brutto-Werbeinvestitionen und Netto-Werbeinvestitionen beachtet werden. Die Brutto-Werbei-

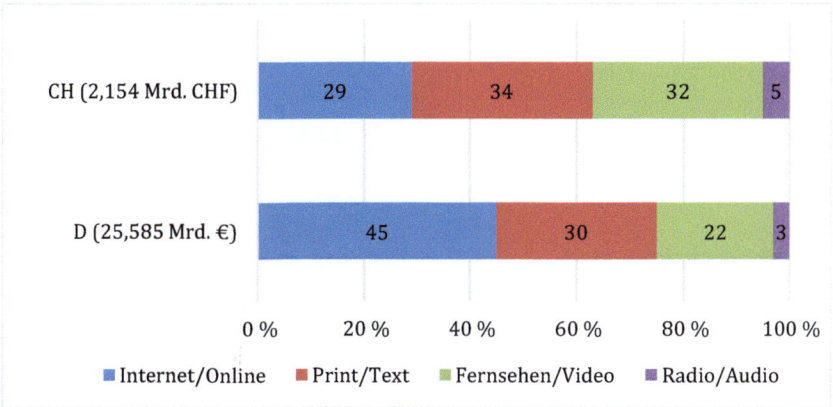

Abb. 3.5 Netto-Werbeeinnahmen der Medien in Deutschland und der Schweiz 2021 – Anteile in Prozent. Die Zahlen – obwohl unter demselben Begriff ausgewiesen – können je andere Aspekte einschließen. (Eigene Berechnungen basierend auf ZAW 2023 und Stiftung Werbestatistik Schweiz 2022)

nvestitionen spiegeln den monetären Wert eines bestimmten Werbeoutputs (Anzeigen, Spots etc.), die Netto-Werbinvestitionen die tatsächlich dafür eingesetzte Geldmenge. Diese Geldmenge ist geringer als der monetäre Gegenwert des Outputs, weil Mengen- und Malrabatte abgezogen und die Agenturhonorare sowie Produktionskosten nicht einbezogen werden. Zum Teil werden aber Einnahmen aus Sponsoring und Bartering dazu gerechnet. Besonders in konjunkturell angespannten Zeiten kann es erhebliche Differenzen zwischen den Brutto- und Nettowerten geben, u. a. weil das Gewähren von Rabatten die Auslastung sichern soll (siehe auch Abb. 3.3).

Insgesamt investierte die Werbebranche 2021 (ohne Außenwerbung, postalische Direktwerbung und Kino, siehe Abb. 3.5)

- in Deutschland 25,585 Mrd. € (8,8 % mehr als 2020) (vgl. ZAW 2023)
- und in der Schweiz 2,154 Mrd. CHF (vgl. Stiftung Werbestatistik Schweiz 2022).

3.2 Werberelevante gesamtgesellschaftliche Entwicklungen

Die im vorhergehenden Kapitel skizzierten strukturellen Rahmenbedingungen sind nicht statisch zu sehen, sie unterliegen vielmehr Meta-Entwicklungen, die bereits angedeutet wurden. Im Folgenden werden diese übergreifenden gesamtgesellschaftlichen Entwicklungen skizziert. Auch diese sind letztlich wechselseitig miteinander verknüpft, werden aber der Übersichtlichkeit halber analytisch voneinander getrennt erläutert. Abb. 3.6 illustriert dieses mehrdimensionale Bedingungs- und Entwicklungsnetzwerk in einer typisierten Gesamtdarstellung der Zusammenhänge von gesamtgesellschaftlichen Entwicklungen und strukturellen Rahmenbedingungen.

Abb. 3.6 Werberelevante gesamtgesellschaftliche Entwicklungen und strukturelle Rahmenbedingungen. (Eigene Darstellung)

3.2.1 Internationalisierung – Globalisierung – Regionalisierung

Globalisierung hat hoch kontroverse Diskussionen und polarisierende, nicht immer gewaltfreie Auseinandersetzungen initiiert und als Schlagwort eine steile Karriere gemacht. Ohne eine bestimmte Dimension zu bevorzugen, kann sie folgendermaßen definiert werden:

> „Globalisation can thus be defined as the intensification of worldwide social relations which link distant localities in such a way that local happenings are shaped by events occurring many miles away and vice versa" (Giddens 1990, S. 64).

Folgt man Roland Robertson (1992, S. 58 f.), so ist Globalisierung ein autonomer Prozess mit eigener Logik, der bereits in der Mitte der 1920er-Jahre begonnen hat und in den 1960er-Jahren durch weltweite Auseinandersetzungen hinsichtlich unterschiedlicher Lebensweisen und -auffassungen geprägt war. In den 1990er-Jahren ist dieser Prozess durch weltübergreifende Ereignisse, zunehmend globales Bewusstsein, Konfrontation mit multikulturellen und polyethnischen Problemen, die Zunahme globaler Institutionen, Unternehmen und Bewegungen sowie durch den Ausbau eines globalen Mediensystems charakterisiert. Auch die Werbung und die Werbebranche hatten sich internationalisiert (vgl. u. a. auch: Englis 1994; De Mooij und Marieke 2022; Wilke 1999; Jones 2000).

Internationalisierung und Globalisierung sind also mehrdimensionale Prozesse, die sich z. B. auf Wirtschaft, Information, Ökologie, Technologie, transkulturelle Konflikte, Ideologien, Normen und Werte, Migration sowie auf Medien beziehen (vgl. Appadurai 1990, S. 296 ff.; Beck 1997, S. 44 f.). Dennoch haben sich diese Dimensionen nicht gleichermaßen entwickelt. Es ist gerade die Ungleichzeitigkeit, die massive (und teilweise ihrerseits globalisierte) Kritik aufkommen lässt; denn während Finanzströme, Devisenmärkte und Börsenhandel die transnationalen Spielräume sehr schnell erobert haben, hinkten und hinken Demokratisierung und multinationale politische Regulierung hinterher. Mehrere Autor:innen (vgl. u. a. Beck 1997, S. 90 f.; Robertson 1998 und 2014) betrachten Globalisierung insofern aus einer doppelten Perspektive, als sie einen zweifachen, dialektischen Prozess zwischen dem Globalen und dem Lokalen unterstellen, was sich im Begriff Glokalisierung oder in Aussagen wie ‚think global act local' widerspiegelt. Auch hat sich in der Vergangenheit gezeigt, dass Globalisierung immer mit einem gewissen Protektionismus der eigenen nationalen Wirtschaft einherging.

Verschiedenste (globale) Krisenkonstellationen, wie z. B. sich überlagernde Finanzkrisen, Migration, Klimakrisen, Corona-Pandemie oder Kriege haben die Kritik an der Globalisierung in den letzten beiden Jahrzehnten intensiviert, weil sie sehr konkret u. a. Lieferketten und Handelswege negativ tangiert haben und tangieren. Die Debatten um Nachhaltigkeit, Identitätspolitik und kulturelle Aneignung haben die Globalisierung zudem in ein kritischeres Licht gerückt. Die wechselseitigen internationalen Abhängigkeiten werden in verschiedenen Bereichen deshalb neu geprüft und vielerorts wird die Rückbesinnung auf regionale Kontexte – sei es in Bezug auf Produktion oder Entwicklungsvorhaben – neu positiver bewertet oder sogar bewusst umgesetzt. So werden 2023 nicht nur in den USA Handelsbeschränkungen und Exportverbote für als strategisch wichtig eingestufte Produkte, wie z. B. Halbleiter, gegenüber verschiedenen Staaten, wie China, Russland oder Nordkorea, intensiv geprüft.

Für die Werbung spielen folgende Aspekte von Internationalisierung, Globalisierung und Regionalisierung eine besondere Rolle:

1. Es internationalisieren sich nicht nur Finanzströme und Märkte, sondern auch ein großer Teil der Unternehmen und Konzerne, mithin kommt es zu einer Verflechtung der Weltökonomie. Dies verändert erstens die Vermarktung von Produkten und Leistungen und damit die Auftragsseite der Werbung, die als Folge durchlaufener Konzentrationsprozesse oft mehr Marktmacht in Auftragsverhandlungen einbringen kann (wie z. B. Google, Procter&Gamble, L´Oreal). Zweitens verändern sich auch die Wettbewerbsbedingungen innerhalb der Werbebranche, weil zunehmend international tätige Agenturnetze in kleine Nischen nationaler Märkte eindringen. Drittens sind auch in der Werbung der Ressourceneinsatz und die Produktion in gewisser Weise geografisch unabhängig, damit international ausgerichtet: technologisch vernetzt können im Werbeprozess Teilaufgaben wie Werbetexte oder Layouts international eingekauft werden. Die Werbeschaffenden sehen sich damit internationaler Konkurrenz ausgesetzt.
2. Die Einbettung in multinationale Institutionen und die Transnationalisierung von politischer Regulierung hinken zwar im Prozess der Globalisierung anderen Bereichen hinterher. Dennoch sind mittlerweile vor allem in Europa mit der Europäischen Union transnationale Institutionen entstanden, die für die Werbebranche relevant sind. Besonders gravierend wirken sich in diesem Zusammenhang gesetzliche Regelungen aus, die national gültiges Werberecht ergänzen oder auf die Angleichung von Rechts- und Ver-

waltungsvorschriften der EU-Mitgliedstaaten abzielen – so z. B. die Direktiven bzgl. der Kennzeichnungspflicht für Nahrungsmittel und bzgl. irreführender Werbung. Weltweit beeinflussen die großen Märkte (wie z. B. die USA oder China) mit ihrer Regulierung auch die internationale Ausrichtung der Werbung.

3. Die dominante Rolle von Technologien, Social Media und Medien im Globalisierungsprozess tangiert die Werbebranche nicht nur in der Produktion, sondern auch in der Distribution. Technologien, Social Media und Medien erlangen diese Rolle, weil sie einerseits Transporteure und Konstrukteure globaler Identifikationsangebote sind und andererseits selbst zu großen internationalen Wirtschaftsunternehmen gehören (z. B. Google (Alphabet) oder Facebook (Meta)). Als Wirtschaftsunternehmen unterliegen sie demselben Sog weltweiter Verflechtung und Vernetzung wie Unternehmen anderer Branchen auch. Und wie diese leisten sie selbst dieser Entwicklung Vorschub. Dabei ist es u. a. aufgrund von Kontexteffekten für die Werbung nicht ohne Bedeutung, dass die entsprechenden Unternehmen z. T. international mächtige Marktteilnehmer sind, die auch eine Internationalisierung der Inhalte vorantreiben. So konkurrieren global tätige große Technologieunternehmen wie Meta, Amazon, Google oder Twitter mit begrenzt international tätigen traditionellen Medienunternehmen.

4. Die in Globalisierung und Internationalisierung aufkeimende weltweite kulturelle Homogenität war lange Zeit eher im Sinne einer von westlichen Industrienationen dominierten Lebensweise und „Consumer Culture" zu verstehen als im Sinne echter Transkulturalität. Und zwar, weil kulturelle Homogenität wesentlich von der weltweiten Vermarktung von Produkten und Dienstleistungen und der damit verbundenen Homogenisierung der Nachfrage und der Konsumentenwünsche beeinflusst gewesen ist. Die Rolle der Werbung in diesem Prozess ist unbestritten, kontrovers bleibt aber, inwieweit die Werbung – trotz internationaler Zielgruppentypologien – wirklich international auf konsistente Zielgruppen aufbauen und in ihren Botschaften dieselbe Ansprache verwenden kann. Die Debatten um kulturelle Dos und Don'ts legen die Vermutung nahe, dass werbliche Inhalte wieder stärker regionalisiert werden müssen.

5. Zugleich entwickeln sich teils globalisierte Gegenbewegungen zur Globalisierung. Sie kritisieren erstens die weltweiten sozialen Ungleichheiten, die durch Globalisierung hervorgerufen werden. Zweitens hinterfragen sie die Ungleichzeitigkeit von Globalisierung, weil Bereiche, die komplett globalisiert sind, wie z. B. Finanzströme und Börsenhandel, Bereichen gegenüberstehen, die international geregelt werden müssten, aber nicht werden, z. B. in verbindlichen Standards zur CO_2-Begrenzung und zum Klimawandel. In diesem Kontext sind insbesondere Bewegungen wie die Klimajugend oder Fridays for Future bekannt geworden. Drittens problematisieren die Kritiker:innen auch die Spannungen zwischen dem Globalen und dem Lokalen und haben oft globale Marken im Fokus. Die Kritik zielt dabei nicht nur auf die Werbung, sondern sehr viel breiter auf die gesamte Konsumkultur. Im sogenannten Adbusting, Badvertising oder Culture Jamming kommt diese Kritik zum Ausdruck, wobei für die provokante Entfremdung jeweils auf die Originalmarken, Logos und Werbemotive zurückgegriffen wird (vgl. Klein 2000; z. B. Adbusters 2023).

3.2.2 Digitalisierung – Algorithmisierung – Künstliche Intelligenz

Digitalisierung liefert das technische Standardisierungspotenzial als Basis für alle Integrationsmöglichkeiten, ist mithin also größter Innovationsfaktor für technische Konvergenz. Die Veränderungspotenziale der Digitalisierung entfalten sich allerdings immer von politischen, ökonomischen und sozialen Bedingungen beeinflusst und in politischen, sozialen und ökonomischen Kontexten organisiert.

In die Praxis übertragen erstreckt sich Digitalisierung von der Aufzeichnung über die Bearbeitung und Speicherung bis hin zur Übertragung von Inhalten. Da sie alle auf dem gleichen digitalen Code basieren, können sie von unterschiedlicher auditiver, visueller oder audiovisueller Ursprungsqualität sein und dennoch ohne Probleme verknüpft werden. Nicholas Negroponte hat Bits als kleinste Struktureinheit dieses Codes deshalb auch bereits früh als „DNS der Information" bezeichnet (Negroponte 1995, S. 19). Diese technischen Veränderungen führen zu einer erhöhten Kompatibilität sowohl der Inhalte als auch der technischen Geräte, zu einer Kapazitätserweiterung der Übertragung und zu einer umfassenden Bearbeitbarkeit der Inhalte.

Als jüngste Ausdifferenzierung müssen erstens die Entwicklung mobiler Endgeräte, zweitens die Entwicklung von Algorithmen und drittens die Entwicklung von künstlicher Intelligenz betrachtet werden. Mobile Endgeräte ermöglichen eine weitgehend räumlich unabhängige Vernetzung mit vier charakteristischen Merkmalen:

> „physical characteristics – in order to be portable, mobile devices are small, have limited storage, and so on; personal identity – a mobile phone is part of an individual's personal identity, more like a favorite item of clothing than just a piece of technology; ubiquity – mobile media can be used at any time and in almost any location; and location sensitivity – increasingly, mobile media can signal, or respond to, their location." (Rodriguez Perlado und Barwise 2005, S. 262).

Ganz allgemein geben Algorithmen über die Definition von Einzelschritten und die Kombination von Regeln und Prozessen vor, wie eine Anfrage zu bearbeiten oder ein Problem zu lösen ist. Im Kontext der Werbung geht es vor allem um die komplexen Algorithmen, die große Datenmengen verarbeiten und darin Zusammenhänge entdecken können. Algorithmische Verarbeitung kann auf der Basis von Nutzeranfragen und Nutzermerkmalen vorhandene Informationen und Daten (Big Data) in einem (semi-)automatisierten Prozess selektieren und bewerten (Latzer et al. 2016).

Latzer et al. (2016, S. 399) unterscheiden verschiedene Anwendungen algorithmischer Verarbeitung: suchen, sammeln, überwachen, voraussagen, filtern, empfehlen, bewerten, Inhalte produzieren und vertreiben. Diese Anwendungen bzw. die entsprechenden Plattformen werden zu neuen Gatekeeper:innen für die Nutzer:innen und gewinnen für die werbliche Kommunikation große Bedeutung. Die Häufigkeit, mit der Algorithmen eingesetzt werden, sowie ihr Einsatzgebiet weiten sich kontinuierlich aus. Die Algorithmisierung gewinnt zudem mit der Weiterentwicklung künstlicher Intelligenz (KI; Artificial Intelligence AI) nochmals eine neue Dimension. Während Algorithmen bereits meist auf maschinellem Lernen (Machine Learning) basieren, geht der Kern der AI mit tiefem Lernen (Deep Learning) nochmals einen Schritt weiter; die AI lernt selbstständig. AI übernimmt damit zunehmend Prozesse und Funktionen, die vormals Menschen vorbehalten waren (vgl. Davenport et al. 2020).

Für die Werbung haben die jüngsten, auf Digitalisierung, Algorithmisierung und künstlicher Intelligenz basierenden Entwicklungen folgende Konsequenzen:

1. Die Werbung kann aufgrund der Digitalisierung kostengünstig mit beliebigen Gestaltungsoptionen jonglieren, da auf digitaler Basis alle möglichen Inhalte als Bausteine eingesetzt werden können. Zugleich können digitale Inhalte in einem Ausmaß und einer nie dagewesenen Perfektion verändert werden, ohne den Realitätseindruck für die Rezipient:innen zu beeinträchtigen. Das damit verbundene Glaubwürdigkeitsproblem, das sich z. B. für die politische Berichterstattung ergeben könnte, tangiert die Werbung nur bedingt, denn von ihr ist ja bekannt, dass sie übertreibt und beschönigt.
2. Die Werbeproduktion kann einerseits dank digitalisierter Arbeitswelt auch in andere Länder, z. B. in solche, in denen die Löhne niedriger sind, verlagert werden. Sie kann aber auch schrittweise von Algorithmen und künstlicher Intelligenz übernommen werden. Angefangen vom Briefing, über das Drehbuch und die Text- und Bildkreation können spezielle Aufgaben zumindest für die erste Version von AI erledigt werden. So z. B. „briefly" für Briefing Aufgaben, „Looka" für die Kreation von Logos oder „Maverick" für personalisierte CRM Videos. Was den Druck auf die Werbebudgets zwar verringert, aber für die Werbeschaffenden vor allem in Hochpreis-Ländern verheerende Auswirkungen haben kann.
3. Ebenfalls problematisch sind die Veränderungen, die sich im Verhältnis zwischen Auftraggeber:innen, Werbeschaffenden und Medien ergeben: So schrauben z. B. die Möglichkeiten der Digitalisierung die Ansprüche von Werbekund:innen unter qualitativen, zeit- und kostensparenden Aspekten in die Höhe. Erleichterte Variier- und Multiplizierbarkeit digital verfügbarer werblicher Inhalte erleichtern aber auch deren Einsatz jenseits geltender Werkverträge (z. B. Culture Jamming). Zusätzlich zu solchen Urheberrechtsfragen wirft die Digitalisierung aber auch Haftungsfragen bei der Werbemittelproduktion auf.
4. Digitalisierung führt dazu, dass Computer und mobile Endgeräte gleichzeitig Informations- und Abrufmedium, Forum und Diskussionsmedium sowie Beziehungsmedium sind (vgl. Höflich 1999, S. 43 ff.). Damit haben sich mit der Online- und Mobile-Werbung weitere Betätigungsfelder für die Werbung etabliert. Zugleich ist die Werbung damit konfrontiert, dass sie – unabhängig davon, ob dies beabsichtigt war oder nicht – von den Nutzer:innen kommentiert und weiterverbreitet werden kann. Motive der Werbungtreibenden können in kürzester Zeit von einer großen Anzahl an Nutzer:innen hinterfragt und fallweise auch geprüft werden wie beim Vorwurf des Green- bzw. Wokewashings. Für Werber:innen bedeutet das einen veritablen Kontrollverlust über Botschaft, Logo, Claim und Emblem (z. B. Firestorms). Allerdings bieten sich auch Chancen, die Nutzer:innen aktiv in Kreations- und Produktionsprozesse einzubinden (Co-Creation).

5. Algorithmen ermöglichen eine Vielzahl von werberelevanten Anwendungen: Von der Suchmaschinen-Optimierung (Search Engine Optimization (SEO)), der Suchmaschinenwerbung (Search Engine Advertising (SEA)) und den automatisierten leistungsbasierten Preis- und Abrechnungssystemen (Performance Based Pricing (PBP)) über Behavioral Targeting als Zielpersonen-Selektion und die Speicherung riesiger Datenmengen, bis hin zu Empfehlungssystemen und der Vermarktung von Internetwerbeplätzen im Rahmen börsenähnlicher automatisierter, ultraschneller Trading-Auktionen (Real Time Bidding, Real Time Advertising oder Computational Advertising) (vgl. u. a. Siegert 2015).
6. Längerfristig müssen in diesem Kontext auch die Auswirkungen des Internets der Dinge (Internet of Things) beobachtet werden. So können sich z. B. Wearables, also Brillen, Uhren, Armbänder und Kleidung, die Daten körpernah und in Kombination mit Standortortung und Empfehlungssystemen verarbeiten, gravierend auf den Werbeprozess auswirken. Gegebenenfalls wird Werbung in ihrer üblichen Form auch dann überflüssig, wenn Kaufentscheidungen nur noch von „Maschine" zu „Maschine" verlaufen und z. B. der Kühlschrank automatisch fehlende Lebensmittel an den Online-Shop meldet (vgl. Petrovic et al. 2015).

3.2.3 Individualisierung – Posttraditionale Vergemeinschaftung – Vernetzung

Mit einer „Marktabhängigkeit in allen Dimensionen der Lebensführung" (Beck 1986, S. 212) gehen die drei von Beck (1986, S. 206 ff.) genannten Individualisierungsaspekte einher: Freisetzung als Herauslösung aus historisch vorgegebenen Sozialformen und -bindungen, Stabilitätsverlust bzw. Entzauberung als Verlust traditionaler Sicherheiten im Hinblick auf Handlungswissen, Glauben und leitende Normen sowie Kontrolle bzw. Reintegration als neue Formen der sozialen Einbindung. Die Herauslösung aus historisch vorgegebenen Sozialformen und -bindungen, wie z. B. Familie und Glaubensgemeinschaften, eröffnet Freiheitsspielräume für das eigene Handeln und die Gestaltung des eigenen Lebens.

Sie ist jedoch auch mit entsprechenden Risiken verbunden. Stabilitätsverlust bzw. Verlust traditionaler Sicherheiten entsteht, weil Handlungswissen, Glauben und leitende Normen nicht mehr bzw. nicht mehr in derselben Rigidität gelten. Der/die Einzelne kann in fast allen Belangen des Lebens selbst entscheiden. Unter dem Aspekt der Individualisierung muss er/sie dies aber auch tun und wird folglich für die Konsequenzen seines Handelns verantwortlich gemacht. Die verbindlichen Leitplanken für das eigene Handeln erodieren. Dies kann u. a. in Orientierungslosigkeit, Entscheidungsdruck und Vereinsamung resultieren. Individuen suchen deshalb nach neuen Formen der Orientierung und Sinnstiftung sowie nach neuen Formen von Gemeinschaft.

Wird über diese neuen Formen von Gemeinschaft eine neue Form sozialer Einbindung erreicht, entsteht posttraditionale Vergemeinschaftung (vgl. Beiträge in Hitzler et al.

2008a). Diese posttraditionalen Vergemeinschaftungen bedienen zwar die traditionellen Konzepte von Integration und Distinktion, von Inklusion und Exklusion, von in-group und out-group, die Mitgliedschaft ist aber nicht verpflichtend. Während Gemeinschaften sich generell durch Zu- und Zusammengehörigkeitsgefühl (Wir-Beziehung), Abgrenzung nach außen zu Dritten und Ausgrenzung dieser Dritten, geteiltes Interesse, anerkannte Wertsetzung und zugängliche Interaktions(zeit)räume auszeichnen (Hitzler et al. 2008b, S. 10 ff.), ist dies für posttraditionale Gemeinschaften leicht anders:

> „Die Mitgliedschaft in einer posttraditionalen Gemeinschaft besteht somit im Wesentlichen in der Übernahme und im Vollzug von bzw. im Bekenntnis zu für diese (Teilzeit-)Kultur symptomatischen Zeichen, Symbolen und Ritualen. D.h., dass man sich eben nicht oder zumindest weniger aufgrund solidaritätsstiftender gemeinsamer Wertsetzungen, sondern sozusagen ästhetisch und prinzipiell vorläufig für die Mitgliedschaft *entscheidet*" (Hitzler et al. 2008b, S. 13, Hervorhebung im Original)

Im Gegensatz zu traditionellen Gemeinschaften ist die Mitgliedschaft in posttraditionalen Gemeinschaften also nicht per se gegeben, sie kann nur verführerisch schmackhaft gemacht werden. Die Einzelnen entscheiden dann selbst, ob sie dazu gehören wollen oder nicht.

Die Vergemeinschaftung wird dabei zunehmend über Medien gestaltet bzw. mit einer bestimmten Art von Medienaneignung verknüpft (vgl. Hepp et al. 2022). Denn ohne technische Kommunikationsmittel bleiben posttraditionale Vergemeinschaftungen auf direkte Face-to-Face Kommunikation und direkte Erfahrung angewiesen. Vor allem über Soziale Medien können Kommunikationsbeziehungen und Netzwerke ortsunabhängig gestaltet werden; sie dienen der Vernetzung mit zumindest vorgeblich Gleichgesinnten, die jederzeit und an allen Orten in einer kommunikativen Beziehung stehen können. „In diesem Sinne haben wir es mit Mediatisierungsgemeinschaften zu tun: Gemeinschaften, die nicht jenseits von Mediatisierung bestehen können" (Hepp et al. 2022, S. 32). Andere Kriterien als die direkte Vor-Ort-Erfahrung werden für die Gemeinschaften bzw. Netzwerke dann sinnstiftend. Hepp et al. (2022, S. 58 ff.) sprechen dann von beziehungsorientiertem und themenorientiertem Multilokalismus sowie von Pluralismus, dessen Formen der Vergemeinschaftung mit unterschiedlichem Medieneinsatz einhergehen und auch als „vernetzter Individualismus" (Rainie und Wellman 2012, S. 6 ff.) diskutiert werden.

Werbung kann in diesem Kontext vielfältige Funktionen erfüllen, die jenseits der Information über Angebote liegen; denn sie bietet für die Gestaltung dieser sich neu eröffnenden Spielräume vielfältige Ideen und Vorlagen.

1. Grundsätzlich kann Werbung Orientierung stiftend einspringen, indem sie sich – allgemein auf gesellschaftliche Weltdeutungen und Sinnstrukturen zurückgreifend – als sekundäre Sinnstiftungsagentur anbietet. Produkte werden als Problemlösungen vorgeführt, werbliche Versprechen zielen stark auf den symbolischen Nutzen. Werbung kann damit zwar nicht als Primärinstanz Sinn schaffen, aber immerhin Sinnangebote

unterbreiten und dabei in der Gesellschaft vorhandenen Sinn aufgreifen, überhöhen oder verklären (vgl. Reichertz 1998, S. 289).
2. Das Konzept der „Lebensstile als (inter-)subjektive Konstruktion der Sozialstruktur" (Hölscher 1998, S. 80) hat weit über die Soziologie hinaus Eingang in Marktkommunikation und Werbung gefunden. Bezogen auf werbliche Kommunikation konkretisiert es sich in Sinus-Milieus, Typisierungen und Lifestyles. Damit können erstens Zielgruppen anhand von Lifestyle-Kriterien griffiger abgegrenzt werden. Zweitens können die werblichen Botschaften sehr viel konkreter auf die nun weitgehend bekannten Werte, Einstellungen und Konsumwünsche abgestimmt werden. Drittens können symptomatische Zeichen, Symbole und Rituale anvisierter und versprochener Lebensstile in die Werbebotschaften eingebaut und damit die Identifikation der Rezipient:innen mit der Werbung und ihrem Angebot intensiviert werden. Viertens kann die Platzierung der Werbung der jeweiligen Mediennutzung besser angepasst werden. Mit technisch klar erfassbaren Netzwerken lässt sich Werbung entsprechend passend verbreiten. In Anlehnung daran wurden und werden auch Sonderzielgruppen, wie z. B. DINKs (double income no kids) oder LOHAS (lifestyle of health and sustainability) konstruiert. Der Vielschichtigkeit des Individuellen wird mit diesen Ansätzen natürlich nicht vollumfänglich Rechnung getragen. Vielmehr geht es um „massenhaft inszenierte Individualität" (Schulze 2005, S. 19). Auch ordnen sich Individuen selbst nicht unbedingt einzelnen Zielgruppen zu, worauf Uwe Hasebrink (1997) mit seinem Titel „Ich bin viele Zielgruppen" verweist.
3. Zudem können Werbebotschaften Inklusion und Exklusion signalisieren, also bekanntmachen, wer jeweils zu einer Gruppe gehört und wer nicht. Auch wenn der eigentliche Vergemeinschaftungsprozess erst dann eintritt, wenn die wechselseitigen Verhaltenserwartungen im Alltag tatsächlich umgesetzt werden, trägt die Werbung einen wesentlichen Teil bei, damit posttraditionale Vergemeinschaftung funktionieren kann. Frühere Brand Communities (vgl. McAlexander et al. 2002; Muniz und O'Guinn 2001, S. 412) basieren entsprechend sowohl auf Markenbesitz und -verwendung, auf Fan- und Followertum als auch auf der werblichen Vermittlung des lebensweltlichen Markenkontexts; denn die aus der Zugehörigkeit zu einer Markengemeinschaft abgeleiteten Verhaltenserwartungen an die Mitglieder reichen weit über die reine Markenverwendung hinaus und beziehen sich auf den dahinter vermuteten und u. a. durch die werbliche Kommunikation der Marken inszenierten Lebensstil. Auch rein virtuelle Gemeinschaften und Netzwerke eigenen sich bestens für werbliche Zwecke.
4. Obwohl nicht direkt von ihr abhängig, ist Erlebnisorientierung mit Individualisierung über die drei Individualisierungsaspekte verknüpft. Sie führen zur Suche nach Sinn und Erlebnissen und nach neuen Bindungen über Symbole und Erlebnisse sowie zur subjektiven Bedeutsamkeit von Erlebnissen. Erlebnisse etablieren sich aber nicht nur in ihrer subjektiven Bedeutsamkeit, sondern auch als neue Formen der Vergesellschaftung. „Das Leben schlechthin ist zum Erlebnisprojekt geworden. Zunehmend ist das alltägliche Wählen zwischen Möglichkeiten durch den bloßen Erlebniswert der gewählten Alternativen motiviert." (Schulze 2005, S. 13)

3.2.4 Mediatisierung – Eventisierung – Inszenierung

Aufmerksamkeit ist das „knappe Gut der Informationsgesellschaft" (Goldhaber 1997). Die Explosion der Informations-, Kommunikations-, Vernetzungs- und Unterhaltungsangebote überflutet Nutzer:innen mit unzähligen Optionen, trifft aber auf begrenzte Aufmerksamkeitspotenziale und Zeitressourcen, woraus ein echter Wettbewerb um jenes knappe Gut Aufmerksamkeit entsteht (vgl. auch Goldhaber 1997; Franck 1998).

Die Bedeutung der Medien hat sich vor diesem Hintergrund über die letzten Jahrzehnte markant verstärkt, weil sie in der Lage sind, Aufmerksamkeit zu bündeln und auf bestimmte Themen und Ereignisse zu lenken. Als Konsequenz dessen lässt sich plakativ festhalten: Medien produzieren Aufmerksamkeitsgemeinschaften. Die Bedeutungssteigerung der Medien geht damit einher, dass sie als Akteure eine spezifische Handlungslogik entwickeln (vgl. u. a. Jarren 1996, S. 79 ff.), an der sich alle anderen gesellschaftlichen Bereiche ausrichten. D.h. Akteure in Politik, Wissenschaft, Wirtschaft, Bildung, Sport etc. passen sich in Handeln und Verhalten den Regeln des Mediensystems an. Dieser Prozess wird auch als Mediatisierung bezeichnet (vgl. Mazzoleni und Schulz 1999; Siegert 2001; Krotz 2001; Schulz 2004; Marcinkowski 2005; Imhof 2006; Donges 2008 und 2013). Sein Wirkungsbereich ist nicht nur auf klassische Medien beschränkt, sondern muss mittlerweile um Social Media erweitert werden.

Die Jagd nach Aufmerksamkeit wie auch die Suche nach Sinnstiftung werden von Eventisierung und Inszenierung in idealer Weise adressiert. Individuen suchen letztlich auch in Events nach Orientierung, Sinnstiftung und Gemeinschaft und widmen ihre Aufmerksamkeit diesen Ereignissen. Inszenierung rekurriert dabei auch auf die enge Verzahnung von Erlebnissen und Medien. Erlebnisse bedürfen einerseits der Medien als notwendige Elemente ihrer Inszenierungslogik und Instrumente der theatralischen Überhöhung des zum Teil Alltäglichen. Andererseits sind Medienangebote selbst durch einen starken Inszenierungscharakter ausgezeichnet und differenzieren zunehmend entsprechende Formate aus – sie sind somit auch Konkurrenz zu den Erlebnissen, über die sie berichten.

Aus der ständigen Suche nach Erlebnissen resultiert für Individuen und kollektive Akteur:innen, für Produkte, Unternehmen und Marken der Druck, sich und ihre Anliegen erlebnishaft inszenieren zu müssen, um wahrgenommen zu werden. Ein inflationäres Angebot von Events für alles und jeden, überall und jederzeit ist die Folge. Inszenierungsorientierung bedeutet, dass Erfolg sowohl für Individuen als auch für korporative Akteur:innen wie Unternehmen je nach Handlungsfeld (z. B. Politik, Wirtschaft, Wissenschaft) mehr oder weniger von Inszenierungsaspekten abhängt. Damit können diese auch zu einem (kauf-)entscheidenden wirtschaftlichen Faktor werden (vgl. Willems 1998, S. 56). Und je mehr Events um die Aufmerksamkeit der Individuen wetteifern, desto größer ist der Inszenierungsdruck. Eventisierung impliziert also die Entwicklung hin zu Gesellschaften, für die Inszenierung ein wesentliches Kennzeichen darstellt (vgl. z. B. Willems und Jurga 1998; Schicha und Ontrup 1999; Hitzler 2011).

Ähnlich wie die Individualisierung wird auch die Eventisierung von ökonomischen Strukturen und Prozessen beeinflusst und beeinflusst ihrerseits die Ökonomie in der Form, dass Unternehmen ihre Angebote, ihre Marktkommunikation und die Werbung als Events inszenieren. Medien, die eng mit der Werbung verzahnt sind, passen sich der Werbelogik an, was dazu führt, dass der Stellenwert der Unternehmenskommunikation und der Werbung steigt. Darüber hinaus ergeben sich die folgenden Verknüpfungen.

1. Die erste Hürde für eine erfolgreiche Werbekommunikation ist es, die Adressat:innen zu erreichen, d. h. in der Fülle der Informationsangebote überhaupt wahrgenommen zu werden. Um dieses Ziel zu erreichen, werden neue Werbeformen entwickelt, die ein Nicht-Beachten oder Vermeiden von Werbung verunmöglichen. Zudem werden Werbebotschaften immer aufmerksamkeitsstärker gestaltet, wozu alles eingesetzt wird, was Erfolg verspricht: Religion, Erotik, Humor, Kunst, Provokationen, Tabubrüche etc. Als weiterer Weg wird Werbung mit anderen kommunikationspolitischen Instrumenten und mit der PR kombiniert. Gelegentlich werden auch Werbung und Werber:innen selbst beworben oder skandalisiert, um für kurze Zeit die Aufmerksamkeit der Öffentlichkeit zu gewinnen.
2. Wie die Medien differenziert sich auch die Werbung aus – nicht zuletzt, um mit neuen Plattformen und Formaten und deren Logiken Schritt zu halten. Eine Anpassung an die mediale Logik findet sich auch in den Kommunikationskooperationen, die die Werbewirtschaft z. B. bei aktuellen Unterhaltungsformaten oder der Übertragung sportlicher Großveranstaltungen mit Medien eingeht. Zugleich werden bewusst bislang werbefreie Zonen gesucht, um das „Bermuda-Dreieck der Aufmerksamkeit" (eigene Formulierung) zu umschiffen. Vor allem jene Räume, in denen die Adressat:innen nicht durch andere Informationsangebote abgelenkt sind und folglich wenig Konkurrenz im Kommunikationswettbewerb besteht, werden mit hochgradig zielgruppenaffiner Werbung besetzt (z. B. Gondeln in Seilbahnen mit Werbedisplays für Outdoorsport-Marken, Sitzrückseiten im Open-Air-Kino mit Aufklebern für Restaurantwerbung).
3. Da Events allerdings fast allgegenwärtig sind, werden die Ansprüche an die Werbung, durch Außergewöhnliches oder Besonderes aufzufallen, immer höher. Dieser Spirale des „noch schräger, noch cooler", versuchen einige Unternehmen durch bewusst einfach gehaltene werbliche Präsentationen zu entgehen (wie z. B. Apple mit der Präsentation zu neuen Produkten), wobei auch die Einfachheit eine bewusste Inszenierung ist. Da die Konstruktion von Erlebniswelten einen abgestimmten Einsatz kommunikationspolitischer Instrumente voraussetzt, werden verschiedene Instrumente wie z. B. Produkt- oder Marken-PR, Events und Placements kombiniert. Damit sinkt der Stellenwert der klassischen Werbung als singuläres Instrument innerhalb der Kommunikationspolitik. Zumal gelungene Inszenierungen dem nahezu unbegrenzten Bedarf der Medien nach Inhalten nachkommen und mit einer zusätzlichen kommunikativen Wirkung durch die klassische Berichterstattung rechnen können. Zugleich dienen alle kommunikationspolitischen Instrumente, insbesondere aber die Werbung, der Mythenbildung von Marken, weil sie bestehende kulturelle Bedeutungen mit den Marken verbinden und so die Beziehung zwischen Marke und Konsument:innen als Erlebnisangebot inszenieren.

4. Die von der Lebensstilforschung motivierte Konzeption von Lifestyles in der kommerziellen Markt-, Media- und Meinungsforschung bietet sowohl für die Produktentwicklung als auch für die Werbung eine neue Basis, weil Lifestyles eben keine Spiegelung z. B. der tatsächlichen Einkommensverhältnisse sind, sondern ein Konzept zur Organisation des Alltags. Produkte und Leistungen werden in entsprechend passende Lebensstile einbettet oder als erste Schritte zu eben diesen Lebensstilen – z. B. von Influencer:innen – inszeniert. Die Planung von Events kann entsprechend in die anvisierten Lifestyles eingepasst werden. Dabei stellt sich oft genug das Problem zwischen Exklusivität des Events (Intensivierung) und genügend großer Teilnehmerzahl (Extensivierung) auszutarieren.
5. Mit individualisierten Lebensstilen steigt die Bedeutung von Welt- und Selbstbildern auch für das Konsumverhalten. Selbstinszenierung, soziale Akzeptanz, Gruppenzugehörigkeit, Distinktion, Status und Prestige werden wichtiger denn je. Der aktuelle Bedeutungsgewinn (nicht nur für die Werbung) von Influencer:innen auf Social Media ist hierfür ein Beleg. Die Kommunikation von Marken und Influencer:innen greift aktiv die individuelle Sinnsuche auf und versucht, den erkannten Bedürfnissen über die Symbolwelt von Marken entgegen zu kommen. Marken sind insofern sekundäre Sinnstiftungsagenturen, als sie zum Abgleich des individuellen Selbstverständnisses mit dem gesellschaftlichen Sinnpotenzial dienen.
6. So verlockend Inszenierung und Eventisierung für die Werbung auch sind, so ernst sind die paradoxen Konsequenzen daraus zu nehmen, die Siegfried J. Schmidt bereits 2002 formuliert hatte:
    - Paradox 1 besagt, dass Aufmerksamkeit generell umso knapper wird, je erfolgreicher Werbung Aufmerksamkeit erzeugt – eben weil das „Immer lauter, immer auffälliger" zur Abstumpfung führt.
    - Paradox 2 verweist darauf, dass die wirtschaftliche Effizienz von Werbung sinkt, je größer deren kommunikativer Erfolg ist, weil zum Erreichen des Werbeerfolgs die Aufmerksamkeit auf die Ästhetisierung hin- und vom eigentlich beworbenen Angebot abgelenkt wird.
    - Paradox 3 zeigt, dass Werbung und Öffentlichkeit fragmentiert werden, je mehr Möglichkeiten die Werbung nutzt, um Öffentlichkeit (oder zumindest öffentliche Wahrnehmung) zu erzeugen, weil sie eher auf zielgruppenspezifische bis hin zur individualisierten Nutzung ihrer Angebote abzielt (vgl. Schmidt 2002, S. 111 ff.).

> **Zusammenfassung**
> *Werbung kann im Zentrum von sechs miteinander verbundenen Bedingungen gesehen werden. Politik, Recht, Technologie, Ökonomie, Kultur und Medien beeinflussen die Werbung und ihre Entwicklung und werden in je unterschiedlich hohem Ausmaß auch von der Werbung beeinflusst. Dieses Bedingungsnetzwerk ist jedoch nicht statisch. Seine dynamische Entwicklung wird vorangetrieben durch inter-*

dependente Meta-Entwicklungen wie Internationalisierung und Globalisierung mit ihren Gegenbewegungen der Regionalisierung, Digitalisierung, Algorithmisierung bis hin zur künstlichen Intelligenz, Individualisierung, posttraditionaler Vergemeinschaftung und Vernetzung sowie Mediatisierung, Eventisierung und Inszenierung, die alle den Aufmerksamkeitswettbewerb adressieren.

Angesichts des mehrdimensionalen Bedingungs- und Entwicklungsnetzwerks öffnen sich der Werbung stets neue und sich immer dynamischer verändernde Herausforderungen, Chancen und Risiken. In der Summe führen diese Umweltkonditionen zu einem bereits heute klar erkennbaren Wandel der Werbung in all ihren Dimensionen.

▶ **Empfohlene Literatur** Schmidt 2002; Willems 2002; Hitzler 2011; Zurstiege 2016; Jäckel 2016

Literatur

Adbusters. 2023. About Us. https://www.adbusters.org/about-us. Zugegriffen: 11.09.2023.

Appadurai, Arjun. 1990. Disjuncture and Difference in the Global Cultural Economy. In *Global Culture: Nationalism, Globalization and Modernity*, Hrsg. Mike Featherstone, 295–310. London, Newbury Park: Sage.

Beck, Ulrich. 1986. *Risikogesellschaft: Auf dem Weg in eine andere Moderne*. Frankfurt a.M.: Suhrkamp.

Beck, Ulrich. 1997. *Was ist Globalisierung?: Irrtümer des Globalismus – Antworten auf Globalisierung*. Frankfurt am M.: Suhrkamp.

Bernauer, Thomas, Detlef Jahn, Patrick M. Kuhn, Sylvia Kritzinger, und Stefanie Walter. 2022. *Einführung in die Politikwissenschaft*, 5. Aufl. Baden-Baden: Nomos.

Brecheis, Dieter. 1987. *Datenschutz und Direkt-Werbung – Probleme und Lösungsansätze*, 2. Aufl. Augsburg: Fördergesellschaft Marketing an der Universität Augsburg.

Breunig, Christian, Marlene Handel, und Bernhard Kessler. 2020. Massenkommunikation 1964-2020: Mediennutzung im Langzeitvergleich: Ergebnisse der ARD/ZDF-Langzeitstudie. *Media Perspektiven* (7–8): 410–432.

Bundesländer. 2022. Medienstaatsvertrag (MStV). https://www.die-medienanstalten.de/fileadmin/user_upload/Rechtsgrundlagen/Gesetze_Staatsvertraege/Medienstaatsvertrag_MStV.pdf. Zugegriffen: 30. Januar 2023.

Caroni, Andrea, und Franco Strub. 2020. Die Schranken der Anwaltswerbung auf dem Prüfstand. *Anwalts Revue de l'Avocat* (10): 414–420.

Dahinden, Urs, und Josef Trappel. 2010. Mediengattungen und Medienformate. In *Einführung in die Publizistikwissenschaft*, 3. Aufl., Hrsg. Heinz Bonfadelli, 433–475. Bern, Stuttgart, Wien: Haupt.

Davenport, Thomas, Abhijit Guha, Dhruv Grewal, und Timna Bressgott. 2020. How artificial intelligence will change the future of marketing. *Journal of the Academy of Marketing Science* 48 (1): 24–42. https://doi.org/10.1007/s11747-019-00696-0.

De Mooij, Marieke K.. 2022. *Global Marketing & Advertising: Understanding Cultural Paradoxes*, 6. Aufl. Los Angeles, London, New Delhi, Singapore, Washington DC, Melbourne: Sage.

Deleersnyder, Barbara, Marnik G. Dekimpe, Jan-Benedict E. M. Steenkamp, und Peter S. H. Leeflang. 2009. The Role of National Culture in Advertising's Sensitivity to Business Cycles: An Investigation Across Continents. *Journal of Marketing Research* 46 (5): 623–636.

Dillinger, Lisa, Johannes Drerup, Phillip D. Th. Knobloch, und Jürgen Nielsen-Sikora (Hrsg.). 2023. *Jim Knopf, Gonzo und andere Aufreger: Zur Analyse und Kritik engagierter Pädagogiken*. Berlin, Heidelberg: J.B. Metzler.

Distelhorst, Lars. 2022. *Kulturelle Aneignung*, 2. Aufl. Hamburg: Edition Nautilus.

Donauer, Daniel, und Saskia Markiewicz. 2021. Ein Überblick zur Arzneimittel-Werberegulierung. *Jusletter* (1065). 10.38023/e5fadb7d-e28c-41ab-955e-be4ecf9eeaf6.

Donges, Patrick. 2008. *Medialisierung politischer Organisationen: Parteien in der Mediengesellschaft*. Wiesbaden: VS Verlag für Sozialwissenschaften.

Donges, Patrick. 2013 [2006]. Mediatisierung. In *Lexikon Kommunikations- und Medienwissenschaft*, 2. Aufl., Hrsg. Günter Bentele, Hans-Bernd Brosius und Otfried Jarren, 200–201. Wiesbaden: Springer VS.

Edmond, Maura. 2023. Careful consumption and aspirational ethics in the media and cultural industries: Cancelling, quitting, screening, optimising. *Media, Culture & Society* 45 (1): 92–107. https://doi.org/10.1177/01634437221099615.

Englis, Basil G. 1994. *Global and Multinational Advertising*. Hillsdale, NJ: Lawrence Erlbaum.

Europäische Union. 2018. *EU-Datenschutz-Grundverordnung: EU-DSGVO*.

Europäische Union. 2010. *Richtlinie 2010/13/EU des Europäischen Parlaments und des Rates vom 10. März 2010 zur Koordinierung bestimmter Rechts- und Verwaltungsvorschriften der Mitgliedstaaten über die Bereitstellung audiovisueller Mediendienste*.

Franck, Georg. 1998. *Ökonomie der Aufmerksamkeit: Ein Entwurf*. München: C. Hanser.

Giddens, Anthony. 1990. *The consequences of modernity*. Cambridge: Polity Press.

Goldhaber, Michael H. 1997. *The Attention Economy and the Net: (2nd)Draft version of a talk presented at the conference on „Economics of Digital Information"*, Cambridge, MA, 23 Januar 1997. https://people.well.com/user/mgoldh/AtEcandNet.html. Zugegriffen: 19.06.2023.

Hasebrink, Uwe. 1997. Ich bin viele Zielgruppen: Anmerkungen zur Debatte um die Fragmentierung des Publikums aus kommunikationswissenschaftlicher Sicht. In *Zielgruppen, Publikumssegmente, Nutzergruppen: Beiträge aus der Rezeptionsforschung*, Hrsg. Hans-Bernd Brosius und Helmut Scherer, 262–280. München: R. Fischer.

Hasebrink, Uwe, Wolfgang Schulz, Stephan Dreyer, Anna-Katharina Kirsch, Wiebke Loosen, Cornelius Puschmann, Lies van Roessel, Jan-Hinrik Schmidt, und Hermann-Dieter Schröder. 2017. *Zur Entwicklung der Medien in Deutschland zwischen 2013 und 2016: Wissenschaftliches Gutachten zum Medien- und Kommunikationsbericht der Bundesregierung*. Hamburg.

Hatje, Armin. 1999. Werbung und Grundrechtsschutz in rechtsvergleichender Betrachtung. In *Werbung und Werbeverbote im Lichte des europäischen Gemeinschaftsrechts*, Hrsg. Jürgen Schwarze, 37–51. Baden-Baden: Nomos.

Heinrich, Jürgen. 1999. *Medienökonomie: Hörfunk und Fernsehen*. Opladen: Westdeutscher Verlag.

Hepp, Andreas, Matthias Berg, und Cindy Roitsch. 2022. *Mediengeneration und Vergemeinschaftung*. Wiesbaden: Springer Fachmedien.

Hitzler, Ronald. 2011. *Eventisierung: Drei Fallstudien zum marketingstrategischen Massenspaß*. Wiesbaden: VS Verlag für Sozialwissenschaften.

Hitzler, Ronald, Anne Honer, und Michaela Pfadenhauer (Hrsg.). 2008a. *Posttraditionale Gemeinschaften: Theoretische und ethnografische Erkundungen*. Wiesbaden: VS Verlag für Sozialwissenschaften.

Hitzler, Ronald, Anne Honer, und Michaela Pfadenhauer. 2008b. Zur Einleitung: „Ärgerliche" Gesellungsgebilde? In *Posttraditionale Gemeinschaften: Theoretische und ethnografische Erkundungen*, Hrsg. Ronald Hitzler, Anne Honer und Michaela Pfadenhauer, 9–31. Wiesbaden: VS Verlag für Sozialwissenschaften.

Höflich, Joachim R. 1999. Der Mythos vom umfassenden Medium: Anmerkungen zur Konvergenz aus einer Nutzerperspektive. In *Die Zukunft der Kommunikation: Phänomene und Trends in der Informationsgesellschaft*, Hrsg. Michael Latzer, Ursula Maier-Rabler, Gabriele Siegert und Thomas Steinmaurer, 43–59. Innsbruck: Studien Verlag.

Hofstede, Geert. 2001. *Culture's consequences: Comparing values, behaviors, institutions and organizations across nations*, 2. Aufl. Thousand Oaks: Sage.

Hölscher, Barbara. 1998. *Lebensstile durch Werbung?: Zur Soziologie der Life-Style-Werbung*. Opladen, Wiesbaden: Westdeutscher Verlag.

Holtz-Bacha, Christina (Hrsg.). 2011. *Stereotype?: Frauen und Männer in der Werbung*. 2. Aufl. Wiesbaden: VS Verlag für Sozialwissenschaften.

Holtz-Bacha, Christina. 2020. Politische Werbung und politische PR. In *Handbuch Politische Kommunikation*, Hrsg. Isabelle Borucki, Katharina Kleinen-von Königslöw, Stefan Marschall und Thomas Zerback, 1–13. Wiesbaden: Springer Fachmedien.

Hömberg, Walter. 1990. Zeit, Zeitung, Zeitbewußtsein: Massenmedien und Temporalstrukturen. *Publizistik* 35:5–18.

Imhof, Kurt. 2006. Mediengesellschaft und Medialisierung. *Medien und Kommunikationswissenschaft (M&K)* 54 (2): 191–215.

Jäckel, Michael. 2016. Stereotype als Verkehrsmittel der Werbung. In *Handbuch Werbeforschung*, Hrsg. Gabriele Siegert, Werner Wirth, Patrick Weber und Juliane A. Lischka, 199–217. Wiesbaden: Springer VS.

Jarren, Otfried. 1996. Auf dem Weg in die „Mediengesellschaft"? Medien als Akteure und institutionalisierter Handlungskontext: Theoretische Anmerkungen zum Wandel des intermediären Systems. In *Politisches Raisonnement in der Informationsgesellschaft*, Hrsg. Kurt Imhof und Peter Schulz, 79–96. Zürich: Seismo.

Jones, John Philip. 2000. *International Advertising: Realities and Myths*. Thousand Oaks: Sage.

Kawamura, Yuniya, und Jung-Whan Marc de Jong. 2022. *Cultural Appropriation in Fashion and Entertainment*. London, New York: Bloomsbury Visual Arts.

Kienzler, Stephanie, und Juliane Lischka. 2016. Planung von Werbeausgaben. In *Handbuch Werbeforschung*, Hrsg. Gabriele Siegert, Werner Wirth, Patrick Weber und Juliane A. Lischka, 149–172. Wiesbaden: Springer VS.

Klein, Naomi. 2000. *No Logo: Taking Aim at the Brand Bullies*. London: Flamingo.

Kleinen-von Königslöw Katharina, und Kati Förster (Hrsg.). 2014. *Medienkonvergenz und Medienkomplementarität aus Rezeptions- und Wirkungsperspektive*. Baden-Baden: Nomos.

Kling, Bernd. 2014. Vernetzte Autos: Bundesjustizminister will Datenschutz durchsetzen. *ZDNet*, 7. Juli.

Knobloch, Phillip D. Th. 2023. Die (un-)heimlichen Erzieher: Zum pädagogischen Umgang mit politisierten Konsumprodukten. In *Jim Knopf, Gonzo und andere Aufreger: Zur Analyse und Kritik engagierter Pädagogiken*, Hrsg. Lisa Dillinger, Johannes Drerup, Phillip D. Th. Knobloch und Jürgen Nielsen-Sikora, 97–142. Berlin, Heidelberg: J.B. Metzler.

Krotz, Friedrich. 2001. *Die Mediatisierung kommunikativen Handelns: Der Wandel von Alltag und sozialen Beziehungen, Kultur und Gesellschaft durch die Medien*. Wiesbaden: Westdeutscher Verlag.

Lange, Bernd-Peter, und Peter Seeger. 1996/97. Die Technisierung der Medien und ihre Gestaltbarkeit: Eine Einführung. In *Technisierung der Medien: Strukturwandel und Gestaltungsperspektiven*, Hrsg. Bernd-Peter Lange und Peter Seeger, 1–38. Baden-Baden: Nomos.

Latzer, Michael, Katharina Hollnbuchner, Natascha Just, und Florian Saurwein. 2016. The economics of algorithmic selection on the Internet. In *Handbook on the Economics of the Internet*, Hrsg. Johannes M. Bauer und Michael Latzer, 395–425: Edward Elgar Publishing.

Legal Tribune Online (LTO). 2015. Das Ende des Himbeer-Vanille-Abenteuers. https://www.lto.de/recht/nachrichten/n/bgh-urteil-izr4513-himbeer-vanille-felix-tee-aromen-inhaltsangaben/. Zugegriffen: 27. April 2023.

Ludwig, Johannes. 1998. *Zur Ökonomie der Medien: Zwischen Marktversagen und Querfinanzierung. Von J. W. Goethe bis zum Nachrichtenmagazin Der Spiegel.* Wiesbaden: Springer Fachmedien.

Marcinkowski, Frank. 2005. Die Medialisierbarkeit politischer Institutionen. In *Mythen der Mediengesellschaft: The Media Society and its Myths*, Hrsg. Patrick Rössler und Friedrich Krotz, 341–370. Konstanz: UVK.

Mazzoleni, Gianpietro, und Winfried Schulz. 1999. „Mediatization" of Politics: A Challenge for Democracy? *Political Communication* 16 (3): 247–261. https://doi.org/10.1080/105846099198613.

McAlexander, James H., John W. Schouten, und Harold F. Koenig. 2002. Building Brand Community. *Journal of Marketing* 66 (1): 38–54. https://doi.org/10.1509/jmkg.66.1.38.18451.

Miklau, Rosemarie, und Markus Deutsch (Hrsg.). 2015. *Werbung & Recht: Was erlaubt und was verboten ist.* Wien: Manz.

Morgan, Felix. 2015. AI will light a fire under advertising, but creativity will remain the spark. *Campaign US,* 19. August.

Muniz, Albert M., und Thomas C. O'Guinn. 2001. Brand Community. *Journal of Consumer Research* 27 (4): 412–432. https://doi.org/10.1086/319618.

Negroponte, Nicholas. 1995. *Total digital: Die Welt zwischen 0 und 1 oder die Zukunft der Kommunikation.* München: C. Bertelsmann.

Ngai, Eric W.T., und Yuanyuan Wu. 2022. Machine learning in marketing: A literature review, conceptual framework, and research agenda. *Journal of Business Research* 145:35–48. https://doi.org/10.1016/j.jbusres.2022.02.049.

Patzelt, Werner J. 2013. *Einführung in die Politikwissenschaft: Grundriss des Faches und studiumbegleitende Orientierung*, 7. Aufl. Passau: wissenschaftsverlag richard rothe.

Petrovic, Otto, Thomas Puchleitner, und Stefan Terschan. 2015. Auswirkungen der Machine-to-Machine-Kommunikation auf Top-of-Mind-Awareness. *MedienWirtschaft* 12 (1): 12–21.

Podschuweit, Nicole. 2016. Politische Werbung. In *Handbuch Werbeforschung*, Hrsg. Gabriele Siegert, Werner Wirth, Patrick Weber und Juliane A. Lischka, 635–667. Wiesbaden: Springer VS.

Prevency GmbH. 2021. #bewoke: Unternehmen in der Woke Washing-Falle. https://wokewashing.de/wp-content/uploads/sites/30/2021/09/20201202_WP_Woke-Washing.pdf. Zugegriffen: 26. April 2023.

Rainie, Harrison, und Barry Wellman. 2012. *Networked: The New Social Operating System.* Cambridge: MIT Press.

Rat der EU. 2022. *Transparenz und Targeting politischer Werbung: Rat legt Verhandlungsmandat fest.* Brüssel.

Reichertz, Jo. 1998. Werbung als moralische Unternehmung. In *Die umworbene Gesellschaft: Analysen zur Entwicklung der Werbekommunikation*, Hrsg. Michael Jäckel, 273–299. Opladen, Wiesbaden: Westdeutscher Verlag.

Robertson, Roland. 1992. *Globalization: Social Theory and Global Culture.* London, Newbury Park, New Delhi: Sage.

Robertson, Roland. 1998. Glokalisierung: Homogenität und Heterogenität in Raum und Zeit. In *Perspektiven der Weltgesellschaft*, Hrsg. Ulrich Beck, 192–220. Frankfurt am M.: Suhrkamp.

Robertson, Roland (Hrsg.). 2014. *European Glocalization in Global Context.* Basingstoke: Palgrave Macmillan.

Rodriguez Perlado, Virginia, und Patrick Barwise. 2005. Mobile Advertising: A Research Agenda. In *Advertising, Promotion, and New Media*, Hrsg. Marla R. Stafford und Roland J. Faber, 261–277. Armonk, N.Y.: M.E. Sharpe.

Saal, Marco. 2019. Gillette verbannt Sexismus in die Steinzeit – und erntet Shitstorm. *Horizont*, 15. Januar.

Schicha, Christian, und Rüdiger Ontrup (Hrsg.). 1999. *Medieninszenierungen im Wandel: Interdisziplinäre Zugänge.* Münster: Lit Verlag.

Schmidt, Siegfried J. 2002. Werbung oder die ersehnte Verführung. In *Die Gesellschaft der Werbung: Kontexte und Texte, Produktionen und Rezeptionen, Entwicklungen und Perspektiven*, Hrsg. Herbert Willems, 101–119. Wiesbaden: Westdeutscher Verlag.

Schröder, Mark. 2015. zahlen mit dem Handy. *Computerworld*, 27. Juli.

Schulz, Winfried. 2004. Reconstructing Mediatization as an Analytical Concept. *European Journal of Communication* 19 (1): 87–101. https://doi.org/10.1177/0267323104040696.

Schulze, Gerhard. 2005. *Die Erlebnisgesellschaft: Kultursoziologie der Gegenwart*, 2. Aufl. Frankfurt a.M.: Campus.

Schweizerische Eidgenossenschaft. 2023. *Bundesgesetz über den Datenschutz: DSG*.

Schweizerische Lauterkeitskommission. 2022. *Grundsätze: Lauterkeit in der kommerziellen Kommunikation*. Zürich. https://www.faire-werbung.ch/wp-content/uploads/2022/03/SLK-Grundsaetze_DE-1.12.2022.pdf. Zugegriffen am 27. April 2023.

Seufert, Wolfgang. 2016. Werbung – Wirtschaft – Medien. In *Handbuch Werbeforschung*, Hrsg. Gabriele Siegert, Werner Wirth, Patrick Weber und Juliane A. Lischka, 25–56. Wiesbaden: Springer VS.

Shaver, Dan und Mary Alice Shaver. 2005. *Changes in the Levels of Advertising Expenditures During Recession Periods: A Study of Advertising Performance in Eight Countries*. Hong Kong.

Shaver, Mary Alice, und Soontae An (Hrsg.). 2014. *The Global Advertising Regulation Handbook*. London, New York: Routledge.

Siegert, Gabriele. 2001. Ökonomisierung der Medien aus systemtheoretischer Perspektive. *Medien & Kommunikationswissenschaft* 49 (2): 167–176. https://doi.org/10.5771/1615-634x-2001-2-167.

Siegert, Gabriele. 2015. Werbung als medienökonomischer Faktor. In *Handbuch Medienökonomie*, Hrsg. Jan Krone und Tassilo Pellegrini, 1–19. Wiesbaden: Springer Fachmedien.

Siegert, Gabriele, Stephanie Kienzler, Juliane Lischka, und Ulrike Mellmann. 2012. *Medien im Sog des Werbewandels. Konjunkturell und strukturell bedingte Veränderungen der Werbeinvestitionen und Werbeformate und ihre Folgen für die Medien: Abschlussbericht für den SNF*. Zürich.

Stauss, Frank. 2002. Wählt Markenpolitik!: Werbung und ihre Rolle in der politischen Kampagne. In *Politik — Medien — Wähler: Wahlkampf im Medienzeitalter*, Hrsg. Matthias Machnig, 215–230. Opladen: Leske + Budrich.

Stiftung Werbestatistik Schweiz. 2022. Branchendaten: Fakten zur Medienlandschaft Schweiz. https://www.schweizermedien.ch/zahlen-fakten/branchendaten. Zugegriffen: 08.06.2023.

Straetmans, Gert. 2017. Trade Practices and Consumer Disinformation. In *Commercial Communication in the Digital Age: Information or Disinformation?*, Hrsg. Gabriele Siegert, Bjørn von Rimscha und Stephanie Grubenmann, 89–103. Berlin: De Gruyter.

Thomas, Alexander (Hrsg.). 2003. *Kulturvergleichende Psychologie*, 2. Aufl. Göttingen, Bern, Toronto, Seattle: Hogrefe, Verlag für Psychologie.

van der Wurff, Richard, Piet Bakker, und Robert G. Picard. 2008. Economic Growth and Advertising Expenditures in Different Media in Different Countries. *Journal of Media Economics* 21 (1): 28–52. https://doi.org/10.1080/08997760701806827.

Vogt, Fabian. 2014. NFC vs BLE. Oder Apple vs Google. Oder die Zukunft des Mobile Payments. *Computerworld*, 7. Juli.

Volkmar, Gioia, Peter M. Fischer, und Sven Reinecke. 2022. Artificial Intelligence and Machine Learning: Exploring drivers, barriers, and future developments in marketing management. *Journal of Business Research* 149:599–614. https://doi.org/10.1016/j.jbusres.2022.04.007.

Wilke, Jürgen. 1999. Internationale Werbe- und Media-Agenturen als Akteure der Globalisierung. In *Globalisierung der Medien?: Medienpolitik in der Informationsgesellschaft*, Hrsg. Patrick Donges, Otfried Jarren und Heribert Schatz, 135–149. Wiesbaden: VS Verlag für Sozialwissenschaften.

Willems, Herbert. 1998. Inszenierungsgesellschaft? Zum Theater als Modell, zur Theatralität von Praxis. In *Inszenierungsgesellschaft: Ein einführendes Handbuch*, Hrsg. Herbert Willems und Martin Jurga, 23–79. Wiesbaden: VS Verlag für Sozialwissenschaften.

Willems, Herbert (Hrsg.). 2002. *Die Gesellschaft der Werbung: Kontexte und Texte, Produktionen und Rezeptionen, Entwicklungen und Perspektiven.* Wiesbaden: Westdeutscher Verlag.

Willems, Herbert, und Martin Jurga (Hrsg.). 1998. *Inszenierungsgesellschaft: Ein einführendes Handbuch.* Wiesbaden: VS Verlag für Sozialwissenschaften.

Williams, Raymond. 1989. *Resources of hope: Culture, democracy, socialism.* London: Verso.

ZAW. o. J. Wert der Werbung. https://zaw.de/wert-der-werbung/.

ZAW. 2023. Werbemarkt nach Medien. https://zaw.de/branchendaten/werbemarkt-nach-medien/. Zugegriffen: 08.06.2023.

Zurstiege, Guido. 2016. Werbung – Gesellschaft – Kultur. In *Handbuch Werbeforschung*, Hrsg. Gabriele Siegert, Werner Wirth, Patrick Weber und Juliane A. Lischka, 77–97. Wiesbaden: Springer VS.

Geschichte der Werbung und der Werbebranche

4

Inhaltsverzeichnis

4.1	Entwicklung der Werbung	104
4.2	Neue Werbeträger, Kunstorientierung und die Geburtsstunde moderner Werbung	107
4.3	Massenproduktion, Propaganda und Gleichschaltung der Werbung	108
4.4	Wiederaufbau, Wirtschaftswunder und die „heile Welt" in der Werbung	110
4.5	Politische Umbrüche, die 68er und intellektuelle Werbekritik	112
4.6	Terrorismus, individuelle Freizeitgesellschaft und erotische Jugendlichkeit in der Werbung	114
4.7	Umweltkatastrophen, Multioptionsgesellschaft und Rehabilitation der Werbung	116
4.8	Kommunikationswettbewerb, hybride Verbraucher, Skandale und Selbstverweise in der Werbung	118
4.9	Boom und Krise, Internet und Smartphones, Start der Online- und mobilen Werbung	120
4.10	Nachhaltigkeit und Wokeness, Algorithmen und Künstliche Intelligenz, Entgrenzung der Werbung	122
Literatur		126

Überblick

Werbung kann nicht für sich allein betrachtet werden. Sie ist – wie in Kap. 3 gezeigt – in ihrer Relevanz und Bedeutung sowie in Ablauf und Ergebnissen wesentlich von strukturellen Rahmenbedingungen und gesamtgesellschaftlichen Entwicklungen abhängig und beeinflusst diese mit. Werbung ist daher auch in einen historischen Kontext eingebettet, und ihr jeweiliger Status, ihre Strukturen, Prozesse, Akteure und Ergebnisse sind von diesem mitbestimmt. Auch der Zeitgeist spielt eine wesentliche Rolle. Er beeinflusst die Werbung maßgeblich und diese beeinflusst wiederum den Zeitgeist.

> *Das folgende Kapitel über die Geschichte der Werbung zeigt quasi in einer Art Gesamtschau anhand der dargestellten historischen Abschnitte das Zusammenwirken der in Kapitel drei skizzierten strukturellen Rahmenbedingungen und gesamtgesellschaftlichen Entwicklungen mit der Entwicklung der Werbung. Üblicherweise konzentrieren sich die Darstellungen der Werbehistorie auf Werbebotschaften und -inhalte. Die Handlungsorientierungen, Strukturen und das Akteurshandeln, also die Produktion dieser Botschaften und Inhalte, werden oft außer Acht gelassen.*
>
> *Wie in vorangegangenen Kapiteln erläutert, verfolgt das Lehrbuch eine differenzierungstheoretische Perspektive, mit der das Zusammenspiel von Strukturen und Akteurshandeln analysiert werden kann. Wo immer möglich berücksichtigen wir in den einzelnen historischen Abschnitten der Werbung Werbeakteur:innen und die Werbebranche.*

4.1 Entwicklung der Werbung

Die Geschichte der Werbung wird im überwiegenden Teil der Literatur als die Geschichte ihrer Ergebnisse dargestellt. Ihre Inhalte, Botschaften, Texte und Bilder werden als Ausdruck des Selbstverständnisses der Gesellschaft bzw. als Verkörperung der Moderne (vgl. u. a. Reinhardt 1993, S. 1) gewertet. Dem Konzept dieses Lehrbuchs folgend sollen hier im Sinne einer differenzierungstheoretischen Perspektive auch Strukturen und Akteurshandeln, d. h. Entwicklungen der Produzent:innen und Handlungsträger:innen wenigstens kurz thematisiert werden.

Die eingangs angesprochene Fokussierung auf Werbemethoden, -botschaften und -inhalte erscheint dahingehend verständlich, dass die konkreten Spots, Anzeigen und Kampagnen grundlegende Auseinandersetzungen über Moral und Unmoral der Werbung und der Wirtschaft oder über herrschende gesellschaftliche Werte initiiert haben und initiieren. Werbung wird also sinnvollerweise im Kontext des gesellschaftlichen Wertewandels analysiert, den sie selbst so mitprägt wie sie auch ihrerseits von ihm geprägt wird. Dabei bleibt unklar, in welchem Ausmaß die Werbung den Wertewandel antreibt – also neue Werte schafft oder vorhandene verstärkt bzw. abschwächt – und inwieweit sie selbst nur auf veränderte Werte reagiert, diese aufgreift und für ihre Zwecke nutzbar macht. Generell lässt sich wohl von Folgendem ausgehen:

> „Weil die Werbung nur jene Distinktionspotenziale erfolgreich vermarkten kann, die im Trend des jeweiligen Zeitgeists liegen, fungiert sie als ein besonders sensibler Indikator, an dem sich die Wünsche und Sehnsüchte lukrativer Zielgruppen ablesen lassen. Daher stellt die Geschichte der Werbung eine wichtige Quelle der Geschichtsschreibung dar, wenn man die Selektionslogik der Werbung versteht und berücksichtigt" (Zurstiege und Schmidt 2003, S. 494).

4.1 Entwicklung der Werbung

Die Entwicklung der Werbung als Wirtschafts- und Kulturfaktor wird von Hanns Buchli (1962a und b, 1966) für einen Zeitraum von sechstausend Jahren nachgezeichnet. So weit zurück zu gehen scheint nicht immer zielführend, zumal in derart epochalen Ansätzen häufig die bloße Verwendung von Markenzeichen als Werbung deklariert wird, obwohl der Markierung per se kein Werbecharakter zugesprochen werden kann. Nachvollziehbar ist dagegen, dass bereits die Tätigkeit der Marktschreier auf mittelalterlichen Märkten als Werbung im weitesten Sinn bezeichnet wird. Der Begriff Reklame leitet sich in diesem Sinne – wenn auch nicht ganz korrekt – vom lateinischen „reclamare" (= laut dagegen anschreien) ab. Nachvollziehbar ist auch, dass andere Erscheinungsformen, wie z. B. historische Plakatanschläge oder Flugschriften, der Werbung zugerechnet werden.

Von einer Etablierung moderner Werbung kann dabei jedoch angesichts der punkthaften, wenig systematischen und wenig kontinuierlichen Bemühungen noch nicht gesprochen werden. Auch wurde systematische Werbung erst dann nötig, als mehr Produkte und Leistungen produziert und angeboten werden konnten, als zum Überleben nötig waren (vgl. Zurstiege 2002, S. 148). Die Etablierung moderner Werbung setzte folgerichtig dann ein, als sich sowohl Massenproduktion als auch Massenkonsum zu entwickeln begannen. Die Geschichte der Werbung muss folglich im Zusammenhang mit der Entwicklung von der Mangel- hin zur Überflussgesellschaft und der Veränderung der Märkte von Verkäufer- zu Käufermärkten gesehen werden. Nicht zuletzt ist die historische Entwicklung der Werbung eng an die Medienentwicklung geknüpft:

> „Der Aufstieg der Medien und der Medienkultur ist auch der Aufstieg der Werbung und der Werbungskultur, die sich auf der Basis der medialen Infrastruktur entfaltet und wandelt." (Willems 2002, S. 64)

Insgesamt verlief die Entwicklung der Werbung in enger Verzahnung mit den in Kap. 3 skizzierten Rahmenbedingungen und gesamtgesellschaftlichen Entwicklungen: Von diesen Rahmenbedingungen wurde und wird die Werbung beeinflusst und begrenzt. Vice versa beeinflusst sie diese Bedingungen aber auch ihrerseits – wenn auch ungleich stark. So betont z. B. Clemens Wischermann (1995a, S. 13 f.) insbesondere den Bezug zu Literatur und Kunst. Er geht davon aus, dass die Kultur der Konsumgesellschaft (commodity culture) durch die Werbung ausgebildet wurde, lange bevor der gesellschaftliche Wandel in diesem Feld stattfand. Lange Zeit wurde die Entwicklung der Werbung als eng verknüpft betrachtet mit einerseits einer freiheitlichen und wettbewerbsorientierten Wirtschaftsordnung und andererseits mit einer allgemeinen freiheitlichen Gesellschaftsordnung, die insbesondere die Meinungs- und Informationsfreiheit gewährleistet. Werbung kann sich jedoch auch in Gesellschaften ohne die Existenz einer freiheitlichen Gesellschaftsordnung prächtig entwickeln, wie dies u. a. das Beispiel der Volksrepublik China zeigt.

Die Abhängigkeit von verschiedensten Rahmenbedingungen und gesamtgesellschaftlichen Entwicklungen führt auch dazu, dass die Werbeentwicklung in unterschiedlichen Ländern jeweils anders verlaufen kann. Bereits in den drei deutschsprachigen Ländern

Abb. 4.1 Plakatwerbung für den Radiosender SWF 3 ein Jahr nach der deutschen Wiedervereinigung. (Himmels und Peter 1991, S. 64)

Österreich, Deutschland und der Schweiz gibt es markante Unterschiede, die sich z. B. in der Zeit des Nationalsozialismus oder im Einfluss der 68er-Bewegung manifestiert haben. Der große Entwicklungsbogen gilt jedoch gleichsam für alle westlichen Industrienationen.

In ihrem jeweiligen historischen Kontext hat Werbung immer wieder mit Tabubrüchen gearbeitet. Obwohl sie sich grundsätzlich der vorhandenen Werte, Normen, moralischen Vorstellungen und des spezifischen Alltagswissens der Rezipient:innen bedient, spielt sie zum Zweck der werblichen Inszenierung auch mit diesen und kann sie so sowohl reproduzieren als auch aufweichen. Im Hinblick auf die historische Aktualität zeigt sich Werbung als „Indikator soziokulturellen Wandels" (Schmidt 2002, S. 105), indem sie diese historische Aktualität aufgreift (Beispiel siehe Abb. 4.1) und dabei bisweilen so stark bemüht, dass einzelne Inhalte nur eine äußerst begrenzte „Haltbarkeit" haben.

Auch wenn hier kaum Platz für eine detaillierte Darstellung der historischen Entwicklung der Werbung ist (vgl. dazu ausführlicher u. a.: Reinhardt 1993 und 1995; Schmidt und Spieß 1994 und 1996; Wischermann 1995a und b; Kellner et al. 1995; Kriegeskorte 1995; Jung 1998; Meffert 2001), so sollen doch zumindest skizzenhaft die wichtigsten idealtypischen Phasen der Werbung – mit Schwerpunkt Deutschland – dargestellt werden. Dabei wird weniger nach Zeitabschnitten unterschieden als vielmehr nach typischen, charakteristischen Ausrichtungen der Werbung. Insgesamt ergibt deren Betrachtung, dass Werbung als strategischer Handlungstyp eine Entwicklung der Ausdifferenzierung und Autonomisierung durchlaufen hat (vgl. Willems 2002, S. 61): Der Werbeprozess ist systematisiert, rationalisiert und als arbeitsteiliger Ablauf organisiert worden; die Grundlagen der Werbung haben zunehmend wissenschaftliche Erkenntnisse unterschiedlicher Disziplinen integriert; die Organisationen und Einrichtungen der Werbung haben sich im gleichen Maße etabliert und institutionalisiert, wie sich die Berufsrollen spezialisiert und professionalisiert haben. Zusammengefasst: Es bildete sich die für die moderne Werbung typische Struktur mit Werbeakteur:innen und vielfältigen Beziehungen zwischen ihnen heraus.

▶ **Geschichte der Werbung** Werbung als Indikator soziokulturellen Wandels ist in ihrer Entwicklung von verschiedensten strukturellen Rahmenbedingungen und gesamtgesellschaftlichen Entwicklungen beeinflusst, hat aber auch ihrerseits Einfluss auf diese. Insgesamt lässt sich die Geschichte der Werbung als Prozess der Ausdifferenzierung, Systematisierung, Professionalisierung und Autonomisierung beschreiben.

4.2 Neue Werbeträger, Kunstorientierung und die Geburtsstunde moderner Werbung

Die Etablierung und Verbreitung der Werbung, wie wir sie heute verstehen, begann etwa Mitte des 19. Jahrhunderts u. a. mit der Verankerung der Pressefreiheit und dem daraus folgenden Aufschwung der Presse sowie der Liberalisierung des ehemals staatlichen Anzeigenwesens. Im 19. Jahrhundert dominierten Schaufenster-, Anzeigen- und Plakatwerbung. Besonders beliebt war Werbung an Litfaßsäulen (siehe Abb. 4.2). Ernst Litfaß entwickelte die später nach ihm benannte Plakatsäule für Außenwerbung und bekam in Berlin 1854 ein Monopol auf Errichtung und Verpachtung dieses publikumsnahen Werbeträgers (vgl. Reinhardt 1995, S. 44 ff.).

Abb. 4.2 Früheste auffindbare Darstellung einer Litfaßsäule. (Foto epd zitiert aus Matzig 2016)

Auch die aufstrebende und sich ausdifferenzierende Presse war eng mit der enormen Ausweitung der Werbung verknüpft: So wie die Werbung die Presse als Werbeträger benötigte, brauchte die Presse die Werbung zur Finanzierung ihrer Geschäftstätigkeit. Nicht zuletzt deshalb wurde die Ökonomisierung und Kommerzialisierung der Medien bereits zu dieser Zeit u. a. auch von Karl Marx kritisiert.

Der Zugang zu den damals noch nicht institutionalisierten Werbeberufen war hochgradig von Zufällen geprägt. Und das Selbstverständnis derjenigen, die es in die ebenfalls noch nicht etablierte Werbebranche „verschlagen" hatte, war künstlerisch-ästhetisch ausgerichtet. Die frühen Werbeschaffenden verstanden sich als Künstler (die rein männliche Form ist hier beabsichtigt). Ein Künstler wie etwa Henri de Toulouse-Lautrec konnte auch mit Werbeplakaten – im Fall Toulouse-Lautrecs für das Pariser Cabaret Moulin Rouge – bekannt werden. Interessierte Unternehmen konnten deshalb auch von verschiedenen Künstlern entworfene und vorgefertigte Druckmatern, sog. Clichés, erwerben und um eigene Werbeaussagen ergänzen (vgl. Haas 1995, S. 78 ff.). Der Dreh- und Angelpunkt des ansonsten wenig rationalisierten Werbeprozesses waren nicht die Ziele des auftraggebenden Unternehmens, sondern die kreative Kraft der Werbeschaffenden:

> „Blieb eine Idee aus, wurde auch auf Werbung verzichtet, ebenso wie umgekehrt nur dann geworben wurde, wenn eine Idee Erfolg zu versprechen schien." (Haas 1995, S. 80)

Zu Beginn des 20. Jahrhunderts, als Werbung bereits zu einem „Faktor der Lebenswelt" (Reinhardt 1993, S. 435) geworden war, setzte die Professionalisierung der Werbebranche derart ein, dass die „Idee" vom „Werbeplan" abgelöst, der Werbeprozess insgesamt systematisiert und die Heterogenität des Berufsbilds verringert wurde. Die bislang eher künstlerisch orientierten Werbeschaffenden wurden sukzessive durch stärker ökonomisch geprägte Werbefachleute ersetzt, während die künstlerische Arbeit auf die Form der Werbegrafik eingegrenzt wurde. Zugleich entwickelte sich auf Auftraggeberseite ein berufsständisches Selbstbewusstsein der neuen Werbeverantwortlichen (vgl. Haas 1995, S. 82 ff.).

4.3 Massenproduktion, Propaganda und Gleichschaltung der Werbung

Nach dem Ende des Ersten Weltkriegs ästhetisierte die Gebrauchsgrafik die Werbung und verdrängte die ehemalige „Werbekunst" definitiv. Im gleichen Maß verwissenschaftlichte die Psychologie die Werbung (vgl. auch: Semrad 2004, S. 145). Werbung war keine prunkvolle Selbstdarstellung mehr, die sich mit künstlerischen Mitteln der öffentlichen Bewunderung versichern wollte, sondern etablierte sich als Selbstverständlichkeit, die mit psychologischen Mitteln den stillen Erfolg suchte. Der sich so entwickelnde Werbestil bewährte sich über längere Zeit. Zugleich wurden bestehende Werbeträger wie die Litfaßsäule neu eingesetzt, die Verkehrsmittelwerbung begann sich zu etablieren und Schau-

4.3 Massenproduktion, Propaganda und Gleichschaltung der Werbung

fensterwerbung wurde situationsspezifisch inszeniert (vgl. Reinhardt 1993, S. 435 ff., 1995, S. 49 ff.). Die Werbung stand im Zeichen intellektueller, kultureller und erotischer Befreiung (vgl. Baginski 2000, S. 76), musste sich angesichts der Weltwirtschaftskrise 1929 aber auch mit einem Klima der Orientierungslosigkeit auseinandersetzen. Gleichwohl traute sie sich in völliger Selbstüberschätzung zu, diese erste globale Krise der industriell geprägten Wirtschaft zu überwinden.

Dies erleichterte den Nationalsozialist:innen die systematische Übernahme und Gleichschaltung der Werbewirtschaft – ein Kapitel der Werbegeschichte, das gerne ausgeblendet wird (so z. B. bei Buchli 1970): 1933 wurden mit der Einrichtung des Werberates der deutschen Wirtschaft und des Gesetzes über Wirtschaftswerbung die nötigen Institutionen geschaffen, um nicht nur die Vielfalt der Geschäftsbedingungen, Tarife und Formate der Werbung zu normieren, sondern vor allem, um die Werbewirtschaft dem Nationalsozialismus gefügig zu machen (vgl. Wischermann 1995b, S. 376):

„Doch nicht mehr Wandelbarkeit und Vielfalt einer Gesellschaft prägten die Vorstellungen von der Rolle der Werbung im Nationalsozialismus, sondern ihre Unterordnung unter *eine* Weltanschauung und *ein* Volksempfinden." (Wischermann 1995b, S. 376; Hervorhebungen im Original)

Mit perfekt-dramaturgischen Inszenierungen seiner Ideologie und mit quasi-religiös anmutenden Selbstdarstellungen Hitlers betreiben die Nationalsozialist:innen um Joseph Goebbels selbst ein bis dahin unbekanntes Ausmaß an Propaganda. Dazu nutzten sie insbesondere das seinerzeit neue Medium „Radio" als „Propaganda-Vehikel", förderten den Ton- und damit auch den Werbefilm und inszenierten in großem Stil Aufmärsche, Sportveranstaltungen und Parteitage, nutzten – und missbrauchten – also das volle Spektrum dessen, was aktuell als Eventmanagement bezeichnet werden könnte.

„All das war, wenn man so will, das Musterbeispiel für eine ideenreiche Werbekampagne mit perfekten flankierenden Maßnahmen, in die sich die Produkte der deutschen Unterhaltungsindustrie, insbesondere der Filmwirtschaft, nach 1933 bruchlos einpassten" (Baginski 2000, S. 78).

Die eigentlichen Werbeaktivitäten in dieser Zeit unterstanden der Kontrolle des Ministeriums für Volksaufklärung und Propaganda unter Goebbels, waren damit inhaltlich und gestalterisch stark eingeschränkt (Beispiel für die nationalsozialistisch geprägte Werbeästhetik siehe Abb. 4.3), bisweilen total zensiert und näherten sich insgesamt in ihren Aussagen und in ihren Stilmitteln der NS-Propaganda an, wie sich an dem Slogan für die Eigenwerbung einer Werbeagentur zeigt: „Glaube an Deutschland ... und an den Sieg der Werbung" (Haas 1995, S. 84). Branchen- und Gemeinschaftswerbung sollte vor allem die inländische Nachfrage steigern und so auf volkswirtschaftliche Unabhängigkeit im Hinblick auf den Kriegsfall zielen (vgl. Reinhardt 1995, S. 55). Für Stefan Haas (1995, S. 88) ist die nationalsozialistische Werbeideologie allerdings nicht allein auf die NS-Propaganda zurückzuführen, sondern wurde von den Werbungtreibenden zum Teil selbst ent-

Abb. 4.3 Plakatwerbung der KdF für das Ostseebad Prora 1939. (Oscarlotta on tour 2017)

wickelt. Dies belegen auch die Untersuchungen von Bernd Semrad (2004, S. 152) über den Protagonisten nationalsozialistischer Werbelehre Hanns Kropff.

4.4 Wiederaufbau, Wirtschaftswunder und die „heile Welt" in der Werbung

Aus den negativen Erfahrungen des Nationalsozialismus zog die Werbewirtschaft in der Form Konsequenzen, dass einerseits eine zentrale Stelle für die Beziehung der Werbung zur Gesellschaft eingerichtet werden musste, diese aber andererseits (ähnlich wie der Rundfunk) staatsfern zu sein hatte. So wurde nach der Zeit der alliierten Kontrolle der Werbung 1949 der Zentralausschuss der deutschen Werbewirtschaft ZAW als Sprachrohr der Werbung etabliert (vgl. Wischermann 1995b, S. 378). Gleichwohl befanden sich zu dieser Zeit sowohl Kreation als auch Management der Werbebranche in der Hand der Alliierten, insbesondere der USA und England, die vor allem über internationale Agenturen Zugang zum deutschen Markt hatten (vgl. Schmidt und Spieß 1994, S. 193).

Inhaltlich herrschte in der Werbung eine betonte Sachlichkeit, die sich vom Pathos der NS-Zeit bewusst absetzen wollte. Nach der Mangelwirtschaft während der Kriegs- und unmittelbaren Nachkriegsjahre ging es zu Beginn dieser Phase gegen Ende der 1940er-Jahre noch nicht darum, sich im Wettbewerb mit anderen Anbieter:innen via Werbung zu positionieren und abzugrenzen. Vielmehr wollte die werbungtreibende Wirtschaft mit Slogans wie „Wieder da …" oder „Es gibt wieder …" vor allem auf die Verfügbarkeit und Erhältlichkeit von Produkten und Marken hinweisen.

4.4 Wiederaufbau, Wirtschaftswunder und die „heile Welt" in der Werbung

Bereits in den späten 1950er-Jahren hatte dies jedoch keinen Sinn mehr, denn der Konsum verlagerte sich nach der ersten großen Konsumwelle der Nachkriegszeit und der damit verbundenen Deckung der Grundbedürfnisse zunehmend auf hochwertige Güter. Dies bescherte der Werbebranche einen Höhenflug, der den ökonomischen Boom der Gesamtwirtschaft noch überflügelte und sie zu einem Motor des Wirtschaftswunders machte (vgl. Reinhardt 1995, S. 56). Neben der Werbung für Reinigungsmittel und Kosmetika sowie für Zigaretten setzte u. a. die Automobilwerbung massiv ein. Inhaltlich versuchte die Werbung zunächst, sich auf das Private zu konzentrieren und knüpfte nahtlos und unter Ausklammern der Zeit des Nationalsozialismus an die Heile-Welt-Idylle der Vorkriegszeit an. Dazu gehörte auch, dass die gesellschaftliche Bedeutung der Frau sehr deutlich an Familie und Haushalt rückgebunden wurde (Beispiel siehe Abb. 4.4):

> „Über die Rollenbilder, die sie in den fünfziger Jahren offenbar erfolgreich propagiert, wirkt sie mit an der Wiederherstellung der Männergesellschaft, die im Zweiten Weltkrieg und in den ersten Nachkriegsjahren an Einfluß und Ansehen verloren hatte." (Schmidt und Spieß 1994, S. 195)

Gegen Ende der 1950er-Jahre wurde langsam der Einfluss jeweils spezifischer Marketingparadigmen auf die Werbung spürbar: Im Rahmen der noch vorherrschenden Produktions- und Distributionsorientierung tendierte die Werbung dazu, auf Wettbewerbsprodukte zu reagieren. Sie versuchte zunehmend, die Produkte nicht nur nach ihrer Funktionalität zu unterscheiden und diese zu bewerben, sondern einen Zusatznutzen, wie z. B. Prestige, zu vermitteln und auf Distinktionsgewinne abzuzielen. Image und Marke wurden zu relevanten Bezugsgrößen. Dabei halfen technische Neuerungen wie der Farbdruck, der die Anzeigen in den Printmedien revolutionierte, vor allem aber

Abb. 4.4 Von der „Wieder-da"-Werbung in die heile Welt. (Eigene Bildmontage aus zwei Anzeigenmotiven: Horizont o. J.; Volltexter o. J.)

die Entwicklung neuer Werbeträger, allen voran des Hörfunks und gegen Mitte der 1950er-Jahre des Fernsehens.[1] Beide stellten neue Möglichkeiten sowohl für den Transport der Werbung zum Publikum als auch für die gestalterische Umsetzung der Werbebotschaft zur Verfügung. Die Fernsehwerbung war – auch mangels eigener Fachkräfte mit Erfahrung in der Fernsehwerbung – in ihrer Einführungszeit am amerikanischen Vorbild orientiert und von Anfang an von Kritik begleitet (vgl. Schmidt und Spieß 1994, S. 193).

4.5 Politische Umbrüche, die 68er und intellektuelle Werbekritik

In den 1960er-Jahren kam es zu massiven politischen, wirtschaftlichen und gesellschaftlichen Umbrüchen. Während es zu Beginn wirtschaftlich weiter aufwärts ging, zeichneten sich in der zweiten Hälfte der 1960er-Jahre deutliche Hinweise auf eine gewisse Marktsättigung und auf eine wirtschaftliche Rezession ab, die sich jedoch wenig auf die Einkommen und damit auf den Konsum auswirkten (vgl. Meffert 2001, S. 103). Auch politisch war Einiges in Bewegung: Nicht nur der Mauerbau in Deutschland, sondern auch der Vietnamkrieg und andere kriegerische Ereignisse waren begleitet von Protestbewegungen. Diese waren in Deutschland weitaus fundamentaler und umfassender als frühere Jugendproteste:

> „Nun wird öffentlich alles in Frage gestellt, worauf der stillschweigende Konsens des Bürgertums der Adenauer-Ära gegründet hatte: Kapitalismus, Demokratie und Parlamentarismus, Familie und patriarchalische Erziehung, Religion, Kunst und bürgerliche Bildung." (Schmidt und Spieß 1994, S. 202)

Dabei konnte sich die Protestbewegung auf wissenschaftliche wie auch auf populärwissenschaftliche Vorarbeiten stützen, in denen die Werbung Kumulationspunkt der Kritik war, obwohl die Kritik eigentlich auf die moderne Gesellschaft insgesamt gemünzt war. Bereits 1958 hatte Vance Packard in seinem Buch *Die geheimen Verführer* der Werbung Manipulation und unterschwellige Beeinflussung vorgeworfen. Viel stärker als von den Thesen Packards war die intellektuelle Werbekritik aber von den Arbeiten von Max Horkheimer und Theodor Adorno, Hans Magnus Enzensberger und Wolfgang Fritz Haug geprägt. Der Kern der Kritik zielte auf die angeblich auch durch Werbung verursachte Reduzierung des Menschen auf ökonomisch relevante Aspekte und die Produktion falscher Bedürfnisse und eines falschen Bewusstseins. Die Werbekritik fand bis Mitte der 1970er-Jahre ein reges gesellschaftliches Echo (vgl. dazu: Wischermann

---

[1] Siegfried J. Schmidt und Brigitte Spieß (1994) geben einen guten Einblick in die Entwicklung der Fernsehwerbung, indem sie für jede Phase der Werbegeschichte je einen Werbespot aus den drei Kategorien „Mainstream", „Trendsetter" sowie „Exoten" vorstellen.

1995a, S. 9 ff.). Mit dem gleichen inhaltlichen Tenor erhob sich Kritik an der Werbung zugleich von völlig anderer Seite, nämlich von den christlichen Kirchen. Auch diese warfen der Werbung vor, sie leite zum Konsumdenken, zu Materialismus und zur Maßlosigkeit an (vgl. Wischermann 1995b, S. 394). Die Werbekritik insgesamt führte

> „… zu einem Imageverlust der Werbung und zu einer Verunsicherung vieler Werber, die bis in die achtziger Jahre reichen sollten. Werbeberufe werden zu Outsiderberufen, Werbung wird unpopulär." (Schmidt und Spieß 1994, S. 207)

Während die Werbung also auf der einen Seite mit massiver Kritik konfrontiert war, wurde sie auf der anderen dadurch gefordert, dass der Phase der Produktions- und Distributionsorientierung in den 1960er-Jahren die Verkaufsorientierung und erste Ansätze des Marketings folgten. Der gezielte Einsatz der Markt- und Werbeforschung, um anvisierte Märkte genauer zu beobachten, und die Entwicklung der Marktsegmentierung, also der Aufsplitterung des unprofilierten Massenmarktes in besser fassbare Zielgruppen, verhalfen der Werbung zu vertiefter Professionalität. Die war nicht nur von Auftraggeberseite, sondern auch von den Agenturen selbst zunehmend gefragt, um dem steigenden Konkurrenzdruck innerhalb der boomenden, noch immer von amerikanischen Agenturen beherrschten Branche (vgl. Schmidt und Spieß 1994, S. 206 ff.) begegnen zu können.

So konträr sich Werbung und Werbekritik auch gegenüberstanden, so entwickelten beide in dieser Zeit auch eine bis heute nachwirkende Gemeinsamkeit: Sie entdeckten und betonten die Jugendkultur. Immer wichtiger wurden die Jugendlichen, ihre Ansichten, Werte, Stile und Moden (vgl. Meffert 2001, S. 104 f.). Entsprechend orientierten sich auch die Werbebotschaften u. a. an Selbstbestimmung, aufkommendem ökologischem Bewusstsein und neuer Körperlichkeit.

Die Bildhaftigkeit in der Werbung nahm zu, die Fotografie begann, die Printwerbung zu dominieren, die Fernsehwerbung wurde weiter ausgebaut und in der Branche selbst machten sich erste Ansätze einer Internationalisierung in dem Sinn bemerkbar, dass sich neben den amerikanischen Networks und Werbestilen auch Agenturen und Werbeinhalte aus anderen Ländern, etwa aus Frankreich oder Großbritannien, aber auch aus Deutschland, Italien und der Schweiz etablierten. So entwickelte z. B. die deutsche Agentur Werbe-Gramm mit dem Auftritt von *Bruno* in den Werbefilmen für die Zigarettenmarke HB einen Klassiker der Konsumgüterwerbung, die von 1958 bis 1972 im Fernsehen und bis 1984 im Kino den wohlmeinenden Rat verbreitete: „Halt, halt, mein Freund! Wer wird denn gleich in die Luft gehen? Greife lieber zur HB!". Während HB-Spots stets Animationsfilme waren, trat in den ab dem Ende der 1960er geschalteten Ariel-Waschmittel-Werbefilmen eine echte Schauspielerin auf: die Berlinerin Johanna König erlangte als Klementine (mit K) echten Promi-Status (vgl. Saal 2014; beide Beispiele siehe Abb. 4.5).

Abb. 4.5 Werbeikonen aus deutschen Agenturen: Bruno, das HB-Männchen, und Klementine für Ariel. (Eigene Bildmontage basierend auf dpa 2019; Procter & Gamble 2006)

4.6 Terrorismus, individuelle Freizeitgesellschaft und erotische Jugendlichkeit in der Werbung

In der Retrospektive zeigen sich die 1970er-Jahre als eine auf allen Ebenen in sich widersprüchliche Zeit: Obwohl – oder vielleicht gerade weil – die Gesellschaft über mehrere Jahre hinweg immer wieder durch terroristische Attentate erschüttert und durch höhere Arbeitslosenzahlen verunsichert wurde, stieg die private Nachfrage nach Produkten und Leistungen aus den arbeitsfernen Bereichen wie Freizeit, Urlaub und Sport. U. a. dadurch verursacht wuchs die Werbewirtschaft ab Mitte der 1970er-Jahre mehr als die Gesamtwirtschaft. Werbung inszenierte Aktiv-Kultur sowie Ferien- und Abenteuerwelten als Gegenentwürfe zu einer immer komplexer, undurchschaubarer und unbeeinflussbarer werdenden Realität auch für thematisch kaum verwandte Produkte und Leistungen (Beispiel siehe Abb. 4.6).

4.6 Terrorismus, individuelle Freizeitgesellschaft und erotische Jugendlichkeit in der … 115

Abb. 4.6 Abenteuerwelten als Gegenentwurf zur Realität: Camel-Anzeige 1976. (Manthey 1996, S. 8)

Vor diesem Hintergrund begannen einerseits Ikonen der Konsumgesellschaft wie McDonald´s ihren Triumphzug. Andererseits lieferte der durch die bemannte Raumfahrt erstmals möglich gewordene Außenblick auf die Erde in den 1970er-Jahren die Initialzündung für ein Bewusstsein, dass Lebensraum und Ressourcen keinesfalls ad infinitum strapaziert werden konnten, und verhalfen dem Umweltbewusstsein zu ersten Ausprägungen. Die Werbung griff auch diese neue Strömung ansatzweise auf und appellierte unter diesen Vorzeichen an das Problembewusstsein von Rezipient:innen und

Konsument:innen. Weit tonangebender blieben jedoch die Themen Jugendlichkeit und Produktinszenierung. Als Plattform dienten in großem Umfang die boomenden Zeitschriften. Bewusst setzten die entsprechenden Anzeigen Farbe und erotische Motive als Stilmittel ein (vgl. Reinhardt 1995, S. 60) und zogen damit schnell Sexismusvorwürfe der sich im Zuge der Studentenbewegung seit 1968 formierenden neuen Frauenbewegung auf sich.

Im ökonomischen Kontext musste sich die Werbebranche sowohl mit der Ausdifferenzierung der Werbeträger als auch mit der Konzentration auf Kundenseite arrangieren. Dort zeigte sich eine immer prägnantere Marketingorientierung, obwohl die Fundierung des Marketings als Unternehmensstrategie mit starker Wettbewerbsorientierung erst für die 1980er-Jahre reklamiert werden kann (vgl. Meffert 1994, S. 3 ff.).

Die Werbebranche selbst war gekennzeichnet davon, dass wichtige Impulse von Werber:innen aus Deutschland und der Schweiz die Dominanz amerikanischer Werbung zwar zurückdrängten, die internationale Vernetzung dennoch weiter voranschritt. Im Bemühen, das eigene, angeschlagene Image der Werbung in der Gesellschaft zu verbessern (vgl. Schmidt und Spieß 1994, S. 215 f.), installierte die Werbebranche 1972 den Deutschen Werberat als Gremium der freiwilligen Selbstkontrolle.

4.7 Umweltkatastrophen, Multioptionsgesellschaft und Rehabilitation der Werbung

Tschernobyl, „Null-Bock"- versus Yuppie-Mentalität und Michael Schirners provokante These „Werbung ist Kunst" spannen den Rahmen auf, in dem sich die Geschichte der Werbung in den 1980er-Jahren bewegte. Der Super-GAU im ukrainischen Kernkraftwerk zerstörte den Mythos einer allzeit fehlerfrei funktionierenden Technik und wirkte zusammen mit dem erstmals in größerem Ausmaß erkennbaren Waldsterben nach zwei Seiten hin. Auf der einen Seite wurden die Argumente der „No-Future"-Bewegung verstärkt, die auch mit einer Konsum generell, speziell aber Marken ablehnenden „No-Names"-Bewegung einherging (vgl. Reinhardt 1995, S. 60 f.). Auf der anderen Seite rollte nicht nur in der kommunikativen Dimension die Bio- und Ökowelle an, eine zwar wichtige, aber letztlich doch nur eine unter vielen Strömungen in der sich etablierenden Multioptionsgesellschaft. Diese war gekennzeichnet davon, dass alles möglich erschien und vieles ausprobiert wurde: in der Mode, in der Literatur, in den Lebensstilen und auch in den Medien.

Die von Ulrich Beck (1986) skizzierte Risikogesellschaft thematisierte dem entsprechend auch nicht in erster Linie die ökologischen Risiken der modernen Gesellschaft, sondern vor allem die Konsequenzen der Individualisierung, d. h. die Konsequenzen der Herauslösung aus historisch vorgegebenen Sozialformen und -bindungen, den Verlust traditionaler Sicherheiten sowie die Reintegration als neue Formen der sozialen Einbindung (vgl. Beck 1986, S. 206 ff.). Lebensstile und soziale Milieus wurden zu zentralen Kategorien gesellschaftlicher Strukturanalysen und setzten sich sukzessive auch in der kommerziellen Markt-, Media- und Meinungsforschung durch. Als besonders begehrte Zielgruppe wurden die Young Urban Professionals (Yuppies) entdeckt, weil sie nicht nur kaufkräftig und konsumfreudig waren, sondern Konsum als eine zentrale Bestimmungsgröße ihres Lebensstils deklarierten, zu dessen gesellschaftlich relevantesten Auswirkungen auch die markante Zunahme von Single-Haushalten gehörte.

Dynamik erfuhr die Werbebranche aber nicht nur durch neue Zielgruppen, sondern auch durch eigenes neues Selbstbewusstsein – am pointiertesten dokumentiert im Buchtitel des GGK-Werbers Michael Schirner: „Werbung ist Kunst" (Schirner 1988). Auch wenn diese These seither in unzähligen von ihr ausgelösten Diskussionen widerlegt worden ist (vgl. Meffert 2001, S. 251), zeugte sie doch davon, dass die Werbung ihr Imageproblem überwunden hatte. Schirner erreichte als agent provocateur sogar noch mehr: Er brachte Werbung (wieder) ins allgemeine gesellschaftliche Gespräch und leistete damit einen Beitrag dazu, dass die Werbung und die Werbebranche im Laufe der 1980er enorme Attraktivität entwickeln konnte. Medien machten die Werbung selbst zunehmend zum Thema, indem sie ausführlich über Award-Verleihungen und Festivals berichteten oder die so genannte Cannes-Rolle mit den Preisträger:innen des dort jährlich stattfindenden Werbefilmfestivals in ihr redaktionelles Programm aufnahmen. Vor allem aber drängten immer mehr Absolvent:innen verschiedenster Ausbildungs- und Studiengänge in die Werbebranche, deren Gesicht sich in den 1980ern stark wandelte. Die Niederlassungen großer, etablierter Networkagenturen wie BBDO, DDB, Ogilvy & Mather, Leo Burnett oder J. Walter Thompson bekamen deutlich spürbare Konkurrenz durch neue, kleinere, meist inhabergeführte Agenturen wie Springer & Jacoby, Bader/Lang/Behnken, Meiré und Meiré oder Knopf/Nägeli/Schnakenberg, die nicht selten als „Kreativ-Schmieden" die Qualität der Werbung wesentlich verbesserten (vgl. Schmidt und Spieß 1994, S. 224).

Die Dualisierung des Rundfunks, d. h. die Einführung privaten, werbefinanzierten Hörfunks und Fernsehens, brachte der Werbung insgesamt einen weiteren Schub. Sie veränderte die TV-Werbung nicht nur quantitativ, indem sie die verfügbaren Werbezeiten vervielfachte, sondern auch qualitativ, weil die Programme und Formate der privaten Rundfunkunternehmen sowie die Werbeumfelder und der Entertainment-Charakter deutlich werbeorientiert waren.

> „Der AV-Werbespot (TV, Kino) wurde zum gestalterischen „Leitmedium" in der Werbung und dominierte auch die Kampagnenentwicklung." (Meffert 2001, S. 202)

Der Anstieg des Gesamtwerbeaufkommens ging dabei einher mit einer Ausdifferenzierung der kommunikationspolitischen Instrumente, wie z. B. Sponsoring oder Event-Marketing, und einer Ausdifferenzierung der Werbeformen. So entwickelten sich sowohl programmintegrierte Werbung als auch das Interesse an integrierter – hier im Sinne von ganzheitlicher – Kommunikation. Inhaltlich ging es in der Werbung immer mehr um ästhetische Inszenierungen von Lebensstilen (Lifestyle-Werbung, Fallbeispiel siehe Abb. 4.7) und immer weniger um funktionale Produkteigenschaften.

Abb. 4.7 Lifestyle-Werbung: Ferrero inszeniert die Leichtigkeit des Sommers an ausgesuchten Traumstränden für sein Produkt Raffaello. (Ferrero 2023)

4.8 Kommunikationswettbewerb, hybride Verbraucher, Skandale und Selbstverweise in der Werbung

Die neunziger Jahre können mit Manfred Bruhn (1997, S. 72 ff.) als Phase des Kommunikationswettbewerbs bezeichnet werden, der bis zum heutigen Tag wirkt und dabei eher zu- als abgenommen hat. Zugleich resultierten aus den gesellschaftlichen Wahlfreiheiten auch hybride Verhaltensweisen, eine ‚Sowohl-als-auch'-Haltung und die Unberechenbarkeit von Lebensstilen. Insgesamt konnten die Konsument:innen mit Matthias Horx (1995, S. 68) als „Kollektiv unberechenbarer Individualisten" bezeichnet werden. Das führte zu einer kaum kalkulierbaren, in sich widersprüchlichen Sprunghaftigkeit im Konsumverhalten und der Verschmelzung bisher als unvereinbar geltender Lifestyle-Entwürfe. Stichworte: Vom „Sekt oder Selters" zum „Manchmal Sekt, manchmal Selters" und „Mit der Luxuslimousine zum Discounter".

Zunehmend und nicht nur im ökonomischen, sondern auch in anderen gesellschaftlichen Zusammenhängen ging es darum, einen Kommunikationsvorsprung, eine Unique Communication Proposition (UCP), zu etablieren: Das kommunikative Leitmotiv „Problemlöser" wurde verdrängt von dem der „Kompetenz" als inszenierter Zuständigkeit. Dabei gewann die Inszenierung der UCP selbst immer mehr an Gewicht. Konsequenterweise drängte die Bildsprache auf Kosten des Textanteils nicht nur in der Konsumgüterwerbung immer stärker in den Vordergrund und wurde zum deutlich dominierenden Gestaltungselement. „Wir werden Marken erleben, die sich von den Produkten lösen. Sie werden sich eher an der Gefühlswelt der Menschen als an Herstellungsnormen orientieren." (Michael 1993, S. 410)

4.8 Kommunikationswettbewerb, hybride Verbraucher, Skandale und Selbstverweise …

Ein kommunikativer Vorsprung wurde auch deshalb unabdingbar, weil funktionale Unterschiede zwischen den Angeboten verschwanden oder marginalisiert wurden. In der Werbung wurde die Entwicklung der Profilierung durch Inszenierung dadurch verstärkt, dass eine von Wissenschaft und Technik entzauberte Welt auf der Suche nach einem Gegenpol die Konsumwelt als Schauplatz einer Wiederverzauberung entdeckt hatte (vgl. Bolz 1996, S. 145).

Die Werbung setzte dem für sie problematischen Verbund aus sich vervielfachenden Medienangeboten, überforderten Aufmerksamkeitsbudgets der Rezipient:innen und steigendem Kostenbewusstsein der Werbungtreibenden vermehrt Kooperationen entgegen; vor allem solche, in denen die beworbenen Marken eine gemeinsame Zielgruppe bzw. ein gemeinsames Kompetenzfeld abdeckten. Auch der bewusste Einsatz skandalöser Motive, die gängige Moralvorstellungen in Frage stellten, sollte unter diesen Bedingungen zumindest Aufmerksamkeit schaffen. Die viel diskutierten Motive von Benetton waren dafür Paradebeispiele (vgl. dazu: Wischermann 1995b, S. 396 ff.). Die bereits in den späten 1980ern gestartete Kampagne „United Colors of Benetton" sollte – folgt man den Worten ihres Schöpfers Oliviero Toscani – ab den 1990er-Jahren als ein die ungeschminkte Realität abbildendes Gegenmodell zur bis dato eingesetzter Heile-Welt-Darstellung die neue Ausrichtung der Werbung bestimmen (Beispiel siehe Abb. 4.8).

Ob die Benetton-Kampagne tatsächlich Zeichen gesellschaftlicher Verantwortung gewesen ist, wie dies Toscani und Luciano Benetton selbst in Interviews erklärt hatten, oder ob sie in ihrer provokanten Art lediglich Aufmerksamkeit schaffen und Kommunikationskosten senken wollte, wird sich letztlich nicht klären lassen.

Neben dieser Art von Schockwerbung waren die 1990er-Jahre bis heute auch geprägt von der Selbstverständlichkeit, mit der Werbung Teil des Alltags geworden ist und mit der Konsument:innen damit umgehen. Besonders Jugendliche begannen früh zu lernen, dass die Versprechungen der Werbung in der Wirklichkeit nicht erfüllt werden und Werbung

Abb. 4.8 Benetton Werbung 1991 zu Beginn des zweiten Golfkriegs. (Becker 2015)

weniger als Botschaft über ein Produkt, als vielmehr als Geschichte, Märchen, Fantasy einzuordnen. Sie durchschauten den „Individualismuszauber" (Jäckel 1998, S. 269) und entwickelten – obwohl sie mit ihren Kaufentscheidungen auf Distinktionsgewinne abzielten – ein Bedürfnis nach Authentizität, dem die aktuelle Werbung teilweise Rechnung zu tragen begann.

Insgesamt stieg das Wissen über Werbung, sodass diese vermehrt auf ihre eigenen Wurzeln zurückgreifen, mit selbstreferenziellen Darstellungsstrategien sich selbst zum Thema machen oder sich selbst parodieren konnte – meist in Form von Werbung für jeweils andere Produkte und Marken bzw. als Parodie übertriebener Werbeversprechen und ihrer meist negativen Folgen.

Dennoch sahen sich Ende der 1990er-Jahre die Werbung und mit ihr die Medienunternehmen und die Agenturen zunehmend größeren Akzeptanzproblemen gegenüber. Sie reagierten damit „Werbung für die Werbung" zu starten. Diese verwies auf ihre vielfältigen Funktionen und Vorteile, allen voran auf ihre Wirksamkeit (in der Argumentation gegenüber der werbungtreibenden – oder eben noch nicht werbungtreibenden – Wirtschaft) und auf die Finanzierung der Medien (gegenüber den Rezipient:innen), wie z. B. in den Kampagnen *Informationsaktion Werbung* oder *Print wirkt*.

4.9 Boom und Krise, Internet und Smartphones, Start der Online- und mobilen Werbung

Um und nach der Jahrtausendwende war und ist die Werbebranche wechselweise von immensen Einbrüchen der Werbeinvestitionen und darauf folgenden Zuwächsen gekennzeichnet, die den engen Zusammenhang zwischen wirtschaftlicher Konjunktur und Werbeinvestitionen mehr als offensichtlich werden lassen (vgl. Kap. 3): So führte z. B. das Platzen der so genannten Dotcom-Blase 2001 zu einem weltweiten Einbruch der Werbeinvestitionen. 2003 war dieser Einbruch bereits wieder ausgeglichen und mündete in einen Boom, als 2004 die weltweiten Werbeinvestitionen um 11,4 % anstiegen (vgl. World Advertising Research Center 2007).

Eine ähnliche Entwicklung wiederholte sich 2008: Im Zuge der globalen, später so bezeichnete „Sub-Prime-Krise" sanken in Deutschland die Gesamt-Werbeinvestitionen leicht, die Netto-Werbeeinnahmen der Medien gingen aber um ein Vielfaches stärker zurück. Auch in der Schweiz sanken die Netto-Werbeeinnahmen der Medien, obwohl das Bruttoinlandprodukt dort noch wuchs. Weil diese Wirtschaftskrise auch Branchen und Zielgruppen traf, die sich vormals als relativ krisenresistent erwiesen hatten, brachen die Werbeinvestitionen der Finanzdienstleister ebenso ein wie Teile der Werbung für Luxusgüter. Damit waren auch Medien betroffen, die exklusive Zielgruppen ansprachen und bis dato Konjunktureinbrüche kompensieren konnten.

Im Gegenzug konnte sich die Online-Werbung sukzessive etablieren. Das Internet ermöglichte nicht nur klassische Online-Werbeformate, sondern auch verschiedenste Arten von Werbung, die sich des als Web 2.0 dialogfähigen und bedienungsfreundlichen Internets mit all seinen Potenzialen bedienten. Ein wesentlicher Treiber war die 1998 erfolgte Gründung einer Suchmaschine namens Google, deren Geschäftsmodell von Anfang an auf Werbung als Einnahmequelle setzte. So entwickelten sich neben dem Suchmaschinenmarketing weitere Online-Werbeformen, wie z. B. Display-Werbung. Es entstanden aber auch Werbeaktivitäten, die zunächst ohne Geldtransfers funktionierten, so z. B. Teile des viralen Marketings oder das electronic Word-of-Mouth (eWoM) Marketing.

Gerade diese Formen werblicher Aktivitäten korrespondierten mit einem Prototyp der Online-Nutzer:innen, der nicht nur länger und mobiler online war und ist, sondern deren Aktivitäten auch vielfältiger waren und sind. Überhaupt zeigte sich, dass Online-Nutzer:innen aktiver waren und sind als Nutzer:innen klassischer elektronischer Medien, wie TV oder Radio. Ermöglicht wurde dies nicht nur durch einfache und schnelle Feedbacks auf bestehende Angebote, sondern auch durch aktive Produktion und Verbreitung eigener Inhalte sowie durch Weiterverbreitung fremder Inhalte. Nutzer:innen wurden so erstmals zu Kommunikator:innen und Produzent:innen, worauf die Bezeichnung ProdUser verwies. Kontrolle und Richtung der Kommunikation, mithin die Machtverteilung zwischen Sender:innen und Empfänger:innen wurden auf diese Weise zwar nicht egalisiert, aber doch wenigstens offener (vgl. Quiring und Schweiger 2006, S. 17). Der dadurch entstandene User-Generated Content nahm unterschiedlichste Formen an – von lexikalischen Sammlungen (Stichwort: „Wikis") bis hin zu Blogs und Bürgerjournalismus.

In der Werbung setzten und setzen viele Unternehmen auf Wettbewerbe, bei denen Rezipient:innen aufgefordert sind, Produkte oder Packungen des Unternehmens zu gestalten oder zu optimieren. So rief die Kaffeehaus-Kette Starbucks 2014 ihre Kund:innen dazu auf, den im Jahr zuvor eingeführten wiederverwendbaren „White Cup" optisch zu gestalten (siehe Abb. 4.9). In nur drei Wochen erhielt Starbucks mehr als 4000 Wettbewerbsbeiträge – und

Abb. 4.9 User Generated Content: Starbucks #WhiteCupContest. (Starbucks 2014)

nutzte diese, um in Sozialen Medien wie in klassischen Massenmedien, wie z. B. USA Today, auf die Marke und den 30-fach wiederverwertbaren Becher aufmerksam zu machen:

Die Online-Nutzer:innen im Web 2.0 begannen aber nicht nur mit der Produktion von Inhalten, sondern vernetzen sich erstmals auch mit anderen. Daraus entstanden (und entstehen heute noch) Social Networks und Communities, die sowohl der Information wie der Unterhaltung als auch der interpersonalen und Gruppen-Kommunikation gewidmet sein können. Sie waren durch die Kombination von Kommunikation, Information und Beziehungen gekennzeichnet und somit auch für die Werbung relevant (vgl. Berge und Buesching 2008, S. 25 ff.). Eine besondere Bedeutung fiel dabei den Brand Communities zu. Sie korrespondierten mit der Entwicklung hin zu posttraditionalen Vergemeinschaftungen (vgl. Kap. 3). Funktionen wie Integration und Distinktion zielten in ihrem Rahmen auf das Bedürfnis nach sozialer Akzeptanz und nach Gruppenzugehörigkeit, das Online-Communities auf geradezu simple Art und Weise bedienen konnten und können. Bis heute ermöglichen sie einen regen und ökonomisch wie sozial kostengünstigen Austausch zwischen den Mitgliedern (z. B. Rat und Hilfe), der die Zusatzziele der Werbung, wie z. B. Anschlusskommunikation oder (Re-)Konstruktion von Lebensstilen, hervorragend erfüllt, aber zusätzlich die Hauptziele der Werbung nicht aus den Augen verliert. Dem entspricht die Unterteilung der Informationsbedürfnisse und die Kopplung von gruppenbezogenen Bedürfnissen mit geschlossenen Nutzergruppen und Social Networks, die besonders im Jugend- und jungen Erwachsenenalter zum Tragen kommen (vgl. Hasebrink 2009).

Werbliche Formate und Inhalte konnten in diesem Kontext auch virtuell sein, wie zum Beispiel im Ansatz des „Second Life". Die virtuelle Imitation gesellschaftlichen Zusammenlebens inklusive werblicher Aktivitäten fand allerdings längst nicht die Akzeptanz, die die werbungtreibende Wirtschaft sich erhofft hatte. Dennoch ließe sich im Nachhinein Second Life als Frühversion oder Testphase für das aktuell diskutierte Metaverse werten. Wesentlich aussichtsreicher erschienen dagegen seinerzeit electronic Word-of-Mouth- und virales Marketing, bei denen Empfehlungen oder das Weiterleiten von Inhalten u. a. aufgrund des Community-Erlebnisses (vgl. Bauer et al. 2012, S. 273 ff.) erfolgte. Beide waren von Beginn an auf Netzwerken und Communities aufgebaut und fanden im Marketing in Social Networks ebenso ihre Weiterentwicklung wie im Influencer-Marketing.

Diese Entwicklungen wurden – ähnlich wie die der Online-Werbung durch den Start von Google 2007 – maßgeblich durch eine technologische Entwicklung vorangetrieben: multifunktionale Smartphones sowie leistungsfähige Mobilfunk- und WLAN-Netze eröffneten der Werbung den Weg zu echter „Immer-und-Überall"-Verfügbarkeit.

4.10 Nachhaltigkeit und Wokeness, Algorithmen und Künstliche Intelligenz, Entgrenzung der Werbung

Nicht erst seit Greta Thunbergs Protesten 2018 und den daraus entstandenen Bewegungen wie „Fridays for Future" ist Nachhaltigkeit zum Generalthema vieler Gesellschaften geworden. Wie zu erwarten, greift auch die Werbung dieses Thema auf. Die Farbe Grün und

Bilder einer unverfälschten, teils romantisierten Natur durchziehen die Werbung. Auf Nachhaltigkeit bezogene Werbebotschaften sind denn auch unzählig. Teils beziehen sie sich Botschaften auf reale Veränderungen mit großem Nachhaltigkeits-Impact, teils werden kleinste Produktmodifikationen als gewichtige Nachhaltigkeitsbeiträge beworben oder gar Fehlinformationen verbreitet (Greenwashing). Der Wahrheitsgehalt lässt sich meist nur bedingt überprüfen und erkennen und ist fallweise auch abhängig vom Umweltwissen (Schmuck et al. 2018; Neureiter und Matthes 2023). Die entsprechenden Bilder sollen aber immer Naturverbundenheit bzw. Verantwortung für eine intakte Natur signalisieren. Um aber tatsächlich umweltfreundliche Produkte kaufen zu können, müssten die Verbraucher:innen legitime Behauptungen über Nachhaltigkeit erkennen können. Dazu bräuchte es laut Naderer und Opree (2021) Maßnahmen, um die Werbekompetenz der Konsument:innen zu erhöhen.

Allerdings sind werbungtreibende Unternehmen in den 2020er-Jahren mit einer neuen Art von Aktivismus konfrontiert, in dem Konsument:innen – mitunter auch radikale – ethische oder moralische Sichtweisen als Forderungen an Unternehmen formulieren, Stellung zu beziehen und Verantwortung zu übernehmen (vgl. Edmond 2023). Besonders aktive oder Forschungsgruppen schicken sich darüber hinaus an, den Einsatz von Unternehmen und Marken für gesellschaftspolitische Sachverhalte, soziale Ungerechtigkeit und bestimmte Werte zu überprüfen, so u. a. bei Unternehmen, die für „Femvertising", also Werbung, die die Gleichstellung der Geschlechter betont, ausgezeichnet wurden (Sterbenk et al. 2022). Insofern ist auch die Werbung von den moralisch und emotional aufgeladenen und konfliktbehafteten Diskussionen, u. a. über kulturelle Aneignung, Rassismus und Geschlechteridentität betroffen. Analog zum Greenwashing muss sich die Werbung denn auch den Vorwurf des Wokewashing gefallen lassen, wenn sie entsprechende Botschaften verwendet, ohne sie in ihrer Unternehmens- und Markenpolitik tatsächlich umzusetzen. Die intensiven Diskussionen zu den genannten Themen haben aber auch die Werbung, die Bildsprache und ihre Botschaften vielfältiger werden lassen.

Zumindest kurzzeitig überlagert wurden Nachhaltigkeits- und Wokeness-Diskussionen aber vom Ausbruch und der Bewältigung der Corona-Pandemie 2020. Der in allen Ländern verhängte Lockdown führte zwar zu schweren wirtschaftlichen Einbrüchen, verhalf aber vor allem in Deutschland der Digitalisierung zu einem deutlichen Schub, und damit dem E-Commerce und der digitalisierten Werbung zu einer immens gesteigerten Akzeptanz und Nutzung.

Aktuell verändern auf Seiten der Technologie Algorithmen und künstliche Intelligenz Strukturen und Berufe sowie Abläufe auch in der Werbewelt: Insgesamt haben traditionelle Medien mit einem hohen Anteil an spezifischen Inhalten für die Verbreitung von Werbung an Bedeutung verloren, soziale Netzwerke, Suchmaschinen und Empfehlungssysteme dagegen an Bedeutung gewonnen. Werbung unterliegt immer stärker dem Einfluss von drei Vs: Verschlagwortung, Verlinkung und Vernetzung. Auch wenn traditionelle Werbung und Werbeprozesse relevant bleiben werden, lässt sich doch eine ähnliche Entwicklung beobachten wie bei der Automatisierung industrieller Arbeitsprozesse: menschliche Arbeit wird nicht überflüssig, sondern in andere Sektoren verlagert (vgl. Dorn 2015).

Inwiefern Kreativität in der Werbung eine menschliche Domäne bleibt, wie Morgan (2015) behauptet, wird sich allerdings erst weisen müssen (vgl. Kap. 7).

Auch die Entwicklung des Internets der Dinge (Internet of Things: IoT) schreitet unaufhaltsam voran. Selbstfahrende PKW, LKW und Busse werden – wenn auch mit unterschiedlichem Erfolg – bereits erprobt. Per App gesteuerte oder sich selbst programmierende SmartHome-Systeme regeln Klima, Beleuchtung, Beschattung und Zutritt von Häusern und Wohnungen. Weitere derartige Entwicklungen dürften das grundsätzliche Geschäftsmodell der Werbung massiv tangieren und verändern (vgl. Petrovic et al. 2015; Petrovic 2017):

> „Impact one of the IoT: the time frame to build, influence, and use the relevant set is shortened or eliminated … Impact two of the IoT: not only humans but also the IoT's machine algorithm have to be influenced … Impact three of the IoT: a machine makes the buying decision" (Petrovic 2017, S. 192–193, 195)

Inwieweit und in welchem Ausmaß sich diese drei Impacts realisieren und das Internet der Dinge menschliche Zugriffe auf Werbung überflüssig macht, weil z. B. der Kühlschrank automatisch fehlende Nahrungsmittel nachbestellt, ist derzeit jedoch nicht absehbar. Zumal mit zunehmender Digitalisierung die Themen Datenschutz und vor allem Datensicherheit Einfluss auf die Weiterentwicklung von Algorithmen und künstlicher Intelligenz haben dürften.

Fallbeispiel Hello KI – Hello Barbie

2015 verlieh der Verein „Digitalcourage" dem Spielzeughersteller Mattel den „Big Brother Award" für eine besondere und nachhaltige Beeinträchtigung der Privatsphäre von Kindern. Die künstliche Intelligenz, mit der die interaktive Puppe „Hello Barbie" (siehe Abb. 4.10) via WLAN verbunden ist, führt mit den Kindern als real wahrzunehmende Gespräche, stellt Fragen stellt, lernt dazu, sammelt die Antworten, registriert und leitet sie direkt an den Hersteller, der die Daten sammelt und zu Marktforschungs- und Werbezwecken auswertet. Auf Wunsch erhalten die Eltern wöchentlich eine Audiodatei mit den Gesprächen. ◄

Im Zeitalter des Web 3.0 sind von den beschriebenen Entwicklungen nahezu alle Bereiche der Werbung betroffen. So setzen immer mehr Werbungtreibende zur Zielgruppen-, respektive Zielpersonen-Selektion auf das sogenannte Behavioral Targeting (Programmatic Advertising). In der Produktion von Werbung unterstützen Algorithmen oder künstliche Intelligenz die Kreativen z. B. bei der suchmaschinenoptimierten Textgenerierung oder bei der Erweiterung oder Verbesserung des Realitätseindrucks von Werbebotschaften (Augmented Reality). In der Distribution werden immer mehr Internetwerbeplätze in automatisierten, ultraschnellen Trading-Auktionen (Real Time Bidding) vermarktet sowie Buchungen im großen Umfang automatisiert, leistungsabhängig bepreist und abgerechnet (Performance Based Pricing (PBP)).

Abb. 4.10 Hello Barbie™ von Mattel. (Die Zeit 2015)

Gleichwohl sind unter diesen Bedingungen der Zugang zu den Nutzer:innen, ihr Einbezug in den Werbeprozess und ihre Bindung an die Marke sowie die dadurch generierten Daten Schlüsselfaktoren für erfolgreiche Werbung. Wenn beispielsweise Wearables, wie z. B. Fitness-Armbänder oder Smart Watches, zu Intelligent Personal Agents werden, die wesentlich mitbestimmen, ob und welche Werbung Konsument:innen überhaupt noch erreicht, zeigt sich, dass Akteur:innen und Prozessabläufe immer wieder neu gedacht werden müssen.

Während die Entwicklung dieser Art „Mitmach-Werbung" und die dafür notwendige Partizipationsbereitschaft der Nutzer:innen den ursprünglich hochfliegenden Erwartungen der Werber:innen offenbar nicht gerecht werden konnten, haben Influencer:innen mit ihrem Involvement diesen Part übernommen. Sie verknüpfen nahtlos Inhalte mit werblichen Botschaften bis hin zum Angebot, die gezeigten Produkte sofort kaufen zu können. Da der Hinweis auf die Werblichkeit ihrer Botschaften oftmals kaum erkennbar oder schlichtweg nicht vorhanden ist, können sie als bislang jüngste Form werblichen Inhalts gesehen werden.

Werbung wird durch diese Entwicklungen völlig entgrenzt: sie ist jederzeit, überall und in jeder Lebenssituation der Konsument:innen präsent, variiert in ihren Erscheinungsformen von einzelnen, deutlich voneinander abgrenzbaren Werbemitteln bis zu Kombinationen, die nicht ohne weiteres wieder lösbar sind. Sie kann sowohl getrennt von mediumsspezifischen Inhalten erkennbar als auch bis zur Nicht-Erkennbarkeit in mediumsspezifische Inhalte integriert sein, ja sogar eigene Inhalte publizieren, die an die Stelle von Medieninhalten treten und diese im Wettbewerb um Aufmerksamkeit und ggfs. sogar um Budgets anderer Werbungtreibender konkurrenzieren.

> **Zusammenfassung**
>
> *Im vorangegangenen Kapitel wurde die Werbung in ihren historischen Kontext gestellt. Angesichts des mehrdimensionalen Bedingungs- und Entwicklungsnetzwerks öffnen sich der Werbung stets neue und sich immer dynamischer verändernde Herausforderungen, Chancen und Risiken. In der Summe führen die strukturellen Bedingungen und gesamtgesellschaftlichen Entwicklungen zu einem klar erkennbaren Wandel der Werbung in all ihren Dimensionen:*
>
> *Zehn Phasen der Werbegeschichte zeigen die Entwicklung der Werbung eng verzahnt mit diesen Entwicklungen und Rahmenbedingungen sowie mit der von Werbeträgern, Literatur und Kunst. Damit wird Werbung zu einem Indikator soziokulturellen Wandels. Ihre Geschichte lässt sich beschreiben als Prozess der Ausdifferenzierung, Systematisierung, Professionalisierung und Autonomisierung. Eines bleibt bei allem Wandel konstant: Die für alle werbliche Kommunikation geltende Devise (Haubl 1992) „Früher oder später kriegen wir Euch!" (ehemaliger Werbespruch für Danone-Joghurt).*

▶ **Empfohlene Literatur** Borscheid und Wischermann 1995; Kriegeskorte 1995; Willems 2002; Zurstiege 2016

Literatur

Baginski, Rainer. 2000. *Wir trinken so viel wir können, den Rest verkaufen wir: Über Werber und Werbung.* München: Hanser.

Bauer, Hans H., Tobias E. Haber, Carmen-Maria Albrecht, und Tom Laband. 2012. Viral Advertising. In *Interactive Marketing im Web 2.0+: Konzepte und Anwendungen für ein erfolgreiches Marketingmanagement im Internet*, 2. Aufl., Hrsg. Hans H. Bauer, Dirk Große-Leege und Jürgen Rösger, 267–282. München: Vahlen.

Beck, Ulrich. 1986. *Risikogesellschaft: Auf dem Weg in eine andere Moderne.* Frankfurt a.M.: Suhrkamp.

Becker, Jessica. 2015. Die besten Kampagnen: Benetton wird 50. https://www.horizont.net/marketing/nachrichten/50-Jahre-Benetton-Die-besten-Kampagnen-137404. Zugegriffen: 08.03.2023.

Berge, Stefan, und Arne Buesching. 2008. Strategien von Communities im Web 2.0. In *Web 2.0: Neue Perspektiven für Marketing und Medien*, Hrsg. Berthold H. Hass, Gianfranco Walsh und Thomas Kilian, 23–37. Berlin, Heidelberg: Springer.

Bolz, Norbert. 1996. Die neuen Götter des Marktes: Sechs Stichworte zum Thema Kult-Marketing. In *Szenen statt Zielgruppen: Vom Produkt zum Kult ; die Praxis der Interfusion*, Hrsg. Gerd Gerken und Michael J. Merks, 143–149. Frankfurt am Main: Deutscher Fachverlag.

Borscheid, Peter, und Clemens Wischermann (Hrsg.). 1995. *Bilderwelt des Alltags: Werbung in der Konsumgesellschaft des 19. und 20. Jahrhunderts: Festschrift für Hans Jürgen Teuteberg.* Stuttgart: Franz Steiner Verlag.

Bruhn, Manfred. 1997. *Kommunikationspolitik: Grundlagen der Unternehmenskommunikation.* München: Vahlen.

Buchli, Hanns. 1962a. *6000 Jahre Werbung. Geschichte der Wirtschaftswerbung und der Propaganda: Band I: Altertum und Mittelalter.* Berlin: Walter de Gruyter.

Buchli, Hanns. 1962b. *6000 Jahre Werbung. Geschichte der Wirtschaftswerbung und der Propaganda: Band II: Die neuere Zeit.* Berlin: Walter de Gruyter.

Buchli, Hanns. 1966. *6000 Jahre Werbung. Geschichte der Wirtschaftswerbung und der Propaganda: Band III: Das Zeitalter der Revolution.* Berlin: Walter de Gruyter.

Buchli, Hanns. 1970. Geschichte der Werbung. In *Handbuch der Werbung: Mit programmierten Fragen und praktischen Beispielen von Werbefeldzügen*, Hrsg. Karl Christian Behrens, 11–24. Wiesbaden: Gabler Verlag.

Die Zeit. 2015. Hello Barbie. https://www.zeit.de/digital/2015-04/hello-barbie/wide__1300x731. Zugegriffen: 14.09.2023.

Dorn, David. 2015. *The Rise of the Machines: How Computers Have Changed Work.* Zürich. https://www.ubscenter.uzh.ch/static/844d0cbec3dcf85b9323b9b787097729/UBSC_PP4_the_rise_of_the_machines.pdf. Zugegriffen: 11.04.2023.

dpa. 2019. Der Erfinder des „HB-Männchens" ist gestorben. *Frankfurter Allgemeine Zeitung*, 18. Juli. https://www.faz.net/aktuell/wirtschaft/unternehmen. Zugegriffen: 14.09.2023

Edmond, Maura. 2023. Careful consumption and aspirational ethics in the media and cultural industries: Cancelling, quitting, screening, optimising. *Media, Culture & Society* 45 (1): 92–107. https://doi.org/10.1177/01634437221099615.

Ferrero. 2023. Raffaello TV-Spot. https://www.raffaello.de/produkt#tvspot. Zugegriffen: 6. Oktober 2023.

Haas, Stefan. 1995. Psychologen, Künstler, Ökonomen: Das Selbstverständnis der Werbetreibenden zwischen Fin de siècle und Nachkriegszeit. In *Bilderwelt des Alltags: Werbung in der Konsumgesellschaft des 19. und 20. Jahrhunderts: Festschrift für Hans Jürgen Teuteberg*, Hrsg. Peter Borscheid und Clemens Wischermann, 78–89. Stuttgart: Franz Steiner Verlag.

Hasebrink, Uwe. 2009. *Das Publikum verstreut sich: Nutzungsforschung in konvergierenden Medienumgebungen.* SGKM Tagung, Zürich, 26 März 2009.

Haubl, Rolf. 1992. „Früher oder später kriegen wir euch" In *Bilderflut und Sprachmagie: Fallstudien zur Kultur der Werbung*, Hrsg. Hans A. Hartmann und Rolf Haubl, 9–32. Opladen: Westdeutscher Verlag.

Himmels, Gerd, und Dieter Peters. 1991. *Plakatwerbung in Deutschland: Eine kleine Enyklopädie.* Bergisch-Gladbach.

Horizont. o. J. Das Beste aus 100 Jahren Persil-Werbung. https://www.horizont.net/galerien/-Das-Beste-aus-100-Jahren-Persil-Werbung-553. Zugegriffen: 14.09.2023.

Horx, Matthias. 1995. Einleitung: Trendmarken – Markentrends. In *Markenkult: Wie Waren zu Ikonen werden*, Hrsg. Matthias Horx und Peter Wippermann, 28–101. München: Econ & List.

Jäckel, Michael. 1998. Warum Erlebnisgesellschaft? Erlebnisvermittlung als Werbeziel. In *Die umworbene Gesellschaft: Analysen zur Entwicklung der Werbekommunikation*, Hrsg. Michael Jäckel, 245–272. Opladen, Wiesbaden: Westdeutscher Verlag.

Jung, Holger. 1998. 40 Jahre Werbung – und kein bisschen weise. In *Das Handbuch der Unternehmenskommunikation*, Hrsg. Klaus Merten und Rainer Zimmermann, 44–50. Köln: Luchterhand.

Kellner, Joachim, Ulrich Kurth, und Werner Lippert (Hrsg.). 1995. *1945 bis 1995: 50 Jahre Werbung in Deutschland*, 2. Aufl. Ingelheim am Rhein: Westermann.

Kriegeskorte, Michael. 1995. *100 Jahre Werbung im Wandel: Eine Reise durch die deutsche Vergangenheit.* Köln: DuMont.

Manthey, Dirk (Hrsg.). 1996. *MAX Werbebuch 96/97: Kampagnen, Macher, Trends, Hintergründe, Infos.* Hamburg: Max-Verlag.

Matzig, Gerhard. 2016. Wie die Litfaßsäule die Digitalisierung überlebt. *Süddeutsche Zeitung*, 10. Februar.

Meffert, Heribert. 1994. *Marketing-Management: Analyse, Strategie, Implementierung.* Wiesbaden: Gabler Verlag.

Meffert, Sylvia. 2001. *Werbung und Kunst: Über die phasenweise Konvergenz der Sphären Werbung und Kunst in Deutschland von 1895 bis zur Gegenwart.* Wiesbaden.

Michael, Bernd M. 1993. Die Marke ist tot. Es lebe die Marke! In *Wie man Marken Charakter gibt: Wer für Märkte der Zukunft plant, muß sich von mancher gelernten Formel der Markentechnik verabschieden: neues Denken ist angesagt,* Hrsg. Grey Düsseldorf GmbH & Co. KG, 409–418. Stuttgart: Schäffer-Poeschel.

Morgan, Felix. 2015. AI will light a fire under advertising, but creativity will remain the spark. *Campaign US,* 19. August.

Naderer, Brigitte, und Suzanna J. Opree. 2021. Increasing Advertising Literacy to Unveil Disinformation in Green Advertising. *Environmental Communication* 15 (7): 923–936. https://doi.org/10.1080/17524032.2021.1919171.

Neureiter, Ariadne, und Jörg Matthes. 2023. Comparing the effects of greenwashing claims in environmental airline advertising: perceived greenwashing, brand evaluation, and flight shame. *International Journal of Advertising* 42 (3): 461–487. https://doi.org/10.1080/02650487.2022.2076510.

Oscarlotta on tour. 2017. Schlagwort-Archive: KdF-Seebäder: Die andere Geschichte. https://oscarlottaontour.wordpress.com/tag/kdf-seebaeder/. Zugegriffen: 14. September 2023.

Petrovic, Otto. 2017. The Internet of Things as Disruptive Innovation for the Advertising Ecosystem. In *Commercial Communication in the Digital Age: Information or Disinformation?,* Hrsg. Gabriele Siegert, M. Bjørn Rimscha und Stephanie Grubenmann, 183–206. Berlin: De Gruyter.

Petrovic, Otto, Thomas Puchleitner, und Stefan Terschan. 2015. Auswirkungen der Machine-to-Machine-Kommunikation auf Top-of-Mind-Awareness. *MedienWirtschaft* 12 (1): 12–21.

Procter & Gamble. 2006. Happy Birthday! – Ariel's Klementine alias Johanna König wird 85 Jahre alt. https://www.presseportal.de/pm/13483/802259. Zugegriffen: 14. September 2023.

Quiring, Oliver, und Wolfgang Schweiger. 2006. Interaktivität – ten years after. Bestandsaufnahme und Analyserahmen. *Medien & Kommunikationswissenschaft* 54 (1): 5–24. https://doi.org/10.5771/1615-634x-2006-1-5.

Reinhardt, Dirk. 1993. *Von der Reklame zum Marketing: Geschichte der Wirtschaftswerbung in Deutschland.* Berlin: Akademie Verlag.

Reinhardt, Dirk. 1995. Vom Intelligenzblatt zum Satellitenfernsehen: Stufen der Werbung als Stufen der Gesellschaft. In *Bilderwelt des Alltags: Werbung in der Konsumgesellschaft des 19. und 20. Jahrhunderts: Festschrift für Hans Jürgen Teuteberg,* Hrsg. Peter Borscheid und Clemens Wischermann, 44–63. Stuttgart: Franz Steiner Verlag.

Saal, Marco. 2014. Die Werbeklassiker aus Deutschland. https://www.horizont.net/marketing/charts/Top-15-Die-Werbeklassiker-aus-Deutschland-130158. Zugegriffen: 14.09.2023.

Schirner, Michael. 1988. *Werbung ist Kunst.* München: Klinkhardt und Biermann.

Schmidt, Siegfried J. 2002. Werbung oder die ersehnte Verführung. In *Die Gesellschaft der Werbung: Kontexte und Texte, Produktionen und Rezeptionen, Entwicklungen und Perspektiven,* Hrsg. Herbert Willems, 101–119. Wiesbaden: Westdeutscher Verlag.

Schmidt, Siegfried J., und Brigitte Spieß. 1994. Geschichte der Fernsehwerbung in der Bundesrepublik Deutschland: Eine Skizze. In *Unterhaltung, Werbung und Zielgruppenprogramme,* Hrsg. Hans Dieter Erlinger und Hans-Friedrich Foltin, 187–242. München: Fink.

Schmidt, Siegfried J., und Brigitte Spieß. 1996. *Die Kommerzialisierung der Kommunikation: Fernsehwerbung und sozialer Wandel 1956-1989.* Frankfurt am Main: Suhrkamp.

Schmuck, Desirée, Jörg Matthes, und Brigitte Naderer. 2018. Misleading Consumers with Green Advertising? An Affect–Reason–Involvement Account of Greenwashing Effects in Environmental Advertising. *Journal of Advertising* 47 (2): 127–145. https://doi.org/10.1080/00913367.2018.1452652.

Semrad, Bernd. 2004. Vertrieben, verdrängt oder vergessen?: Die „Wiener Schule" der Werbeforschung und ihre fachhistorischen Implikationen. In *Großbothener Vorträge zur Kommunikationswissenschaft*, Hrsg. Stephanie Averbeck, Klaus Beck, Arnulf Kutsch und Ute Nawratil, 135–164. Bremen: edition lumière.

Starbucks. 2014. Starbucks Announces the Winner of its White Cup Contest. https://stories.starbucks.com/stories/2014/starbucks-announces-the-winner-of-its-white-cup-contest/. Zugegriffen: 14.09.2023.

Sterbenk, Yvette, Sara Champlin, Kasey Windels, und Summer Shelton. 2022. Is Femvertising the New Greenwashing? Examining Corporate Commitment to Gender Equality. *Journal of Business Ethics* 177 (3): 491–505. https://doi.org/10.1007/s10551-021-04755-x.

Volltexter. o. J. Dürfen Werber eigentlich alles? https://volltexter.de/work/presse-blog/streitthema-werbung-duerfen-werber-eigentlich-alles/. Zugegriffen: 14.09.2023.

Willems, Herbert. 2002. Vom Handlungstyp zur Weltkultur: Ein Blick auf Formen und Entwicklungen der Werbung. In *Die Gesellschaft der Werbung: Kontexte und Texte, Produktionen und Rezeptionen, Entwicklungen und Perspektiven*, Hrsg. Herbert Willems, 55–99. Wiesbaden: Westdeutscher Verlag.

Wischermann, Clemens. 1995a. Einleitung: Der kulturgeschichtliche Ort der Werbung. In *Bilderwelt des Alltags: Werbung in der Konsumgesellschaft des 19. und 20. Jahrhunderts: Festschrift für Hans Jürgen Teuteberg*, Hrsg. Peter Borscheid und Clemens Wischermann, 8–20. Stuttgart: Franz Steiner Verlag.

Wischermann, Clemens. 1995b. Grenzenlose Werbung?: Zur Ethik der Konsumgesellschaft. In *Bilderwelt des Alltags: Werbung in der Konsumgesellschaft des 19. und 20. Jahrhunderts: Festschrift für Hans Jürgen Teuteberg*, Hrsg. Peter Borscheid und Clemens Wischermann, 372–407. Stuttgart: Franz Steiner Verlag.

World Advertising Research Center (WARC). 2007. *World Advertising Trends 2007*. Henley-on-Thames.

Zurstiege, Guido. 2002. Werbung als Funktionssystem. In *Systemtheorie und Konstruktivismus in der Kommunikationswissenschaft: Ansprüche und Herausforderungen*, Hrsg. Armin Scholl, 147–159. Konstanz: UVK.

Zurstiege, Guido. 2016. Werbung – Gesellschaft – Kultur. In *Handbuch Werbeforschung*, Hrsg. Gabriele Siegert, Werner Wirth, Patrick Weber und Juliane A. Lischka, 77–97. Wiesbaden: Springer VS.

Zurstiege, Guido, und Siegfried J. Schmidt. 2003. Werbekommunikation. In *Öffentliche Kommunikation: Handbuch Kommunikations- und Medienwissenschaft*, Hrsg. Günter Bentele, Hans-Bernd Brosius und Otfried Jarren, 492–503. Wiesbaden: Westdeutscher Verlag.

Handlungsbereiche, Akteursgruppen und Akteur:innen in der Werbung

5

Inhaltsverzeichnis

5.1	Handlungsbereiche des Werbewirtschaftssystems	132
5.2	Akteursgruppen im Werbeprozess	136
5.3	Differenzierung der Akteur:innen im Werbeprozess	138
	5.3.1 Akteur:innen im Handlungsbereich AUFTRAG	138
	5.3.2 Akteur:innen im Handlungsbereich PRODUKTION	139
	5.3.3 Akteur:innen im Handlungsbereich DISTRIBUTION	140
	5.3.4 Akteur:innen im Handlungsbereich REZEPTION	143
	5.3.5 Akteur:innen im Handlungsbereich VERARBEITUNG	144
5.4	Werbe- und Kommunikationsagenturen als zentrale Akteursgruppe	145
	5.4.1 Typischer Agenturaufbau	146
	5.4.2 Ausdifferenzierung und Agenturmodelle	148
5.5	Berufsrollen und Selbstbilder in der Werbung	151
	5.5.1 Berufe und Anforderungen	152
	5.5.2 Selbstbilder und Intra-Rollenkonflikte	154
Literatur		156

Überblick

In diesem Kapitel betrachten wir Handlungsbereiche, Akteursgruppen und Akteur:innen sowie Berufsrollen und Selbstbilder in der Werbung. Wieder versuchen wir sowohl eine theoretisch fundierte als auch praxisnahe Darstellung. Die vor diesem Hintergrund interessierenden Fragen lauten z. B.: Welche Handlungsbereiche sind für die Werbung maßgebend und welche Funktion haben sie? Wer sind die relevan-

> *ten kollektiven und korporativen Akteur:innen, also Organisationen und Institutionen, in der Werbung? Welche kommen neu hinzu? Welche gewinnen, welche verlieren an Bedeutung? Welche Rollen nehmen die individuellen Akteur:innen ein, was sind also die unterschiedlichen Berufe und Tätigkeiten?*
>
> *Bei dieser Betrachtung können vor allem zwei theoretische Herangehensweisen unterschieden werden. Während die Konzeption „Handlungsbereiche" auf einer systemtheoretischen Argumentation aufbaut, liegt der Konzeption „Akteursgruppen" eine organisationsorientierte Perspektive zugrunde. Die Vielfalt der involvierten Akteur:innen und ihre jeweilige Verfasstheit lässt die Komplexität der Akteur:innen- und Interessenskonstellationen bereits ahnen. Im Zentrum steht dennoch die korporative Akteurin Werbe- bzw. Kommunikationsagentur, deren Aufbau erläutert wird. Werbe- und Kommunikationsagenturen sind sowohl Akteur:innen, die innerhalb von Strukturen handeln, als auch selbst Strukturen, innerhalb derer die Werbeschaffenden handeln. Deshalb konzentriert sich die Darstellung der Berufe, Berufsrollen und Selbstbilder sowie der spezifischen Orientierungen und Intra-Rollenkonflikte vornehmlich auf die Berufe in Werbe- und Kommunikationsagenturen. Andere individuelle Akteur:innen werden nur dann berücksichtigt, wenn sie in der Auftragslogik eine einflussreiche Position innehaben.*

5.1 Handlungsbereiche des Werbewirtschaftssystems

Jörg Tropp (1997, S. 87 ff.) ordnet Werbung dem Teilsystem Wirtschaft zu und spricht daher vom Werbewirtschaftssystem. Dieses unterteilt er in fünf relevante Handlungsbereiche (vgl. Abb. 5.1), denen er je unterschiedlich institutionalisierte und professionalisierte Handlungsrollen zuordnet.

Diese Handlungsbereiche müssen zudem als wechselseitig aufeinander bezogen begriffen werden, weil kein Bereich ohne den vorhergehenden existieren würde. Die Handlungsrolle der Auftraggeber:innen wird dabei rein analytisch direkt dem Wirtschaftssystem zugeordnet. Für jeden Handlungsbereich lassen sich darüber hinaus spezifische Probleme und Interessenslagen festhalten (Tropp 1997, S. 110 ff.):

Im Handlungsbereich Produktion bleiben Agenturen trotz ihrer enormen Beteiligung als maßgebliche Akteur:innen nahezu unsichtbar. Als Urheber:innen, Verantwortliche und Absender:innen der Werbung werden die werbungtreibenden Unternehmen erkannt, was in gewisser Weise der Auftragslogik entspricht. Damit entkommen die Agenturen einerseits der Verantwortung, können sich anderseits aber auch nicht öffentlich mit Lorbeeren schmücken. Eine Ausnahme bildet in der Regel nur die Skandalisierung von Werbung. Denn wenn Werbung öffentlich verhandelt wird, weil sie z. B. mit Tabus bricht oder religiöse Symbole zweckentfremdet, werden nicht nur die Unternehmen,

5.1 Handlungsbereiche des Werbewirtschaftssystems

Abb. 5.1 Handlungsbereiche des Werbewirtschaftssystems. (In Anlehnung an Tropp 1997, S. 97)

sondern auch ihre Werber:innen begründungspflichtig – zumindest gegenüber ihren Auftraggeber:innen. Aus publizistik- und kommunikationswissenschaftlicher Perspektive blenden Agenturen darüber hinaus weitgehend die gesamtgesellschaftlichen Konsequenzen ihres Handelns für die öffentliche Kommunikation aus (vgl. Siegert et al. 2004). Zugleich stehen sie unter dem Druck gestiegener Leistungsansprüche, da Werbebudgets unter den Bedingungen der Medien- und Informationsgesellschaft immer weniger Wirkungen zeigen.

Der Handlungsbereich Distribution, zu dem nicht nur die klassischen Massenmedien, sondern auch Mediaagenturen und Werbevermarkter:innen zählen, ist gesamthaft konfrontiert mit einer Akzeptanzkrise der Werbung. Zwar ist Werbung längst vom Schmuddelkind zur trendigen Branche mutiert, doch schalten die Rezipient:innen immer öfter um oder weg, tun etwas anderes, blättern um, verwenden Ad-Blocker, etc. Diese Akzeptanzkrise versucht der Handlungsbereich Distribution in Kooperation mit der Produktion immer öfter mit werbefreundlicher Einbettung der Werbung, mit Sonderwerbeformen oder Vermischung von werblichen und redaktionellen Angeboten zu kontern. In diesem Zusammenhang sind im Handlungsbereich Distribution auch Social Media und die dortigen Kanäle von Influencer:innen einzuordnen.

Der Handlungsbereich Rezeption ist durch sich widersprechende Probleme gekennzeichnet. Zum einen führt der Überfluss an Waren- und Kommunikationsangeboten zu Orientierungslosigkeit und dem Bedarf nach Entscheidungshilfen auch durch die Werbung. Andererseits verhalten sich Rezipient:innen/Konsument:innen zunehmend clever und rational, durchschauen die Fiktionen der Werbung, prüfen Angebote und zeigen sich sprunghaft und hybride, nicht nur beim Konsum, sondern auch in Bezug auf die Werbung. Leicht anders zeigt sich der Handlungsbereich Rezeption im Fall von Business-to-Business-Beziehungen (B2B), weil die Rezipient:innen hier professionell agierende korporative Akteur:innen, sprich Unternehmen, sind (vgl. Tropp 2019, S. 127 f.).

Im Handlungsbereich Verarbeitung werden diejenigen Handlungen zusammengefasst, die sich auf einer Meta-Ebene mit der Werbung befassen, die also über werbliche Kommunikationsangebote, über Beschäftigte in der Werbung, über Werbebotschaften und -wirkungen oder über Etatgewinne und -verluste kommunizieren. Die Auseinandersetzung mit der Werbung kann sowohl im Alltag und im Rahmen informeller Kommunikation geschehen als auch im professionellen Kommunikationszusammenhang, wie z. B. in der wissenschaftlichen Auseinandersetzung. Das vorliegende Einführungsbuch würde nach dieser Logik also dem Bereich Verarbeitung zugehören. Auch werbewirtschaftliche Verbände und Vereine gehören zum Handlungsbereich Verarbeitung.

Da Agenturen wie gezeigt im Handlungsbereich Produktion eher unsichtbar bleiben, versuchen sie mit weniger oder mehr Intensität, sich im Handlungsbereich Verarbeitung zu profilieren, z. B. über die Teilnahme an Wettbewerben. Dennoch kritisieren selbst Agenturvertreter:innen, dass Selbstdarstellung und Eigenwerbung von Agenturen zu wünschen übrig lassen (vgl. Aebi 2003, S. 377 ff.; Wallrafen 2003, S. 61 ff.). Allenfalls versuchen Agenturen und Werber:innen, auch andere Handlungsrollen dieses Bereichs, wie z. B. Journalist:innen, auf ihre Leistung aufmerksam zu machen. Entstehen aber im Handlungsbereich Verarbeitung kritische Erkenntnisse, finden sie nur bedingt Eingang in den Handlungsbereich Produktion. Vice versa bleiben Agenturen zumindest außerhalb der Branchenberichterstattung auch im Handlungsbereich Verarbeitung erstaunlich unsichtbar – von Einzelfällen wie im folgenden Beispiel abgesehen.

> **Fallbeispiel Wirz und IWC: Eigenwerbung als Antwort auf Etatverlust**
>
> Den Verlust eines Werbeetats nutzte die Agentur Wirz Werbung, Zürich, um in einer ganzseitigen Anzeige in der Neuen Zürcher Zeitung (siehe Abb. 5.2) zu dokumentieren, mit welch großem Erfolg man für den verlorenen Kunden gearbeitet hatte, und um damit neue Kund:innen zu werben. ◄

Eine ähnliche Strukturierung in Handlungsbereiche findet sich bei Guido Zurstiege (2002, S. 122 ff.), der die Beziehungsfelder in „Produktion: Werbung – Kunde", „Distribution: Werbung – Medien" und „Rezeption: Werbung – Publikum" unterteilt. Dabei ist die Produktion durch die Nachfrage nach effektiver Kreativität gekennzeichnet, die Distribution durch die Nachfrage nach zielgruppenaffiner Streuung der Werbebotschaft und die Rezeption durch wechselseitige Ausbeutung. Und während im Verhältnis Werbung – Kund:innen idealtypisch die Parteilichkeit der Werbung die ausschlaggebende Geschäftsgrundlage darstellt, ist es in der Beziehung Werbung – Medien idealtypisch die Unparteilichkeit der Medien.

5.1 Handlungsbereiche des Werbewirtschaftssystems

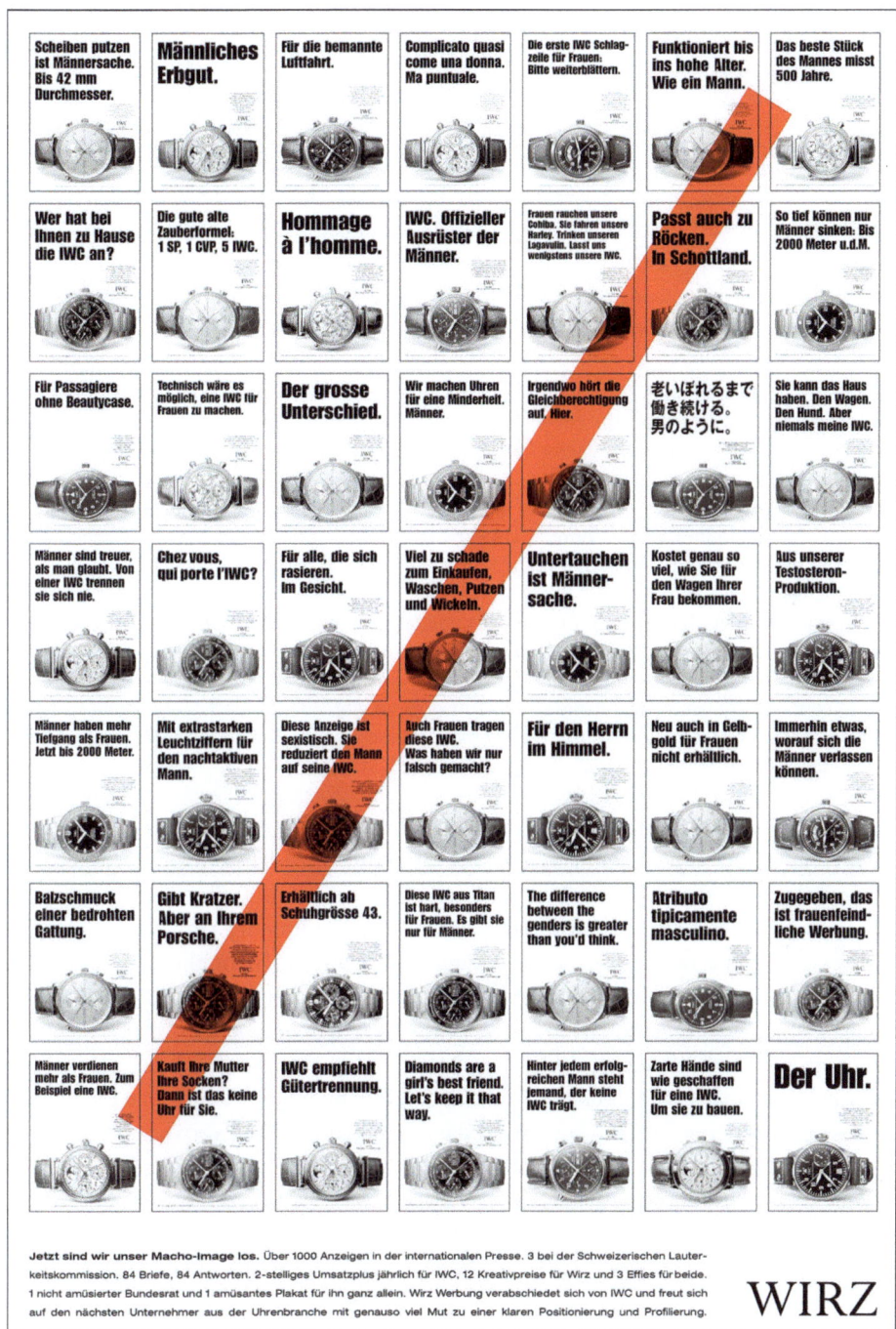

Abb. 5.2 Ganzseitiges Inserat der Agentur Wirz in der NZZ. (Wirz 2005)

5.2 Akteursgruppen im Werbeprozess

Bereits in Kap. 4 wurde darauf verwiesen, dass der Werbeprozess zunehmend systematisiert und als arbeitsteiliger Ablauf organisiert worden ist, sich im Laufe der Werbegeschichte Organisationen und Einrichtungen der Werbung ausgebildet, etabliert und institutionalisiert haben, und so ein komplexes Gefüge aus Akteur:innen und deren wechselseitigen Beziehungen entstanden ist. Organisationen sind einerseits das Ergebnis von Akteurshandeln. Andererseits machen sie gleichzeitig Individuen oder anderen Organisationen strukturelle Vorgaben, z. B. in Form von spezifischen Regeln. Organisationen können dabei sowohl kollektive als auch korporative Akteur:innen sein.

> „**Kollektive Akteure** sind Zusammenschlüsse von einzelnen Individuen mit einem geringen formalen Organisationsgrad, die ein gemeinsames Ziel verfolgen. Beispiele für kollektive Akteure sind etwa Bürgerinitiativen oder Gruppen aus den sozialen Bewegungen. Kollektive Akteure unterscheiden sich von korporativen Akteuren dadurch, dass sie von den Präferenzen ihrer Teilnehmerinnen und Teilnehmer abhängig sind und von diesen kontrolliert werden. Ziele, Orientierungen und Ressourcen kollektiver Akteure müssen durch Abstimmung oder Konsens unter den Teilnehmenden gefunden werden und können in der Regel nicht einfach hierarchisch angeordnet werden.
> **Korporative Akteure** sind Zusammenschlüsse von einzelnen Individuen mit einem hohen formalen Organisationsgrad. Beispiele für korporative Akteure sind etwa Ministerien, Behörden oder Wirtschaftsunternehmen. Korporative Akteure sind von den Präferenzen ihrer Mitglieder weitgehend unabhängig, da Entscheidungen hierarchisch und nicht durch Abstimmung oder Konsens gefunden werden müssen (vgl. Dolata und Schrape 2018, S. 12–13; Scharpf 2000, S. 101)." (Donges und Jarren 2022, S. 31–32).

Unternehmen und Agenturen sind vor allem als korporative Akteur:innen zu sehen. Mit der Regelung der Arbeitsverhältnisse über Verträge wird ein hoher formaler Organisationsgrad erreicht, und die individuellen Akteur:innen werden auf die Organisationsziele und -regeln sowie auf Organisationskultur und Corporate Identity verpflichtet. Dennoch gestaltet sich die interne Entscheidungsfindung nicht immer so hierarchisch, wie die obige Definition vermuten lässt. Der Produktionsprozess von Werbung ist auf dieser Basis das Zusammenspiel mehrerer korporativer, kollektiver und individueller Akteur:innen. Die Verantwortlichkeit für den Werbeoutput – oder die Frage, wer eigentlich der/die Kommunikator:in werblicher Kommunikation ist – ist folglich nicht ganz einfach zu klären. Rein formal – aber eben nur formal – könnte auf die Auftraggeber:innen verwiesen werden. Sie sind es auch, die im juristischen Sinn für die werblichen Inhalte verantwortlich zeichnen. Die Werbebotschaften und -inhalte, die uns alltäglich begegnen, sind aber vielmehr das Ergebnis diverser Entscheidungsprozesse, geprägt von den Aktivitäten verschiedener Akteur:innen, die in Netzwerken zusammenarbeiten und dort ihre Interessen einbringen und ihre Machtspielräume ausnutzen.

Wie in anderen Netzwerken zur Content-Produktion spielen auch im Netzwerk der Werbeproduktion die Qualität und das Geflecht der Beziehungen eine wesentliche Rolle. Zugleich werden aufgrund einer fehlenden zentralen Leitung Kooperation, Vertrauen, Verlässlichkeit,

5.2 Akteursgruppen im Werbeprozess

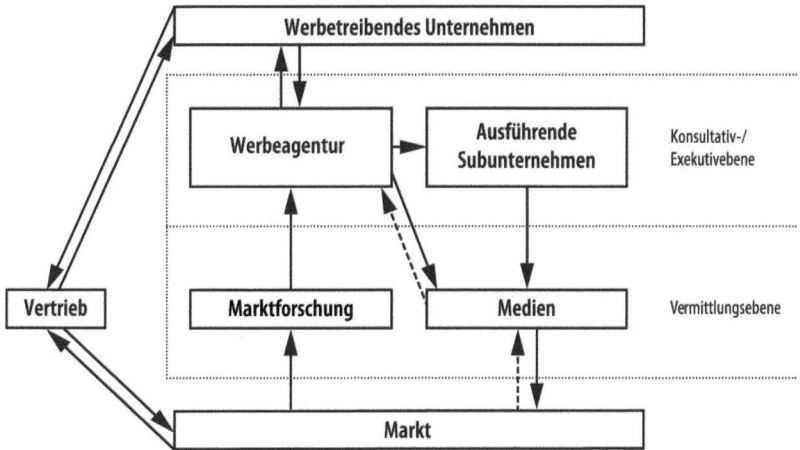

Abb. 5.3 Strukturmodell des Gesamtwerbeprozesses (Schierl 2002, S. 437)

Selbstverpflichtung und Dauerhaftigkeit der Beziehungen zu konstitutiven Koordinationsmechanismen (vgl. Windeler und Sydow 2004, S. 10 sowie Abschn. 9.1 in diesem Band).

Thomas Schierl (2002) ordnet die Akteur:innen aus organisationsorientierter Perspektive im Rahmen eines Gesamtwerbeprozesses anhand der Auftragslogik (vgl. Abb. 5.3). Gleichwohl betont er, dass die Kommunikation nicht zwangsläufig linear und konsequent einseitig verläuft. Er differenziert eine Beratungs-/Umsetzungsebene und eine Vermittlungsebene und betont, dass auf der Beratungs-/Umsetzungsebene dieses Prozesses die Werbe- und Kommunikationsagenturen Aufgaben an Subunternehmen, Spezialagenturen oder Freelancer:innen abgeben (müssen). Die Agenturen sind im Gesamtprozess in drei Bereichen tätig. Erstens beraten sie die werbungtreibenden Unternehmen, zweitens setzen sie die Vorgaben der Werbestrategie und -planung um und drittens koordinieren sie die dazu nötigen Akteur:innen.

Dabei können organisatorische Defizite zu dysfunktionalem Handeln im Sinne der Zielerreichung führen (vgl. Schierl 2002, S. 438 ff.). So können z. B. werbungtreibende Unternehmen, besser: die sie vertretenden Personen, andere als ökonomisch ausgerichtete Ziele (wie persönliche Eitelkeiten, Karriere-Überlegungen etc.) verfolgen. Analog dazu müssen Agenturen die Zielverfolgung im Dienste ihrer Auftraggeber:innen in Einklang bringen mit dem Ziel der eigenen Existenzsicherung (vgl. Zurstiege 2005, S. 122). Nicht selten konkurrenziert das Ziel, möglichst effektive und effiziente Werbung im Sinne ihrer Auftraggeber:innen zu machen mit dem, möglichst kreative Werbung zu gestalten. Denn Kreativität ist für die Positionierung einer Agentur ein, wenn nicht das unabdingbare, wettbewerbsunterscheidende und identitätsstiftende Aushängeschild. Damit wird Identität in der Beziehung Auftraggeber:innen – Werbe- und Kommunikationsagentur zu einer Frage der strategischen Selbstbehauptung.

Die eben beschriebenen Interessenskonstellationen und Zielkonflikte gestalten sich innerhalb der Agenturen noch einmal komplizierter, denn auch intern zieht sich das eben beschriebene Wechselspiel zwischen effektiver und effizienter Werbung einerseits und Kreativität andererseits weiter (vgl. Abschn. 9.2). Konfliktentschärfend wirkt sich dabei aus, dass sich auch Auftraggeber:innen bei der Auswahl von Agenturen an Kreativität orientieren.

5.3 Differenzierung der Akteur:innen im Werbeprozess

Um einen adäquaten Überblick über die Werbepraxis zu gewährleisten, muss die Darstellung sowohl der Handlungsbereiche als auch der Akteur:innen im Gesamtwerbeprozess einerseits ergänzt und andererseits weiter aufgegliedert werden. Dies ist auch deshalb wichtig, weil die Entscheidungsströme durch das Mitwirken weiterer Akteur:innen, z. B. Begleit- und Anschlussinstitutionen, sowie Technologien und Algorithmen zwangsläufig verändert werden:

5.3.1 Akteur:innen im Handlungsbereich AUFTRAG

Bei den werbungtreibenden Unternehmen muss unterschieden werden zwischen entscheidungsautonomen und in ihren Entscheidungen bezüglich der Werbung abhängigen Unternehmen. So sind viele Unternehmen durch Konzernintegration (z. B. die Audi AG im Volkswagen-Konzern), Zugehörigkeit zu einem Franchiseverbund (z. B. Franchisenehmer von OBI, Yves Rocher, McDonald's), einer Kooperation (z. B. Schuhladen in der Werbegemeinschaft eines Einkaufscenters) oder Verträgen mit vorgelagerten Marktpartner:innen (z. B. Autowerkstatt als Vertragspartnerin eines Markenherstellers) in ihren Entscheidungen bezüglich der Werbung in mehr oder weniger großem Umfang an Weisungen ihrer Konzern-, Franchise- oder Kooperationszentrale bzw. ihres Vertragspartners gebunden. Teils sind sie verpflichtet, sich an gemeinsamen Werbemaßnahmen zu beteiligen, auch wenn sie deren Inhalte und Gestaltung nicht immer mitbestimmen können.

Dabei definiert die Intensität der wirtschaftlichen Verflechtung nicht zwingend die Abhängigkeit in Fragen der Werbung. Auch konzernintegrierte Unternehmen können bezüglich der Kommunikationspolitik eigenständig sein, während z. B. zu einer Kooperation gehörende und Franchiseunternehmen eigenständige Kommunikationsmaßnahmen mit solchen ihrer Kooperation und Franchisepartner:innen kombinieren (müssen), aber bei letzteren nur bedingt mitentscheiden können.

> **Fallbeispiel Deutscher Franchiseverband: Eingeschränkte Werbeautonomie in Franchisesystemen**
>
> Die Werbeautonomie von Franchisenehmer:innen ist eingeschränkt. Sie können beispielsweise darauf verpflichtet werden, Marketingmaßnahmen durchzuführen, wobei Vorgaben der Franchisegeber:innen eingehalten werden müssen. Auf diese Einschränkungen weist der Deutsche Franchiseverband explizit in den auf seiner Webseite wiedergegebenen Pflichten von Franchisenehmer:innen hin (siehe Abb. 5.4). ◄

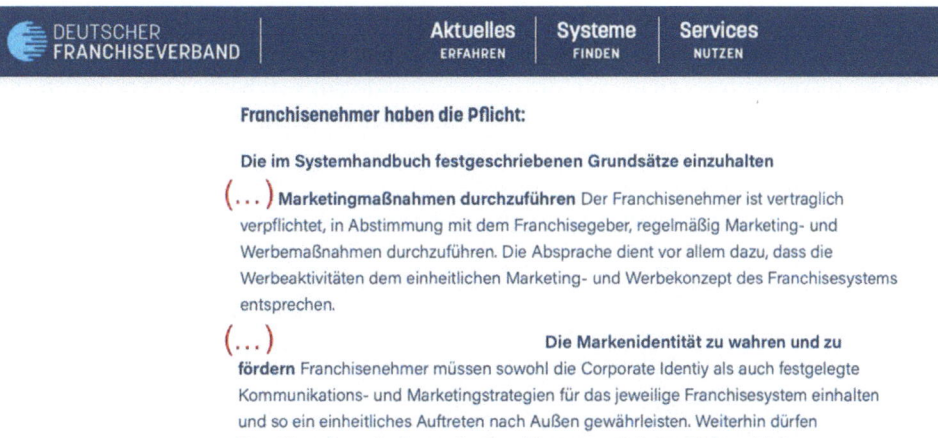

Abb. 5.4 Einschränkung der Werbeautonomie von Franchisenehmer:innen. (Deutscher Franchiseverband 2023; Auszug aus einem Screenshot und Streichung hier nicht relevanter Passagen durch die Autor:innen)

Als weitere Akteur:innen treten oftmals externe Berater:innen auf den Plan. Werden sie von Unternehmen zugezogen, verkomplizieren sich in vielen Fällen Entscheidungsstrukturen, weil sie einerseits Mediator:innen zwischen Unternehmen und ihren Agenturen sein können, andererseits aber nicht selten versuchen, den kommunikativen Lead zu übernehmen oder gar klassische Agenturleistungen selbst anzubieten (vgl. van Rinsum 2016 und Bialek 2018).

Schon immer haben darüber hinaus Marktforschungsinstitute z. B. mit neuen Zielgruppendefinitionen Werbungtreibende in ihren Entscheidungen beraten und beeinflusst. Zu ihnen zählen aktuell auch Marken- und Trendforschungsbüros, die z. B. mit zukunftsorientierten Marktscreenings und -monitorings Vorgaben für Kommunikationsmaßnahmen generieren und dabei nicht immer auf die ungeteilte Freude der Werber:innen treffen (vgl. Baginski 2000, S. 166).

5.3.2 Akteur:innen im Handlungsbereich PRODUKTION

Die Ausdifferenzierung der Akteur:innen im Werbeprozess aufseiten der werbungtreibenden Unternehmen findet ihre Entsprechung auch auf der Seite der Agenturen. Hier suggeriert die Bezeichnung Werbeagentur eine Homogenität, die in praxi nicht gegeben ist, wie bereits der ergänzend oder synonym verwendete Begriff Kommunikationsagentur zeigt. Darüber hinaus lassen sich Agenturen nach Leistungsumfang, Unternehmensstrukturen, In- oder Outbound-Orientierung sowie nach Spezialisierungen unterscheiden. Da Werbe- und Kommunikationsagenturen nach wie vor eine dominante Akteursgruppe im Werbeprozess bilden, werden sie hier nicht noch weiter beschrieben und stattdessen in Abschn. 5.4 ausführlich dargestellt.

Ausdifferenzierung als struktureller Entwicklungstrend lässt sich aber auch bei anderen Akteur:innen im Werbeprozess beobachten: Bei den Produktions- und Gestaltungsspezialist:innen führen oftmals technische Innovationen und damit verbundene Anforderungen an neue Kompetenzen, aber auch wachsender Kostendruck dazu, dass solche Kompetenzen an „Spezial-Spezialist:innen" ausgelagert werden. In der Filmproduktion treten z. B. neben die klassischen Produzent:innen Animations- und Digitalisierungsspezialist:innen oder Stunt-Teams; in der Onlinewerbung werden Spezialist:innen für Suchmaschinenoptimierung oder Content-Marketing-Redaktionen für die Werbung in Sozialen Netzwerken eingesetzt. Auch hier nimmt die Ausdifferenzierung erst dann Einfluss auf den Werbeprozess, wenn die „Spezial-Spezialist:innen" nicht mehr als Subunternehmer:innen im Auftragsverhältnis für die Spezialist:innen auftreten, sondern ihre Leistungen direkt bei den Werbungtreibenden vermarkten.

Mit der zunehmenden Digitalisierung von Werbung und insbesondere der explosionsartigen Entwicklung von Social Media werden Influencer:innen als Akteur:innen im Handlungsbereich Produktion immer wichtiger. Unter den 15 Top Informationsquellen im achten Rang gereiht (vgl. Clegg et al. 2020) gewinnen sie zunehmend eine bedeutende Position in der Logik der (programmintegrierten) Werbung. So folgen aktuell bereits 60 % aller Millenials Influencer:innen auf sozialen Plattformen. Dort zeigen sich Influencer:innen in ihren Kanälen thematisch fokussiert und präsentieren entweder nur Produkte und ihre Anwendung oder passen ihre Narrative auf eine Produktpalette an.

5.3.3 Akteur:innen im Handlungsbereich DISTRIBUTION

Aus publizistik- und kommunikationswissenschaftlicher Sicht haben Mediaagenturen eine besondere Stellung inne; denn auch wenn sie nicht immer im Ablaufprozess zwischengeschaltet werden, bilden sie doch die Schnittstelle zwischen der Produktions- und der Distributionsebene. Je komplexer ein Mediensystem ist, d. h. je mehr Titel, Programme, Sendungen und Online-Angebote von zum Teil unterschiedlich strukturierten Medienorganisationen oder Plattformbetreiber:innen Werbeschaltungen anbieten, desto komplexer und differenzierter werden Auswahl und Optimierung der Belegung. Und desto größer wird auch der Macht- und Einflussbereich der Mediaagenturen. Dieser erstreckt sich zwar auch auf die kreative Umsetzung, aber in viel stärkerem Ausmaß auf die Medien. Da Mediaagenturen mittlerweile enorm große Budgets verwalten und zugleich als Organisationen hoch konzentriert sind, gehen sie mit einer bedeutenden und entsprechend preisgestaltenden Nachfragemacht in Einkaufsverhandlungen für Werbezeiten und -räume (vgl. bereits die Interviewzitate in Kramer 2001, S. 171). Der automatisierte Biet- und Buchungsprozess im Programmatic Advertising (siehe Kap. 6) relativiert bzw. beeinflusst indes Rolle und Nachfragemacht großer Mediaagenturen. Aber auch hier ist eine Ausdifferenzierung erkennbar, weil sich mittlerweile über reine Online-Agenturen hinausgehende und als „Spezial-Spezialist:innen" tätige Agenturen etabliert haben, die z. B. Einzellösungen für das Programmatic Advertising anbieten.

Das Pendant zu den Mediaagenturen auf der Produktionsebene sind auf der Distributionsebene die Vermittler:innen und Vermarkter:innen von Werberaum und -zeit auf Seiten der Medien. Vermittler:innen bieten reine Vermittlungsdienste an, ohne Werberaum und -zeit aktiv zu vermarkten – auch weil sie zum Teil keine Exklusivverträge mit den Medien haben. Vermarkter:innen verkaufen dagegen nicht nur aktiv Werberaum und -zeit, sondern begleiten diesen Verkauf auch mit Marketingaktivitäten, wie z. B. Studien zu Zielgruppen und relevanten Märkten oder Planungstools für die Mediaplanung. Werbevermarkter:innen sind in unterschiedlichen Organisationsformen anzutreffen: als Abteilung innerhalb einer Medienorganisation ebenso wie als rechtlich selbstständiges, aber an die Medienorganisation gekoppeltes Subunternehmen bis hin zum eigenständigen Vermarktungsunternehmen, das im Auftragsverhältnis Werbezeit und -raum mehrerer Medienorganisationen, zumindest aber mehrerer Objekte, wie z. B. Zeitschriftentitel oder Fernsehsender vermarktet. Auch reine Vermittler:innen sind als selbstständige Unternehmen organisiert und vermitteln dann Werbeschaltungen für verschiedenste Titel.

Oft kooperieren entsprechende Abteilungen, wie z. B. die Anzeigenabteilung eines Zeitungsverlages, mit externen Vermarkter:innen oder auch nur Vermittler:innen, sodass zwei Akteur:innen an der Prozessabwicklung beteiligt sind. Während die Ausgliederung von Vermarktungsgesellschaften z. B. als Subunternehmen öffentlich-rechtlicher Fernsehsender vom Postulat der Trennung von Werbung und Redaktion motiviert gewesen sein mag, spielt bei der Bildung größerer Vermarktungseinheiten neben der Möglichkeit, titelübergreifende Kombinationsangebote entwickeln und vermarkten zu können, vor allem die Bündelung von Verkaufsmacht die zentrale Rolle.

So vermarktet beispielsweise IQ Media Marketing als Vermarktungsgesellschaft der Verlagsgruppe Handelsblatt ein crossmediales Portfolio, das u. a. im Printbereich das Handelsblatt, die WirtschaftsWoche, DIE ZEIT oder den Tagesspiegel umfasst. Ad Alliance verkauft als Werbezeitenvermarkterin der RTL-Gruppe u. a. Werbezeit und -raum auf RTL, VOX oder RTL+, während Werbung auf Sat1, Pro7, Kabel eins, SIXX, SAT.1Gold oder ProSieben MAXX bei SevenOne Media gebucht werden muss. Zunehmend verändern die Werbezeitenvermarkter:innen jedoch ihr Angebot und fokussieren mittlerweile viel stärker auf Markeninszenierungen und Themenumfelder als auf Werbeträger:innen. Mit mehreren kleinen, sowie wenigen, aber verhandlungsstarken Anbieter:innen spiegeln die Strukturen der Distributionsebene diejenigen aufseiten ihrer Marktpartner:innen bei den Werbungtreibenden und deren Agenturen sowie bei den Medienorganisationen wider.

Bei verschiedenen Formen programmintegrierter Werbung kommen auch andere Intermediäre als Mediaagenturen, Vermittler:innen und Vermarkter:innen ins Spiel. So wird z. B. nicht selten bereits in der Entwicklung von audiovisuellen Formaten von deren Entwickler:innen ein komplettes Konzept zur Integration der Werbung erstellt und teilweise bereits länderspezifisch organisiert. Da die Initiative für potenzielle Werbeformen dann von der ursprünglichen Distributionsseite ausgeht, stellt dies die Abfolge der klassischen Auftragslogik auf den Kopf. Insofern sind Konzept-, Format- und Programmentwickler:innen zunehmend wichtiger werdende Akteur:innen im Beziehungsnetz Werbung.

Bei verschiedenen Formen von Programmatic Advertising werden dagegen völlig neue Akteur:innen aktiv. So schließen sich Online-Anbieter:innen einerseits zu Netzwerken zusammen (Ad Networks), und Medienunternehmen der zweiten Generation (wie z. B. Google oder Facebook) bilden zusammen mit den in ihren jeweiligen Konzernen verbundenen Unternehmen für sich ein großes Netzwerk (z. B. YouTube und Google im Alphabet-Konzern, Instagram, WhatsApp und Facebook bei Meta). Sie sind oftmals Intermediäre und Distributor:innen in einem, bzw. wird die Intermediärs-Tätigkeit von Algorithmen übernommen. Die Netzwerke platzieren beim Besuch einer Seite Cookies und diese einmal platzierten Cookies registrieren die Besuche auf anderen Seiten des Netzwerks, verfolgen also das Nutzungsverhalten und die Einkaufshistorie. Diese Daten lassen sich auch extern bei sog. Data Warehouses beziehen, die Datenbestände aus verschiedenen Quellen zusammenführen. Im Programmatic Advertising müssen die einzelnen Beteiligten ihren Werbeplatz dann nicht aktiv verkaufen; vielmehr werden Angebot, Bieterprozess und Buchung automatisiert abgewickelt. Noch können Algorithmen und Künstliche Intelligenz aber nicht als Akteur:innen bezeichnet werden, weil nicht alle für Akteur:innen kennzeichnende Faktoren zutreffen. Wenn ein automatisierter Bieterprozesses (Real Time Bidding) abläuft, dann spielen Auktionshäuser (Ad Exchanges) eine wichtige Rolle (siehe dazu ausführlicher Kap. 6).

Bei analoger nicht massenmedialer Werbung werden andere als die oben genannten Intermediäre aktiv. Zwar lassen sich auch hier – analog zur Situation für die Werbung in Massenmedien – individuelle, kollektive oder korporative Akteur:innen finden. Doch wird ja bereits mit der Bezeichnung „nicht massenmedial" implizit, dass es hier um kleinteiliger organisierte Werbeprozesse geht. Die Plakatierung für ein lokales Rock-Konzert folgt anderen Logiken und braucht daher oft andere Akteur:innen als die Kampagne zur nationalen Einführung eines neuen Automodells. Zumal viele Medien, wie z. B. Plakate, City Light Posters, Verkehrsmittelwerbung oder Mega-Posters, standortbezogen unterschiedliche Eigentümerstrukturen, Kommunikationsqualitäten und Belegbarkeiten aufweisen: So gibt es z. B. für ein Netz aus City-Light-Postern in einer Stadt sowohl verlässliche Mediadaten als auch die Möglichkeit zur zentralen Buchung über einen der großen Außenwerbe-Vermarkter, wie z. B. Ströer, JCDecaux, Clear Channel oder APG/SPA. Dagegen dürfte der Nachweis valider Mediadaten für ein Mega-Poster, das als Werbefläche nur während der Bauarbeiten eine private Gebäudefassade ziert, normalerweise nicht im Kompetenzfeld privater Hausbesitzer:innen liegen. Damit dürfte seine Nutzung eher im Fokus lokaler Werbungtreibender und deren Agenturen stehen.

Im Zusammenspiel der Akteur:innen dürfen zudem die Institutionen der Mediaforschung nicht vergessen werden. Denn auch wenn sie selten einen aktiven Part innerhalb der Auftragslogik einnehmen, liegt ihre Kernkompetenz genau an der Schnittstelle zwischen Werbungtreibenden und Medienanbieter:innen. So haben sie mit ihren Daten über die vergangene Mediennutzung, über die Segmentierung und Typologisierung des Publikums, über Medientypologien oder über die Abgrenzung regionaler Erfassungsräume einen impliziten Einfluss auf Entscheidungen im Rahmen des Werbeprozesses.

Wie zuvor schon der Begriff Agentur, so suggeriert auch die Bezeichnung Medien ebenfalls eine Homogenität, die in praxi nur bedingt gegeben ist. Vielmehr sind auch sie nicht nur in höchst unterschiedliche Organisationsformen und deren Konkretisierungen, also in die einzelnen Medienunternehmen ausdifferenziert, sondern auch in sehr unterschiedlichen Mediengattungen, wie z. B. Zeitung, Zeitschrift, Hörfunk, TV, Außenwerbung, Internet u. a. Hinzu kommen Online-Plattformen und Social Media, die sich in Bezug auf ihre Herkunft, Größe, Internationalität und Finanzkraft wesentlich von traditionellen Medienunternehmen unterscheiden, weshalb sie als Medienunternehmen der zweiten Generation bezeichnet werden können (vgl. Hess 2014; Hess und Bründl 2015). Zum Teil gelten unterschiedliche rechtliche Rahmenbedingungen, wie z. B. bei den Werbebeschränkungen für Print- und TV-Werbung. Zum Teil ergeben sich wie oben gezeigt unterschiedliche Prozeduren für die Werbevermittlung und -buchung.

Inwiefern Medien als Akteur:innen im Gesamtwerbeprozess eine Verhandlungsmacht aufbauen können, hängt wesentlich von ihrer Stellung im Medienwettbewerb ab. Diese ist umso einzigartiger – und legitimiert damit höhere Preise –, je weniger Konkurrenz ein Medium intra- und intermedial zu befürchten hat. So sind z. B. Tageszeitungen in sog. Ein-Zeitungskreisen (d. h. in Regionen oder Städten, in denen nur jeweils eine Tageszeitung auf dem Markt ist) für regionale und lokale Anbieter oft die einzige Möglichkeit, offline und zielgruppenspezifisch im Printbereich zu werben. Der intramediale Wettbewerb ist in diesem Fall gleichsam ausgeschaltet. Verliert eine solche Tageszeitung Rubrikanzeigen, wie z. B. die für Gebrauchtfahrzeuge, an das Internet, so zeigt dies auch, dass zumindest der intermediale Wettbewerb noch intakt ist.

Mit aktivem Absatzmarketing beeinflussen Medien die Auftragslogik im Werbeprozess z. B. in der Form, dass sie über die Themen der nächsten Ausgaben bzw. Sendungen, über Sonderthemen von Beilagen und Specials oder über die Programmstruktur des nächsten Jahres informieren. Für viele Werbungtreibende liefern sie damit oft einen auslösenden Impuls für Werbeaktivitäten – allerdings eher für ad-hoc-Maßnahmen, als für eine langfristig angelegte und strategisch geplante Kampagne. Nachdem die ausschließliche Konzentration auf Zielgruppenvermarktung bei Plattformen und Social Media an ihre Grenzen stößt, weil zu viel unplanbarer und ggfs. werbefeindlicher Kontext gepostet wird, argumentieren auch Plattformen und Social Media vermehrt mit thematischen Aspekten.

5.3.4 Akteur:innen im Handlungsbereich REZEPTION

Mit Blick auf den Handlungsbereich Rezeption muss festgehalten werden, dass Publikum, Zielgruppen oder Rezipient:innen nicht als Akteur:innen bezeichnet werden können. Da sie über keinen erkennbar dauerhaften Organisationsgrad verfügen, bleiben sie Kollektive ohne Akteurstatus (vgl. Donges und Jarren 2022, S. 33 f.). Dennoch sind sie als Orientierungsgrößen relevant, weil ihre Lebensweise – meist zu Milieutypologien verdichtet – den Werber:innen wichtige Hinweise für die Gestaltung der Werbebotschaften gibt, die Verhaltensmuster ihrer Mediennutzung die Basis für die Mediaauswahl liefert und schließlich ihre Reaktionen auf Werbung letztlich den eigentlichen Werbeerfolg darstellen.

Inwieweit Brand Communities, Kundenclubs und -beiräte als organisierte Fangemeinden an der Schwelle stehen, Akteur:innen zu werden, hängt von deren Größe, Einflussmöglichkeiten und Organisationsform ab. Brand Communities organisieren sich zumeist in Bezug auf bestimmte, meist emotional hoch aufgeladene Marken, wie z. B. Ferrari oder Louis Vuitton. Dagegen entstehen vor allem im Business-to-Business-Geschäft Kundenclubs und -beiräte oft auf Initiative der werbungtreibenden Unternehmen und sollen Kund:innen ans Unternehmen oder an die Marke binden.

Der Status des Publikums bzw. der Zielgruppen als Kollektive ohne Akteurstatus verändert sich jedoch dann, wenn Zielgruppen und einzelne Personen User Generated Content erschaffen und damit in den Werbeprozess eingreifen, z. B. User Generated Advertising gestalten und verantworten. Damit wird die Werbekommunikation zweiseitig und dialogorientiert. Diese Konstellation ermöglicht es den Nutzer:innen in einem nie gekannten Ausmaß, sich zu vernetzen, Werbung zu gestalten und zu produzieren und natürlich weiterzuverbreiten und zu teilen (Daugherty und Hoffman 2014). Mit den Möglichkeiten der Co-Creation sind für Werbungtreibende allerdings sowohl Chancen, wie z. B. bessere Kundenbindung oder Weiterempfehlungen, als auch Risiken, wie etwa Kontrollverluste bezüglich werblicher Inhalte und medialer Kanäle, verbunden. In jedem Fall müssen Werbungtreibende erst lernen damit umzugehen. Denn das Publikum bzw. Gruppen oder einzelne Personen können dadurch in ihrer Position mächtiger werden als bisher, was sich z. B. in der Skandalisierung von Werbebotschaften durch sogenannte Social Media Shitstorms zeigt.

5.3.5 Akteur:innen im Handlungsbereich VERARBEITUNG

Im Handlungsbereich Verarbeitung, d. h. im Branchenumfeld, greifen Werbeverbände und -vereinigungen zwar nicht direkt in den Auftragsprozess ein. Von ihnen vertretene Standpunkte, Leitlinien, Branchencodizes und ethische Standards oder auch das Branchenbild, das sie im Rahmen der für ihre Mitglieder geleisteten PR vermitteln, können dennoch relevant werden, so z. B. das Engagement der World Federation of Advertisers (2023) im Hinblick auf sichere Werbeumfelder. Besonders zeigt sich dies bei Kreativwettbewerben. So prämiieren z. B. die Art Directors Clubs Deutschlands und der Schweiz sowie der Creativ Club Austria in Österreich jährlich die kreativsten und herausragendsten Arbeiten von Agenturen, und der Gesamtverband Kommunikationsagenturen GWA vergibt jährlich den Effie Germany Award für nachgewiesen wirksame Werbung. Wenn sich sowohl viele werbungtreibende Unternehmen bei der Agenturauswahl als auch Agenturen in ihrem kreativen Output an solchen Wettbewerben orientieren, werden Effektivität und Kreativität zu einer Art Leitwährung der Branche und die Branchenverbände und -vereinigungen als Quasi-Zentralbank zu Hütern dieser Währung. Als brancheninterne Beobachter:innen können sie sowohl positive Leistungen als auch negative Ereignisse sanktionieren. Noch konkreter wird der Einfluss dann, wenn Verbände Hilfestellung für die Auswahl der richtigen Agentur anbieten, um Werbungtreibenden die Auswahl der geeigneten Agentur zu erleichtern. So gibt z. B. in Deutschland der Gesamtverband Kommunikationsagenturen GWA mit „Deutschlands führende Agenturen" ein „Workbook zur richtigen Agenturauswahl 2023" heraus, das nach eigenen Angaben helfen soll, teure Desaster beim Auswahlprozess zu vermeiden. Zudem stellt der Verband online Tools und Hilfestellungen für diesen Prozess zur Verfügung. (vgl. GWA 2023a und b).

Eine den Verbänden ähnliche Stellung nehmen Online- und Offline-Fachmedien ein. Sie leisten eine Art Selbstbeobachtung der Branche und machen damit das komplizierte Netz an Akteur:innen und Beziehungen innerhalb der Werbe- und Kommunikationsbranche für die einzelnen Akteur:innen erfassbar. Von ihnen positiv thematisiert zu werden, erhöht die Reputation der Werbeakteur:innen, was sich auch ökonomisch verwerten lässt. Fachmedien entfalten auf der Ebene der Verarbeitung und Reflektion auch deshalb eine größere Wirkung als Publikumsmedien, weil die Entscheider:innen damit tendenziell besser zu erreichen sind.

Auch die Wissenschaft spielt im Handlungsbereich Verarbeitung eine Rolle. Inwieweit diese marginal bleibt oder spürbaren Einfluss hat, hängt zum einen von der Praxisnähe wissenschaftlicher Erkenntnisse ab, weil mit zunehmender Praxisnähe die Wahrscheinlichkeit steigt, dass Erkenntnisse z. B. über ihre Thematisierung in den relevanten Fachmedien in die Branche Eingang finden. Zum anderen basiert der Einfluss der Wissenschaft auf dem Engagement der jeweiligen Disziplin in der Ausbildung von „Werbenachwuchs". Über Aus- und Weiterbildung können Sichtweisen auf und theoretische Ansätze zur Werbung sukzessive Eingang in die Handlungsbereiche Auftrag und Produktion finden. Zudem kann Wissenschaft bzw. können wissenschaftliche Institutionen oder Personen auch in die Rolle von Berater:innen schlüpfen. Ihr Einfluss bleibt aber insgesamt eher latent.

Als relevante Einflussgröße treten neu auch Nutzer:innen bzw. Konsument:innen auf den Plan – auch wenn sie, wie bereits thematisiert, nicht als Akteur:innen zu bezeichnen sind. Durch die neu entstandenen Interaktionsmöglichkeiten im Online- und Social Media Bereich können sie in den verschiedenen Handlungsbereichen einbezogen oder zur aktiven Beteiligung aufgefordert werden, aber auch von sich aus aktiv werden und sich einmischen. Während sich im Handlungsbereich Rezeption der zunehmende Austausch zwischen den Nutzer:innen bzw. Konsument:innen, die z. B. Werbung diskursiv bewerten, beobachten lässt, spielen sie im Handlungsbereich Verarbeitung eine bedeutende Rolle, wenn sie sich z. B. im sog. Culture Jamming kritisch mit Werbung auseinandersetzen.

5.4 Werbe- und Kommunikationsagenturen als zentrale Akteursgruppe

Die Etablierung von Agenturen als eine der großen Akteursgruppen des Werbesystems sowie deren Vernetzung und Spezialisierung sind Symptome der Ausdifferenzierung und Professionalisierung der Werbung. Sie werden in der Praxis mittlerweile auch als Kommunikationsagenturen bezeichnet. Daher wird im Folgenden der Begriff Werbe- und Kommunikationsagentur bzw. zur sprachlichen Vereinfachung auch nur der Begriff Agentur verwendet.

▶ **Werbe- und Kommunikationsagentur** Eine Werbe- und Kommunikationsagentur ist ein erwerbswirtschaftlich orientiertes Unternehmen, das im Auftrag eines Werbungtreibenden (Unternehmen/Institution) gegen vereinbartes Entgelt entweder im Rahmen längerfristiger Verträge die marketingkommunikative Betreuung von Unternehmen/Institutionen, Marken, Produkten oder Dienstleistungen treuhänderisch übernimmt oder auf Projektbasis marketingkommunikative Dienstleistungen für den Werbungtreibenden erbringt.

5.4.1 Typischer Agenturaufbau

Bereits Ingo Zuberbier (1982, S. 2373 ff.) unterteilt drei klassische Agenturleistungen, die für den Aufbau und die Organisation von Werbe- und Kommunikationsagenturen ausschlaggebend sind: 1) Beratung, 2) Vermittlung und Einkauf von Werbeplatz, i.e. Werbezeiten und -räume, sowie 3) Konzeptions-, Gestaltungs- und Realisationsleistungen. Viele Agenturen bieten dazu mit dem sog. Planning ihren Kund:innen strategische Planungsleistungen an. Diesem Bereich ließen sich im weitesten Sinne auch die Analyse- und Planungsleistungen für die Online-Werbung zuordnen. Zudem kommen in sog. Inbound-Agenturen weitere Dienstleistungen zum Aufbau und der Pflege von Kundenbeziehungen oder -communities dazu.

> „Inbound- und Outbound-Marketing unterscheiden sich wesentlich: Während beim Outbound-Marketing das Unternehmen versucht, den Kunden zu finden, soll beim Inbound-Marketing der Kunde das Unternehmen finden. Marketer fokussieren Ihre [sic] Anstrengungen darauf, dass die Suche des potenziellen Kunden erfolgreich ist" (Kuhlmann-Rhinow 2023).

In der Folge unterscheiden sich auch die Organisationsstrukturen klassischer, kreativ getriebener und meist outbound-orientierter Full-Service-Agenturen von denen datengetriebener, meist inbound-orientierter Agenturen. Bilden in klassischen Agenturen Kreation und Kundenberatung quasi das „operative Herz" der Organisation (vgl. Abb. 5.5), kommen in digital getriebenen Inbound-Agenturen Datenmanagement und Customer Relations als dritte zentrale Größe dazu. Mit der Digitalisierung haben die strukturelle Vielfalt von Agenturen und die Dynamik ihrer Organisationsstrukturen dramatisch zugenommen, sodass es „den" alleinigen idealtypischen Aufbau einer Agentur de facto nicht mehr gibt. Zum Vergleich sei hier die grundlegende Organisationsstruktur einer typisierten Full-Service-Agentur, wie sie etwa bei Schierl (2002 und 2003, S. 92 ff.) beschrieben ist, der einer realen Inbound-Agentur gegenübergestellt, wie sie bei Oetting (o. J., siehe Abb. 5.6) dargestellt ist.

Neben der Organisationsstruktur hat die Digitalisierung auch die Berufe und teilweise die Berufsbilder innerhalb der Werbe- und Kommunikationsagenturen verändert (siehe dazu auch 5.5.1 und 5.5.2).

Weitgehend unverändert bleibt dagegen, dass ungeachtet der Organisationsstruktur eine optimale Erstellung der Werbeleistung stark davon abhängt, ob und wie es gelingt, die

5.4 Werbe- und Kommunikationsagenturen als zentrale Akteursgruppe

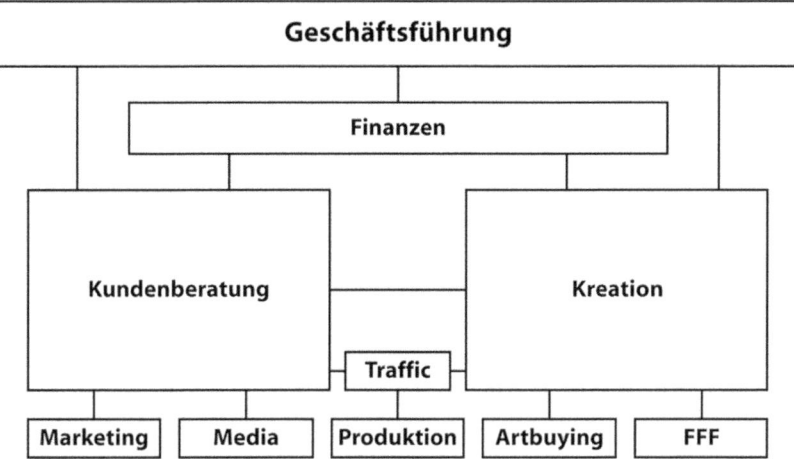

Abb. 5.5 Strukturmodell einer klassischen Full-Service-Werbeagentur. (Nach Schierl 2002, S. 434)

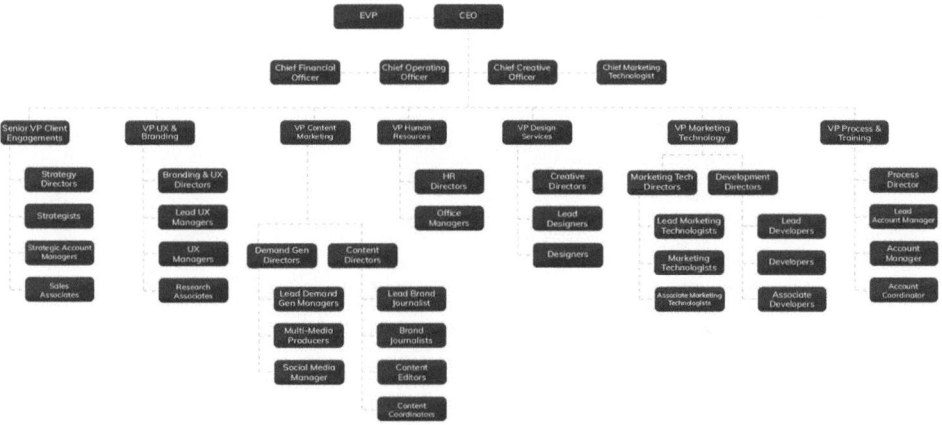

Abb. 5.6 Organigramm einer Inbound-Agentur. (Oetting o. J., S. 9)

Interessen der Agentur als Ganzes mit den Interessen einzelner Abteilungen und vor allem mit den Interessen der einzelnen Werber:innen in Einklang zu bringen. Organisatorische Defizite können dysfunktionales Handeln und suboptimale Ergebnisse zur Folge haben. Analog zu den Agenturen, die nicht nur möglichst effektive und effiziente Werbung im Sinne der Kund:innen, sondern auch möglichst kreative Werbung zur eigenen Positionierung im Wettbewerb der Agenturen machen, verfolgen auch Berater:innen, Texter:innen und Grafiker:innen nicht nur die Ziele der Agentur, sondern versuchen ihrerseits, im Wettbewerb der Werber:innen Punkte zu machen und sich zu profilieren (siehe Abschn. 9.2).

Wechselspiel und Konkurrenz von Aufmerksamkeitsgewinnung und ökonomischem Erfolg ziehen sich also auch innerhalb von Agenturen weiter, sodass es nicht selten innerhalb von Agenturen zu „werbetypischen" Konfliktkonstellationen kommt. Identität als strategische Selbstbehauptung ist damit nicht nur für die Agentur als Ganzes relevant, sondern auch für einzelne Abteilungen und Personen. Andererseits können die Unternehmen und Agenturen durchaus geschickt Emotionen ihrer Mitglieder am Leben erhalten bzw. weiter anfachen oder Emotionen inszenieren (vgl. Schimank 2016, S. 141 ff.). Solche durch kollektive und korporative Akteure forcierten Emotionen sind wesentlicher Bestandteil, um die „Welt der Werbung" und eine Identität der „Agentur als Familienersatz" konstruieren zu können. Sie dienen auch häufig als nicht-monetäre Gratifikation dazu, eine nicht selten anzutreffende Überbeanspruchung der Mitarbeitenden zu kompensieren.

Weil aber die Werbeproduktion in den Agenturen eine Netzwerk-Leistung ist, in der Abteilungen und vor allem einzelne Dienstleister:innen im Sinne der Optimierung des Ergebnisses zusammenarbeiten müssen, stellt das Ausbalancieren zwischen Agentur- und Einzelinteressen eine ebenso große Herausforderung an das Management wie die Koordination der Netzwerk-Leistung, die umso schwieriger wird, je mehr Beteiligte daran arbeiten. Zugleich muss von personalisierten Organisationsmustern in Agenturen ausgegangen werden, weil wie in allen Dienstleistungsunternehmen die Dienstleister:innen selbst eine dominante und prägende Rolle spielen (vgl. Heck 1982, S. 2636). Da sich verschiedene Leistungsbereiche der Werbung nicht oder nur bedingt standardisieren lassen, sind entsprechende Kenntnisse und Fähigkeiten stark personengebunden, womit Kompetenzen, Kreativität oder Erfahrung der Mitarbeitenden zu wesentlichen Qualitätskriterien werden. Neben berufserfahrenen Personen ist die Werbung dabei auf den Input von jungen Menschen angewiesen, die gesellschaftliche Trends nicht nur über die Marktforschung vermittelt erfahren, sondern den direkten Zugang dazu über ihr alltägliches Lebensumfeld haben.

Mit der „Algorithmisierung" der Werbung und der Entwicklung immer besser werdender Tools aus dem Bereich der Künstlichen Intelligenz relativieren sich aber auch im Kreativbereich die Unterschiede einzelner Akteur:innen dann, wenn sich z. B. die Qualität eines Textes nicht mehr an sprachlicher Geschliffenheit, Witz oder anderen Kriterien misst, sondern daran, ob und zu welchem Grad der Text die Suchbegriffe trifft, die von Suchmaschinenanbieter:innen wie z. B. Google gelistet und priorisiert werden.

5.4.2 Ausdifferenzierung und Agenturmodelle

Auch bei Werbe- und Kommunikationsagenturen finden sich zunehmend verschiedene Organisationsformen, Kompetenzausrichtungen und Modelle. So finden sich zum ersten Agenturen, die im Sinne von „one face to the customer" alle Leistungen entlang des Werbeprozesses anbieten, die also von der Strategieberatung, über die Konzeption und Umsetzung bis zu Mediaplanung, -einkauf und -abrechnung alles aus einer Hand liefern und nur die Werbeerfolgskontrolle anderen Organisationen überlassen (Full-Service-Agenturen). Ob sie dabei alle Leistungen intern erstellen oder externe Subunternehmer:innen und Freelancer:innen hinzuziehen, verändert den Entscheidungsprozess solange nicht

5.4 Werbe- und Kommunikationsagenturen als zentrale Akteursgruppe

gravierend, wie die Koordination der Aktivitäten in der Agentur verbleibt. Wenn jedoch Subunternehmer:innen und Freelancer:innen aus anderen Ländern zur Verfügung stehen, die Teilaufgaben wie Werbetexte oder Layouts ggfs. kostengünstiger, übernehmen, steigt der Koordinationsbedarf nochmals.

Zum zweiten finden sich Agenturen, die auf eine oder mehrere Teilaufgaben spezialisiert sind. Dazu zählen vor allem Design-Büros, Text-Büros, Branding-Agenturen, Webagenturen und Mediaagenturen. Wenn sie nicht nur als Subunternehmer:innen von Full-Service-Agenturen auftreten, sondern ihre Leistung auch direkt vermarkten, beeinflussen sie den Ablauf der Entscheidungsströme.

Zum dritten lassen sich Agenturen nach ihrer Spezialisierung auf kommunikationspolitische Instrumente unterscheiden. Sie bieten eben nicht das komplette Spektrum kommunikativer Maßnahmen an, sondern konzentrieren sich z. B. auf Verkaufsförderung, Direct-Mail, Social Media, Sponsoring, Online-Werbung oder Events.

Auf die Unterschiede zwischen Inbound- und Outbound-orientierten Agenturen wurde ja bereits hingewiesen.

Unter Strukturaspekten lassen sich Agenturen in den vier idealtypischen Modellen der Abb. 5.7 unterscheiden, wobei in der Praxis nahezu jede erdenkliche Mischform zu finden ist.

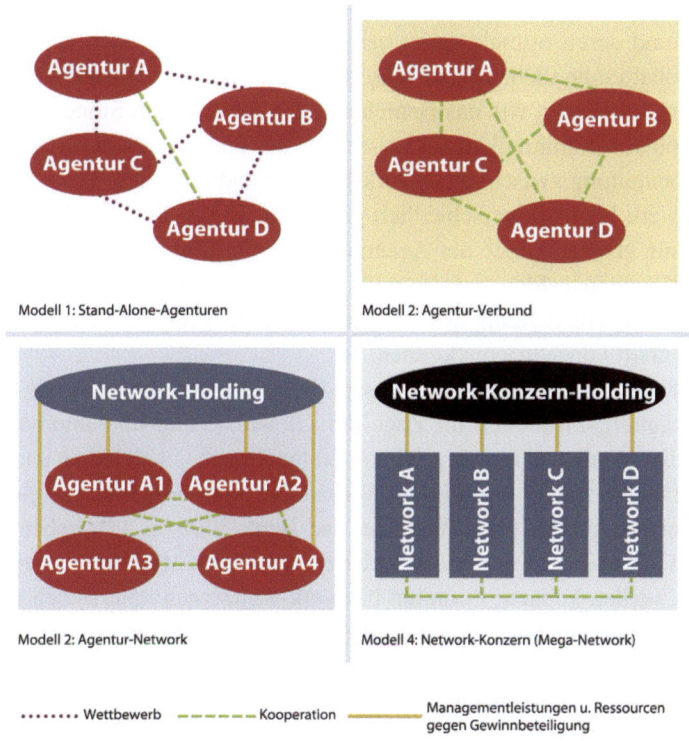

Abb. 5.7 Idealtypische Agenturmodelle. (Eigene Darstellung)

Mit Stand-Alone-Agenturen sind hier zumeist kleinere, inhabergeführte Unternehmen gemeint, die an einem Standort arbeiten und im Einzelfall in Form einer Arbeitsgemeinschaft mit anderen Agenturen kooperieren. Diese Zusammenarbeit kommt meist zustande, um zeitliche, personelle, technische oder fachliche Engpässe – etwa bei Gewinn eines großen Etats – zu überbrücken, ohne in der Agentur größere Fixkostenblöcke aufbauen zu müssen. Sie kann gleichberechtigt oder im General-/Subunternehmen-Verhältnis eingegangen werden und wird in der Regel ohne allzu tief gehende und vor allem langfristig bindende Verträge beschlossen.

Gerade größere mittelständische Agenturen stehen bisweilen aufgrund ihrer Kundenstruktur vor der Herausforderung, an mehreren, oft länderübergreifenden Standorten Präsenz zeigen oder Spezialdisziplinen anbieten zu müssen. Oft sind dann finanzielle Risiken, zeitlicher Druck, das Nicht-Vertrautsein mit fremden Standortgegebenheiten oder der Wille zum Selbstständig-Bleiben so groß, dass die Optionen verworfen werden, diese Kapazitäten aus eigenen Mitteln aufzubauen oder in einem Agentur-Network aufzugehen. Hier bietet sich das Modell eines Agentur-Verbunds an, in dem sich rechtlich selbstständige Agenturen unter Wahrung ihrer Eigenständigkeit auf der Basis bindender Verträge und gemeinsamer Standards zusammenschließen.

Im dritten Modell, dem Agentur-Network, schließen sich einzelne, bis dahin voneinander unabhängig auftretende Agenturen unter dem Dach einer gemeinsamen Holding und unter einer gemeinsamen Marke zusammen. Die Internationalisierung werbungtreibender Unternehmen und deren oftmals damit verbundene Forderung nach einer international, wenn nicht global einheitlichen Betreuung durch die Agentur haben die Entstehung von Networks ebenso gefördert wie das Bemühen der Agenturen, im Sinne einer integrierten Kommunikation alle kommunikativen Leistungen aus einer Hand zu bieten.

Die Aufgabenteilung zwischen Network-Holding und einzelner Agentur ist von Netzwerk zu Netzwerk höchst unterschiedlich gewichtet. In der Regel sieht sie aber so aus, dass die Holding als Backoffice der Agenturen zentrale Dienstleistungen, wie Finanzen, Technologie, Knowledge-Management und -flow sowie Koordinationsleistungen anbietet und die strategische Ausrichtung des Networks vorgibt, damit sich die Agenturen auf ihr operatives Geschäft konzentrieren können.

Bereits in Kap. 3 wurde darauf verwiesen, dass sich werbungtreibende Unternehmen wie auch Medienorganisationen im Zuge der Globalisierung und Internationalisierung sowie der Mediatisierung zu immer größeren Einheiten entwickelt haben und weiterentwickeln. Um mit diesen immer mächtigeren Verhandlungspartner:innen auf gleicher Augenhöhe verhandeln zu können (vgl. Telgheder und Berni 2005, S. 14), haben verschiedene Network-Holdings Mega-Netzwerke gebildet, die als viertes Modell für Agenturstrukturen herangezogen werden können. In diesen Network-Konzernen unterstehen mehrere komplette Agentur-Networks einer gemeinsamen Holding (siehe Abb. 5.7). Während sich werbungtreibende Unternehmen vor allem kostenrelevante Größenvorteile und die Verfügbarkeit eines Pools an Spitzenkompetenzen versprechen, verweisen Kritiker:innen vor allem auf ein noch höheres Risiko für Kundenkonflikte als bei Network-Agenturen. Angesichts der Tatsache, dass in einigen Branchen, wie z. B. bei Automobilen, streng darauf geachtet wird, dass innerhalb des Networks nicht für ein Konkurrenzunternehmen geworben wird, scheint diese Warnung nicht ohne Substanz, auch wenn sich derzeit quer durch alle Branchen – einschließlich der Werbebranche selbst – ein Trend zur Coopetition, also einem Mix aus Wettbewerb und Kooperation beobachten lässt (Melzer 2015).

5.5 Berufsrollen und Selbstbilder in der Werbung

Individuen handeln nicht losgelöst von Strukturen. Das Akteurshandeln ist einerseits durch die situationsübergreifenden, generalisierten Handlungsorientierungen eingeschränkt, andererseits gerade dadurch ermöglicht. Dennoch verbleibt den individuellen Akteur:innen Handlungsspielraum. Die Organisationen und Gruppen, in die einzelne Personen eingebunden sind, bilden also strukturelle Handlungsvorgaben bzw. einen Orientierungsrahmen für deren Aktivitäten.

Im Folgenden wird aber nicht auf Personen mit all ihren Einstellungen, Werthaltungen und Orientierungen im gesamten Lebensumfeld fokussiert, sondern auf Personen in einem bestimmten Kontext, nämlich dem Berufsfeld Werbung und den dort zur Verfügung stehenden Berufsrollen. Dabei verpflichten die Unternehmen und Agenturen über die vertraglich abgesicherte Regelung der Arbeitsverhältnisse die individuellen Akteur:innen auf die Organisationsziele und können eine Missachtung auch sanktionieren. Dennoch verbleibt genügend Spielraum für individuelle Entscheidungen und Handlungen. Die Inhaber:innen von Berufsrollen können sich also auch entscheiden, nicht oder nicht völlig den Erwartungen entsprechend zu handeln. D.h., dass auch in der Werbung beschäftigte Personen vorgegebene Rollen nicht nur übernehmen (role-taking), sondern diese auch aktiv gestalten und verändern (role-making).

▶ **Berufsrollen** Berufsrollen sind Bündel von Erwartungen, die an das Verhalten derjenigen gestellt werden, die diesen Beruf ausüben. Verschiedene Bezugsgruppen (Arbeitgeber:innen, Kolleg:innen, Kund:innen etc.) erwarten von den Positionsinhaber:innen also bestimmte Verhaltensweisen, wobei die Erwartungen unterschiedlich verbindlich sind und ihre Missachtung unterschiedlich sanktioniert werden kann.

Die Berufsbedingungen, die Entwicklung neuer Berufe und die Wissensentwicklung der Werbepraktiker:innen sind eng miteinander verknüpft. Die Berufssozialisation bezieht sich mithin nicht nur auf das Feld der Werbung, sondern in diesem Feld auch auf die Unterscheidung von Kreation oder Beratung oder Technologie und Datenmanagement. Und sie beeinflusst ganz wesentlich den Habitus der Werbeakteur:innen, d. h. berufspraktische Dispositionen, die das wesentliche Kompetenzkapital der Werbeakteur:innen sind, wie z. B. das Gespür, Fingerspitzengefühl etc., aber auch personale Identitäten, Vorlieben, Abneigungen, Selbst- und Weltbilder oder moralische Orientierungen (vgl. auch Willems 2002, S. 66 f.). Der Habitus der individuellen Werbeakteur:innen wiederum verdichtet sich zu einem Gesamthabitus der Branche:

> „Unable to gather independent verification, advertising professionals have boxed themselves up in a crate where, to paraphrase Miguel de Cervantes, they take comfort in 'thinking and believing they are enchanted, which satisfies their conscience.' Like the gallant Don Quixote, the men and women in the tribe called advertising have developed their own unique brand of mythmaking, one that nourishes and sustains their practice. … I have found that three core myths define the profession today:
> Myth 1: Advertising Is Art(istic)
> Myth 2: Advertising Is War
> Myth 3: Advertising Is Revolution" (Venkatesh 2015, S. 410).

5.5.1 Berufe und Anforderungen

Die Berufe haben sich in der historischen Entwicklung der Werbung ausdifferenziert und professionalisiert. Professionalisierung bedeutet in diesem Zusammenhang, dass einerseits zunehmend wissenschaftliche Erkenntnisse, wie z. B. Wissen über Werbewirkungsprozesse, in die Gestaltung von Werbebotschaften, Eingang in die Berufe finden, und sich andererseits spezifische Ausbildungsgänge etablieren, die eben diese umfangreichen Spezialkenntnisse vermitteln. Die Professionalisierung der Werbeberufe ist jedoch nicht so weit fortgeschritten, dass nur ein Ausbildungsabschluss den Zugang zum Berufsfeld Werbung sichern würde. Vielmehr ist dieser nach wie vor über verschiedene Ausbildungswege gegeben. Und trotz der Akademisierung der Werbung ist ein Studium nicht obligatorisch. Zudem ist das einmal erworbene Berufswissen zeitlich nur bedingt gültig. Die rasante Veränderung in den strukturellen Rahmenbedingungen und übergeordneten gesamtgesellschaftlichen Entwicklungen der Werbung lassen einmal erworbenes, aktuell gültiges Berufswissen immer schneller veralten. Insbesondere die Entwicklung von Algorithmen und Künstlicher Intelligenz verändert Werbeberufe rasant und schafft neue Tätigkeitsfelder und Berufsbilder. Sichtet man Stellenangebote für Werbe-, Kommunikations- und Marketingexpert:innen, gewinnt neben der Kreativität die Fähigkeit zum Umgang mit oder zumindest das Verständnis für datengetriebene Werbung, digitale Werbeformen und Algorithmen zunehmend an Bedeutung. In fast allen Werbeberufen ist ein Grundwissen über Algorithmen und Künstliche Intelligenz, über Big Data und deren Auswertungs- und Einsatzmöglichkeiten unabdingbar. Zudem sollen Kandidat:innen werberelevante Künstliche Intelligenzen gut briefen – im Fachjargon: prompten – können. Digital Literacy bzw. Data Literacy werden somit neben der nach wie vor von vielen Stellenanbieter:innen als unverzichtbar eingestuften Kreativität zu gefragten, bisweilen unabdingbaren Kompetenzen.

> „In der Tat benötigt man für Programmatic das Verständnis von Daten aus ganz unterschiedlichen Perspektiven. Zudem ist aber weiterhin und ganz klassisch Kreativität unumgänglich (…) Dazu gehört, dass wir für solche Kampagnen neben den Spezialisten für Display-Werbung auch unsere Profis für Social-Media-Marketing und Webanalyse sowie Datenwissenschafter und Multimedia-Produzenten einsetzen. Für mich ist klar: Nur wer diese unterschiedlichen Disziplinen erfolgreich verknüpft, ist im Digitalmarketing nachhaltig erfolgreich" (Tobias Zehnder, Co-Founder der Digital-Marketing-Agentur Webrepublic, zitiert nach Richert 2016).

5.5 Berufsrollen und Selbstbilder in der Werbung

Nach wie vor spielen aber auch Berufs- und Branchenerfahrung eine wichtige Rolle. Und dies nicht nur, weil Werbung als Dienstleistung wie gezeigt nur bedingt standardisierbar ist und damit das gesammelte Wissen der Expert:innen relevant wird. Vielmehr wirkt Erfahrung als Qualitätsversprechen der Bewerber:innen. Sie gibt Auskunft darüber, wie lange eine Person in der Branche bereits erfolgreich tätig gewesen ist (vgl. Schierl 2003, S. 105). Darüber hinaus implizieren Berufs- und Branchenerfahrung Vertrautheit mit Gegebenheiten der Branche, Strukturen in Agenturen und ggfs. angesammeltes Wissen in Bezug auf spezielle Kund:innnen bzw. in Bezug auf Spezifika in deren Branche. Weil dieses Wissen oft schnell verfügbar sein muss, und Agenturen sich bei der Auswahl von Bewerber:innen der gleichen Unsicherheit ausgesetzt sehen wie Werbungtreibende bei der Auswahl von Agenturen, herrscht zwischen ihnen ein ausgeprägter Abwerbe-Wettbewerb.

Fallbeispiel Abwerbe-Wettbewerb: Kreative Provokation generiert reichlich Anschluss-Kommunikation

Nicht nur Fach-, sondern auch Publikumsmedien, wie z. B. die Berliner Zeitung kommentierten die Plakataktion (siehe Abb. 5.8), mit der die Zürcher Werbeagentur Wirz im Dezember 2022 vor Berliner Werbeagenturen deren Mitarbeitende zum Stellen- und Ortswechsel motivieren wollte. ◄

Abb. 5.8 Plakataktion der Agentur Wirz vor Büros Berliner Werbeagenturen. (Werbewoche 2022)

Neben der Konkurrenz durch Maschinen hat die Digitalisierung Werber:innen aber auch die Konkurrenz durch internationale Wettbewerber:innen gebracht, weil sich entweder die Agenturen selbst oder aber Werbungtreibende von der Verlagerung der Werbeproduktion entweder Kosten- oder Kreativitätsvorteile (oder beides) versprechen.

Die sich ändernden Anforderungen der Werbebranche verändern auch das Berufsbild anderer individueller Akteur:innen, die im Werbeprozess mitwirken. Dass Verbandsvertreter:innen, Marktforscher:innen, Berater:innen und Journalist:innen der Fachmedien entsprechende Kenntnisse und einen geübten Umgang mit der ökonomisch gebändigten Kreativität zeigen, müsste eigentlich als Conditio sine qua non vorausgesetzt werden, doch zeigen sich hier auch immer wieder Defizite.

Problematisch gestaltet sich das gegenseitige Verstehen zwischen Werbungtreibenden und Agenturen bzw. Werbedienstleister:innen dann, wenn Werbung und explizit die Beschaffung von werblichen Dienstleistungen eindimensional auf eine ökonomische Einkaufsoptimierung reduziert werden; denn wenn Einkäufer:innen und Controller:innen plötzlich über Werbung entscheiden sollen, bleiben ihnen in der Regel nur zwei Strategien: Bei der ersten greifen sie auf die in ihren Berufsrollen ausgebildeten Orientierungen, wie z. B. Kosten und Preise, zurück und „kaufen Kreation ein wie Schrauben" (Richter und Hammer 2004, S. 44). Bei der zweiten Strategie legen werbungsferne Einkäufer:innen ihren Entscheidungen ihr nicht beruflich ausgebildetes Alltagsgespür zugrunde, das in den allermeisten Fällen keinen im Sinne der Unternehmensziele professionellen Standards genügt.

Die angesprochene Professionalisierung und Spezialisierung sowie die Vielzahl an Beteiligten im Werbeprozess machen eine optimierte Koordination nötig. Verstärkt wird diese Entwicklung dadurch, dass aus Wirtschaftlichkeitsüberlegungen heraus Mediaabteilungen ausgegliedert und in eigene Mediaagenturen umgewandelt wurden. Auch schafft der Einsatz von Freelancer:innen, also freischaffenden Spezialist:innen, wie z. B. Texter:innen, Illustrator:innen, Fotografen:innen, Cyber-Security-Expert.innen u. a., nicht nur ein steigendes Maß an Flexibilisierung. Vielmehr stellt auch er besondere Herausforderungen an die Organisation und die Kommunikationsbereitschaft aller Beteiligten. Letztlich ist Werbung damit ein Berufsfeld, in dem man sich nicht nur professionell mit Kommunikation auseinandersetzt, sondern auch die Fähigkeit mitbringen muss, kommunizieren zu können. Dies bestätigen auch Absolvent:innen Jahre nach Abschluss ihres Studiums bei einer Befragung (vgl. Koch und Hüsser 2018, S. 73 ff.).

5.5.2 Selbstbilder und Intra-Rollenkonflikte

Studien zu Rollenselbstbildern und Berufsrealität haben in der Kommunikatorforschung Tradition. Sie thematisieren und hinterfragen das Auseinanderklaffen von Berufswirklichkeit und Selbstbild, sowie die Abhängigkeit von strukturellen Bedingungen des Mediensystems meist für die Berufsgruppe der Journalist:innen (vgl. u. a. Kaltenbrunner et al.

2020; Keel 2011; Messerli et al. 2019; Weischenberg et al. 2006; Willnat et al. 2017). Sie befassen sich jedoch selten mit anderen Berufsgruppen. Daher soll hier eine – wenn auch skizzenhafte – Auseinandersetzung für die Berufsgruppe der Werbekommunikator:innen versucht werden.

Während in den 80er-Jahren die mangelnde Identität mit dem eigenen Werbeberuf und das schlechte Image der Werbung noch breit thematisiert wurden (vgl. Nerdinger 1990, S. 144 ff.), war davon in den 90er-Jahren nichts mehr zu spüren. „Werbung macht reich, berühmt und sexy." lautete nicht umsonst der Einstieg in eine Broschüre des Gesamtverbands Kommunikationsagenturen GWA in Deutschland aus dem Jahr 2004. Werbung und Berufe in der Werbung haben ihr „Schmuddelimage" hinter sich gelassen und sind begehrte Arbeitsplätze, ja „Trendberufe" (vgl. Schmidt und Spieß 1994, S. 41) geworden. Sie wurden und werden mit Teamarbeit, zeitlicher Selbstbestimmung und Jugendlichkeit in Verbindung gebracht, aber auch mit Kreativität und einem künstlerischen, neuerdings auch hoch technologischen Umfeld. Doch letztlich steht Effizienz vor Originalität, und insofern fallen Berufswirklichkeit, Selbstbild und Selbstdarstellung der Werbeakteur:innen oft auseinander. Gleichwohl orientiert sich das Image der Werber:innen nicht selten mehr am Selbstbild und der Selbstdarstellung als an der Berufswirklichkeit.

Friedemann W. Nerdinger (1990) nähert sich dem Thema „Berufe in der Werbebranche" über die Inhaltsanalyse von Texten aus Fachzeitschriften, während Barbara Hölscher (2002) Stellenausschreibungen analysiert und Cornelia Koppetsch (2006) sich auf Tiefeninterviews mit in der Werbung arbeitenden Menschen konzentriert. So können soziale Identitätsmuster und Distinktionskriterien ausfindig macht werden. Insgesamt finden sich neben einem professionellen Berufsbild immer wieder auch Bilder von individualistischen Künstler:innen oder visionären Revolutionär:innen. Meist wird auf Kreativität, Ideenreichtum, gestalterische oder (daten-)analytische Fähigkeiten und Idealismus bzw. Spaß an der Tätigkeit gezielt.

Diese Kreativ-Inszenierung geschieht nicht völlig freiwillig. Denn zum einen werden auch Stellenanzeigen als Imagewerbung verstanden und eingesetzt (so war auch die im vorgängigen Fallbeispiel dargestellte Abwerbeaktion in der Form gestaltet, dass sie nicht nur direkte Bewerbungen, sondern auch Anschlusskommunikation in Branchen- und anderen Medien generieren konnte). Zum anderen erscheint die Analyse von Nerdinger (1990, S. 207 ff.) in dem Punkt unverändert gültig, dass Kreativität ob ihrer Ungewissheit personalisiert werden muss, und dass damit Kreative in den stereotypen Vorstellungen von Kreativität Rollenanweisungen für entsprechendes Impression Management finden. Damit lässt sich der Habitus der Kreativen nicht unwesentlich auf die Machtbeziehung zwischen Kund:innen und Dienstleister:innen zurückführen. Gleichwohl bringt diese Inszenierung die Werber:innen selbst in eine Dilemma-Situation und in einen Intra-Rollenkonflikt: Während nämlich auf der einen Seite von ihnen erwartet wird, dass sie den Stereotypen der Kreativität bzw. der Revolutionär:innen entsprechend handeln, sollen sie auf der anderen Seite diese Eigenschaften bereitwillig dem ökonomischen Imperativ des Werbeprozesses unterordnen.

> **Zusammenfassung**
>
> *Das vorangegangene Kapitel widmete sich neben der Darstellung der Handlungsbereiche der Werbung vor allem ihren Akteursgruppen und Akteur:innen sowie deren Berufsrollen und Selbstbildern. In systemtheoretischer Betrachtung lassen sich dabei im Werbewirtschaftssystem fünf aufeinander bezogene Handlungsbereiche erkennen, die von Akteur:innen in großer Zahl und Vielfalt geprägt werden. Sie widerspiegeln die Ausdifferenzierung und Professionalisierung der Werbung und führen zu höchst komplexen Akteurs- und Interessenskonstellationen.*
>
> *Bereits die allgemeine Differenzierung in kollektive und korporative Akteur:innen führt in der Regel zu unterschiedlichen Interessenslagen und Abläufen im Werbeprozess. Noch gravierender zeigen sich differente Interessen im externen wie in den internen Beziehungen zwischen einzelnen Akteur:innen bzw. Akteursgruppen. In beiden Dimensionen – extern wie intern – ist nicht auszuschließen, dass eigene Ziele diejenigen der Auftrag- bzw. Arbeitgeber:innen konkurrenzieren. Die daraus entstehenden Spannungen zu managen, gehört daher zu den zentralen Aufgaben der Führungskräfte namentlich in Werbe- bzw. Kommunikationsagenturen.*
>
> *Sie sind nach wie vor die wohl exponiertesten Akteur:innen im Werbewirtschaftssystem, auch wenn neben der dargestellten idealtypischen Organisationsstruktur in Zeiten von E-Commerce und digitalisierter Werbung inzwischen in der Realität vielfältige Varianten zu erkennen sind. Entsprechend breit gefächert zeigen sich mittlerweile Berufsrollen und Selbstbilder der Werber:innen. Allen gemein ist, dass Kreativität und ihre Inszenierung nach wie vor im Kern dieses Selbstbilds stehen.*

▶ **Empfohlene Literatur** Schierl 2003; Venkatesh 2015; Siegert und von Rimscha 2016

Literatur

Aebi, Jean Etienne. 2003. *Einfall oder Abfall: Was Werbung warum erfolgreicher macht.* Mainz: Schmidt.

Baginski, Rainer. 2000. *Wir trinken so viel wir können, den Rest verkaufen wir: Über Werber und Werbung.* München: Hanser.

Bialek, Catrin. 2018. Accenture kauft Kolle Rebbe – Die nächste inhabergeführte Werbeagentur verliert ihre Unabhängigkeit. *Handelsblatt,* 5. November.

Clegg, Melanie, Reto Hofstetter, Lea Schindler, Olivia Deubelbeiss, Andreas Lanz, Martin Faltl, und Torsten Tomczak. 2020. *Swiss Influencer Marketing Report 2020.*

Daugherty, Terry, und Ernest Hoffman. 2014. eWOM and the importance of capturing consumer attention within social media. *Journal of Marketing Communications* 20 (1–2): 82–102. https://doi.org/10.1080/13527266.2013.797764.

Deutscher Franchiseverband. 2023. Die Pflichten des Franchisenehmers. https://www.franchiseverband.com/wissen/rechte-und-pflichten-franchisenehmer. Zugegriffen: 24. Oktober 2023.

Dolata, Ulrich, und Jan-Felix Schrape. 2018. Kollektives Handeln im Internet: Eine akteurtheoretische Fundierung. In *Kollektivität und Macht im Internet: Soziale Bewegungen-Open Source Communities-Internetkonzerne*, Hrsg. Ulrich Dolata und Jan-Felix Schrape, 7–38. Wiesbaden: Springer VS.

Donges, Patrick, und Otfried Jarren. 2022. *Politische Kommunikation in der Mediengesellschaft: Eine Einführung*, 5. Aufl. Wiesbaden, Heidelberg: Springer VS.

GWA. 2023a. *Die GWA Studie zu Agentur-Kunden-Beziehungen: Ein Blick zurück und nach vorn*. Frankfurt am Main. https://www.gwa.de/content/uploads/2021/01/Agentur-Kunden-Beziehungen_digitale-Version_310523.pdf. Zugegriffen: 6. Oktober 2023.

GWA. 2023b. Die richtige Agentur finden: Unterstützung für Ihre Suche nach dem besten Agenturpartner. https://www.gwa.de/die-richtige-agentur. Zugegriffen: 24. Oktober 2023.

Heck, Friedhelm. 1982. Die Werbeberufe. In *Die Werbung. Handbuch der Kommunikations- und Werbewirtschaft: Band 3: Die Werbe- und Kommunikationspolitik*, Hrsg. Bruno Tietz, 2620–2638. Landsberg am Lech: Verlag Moderne Industrie.

Hess, Thomas. 2014. What is a Media Company? A Reconceptualization for the Online World. *International Journal on Media Management* 16 (1): 3–8. https://doi.org/10.1080/14241277.2014.906993.

Hess, Thomas, und Simon Bründl. 2015. Medienunternehmen als Organisatoren öffentlicher Kommunikation – heute und morgen. *MedienWirtschaft* 12 (1): 27–30.

Hölscher, Barbara. 2002. Werbung heißt: Kreativität, Idealismus, Gestaltung: Zum schillernden Weltbild von Werbern. In *Die Gesellschaft der Werbung: Kontexte und Texte, Produktionen und Rezeptionen, Entwicklungen und Perspektiven*, Hrsg. Herbert Willems, 497–511. Wiesbaden: Westdeutscher Verlag.

Kaltenbrunner, Andy, Renée Lugschitz, Matthias Karmasin, Sonja Luef, und Daniela Kraus. 2020. *Der österreichische Journalismus-Report: Eine empirische Erhebung und eine repräsentative Befragung : ein Forschungsprojekt von medienhaus wien, CMC-Institut der Österreichischen Akademie der Wissenschaften und der Alpen-Adria-Universität Klagenfurt*. Wien: Facultas Verlag.

Keel, Guido. 2011. *Journalisten in der Schweiz: Eine Berufsfeldstudie im Zeitverlauf*. Konstanz: UVK Verlagsgesellschaft.

Koch, Carmen, und Angelica Hüsser. 2018. Alles gleich aber anders? *MedienJournal* 42 (2): 61–85. https://doi.org/10.24989/medienjournal.v42i2.1717.

Koppetsch, Cornelia. 2006. *Das Ethos der Kreativen: Eine Studie zum Wandel von Arbeit und Identität am Beispiel der Werbeberufe*. Konstanz: UVK Verlagsgesellschaft.

Kramer, Monika. 2001. Massenmedien zwischen Autonomie und Abhängigkeit: Eine präzisierende Analyse der Interdependenz von Werbewirtschaft und Massenmedien. In *a/effektive Kommunikation: Unterhaltung und Werbung. Beiträge zur Kommunikationstheorie*, Hrsg. Siegfried J. Schmidt, Joachim Westerbarkey und Guido Zurstiege, 161–180. Münster: Lit.

Kuhlmann-Rhinow, Inken. 2023. Der Unterschied zwischen Outbound- und Inbound-Marketing. https://blog.hubspot.de/marketing/outbound-vs-inbound-marketing. Zugegriffen: 24. Oktober 2023.

Melzer, Jörg. 2015. Coopetition statt Konkurrenz. https://www.zukunftsinstitut.de/artikel/coopetition-kooperation-statt-konkurrenz/. Zugegriffen: 24. Oktober 2023.

Messerli, Irène, Dominik Allemann, und Guido Keel (Hrsg.). 2019. *IAM-Bernet Studie Journalisten im Web 2019: Recherchieren, publizieren, diskutieren : ausgewählte Einblicke in den Social-Media-Alltag von Schweizer Journalisten*. Kölliken: buch & netz.

Nerdinger, Friedemann W. 1990. *Lebenswelt „Werbung": Eine sozialpsychologische Studie über Macht und Identität*. Frankfurt am Main, New York: Campus Verlag.

Oetting, Jami. o. J. The Guide to Agency Org Structures: See real-world examples from inbound agencies across the globe. https://offers.hubspot.com/guide-to-agency-org-structures. Zugegriffen: 24. Oktober 2023.

Richert, Volker. 2016. Die Schweiz steckt in den Kinderschuhen. *Handelszeitung,* 14. April.

Richter, Kerstin, und Peter Hammer. 2004. Wenn nur noch der Preis zählt. *w&v* (43): 44–45.

Scharpf, Fritz W. 2000. *Interaktionsformen: Akteurzentrierter Institutionalismus in der Politikforschung.* Opladen: Leske + Budrich.

Schierl, Thomas. 2002. Der Werbeprozess aus organisationsorientierter Perspektive. In *Die Gesellschaft der Werbung: Kontexte und Texte, Produktionen und Rezeptionen, Entwicklungen und Perspektiven,* Hrsg. Herbert Willems, 429–443. Wiesbaden: Westdeutscher Verlag.

Schierl, Thomas. 2003. *Werbung im Fernsehen: Eine medienökonomische Untersuchung zur Effektivität und Effizienz werblicher TV-Kommunikation.* Köln: Herbert von Halem.

Schimank, Uwe. 2016. *Handeln und Strukturen: Einführung in die akteurtheoretische Soziologie,* 5. Aufl. Weinheim, Basel: Beltz Juventa.

Schmidt, Siegfried J., und Brigitte Spieß. 1994. *Die Geburt der schönen Bilder: Fernsehwerbung aus der Sicht der Kreativen.* Opladen: Westdeutscher Verlag.

Siegert, Gabriele, Sibylle Eberle, Priska Amstutz, und Nathan Thomas. 2004. *Werbung in der Schweiz aus Sicht der Werbebranche: Ergebnisse einer Expertenbefragung. Projektbericht.* Zürich.

Siegert, Gabriele, und Bjørn von Rimscha. 2016. Der Einfluss der Werbung auf Medieninhalte. In *Handbuch Werbeforschung,* Hrsg. Gabriele Siegert, Werner Wirth, Patrick Weber und Juliane A. Lischka, 183–198. Wiesbaden: Springer VS.

Telgheder, Maike, und Marcello Berni. 2005. Wir werden asiatischer und afrikanischer. *Handelsblatt,* 19. April.

Tropp, Jörg. 1997. *Die Verfremdung der Werbung: Eine Analyse zum Zustand des Werbewirtschaftssystems.* Opladen: Westdeutscher Verlag.

Tropp, Jörg. 2019. *Moderne Marketing-Kommunikation: Grundlagen, Prozess und Management markt- und kundenorientierter Unternehmenskommunikation,* 3. Aufl. Wiesbaden: Springer VS.

van Rinsum, Helmut. 2016. Kampf der Berater: Unternehmensberatung vs. Digital-Agentur. *Internet World,* 7. November.

Venkatesh, Sudhir. 2015. The Myth of Advertising: The Art of Legitimacy. *Public Culture* 27 (3): 409–418. https://doi.org/10.1215/08992363-2896147.

Wallrafen, Volker. 2003. Verführung in eigener Sache: Selbstdarstellung von Werbeagenturen. In *Hinlenkung durch Ablenkung: Medienkultur und die Attraktivität des Verborgenen,* Hrsg. Christoph Jacke und Guido Zurstiege, 59–75. Münster: Lit.

Weischenberg, Siegfried, Maja Malik, und Armin Scholl. 2006. *Die Souffleure der Mediengesellschaft: Report über die Journalisten in Deutschland.* Konstanz: UVK Verlagsgesellschaft.

Werbewoche. 2022. Wirz wirbt in Berlin mit Plakat-Anhänger um Talente, 16. Dezember.

Willems, Herbert. 2002. Vom Handlungstyp zur Weltkultur: Ein Blick auf Formen und Entwicklungen der Werbung. In *Die Gesellschaft der Werbung: Kontexte und Texte, Produktionen und Rezeptionen, Entwicklungen und Perspektiven,* Hrsg. Herbert Willems, 55–99. Wiesbaden: Westdeutscher Verlag.

Willnat, Lars, David H. Weaver, und G. Cleveland Wilhoit. 2017. *The American journalist in the digital age: A half-century perspective.* New York, Bern: Peter Lang.

Windeler Arnold, und Jörg Sydow. 2004. Vernetzte Content-Produktion und die Vielfalt möglicher Organisationsformen. In *Organisation der Content-Produktion,* Hrsg. Jörg Sydow und Windeler Arnold, 1–17. Wiesbaden: VS Verlag für Sozialwissenschaften.

Wirz. 2005. Jetzt sind wir unser Macho-Image los: Ganzseitiges Werbeinserat. *Neue Zürcher Zeitung,* 18. März.

World Federation of Advertisers (WFA). 2023. Global Alliance for Responsible Media. https://wfa-net.org/leadership/garm/about-garm. Zugegriffen: 6. Oktober 2023.

Zuberbier, Ingo. 1982. Die Werbeagentur – Funktionen und Arbeitsweisen. In *Die Werbung. Handbuch der Kommunikations- und Werbewirtschaft: Band 3: Die Werbe- und Kommunikationspolitik*, Hrsg. Bruno Tietz, 2373–2406. Landsberg am Lech: Verlag Moderne Industrie.

Zurstiege, Guido. 2002. Die Gesellschaft der Werbung – was wir beobachten, wenn wir die Werbung beobachten, wie sie die Gesellschaft beobachtet. In *Die Gesellschaft der Werbung: Kontexte und Texte, Produktionen und Rezeptionen, Entwicklungen und Perspektiven*, Hrsg. Herbert Willems, 121–138. Wiesbaden: Westdeutscher Verlag.

Zurstiege, Guido. 2005. *Zwischen Kritik und Faszination: Was wir beobachten, wenn wir die Werbung beobachten, wie sie die Gesellschaft beobachtet.* Köln: Herbert von Halem.

Werbeprozess(e) 6

Inhaltsverzeichnis

6.1	Werbung als Managementprozess oder Kommunikationsprozess	162
6.2	Werbung als gemanagter Kommunikationsprozess	164
6.3	Stufen im gemanagten Kommunikationsprozess der Werbung	165
	6.3.1 Situationsanalyse und Kommunikationsstrategie	165
	6.3.2 Werbestrategie	167
	6.3.2.1 Werbeobjekt, Werbeziel und Positionierung	167
	6.3.2.2 Zielgruppenbestimmung	169
	6.3.3 Briefing	172
	6.3.4 Erfolgskontrolle und Werbewirkungen	174
6.4	Akteurs- und Interessenskonstellationen in der Werbung	177
	6.4.1 Idealtypische Struktur der Werbekommunikation	178
	6.4.2 Struktur der Werbekommunikation im Programmatic Advertising	181
Literatur		183

> **Überblick**
> *Bevor das Publikum oder bestimmte Zielgruppen mit einer Werbebotschaft konfrontiert werden, hat die Werbung einen ausgefeilten Prozess der Entstehung durchlaufen. Mit diesem Prozess werden die für Werbung maßgebenden Akteur:innen (siehe Kap. 5) miteinander vernetzt. Der Prozess folgt einer entsprechenden Prozess- und Auftragslogik und ist von spezifischen Interessenskonstellationen geprägt. Im Folgenden wird dies über eine Verknüpfung von akteurs- und handlungstheoretischen Überlegungen mit Prozesslogiken erläutert.*

© Der/die Autor(en), exklusiv lizenziert an Springer Fachmedien Wiesbaden GmbH, ein Teil von Springer Nature 2024
G. Siegert, D. Brecheis, *Werbung in der Medien- und Informationsgesellschaft*, Studienbücher zur Kommunikations- und Medienwissenschaft,
https://doi.org/10.1007/978-3-658-43633-9_6

> *Diese Überlegungen basieren auf der in Kap. 2 skizzierten differenzierungstheoretischen Perspektive, die die wechselseitige Bedingtheit von Handeln und Strukturen erklärt. Um den für die Werbung relevanten Prozesslogiken und Interessenskonstellationen auf die Spur zu kommen, werden die verschiedenen Stufen eines idealtypischen Werbeprozesses analysiert und wesentliche Veränderungen benannt. Darauf aufbauend können dann idealtypische Prozesse und Akteur:innen (siehe Kap. 5) zusammengeführt werden. Dies mündet in ein Bild der idealtypisierten Struktur der Werbekommunikation, in dem gezeigt wird, dass der Output letztlich das Ergebnis des spezifischen Zusammenwirkens von Werbeakteur:innen ist.*
>
> *Allerdings ist dieser Prozess intensivem Wandel ausgesetzt. Aber auch wenn Algorithmen oder Künstliche Intelligenz zunehmend die Werbproduktion und -distribution, d. h. die Kreativstrategie und -umsetzung sowie die Mediastrategie und -planung, bestimmen, bleibt der generische Werbeprozess gültig. Die Akteur:innen und ihre Interessen sind nach wie vor in Beobachtungs-, Beeinflussungs- und Verhandlungskonstellationen verknüpft, auch wenn sich Beobachtungen, Beeinflussungen und Verhandlungen nicht mehr ausschließlich direkt zwischen Menschen abspielen, sondern in zunehmendem Maß auch via technischer (digitaler) Tools und Maschinen oder nur noch im Direktaustausch zwischen Maschinen, Algorithmen und Künstlichen Intelligenzen wie im Programmatic Advertising.*

6.1 Werbung als Managementprozess oder Kommunikationsprozess

Bei der Betrachtung des Werbeprozesses lassen sich grob zwei Prozessdynamiken unterscheiden: Zum einen diejenige klassischer Konzeptions- und Planungsprozesse im Management, die auch beim Werbeprozess greift, und zum anderen diejenige eines klassischen, aus der Lasswell-Formel abgeleiteten Kommunikationsprozesses. In der praktischen Werbeplanung werden beide Sichtweisen kombiniert.

Analog zu anderen Planungsprozessen muss bzw. müsste auch der Werbeprozess den klassischen Planungsschritten folgen. Insofern kann auch vom „Werbemanagement" (Tietz und Zentes 1982) gesprochen werden. Dabei gilt der in Abb. 6.1 skizzierte Ablauf immer im Rahmen der Planung der unternehmerischen Kommunikationspolitik. Das heißt, alle Stufen des Werbeprozesses ergeben sich idealtypisch aus denselben Planungsstufen der unternehmerischen Kommunikationspolitik und müssen mit diesen koordiniert und kombiniert werden.

Basis aller Planungsschritte ist demzufolge die Situationsanalyse, die den Ist-Zustand eruiert. Auf sie folgt die Strategieentwicklung mit der Formulierung der Ziele, der Defini-

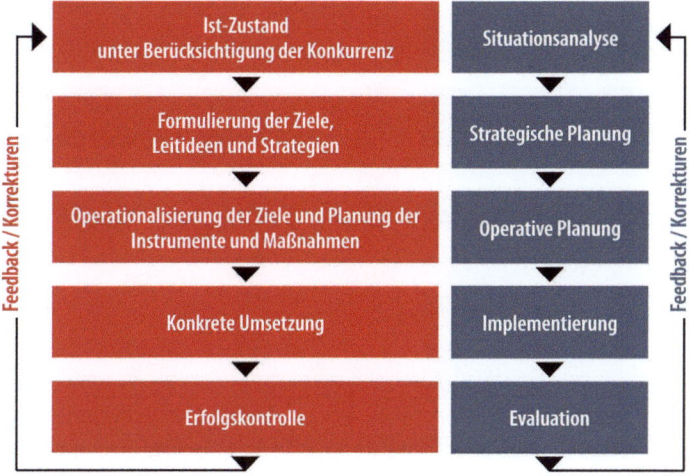

Abb. 6.1 Werbung als Managementprozess. (Eigene Darstellung)

tion der Zielgruppen und der entsprechenden Positionierung. Die operative Planung beginnt mit der Operationalisierung der Ziele und erarbeitet konkrete Maßnahmen, die dann in der Implementierung umgesetzt werden. Die Evaluation der Maßnahmen erfolgt u. a. anhand von Kennzahlen, wie sie aus entsprechenden Untersuchungen generiert werden. Mit ihnen lässt sich die Zielerreichung der Maßnahmen kontrollieren. Zugleich geben sie den aktuellen Ist-Zustand wieder, um gegebenenfalls Korrekturen bei den Zielen durchführen zu können.

Jenseits der Einbettung in Managementprozesse folgt die Werbung dem Ablauf klassischer Kommunikationsprozesse, die sich anhand der so genannten Lasswell-Formel strukturieren lassen. 1948 von Harold Lasswell als Wort-Modell formuliert, wird ihre Eignung für analytische Zwecke heute hinterfragt. So wird u. a. kritisiert, dass es sich um ein unidirektionales Modell handelt, das Kommunikation vor allem unter der Perspektive der intendierten Wirkung auf die Rezipient:innen thematisiert. Zudem werden im Modell die Werbemittel nicht gesondert erwähnt. Deutlich erkennbar ist zudem, dass eine solche Strukturierung des Werbeprozesses erst beim Planungsschritt der Umsetzung beginnt, und dass ihr der Feedback-Kanal fehlt.

Dennoch leistet die Lasswell-Formel gerade aufgrund ihrer Einfachheit für die Strukturierung des Werbeprozesses gute Dienste, um Struktur und die wichtigen Elemente des werblichen Kommunikationsprozesses darzustellen (siehe Abb. 6.2).

Entsprechend entwickelte Langner (2003, S. 467) auf der Basis der Lasswell-Formel das Prinzip der fünf W's der Strategie: Wer (Auftraggeber:in), Was (Botschaft), Wem (Zielgruppe), Wie (Form und Gestalt) und Wo/Wann (Medium).

Abb. 6.2 Werbung als Kommunikationsprozess. (Eigene Darstellung)

6.2 Werbung als gemanagter Kommunikationsprozess

Verbindet man die Planungsschritte der Werbung als Managementprozess mit den Elementen des klassischen Kommunikationsprozesses resultiert ein idealtypischer Ablauf der Werbung als gemanagter Kommunikationsprozess (siehe Abb. 6.3), der auch der Auftragslogik in der klassischen Werbeproduktion entspricht (vgl. zum idealtypischen Prozessablauf u. a. Meyer und Hermanns 1981; Jones 1999, S. 17 ff.; Behrens 1996, S. 137 ff.; Schweiger und Schrattenecker 2021, S. 225 ff.; Schneider und Pflaum 2003; Kloss 2003, S. 151 ff.; Tropp 2019, S. 156 ff.).

Gleichwohl findet sich dieser in der Werbepraxis selten als verbindlicher Standardablauf. Gelegentlich wird sogar das gegenteilige Vorgehen vorgeschlagen: eine Bottom-Up-Strategie, ausgehend von einer Idee, um die herum eine Konzeption entwickelt wird (vgl. Zitate aus Tropp 1997, S. 117). Die Formulierung von Werbezielen und eine exakte Positionierung machen, wie die Münsteraner Arbeitsgruppe Werbung richtig feststellt, aber nur dann Sinn, wenn die Zielerreichung auch kontrolliert wird (vgl. Schmidt 2004, S. 94 f.), insofern gehört die Messung des Werbeerfolgs unabdingbar zum gemanagten Kommunikationsprozess der Werbung.

Zudem zeigt sich, dass dieser Ablauf durch die Digitalisierung gravierende Änderungen erfahren kann, weil beispielsweise Nutzer:innen in den Werbeprozess einbezogen werden oder vermehrt Algorithmen bzw. Künstliche Intelligenz zum Einsatz kommen. Dies passiert vor allem in den beiden Hauptbereichen „Kreativstrategie und kreative Umsetzung" sowie in „Mediastrategie und -planung" und wird deshalb in den Kap. 7 und 8 ausführlicher besprochen. Zudem erhöhen umfassende Datensammlungen (Big Data), Algorithmen oder Künstliche Intelligenz die Informationsmenge über potenzielle Kund:innen (consumer insights) und über Werbewirkungen. Damit wird die Effizienz dieser beiden Bereiche massiv gesteigert. Dennoch liefert das hier vorgestellte grundlegende Modell der Werbung als gemanagter Kommunikationsprozess nach wie vor eine ebenso aussagekräftige wie solide Basis zur systematischen Analyse und Darstellung des Werbeprozesses. Ähnlich stellen Qin und Jiang (2019) bei ihrer Studie des chinesischen Werbemarktes fest:

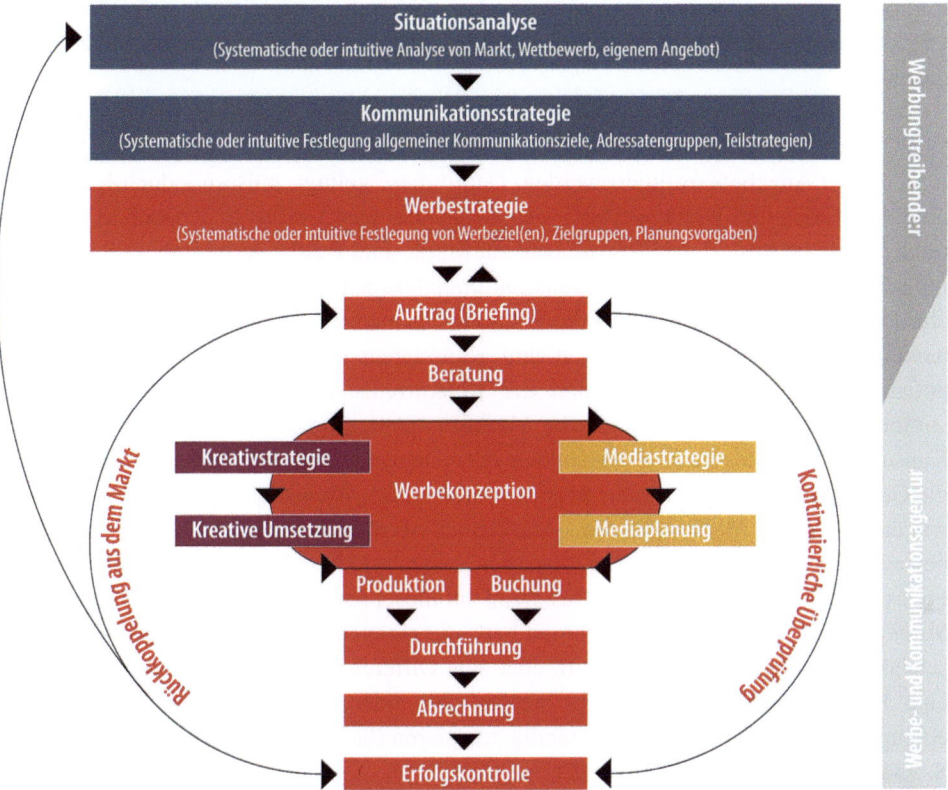

Abb. 6.3 Werbung als gemanagter Kommunikationsprozess. (Eigene Darstellung in Anlehnung an GWA 2004, S. 20)

„Examining AI application in advertising in a systematic way and from a technical perspective, this article finds that the AI advertising process is born out of the traditional process and is not yet a reengineered one. However, with big data and algorithms applied, the AI advertising process, which has significant differences compared with the traditional one, is more tool based, synchronized, and highly efficient" (Qin und Jiang 2019, S. 344 f.).

6.3 Stufen im gemanagten Kommunikationsprozess der Werbung

6.3.1 Situationsanalyse und Kommunikationsstrategie

Auch im praktischen Werbeprozess steht die Situationsanalyse der Werbetreibenden und ihrer Angebote am Anfang. Sie bildet die Motivation, überhaupt tätig zu werden (vgl. als Übersicht: Meffert et al. 2015, S. 219 ff.). Dabei wird sie nicht immer als professionelle Ist-Analyse durchgeführt, sondern setzt sich teilweise aus einer Mischung aus persönlichen Erfahrungen, „Bauchgefühl" und anderen ad-hoc-Wahrnehmungen des Marktes zusammen. Vor allem kleinere und mittlere, aber auch unter Kostendruck stehende größere Unternehmen wollen oder können die dafür anfallenden Aufwendungen nicht immer leisten.

Zu Beginn einer Situationsanalyse kann u. a. mit einer klassischen SWOT-Analyse (SWOT für Strengths, Weaknesses, Opportunities, Threats) die eigene Positionierung bzw. die der Angebote evaluiert werden. Damit diese gelingt, müssen jedoch Kenntnisse über die Märkte und Wettbewerber:innen vorhanden sein. Und so finden sich in der Literatur zahlreiche Ansätze und Instrumente zur Markt- und Wettbewerbsanalyse. So z. B. die typische Wettbewerbs- und Branchenstrukturanalyse anhand der „five forces" nach Michael E. Porter (2013). Dort wird die Wettbewerbsintensität der Branche anhand der Verhandlungsmacht von Zuliefer:innen und Kund:innen sowie das Bedrohungspotenzial potenzieller Mitbewerber:innen und der Konkurrenz- und Substitutionsangebote bestimmt. Wichtig sind auch klassische Marktsegmentierungsansätze, die sich sowohl an Konsument:innen als auch an Produkten oder Dienstleistungen orientieren können, und die Geschäftsfelder und relevante Märkte eruieren (vgl. Weinstein 2004). Portfolioansätze wie das klassische Marktwachstums-Marktanteils-Portfolio von *Boston Consulting* erlauben es, herauszufinden, in welcher Phase des Lebenszyklus sich ein Angebot befindet (vgl. Fuchs und Unger 2014, S. 61 ff.). Basierend auf dieser Analyse lassen sich dann geeignete Strategien für das eigene Unternehmen bzw. die eigenen Angebote entwickeln und Entscheidungen darüber treffen, ob z. B. eher eine Differenzierungsstrategie verfolgten oder eine Kostenführerschaft angestrebt werden soll, oder ob es sinnvoller ist, Allianzen einzugehen oder stattdessen eigenständig zu agieren (beispielhaft: Berekoven et al. 2009, S. 334 ff.; Oldenburg 2021, S. 61 ff.).

Im Normalfall werden für Situationsanalysen anhand von Trends, Marktdaten, Befragungen und Expertenmeinungen Risiken und Chancen von Liefer- und Produktionsbedingungen, der Marktaufteilung, der Wettbewerbsbedingungen und der Nachfrage aufgearbeitet. Vor diesem Hintergrund wird die eigene Position analysiert, um daraus eine aussichtsreiche Strategie zu generieren oder gefasste Strategiebeschlüsse zu evaluieren. Oft beziehen sich die Instrumente auf die unternehmerischen Geschäftsfelder und Angebote, weniger auf die kommunikative Positionierung. Zugleich haben sie aber Auswirkungen auf die Kommunikationsstrategie. Zunehmend werden jedoch Analysen des Kommunikationswettbewerbs einbezogen, u. a. weil die Differenzierung von Wettbewerber:innen oft nur noch kommunikativ erreicht werden kann.

Wie auch immer die Situationsanalyse zustande gekommen sein mag, liefert sie doch eine Vorgabe für das weitere Vorgehen. So ergibt sich beispielsweise als Ergebnis die Feststellung, dass ein Produkt neu eingeführt werden soll, es zugleich in diesem Marktsegment mehrere Konkurrenzprodukte und einen kommunikativen Marktführer gibt und eigene ähnlich gelagerte Produkte nicht zu sehr kannibalisiert werden sollten.

Bevor eine Werbestrategie erarbeitet wird, sollte eine Kommunikationsstrategie (auch als Kommunikations-Mix bezeichnet) entwickelt werden, da Werbung – selbst im weitesten Sinn verstanden – nicht die einzige Kommunikationsaktivität eines Unternehmens bzw. einer Organisation oder einer Marke ist. Im Sinne von Corporate Communications oder strategischer bzw. integrierter Kommunikation muss das Gesamtbild der Unternehmen, Organisationen, Angebote und Marken berücksichtigt werden, um öffentliche Darstellungen und die jeweils gepflegten Kommunikationsbeziehungen aufeinander und auf die jeweiligen Kommunikationsziele hin abzustimmen und ihre spezifischen Vorteile auszuspielen. Insofern müssen auch die eingesetzten Instrumente in ihrer Vielzahl (vgl. u. a. Schweiger und Schrattenegger 2021, S. 139 ff.) gut aufeinander abgestimmt werden. Dies ist bereits aus Kostengründen angezeigt. Hat sich ein Unternehmen z. B. entschlossen, neue Verpackungen für vorhandene Produkte zu entwerfen und zu produzieren, stellt sich die Frage, ob die Verpackung einer Produktneueinführung von diesem Design abweichen kann.

6.3.2 Werbestrategie

In der nächsten Stufe folgt idealtypischerweise die Werbestrategie. Sie enthält in verdichteter Form alle wesentlichen Bausteine des Werbeplans, d. h. konkretisiertes Werbeziel, Werbeobjekt, anvisierte Zielgruppe, Angaben zur Werbebotschaft, Budgethöhe und Terminplanung (vgl. bereits Meyer und Hermanns 1981, S. 69; ähnlich Tropp 2019, S. 211 ff.). Die Abfolge ist dabei idealtypisch und kann sich auch ändern. So ordnen einige Autor:innen bei der Werbeplanung die Zielgruppenplanung vor der Festlegung der Werbeziele ein, stellen aber ebenfalls fest, dass alle Bereiche und Entscheidungen eng miteinander zusammenhängen (vgl. Schweiger und Schrattenecker 2021, S. 226). Die Konzeption der gesamten Werbestrategie ist Aufgabe des werbungtreibenden Unternehmens, wird aber oft in Kooperation mit einer Agentur erarbeitet, die in einem, meist mehrstufigen Auswahlverfahren ausgesucht wurde. Ist die Agentur nicht in die Ausarbeitung der Werbestrategie involviert, werden die in der Strategie entwickelten Inhalte spätestens im Rahmen eines Kundenbriefings als schriftliche Aufgabenstellung vom werbungtreibenden Unternehmen kommuniziert.

6.3.2.1 Werbeobjekt, Werbeziel und Positionierung

Wie bereits in Kap. 1 skizziert, können Werbeobjekte sowohl Produkte, Dienstleistungen, Unternehmen, Organisationen, Menschen, Marken oder Ideen sein. Eine Einschränkung auf marktrelevante Objekte, also Produkte oder Dienstleistungen, ist nicht angezeigt.

Die für die Werbung gültigen Ziele lassen sich schrittweise aus den Unternehmenszielen und den kommunikationspolitischen Zielen ableiten, weshalb eine Abstimmung mit der Kommunikationsstrategie angezeigt ist. Grundsätzlich lassen sich kognitiv-orientierte Ziele (z. B. Aufmerksamkeit, Wissen, Bekanntheit), affektiv-orientierte Ziele (z. B. Interesse, Vertrauen) und konativ-orientierte Ziele (z. B. Kaufabsichten, Informationsverhalten) unterscheiden (vgl. u. a. Bruhn 2016, S. 206; Bruhn 2019, S. 162). Die Kenntnis eines neues Produkts wäre ein typisches Beispiel für ein kognitiv-orientiertes Ziel, eine Verbesserung des Images eines Produkts ein Beispiel für affektiv-orientierte Ziele und Käufe von Neukund:innen ein Beispiel für konativ-orientierte Ziele.

Werbeziele lassen sich aber auch nach anderen Kriterien unterteilen. So können beispielsweise die Bekanntmachung eines Produkts (kommunikatives Werbeziel), die Erhöhung des Marktanteils (marketing-orientiertes Werbeziel) oder die Positionierung als innovativ-führendes Unternehmen (unternehmenspolitisches Werbeziel) unterschieden werden. Zudem können die in Kap. 1 skizzierten Ziele der Werbung in mediatisierten Gesellschaften auch als Ziele im Werbeprozess dienen, wie z. B. die Thematisierung beworbener Produkte und Unternehmen in der Medienberichterstattung oder die Etablierung eines Werbethemas in der interpersonellen Kommunikation, mithin also die Schaffung von Anschlusspublizistik und -kommunikation.

Nicht selten klaffen auch auf dieser Stufe des Werbeprozesses Theorie und Praxis weit auseinander, und es erweisen sich real auffindbare Werbestrategien nur als rudimentäre, gelegentlich nebulöse Zielvorstellungen. Ziele müssen aber eigentlich in der Form operabel sein, dass sie eine Konkretisierung bezüglich des Inhalts, des Ausmaßes und des zeitlichen Rahmens der Werbung zulassen. Ein konkretes Werbeziel in diesem Sinn wäre also z. B. die Erhöhung des Marktanteils um 10 % auf 20 % innerhalb eines Jahres über die spezifische Positionierung als innovationsstarkes Unternehmen und durch den Verkauf von 20.000 Neuprodukten, ohne dass die etablierten drei Produkte des Herstellers mehr als 15 % ihrer Abverkäufe einbüßen.

Bei der werblichen Positionierung werden in Anlehnung oder Abgrenzung zu den Konkurrent:innen die nachfragerelevanten Nutzenversprechen gewählt bzw. entwickelt. Je deutlicher sich ein Werbeobjekt in den technischen Eigenschaften, der Preissetzung oder der kommunikativen Auslobung von seinen Konkurrent:innen abgrenzen kann, desto wahrscheinlicher kann es eine Alleinstellung im Sinne einer Unique Selling Proposition (USP) erreichen. Werden Produkte u. a. aufgrund schnellster Reaktionszeiten bei hohen Kopierkapazitäten des Wettbewerbs technisch immer homogener, bleibt nur die kommunikative Differenzierung. In diesem Fall wird statt eines USPs eine UAP (Unique Advertising Proposition) oder UCP (Unique Communication Proposition) angestrebt. Deshalb spielt die Positionierung für den Erfolg der Werbung eine tragende Rolle. Die Positionierung wird aber immer in enger Abstimmung mit der anvisierten Zielgruppe bestimmt und beruht auf der vorgängigen Situationsanalyse. Auch für die Positionierung gibt es verschiedene Herangehensweisen (siehe Tropp 2019, S. 216 ff.), und die Ergebnisse der Positionierung fließen unmittelbar in die kreative Werbeumsetzung ein.

Fallbeispiel: Die Positionierung entscheidet über den Markterfolg

Die Neupositionierung vom traditionell orientierten Hersteller sogenannter „Butter- und -Brot"-Autos (Volumenmodelle) hin zum technisch-innovativen Hersteller von Premiumfahrzeugen hat der Marke AUDI im dokumentierten Zeitraum bis 2011 kontinuierliches Absatzwachstum gebracht (vgl. Abb. 6.4). Zudem hat der Absatzrückgang in den Jahren 2008/09 infolge der globalen Finanzkrise die Marke weniger getroffen als ihre beiden Hauptwettbewerber. ◄

6.3 Stufen im gemanagten Kommunikationsprozess der Werbung

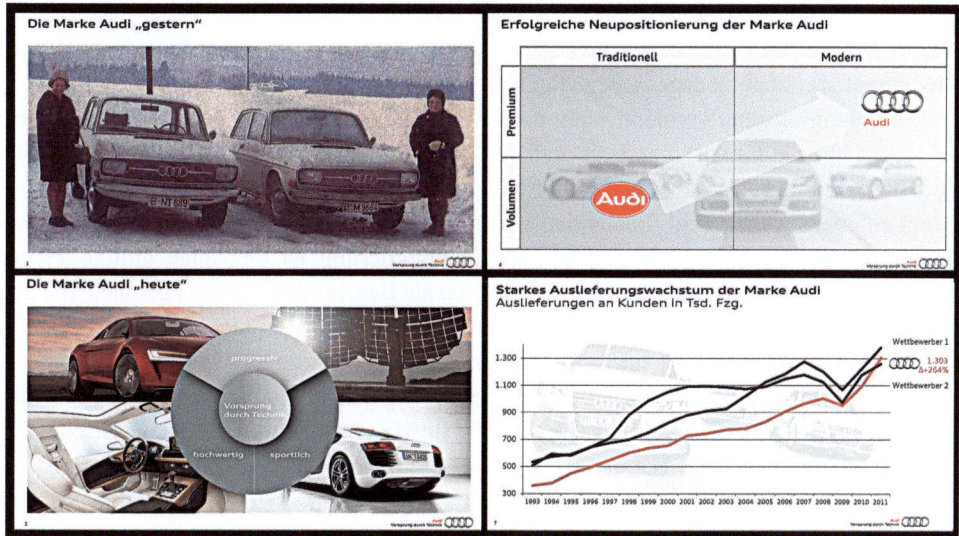

Abb. 6.4 Neupositionierung der Marke AUDI. (Audi 2012, ähnlich: Audi o. J.)

6.3.2.2 Zielgruppenbestimmung

Als Zielgruppe wird diejenige Gruppe von Personen oder Unternehmen (im Business-to-Business- oder kurz: B-2-B-Geschäft) verstanden, die erstens mit der Werbung angesprochen werden soll und bei der zweitens dann auch entsprechende Effekte gemäß den Werbezielen erreicht werden sollen. Je konkreter die Zielgruppe definiert wird, desto passender können Werbebotschaft und Kanäle ausgesucht werden. Und auch wenn unter algorithmischen Bedingungen genügend Daten vorhanden sind, um mit personalisierter Werbung konkret einzelne Personen ansprechen zu können, steht hinter der Werbeplanung doch eine Vorstellung davon, welche Gruppen von Personen das beworbene Angebot kaufen und nutzen sollen und an wen folglich die Werbung gerichtet sein muss. Insofern hängt die Segmentierung von Märkten unmittelbar mit der Segmentierung von Zielgruppen zusammen.

Bei der Segmentierung oder Typologisierung von Zielgruppen kommen seit Langem unterschiedliche Kriterien zur Anwendung (vgl. u. a. Bruhn 2019, S. 186 ff.; Freter 1983 und 2016; Weinstein 1994; Fuchs und Unger 2014, S. 117 ff.; Schweiger und Schrattenecker 2021, S. 58 ff.; Tropp 2019, S. 278). Man unterscheidet u. a. geografische, (sozio) demografische und psychografische Segmentierung sowie Lebensstile oder Milieus. Hinzukommen physiologische Merkmale und Handlungsmerkmale. Alle zur Anwendung kommenden Kriterien müssen allerdings auch erfassbar sein bzw. bereits erfasst worden sein.

Im Fall von geografischer Segmentierung (Wohnort, Region, Land) müssen z. B. bei der Absatzwerbung das Absatzgebiet der Werbungtreibenden und das Verbreitungsgebiet der zu belegenden Medien weitgehend übereinstimmen (vgl. Geppert et al. 1992). Oft wird hier auf bereits von der Forschung festgelegte und gesondert untersuchte Regionen, wie z. B. Nielsen-Gebiete, zurückgegriffen, weil für sie entsprechende Konsum- und Mediennutzungsdaten ausgewiesen sind.

Die demografische Segmentierung berücksichtigt Kriterien, wie z. B. Alter oder Geschlecht. Hinzu kommen soziodemografische Kriterien, wie z. B. die Ausbildung, das Einkommen oder der Beruf. Ergänzt werden sie bisweilen von der aktuellen Phase des Familienlebenszyklus´ (vgl. Fuchs und Unger 2014, S. 117 ff.). Ein Beispiel für das Ergebnis einer solchen soziodemografischen Segmentierung ist die lange gültige Typologisierung von DINKs (double income, no kids) als Beschreibung jener Personen, die als Paar in einem Haushalt leben, beide berufstätig sind und keine Kinder haben.

Viele für die Marktabgrenzung, die Werbung und ihre Wirkung wichtigen Aspekte bleiben in der rein soziodemografischen Segmentierung jedoch unberücksichtigt. Deshalb werden oft der Besitz bestimmter Güter, z. B. Besitz eines Mittelklassewagens, physiologische Merkmale, wie z. B. lange Haare und Verhaltens- bzw. Handlungsmerkmale wie Konsum- und Mediennutzungsgewohnheiten hinzugenommen. Im E-Commerce und datengetriebenen Marketing werden hier auch Kaufhistorie oder Daten aus der Kundenbeziehung hinzugezogen. In der psychografischen Segmentierung werden diese Kriterien um psychologische Kriterien, wie z. B. Einstellungen und Neigungen, erweitert. Dies vor allem, um die Werbebotschaften entsprechend anpassen zu können.

Noch detaillierter gehen Lebensstil-Typologien vor, wenn sie zusätzliche Aspekte wie Lebensführung, Wertvorstellungen oder Grundorientierungen integrieren. Sie führen zu ausdifferenzierten Typologisierungen, deren gesteigerte Verhaltensrelevanz es ermöglichen soll, die Produktentwicklung, die Gestaltung der Werbebotschaft und deren Platzierung in den Medien effizienter und effektiver zu managen. Lebensstil-Typologien können national, aber auch international orientiert sein. Beispiele sind u. a. Sinus-Meta-Milieus (vgl. Abb. 6.5 und 6.6) oder die GfK Roper Consumer Styles (siehe Kap. 11).

Breiter bekannt sind Zielgruppenbezeichnungen, die in erster Linie auf den Geburtsjahrgang fokussieren, wie z. B. Baby Boomer (geboren ca. 1946 bis 1964) oder Generation Z (geboren ca. 1997 bis 2010). Sie werden zusätzlich anhand ihrer prägenden Lebensorientierungen beschrieben. So auch die ca. zwischen 1981 und 1998 Geborenen, die sog. Millennials (auch Generation Y), die als erste Generation der Digital Natives gelten: „Überlegenheitsgefühl, Exhibitionismus und Eitelkeit kennzeichnen das Lebensgefühl der **Millennials**." (Weber 2017). Sie kaufen gerne online ein, legen Wert auf einen sinnstiftenden Job und auf ein gesundes Gleichgewicht zwischen Arbeit und Privatleben (vgl. u. a. Voges 2022).

In der Praxis der traditionellen Mediaplanung (vgl. Kap. 8) können Zielgruppenbeschreibungen allerdings wesentlich nüchterner, weil zweckorientierter auf Kauf und Konsum gerichtet sein: „Männer, 18 bis 59 Jahre, Besitz Fahrrad im Haushalt" oder „Frauen, Intensivverwender Marmelade als Brotaufstrich" – so lauten z. B. Zielgruppenbeschreibungen, mit denen Zeitschriften anhand der deutschen Media-Analyse nach ihrer Affinität gereiht werden konnten (vgl. Heinrich Bauer Verlag 1997, S. 76 ff.). Der Ausrichtung auf Zielgruppen kommt in der traditionellen Mediaplanung eine besondere Bedeutung zu, weil sie die Passung der Werbeträger zu den Adressaten einer Werbebotschaft ab-

6.3 Stufen im gemanagten Kommunikationsprozess der Werbung

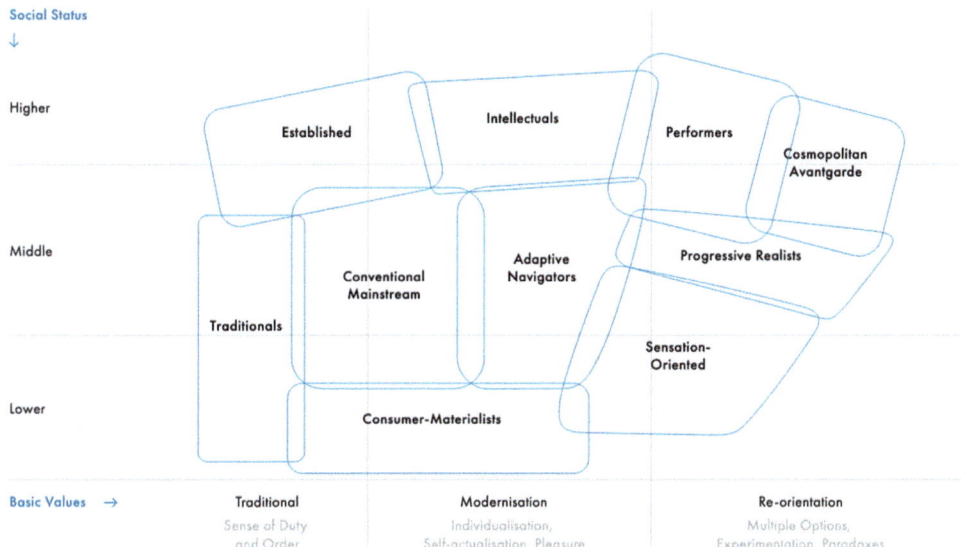

Abb. 6.5 Fallbeispiel: Sinus-Milieus: Established Markets. (SINUS-Institut 2023)

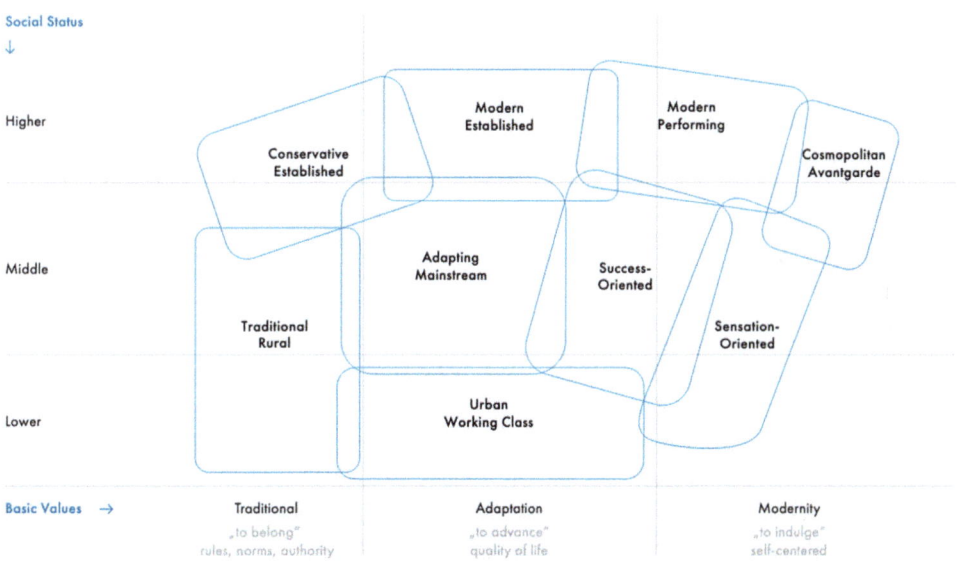

Abb. 6.6 Fallbeispiel: Sinus-Milieus: Emerging Markets. (SINUS-Institut 2023)

gleicht und damit für eine möglichst hohe Zielgruppenaffinität sorgt, mithin also die Akzeptanz der Werbung und ihrer Botschaft steigert.

Zielgruppenbestimmung in der Online-Welt dagegen bedeutet vor allem Bestimmung der Zielgruppe aufgrund vergangenen Verhaltens (Behavioral Targeting). Werbebotschaften werden auf Basis des vorherigen Such-, Nutzungs- oder Transaktionsverhalten

Abb. 6.7 Securing our future. (Hyppönen 2015)

der Nutzer:innen gestaltet und vor allem geschaltet. Daten dafür liefert nicht nur die eigene Online- und Social Media Präsenz, sondern auch die von Netzwerkpartner:innen oder extern über sog. Data Warehouses bezogene Daten. Digitales Tracking von Zielgruppen, -personen und Inhalten erlaubt zudem relativ exakte Messungen unterschiedlicher Werbeerfolge, wie z. B. Responsequoten, Bestellwerte, Weiterempfehlungshäufigkeiten. Als Alternative wird über eine Analyse des Werbeumfelds („Contextual Targeting") in Echtzeit eine passende Schaltmöglichkeit gesucht.

> **Fallbeispiel: „SMART" means „EXPLOITABLE"**
>
> In einem umfassenden Vortrag zum Themenkreis IT-Sicherheit, Cyberkriminalität, Privatsphäre, Datenschutz und Targeting beleuchtete Mikko Hyppönen (Abb. 6.7), einer der führenden Cyber-Security-Experten der Welt, am USI-Event 2015 auch, wie Anbieter von Online-Werbung zu individualisierten und weitgehend de-anonymisierten Daten von Zielpersonen für die Onlinewerbung kommen. Im hier genannten Zusammenhang besonders relevant sind seine Aussagen von Minute 8:30 bis Minute 14:00 des im Literaturverzeichnis ausgewiesenen YouTube-Videos. ◄

6.3.3 Briefing

Das Kundenbriefing ist in erster Linie dazu gedacht, der Agentur alle notwendigen Informationen zu übermitteln. Es eignet sich aber auch für die Überprüfung der Agenturleistung und sollte folgende Bestandteile beinhalten (vgl. Merkel 1999, S. 298): Ausgangslage und

Aufgabe, Kommunikationsziele, Zielgruppen, relevante Wettbewerber:innen, Positionierung von Produkt und Unternehmen, relevanter Hauptnutzen, Begründung dieses Nutzens, Markenbild und -guthaben, Restriktionen und Tonalität.

> „Briefings sind der elementarste Baustein für eine gute, zielorientierte Kommunikation. Sie sind kein lästiges Übel und keine Freiheitsberaubung für Kreative. Man kann sich Briefings nicht sparen, es sei denn man mag es teuer. Briefings können auch nicht mit links gemacht werden, und sie gehen jeden etwas an, der Verantwortung für die Kommunikation trägt. Gute Briefings sind Gold wert, und sie können eine Agentur zum Fliegen bringen. Schlechte Briefings sind die Vernichtung von volkswirtschaftlichem Vermögen in materieller und immaterieller Weise und damit wider die guten Sitten." (Merkel 1999, S. 303)

Dennoch sind in der Werbepraxis Briefings häufig diffus – manchmal auch nicht existent –, weil die auftraggebenden Unternehmen ihre Ausgangslage nicht kennen oder falsch einschätzen, sich nicht zu einer klaren Positionierung durchringen können, sich generell nicht sicher sind, mit der Erstellung eines möglichst detaillierten Briefings überfordert sind oder versuchen, Aufwand und Verantwortlichkeit dafür auf die Agentur abzuwälzen. Briefings dürfen also keine „Placebos" sein (GWA 2023, S. 8). Oftmals haben aber auch Agenturen wenig bis kein Interesse an exakten Briefings, weil sie sich von diffusen Briefings größere kreative Freiräume zum Einbringen eigener Ideen (vgl. Nerdinger 1990, S. 84) versprechen (siehe hierzu auch die Ausführungen zum Thema Interessenskonflikte in Abschn. 9.1) – in den meisten Fällen eine Fehleinschätzung, die monetären und zeitlichen Aufwand unnötig in die Höhe treibt. Um das zu vermeiden, hat sich das sog. Re-Briefing etabliert, in dem die Agentur gegenüber ihrer/m Auftraggeber:in ihr Verständnis des Auftrags formuliert. Damit sichert das Re-Briefing die gegenseitige Verständigung. Ist es von der/dem Auftraggeber:in schriftlich abgezeichnet, kann es helfen, spätere Streitigkeiten zu vermeiden (vgl. Merkel 1999, S. 302).

Die operative Planung, d. h. die Werbeplanung, beginnt mit der weiteren Operationalisierung der Werbeziele und teilt sich auf in die Kreativstrategie (vgl. Kap. 7) und die Mediastrategie (vgl. Kap. 8) sowie deren jeweilige Umsetzungspläne. Sie bezieht sich auf zwei unterschiedliche Wissenskulturen im Feld der Werbung, nämlich „erzählen" und „zählen" (vgl. Zurstiege 2015, S. 52 ff.). Die operative Planung beinhaltet darüber hinaus Planungen, die für den Gesamtprozess wichtig sind: Zeit- und Budgetplanung. Während in der Zeitplanung der gesamte Zeitraum einer Kampagne, einzelne Meilensteine ihrer Erstellung und Ausspielung sowie weitere wichtige Zeitpunkte festgelegt werden, erfolgen im Rahmen der Budgetplanung die Festlegung des Werbebudgets und dessen Verteilung.

Während Zeit- und Budgetplanung meist vom werbungtreibenden Unternehmen vorgegeben werden, liegt die Entwicklung der anderen Werbeteilpläne meist im Aufgabengebiet der Agenturen. Einzelne dieser Vorgaben sind bereits Bestandteile des Briefings und folglich auch des Re- wie auch des Agenturbriefings (Schneider und Pflaum 2003, S. 257). Während das Re-Briefing wie gezeigt von der Agentur an den/die Kund:in geht, richtet sich das Agenturbriefing an die Projektbeteiligten innerhalb der Agentur. In diesem internen Briefing verdichten die Kundenberater:innen analog zum externen Briefing Angaben zu

Werbezielen, Werbeobjekten, Zielgruppen, Werbemitteln, Werbeideen und Werbeträgern sowie zum Produktnutzen (Consumer Benefit), zum Produktversprechen (Reason Why) und zum Stil der Werbung (Tonality), zu inhaltlichen Vorgaben für die konkrete kreative Umsetzung (Creative Briefing, Kreativstrategie oder Copystrategie) und zur Mediastrategie.

All diese Werbeteilpläne sind wechselseitig miteinander verbundene Entscheidungstatbestände und müssen daher aufeinander abgestimmt sein. Der Vernetzungsgrad der einzelnen Teilpläne wird aus dem Maß ersichtlich, in dem sich Entscheidungen im Rahmen eines Teilplans auf andere auswirken. So lassen sich mit einem sehr begrenzten Budget (Budgetplanung) weder die Kosten für die aufwändige Produktion eines audiovisuellen Spots (Werbemittel-, Gestaltungsplanung) finanzieren, noch die Schaltung in nationalen Fernsehprogrammen (Mediaplanung). Daneben bedingen sich vor allem Werbemittel und Werbeträger wechselseitig. So wird z. B. mit der Festlegung auf argumentative und damit textdominierte Anzeigen zugleich eine Einschränkung bei der Auswahl der Werbeträger vollzogen. Die Mediastrategie ist deshalb auch als paralleler, aber wechselseitig aufeinander abgestimmter Prozess zur kreativen Strategie zu sehen. Umgekehrt liefert die Wahl der in der Werbestrategie abgegrenzten Zielgruppe Vorgaben für Werbemittel, Werbegestaltung und Werbeträger.

6.3.4 Erfolgskontrolle und Werbewirkungen

Inwiefern eine Werbebotschaft die gewünschten Ziele erreichen kann, also wirken wird, kann teils vorab mit einer Vielzahl entsprechender Tests und Simulationen – z. B. mit der Messung von Aufmerksamkeits-, Erinnerungs- und Sympathiewerten, aber auch mit der Simulation konkreter Rezeptions- oder Kaufsituationen – geprüft, aber dennoch nicht 100-prozentig vorausgesagt werden. Die Evaluation der Werbemaßnahmen im Nachhinein orientiert sich an den vorgegebenen Zielen. Sie klärt, inwiefern die Werbung erfolgreich war, also im Sinne der gesteckten Ziele gewirkt hat, ist also Werbeerfolgskontrolle.

Ein Wirkungsnachweis ist auch deshalb nicht einfach zu erbringen, weil Werbung nicht unter konstanten Umweltbedingungen stattfindet. Vielmehr können wechselnde Umstände den eigenen Werbeerfolg wesentlich beeinflussen, so

- wechselnde Umweltbedingungen und Einflussfaktoren jenseits der Werbung, wie z. B. eine lang anhaltende für die Jahreszeit ungewöhnliche Wetterlage, eine Pandemiesituation oder ein Konjunkturumschwung,
- Branchenspezifika, wie z. B. mangelnde Produktverfügbarkeit oder das Marktverhalten von Konkurrenzangeboten (z. B. Preisveränderungen),
- die eigene Marken- und Kommunikationshistorie, wie z. B. frühere werbliche Maßnahmen und ihre „Nachwirkungen" oder früheres Nachfrageverhalten.

Dennoch müssen die Wirkung und vor allem der Outcome von Werbung überprüft werden, um den Grad der Zielerreichung abklären zu können. Tropp (2019, S. 606) unterscheidet als direkten Outcome entsprechend fünf Kategorien von Anschlusshandlungen und operationalisiert diese wie folgt:

1) „Anschlusshandlungen von Akteuren in Absatzmärkten (Konsumenten, Kunden) in Richtung der Unternehmen beziehungsweise deren Marken;
2) Anschlusshandlungen in sozialen Netzwerken der Konsumenten und Kunden;
3) Anschlusshandlungen von Akteuren in Beschaffungsmärkten (z. B. Lieferanten, Jobsucher, Personalberater) in Richtung der Unternehmen beziehungsweise deren Marken;
4) Anschlusshandlungen zwischen den Unternehmensangehörigen,
5) Mediale Anschluss-Berichterstattung über die Marketing-Kommunikation des Unternehmens (Earned Media)" (Tropp 2019, S. 606).

Allerdings ist davon auszugehen, dass es verschiedener Stufen der Werbewirkung bedarf, bevor es zu „Anschlusshandlungen von Akteuren in Absatzmärkten" wie z. B. einem Kauf kommen kann (bei Tropp 2019 indirekter Outcome). Die durch empirische Untersuchungen zur Werberezeption und -wirkung (wie z. B. Recall- oder Recognition-Tests) generierten Kennzahlen, wie z. B. Erinnerungs- oder Imagewerte oder Involvement, helfen deshalb, die Zielerreichung der Werbemaßnahmen zu kontrollieren.

Um wenigstens den Umweltfaktor „Werbeaktivitäten der Konkurrenz" zu berücksichtigen, haben sich verschiedene Kennzahlen bewährt (vgl. Koschnick 2003). So bezeichnet der „share of advertising" (Werbekosten-Anteil) den Anteil der eigenen Werbeinvestitionen an den Gesamtwerbeinvestitionen einer Branche (Konkurrenzwerbedruck). Der Wert „share of voice" (zielgruppenspezifischer Kontaktsummen-Anteil) zielt auf den mit einer Werbekampagne erreichten Anteil an Zielgruppenkontakten einer Branche ab. Noch einen Schritt weiter geht der „share of mind" (zielpersonenspezifischer Werbedruck-Anteil), der die von der eigenen Werbung erzielten Kontakte pro Zielperson anteilig mit den Kontakten der Konkurrenzwerbung in Beziehung setzt.

Viele dieser Werte und Verfahren beschränken sich also eng auf den Kontakt bzw. die Zuwendung von Rezipient:innen als ersten Wirkphase von Werbung, nicht aber auf die weitere Werbewirkung selbst, geschweige denn auf den Kauf als „Finalziel" der Werbung – wobei die datengetriebene Werbung im Kauf eben noch nicht ihr finales Ziel erreicht sieht. Vielmehr will sie nach dem Kauf noch den Aufbau einer dauerhaften Kundenbeziehung sowie eine möglichst hohe Zahl von Weiterempfehlungen erreichen. Zudem muss angemerkt werden, dass viele Werte und Verfahren der Werbeerfolgskontrolle keine qualitativen Aussagen zur Wirkungsweise zulassen. Als Indikatoren der Werbewirkung im weiteren Sinn werden Zuwendung, Aufmerksamkeit, Erinnerung, Bekanntheit der Marke, Verständlichkeit der Werbung, Interesse am Produkt, Bewertung/Image der Werbung, Sympathie der Werbung und der Marke, Überzeugungskraft der Werbung, Kaufbereitschaft, Kaufverhalten sowie Verwendung des Produkts genannt (vgl. Brosius und Fahr 1998, S. 26). Dazu kommen Key Performance Indicators (KPIs) wie die Entwicklung des Umsatzes und die Entwicklung der Erträge (vgl. Lorscheid 2020; Pechtl 2021). Diese klassischen Unternehmenskennzahlen müssen je nach Zielsetzung herangezogen werden, um die Messung des ökonomischen Erfolgs zu ermöglichen.

Um die Beeinflussung des Absatzes – und damit des ökonomischen Werbeerfolgs – zu prognostizieren, werden verschiedene Verfahren, wie z. B. der Testmarkt, der Mini-Testmarkt, Testmarktsimulationen, elektronische Mikro-Markttests, wie z. B. der Telerim-Test von *AC Nielsen* oder der *GfK-Behaviour Scan*, und Befragungs-Experimente entweder simultan zum Projekt oder im Nachhinein durchgeführt (vgl. Pepels 1996).

Einfacher und zeitnäher lässt sich dies in der Online- und Mobile-Werbung darstellen, da hier relativ exakte Daten über den Absatz bzw. Kauf automatisch generiert werden. So können z. B. verschiedenste Social-Media-Aktivitäten (z. B. Likes, Comments oder Empfehlungen) und Online-Anschlusskommunikation gemessen werden, um die Erreichung qualitativer (z. B. im Gespräch bleiben) wie auch quantitativer (z. B. Responsequoten, Bestellwerte, Weiterempfehlungshäufigkeiten) Ziele einer Werbemaßnahme zu überprüfen. Zudem werden auch bei Online- und Social Media Werbeaktivitäten harte KPIs, wie z. B. Costs per Click, gemessen. Derart generierte Kennzahlen geben den aktuellen Ist-Zustand wieder, um gegebenenfalls Korrekturen bei den Werbezielen und -strategien durchführen zu können (vgl. hierzu auch Kap. 8).

Insgesamt soll die Werbeerfolgskontrolle Aussagen nicht nur darüber liefern, welche Veränderungen in welchem Ausmaß erzielt wurden, sondern auch darüber, wie wirtschaftlich dies geschehen ist, wie effizient also die Werbung war (vgl. u. a. Pepels 1996).

Soll Werbeerfolg allerdings in Bezug auf die anderen Anschlusshandlungen kontrolliert werden, müssen dafür inhaltsanalytische Verfahren angewendet werden. Sie können Aufschluss über Anschlusspublizistik, also mediale Anschlussberichterstattung, und Anschlusskommunikation im Sinne von Anschlusshandlungen in sozialen Netzwerken geben.

Die akademisch orientierte Werbewirkungsforschung (vgl. dazu u. a.: Brosius und Fahr 1998; Schenk et al. 1996; Engelhardt 1999; Friedrichsen 1999; Bonfadelli 2004; Spanier 2000; Bongard 2002; Kroeber-Riel und Esch 2015, S. 213 ff.; Schönbach 2002; Gleich 2014; Schenk 2005), die in dieser Einführung nicht ausführlich dargestellt wird, widmet sich den gesellschaftlichen und individuellen Werbewirkungen insgesamt (vgl. Beiträge in Siegert et al. 2016). Sie diskutiert also auch Wirkungen, wie z. B. Agenda-Setting-Prozesse durch skandalöse Werbung oder die Rolle der Werbung bei der Konstruktion von Geschlechterstereotypen (vgl. stellvertretend: Beiträge in Holtz-Bacha 2011).

Während sich die Evaluation der Mediapläne mittlerweile etabliert hat, werden in die Gesamtevaluation der Werbung noch immer relativ wenig Mittel investiert. Dies ist insofern fatal, als dann nicht nur Aussagen über die Zielerreichung fehlen, sondern auch die wissenschaftliche Fundierung von Werbung leidet. Darüber, wie weit neue Ergebnisse der Werbewirkungsforschung wirklich Eingang in die Werbepraxis finden, gibt es allerdings unterschiedliche Ansichten. Oft wird das Festhalten an Altem und Überholtem, aber einfach Verständlichem beklagt (vgl. auch Koschnick 2005).

Aufgrund der vielfältigen anderen Einflussfaktoren sind Werbewirkungen indes nicht nur schwer zuzuordnen, sie können auch über das intendierte Maß hinausgehen. Das heißt, Werbung kann mannigfaltige Wirkungen haben, die nicht beabsichtigt waren, oder die für die Werbung als gemanagtem Kommunikationsprozess eine untergeordnete bzw. gar keine Rolle spielen. Insofern gilt immer noch:

„Werbe-Spots werden nicht – man höre und staune – geschrieben, gedreht und bezahlt, um der Meinungsvielfalt einer pluralistischen Gesellschaft Ausdruck zu verleihen. Sie werden auch nicht gedreht, um das neue Rollenverständnis der progressiven Frau ins Land zu tragen, sondern – erschreckend nüchtern für einschlägige Gespräche an intellektuellen Kaminen, – um Zahncreme zu verkaufen, Lebensversicherungen und Autoradios" (Fechler 1975, S. 100 f.).

6.4 Akteurs- und Interessenskonstellationen in der Werbung

Im Werbeprozess treffen verschiedene relevante Akteur:innen aufeinander und gestalten miteinander, gelegentlich auch gegeneinander, diesen Prozess und seine Richtung. Will man also beschreiben und aufzeigen, z. B. wer welchen Bereich des Werbeprozesses steuert oder wer mit wem verhandeln muss, um bestimmte Entscheidungen herbeiführen und Richtungen verfolgen zu können, so lassen sich analytisch drei verschiedene Arten von Akteurskonstellationen anhand der sie verbindenden Logik unterscheiden:

„Beobachtungskonstellationen beruhen darauf, dass Akteure einander lediglich wahrnehmen und jeder sein Handeln durch die Wahrnehmung des Handelns der jeweils anderen mitbestimmen lässt. Jeder beobachtet, was die Gegenüber tun, und passt sich dadurch der Konstellation an.

Auch Beeinflussungskonstellationen bedienen sich wechselseitiger Beobachtung; doch darüber hinaus verfügen die Beteiligten über Möglichkeiten, ihre Gegenüber gezielt mittels Macht, Geld, Moral und anderer Einflusspotentiale anzusprechen. Durch tatsächlichen oder angedrohten bzw. versprochenen Einsatz dieser Einflusspotentiale bemühen sich Akteure, eine anderenfalls nicht gegebene Fügsamkeit ihrer Gegenüber zu erreichen.

In Verhandlungskonstellationen schließlich beobachten und beeinflussen die Akteure einander gegenseitig; und darüber hinaus können sie bindende Vereinbarungen miteinander treffen, die eine erhöhte Erwartungssicherheit bieten" (Schimank 2016, S. 342).

Diese Konstellationen finden sich in der Praxis meist nicht in Rein-, sondern als Mischformen. So können in Beobachtungs- und Verhandlungskonstellationen einzelne Akteur:innen auch ihr Beeinflussungspotenzial einsetzen. Gelegentlich genügt es bereits, dass die anderen Akteur:innen um diese Potenziale wissen, damit sich Macht- oder Verhandlungskonstellationen verändern. Dies kann auf der Handlungsebene in der Form geschehen, dass entweder Machtmittel z. B. in Form von Budgets eingesetzt werden oder die Einhaltung/Nichteinhaltung von Normen – etwa formaler Berufsnormen – sanktioniert oder mittels Deutungsschemen wie Marken und Image kommuniziert wird (vgl. Jarren und Röttger 2009). Die Einordnung der Beziehung zwischen Kund:innen und Agentur von Friedemann W. Nerdinger (1990, S. 174 ff.) basiert auf einer ähnlichen Einschätzung. Er sieht diese Beziehung als Machtbeziehung, in der Belohnung, Bestrafung, Identifikation, Information, Legitimität und im Expertentum zum Tragen kommen.

Während die Auftragslogik der Werbung je nach Auftragsgestaltung in die Gruppe der Beeinflussungs- oder die der Verhandlungskonstellationen gehört, gibt es darüber hinaus auch weitere Interessens- und Einflusssphären, die anders zu verorten sind. Im Folgenden werden neben den entscheidungsrelevanten Stufen der Auftragslogik diejenigen Interessens- und Einflusssphären idealtypisch skizziert, die – die Auftragslogik ergänzend – die Entscheidungen und Ablaufprozesse beeinflussen können.

6.4.1 Idealtypische Struktur der Werbekommunikation

Eine idealtypische Struktur anhand der klassischen Auftragslogik thematisiert, wer wann worüber entscheidet, wie und von wem beeinflusst wird und ggfs. welche Konsequenzen dies hat. Es ist ein Prozess sowohl der zunehmenden Selektion und Koordination von beteiligten Akteur:innen als auch der Konkretisierung der Vorgehensweisen. Ohne im Weiteren auf die Motivation für konkrete Kommunikationsaufträge einzugehen, wird von der Position des Unternehmens als Auftraggeber:in ausgegangen. Dabei symbolisieren in Abb. 6.8 schwarze Pfeile Beeinflussungskonstellationen, während graue Pfeile Beobachtungskonstellationen repräsentieren. Die Pfeilspitzen stehen für die Richtung der Beeinflussung bzw. der Beobachtung. Dementsprechend symbolisieren wechselseitige Pfeile Verhandlungskonstellationen. So wird der gesamte Ablauf des Werbeprozesses für die klassische Mediawerbung idealtypisch durchgespielt, auch wenn z. B. viele Aufträge ohne Wettbewerbspräsentation direkt an eine Agentur vergeben werden, die Werbeträger in der Ambientwerbung oft direkt gebucht werden, die Auftragslogik programmintegrierter Werbung und Native Advertising etwas anders verläuft oder in der Online- und Mobile-Werbung weitere bzw. andere Akteur:innen eine Rolle spielen können.

Betrachtet man also den Prozessablauf klassischer Mediawerbung, lässt sich feststellen, dass die Produktion der Botschaft im Lasswell'schen Sinn auch dann auf das wechselseitige Zusammenspiel verschiedener Akteur:innen zurückgeht, wenn nur die Auftragslogik berücksichtigt wird. Die Frage nach dem/der Kommunikator:in werblicher Botschaften ist damit nicht ganz einfach zu beantworten. Einerseits greifen die Agenturen – ähnlich wie die Journalist:innen – auf das Selbstbild und die Selbstbeschreibung der Unternehmen zurück, andererseits sind sie – im Gegensatz zu idealtypisch agierenden Journalist:innen – in ihrer Weiterverarbeitung parteilich im Sinne der Auftraggeber:innen. Einerseits sind die auftraggebenden Unternehmen letztlich verantwortlich für die Werbung, andererseits liegt die kreative Umsetzung, und damit die eigentliche Ansprache der Zielpersonen, in der Hand der Agenturen. Auch kommen mit der Vielzahl der Akteur:innen im Produktionsprozess diverse Informationsungleichheiten ins Spiel, die in Kap. 9 diskutiert werden.

Die hier dargestellte idealtypische Auftragslogik des Werbeprozesses ändert sich auch bei der programmintegrierten Werbung; denn dort können Mediaagenturen, vor allem aber die Inhalteproduzent:innen und die Medien selbst, mehr Macht und Einfluss gewinnen. Beide können bei programmintegrierter Werbung am Anfang der Auftragslogik stehen, indem sie Angebote für werbliche Kommunikation bereits in der Entwicklung der Inhalte unterbreiten. Die Möglichkeit, ungewöhnliche und aufmerksamkeitsstarke Werbung zu platzieren (Distribution) gibt dann vor, wie der weitere Ablauf der Werbegestaltung und -produktion aus-

6.4 Akteurs- und Interessenskonstellationen in der Werbung

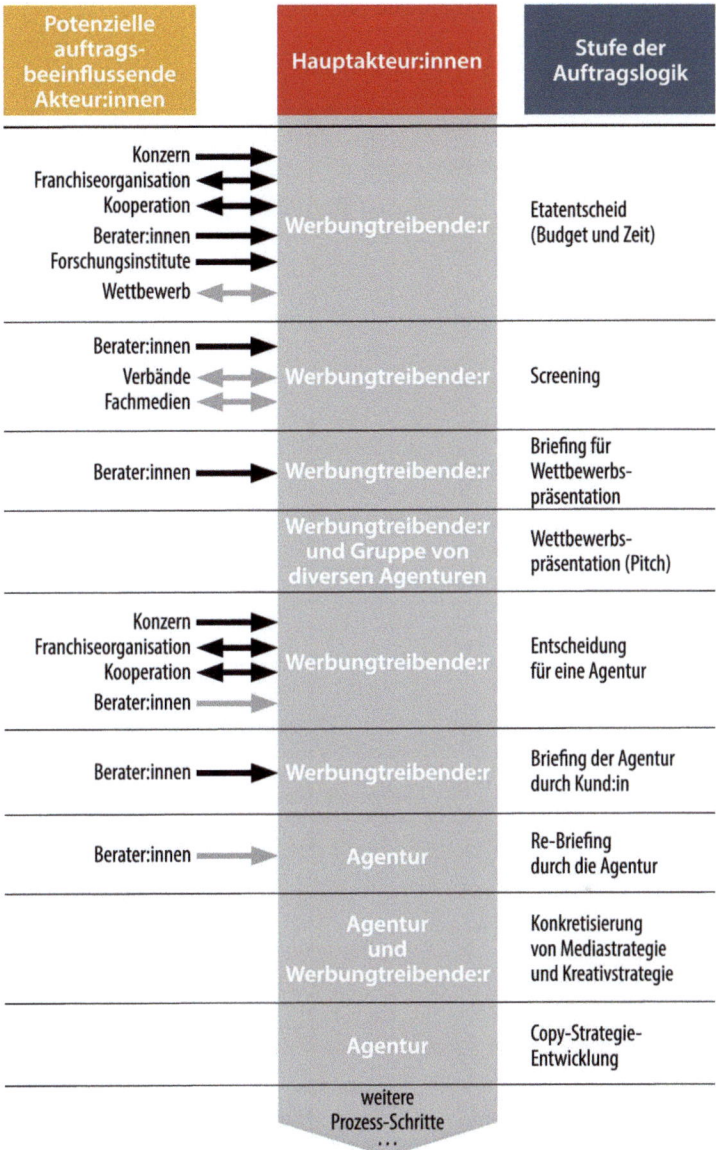

Abb. 6.8 Die Akteur:innen in der Auftragslogik des Werbeprozesses in der klassischen Mediawerbung. (Eigene Darstellung)

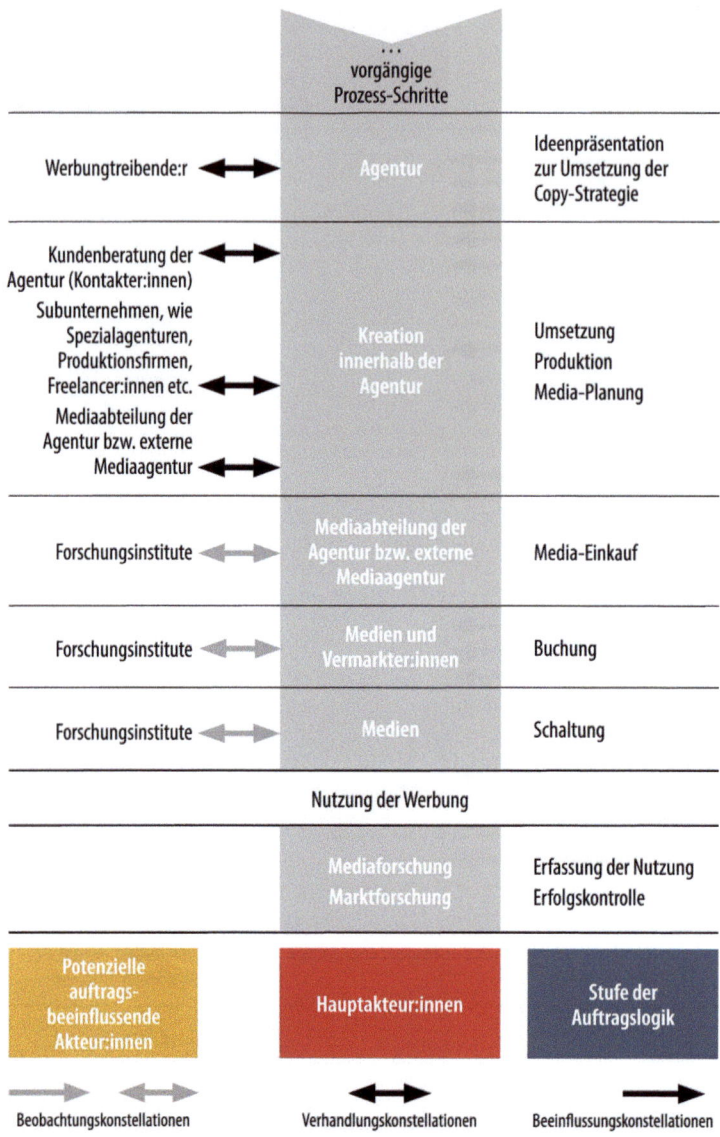

Abb. 6.8 (Fortsetzung)

sehen wird. Daraus kann sich durchaus auch eine komplette Werbestrategie entwickeln. Gerade die Rolle von Produzent:innen darf dabei nicht unterschätzt werden, sind doch gerade bei vielen TV-Formaten die Möglichkeiten programmintegrierter Werbung meist Bestandteil des Konzepts. Wenn die Initiative für diese Werbeformen nicht von Produzenten- oder Medienseite, sondern von Seite der Werbungtreibenden kommt, so haben Produzent:innen und Medien immerhin ein wesentlich größeres Einflusspotenzial, weil sie den Erstellungsprozess der Inhalte besser kontrollieren können.

6.4.2 Struktur der Werbekommunikation im Programmatic Advertising

Ebenso verändern Algorithmisierung, Big Data und Künstliche Intelligenz viele Konstellationen. 2015 veröffentlichte die Berliner Strategieagentur diffferent ein von Google beauftragtes Whitepaper mit dem Titel „The Programmatic Giant". Darin wurde Programmatic Advertising als „das neue Betriebssystem der Werbung" (diffferent 2015, S. 3) betitelt und in vier Entwicklungsstadien dargestellt:

1. Im Programmatic Online Buying werden Buchung und Abrechnung von Online-Inventar (als Sammelbegriff für alle Arten von online verfügbaren Werbeträgern und Werbemitteln) auf Basis von Nutzer:innen-Profilen automatisiert und in Machine-2-Machine-Kommunikation abgewickelt.
2. Im Programmatic All-Media Buying kommen zum Online-Inventar auch noch alle anderen Werbeträger hinzu, sobald sie datenbasiert und automatisiert gebucht und abgerechnet werden können.
3. In der Programmatic Creation werden Planung und Kreation von Werbung so algorithmisiert, dass Rezipient:innen aus modularen Botschaften, Inhalten und Tonalitäten „ihr" Werbemotiv ausgespielt bekommen, wenn sie an verschiedenen Touchpoints erkennbar und genügend Daten über sie im System vorhanden sind.
4. In der Programmatic Orchestration wird das System mit automatisierten Feedbacks und selbstlernender Optimierung geschlossen.

Aktuell lassen sich zwar noch nicht alle analogen Werbeträger automatisiert buchen und abrechnen, doch ist das Programmatic Media Buying inzwischen auf Stufe 2 angekommen (vgl. auch Kap. 10). Zumindest teilweise realisiert sind programmatische Kreationen (vgl. Kap. 7), weshalb wir uns im Folgenden auf diese beiden Bereiche konzentrieren.

Daten sammelnde Plattformen, Datenaggregatoren und Auktionshäuser für Programmatic Advertising kommen mithin als neue Player:innen ins Spiel und verändern die Struktur der Werbekommunikation. In einem Teil von Online- und Mobile-Werbung sind sie deutlich in einer Beeinflussungs- oder gar Verhandlungskonstellation eingebunden. Noch sind Algorithmen und KIs aber keine Akteur:innen im Definitionssinn. Obwohl sie die einzelnen Bereiche des Werbeprozesses mitprägen, sind sie weder Verhandler:innen noch eigenständige Beeinflusser:innen. Bislang steht immer noch jeweils eine „reale" Person als Akteur:in hinter algorithmisch oder KI-generierten Prozess-Schritten. Als wesentliche Treiber:innen des Werbewandels werden sie aber für alle Formen von Werbung im Rahmen von Beobachtungskonstellationen relevant. Dies z. B. dadurch, dass sich nahezu alle Akteur:innen in ihren Diskussionen und ihrem Handeln im Werbeprozess an der Jagd nach Big Data beteiligen, auch wenn sie in Bezug auf Werbeziele in konkreten Fällen gar nicht relevant sein sollten.

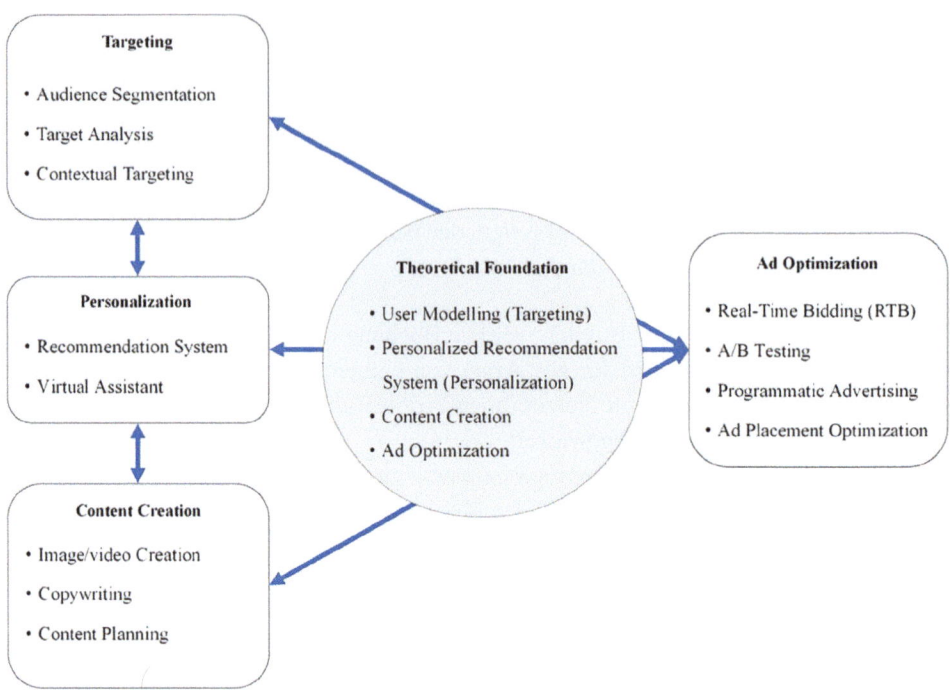

Abb. 6.9 Einsatzfelder für Algorithmen und generative KI in der Werbung. (Gao et al. 2023, S. 39)

Aktuell sehen Autor:innen wie Gao et al. (2023) oder Malthouse und Copulsky (2023) Algorithmen und generative AI in den vier Feldern Targeting, Personalisierung, Content Creation und Ad Optimization im Einsatz. Im Targeting unterstützt Machine Learning die Definition von Zielgruppen und Vorhersagen über ihr Verhalten. Große Onlineshops und Social Media-Plattformen wie Amazon, eBay, LinkedIn oder TikTok nutzen automatisierte Empfehlungssysteme um personalisierte Werbung zu versenden. Generative Künstliche Intelligenzen wie ChatGPT, Midjourney oder Dall-E werden in der Content Creation genutzt, um Text-, Bild-, Audio- und Video-Content zu erstellen. Und schließlich sind es wieder Machine Learning getriebene Algorithmen, die Werber:innen helfen, ihre Aktivitäten zu optimieren (vgl. Gao et al. 2023). Abb. 6.9 zeigt im Überblick die Einsatzfelder von Algorithmen und generativer AI.

> **Zusammenfassung**
> *Der dichotome Charakter der Werbung, auf den bereits in Kap. 2 hingewiesen wurde, zeigt sich auch im vorangegangenen Kap. 6. Werbung lässt sich unter einer ökonomisch orientierten Perspektive zum einen verstehen als Managementprozess. Zum anderen führt eine eher kommunikationswissenschaftliche Betrachtung dazu, Werbung als Kommunikationsprozess einzustufen. Bringt man beide Betrachtungsweisen zur Synthese, so entsteht ein gemanagter Kommunikationsprozess.*

> *Ähnlich wie die Ausdifferenzierung der Organisationsstrukturen von Werbe- und Kommunikationsagenturen, lässt sich auch für den einst eher idealtypisch ablaufenden Werbeprozess eine zunehmende Varianz beobachten – daher auch die Überschrift: „Werbeprozess(e)". Sie wird getrieben von neuen Möglichkeiten der Interaktion mit bzw. von Rezipient:innen via Internet und Social Media, aber auch durch digitale Automatisierung und den Einsatz Künstlicher Intelligenz in unterschiedlichen Stufen des Prozessablaufs. Allerdings sind diese Variationen eher als neue Ausprägungen einzelner Stufen zu werten. Im Kern zeigt sich die grundlegende Struktur des Werbeprozesses und seines Ablaufs als ein nach wie vor sehr stabiler Kreislauf, in dessen Mitte die Paarung aus Konzeption und Erstellung kreativer Inhalte auf der einen, sowie Konzeption und Planung medialer Kanäle auf der anderen Seite stehen, obwohl die Einsatzfelder für Algorithmen und generative AI in der Werbung zunehmen.*

▶ **Empfohlene Literatur** Tropp 2019: Teil Bl; Siegert et al. 2016: Teil 4; Gao et. al. 2023

Literatur

Audi. o. J. Vorsprung durch Technik. https://www.audi.com/de/company/history/vorsprung-durch-technik.html. Zugegriffen: 25. September 2023.

Audi. 2012. Neupositionierung der Marke Audi. http://www.audi.co.id/content/dam/ngw/company/invest_relations_2012/pdf/20120321_internet.pdf. Zugegriffen: 29. Juni 2016.

Behrens, Gerold. 1996. *Werbung: Entscheidung, Erklärung, Gestaltung*. München: Verlag Franz Vahlen.

Berekoven, Ludwig, Werner Eckert, und Peter Ellenrieder. 2009. *Marktforschung: Methodische Grundlagen und praktische Anwendung*, 12. Aufl. Wiesbaden: Gabler.

Bonfadelli, Heinz. 2004. *Medienwirkungsforschung II: Anwendungen*, 2. Aufl. Stuttgart: UTB.

Bongard, Joachim. 2002. *Werbewirkungsforschung: Grundlagen – Probleme – Ansätze*. Münster: Lit.

Brosius, Hans-Bernd, und Andreas Fahr. 1998. *Werbewirkung im Fernsehen: Aktuelle Befunde der Medienforschung*, 2. Aufl. München: Reinhard Fischer.

Bruhn, Manfred. 2016. *Marketing: Grundlagen für Studium und Praxis*, 13. Aufl. Wiesbaden: Springer Gabler.

Bruhn, Manfred. 2019. *Kommunikationspolitik: Systematischer Einsatz der Kommunikation für Unternehmen*, 9. Aufl. München: Vahlen.

diffferent. 2015. The Programmatic Giant: White Paper. https://www.thinkwithgoogle.com/_qs/documents/3965/diffferent_Whitepaper_-_THE_PROGRAMMATIC_GIANT.pdf. Zugegriffen: 13. März 2024.

von Engelhardt, Alexander. 1999. *Werbewirkungsmessung: Hintergründe, Methoden, Möglichkeiten und Grenzen*. München: R. Fischer.

Fechler, Christoph. 1975. Doppelte Moral – Beobachtungen eines Produzenten. In *Fernseh-Kritik: Werbung im Fernsehen*, Hrsg. Anna-Luise Heygster und Eberhard Maseberg, 99–111. Mainz: v. Hase & Koehler Verlag.

Freter, Hermann. 1983. *Marktsegmentierung*. Stuttgart: Kohlhammer.
Freter, Hermann. 2016. Identifikation und Analyse von Zielgruppen in der strategischen Kommunikation. In *Handbuch Strategische Kommunikation: Grundlagen – innovative Ansätze – praktische Umsetzungen*, 2. Aufl., Hrsg. Manfred Bruhn, Franz-Rudolf Esch und Tobias Langner, 311–325. Wiesbaden: Springer Gabler.
Friedrichsen, Mike. 1999. Fernsehen und Werbewirkungsforschung. In *Fernsehwerbung: Theoretische Analysen und empirische Befunde*, Hrsg. Mike Friedrichsen und Stefan Jenzowsky, 7–17. Opladen: Westdeutscher Verlag.
Fuchs, Wolfgang, und Fritz Unger. 2014. *Management der Marketing-Kommunikation*, 5. Aufl. Berlin, Heidelberg: Springer Gabler.
Gao, Biao, Yiming Wang, Huiqin Xie, und Yi Hu. 2023. Artificial Intelligence in Advertising: Advancements, Challenges, and Ethical Considerations in Targeting, Personalization, Content Creation, and Ad Optimization. *SAGE Open* 13 (4). https://doi.org/10.1177/21582440231210759.
Geppert, Kurt, Wolfgang Seufert, und Axel Zerdick. 1992. *Werbemarkt Berlin und Brandenburg*. Berlin: Vistas Verlag.
Gleich, Uli. 2014. Aktuelle Ergebnisse der Werbewirkungsforschung. *Media Perspektiven* (9): 475-478.
GWA. 2004. *Reich, berühmt und sexy: Der Weg in die Werbung. Berufseinstieg*. Frankfurt am Main.
GWA. 2023. *Die GWA Studie zu Agentur-Kunden-Beziehungen: Ein Blick zurück und nach vorn*. Frankfurt am Main. https://www.gwa.de/content/uploads/2021/01/Agentur-Kunden-Beziehungen_digitale-Version_310523.pdf. Zugegriffen: 6. Oktober 2023.
Heinrich Bauer Verlag (Hrsg.). 1997. *Mediabegriffe: Definiert und angewendet*. Hamburg.
Holtz-Bacha, Christina (Hrsg.). 2011. *Stereotype? Frauen und Männer in der Werbung*. 2. Aufl. Wiesbaden: VS Verlag für Sozialwissenschaften.
Hyppönen, Mikko. 2015. *Securing our future*, 2015. https://www.youtube.com/watch?v=Umm-97wb_aE. Zugegriffen: 25. September 2023.
Jarren, Otfried, und Ulrike Röttger. 2009. Steuerung, Reflexierung und Interpenetration: Kernelemente einer strukturationstheoretisch begründeten PR-Theorie. In *Theorien der Public Relations: Grundlagen und Perspektiven der PR-Forschung*, 2. Aufl., Hrsg. Ulrike Röttger, 29–49. Wiesbaden: VS Verlag fur Sozialwissenschaften.
Jones, John Philip (Hrsg.). 1999. *The Advertising Business: Operations, Creativity, Media Planning, Integrated Communications*. Thousand Oaks: Sage.
Kloss, Ingomar. 2003. *Werbung: Lehr-, Studien- und Nachschlagewerk*, 3. Aufl. München, Wien: R. Oldenbourg Verlag.
Koschnick, Wolfgang J. 2003. *Focus-Lexikon Werbeplanung, Mediaplanung, Marktforschung, Kommunikationsforschung, Mediaforschung*, 3. Aufl. München: Focus-Magazin-Verlag.
Koschnick, Wolfgang J. 2005. Ein Requiem für AIDA: Wann werden die Stufenmodelle der Werbewirkung zu Grabe getragen? In *Focus-Jahrbuch 2005: Beiträge zu Werbe- und Mediaplanung, Markt-, Kommunikations- und Mediaforschung*, Hrsg. Wolfgang J. Koschnick, 107–117. München.
Kroeber-Riel, Werner, und Franz-Rudolf Esch. 2015. *Strategie und Technik der Werbung: Verhaltens- und neurowissenschaftliche Erkenntnisse*, 8. Aufl. Stuttgart: Verlag W. Kohlhammer.
Langner, Mechthild. 2003. Konzeption und Gestaltung von Werbemitteln. In *Werbung in Theorie und Praxis*, 6. Aufl., Hrsg. Karl Schneider und Dieter Pflaum, 462–512. Waiblingen: M & S Verlag für Marketing und Schulung.
Lasswell, Harold D. 1948. The Structure and Function of Communication in Society. In *The Communication of Ideas: A Series of Addresses*, Hrsg. Lyman Bryson, 37–52. New York: Institute for Religious and Social Studies.
Lorscheid, Peter. 2020. Mit Kennzahlen den Kampagnenerfolg messen. In *Testen im Dialogmarketing*, Hrsg. Peter Lorscheid, 3–20. Wiesbaden: Springer Fachmedien.

Malthouse, Edward, und Jonathan Copulsky. 2023. Artificial intelligence ecosystems for marketing communications. *International Journal of Advertising* 42 (1): 128–140. https://doi.org/10.1080/02650487.2022.2122249.

Meffert, Heribert, Christoph Burmann, und Manfred Kirchgeorg. 2015. *Marketing: Grundlagen marktorientierter Unternehmensführung Konzepte – Instrumente – Praxisbeispiele*, 12. Aufl. Wiesbaden: Springer Gabler.

Merkel, Frank. 1999. Briefing. In *Das grosse Handbuch Werbung*, Hrsg. Michael Geffken, 297–303. Landsberg/Lech: Verlag Moderne Industrie.

Meyer, Paul W., und Arnold Hermanns. 1981. *Theorie der Wirtschaftswerbung: Ein Beitrag zum Wissenschafts-Praxis-Transfer.* Stuttgart: W. Kohlhammer.

Nerdinger, Friedemann W. 1990. Lebenswelt "Werbung": Eine sozialpsychologische Studie über Macht und Identität. Frankfurt am Main, New York: Campus Verlag.

Oldenburg, Anett Gabriela. 2021. Umsetzung der theoretischen Grundlagen der strategischen Marktanalyse. In *Entwicklung von innovativen Strategieoptionen in gesättigten Märkten*, Hrsg. Anett Gabriela Oldenburg, 61–100. Wiesbaden: Springer Fachmedien.

Pechtl, Hans. 2021. Controlling der Werbung. In *Handbuch Marketing-Controlling*, Hrsg. Christopher Zerres, 273–294. Berlin, Heidelberg: Springer.

Pepels, Werner. 1996. *Werbeeffizienzmessung.* Stuttgart: Schäffer-Poeschel.

Porter, Michael E. 2013. *Wettbewerbsstrategie: Methoden zur Analyse von Branchen und Konkurrenten*, 12. Aufl. Frankfurt, New York: Campus Verlag.

Qin, Xuebing, und Zhibin Jiang. 2019. The Impact of AI on the Advertising Process: The Chinese Experience. *Journal of Advertising* 48 (4): 338–346. https://doi.org/10.1080/00913367.2019.1652122.

Schenk, Michael. 2005. Wie Werbung wirklich wirkt: Erkenntnisse der Werbewirkungsforschung. In *Focus-Jahrbuch 2005: Beiträge zu Werbe- und Mediaplanung, Markt-, Kommunikations- und Mediaforschung*, Hrsg. Wolfgang J. Koschnick, 91–106. München.

Schenk, Michael, Jürgen Fugmann, und Susanne Gralla. 1996. Nutzung und Wirkung der Werbung. In *Medien-Transformation: Zehn Jahre dualer Rundfunk in Deutschland*, Hrsg. Heinz Pürer und Walter Hömberg, 389–402. Konstanz: UVK Medien.

Schimank, Uwe. 2016. *Handeln und Strukturen: Einführung in die akteurtheoretische Soziologie*, 5. Aufl. Weinheim, Basel: Beltz Juventa.

Schmidt, Siegfried J. (Hrsg. für die Münsteraner Arbeitsgruppe Werbung). 2004. *Handbuch Werbung.* Münster: Lit Verlag.

Schneider, Karl, und Dieter Pflaum (Hrsg.). 2003. *Werbung in Theorie und Praxis*, 6. Aufl. Waiblingen: M & S Verlag für Marketing und Schulung.

Schönbach, Klaus. 2002. *Eine Inventur der Inventare. Übersichten zu Effekten von Anzeigen: eine annotierte Bibliographie.* Frankfurt am Main: Deutscher Fachverlag.

Schweiger, Günter, und Gertraud Schrattenecker. 2021. *Werbung: Einführung in die Markt- und Markenkommunikation*, 10. Aufl. München: UVK Verlag.

Siegert, Gabriele, Werner Wirth, Patrick Weber, und Juliane A. Lischka (Hrsg.). 2016. *Handbuch Werbeforschung.* Wiesbaden: Springer VS.

SINUS-Institut. 2023. Sinus-Milieus International. https://www.sinus-institut.de/sinus-milieus/sinus-milieus-international. Zugegriffen: 25. September 2023.

Spanier, Julia. 2000. *Werbewirkungsforschung und Mediaentscheidung.* München: Verlag Reinhard Fischer.

Tietz, Bruno, und Joachim Zentes. 1982. Das Werbemanagement in Unternehmen. In *Die Werbung. Handbuch der Kommunikations- und Werbewirtschaft: Band 3: Die Werbe- und Kommunikationspolitik*, Hrsg. Bruno Tietz, 2339–2371. Landsberg am Lech: Verlag Moderne Industrie.

Tropp, Jörg. 1997. *Die Verfremdung der Werbung: Eine Analyse zum Zustand des Werbewirtschaftssystems.* Opladen: Westdeutscher Verlag.

Tropp, Jörg. 2019. *Moderne Marketing-Kommunikation: Grundlagen, Prozess und Management markt- und kundenorientierter Unternehmenskommunikation*, 3. Aufl. Wiesbaden: Springer VS.

Voges, Alexander. 2022. Zielgruppe Millennials: Digital, flexibel und kritisch. https://funkemediasales.de/wirliebenwerbung/vertrieb-marketing/zielgruppe-millennials/. Zugegriffen: 25. September 2023.

Weber, Markus. 2017. Millennials-Studie: Smartphones führen zu Narzissmus. https://www.wuv.de/Dossier/Millennials-als-Zielgruppe/Millennials-Studie-Smartphones-f %C3 %BChren-zu-Narzissmus. Zugegriffen: 25. September 2023.

Weinstein, Art. 1994. *Market Segmentation: Using Demographics, Psychographics and Other Niche Marketing Techniques to Predict and Model Customer Behavior.* New York: McGraw-Hill.

Weinstein, Art. 2004. *Handbook of Market Segmentation: Strategic Targeting for Business and Technology Firms*, 3. Aufl. New York: Haworth Press.

Zurstiege, Guido. 2015. *Medien und Werbung.* Wiesbaden: Springer VS.

Kreativstrategie, kreative Umsetzung und digitale Kreativität

Inhaltsverzeichnis

7.1 Kreativstrategie 188
    7.1.1 Angebotsnutzen (Consumer Benefit) 190
    7.1.2 Nutzenbegründung (Reason Why) 190
    7.1.3 Stil der Werbung (Tonality) 191
7.2 Kreative Umsetzung 192
    7.2.1 Content 193
    7.2.2 Komposition 197
        7.2.2.1 Presenter/Spokesman/Testimonial 198
        7.2.2.2 Nutzendemonstration/Problemlösung 199
        7.2.2.3 Slice-of-Life/Mainstream 200
        7.2.2.4 Lifestyle 200
        7.2.2.5 Drama/Storytelling 201
        7.2.2.6 Vergleichende Werbung 203
    7.2.3 Komponenten 203
        7.2.3.1 Text 204
        7.2.3.2 Bild 205
        7.2.3.3 Audio 208
        7.2.3.4 Video 209
        7.2.3.5 Verweise 210
        7.2.3.6 Disclaimer 211
7.3 Digitale Kreativität und Programmatic Creation 213
    7.3.1 Kreatives Arbeiten für digitale Werbemittel 213
    7.3.2 Digitales Arbeiten für (mehr oder weniger) kreative Werbemittel 216
Literatur 218

© Der/die Autor(en), exklusiv lizenziert an Springer Fachmedien Wiesbaden GmbH, ein Teil von Springer Nature 2024
G. Siegert, D. Brecheis, *Werbung in der Medien- und Informationsgesellschaft*, Studienbücher zur Kommunikations- und Medienwissenschaft,
https://doi.org/10.1007/978-3-658-43633-9_7

Überblick

In diesem Kapitel geht es um das, was viele Kreative als das Herzstück ihrer Arbeit sehen: die Entwicklung einer Kreativstrategie und ihre Umsetzung. Im Werbeprozess steht die Kreativ- neben der Mediastrategie im Zentrum. Dabei sind Kreativ- und Mediastrategie in der realen Welt eng miteinander verbunden: Das Briefing und die Ideen und Inhalte der Werbestrategie definieren die Vorgaben an die Auswahl von Werbeträgern und Werbemitteln. Vice versa ergeben sich aus dieser die Gestaltungsspielräume für die kreative Umsetzung.

Im Weiteren werden mit der Positionierung und der grundlegenden Idee für die Werbebotschaft die beiden Entwicklungsschwerpunkte der Kreativstrategie beleuchtet. Benefit, Reason Why und Tonality geben wichtige Leitplanken für die kreative Umsetzung vor.

In deren Rahmen müssen Content, Komposition und Komponenten entwickelt werden. Dazu steht Werber:innen ein nahezu unbegrenztes Potenzial an Möglichkeiten zur Verfügung. Alle drei Felder der kreativen Umsetzung werden detailliert beschrieben und anhand zahlreicher Beispiele verdeutlicht. Dabei zeigt sich vor allem in der Analyse der Werbebotschaft sowie in der Darstellung der Komponenten Text, Bild, Ton, Verweise und Disclaimer die hohe Dynamik, die derzeit die Entwicklung der Werbung insgesamt prägt.

Nicht zuletzt wird diese Dynamik durch das steigende Angebot und die zunehmende Nutzung von Algorithmen oder Künstlichen Intelligenzen angetrieben und verstärkt.

7.1 Kreativstrategie

In der Entwicklung und Umsetzung einer Kreativ- oder Copystrategie sehen die meisten Werber:innen das Kernstück ihrer Arbeit und Agenturen oder Inhouse-Werbeabteilungen darüber hinaus das größte Potenzial zur Differenzierung ihrer Leistung von der des Wettbewerbs. Wie in Abb. 6.3 des vorangegangenen Kapitels gezeigt, sind dabei Kreativ- und Mediastrategie – und mit ihnen die kreative Umsetzung und die Mediaplanung – als die konstituierenden Bestandteile der Werbekonzeption eng und wechselseitig miteinander verflochten: Prämissen aus dem Briefing, aber auch Ideen bezüglich der Inhalte und ihrer Gestaltung definieren einerseits Vorgaben für die Auswahl geeigneter Werbeträger. Andererseits definieren diese, welche Werbemittel mit welchen formalen und inhaltlichen Spezifika für deren Gestaltung eingesetzt werden können (schematische Darstellung siehe Abb. 7.1).

Auch wenn mit zunehmender Digitalisierung der Werbung manche Grenze zwischen den einzelnen Werbemitteln erodiert, so unterscheiden sich doch viele in ihren jeweiligen Gestaltungsoptionen oder Produktionsweisen fundamental. So ist es z. B. nicht möglich,

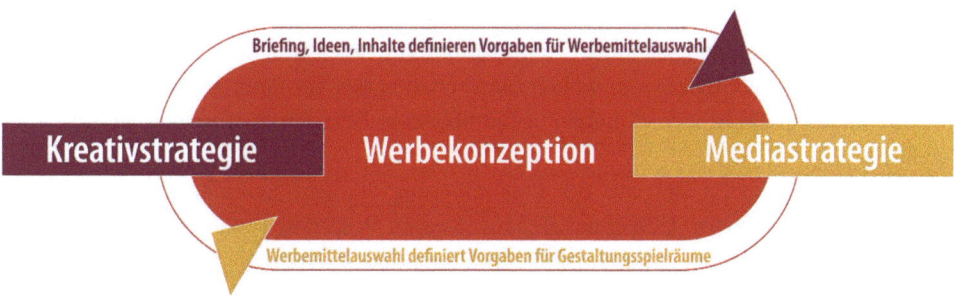

Abb. 7.1 Interdependenzen zwischen Kreativ- und Mediastrategie (Eigene Darstellung)

in der gedruckten Ausgabe einer Tageszeitung oder Fachzeitschrift Bewegtbilder einzusetzen. In den jeweiligen Online-Ausgaben macht dies dagegen keinerlei Probleme. Gleiches gilt z. B. auch für gedruckte Plakate an analogen Plakatstellen versus Werbung auf digitalen Out-of-Home-Plakatwänden (siehe Kap. 10). Prinzipiell definieren alle Werbemittel spezifische Vorgaben für die gestalterische Umsetzung der Werbebotschaft, wie z. B. die Passung auf das Briefing, die Übereinstimmung mit Corporate bzw. Brand Identity und Corporate Design, die Argumentation (rational oder emotional) oder eben die Spezifika des Distributionskanals bzw. seiner Nutzer:innen. Im realen Werbealltag sitzen daher Kreative und Mediapersonen zunächst an einem Tisch, um die Grundzüge der Werbekonzeption miteinander zu entwickeln. In diesem und im Folgekapitel werden dennoch zum besseren Verstehen Kreativ- und Mediastrategie mit ihren jeweiligen Realisierungen in Form der kreativen Umsetzung bzw. der Mediaplanung voneinander getrennt dargestellt.

▶ In der Kreativstrategie wird die grundlegende Idee für die Werbebotschaft entwickelt. Dies geschieht in den meisten Fällen auf Basis der Vorgaben des Briefings, auch wenn in Einzelfällen Werbungtreibende bewusst auf ein solches verzichten oder Agenturen das Briefing mehr oder weniger umfassend negieren. Generell orientiert sich die Entwicklung der Kreativstrategie aber an den Werbezielen, am beworbenen Angebot, der umworbenen Zielgruppe(n), am Budget und weiterer Angaben, die im Briefing zu finden sind (oder sein sollten).

Dabei kann die Positionierung eines Angebots bereits im Briefing vorgegeben sein oder erst zu Beginn der Entwicklung einer Werbekonzeption im Zusammenspiel zwischen Werbungtreibenden und ihren Agenturen ausgearbeitet werden. In einem legendären Tageszeitungsinserat bezeichnete David Ogilvy – einer der Pioniere moderner, forschungsgestützter Werbung – bereits 1972 die Positionierung eines Angebots als die wichtigste Entscheidung im Werbeprozess (Ogilvy 1972). Denn zum einen werden in der Positionierung – wie in Abschn. 6.3.2 gezeigt – die Zielgruppen bestimmt, Abgrenzungen zum Wettbewerb gezogen und relevante Nutzenversprechen im Abgleich mit den Erwartungen der Zielgruppen definiert. So begann beispielsweise die Erfolgsgeschichte der Zigarettenmarke „Marlboro" erst, als diese von einer „Zigarette für die Dame von Welt" zum „Geschmack von Freiheit und Abenteuer" umpositioniert worden war. Diese Umpositionierung wurde in Form von Cowboys in weiten Landschaften des US-amerikanischen Westens – die dann auch als Marlboro Country für die Marke in Beschlag genommen wurden – inszeniert.

Zum anderen lassen sich aus der Positionierung die drei zentralen Bestandteile der Kreativstrategie ableiten: Consumer Benefit, Reason Why und Tonality, also der Nutzen des beworbenen Angebots, die Nutzenbegründung und schließlich der Stil der Werbung, wobei alle drei Bestandteile aufeinander abgestimmt sein müssen (vgl. dazu u. a. Urban 1997, S. 107 ff.).

7.1.1 Angebotsnutzen (Consumer Benefit)

Vor allem in der Absatzwerbung muss das Leistungsversprechen von Produkten, Dienstleistungen oder Marken, überzeugend dargestellt werden, um genügend Anreiz für einen Kauf zu geben. Die Werbung kann dabei den Schwerpunkt entweder auf den funktionalen Grundnutzen oder auf einen funktionalen bzw. einen individuellen oder sozialen Zusatznutzen legen. So liegt z. B. der funktionale Grundnutzen eines Smartphones in der „Kommunikation mit anderen". Als ein funktionaler Zusatznutzen könnte „Smartphone als Kamera" gesehen werden. Und der Prestigefaktor eines Smartphones, die Identitätsstiftung durch seine Marke oder das Gefühl, am Puls der Zeit zu sein, wenn man stets das neueste Modell besitzt, definiert den individuellen oder sozialen Zusatznutzen. Welcher Benefit wie stark betont wird, hängt dabei im Wesentlichen von den Nutzungsgewohnheiten und -erwartungen der Zielgruppen ab. So ist, um beim Beispiel Smartphone zu bleiben, der funktionale Grundnutzen in den meisten Werbebotschaften nahezu nicht mehr dargestellt. Dagegen werden Kamerafunktion und Lebensgefühl weit stärker in den Vordergrund gerückt.

Zunehmend wichtig wird die Formulierung überzeugender Benefits aber auch in der Beschaffungswerbung in Bereichen, in denen sich ehemalige nachfragedominierte hin zu angebotsdominierten Märkten entwickelt haben (z. B. Personal und Fachkräfte, verschiedene Rohstoffe).

7.1.2 Nutzenbegründung (Reason Why)

Auch wenn es inzwischen nicht mehr unumstritten ist (vgl. Aebi 2003, S. 43 ff.), so bestehen viele Werbungtreibende und Agenturen darauf, dass der Nutzen von Produkten, Leistungen und Marken für die Rezipient:innen der Werbung in einer Art Beweisführung nachvollziehbar gemacht werden muss. Auf Basis der – mehr oder weniger gegebenen – Einzigartigkeit des Werbeobjekts (Unique Selling Proposition, kurz: USP) werden dafür drei grundsätzliche Arten von Appellen eingesetzt:

Rationale Appelle stellen die sachliche Leistung eines Angebots in den Vordergrund. Dabei nutzen sie u. a. Gegenüberstellungen in Form ein- vs. zweiseitiger Formate oder einer entsprechenden Reihenfolge der Argumente sowie implizite versus explizite Schlussfolgerungen.

Emotionale Appelle nutzen Stilmittel, wie z. B. Erotik, Humor, Angst oder Spaß, um zu unterstreichen, welchen Nutzen das umworbene Angebot stiftet (zur unterschiedlichen Wirkung verschiedener Formen emotionaler Appelle vgl. ausführlich Felser 2023, S. 500 ff.).

Moralische Appelle stellen soziale Bestrafung, wie z. B. Ausgrenzung oder Missbilligung oder gar Verachtung, oder soziale Belohnung, wie z. B. die Dazugehörigkeit zu einer sozialen Gruppe, in Aussicht. Sie werden u.a. in der Werbung von Umweltorganisationen oder Sozialverbänden genutzt, finden sich aber auch in den seit etwa 2010 zunehmend geschalteten Weihnachts-Videos großer Einzelhändler wie EDEKA oder Lidl in Deutschland bzw. Migros und Coop in der Schweiz (vgl. Koch 2022).

Da sich die meisten Produkte und Leistungen immer ähnlicher werden und zudem die meisten Märkte deutliche Sättigungserscheinungen zeigen, tendieren immer mehr Werbebotschaften hin zu emotionalen Appellen. In Zeiten von Social Media gewinnen aber auch moralische Appelle vor allem in der Werbung für gesellschaftliche Anliegen oder im Fundraising immer mehr an Boden.

Zudem versuchen Werbungtreibende, Kund:innen langfristig an ihr Unternehmen oder ihre Marken zu binden, indem sie Markenwelten und -communities aufbauen und werben dafür mit emotionalen oder moralischen Appellen. So bieten z. B. Anbieter von Fitness-Trackern oder Diätprogrammen eine Mobile-App nicht nur zur Aufzeichnung und Dokumentation individueller Leistungsentwicklung, sondern auch als Einstiegsportal in die jeweilige Community. Dort können die Mitglieder dann Trainings- oder Ernährungspläne austauschen, Tipps und Motivation teilen, zueinander in Wettbewerb treten oder gar Gleichgesinnte kennenlernen.

7.1.3 Stil der Werbung (Tonality)

Die Tonality beschreibt die atmosphärische Basis einer Werbekampagne oder eines einzelnen Werbemittels, und damit die Art und Weise, wie die Botschaft einer Kampagne bzw. eines Werbemittels transportiert wird. Daher könnte aus Sicht der Publizistik- und Kommunikationswissenschaft Tonality am ehesten mit dem Konzept des Framings verglichen werden. Weil sie die grundlegenden Aspekte der Identität und Positionierung des beworbenen Angebots aufgreift, ist Tonalität zudem eng mit diesen beiden Aspekten verknüpft. Und natürlich besteht eine enge Verbindung zur Inszenierung von Consumer Benefit und Reason Why.

Zu diskutieren bleibt, wann vom Stil der Werbung gesprochen werden kann: So muss einerseits in der Kreativstrategie festgelegt werden, in welcher Tonalität eine Kampagne oder ein Werbemittel gehalten werden sollen. Andererseits lässt sich von Stil eigentlich erst dann sinnvoll sprechen, wenn Werbungtreibende über einen längeren Zeitraum hinweg eine eindeutige und typische Art und Weise „ihrer" Werbung etabliert haben, wie dies an den Beispielen von Marlboro, Red Bull, MediaMarkt, Ricola, Hornbach, Sixt oder Digitec/Galaxus, oft aber auch an denen kleinerer, lokaler Werbungtreibender sichtbar wird.

Mit der teilweise rasanten Weiterentwicklung der technischen Möglichkeiten und medialen Angebote sind neben der Positionierung, dem Consumer Benefit, dem Reason Why und der Tonality weitere Entscheidungsfelder entstanden, für die in der Kreativstrategie Festlegungen getroffen werden müssen. Dies betrifft zum einen die IPI-Fragen (vgl. Abschn. 2.3):

Integration: Inwieweit soll eine Kampagne als erkennbare Werbung geführt oder in mediumsspezifische Inhalte integriert werden?

Personalisierung: Wie hoch ist ihr Personalisierungsgrad? Wendet sich die Werbung an ein anonymes Massenpublikum, eine oder mehrere spezifische Zielgruppe(n)? Oder richtet sie sich individualisiert an einzelne Personen?

Interaktivität: Wird die Werbebotschaft quasi als Einweg-Botschaft von Werbungtreibenden an Rezipient:innen gesendet? Fordert sie die Rezipient:innen zum Dialog mit den Werbungtreibenden auf? Oder können erstere (trans)aktiv handeln und z. B. direkt bestellen?

Zum anderen kommt die am Anfang dieses Kapitels erwähnte Schnittmenge aus Kreativ- und Mediastrategie zum Tragen. Denn auch Festlegungen darüber, ob Werbung uni-, multi- oder crossmedial ausgespielt werden soll, beeinflussen die Vorgaben zur kreativen Umsetzung.

7.2 Kreative Umsetzung

Aus den Entscheidungen, die bei der Entwicklung der Kreativstrategie getroffen wurden, ergeben sich teils weiter, teils enger gefasste Vorgaben für die kreative Umsetzung. Dazu steht den Kreativen ein umfassendes Arsenal an Gestaltungsoptionen und -mitteln zur Verfügung. Zu beachten ist dabei aber, dass neben Restriktionen seitens der Werbungtreibenden (verfügbares Budget oder andere Briefing-Vorgaben) die gewählten Werbemittel konstitutiv darüber bestimmen, welche Gestaltungsoptionen und -mittel genutzt werden können und welche nicht. In Abstimmung mit der Wahl des bzw. der Werbemittel stehen die nachstehend aufgelisteten Gestaltungskomponenten zur Verfügung, um die inhaltlichen Vorgaben gestalterisch umzusetzen: geschriebener und/oder gesprochener Text, Bild und/oder Bewegtbilder, Musik, Gesang, Geräusche, Links und Verweise. Zudem beeinflussen bei verschiedenen Angeboten rechtlich vorgeschriebene Disclaimer die kreative Umsetzung (vgl. dazu z. B.: Beiträge in Geffken 1999, S. 343 ff.; Behrens 1996, S. 41 ff.; Mayer und Illmann 2000, S. 426 ff.; Schweiger und Schrattenecker 2021, S. 303 ff.; Schierl 1997, 2003, S. 138 ff., 2017).

Zum besseren analytischen Verständnis sollen diese Gestaltungsoptionen im Folgenden in drei Bereiche gegliedert werden, auch wenn diese in der Praxis sehr eng miteinander

7.2 Kreative Umsetzung

Abb. 7.2 Elemente der kreativen Umsetzung. (Eigene Darstellung)

verbunden und teilweise abhängig voneinander sind: Content, Komposition und Komponenten. In Abb. 7.2 sind sie im Überblick zusammengestellt:

Zusammenfassend lässt sich demnach festhalten:

▶ In der kreativen Umsetzung werden die Vorgaben aus der Kreativstrategie umgesetzt. Dies geschieht im Idealfall in der Form, dass ein den Werbezielen entsprechender Content definiert wird, der aus den jeweils zur Verfügung stehenden Komponenten zu einzelnen Werbemitteln oder ganzen Kampagnen zusammengefügt wird.

7.2.1 Content

▶ In der Werbebotschaft oder -story konkretisiert sich die in der Kreativstrategie entwickelte Grundidee. Ihre kreative Umsetzung ist im Wesentlichen von vier Bedingungen abhängig: Den für die Werbemaßnahme definierten Werbezielen, den von den Werbungtreibenden bereitgestellten Ressourcen (Budget und Zeit), denen der Agentur (kreatives Potenzial und handwerkliche bzw. produktionstechnische Kompetenzen) sowie den ausgewählten Werbemitteln und ihren spezifischen Bedingungen.

Dass die Werbung dazu bestimmte Vorstellungen strapaziert, Typen produziert oder auf Stereotypen reduziert, ist nachvollziehbar. In der wissenschaftlichen Literatur finden sich dementsprechend Studien zu Geschlechterstereotypen (vgl. z. B. Holtz-Bacha 2011), zur Inszenierung von Alter und Senioren (vgl. z. B. Willems 2002; Jäckel et al. 2002) und zu Kindern und Jugendlichen (vgl. z. B. Naderer und Matthes 2016).

Im Vergleich zu den Anfängen moderner Werbung decken Werbebotschaften aktuell ein ungemein breites Spektrum ab. Heute stehen auf der einen Seite dieses Spektrums eindimensionale Botschaften in Form von Aufforderungen zum Kauf des beworbenen Angebots. Auf der anderen werden vielschichtige, teils komplexe Stories zur Etablierung oder Stärkung eines Markenimages über mehrere Distributionskanäle ausgespielt. Dazwischen finden sich Darstellungen der Leistung(en) des beworbenen Angebots in unterschiedlicher Komplexität. Je höher dabei diese Komplexität wird, desto sinnvoller ist es, die einzelnen Werbemittel einer Kampagne im Rahmen dieser Botschaft oder Story aufeinander abzustimmen, um Wiedererkennung und Werbewirkung zu steigern.

Im Kontrast zu möglichst kurzen Botschaften stehen Geschichten und Storytelling als Möglichkeit, die Werbebotschaft zu transportieren. Sie erfreuen sich zunehmender Beliebtheit, u.a. weil Geschichten weit größere Erinnerungs-, Identifikations- und Sympathieleistungen erbringen, mithin also umfassender wirken und beeinflussen können als reine Behauptungen oder Leistungsdemonstrationen (vgl. Felser 2023, S. 406 ff.). Zwar hat David Ogilvy bereits in den 1970er-Jahren mit seinen berühmten ganzseitigen Text-Inseraten "At 60 miles an hour the loudest noise in this new Rolls-Royce comes from the electric clock" und "How to create advertising that sells" bewiesen, dass Storytelling auch in der Zeitungswerbung erfolgreich sein kann. Doch hat erst der Siegeszug der elektronischen, vor allem aber der digitalen Medien dem Storytelling auf breiter Front die Türen geöffnet. Dabei können Botschaften sowohl in fiktionalen als auch in non-fiktionalen Storys umgesetzt werden.

Generell müssen Konzeption, Gestaltung und Umsetzung von Werbebotschaften und Storys Adressat:innen, Rezeptionsqualitäten und Darstellungsoptionen berücksichtigen und aufeinander abstimmen. Denn in den Adressat:innen spiegelt sich der Personalisierungsgrad einer Werbeform; die Rezeptionsqualitäten sind auch ein Gradmesser ihrer Integration in einen mediumsspezifischen Kontext oder in das Umfeld, in dem Konsument:innen die Werbung betrachten. Schließlich referieren die Darstellungsoptionen auf die Möglichkeiten und Grenzen der jeweiligen Werbeträger und Werbemittel. So kann z. B. eine allgemeine Postwurfsendung weitaus leseintensivere Informationen enthalten als Großflächenplakate. Auch wird dasselbe CityLightPoster in einem Wartehäuschen am Rand einer vierspurigen Ausfallstraße von Autofahrer:innen eher flüchtig wahrgenommen werden, während die auf den Bus wartenden Fahrgäste sich intensiver damit auseinandersetzen können. Und nochmals ganz andere Möglichkeiten zur Interaktion eröffnen Online- oder Mobile-Werbeformate z. B. im Vergleich zu einer Bande am Rand eines Sportstadions.

Informationsüberlastung und verkürzte Aufmerksamkeitsspannen der Rezipient:innen führen generell dazu, dass die Wahrnehmung von Werbebotschaften und Storys eher flüchtig geworden ist. Nutzen und Versprechen des beworbenen Angebots müssen also in Text, Bild, Layout und Stil allgemein verständlich gehalten sein. Der daraus entstehende Druck, Botschaften schnell erfassbar zu gestalten, kann helfen, auch solche Werbemittel zu optimieren, die eigentlich intensiver wahrgenommen werden könnten. Mehr noch: Solange die Verdichtung von Text und Bild nicht zu inhaltlichen Verzerrungen, Fehlern oder Unverständlichkeiten führt, trägt die Konzentration auf das

7.2 Kreative Umsetzung

Wesentliche dazu bei, die Akzeptanz eines Werbemittels zu erhalten oder zu steigern (vgl. auch Schierl 2017, S. 287 f.):

> **„Eine Anzeige ist dann gut, wenn man nichts mehr weglassen kann.** Ein TV-Spot genauso. Ein Plakat sowieso." (Aebi 2003, S. 142; Hervorhebung im Original).

Zu welch´ unterschiedlichen Ergebnissen das Wechselspiel aus Werbemittel und -botschaft führen kann, zeigen die drei folgenden Fallbeispiele.

Fallbeispiel „Einfache Botschaft auf einem Plakat"

Plakate sind eher flüchtig wahrzunehmende Werbemittel und verlangen von daher eine reduzierte und konzentrierte Gestaltung. Entsprechend sollte auch die zugrunde liegende Botschaft eher einfach und schnell zu erfassen sein (vgl. Abb. 7.3). ◄

Fallbeispiel „Zwei Botschaften in einer 30-Sekunden-Geschichte"

Die Botschaft „Der Geschmack von Nespresso ist unvergleichlich und jede Mühe wert" wird mit einer Zusatzbotschaft „Bitte die Kapseln recyceln!" angereichert. Um beide Botschaften in einem Werbemittel transportieren zu können, wird eine humorvolle Geschichte inszeniert, in der George Clooney, Jean Dujardin und Camille Cottin um die letzte Nespresso-Kapsel kämpfen (Standbild aus dem Werbevideo siehe Abb. 7.4). ◄

Abb. 7.3 Werbung für Plakatwerbung. (Eigenes Foto, Zürich Asylstrasse, aufgenommen am 19.02.2024)

Abb. 7.4 Nespresso-Spot mit zwei Botschaften. (Standbild aus Nespresso 2023)

Abb. 7.5 Werbung für 3D-Billboards mit 3D-Billboards. (Standbild aus Cross Shinjuku Vision 2021)

> **Fallbeispiel „Sehr komplexe Botschaft auf zwei verbundenen 3D- Billboards"**
>
> 3D-Corner-Billboards sind über die Ecke einer Hausfassade gezogene, digitale Außenwerbedisplays mit der Fähigkeit, dreidimensionale Inhalte abzubilden. Dies hätte der Hersteller SONY NURO in aufwändiger Textbeschreibung darstellen können. Stattdessen entschied sich SONY NURO dafür, das Produkt für sich sprechen zu lassen und inszenierte die aufwändige Geschichte einer überlebensgroßen Katze, die zwischen zwei Displays in Tokyo hin- und her „springt", um einen Fisch zu ergattern (vgl. Barker 2022 sowie Abb. 7.5). ◄

7.2.2 Komposition

Sind Botschaft und Story fixiert und grob umrissen, so muss im Rahmen der kreativen Umsetzung entschieden werden, wie diese gestalterisch umgesetzt werden. Im Wesentlichen geht es darum, die optimale Komposition der später in Abschn. 7.2.3 beschriebenen Komponenten zu finden, um Botschaft und Story so zu inszenieren, dass die Umworbenen auf die Werbung aufmerksam und im intendierten Sinn beeinflusst werden.

▶ Bei der Komposition als Teil der kreativen Umsetzung geht es also um die Auswahl sowie die formale Anordnung und Abfolge der gestalterischen Komponenten zur Präsentation der Botschaft oder der Story. Bei statischen Werbemitteln, wie z. B. Anzeigen bzw. Inseraten, Flyern, Plakaten oder statischer Verkehrsmittel- und Außenwerbung, wird diese Komposition als Layout bezeichnet. Bei dynamischen, wie z. B. Audio- und Videospots, Reels oder digitalisierter oder animierter Out-of-Home-Werbung spricht man besser von Dramaturgie.

Auch wenn nicht immer alle gestalterischen Komponenten zum Einsatz gebracht werden, so entscheiden doch die nachfolgend beschriebenen über das Layout:

- Größe und Format des Werbemittels,
- Farbigkeit und Platzierung von Bild(ern), Logo(s) und anderen Labels,
- Schriftarten, -schnitte und -größen sowie die Platzierung von Text(en), wie Headline (Überschrift), Copy (Fließtext) und Claim (Slogan),
- Jede Art von Verweisen bzw. Links (Adresse des Absenders, QR-Code(s), Buttons),
- Jede Art von Disclaimern.

Für die Dramaturgie entscheidend sind:

- Menge, Verständlichkeit, Inhalte, Platzierung und Darstellungsformen gesprochener sowie eingeblendeter Texte, (wie z. B. Monologe, Gespräche, Stimmen aus dem Off, Texteinblendungen, Untertitel uvm.),
- Einsatz, Lautstärke, Charakter/Genre und Klangfarben von Tönen, wie z. B. Musik, Geräusche oder Jingles und akustische Logos,
- Farbigkeit, Länge, Darstellungsformen/Genre und Inhalte der Videos, wie z. B. reale oder animierte Darstellung, Produkttest, Szenen aus dem Leben, Erklärvideo uvm.,
- Techniken und Taktung des Audio- oder Videoschnitts,
- Jede Art von Verweisen bzw. Links (Adresse des Absenders, QR-Code(s), Buttons),
- Jede Art von Disclaimern.

Inhaltlich lassen sich Botschaft oder Story dann auch noch unterschiedlich inszenieren. Dafür finden sich in der Literatur sechs prototypische Formen. Sie beziehen sich zwar überwiegend auf Video-Spots, können aber in eingeschränkter Form auch für Anzeigen und andere Werbemittel gelten (vgl. u. a. Urban 1997, S. 106 ff.; Schierl 2003, S. 184 ff.; Woelke 2004, S. 27 f.). Auch wenn dabei die Klassifikationskriterien nicht immer gleichgewichtig sind, ergibt die Auflistung einen nützlichen Überblick:

7.2.2.1 Presenter/Spokesman/Testimonial

In der Presenter-Werbung stellt eine Person das beworbene Produkt oder die beworbene Dienstleistung vor oder bezeugt die Qualität oder ihre Zufriedenheit mit dem beworbenen Objekt. Diese Aufgabe kann sowohl von einer natürlichen Person als auch einer realen oder animierten Werbefigur oder einem Avatar übernommen werden. Die Person kann ein/e Prominente/r sein, ein/e Repräsentant:in des werbungtreibenden Unternehmens – oft sieht oder hört man hier den oder die Inhaber:in – oder eine Fachperson oder Expert:in. Inwieweit Reels oder Videos, in denen Influencer:innen Produkte „testen" als Presenter-Werbung gelten, ist derzeit Gegenstand rechtlicher Diskussionen und soll in Kap. 13 nochmals vertieft werden. Auch die Art und Weise, wie das umworbene Objekt präsentiert wird, kann sehr unterschiedlich ausfallen. Vom Rundgang durch das Unternehmen über eine beinahe schulmeisterliche Aufklärung über die Produkteigenschaften oder einen Produkttest bis hin zur Darstellung der Inanspruchnahme des beworbenen Objekts durch die Präsentator:innen stehen den Kreativen viele Optionen offen.

> **Fallbeispiel „Presenterwerbung 1995 und 2024"**
>
> Der „Persil-Mann" (siehe Abb. 7.6, links) war in den 1980er bis weit in die 1990er-Jahre hinein der Presenter in TV-Spots schlechthin. In Abb. 7.6, rechts präsentiert eine Influencerin ein ihr zugeschicktes Produkt auf ihrem YouTube-Kanal „SteffilovesBeauty". Das Video ist oben links als „Werbung/PR" gekennzeichnet. ◄

Abb. 7.6 Presenterwerbung 1995 und 2024. (Eigene Bildmontage von Screenshots aus Henkel 1995 und SteffilovesBeauty 2024)

7.2.2.2 Nutzendemonstration/Problemlösung

Nutzendemonstrationen sind nahezu eine Eins-zu-Eins-Umsetzung der Nutzenbegründung (Reason Why). Diese Art der Inszenierung wird dann eingesetzt, wenn dargestellt werden soll und kann, wie das beworbene Objekt sein Leistungsversprechen erfüllt. Häufig zu beobachten sind Nutzendemonstrationen und/oder Problemlösungen deshalb dort, wo der funktionale Nutzen eines Produkts oder einer Dienstleistung im Vordergrund steht, so u.a. bei Waschmitteln, Haushaltsartikeln, Maschinen, aber auch bei Kosmetik, Diätmitteln oder Fitness-Studios. Besonders beliebt sind dabei Vergleiche. In zeitlicher Dimension wird in Vorher-/Nachher-Vergleichen gezeigt, wie sich eine Situation oder ein Problem vor und nach dem Einsatz des beworbenen Objekts zeigt. In sog. Side-by-Side-Präsentationen wird auf einem geteilten Bild (Split-Screen) dargestellt, wie sich die Problemsituation verändert, wenn in einer Hälfte das umworbene Objekt zum Einsatz kommt, während sich in der anderen Hälfte keine oder nur eine marginale Verbesserung der Situation ergibt. Diese Art der Darstellung wird auch gerne in der vergleichenden Werbung eingesetzt.

> **Fallbeispiel „Der General im Vergleich"**
>
> Das Leistungsversprechen von Reinigungsmitteln wird häufig als klassische Nutzendemonstration im Side-by-Side-Vergleich dargestellt (Beispiel siehe Abb. 7.7). ◀

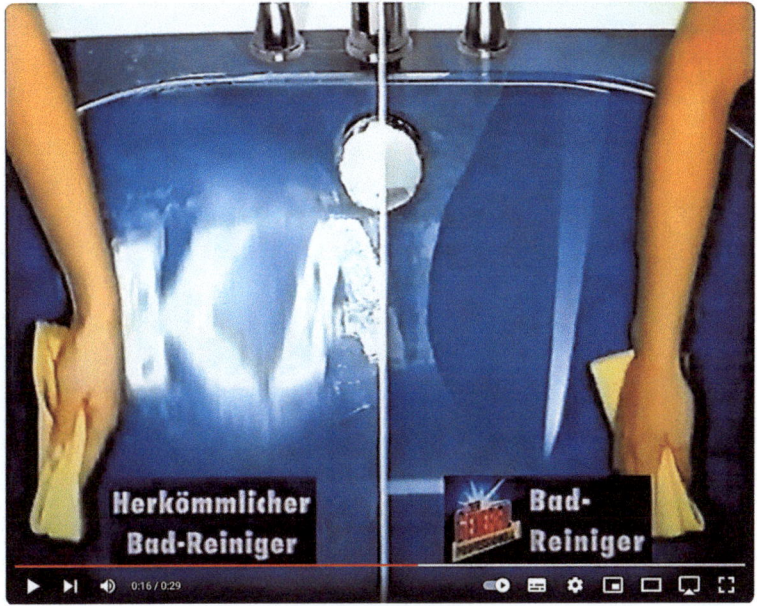

Abb. 7.7 Fallbeispiel Nutzendemonstration. (Standbild aus Henkel 1997)

7.2.2.3 Slice-of-Life/Mainstream

„Eine Scheibe Leben" abzuschneiden und darzustellen, ist eine sehr beliebte Inszenierung, vor allem für Convenience-Produkte oder -Dienstleistungen, wie z. B. Frühstückscerealien, Brotaufstriche, Pasta, Pizza, aber auch Urlaubsreisen. Dabei wird das beworbene Objekt in seinem typischen Verwendungszusammenhang gezeigt. Letzterer wird dabei – im Gegensatz zur Lifestyle-Werbung – in Situationen konkretisiert, die für die angesprochene Zielgruppe alltäglich sind. So inszeniert z. B. Ferrero seine Marke „Nutella" als Slice-of-Life im Umfeld alltäglicher Familiensituationen.

> **Fallbeispiel „Nutella Slice-of-Life"**
>
> Der eingeblendete Text in Abb. 7.8 sagt alles: Im Spot wird eine Familie am Frühstückstisch gezeigt, auf dem Nutella als Zutat nicht fehlen darf. ◄

7.2.2.4 Lifestyle

Hier wird das beworbene Objekt im Rahmen begehrenswerter Lebensstile und mittels Darstellung idealtypischer Verwender:innen inszeniert und damit als insgesamt wertvoll dargestellt, wenn nicht sogar in seinem Wert erhöht. Je nach Objekt und Positionierung bilden Umfelder, wie z. B. ein Lagerfeuer am See, ein Dancefloor in einem angesagten Club, der große und voll besetzte Familientisch auf der Terrasse über der Toskana, der Laufsteg im Zentrum einer Modenschau, eine Yacht oder ein mondänes Anwesen in der Karibik, aber auch Straßenszenen aus Sehnsuchtsorten der Welt von New York bis Singapur die Bühne. Sind Menschen ins Motiv oder in die Szene involviert, so sind diese auch in Zeiten von Body-Positivity und Diversity meist immer noch idealisiert. Lifestyle eignet

Abb. 7.8 Slice-of-Life. (Standbild aus Ferrero 2013)

Abb. 7.9 Lifestyle-Werbung. (Standbild aus Ferrero Rocher Deutschland 2023)

sich besonders, um dem beworbenen Objekt ein „First-Class-Ticket" (Ogilvy 1972), also eine werthaltige oder werterhöhende kommunikative Alleinstellung, mitzugeben. Während „Nutella" als Slice-of-Life im Umfeld alltäglicher Familiensituationen gezeigt wird, werden die Marken „Raffaello" und „Rocher" desselben Herstellers mittels Lifestyle-Werbung beworben.

> **Fallbeispiel „Der Ferrero Rocher Lifestyle"**
>
> Die Lifestyle-Inszenierung für Rocher in Abb. 7.9 zeigt ein völlig anderes Bild als die Slice-of-Life-Szene für Nutella: Hier unterstreichen Wellnessbad, Zeit für sich und eine insgesamt erstrebenswerte Lebenssituation die Positionierung der Schoko-Nuss-Kugel als außergewöhnlichen Genuss. ◄

7.2.2.5 Drama/Storytelling

Wird das beworbene Objekt im Rahmen einer mehr oder weniger abgeschlossenen Geschichte dargestellt, so bezeichnet man die Art der Inszenierung als Drama oder Storytelling. Dabei muss die Geschichte keineswegs dramatisch erzählt sein. Vielmehr kann sie auch z. B. humorvoll, erotisch oder sachlich sein. Drama bzw. Storytelling bietet eine nahezu unendliche Vielfalt an Optionen, denen letztlich nur technische Grenzen der Realisierung oder das Budget Limits setzen. So mussten beispielsweise Werbungtreibende für die Ausstrahlung eines 30-Sekunden-Spots zum Finale der amerikanischen Football-Liga, der Super Bowl, im Februar 2024 7 Mio. US-Dollar bezahlen (vgl. Schröter 2024). Da die Spots aber ein Multimillionenpublikum erreichen, werden sie von Werbungtreibenden gerne genutzt. Einige dieser Spots haben zwischenzeitlich einen gewissen Kult-Status erreicht und Rankings der besten Super Bowl-Spots werden nicht nur ex post, sondern – soweit letztere bereits bekannt sind – auch schon vor der eigentlichen Veröffentlichung auf Social Media Kanälen gepostet.

Drama und Storytelling eröffnen als Inszenierungsform in Zeiten zunehmender Austauschbarkeit von Angeboten besonders gute Möglichkeiten, Aufmerksamkeit, Aktivierung und Anschlusskommunikation zu schaffen. Zudem konnten Elizabeth J. Marsh und Lisa K. Fazio (2006, S. 1141 ff.) in verschiedenen Experimenten belegen, dass Geschichten wahrheitsindifferent sind und Proband:innen auch Falschaussagen glaubten, solange die Inhalte als Geschichten erzählt wurden. Damit ermöglicht Storytelling den Kreativen, mit der jeweiligen Geschichte neben sachlich richtigen auch fiktionale oder wahrheitsindifferente Aussagen zu transportieren.

Fallbeispiel „Groundhog Day 2.0"

In einer 1993 veröffentlichten Komödie erlebt Bill Murray als Phil Connor den in Punxutawney, Pennsylvania, am 2. Februar gefeierten „Tag des Murmeltiers – Groundhog Day" zu seinem Horror immer und immer wieder, bis er zu einem besseren Menschen geworden ist. Für die 2020 auf den Groundhog Day fallende Super Bowl hat Jeep die Geschichte umgeschrieben und mit den ursprünglichen Darsteller:innen am Originaldrehort neu verfilmt. Dank des neuen Modells „Jeep Alligator" hat Phil Connor aber nun zusammen mit dem Murmeltier jeden Tag Spaß, und der Murmeltiertag wird zum besten Tag seines Lebens (Standbild aus dem Werbespot siehe Abb. 7.10). ◀

Abb. 7.10 Drama/Storytelling. (Standbild aus Jeep 2020)

7.2.2.6 Vergleichende Werbung

Vergleichende Werbung ist mittlerweile in den meisten europäischen Ländern unter bestimmten Bedingungen erlaubt. Wer sich und seine Wettbewerber:innen in einem Werbemittel vergleicht, muss aber darauf achten, dass die getroffenen Aussagen objektiv nachprüfbar, sachlich richtig, nicht irreführend und nicht herabwürdigend sind. Auf Basis der EU-Richtlinie 2006/114/EG über irreführende und vergleichende Werbung wurde die vergleichende Werbung in vielen europäischen Ländern erlaubt, wenn auch mit teilweise unterschiedlicher Reichweite. In Deutschland ist sie im Gesetz gegen den unlauteren Wettbewerb, UWG, § 6, geregelt und in dessen Rahmen seit Juli 2000 erlaubt. In der Schweiz war vergleichende Werbung im Rahmen des Bundesgesetzes gegen den unlauteren Wettbewerb, namentlich Artikel 2 und 3 (Schweizerische Eidgenossenschaft 1986), schon immer erlaubt.

> **Fallbeispiel „Lidl vs. Aldi und Penny"**
>
> 2019 hat sich der Lebensmitteldiscounter Lidl in einer Out-of-Home- und Social Media-Kampagne mit Wettbewerbern verglichen, um seine Preisstärke zu unterstreichen (siehe Abb. 7.11). Die Wettbewerber wurden in jeweils textlich passenden Headlines in Originalschreibweise erwähnt, der farbliche Hintergrund der Motive entsprach den Hausfarben des genannten Wettbewerbers. ◄

7.2.3 Komponenten

Die Grundbausteine jeder kreativen Umsetzung sind die bereits in Abschn. 7.2.2 kurz aufgelisteten Komponenten, die in der Komposition auf die Werbeziele, die Zielgruppen sowie die zur Verfügung stehenden Werbemittel abgestimmt und zu einem Ganzen zusammengesetzt werden. Sie lassen sich zu den in Abb. 7.2 dargestellten Kategorien Text, Bild, Audio, Video, Verweise und Disclaimer zusammenfassen und sollen hier kurz mit ihren spezifischen Möglichkeiten und Einschränkungen dargestellt werden.

Abb. 7.11 Vergleichende Werbung. (Pauker 2019)

7.2.3.1 Text

Text hat in der Werbung einen dualen Charakter: Zum einen wird er in der kreativen Umsetzung in rein schriftlicher Form dargestellt, ist also ein optisches Transportmittel für Informationen. Zum anderen ist Text in gesprochener Form aber auch Audio-Information. In beiden Bereichen kann Text dabei mehreren Zwecken dienen. Erstens lässt sich mit Text (zumindest mit gutem) Aufmerksamkeit schaffen. Zweitens kann Text dazu dienen, Informationen über das beworbene Angebot zu vermitteln. Drittens können Kreative mit Text Geschichten erzählen und damit nicht nur Interesse, sondern auch Identifikation erzeugen. Und schließlich kann Text aktivieren und Rezipient:innen dazu motivieren, im Sinne der Werbeziele zu agieren.

In der kreativen Umsetzung findet sich Text in unterschiedlichen Formen: Knapp, oft provokativ, manchmal auch im Befehlston in Headlines oder Appellen, ausführlicher in Form von Fließtexten, Monologen oder Gesprächen und bis zum Maximum reduziert in Form von Claims oder Slogans (vgl. dazu u. a. Aebi 2003; Janich 2013).

Die Tatsache, dass Text in geschriebener wie auch in gesprochener Form (mehr dazu auch in Abschn. 7.2.3.3) verwendet werden kann, macht Text zu einer Basiskomponente sowohl für rein visuelle Werbemittel, wie z. B. Flyer, Anzeigen, Plakate oder andere nicht-auditive Out-of-Home-Werbemittel, als auch für auditive und audiovisuelle Werbemittel, wie z. B. Radio-, TV- oder andere Video-Werbespots. Und sie ist Stärke und Schwäche zugleich.

Stärke deshalb, weil Text überall dort eingesetzt werden kann, wo weder Bilder noch Videos verwendet werden können oder dürfen. Auch kann geschriebener Text Audiotext ersetzen, was Text als Komponente der kreativen Umsetzung überaus universell einsetzbar macht. Seine Schwäche zeigt Text vor allem darin, dass ihn Rezipient:innen verstehen und seinen Sinn erfassen können müssen. Für die Werbung bedeutet das u. a., dass Texte für Werbemittel, die in Ländern mit unterschiedlicher Sprache eingesetzt werden sollen, in die jeweilige Landessprache übersetzt werden müssen. Dies hat zum einen Kosten und andere Aufwendungen sowie ggfs. zeitliche Verzögerungen zur Folge. Zum anderen kann es zur Folge haben, dass aufgrund teilweise erheblicher Abweichungen in den Textmengen für die gleiche Aussage die gesamte Komposition verändert und schlimmstenfalls geschwächt wird. Dennoch ist Text neben Bild die zentrale Gestaltungskomponente in der kreativen Umsetzung.

Daher ist bei der kreativen Umsetzung stets die Wechselwirkung zwischen Text und Bild zu beachten. Im Idealfall unterstützen sich beide Komponenten gegenseitig oder stehen sich so diametral gegenüber, dass ihr Gegensatz ein hohes Maß an Aufmerksamkeit generiert. Im schlimmsten Fall werden Rezipient:innen durch ein Auseinanderdriften der textlichen und der bildlichen Aussage, die sog. Text-Bild-Schere (vgl. dazu Hooffacker 2019), verwirrt und wenden sich vom Werbemittel ab.

Ob sich Bild und Text gegenseitig positiv verstärken oder als Text-Bild-Schere für Aufmerksamkeit sorgen, ist dabei in vielen Fällen der Perspektive der Rezipient:innen geschuldet. So hätten sich die im nachstehenden Fallbeispiel abgebildeten Jugendlichen sicher nicht mit den drastischen Text-Zuschreibungen identifiziert, während es aber höchstwahrscheinlich ist, dass sie diese Zuschreibungen durch andere erfahren haben.

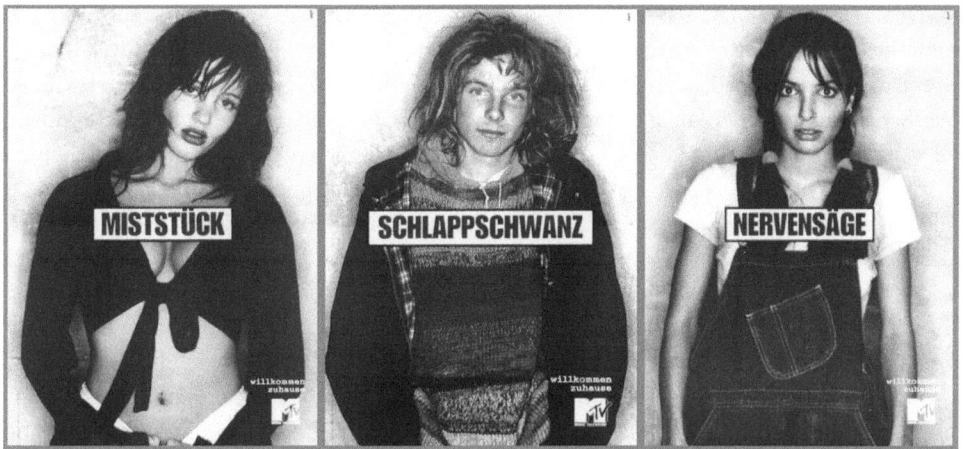

Abb. 7.12 Fallbeispiel Text-Bild-Verstärkung. (MTV/Start GmbH 1994, eigene Montage)

> **Fallbeispiel MTV-Kampagne „Willkommen Zuhause"**
>
> In der MTV-Werbekampagne „Willkommen Zuhause" aus dem Jahr 1994 verstärken sich Text und Bild gegenseitig (siehe Abb. 7.12) und sorgen damit für eine Zielgruppenaffinität der einzelnen Motive. Diese sind zwar auch allgemein verständlich, verlieren aber außerhalb der Zielgruppe ihren werblichen Charakter. Die „Willkommen Zuhause"-Kampagne von MTV positionierte den Sender als virtuelle Heimat für Jugendliche und junge Erwachsene und kommunizierte den sozialen Nutzen folgendermaßen:
>
> „Wo immer ihr Euch „versteckt" habt, wie immer ihr Euch auch kleidet, welchen Gruppierungen Ihr auch angehören und welchen Verhaltensritualen und Werten Ihr Euch verpflichtet fühlen mögt, Ihr könnt bleiben wo und was Ihr sein wollt, denn MTV kommt zu Euch, und bietet Euch 24 Stunden am Tag jene mediale Umgebung und Gemeinschaft von Gleichgesinnten, die Ihr Euch wünscht. MTV fahndet nach Euch, weil Euch die etablierten Instanzen diskreditieren und Ihr nur bei uns das sein könnt, was Ihr sein wollt" (Neumann-Braun 1999, S. 397). ◄

7.2.3.2 Bild

Auch Bilder werden in der kreativen Umsetzung in zwei Formen eingesetzt: als statische oder Standbilder (Stills) sowie als Bewegtbilder (Bildsequenzen, Videos, Animationen – mehr dazu in Abschn. 7.2.3.4). Im Gegensatz zu Texten, die immer zunächst gelesen und verstanden werden müssen, wirken Bilder bereits beim Betrachten, können also zumindest Emotionen unmittelbarer und schneller vermitteln als Text. Zudem lösen sie auch dann Emotionen aus, wenn sie nicht oder falsch interpretiert oder verstanden werden. Folgt man Medienpädagogen wie Christian Doelker (2002 und 2015), so müssen deshalb eben auch Bilder gelesen, decodiert und verstanden werden. Mithin erfordert also auch das Verstehen von Bildern eine intellektuelle Leistung.

Dennoch macht ihre unmittelbare Wirkung auf Betrachter:innen statische und noch mehr bewegte Bilder zu Aufmerksamkeitsgeneratoren von umfassender Funktionalität im Sinne der Werbeziele. Zudem unterstützen sie wie oben gezeigt im Idealfall die textliche Werbebotschaft. Bilder sind darüber hinaus in hohem Maß geeignet, komplizierte Inhalte zu verdeutlichen, Geschichten zu erzählen, Emotionen zu wecken und Informationen zu visualisieren, um sie besser im Gedächtnis der Rezipient:innen zu verankern. Sie sind zudem auch in internationalen Zusammenhängen einsetzbar, solange die kulturellen Rahmenbedingungen ihren internationalen Einsatz oder eine länderübergreifende Decodierung zulassen (vgl. dazu Abschn. 3.1.5).

Die Vielfalt ihrer Erscheinungsformen reicht von einfachen und einfarbigen Zeichnungen und Grafiken über monochrome und farbige Fotos und Illustrationen bis hin zu realistischen oder hyperrealistischen Animationen, Videosequenzen und Filmen. In dieser Vielfalt liegt sicherlich eine der Stärken von Bildern und Bewegtbildern in der Werbung. Die zweite liegt in ihrer nahezu universellen Einsetzbarkeit – wobei z. B. beachtet werden muss, dass in vielen muslimischen Ländern Abbildungen von Menschen generell und schon gar zu Werbezwecken gesetzlich verboten oder zumindest kulturell sanktioniert sind (vgl. dazu Langer 2012 und Edwards 2013). Die dritte Stärke von Bildern kann darin gesehen werden, dass ein einziges Bild eine ganze Geschichte erzählen kann – wie in der Anzeige für den Land Rover Defender in Abb. 7.13.

Fallbeispiel „Defender"

Mit einer aufs Minimum reduzierten Printanzeige bewarb Land Rover sein offroad-tauglichstes Geländewagenmodell Defender mit der Abbildung einer leicht zerknitterten Reisepass-Doppelseite (siehe Abb. 7.13). Sie zeigt die Konturen eines Defenders samt Pass-Stempeln von Ländern mit hohem „Dirt Road"-Anteil im Straßen- und

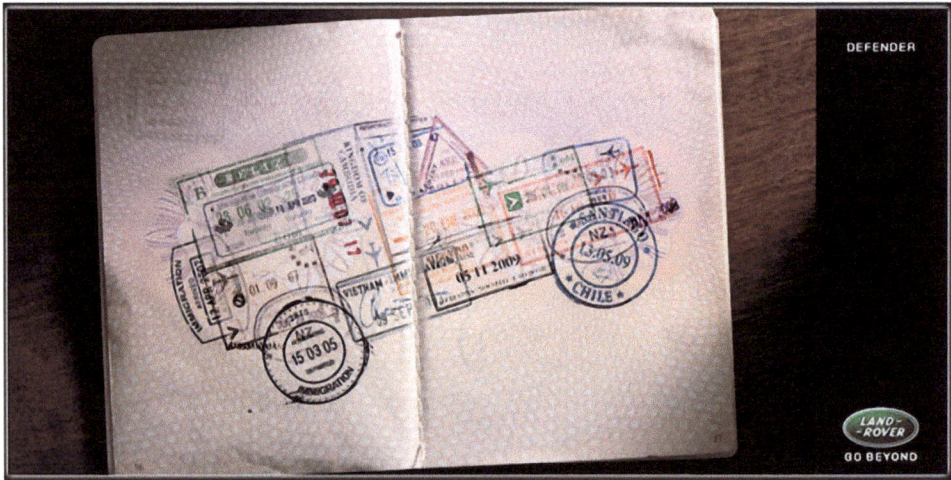

Abb. 7.13 Ein Bild erzählt eine ganze Geschichte. (Campaign UK 2011)

Wegenetz. Gänzlich ohne Text vermittelt dieses eine Bild die Story: Die/der Besitzer:in dieses Defenders hat schon in der ganzen Welt in eher exotischen und manchmal unwegsamen Ländern Abenteuer erlebt – und ist zurückgekommen. ◄

Fallbeispiel „Globale Markenwerbung Nescafé und Nike"

Noch stärker reduziert zeigen sich die beiden Motive von Nescafé (in Abb. 7.14, links) und Nike in Social Media Posts (siehe Abb. 7.14, rechts). Diese Reduktion bietet beiden Vorteile: Sie macht die Posts oder Anzeigen global einsetzbar und verständlich, wenn auch vielleicht erst bei zweiten Hinschauen. Darüber hinaus fallen beide in den überbordenden Bilder- und Videowelten von Social Media auf, weil sie zum einen nur in – allerdings markantem – schwarz-weiß gehalten sind. Zum anderen kommen sie mit einem einzigen, wenn auch variierendem Bildmotiv plus vier (Nike) bzw. sechs (Nescafé) Wörtern Text aus. Nike geht sogar so weit, anstelle des Markennamens nur das Markenzeichen „Swoosh" wiederzugeben. ◄

Die Schwächen von Bildern als Grundkomponenten der Gestaltung von Werbung liegen wie bei Texten darin, dass Rezipient:innen sie sehen und verstehen können müssen. Während der barrierefreie Zugang zu Texten aber durch simple eins-zu-eins-Transformation von der geschriebenen zur gesprochenen Version eines Textes erreicht werden kann, muss für die Audio-„Übersetzung" eines Bildes eine akustische Bildbeschreibung

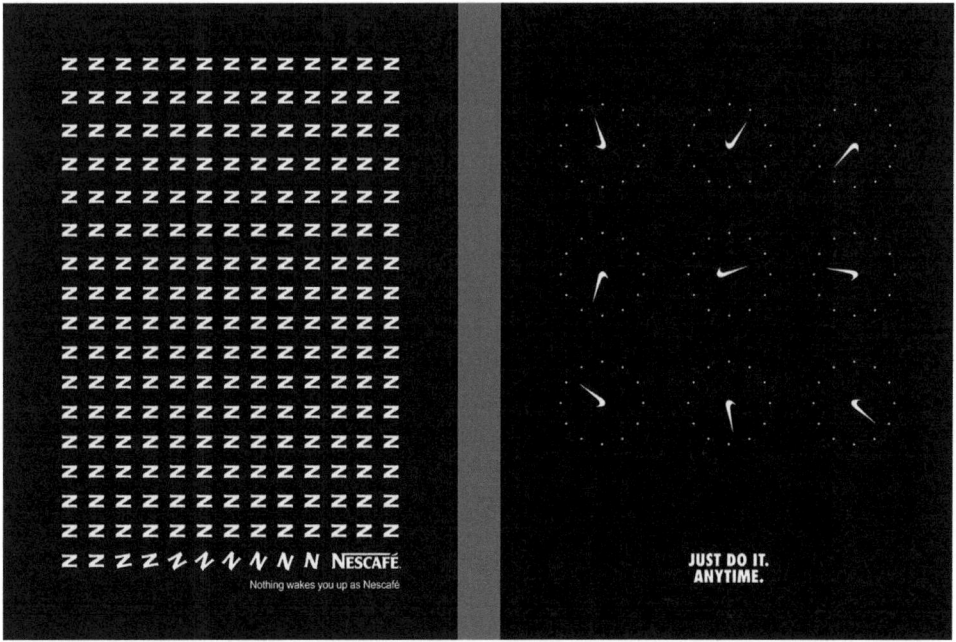

Abb. 7.14 Global verständlich dank Minimalismus. (Famous Campaigns 2023a und b)

geliefert werden. Bei Standbildern mag dies noch relativ einfach zu bewerkstelligen sein, einen action- und bildreichen 30-Sekunden-Videospot barrierefrei zu machen, wird dann aber schon merklich aufwändiger.

7.2.3.3 Audio

Auch wenn Ton als Gestaltungskomponente in der kreativen Umsetzung für viele Werbemittel, wie z. B. Flyer, Anzeigen, statische Plakate und andere Out-of-Home-Werbemittel, nicht relevant ist, so spielt er für alle audiowiedergabefähigen Werbemittel eine wichtige Rolle – in klassischen Radiospots sogar die zentrale. Denn hier ist die Wahrnehmung der Rezipient:innen auf einen einzigen Sinn – nämlich „Hören" – beschränkt, d. h. die Tonbotschaft muss aus sich heraus wirken. Dies scheint Kreative in vielen Fällen zur Überzeugung zu bringen, dass Radiowerbung besonders reißerisch, laut und im Stil klassischer Marktschreierei gestaltet werden müsse. Dagegen vertreten Michael Schütz und Hans-Peter Gaßner die Meinung, dass ein Audiospot primär über das Erzeugen innerer Vorstellungsbilder wirkt und plädieren dafür, das richtige Maß an Informationsdichte und Lautstärke zu suchen:

> „… steht die Regel des rechten Maßes. Danach sollte ein Radiospot das richtige Maß nicht nur für die Informationsdichte, sondern auch für Lautstärke und Geschwindigkeit finden. Zu leise Spots werden überhört – zu laute, marktschreierische Spots erzeugen Reaktanz. Inhalt und Form spielen dabei in der Praxis häufig zusammen: Erzeugt der Spot Bilder und hat er eine interessante Botschaft, muss er nicht laut sein" (Gaßner und Schütz 2011, S. 41).

Im Gegensatz zu Radiospots bieten TV- und Kino-Spots, Online-, Mobile-, InStore- und InGame-Videos oder Social Media Videos und Reels ein zumindest duosensorisches Wahrnehmungserlebnis (Audio und Video) und nutzen Ton in vielfältiger Form und zu unterschiedlichen Zwecken.

Audio wird in der kreativen Umsetzung in Form von gesprochenem Text, Musik, Geräuschen, Jingles oder akustischen Logos eingesetzt.

Akustische Logos, wie z. B. die 4 „Herzschläge", die das Audi-Logo akustisch unterlegen, sind extrem kurz, ohne Text und meist mit wenigen synthetisch erzeugten Tönen einer Klangfarbe gestaltet. Sie dienen dazu, die Marke des Werbungtreibenden nachhaltiger im Gedächtnis der Rezipient:innen zu verankern als die reine Abbildung alleine (vgl. dazu ausführlich: Kleinjohann 2020).

Jingles sind dagegen kurze Melodien, oft auch angereichert mit einem kurzen, gesungenen Text. Jingles können wie Audio-Logos dazu dienen, einen Slogan nicht nur visuell, sondern auch akustisch zu verankern. Sie können aber auch unabhängig von einem Slogan eine Art „musikalischen Claim" bilden, um Audio- oder audiovisuelle Werbemittel akustisch abzurunden.

Musik und Geräusche dienen zur Dramatisierung und Emotionalisierung der textlich oder bildlich dargestellten Inhalte. Obwohl sie damit eher eine Support-Funktion ausüben, können sie dennoch prägend für die Gesamtinszenierung der Werbebotschaft werden. Das wohl prominenteste Beispiel ist Elmer Bernsteins 1961 komponierte Titelmusik für den

Film „The Magnificent Seven – Die glorreichen Sieben". Sie hat – ab 1963 zur Vertonung der Marlboro Country-Commercials genutzt – Marke und Image von Marlboro so entscheidend mitgeprägt, dass Kinobesucher:innen Marlboro-Spots bereits wenige Sekunden nach Start der Marke zuordnen konnten.

In Einzelfällen geschah und geschieht es immer wieder, dass Werbespots auch mit bekannten Hits vor allem aus der Pop- oder Hip Hop Musik unterlegt werden oder Musikstücke, mit denen Werbespots unterlegt waren, zu Hits werden. So wurde etwa der von Kate Yanai gesungene Song „Summer Dreaming – Bacardi Feeling" zuerst als Werbesong für den gleichnamige Rum genutzt, bevor er 1991 Platz 1 bzw. 2 in der deutschen und österreichischen bzw. der Schweizer Hitparade belegte. Jahre später unterlegte Coca-Cola seinen Weihnachtsspot mit dem Song „Holidays are coming", der 2001 von Melanie Thornton unter dem Titel „Wonderful Dream" eingespielt wurde und die Plätze 3, 7 und 3 in den deutschen, österreichischen und Schweizer Charts erreichte.

Insgesamt kann Audio also erheblich zur Image- und Identitätsbildung beworbener Objekte oder Marken beitragen. Und dort, wo visuelle Komponenten nicht eingesetzt werden können, um die Botschaft zu transportieren, können gesprochener Text, Geräusche und Musik nicht nur Ersatz bieten, sondern auch so verdichtet werden, dass fehlende Bilder in der Vorstellung der Rezipient:innen entstehen und ersetzt werden können.

Im Gegenzug zu dieser Stärke, zeugt Audio aber dann Schwächen, wenn Rezipient:innen den gesprochenen Text nicht hören können, weil ihre Sinneswahrnehmung stark eingeschränkt ist oder Werbespots an Orten gesendet werden, an denen kein Ton ausgestrahlt werden kann. So z. B. auf TV- und Streaming-Monitoren in Hotelbars oder Restaurants oder auf Digital Signage-Screens im stationären Einzelhandel. In diesen und ähnlichen Fällen müssen Audiokomponenten in Audio- und Videospots durch die Ausgabe einer geschriebenen Textversion oder durch ihre Einblendung ins Video oder durch die eingeblendete Beschreibung der Musik oder Geräusche wiedergegeben werden.

7.2.3.4 Video

In Abschn. 7.2.3.2 wurde die starke Wirkung von Bildern als Komponenten der kreativen Umsetzung auf deren Charakter zurückgeführt, im Normalfall mit deutlich weniger intellektuellem Verarbeitungsaufwand Informationen zu visualisieren, die von Rezipient:innen verstanden werden können, und sehr unmittelbar Emotionen erzeugen zu können. Lässt sich dies bereits bei statischen Bildern festhalten, so gilt es in weit stärkerem Maße für jene Komponenten der kreativen Umsetzung, die sich unter dem Begriff „Video" zusammenfassen lassen. Darunter fallen vor allem Bewegtbilder, die in der Realität gefilmt werden und Animationen, in denen die Bilder entweder gezeichnet oder als verfremdete Versionen realer Bilder wiedergegeben werden. Dazwischen stehen alle Formen bewegter Bilder, die mit den technischen Hilfsmitteln und Möglichkeiten heutiger Filmproduktion erstellt werden – von digital generierten realen oder Fantasiewelten bis zu KI-gestützten Reanimationen längst verstorbener Leinwandikonen (dazu mehr in Abschn. 7.3).

Die prominenteste Stärke von Video liegt in einem nachweisbar höheren Impact von Filmen gegenüber Standbildern. So hatte z. B. der Digital Out-of-Home-Vermarkter „Ocean Outdoor" 2019 eine Studie in Auftrag gegeben, die die emotionale Beteiligung und ihre Qualität sowie die daraus entstehenden Markenerinnerungswerte von Außenwerbeflächen messen sollte. Die Ergebnisse zeigten, dass bereits statische Motive ein hohes und positiv emotionales Involvement der Betrachter:innen mit entsprechenden Markenerinnerungswerten erzeugen konnten. Außenwerbeflächen, die mit Video bespielt worden waren, lieferten im Vergleich dazu aber einen achtfach höheren Impact (vgl. Ocean Outdoor 2019).

Neben diesen Leistungswerten überzeugt Video mit einer schier unbegrenzten Variabilität an Möglichkeiten, die Werbebotschaft zu visualisieren. Das erklärt den im Vergleich zum vordigitalen Zeitalter explodierenden Einsatz von Video in der Werbung – vor allem vor dem Hintergrund, dass die größten Schwächen von Werbevideos durch die Digitalisierung stark relativiert worden sind: Mit der Zulassung privater Radio- und TV-Sender, vor allem aber seit der Ausbreitung von Video- und Social Media Plattformen sind die ehemals hohen bis sehr hohen Kosten für die Distribution von Werbevideos deutlich gesunken. Auch was die Produktionskosten angeht, so begünstigen folgende Entwicklungen den zunehmenden Einsatz von Video in der Werbung: Preiserosionen, Qualitätssteigerungen beim technischen Equipment für Aufnahme, Schnitt und Ausspielung sowie extrem zunehmendes Leistungsvermögen von Software bei gleichzeitigem Preisverfall.

Auch sei darauf verwiesen, dass Stand Anfang März 2024 mehr als fünfzig Künstliche Intelligenzen zur Kreation von Videospots eingesetzt werden könnten – viele davon unentgeltlich.

Die Schwäche, die Video als Komponente der kreativen Umsetzung aus diesem inflationär wachsenden Einsatz audiovisueller Werbung entsteht, liegt in der Abstumpfung der Rezipient:innen gegenüber der daraus resultierenden Reizüberflutung. Und dort, wo Werbevideos im Wettbewerb zu mediumsspezifischen Inhalten stehen (Fernsehen, Kino, Streaming), erzeugt das gegenseitige Hochrüsten in Bezug auf den Einsatz immer noch spektakulärer Effekte und noch prominenteren Darsteller:innen wiederum sehr hohe Produktionskosten, die nur mit hohen Budgets zu bewältigen sind.

7.2.3.5 Verweise

Wie in Abschn. 1.3.2.3 beschrieben, wurde (und wird teilweise heute noch) Direktwerbung von anderen Werbeformen dadurch abgegrenzt, dass sie – im Gegensatz z. B. zu „klassischen" Anzeigen – eine Kontaktadresse ausweist, an die sich Konsument:innen wenden und wo sie ggfs. sogar die beworbenen Objekte bestellen können. Daran hat sich bis heute prinzipiell nichts verändert – außer der Tatsache, dass aktuell nahezu alle Werbemittel zumindest auf die Website des Werbungtreibenden hinweisen, also eine solche Kontaktadresse im Werbemittel integriert ist. Dies geschieht zum einen in der Form, dass die Webadresse je nach Werbemittel als geschriebener oder gesprochener Text dargestellt wird. So müssen sich Gestalter:innen von Flyern, Anzeigen, Plakaten und anderen nicht audio-fähigen Out-of-Home-

Werbemitteln mit der schriftlichen Wiedergabe begnügen, während in Radiospots ausschließlich die Audiowiedergabe möglich ist. Für alle anderen Werbemittel kann entweder die eine oder die andere oder eine Kombination aus beiden Wiedergabeformen gewählt werden.

Seit der Marktdurchdringung von Smartphones bieten QR-Codes auf allen außer rein akustischen Werbemitteln eine Art Abkürzung ins Internet.

> „Der **Quick Response Code** (kurz QR-Code) ist ein **zweidimensionaler Barcode**, der von mobilen Geräten gescannt werden kann und so Informationen überträgt. Insgesamt können in einem einzigen QR-Code **7.089 Ziffern und 4.296 Zeichen verschlüsselt** werden. Unternehmen nutzen QR-Codes zunehmend, um Verbraucher und Verbraucherinnen auf markenspezifische Inhalte aufmerksam zu machen und sie durch die einfache und intuitive Verwendung entlang der Customer Journey zu begleiten" (Stoll 2023).

Ihre Stärke liegt darin, dass sie auf jede Seite im Internet verlinkt werden können, auf die die Werbungtreibenden die Betrachter:innen lenken möchten. Dort können sie dann z. B. weiterführende Informationen abrufen, an interaktiven Gewinnspielen teilnehmen, sich einer Community anschließen oder das beworbene Objekt bestellen. Als Schwäche wirkt sich aus, dass Konsument:innen ein technisches Gerät (zumeist eben ein Smartphone) besitzen müssen, das die ansonsten nichts aussagenden und nicht merkfähigen QR-Codes lesen kann. Zudem entsteht mit dem Scannen des Codes ein Bruch in der Mediennutzung.

Der kann in der Online-, Mobile- und Social Media-Werbung vermieden werden, weil hier interaktive Schaltflächen oder Buttons direkte Verlinkungen ermöglichen oder gleich zu einem Like, zum Teilen, zu einer Weiterempfehlung oder einer Bestellung genutzt werden können. Dieser direkte und niederschwellige Übergang vom Betrachten der Werbung zum intendierten Handeln ist sicher die größte Stärke digitaler Werbeformen. In den Fällen, in denen dieser niederschwellige Übergang rechtliche oder wirtschaftliche Konsequenzen für die Rezipient:innen nach sich zieht (wie z. B. im Fall einer Bestellung oder dem kostenpflichtigen Beitritt zu einem Verein oder einer Community), müssen Werbungtreibende entsprechende Disclaimer platzieren.

7.2.3.6 Disclaimer

Als Disclaimer sollen hier alle gesetzlich vorgeschriebenen Hinweise verstanden werden, die entweder gesetzlich verpflichtend oder freiwillig Informationen zum sachgerechten Gebrauch oder Warnhinweise vor negativen Folgen des Gebrauchs des beworbenen Objekts enthalten. So müssen z. B. Pharma-Hersteller Konsument:innen dazu auffordern, sich von einer Fachperson über Wirkungen und unerwünschte Nebenwirkungen beraten zu lassen. Hersteller von Tabakerzeugnissen sind verpflichtet, vor den gesundheitsschädlichen Wirkungen des Genusses ihrer Produkte in mehr oder weniger drastischen Worten und Bildern zu warnen. Aber auch Werbungtreibende, die Produkte oder Leistungen mit einer Preisangabe bewerben, müssen deklarieren, wenn das dargestellte Objekt nicht zu diesem Preis zu haben ist. Zum Beispiel, weil ein Auto mit dem Preis des Grundmodells beworben wird aber ein Fahrzeug abgebildet wird, das mit verschiedenem extra zu bezahlendem Sonderzubehör ausgestattet wurde.

Fallbeispiel „Zeitlich befristetes Angebot der Hurtigruten Expeditions"

In einem Disclaimer muss auch ausgewiesen werden, wenn die Gültigkeit eines abgebildeten Angebots eingeschränkt ist. Dies geschieht im vorliegenden Beispiel (siehe Abb. 7.15) auf drei Arten: 1.) Der angegebene Preis gilt nur bis zum 31. März 2024. 2.) Der Preis gilt nur bei Doppelbelegung, also wenn zwei Personen buchen und sich eine Kabine teilen. 3.) Der Preis gilt nur zu ausgewählten Terminen von März 2024 bis März 2025. Allerdings zeigt das Beispiel in Abb. 7.15 auch, dass sich alle drei Disclaimer im Kleingedruckten in der Fußzeile der Anzeige befinden und damit nicht auf den ersten Blick erkennbar sind. ◄

Disclaimer sind in der gestalterischen Umsetzung als eher ein unvermeidbares Übel als ein aktives Gestaltungsmittel. Sie sind dennoch hier erwähnt, da der Zwang, sie wiedergeben zu müssen, die gestalterische Umsetzung beeinflusst. Sei es in der Form, dass entweder kleinere oder größere Vertragstexte im Werbemittel untergebracht werden müssen oder dass auffällige, die Gestaltung störende Hinweise angebracht werden müssen, wo diese Texte zu finden sind. Während es in Online-Medien relativ einfach ist, ein Pop-Up-Fenster zwischenzuschalten und das Einverständnis der Rezipienten durch Anklicken des „Akzeptieren"-Buttons zu erzwingen, stellt dies die Gestalter:innen von Offline-Werbung vor große Herausforderungen. Zudem sind in audio- und audiovisuellen Werbemitteln,

Abb. 7.15 Fallbeispiel: Disclaimer bei limitierten Preisangeboten. (Hurtigruten 2024, eigenes Foto)

namentlich in Radio-, TV- und Videospots Disclaimer an die eigentlichen Spots angehängt und verlängern so deren Dauer. Das führt entweder zu höheren Schaltkosten oder dazu, dass Zeit oder Raum für die eigentliche werbliche Botschaft eingeschränkt werden müssen.

7.3 Digitale Kreativität und Programmatic Creation

Digitalisierung wirkt sich auf die kreative Umsetzung von Werbung in zwei Dimensionen aus. Zum einen sind mit der Entwicklung neuer digitaler Lebenswelten – Internet, Mobile, Social Media – auch neue Werbeformen entstanden, die Werber:innen völlig neuartige Möglichkeiten eröffnet haben und eröffnen. Sie haben aber auch Denk- und Arbeitsweisen, Routinen und Erfolgsrezepte, die für die analoge Werbewelt gedacht waren, in Frage gestellt und durch teilweise radikal neue – manchmal auch einfach nur als neu definierte – ersetzt. In der ersten Dimension digitaler Kreativität geht es also um kreatives Arbeiten für digitale Werbemittel.

In der zweiten Dimension geht es um digitales Arbeiten für (mehr oder weniger) kreative Werbemittel; also darum, dass der Prozess der kreativen Umsetzung selbst zunehmend digitalisiert worden ist und sich gerade aktuell mit der Etablierung künstlicher Intelligenzen sprungweise weiterentwickelt. Beide Dimensionen sollen hier – wenn auch nur kurz – dargestellt und später anhand der prototypischen Werbeformen in den Kap. 10 bis 14 näher beleuchtet werden.

7.3.1 Kreatives Arbeiten für digitale Werbemittel

Digitale Werbemittel, wie z. B. Onlinedisplays, Suchmaschinenbanner oder -anzeigen, Facebook-Posts, Instagram-Reels, TikToks, InApp- und InGame-Werbung, digitale Out-of-Home-Displays, haben den Prozess der kreativen Umsetzung auf verschiedene Art und Weise verändert. So verlangt z. B. gute Werbung via Search Engine Optimization (SEO) und Search Engine Advertising (SEA) von Texter:innen nicht mehr nur einen zielgruppengerechten Schreibstil, sondern auch die umfassende Kenntnis der Schlüsselwörter, auf die die Suchmaschine reagiert. Zudem ergeben sich gerade in diesem Feld weitere Anforderungen an Texte, wie z. B. Mindestmengen an Text, maximale Satzlängen oder Lesbarkeit allgemein. Große Suchmaschinen, aber auch Social Media Plattformen bieten darüber hinaus von sich aus via ihre Vermarkter:innen Kreativleistungen an. So haben Werbungtreibende etwa die Möglichkeit, in Online-Diensten wie GoogleAds, Meta Werbeanzeigenmanager oder TikTok Ads Manager einzelne Komponenten der Werbebotschaft hochzuladen, damit sie der jeweilige Manager im geeigneten Format gestaltet und ausspielt.

Im Gegenzug eröffnen digitale Werbemittel neue kreative Möglichkeiten, vor allem in Bezug auf den interaktiven Austausch mit den jeweiligen Zielgruppen und in Bezug auf die Personalisierbarkeit von Werbemitteln und die Partizipation von Rezipient:innen. So

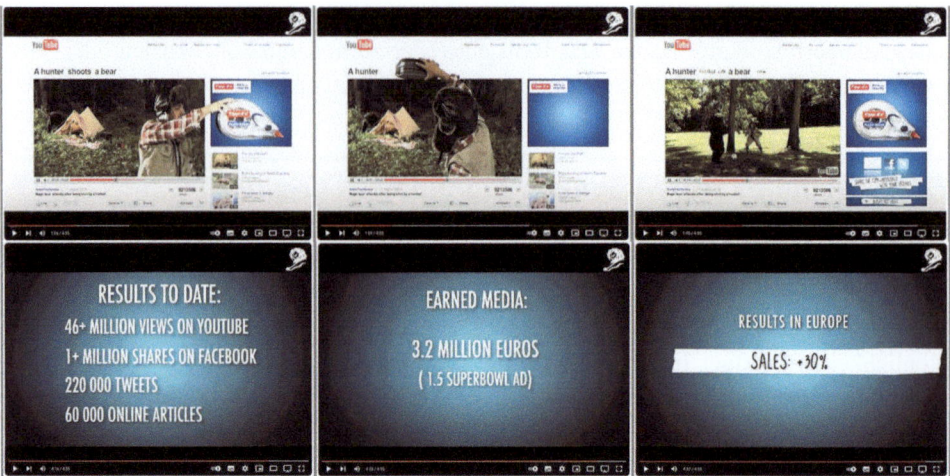

Abb. 7.16 Neue Möglichkeiten zur Partizipation dank Digitalisierung. (Standbilder aus Buzzman 2010)

haben z. B. die Firma Tipp-Ex und deren Agentur Buzzman 2010 Konsument:innen erstmals die Chance geboten, ein auf YouTube platziertes Video zu verändern und die dort begonnene Geschichte nach ihren eigenen Vorstellungen zu beenden.

Fallbeispiel „Werbung, digitalisiert und interaktiv: The Tipp-Experience"

Die Firma Tipp-Ex und deren Agentur Buzzman haben 2010 (damals ohne KI-Unterstützung) ihr Produkt „Whiteout Pocket Mouse" beworben. Das unter dem Titel „A hunter shoots a bear" via YouTube lancierte interaktive Video (Screenshots siehe Abb. 7.16) sollte Folgendes erreichen: „Build a consumer relationship with the product through a unique digital experience". Am Höhepunkt der ersten Szene friert das Bild ein, und der dargestellte Jäger wendet sich an die Beobachter:innen. Er erklärt, dass er keine Lust habe, den Bären zu erschießen und bittet um eine Abstimmung, was er denn machen solle. Schließlich greift er aus dem Video auf das rechts platzierte Banner, nimmt die Tipp-Ex Korrekturmaus aus dem Display und überklebt das Wort „shoots" im Videotitel. Danach fordert er die Rezipient:innen auf, mittels ihrer Tastatur einzugeben, was er mit dem Bären machen soll. Je nach Eingabe – z. B. „spielt Fußball mit", „umarmt" oder „trinkt ein Bier mit" – wurde dann eine von 42 vorab gedrehten Szenen eingespielt. Das Original ist nicht mehr zugänglich, doch ist die gesamte Kampagne einschließlich der Ergebnisse im Video zur Prämierung des Films bei den Cannes Lions 2011 einsehbar. ◄

Die Variierbarkeit ausgespielter Motive kann aber auch zu Zwecken der Personalisierung genutzt werden, wie das Fallbeispiel zum AI-generierten Out-of-Home-Display (vgl. Abb. 7.17) zeigt.

7.3 Digitale Kreativität und Programmatic Creation

Abb. 7.17 Neue Möglichkeiten zur Personalisierung dank Digitalisierung. (Still 2015, Triple Bild oben: eigene Montage)

Fallbeispiel „AI-generiertes Out-of-Home-Display"

Im Jahr 2015 präsentierte eine Kooperation aus der Londoner Agentur M&C Saatchi, des Out-of-Home Anbieters Clear Channel und der OoH-Spezialagentur Posterscope das erste von Künstlicher Intelligenz gestaltete OoH-Display an einer modifizierten Buswartehalle der Londoner Innenstadt. Eine in den Rahmen integrierte Kamera erfasste die oder den Betrachtenden und spielte dann aus einem hinterlegten Pool von Bildern und Texten ein entsprechendes Motiv aus. Aus der Mimik der/des Betrachtenden schloss die AI darauf, ob das Motiv ankam oder nicht und legte es bei Gefallen in den Datenpool für die nächste Generation an Ausspielungen.

Zwar waren (2015) die Ergebnisse nicht immer überzeugend, doch prophezeite die Clear Channel CMO Sarah Speake bereits zu dieser Zeit:

> „We feel we're pushing the boundaries of where creativity meets technology in a very scalable way, with a level of engagement that hasn't been possible until now. This epitomises where we're going, creating the future of our industry." (Speake, zitiert nach Still 2015).

Abb. 7.17 zeigt in der oberen Reihe drei unterschiedliche Motive und darunter den zugrundliegenden Motivpool des Fallbeispiels. ◂

7.3.2 Digitales Arbeiten für (mehr oder weniger) kreative Werbemittel

Das vorgenannte Beispiel zeigt im Übrigen, dass KI (Künstliche Intelligenz) oder AI (Artificial Intelligence) für die Werbung keineswegs erst seit der breiten Veröffentlichung von ChatGPT im Jahr 2023 relevant und interessant ist. Zumal schon vorher durch Algorithmisierung von Ausspielregeln für vorher entwickelte Text- und Bildalternativen in der sogenannten Programmatic Creation Targeting-Daten und Personalisierungspotenziale zusammengeführt worden sind. So hat Blackberry bereits im Jahr 2013 im Rahmen einer SuperBowl-Kampagne gleichzeitig 255.000 individuelle Spots für sein neues Gerät Z10 ausgespielt. Zur Personalisierung wurden die auf Facebook sichtbaren Daten jener 255.000 Rezipient:innen genutzt, die auf einen zur damaligen SuperBowl ausgestrahlten Spot reagiert hatten (vgl. List 2018). Wenn auch in dieser konkreten Umsetzung Unmengen von Daten verarbeitet worden waren, so lässt sich Programmatic Creation vereinfacht als Schema darstellen (siehe Abb. 7.18).

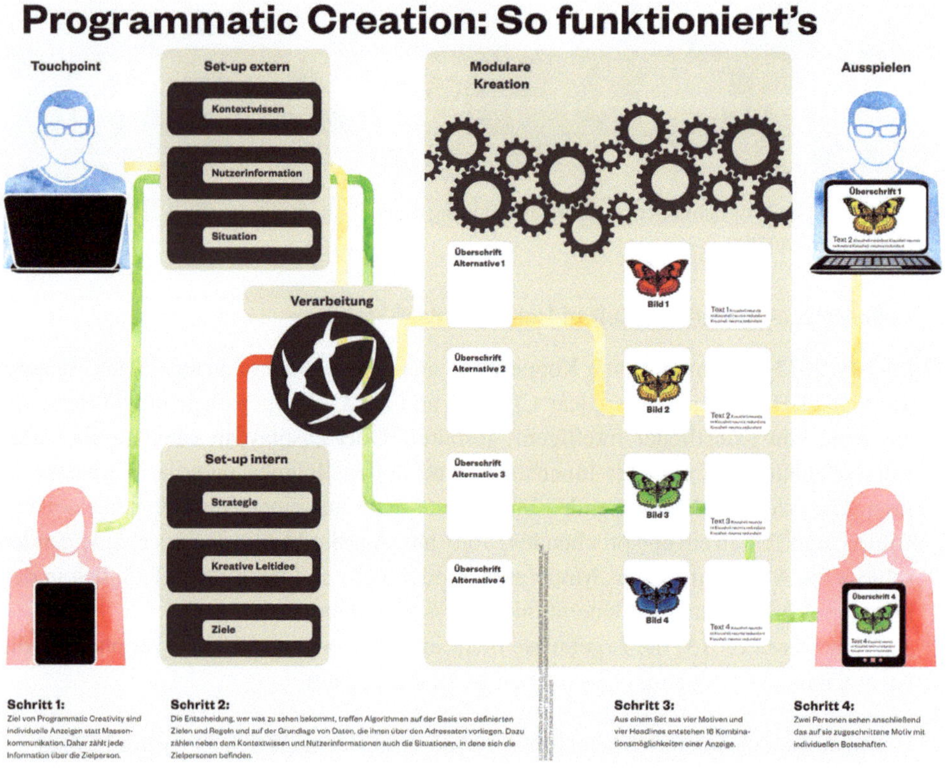

Abb. 7.18 Schematische Darstellung der Programmatic Creation. (Hölting 2017, S. 26 f.)

Dabei stehen generative KIs in den vier Feldern Targeting, Personalisierung, Content Creation und Ad Optimization im Einsatz. Im Targeting unterstützt Machine Learning die Definition von Zielgruppen und Vorhersagen über ihr Verhalten. Große Onlineshops und Social Media-Plattformen wie Amazon, eBay, LinkedIn oder TikTok nutzen automatisierte Empfehlungssysteme, um personalisierte Werbung zu versenden. Generative Künstliche Intelligenzen wie Chat-GPT, Midjourney oder Dall-E werden in der Content Creation genutzt, um Text-, Bild-, Audio- und Video-Content zu erstellen, wobei auch hier über Algorithmen optimiert wird (vgl. Gao et al. 2023). Wie groß das Angebot an KIs (oder an Programmen, die vorgeben, welche zu sein) für die kreative Umsetzung ist, zeigt eine Abfrage der Seite www.theresanaiforthat.com für fünf Themen am 29.02.2024: Ad Generation: 60; Copywriting: 61; Picture Creation: 38; Audio Spot Creation: 31 sowie Video Creation 53.

Verschiedene Autor:innen und nicht zuletzt Entwickler:innen generativer KI verweisen aber zurecht darauf, dass den Chancen generativer KI auch etliche, nicht abschätzbare Risiken entgegenstehen (vgl. Jahn 2023). Auch sind gerade in der kommerziellen Verwendung von Ergebnissen generativer KI nicht alle Fragen bzgl. der Urheberrechte geklärt (vgl. Pattisall 2023). Und schlussendlich kann man die Frage stellen, wessen Kreativität künftig in Awards für Werber:innen und Werbung wie beurteilt und prämiert werden soll. Zusammenfassend lässt sich zum Thema generative KI in der kreativen Umsetzung wie in der Werbung generell kein abschließendes Fazit ziehen. Dazu steht die Entwicklung noch viel zu sehr am Anfang.

> **Zusammenfassung**
>
> *Im vorangegangenen Kapitel wurden die im Kern des Werbeprozesses stehende Entwicklung einer Kreativstrategie und deren Umsetzung analysiert und anhand zahlreicher Beispiele erläutert. In der Kreativstrategie wird die grundlegende Idee für die Werbebotschaft entwickelt. Dabei orientiert sich diese Entwicklung generell an den Werbezielen, am beworbenen Angebot, der umworbenen Zielgruppe(n), am Budget und weiterer Angaben, die im Briefing zu finden sind. Ihre wechselseitige Verknüpfung mit der Mediastrategie ist eigentlich selbsterklärend.*
>
> *Die Werbebotschaft selbst entsteht im Rahmen der kreativen Umsetzung. Inhaltlich kann sie auf den Consumer Benefit referieren, der als funktionaler Grundnutzen sowie als emotionaler oder sozialer Zusatznutzen konkretisiert werden und im Reason Why begründet sein sollte. Stil und Tonfall der Werbung werden mit der Tonality festgelegt. Basis jeder guten Kampagne sollte eine klar definierte Positionierung sein, wie sie auch zuvor schon in Abschn. 6.3.2.1 beschrieben worden ist. In den weiteren Schritten sind dann unter Berücksichtigung der Möglichkeiten und Grenzen der eingeplanten Werbemittel die einzelnen Komponenten zu gestalten: Text, Bild, Audio (gesprochener Text, Geräusche, Musik, Jingles und Sound-Logos), Video (reale oder animierte Bewegtbilder), Verweise (Adressen, QR-Codes, Links und Buttons) sowie Disclaimer. Ihre Komposition nimmt in Form von Layouts bzw. Dramaturgien konkrete Gestalt an.*

> *Der Prozess der kreativen Entwicklung wird durch die Digitalisierung in zwei Richtungen hin verändert: Zum einen bieten neue, digitalisierte Werbemittel neue Möglichkeiten zur Personalisierung und Partizipation. Zum anderen kommen bei der Entwicklung von Werbestrategien und ihrer kreativen Umsetzung Algorithmen und Künstliche Intelligenzen zum Einsatz. Hier steht die Entwicklung allerdings eher am Anfang, sodass ein Fazit hierzu derzeit verfrüht wäre.*

▶ **Empfohlene Literatur** Aebi 2003; Felser 2023; Schierl 2017

Literatur

Aebi, Jean Etienne. 2003. *Einfall oder Abfall: Was Werbung warum erfolgreicher macht.* Mainz: Schmidt.
Barker, Rosie. 2022. Latest 3D billboard technology brings larger than life kitty from screen to street. https://www.famouscampaigns.com/2022/02/latest-3d-billboard-technology-brings-larger-than-life-kitty-from-screen-to-street. Zugegriffen: 8. März 2024.
Behrens, Gerold. 1996. *Werbung: Entscheidung, Erklärung, Gestaltung.* München: Verlag Franz Vahlen.
Buzzman. 2010. The Tipp-Experience: A hunter shoots a bear: Video als Wettbewerbsbeitrag für das Cannes Lions International Festival of Creativity. https://www.youtube.com/watch?v=RcGaTzFV-pw. Zugegriffen: 5. Februar 2024.
Campaign UK. 2011. Land Rover 'Defender passport' by RKCR/Y&R. https://www.campaignlive.co.uk/article/land-rover-defender-passport-rkcr-y-r/1067996. Zugegriffen: 13. März 2024.
Cross Shinjuku Vision (【公式】クロス新宿ビジョン). 2021. ソニーネットワークコミュニケーションズ NURO光「巨大ニャーロ」. https://www.youtube.com/watch?v=SNvc_rNnbUg. Zugegriffen: 8. März 2024.
Doelker, Christian. 2002. *Ein Bild ist mehr als ein Bild: Visuelle Kompetenz in der Multimedia-Gesellschaft*, 3. Aufl. Stuttgart: Klett-Cotta.
Doelker, Christian. 2015. *Bild-Bildung: Grundzüge einer Semiotik des Visuellen.* Elsau: alataverlag.
Edwards, Jim. 2013. Inside The Weird World Of Islamic Advertising The Rest Of Us Never Get To See. https://www.businessinsider.com/what-islamic-advertising-looks-like-in-muslim-countries-2013-2?r=US&IR=T. Zugegriffen: 13. März 2024.
Europäische Union. 2006. *Richtlinie 2006/114/EG des Europäischen Parlaments und des Rates vom 12. Dezember 2006 über irreführende und vergleichende Werbung.*
Famous Campaigns. 2023a. 'Nothing wakes you up as Nescafe'. https://www.linkedin.com/feed/update/urn:li:activity:7095980462644318208/. Zugegriffen: 13. März 2024.
Famous Campaigns. 2023b. 'Just do it. Anytime' – Nike. https://www.linkedin.com/feed/update/urn:li:activity:7094058979957293056/. Zugegriffen: 13. März 2024.
Felser, Georg. 2023. *Werbe- und Konsumentenpsychologie*, 5. Aufl. Berlin, Heidelberg: Springer.
Ferrero. 2013. Nutella – Lichtgeschwindigkeit. https://www.youtube.com/watch?v=u4hgh9wmhnI. Zugegriffen: 8. März 2024.
Ferrero Rocher Deutschland. 2023. Einfach Außergewöhnlich! https://www.youtube.com/watch?v=4HmIVTBFaPE. Zugegriffen: 8. März 2024.

Gao, Biao, Yiming Wang, Huiqin Xie, und Yi Hu. 2023. Artificial Intelligence in Advertising: Advancements, Challenges, and Ethical Considerations in Targeting, Personalization, Content Creation, and Ad Optimization. *SAGE Open* 13 (4). https://doi.org/10.1177/21582440231210759.

Gaßner, Hans-Peter, und Michael Schütz. 2011. Wie Radiowerbung klingen sollte. *media spectrum* (3): 40–41.

Geffken, Michael (Hrsg.). 1999. *Das grosse Handbuch Werbung*. Landsberg/Lech: Verlag Moderne Industrie.

Henkel. 1995. Persil Megaperls Werbung. https://www.youtube.com/watch?v=sSS3CgtR73M. Zugegriffen: 8. März 2024.

Henkel. 1997. Der General – Bad-Reiniger Werbung. https://www.youtube.com/watch?v=TmWbFETY94k. Zugegriffen: 8. März 2024.

Hölting, Sarah. 2017. Verblüht die Kreation in den Händen der Automatisierung? *Absatzwirtschaft* (4): 22–28.

Holtz-Bacha, Christina (Hrsg.). 2011. *Stereotype? Frauen und Männer in der Werbung*, 2. Aufl. Wiesbaden: VS Verlag für Sozialwissenschaften.

Hooffacker, Gabriele. 2019. Text-Bild-Schere. https://journalistikon.de/text-bild-schere/. Zugegriffen: 22. März 2024.

Hurtigruten. 2024. Werbung für Hurtigruten Expeditions. *GEO* (3): 7.

Jäckel, Michael, Christoph Kochhan, und Natalie Rick. 2002. Ist Werbung aktuell? Ältere Menschen als "Werbeträger". In *Die Gesellschaft der Werbung: Kontexte und Texte, Produktionen und Rezeptionen, Entwicklungen und Perspektiven*, Hrsg. Herbert Willems, 675–690. Wiesbaden: Westdeutscher Verlag.

Jahn, Thomas. 2023. ChatGPT: Was Sie über OpenAIs KI wissen sollten. *Handelsblatt,* 19. Juni.

Janich, Nina. 2013. *Werbesprache: Ein Arbeitsbuch*, 6. Aufl. Tübingen: Narr Verlag.

Jeep. 2020. Groundhog Day: Extended Super Bowl Commercial with Bill Murray. https://www.youtube.com/watch?v=P3qH4TKLP0c. Zugegriffen: 8. März 2024.

Kleinjohann, Michael. 2020. *Marketingkommunikation mit Acoustic Branding: Planung, Einsatz und Wirkung von Stimme, Ton und Klang für die Corporate Identity*. Wiesbaden, Heidelberg: Springer Gabler.

Koch, Thomas. 2022. Die schaurigsten Weihnachtsspots des Jahres 2022. *WirtschaftsWoche,* 22. Dezember.

Langer, Hanna. 2012. *Werbung in muslimischen Ländern: Kulturspezifische Werbung an den Beispielen Indonesien, Iran und Türkei*. München: GRIN.

List, Friedrich. 2018. Programmatic Creation: Personalisierte Werbung in Echtzeit generieren. https://www.heise-regioconcept.de/online-marketing/programmatic-creation-personalisierte-werbung. Zugegriffen: 13. März 2024.

Marsh, Elizabeth J., und Lisa K. Fazio. 2006. Learning errors from fiction: Difficulties in reducing reliance on fictional stories. *Memory & Cognition* 34 (5): 1140–1149. https://doi.org/10.3758/bf03193260.

Mayer, Hans, und Tanja Illmann. 2000. *Markt- und Werbepsychologie*, 3. Aufl. Stuttgart: Schäffer-Poeschel.

MTV/Start GmbH. 1994. MTV Kampagne: Motive "Schlappschwanz" und "Miststück". https://www.emuseum.ch/search/MTV. Zugegriffen: 11. Dezember 2023.

Naderer, Brigitte, und Jörg Matthes. 2016. Kinder und Werbung: Inhalte, Wirkprozesse und Forschungsperspektiven. In *Handbuch Werbeforschung*, Hrsg. Gabriele Siegert, Werner Wirth, Patrick Weber und Juliane A. Lischka, 689–712. Wiesbaden: Springer VS.

Nespresso. 2023. Wie weit würden Sie für den unvergesslichen Geschmack eines Nespresso Kaffees gehen? https://www.youtube.com/watch?v=XO2Bx6mXhT0&t=7s. Zugegriffen: 6. März 2024.

Neumann-Braun, Klaus. 1999. Subversiver Kulturkampf oder dramatisierte Dopplung des Alltags: Bildhermeneutische Analysen der Werbekampagnen von MTV/Deutschland und VIVA in den Jahren 1994 bis 1997. Rundfunk und Fernsehen 47: 393–408.

Ocean Outdoor. 2019. New Ocean Outdoor study reveals the brand building power of full motion digital out-of-home interactive creativity. https://oceanoutdoor.com/ocean-news/news/new-ocean-outdoor-study-reveals-the-brand-building-power-of-full-motion-digital-out-of-home-interactive-creativity/. Zugegriffen: 13. März 2024.

Ogilvy, David. 1972. How to create advertising that sells. https://gundersondirect.com/how-to-create-advertising-that-sells-by-david-ogilvy/. Zugegriffen: 6. März 2024.

Pattisall, Jay. 2023. AI Advertising Is An Economic Multiplier, Provided You Own It. https://www.forrester.com/blogs/ai-advertising-is-an-economic-multiplier-provided-you-own-it/. Zugegriffen: 6. Oktober 2023.

Pauker, Manuela. 2019. Lidl provoziert Edeka, Aldi & Co. mit frechen Sprüchen. https://www.wuv.de/Archiv/Lidl-provoziert-Edeka,-Aldi-Co.-mit-frechen-Sprüchen. Zugegriffen: 8. März 2024.

Schierl, Thomas. 1997. *Vom Werbespot zum interaktiven Werbedialog: Über die Veränderungen des Werbefernsehens*. Köln: Herbert von Halem Verlag.

Schierl, Thomas. 2003. *Werbung im Fernsehen: Eine medienökonomische Untersuchung zur Effektivität und Effizienz werblicher TV-Kommunikation*. Köln: Herbert von Halem.

Schierl, Thomas. 2017. *Text und Bild in der Werbung: Bedingungen, Wirkungen und Anwendungen bei Anzeigen und Plakaten*, 2. Aufl. Köln: Herbert von Halem Verlag.

Schröter, Anabel. 2024. 7 Millionen Dollar für 30 Sekunden Werbung: So befeuerte Taylor Swift den Super Bowl. *WirtschaftsWoche,* 12. Februar.

Schweiger, Günter, und Gertraud Schrattenecker. 2021. *Werbung: Einführung in die Markt- und Markenkommunikation*, 10. Aufl. München: UVK Verlagsgesellschaft.

Schweizerische Eidgenossenschaft. 1986. *Bundesgesetz gegen den unlauteren Wettbewerb: UWG.*

SteffilovesBeauty. 2024. NEUHEITEN Testen/Gamechanger für ölige Haut entdeckt: Minute 20:45 bis 25:44. https://www.youtube.com/watch?v=b-PQGaXp24s. Zugegriffen: 8. März 2024.

Still, John. 2015. Is artificial intelligence the next step in advertising? *The Guardian,* 27. Juli.

Stoll, Xenia. 2023. QR-Code-Marketing: So funktioniert Werbung im Quadrat. https://blog.hubspot.de/marketing/qr-code-marketing. Zugegriffen: 13. März 2024.

Urban, Dieter. 1997. *Die Kampagne: Werbepraxis in 11 Konzeptionsstufen*. Stuttgart.

Willems, Herbert. 2002. Werbung als Kulturelles Forum: Das Beispiel der Konstruktion des Alter(n)s. In *Die Gesellschaft der Werbung: Kontexte und Texte, Produktionen und Rezeptionen, Entwicklungen und Perspektiven*, Hrsg. Herbert Willems, 633–655. Wiesbaden: Westdeutscher Verlag.

Woelke, Jens. 2004. *Durch Rezeption zur Werbung: Kommunikative Abgrenzung von Fernsehgattungen.* Köln: Herbert von Halem.

Mediastrategie, Mediaplanung und Programmatic Advertising

8

Inhaltsverzeichnis

8.1	Mediastrategie	221
8.2	Mediaplanung	224
8.3	Programmatic Advertising: Programmatic Media Buying	226
8.4	Medien als Werbeträger und ihre Werbemittel	230
	8.4.1 Zeitungen	230
	8.4.2 Zeitschriften	232
	8.4.3 Fernsehen	234
	8.4.4 Radio	236
	8.4.5 Außenwerbung	237
	8.4.6 Verkehrsmittel	240
	8.4.7 Online-, Mobile- und Social Media Werbung	241
Literatur		245

8.1 Mediastrategie

Die Begriffe Mediastrategie und Mediaplanung werden in der Literatur und auch in der Kommunikationspraxis häufig synonym verwendet. Im Folgenden machen wir eine analytische Trennung:

▶ Mediastrategie – in einem weiten Sinn verstanden – ist die grundsätzliche, möglichst umfassende Kombination aller Medien-, Online- und Social Media-Maßnahmen und -Aktivitäten, die zur Erreichung der Werbeziele bei der anvisierten Zielgruppe nötig sind. Die Mediastrategie berücksichtigt dabei auch das Budget und zeitliche Vorgaben.

Als erste Differenzierung der Medien-, Online- und Social Media- Maßnahmen und -Aktivitäten können Paid, Owned und Earned Media unterschieden werden. Klassische Mediaplanung und Mediastrategien konzentrieren sich vor allem auf Paid Media, also auf diejenigen Medien, die von Werbungtreibenden für ihre Werbeträgerleistung bezahlt werden. Vor allem im Online-Kontext, aber fallweise auch im Offline-Bereich (z. B. Kataloge, markeneigene Zeitschriften), werden Owned Media relevant. Damit sind diejenigen Publikationen gemeint, die ein Unternehmen bzw. eine Marke selbst herausgibt und deren Inhalt sie folglich auch kontrolliert. Earned Media dagegen beziehen sich auf kostenlose Anschlussberichterstattung und -kommunikation durch Nutzer:innen oder Medien. Die Glaubwürdigkeit dieser drei Bereiche variiert stark: Owned Media weisen die geringste Glaubwürdigkeit auf, weil auch Rezipient:innen wissen, dass die Unternehmen bzw. Marken die Inhalte kontrollieren. Paid Media werden – je nach konkretem Titel – als glaubwürdiger eingestuft, während Earned Media als authentisch eingestuft werden, weil die Information entweder von anderen Nutzer:innen stammt oder aber in der medialen Berichterstattung quasi neutral thematisiert wird. In der Mediastrategieentwicklung müssen die drei Bereiche klug aufeinander abgestimmt werden (vgl. u. a. Tropp 2019, S. 149 ff.; textbroker 2023).

Geht die Mediastrategie sehr ins Detail, überlappt sie sich mit der Mediaplanung und beinhaltet neben der Auswahl der Werbeträger und der Auswahl des Zeitrahmens auch die Häufigkeit und Regelmäßigkeit der Belegung, und zwar jeweils unter Maßgabe des Budgetrahmens. Zum Teil macht sie auch Vorgaben zu Formaten und Inszenierungsmöglichkeiten (z. B. Farbe/sw, Text, Standbild, Audio, Video, Dauer von Werbemitteln) (vgl. Unger et al. 2002, S. 131). Diese Details können aber auch erst in der konkreten Mediaplanung geklärt werden.

Viele Online-Werbemöglichkeiten können eigentlich analog zu klassischen Werbeträgern behandelt werden, wenn auch mit dem Unterschied, dass die Beschaffung von Daten über die Zielgruppe(n) sowie die Erfolgskontrolle jeweils anders verläuft. Im ganzheitlichen Sinn muss eine Mediastrategie zudem Überlegungen für Social-Media-Werbeaktivitäten umfassen, auch wenn diese in der Literatur häufig gesondert betrachtet werden. Dabei stellen sich die gleichen Fragen nach Zielgruppe, Zeitrahmen und Kanal wie in der traditionellen Mediastrategie. Geht Paid Media über zu Earned Media sollte statt dem Begriff „Werbung schalten" eher der Begriff „Werbeinhalte teilen" verwendet werden (vgl. u. a. Berry-Ivy 2021).

Es versteht sich von selbst, dass Kreativstrategie und Mediastrategie eng aufeinander abgestimmt werden müssen. Werbemittel und Formate, die eng mit der Werbebotschaft zusammenspielen, bestimmen den Einsatz von Werbeträgern und vice versa. Insofern wird in der Kreativstrategie die Ausrichtung auf konkrete Werbeträger abgelöst durch die Ausrichtung auf Formate, wie Text, Standbild, Audio und Video. Die Frage, wo dann z. B. das Video platziert wird, wird in der Mediastrategie beantwortet. Lediglich aus der Länge des Videos entstehen hier Vorgaben, weil die Schaltung sehr langer Videos im klassischen Fernsehen sehr teuer ist, während die Länge auf Kanälen wie z. B. YouTube keine große Rolle spielt.

Der Ausrichtung auf Zielgruppen kommt in der traditionellen Mediastrategie und -planung eine besondere Bedeutung zu, weil sie die Passung der Werbeträger und Werbeaktivitäten mit den Adressat:innen einer Werbebotschaft abgleicht. Die sog. Zielgruppenaffinität ist ein Leistungskriterium der Werbeträger, das vermeidet, dass die Werbebotschaft in Werbeträgern verbreitet wird, die von der anvisierten Zielgruppe gar nicht oder nur selten genutzt werden. Durch Vermeidung solcher Streuverluste wird effiziente Werbung möglich, weil die Auftraggeber:innen von Werbung nur für Schaltungen zahlen, die eine tatsächliche Kontaktwahrscheinlichkeit mit der Zielgruppe haben.

▶ **Zielgruppenaffinität (Affinität)**

„… gibt an, in welchem Ausmaß die Nutzer eines Werbeträgers den Zielgruppen der Werbung entsprechen und kann als Prozentsatz oder als Indexwert berechnet werden. Als Prozentsatz berechnet sich die Affinität als

$$\frac{\text{Absolute Reichweite in der Zielgruppe}}{\text{Absolute Reichweite in der Gesamtbevölkerung}} \times 100$$

Den Indexwert erhält man, indem man den obigen Prozentsatz durch den Anteil der Zielgruppe an der Gesamtbevölkerung dividiert. Ein Indexwert > 1 (< 1) bedeutet, dass die Zielgruppe in der Nutzerschaft des Mediums über- (unter)repräsentiert ist" (Sjurts 2011, S. 6).

Die Ausrichtung der Werbung auf Zielgruppen führt dazu, dass Medienangebote und -inhalte so ausgerichtet sind, dass alle Mitglieder der Zielgruppe möglichst auch Mitglieder des Publikums sind (Maximierung der Zielgruppen-Ausschöpfung) und zugleich kein Nicht-Mitglied der Zielgruppe Mitglied des Publikums ist (Minimierung der Streuverluste) (vgl. Hasebrink 1997, S. 267 f.). Derart werberelevante Zielgruppen werden über die empirische Markt-, Media- und Publikumsforschung segmentiert, typologisiert und ausgewiesen, sodass die Mediaagenturen, die für die Werbewirtschaft den Werbeträgereinsatz planen, entsprechend zielgruppenaffine Titel und Programme belegen können (vgl. Frey-Vor et al. 2008).

Zielgruppenbestimmung in der Online- und Social Media-Welt dagegen bedeutet vor allem Bestimmung der Zielgruppe aufgrund vergangenen Verhaltens (Behavioral Targeting). Dabei werden Werbebotschaften im Hinblick auf das vorgängige Such-, Nutzungs- und Transaktionsverhalten der Nutzer:innen gestaltet und geschaltet. Über Cookies und Log-In-Daten werden die Inhalte einer Seite zusammen mit dem Such-, Nutzungs- und Transaktionsverhalten bestimmter IP-Adressen registriert und im besten Fall mit den soziodemografischen Daten der Nutzer:innen hinter der IP-Adresse kombiniert – technisch zumeist über die Verknüpfung mit deren Mobiltelefonnummer und den dazu hinterlegten Adressdaten bzw. über etwa in Smart TVs eingebaute Videochatkameras und von den Sendern eingesetzte Gesichtserkennungssoftware (vgl. Brecheis und Herberg 2015, S. 4 f.; Ebbinghaus 2015). Diese Kombinationen bilden die Grundlage, um eine zum bisherigen Verhalten passende Werbung einzublenden. Die entsprechenden Daten werden sowohl aus Kundendateien und Log-Ins der Plattformen als auch durch Zukauf bei Datenanbieter:innen generiert. Anbieter:innen wie z. B. Google und Facebook verfügen aufgrund des Datenaufkommens ihrer Plattformen über eine große Menge werberelevanter Daten, die dafür genutzt werden können.

Allerdings ist unklar wie lange das Tracking via Cookies noch genutzt werden kann, da zum einen verschiedene Webbrowser von deren Herstellern, wie z. B. Microsoft Edge, Firefox von Mozilla oder Safari von Apple inzwischen für sog. Third-Party-Cookies gesperrt sind und immer mehr Nutzer:innen Cookies untersagen. Die Werbebranche selbst reagiert u. a. mit „Contextual Targeting" auf diese Entwicklung. Sie zielt damit nicht mehr in erster Linie auf die Zielgruppe, sondern bezieht das Werbeumfeld mit ein oder zielt vor allem auf das Werbeumfeld. Damit werden die in der Publizistik- und Kommunikationswissenschaft seit Langem bekannte Inhalts- und Sentimentanalyse auch in der Werbung salonfähig. Beide Analysen werden aber längst mit Algorithmen und Künstlicher Intelligenz vollautomatisch und in Echtzeit durchgeführt (vgl. u. a. Horizont Content Studio 2023).

8.2 Mediaplanung

Die Auswahl geeigneter Werbeträger in Abstimmung mit dem zur Verfügung stehenden Budget ist die Kernaufgabe der Mediaplanung, in deren Rahmen auch die ihr zugrunde liegende Mediaforschung zum Tragen kommt (vgl. dazu: Wessbecher und Unger 1991; Schweiger und Schrattenecker 2021; Koschnick 1995 und 2003; Frey-Vor et al. 2008; Unger et al. 2013; Strott 2022; Pepels 2023). Konkreter und detaillierter als die Mediastrategie trifft die Mediaplanung die Auswahl der zu belegenden Werbeträger und regelt die Modalitäten der Belegung (Zeitpunkt, Häufigkeit), wobei sie Effektivität und Effizienz der Werbung berücksichtigt. Bei der Auswahl der Werbeträger unterscheidet sich die Inter-Mediaselektion, d. h. die Entscheidung darüber, in welcher Mediengattung – z. B. TV oder Print – geworben wird, von der Intra-Mediaselektion, d. h. der Entscheidung darüber, welche spezifischen Medien, also welche Programme oder Zeitungs- bzw. Zeitschriften-Titel, belegt werden.

▶ **Mediaplanung**
„Die Aufgabe der Mediaplanung ist es, den Transport der Werbebotschaft zur Zielgruppe unter Berücksichtigung von Kosten- und Leistungsgesichtspunkten gleichermaßen zu gewährleisten. Unter diesen Gesichtspunkten sind die zu belegenden Werbeträger auszuwählen, sowie Zeitpunkt und Häufigkeit der jeweiligen Belegung pro Werbeträger festzulegen" (Unger et al. 2002, S. 131).

Um Effektivität und Effizienz zu gewährleisten, werden alternative Mediapläne aufgestellt und nach Leistungsumfang und Kosten bewertet. Als relevante Leistungskriterien bieten sich die folgenden an:

- Auflage und technische Reichweite: Beide Werte zielen auf die rein technische Erreichbarkeit von Personen unabhängig von der tatsächlichen Nutzung. So könnte eine Zeitschrift mit Auflage X technisch gesehen auch X Personen erreichen.

- Reichweite: Reichweite wird in Netto-Reichweite und Brutto-Reichweite unterschieden. Die Netto-Reichweite bezeichnet die Anzahl der Nutzenden (z. B. User:innen einer Website), die mindestens einmal erreicht wurden. Die Brutto-Reichweite bezeichnet die Anzahl der Nutzungen (z. B. Aufrufe einer Website). Meist bezieht sich die Netto-Reichweite auf den Werbeträger (z. B. Zeitschrift), fallweise aber auch auf das Werbemittel (z. B. Anzeige). Die Brutto-Reichweite, auch Gross Rating Point GPR genannt und dann in Prozent angegeben, fokussiert auf den Werbedruck, weil über sie fassbar wird, wie oft dieselbe Person erreicht wird (Kontakte).
- Opportunity to Contact (OTC): Als Entscheidungskriterium gibt der OTC-Wert die Zahl der Durchschnittskontakte an, d. h. wie oft die durchschnittliche Zielperson erreicht wird. Zudem wird so auch die Kontaktverteilung gemessen, d. h. wie stark die tatsächliche Kontaktzahl um die durchschnittliche Kontaktzahl streut. Relevant wird der OTC, weil die Werbeziele meist nicht mit nur einem Kontakt erreicht werden können.
- Zielgruppenaffinität: Die Zielgruppenaffinität gibt an, inwieweit die Nutzer:innen eines Werbeträgers den Zielgruppen der Werbung entsprechen. Sie kann als Prozentsatz oder als Indexwert berechnet werden (siehe Abschn. 8.1). Die der Berechnung zugrunde liegende Beschreibung bezieht sich weniger auf allgemeine Zielgruppen wie z. B. Generation Z, sondern vielmehr auf sehr konkrete, zweckorientierte, auf Kauf und Konsum gerichtete Beschreibungen wie z. B. Männer, 39 bis 59 Jahre, Bartträger.
- Tausenderkontaktpreis – auch: Tausend-Kontaktepreis – (TKP): Der TKP beziffert die Kosten des Werbeträgers für das Erreichen von je 1000 Zielpersonen (Hörer:innen, Leser:innen, Zuschauer:innen, Nutzer:innen). Mit dieser rigiden Einschränkung auf das rein quantitative Kosten-/Nutzen-Verhältnis ermöglicht es der TKP, unterschiedlichste Werbeträger auch über Mediengattungen hinweg in eben dieser quantitativen Leistungsdimension zu vergleichen.
- Werbefreundliches Umfeld und Brand Safety: Ein im weitesten Sinne werbefreundliches Umfeld ist ein Kriterium auf das zunehmend geachtet wird. Das beinhaltet die thematische Passung und/oder die entsprechende Zielgruppe, aber auch die Tonalität des mediumsspezifischen Kontextes. Jüngst hat sich dafür der Begriff Brand Safety (Markensicherheit) etabliert. Die Passung des Werbeumfeldes kann gerade bei Online-Angeboten und Social Media Plattformen zum Problem werden (siehe Abschn. 8.3).

Welche Kriterien wie stark zum Tragen kommen, wird letztlich von der Mediastrategie bestimmt, die ihrerseits von den Werbezielen abhängt und die Vorgaben für die Mediaplanung definiert. Dabei können jedoch nicht beliebige Kombinationen von Kriterien optimiert werden. Man kann z. B. entweder die Reichweite oder den Werbedruck (OTC-Wert) optimieren. Die endgültige Kombination unterschiedlicher Medien und anderer werblicher Plattformen wird als Media-Mix bezeichnet. In Abgrenzung zum Media-Mix hat sich seit einigen Jahren der Begriff Cross-Media-Strategie etabliert (Korff-Sage 1999, S. 145 ff.). Er bezeichnet nicht nur die parallele Belegung unterschiedlicher Werbeträger, sondern auch deren wechselseitige inhaltliche Vernetzung (siehe Kap. 14).

Vor diesem Hintergrund relativieren sich die im Anschluss skizzierten Vor- und Nachteile einzelner Mediengattungen etwas. Je nachdem, welche Kriterien zum Tragen kommen, haben z. B. Zeitungen und der analoge Hörfunk Vorteile als Werbeträger. So, wenn eine geografische Segmentierung wichtig ist. Dagegen sind Internet-Radiostationen theoretisch weltweit empfangbar und streben eher nach thematischer Segmentierung, wobei sich hier die Frage der Reichweite stellt. Im Printbereich ist vor allem über Fach- und Special-Interest-Zeitschriften ebenfalls eine thematische Segmentierung möglich, was als Umfeld für Werbung attraktiv ist. Mit der zunehmenden Ausdifferenzierung von Programmen und der Digitalisierung der Ausstrahlung wird auch eine thematische Segmentierung im Fernsehen möglich, die entweder einzelne Sendungen, ganze Programmstrecken oder Spartensender berücksichtigt. Klassische Angebote im Fernsehen eignen sich aber nach wie vor gut, große Reichweiten vor allem bei älteren Zielgruppen zu erreichen. Wenn die Zielgruppenbestimmung auf psychografische Segmentierung oder Lebensstile rekurriert, wird nicht nur die Inter-Mediaselektion, sondern vor allem die Intra-Mediaselektion wichtig, denn einzelne Titel – z. B. im Markt der Computerzeitschriften – sind deutlich auf sehr spezifische Zielgruppen, wie z. B. Nutzer:innen von Computern mit unterschiedlichen, spezifischen Betriebssystemen, ausgerichtet.

Die Entwicklung von Mediaplänen ist unabdingbar auf die Daten der Mediaforschung, wie z. B. die Reichweite, angewiesen. Nur auf ihrer Basis können etwa in einem ersten Schritt Rangreihen von Werbeträgern erstellt werden. Meist geschieht dies wie die weitere Erarbeitung detaillierter Mediapläne mit entsprechenden Software-Planungstools. Neben quantitativen Leistungskriterien werden qualitative, wie Image, Glaubwürdigkeit des Mediums, Kompetenz oder Kontaktqualität (u. a. Leser-Blatt-Bindung) selektionsrelevant. Da zudem die Größe und Farbigkeit von Anzeigen oder die Dauer von Spots kostenrelevant sind, macht die Mediaplanung auch dazu in manchen Fällen Vorgaben, vor allem um das Preis-/Leistungsverhältnis zu optimieren. Meist werden diese Kriterien dann im Zuge des Gestaltungsprozesses zwischen Kreativ- und Media-Umsetzung abgestimmt.

8.3 Programmatic Advertising: Programmatic Media Buying

Auch in der Mediaplanung und -buchung haben sich durch Digitalisierung und Algorithmisierung wesentliche Abläufe verändert. Zu Beginn konzentrierte sich Programmatic Advertising auf die Automatisierung und den dadurch ermöglichten kanal- und anbieterübergreifenden Einkauf bzw. Verkauf spezifischer Werbeplätze in Echtzeit. Nach wie vor ist dieser, eigentlich als Programmatic Media Buying zu bezeichnende Bereich der eigentliche Kern des Programmatic Advertising (vgl. Busch 2016, S. 7 f.), das aber mittlerweile weitere Bereiche des Werbeprozesses erobert hat (siehe Abschn. 6.4.2).

Dabei werden nicht nur die Zielgruppen auf der Basis ihres Such-, Nutzungs- und Transaktionsverhaltens ausgemacht. Vielmehr wird beim Programmatic Advertising bzw. Programmatic Media Buying auch auf mehr Datenquellen zurückgegriffen als beim Behavioral Advertising. Es kommen die mit Einsatz von Cookies oder IDs auf den eigenen Sei-

8.3 Programmatic Advertising: Programmatic Media Buying

ten generierten Daten (First-Party Data), die auf den Seiten von Kooperationspartner:innen generierten und ausgetauschten Daten (Second-Party Data) sowie die von Datenaggregatoren oder Data Warehouses gekauften Daten (Third-Party Data) hinzu. Auf diese Weise kann das Nutzerverhalten über verschiedenste Endgeräte hinweg verfolgt werden. So kann ein Werbeplatz aufgrund des Nutzerverhaltens und im Hinblick auf die Bedürfnisse der Werbungtreibenden bewertet und automatisiert teilweise direkt bei den Anbieter:innen gekauft werden (vgl. McStay 2016 und 2017).

Zur technischen Umsetzung stehen auf der Nachfrageseite sog. Demand-Side-Platforms (DSP) bereit. Ihr Gegenstück auf der Angebotsseite sind sog. SSPs für Sell-Side-Platforms oder synonym auch für Supply-Side-Platforms. Beide greifen auf eine Data-Management-Platform (DMP) zu. Auf einer DMP werden – ebenfalls in Echtzeit und ebenfalls anbieter- und kanalübergreifend – Online- und Offlinedaten erhoben, verwaltet und zur individualisierten Ansprache von Nutzer:innen bereitgestellt. Die Verwaltung, die Auslieferung (Schaltung) und das Tracking samt Abrechnung von Online-Werbemitteln erledigen die ebenfalls auf beiden Seiten installierten Ad-Server. Das so entstandene Ökosystem des Programmatic Advertising bzw. Programmatic Media Buying hat die IAB in einem Chart (siehe Abb. 8.1) zusammengefasst.

Dabei bezeichnen die blauen (oben), roten (Mitte) und grünen (unten) Punktelinien drei unterschiedliche Geschäftstypen des Programmatic Advertising: Während Werbungtreibende mit einem «Guaranteed Deal» (blau) sicherstellen, dass ihre Werbung in allen vereinbarten Kanälen und Plattformen auch komplett ausgespielt wird, entscheidet bei «Preferred» (rot) oder «Open Market»-Deals (grün) das Ergebnis der Preisfindung in Form einer Auktion darüber, ob die Werbung ausgespielt wird oder nicht.

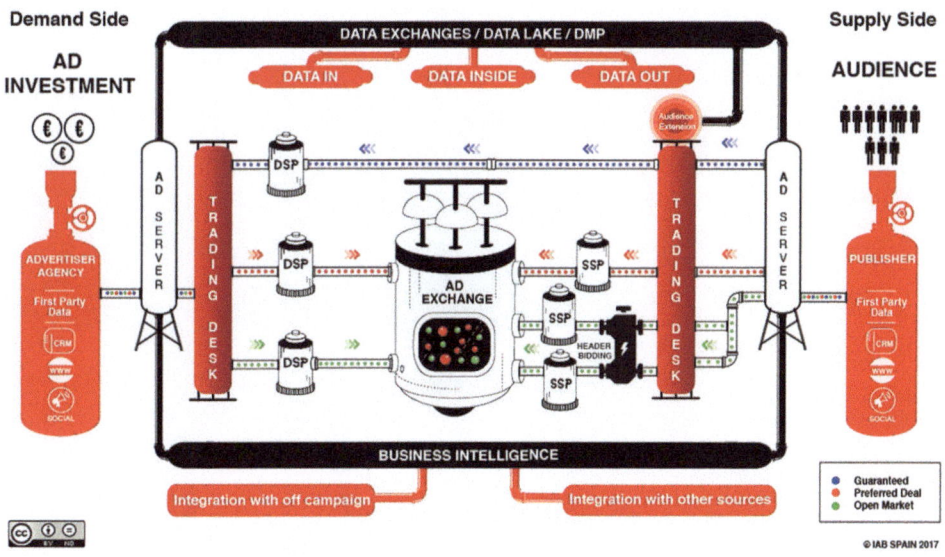

Abb. 8.1 Programmatic Advertising. (IAB Spain 2017)

Zentral genutztes Preisfindungsverfahren ist dabei das sog. Real Time Bidding. Dabei werden die identifizierten werberelevanten Internetplätze in automatisierten, ultraschnellen Trading-Auktionen vermarktet. Spezialisierte Börsen und Auktionshäuser (Ad Exchanges) versteigern Ad Impressions bestimmter Nutzer:innen an die oder den Meistbietenden. Innerhalb von Sekundenbruchteilen (eben gerade so lange, bis die Seite geladen ist), wird ein Werbeplatz auf Basis von Ad Impressions bewertet, es wird auf den derart bewerteten Werbeplatz geboten, und die oder der Meistbietende erhält den Zuschlag.

McStay (2017) hat den Programmatic Advertising Prozess in sechs Stationen unterteilt:

„The process is that:

1. A person uses an online device;
2. The device requests an ad from an ad server;
3. The request is redirected to an ad exchange;
4. The opportunity to present an ad is bid for in real-time;
5. Winner serves the ad;
6. Person sees ad" (McStay 2017).

Zur Veranschaulichung kann auch die Grafik der Zürcher Werbeagentur Webrepublic in Abb. 8.2 herangezogen werden.

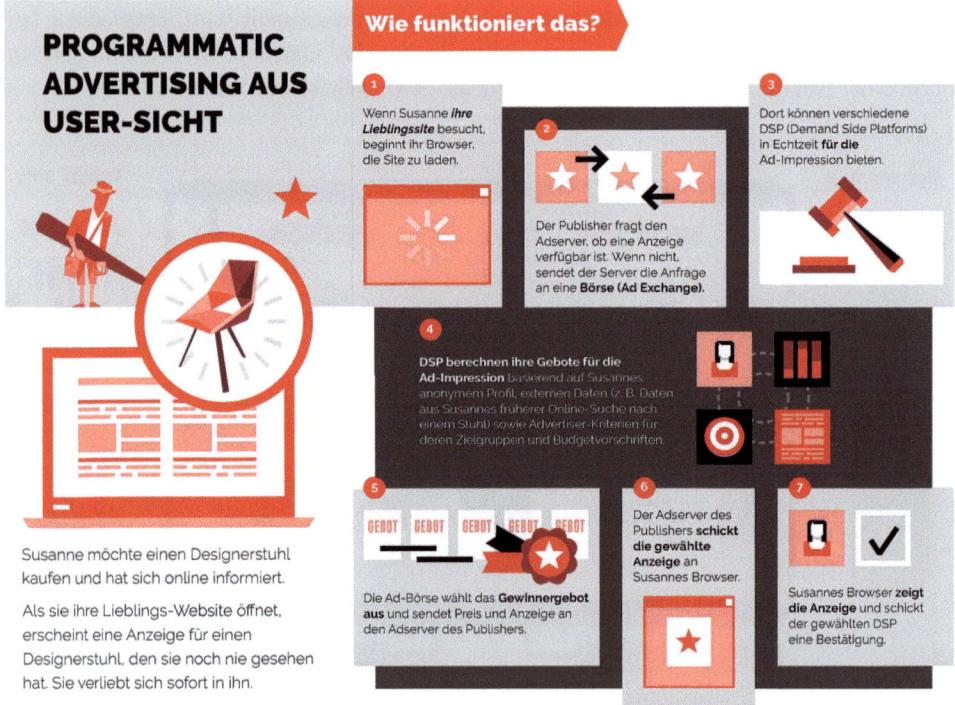

Abb. 8.2 Programmatic Advertising aus User-Sicht. (Webrepublic o. J.)

Programmatic Advertising bzw. Programmatic Media Buying ermöglicht es zudem, dass Online-Buchungen und -Schaltungen inzwischen im großen Umfang automatisiert leistungsabhängig mit Preisen versehen und abgerechnet werden (Performance Based Pricing (PBP)) (vgl. IAB/PWC 2009, S. 12 f.). Dieses PBP hat mittlerweile auch Auswirkungen auf die klassische Beziehung zwischen Werbungtreibenden und Werbeträgern, denn es ermöglicht eine neue Art des Werbecontrollings. Als die drei bekanntesten Provisionsmodelle für die Schaltung gelten Provisionen pro Klick (Pay-per-Click), pro Interessent:in/Adresse (Pay-per-Lead) oder pro Verkauf (Pay-per-Sale) (vgl. Lammenett 2021, S. 58 ff.; Fritz 2004, S. 182 ff.; Bender 2011, S. 147 ff.).

Programmatic Media Buying und Real Time Bidding verändern also die Prozesse der Mediaplanung und -schaltung, auch wenn digital generierte und auf Nutzerdaten gestützte Zielgruppensegmentierung oder Zielpersonenidentifizierung die grundlegende Idee von zielgruppenspezifischer Ansprache nicht in Frage stellen. Vielmehr führen sie die, der Zielgruppenansprache schon immer zugrunde liegende Motivation zum jeweils aktuell möglichen technischen Ende: nämlich Nachfrageinteresse und Angebotsversprechen möglichst vollständig zur Deckung zu bringen, um streuverlustfrei und daher kostengünstig zu werben.

Gerade die leistungsabhängige Bepreisung wirft aber vor allem für Werbungtreibende mit kleineren Budgets das Problem auf, dass die für Werbung anfallenden Kosten wie auch die Zahl der erreichten Rezipient:innen nicht exakt im Voraus geplant werden können. Zwar lassen sich in den meisten Online-Buchungen Höchstgrenzen für die Ausgaben definieren, doch vereitelt der Auktionscharakter des Real Time Bidding eine präzise Planung, weshalb auch hier eine genaue Begleitung wichtig ist (vgl. Kopp 2016). Zudem kann oftmals nicht kontrolliert werden, in welchem konkreten inhaltlichen Umfeld die Werbebotschaften platziert werden. So sehen sich Werbetreibende damit konfrontiert, dass ihre Werbebotschaft im Umfeld von problematischen Posts, Hate Speech oder anderen unerwünschten Inhalten auftauchen kann.

Um ein sicheres Umfeld für Marken zu schaffen (Brand Safety) und einem Rückzug von Werbegeldern besonders aus Social Media vorzubeugen, sah sich die Branche deshalb genötigt, eine Selbstregulierung aufzubauen: Seit 2016 gibt es einen Code of Conduct (CoC) Programmatic Advertising der Branchenverbände Bundesverband Digitale Wirtschaft (BVDW), IAB Switzerland und IAB Austria. Die unterzeichnenden Agenturen verpflichten sich zu Transparenz, Qualität und Sicherheit in der programmatischen Werbung (Bundesverband Digitale Wirtschaft 2023). Seit 2019 gibt es zudem eine Global Alliance for Responsible Media (GARM).

„GARM is the Global Alliance for Responsible Media, a cross-industry initiative established by the World Federation of Advertisers to address the challenge of harmful content on digital media platforms and its monetization via advertising" (World Federation of Advertisers 2023).

8.4 Medien als Werbeträger und ihre Werbemittel

Als klassische Werbeträger werden diejenigen Medien bezeichnet, die redaktionelle Angebote im weitesten Sinn machen; mithin Zeitungen und Gratiszeitungen, Zeitschriften, Fernsehen, Radio, Plakate und Verkehrsmittelwerbung sowie Online-/Mobile-Angebote. Ihre wesentlichen Kennzeichen, die typischen Werbemittel sowie ihre wichtigsten Vor- und Nachteile als Werbeträger, wie sie in der Inter-Mediaselektion zum Tragen kommen, werden im Folgenden skizziert (vgl. dazu u. a. die Beiträge in Korff-Sage 1999, S. 44 ff.; Koschnick 1995 und 2003; Kloss 2003, S. 268 ff.; Unger et al. 2013, S. 159 ff.; Pepels 2023, S. 20 ff.). Sie beziehen sich auf Leistungen im Publikumsmarkt (wie z. B. Reichweite), auf Besonderheiten der Rezeption, auf die Produktionskosten der Werbemittel und auf die technischen Bedingungen der Werbeschaltung. Die klassischen Werbemittel in diesem Feld sind Spots oder Anzeigen. Sie haben sich aber im Laufe der Entwicklung weiter ausdifferenziert. Zeitungen, Zeitschriften, Fernsehen und Radio sind ohne ihre Online-Versionen nicht mehr denkbar und werden als analoge Ausgaben meistens auch zusammen mit den digitalen Versionen vermarktet. Dennoch werden sie im Folgenden weitgehend getrennt behandelt, um zu viele Wiederholungen zu vermeiden. An dieser Stelle gehen wir weder auf Kino als Werbeträger ein noch auf InGame-Advertising. Letzteres wird aufgrund seines hybriden Charakters im Rahmen von Kap. 12 diskutiert. Dagegen werden wir zum Schluss des Kapitels Online- und Mobile-Werbung betrachten.

8.4.1 Zeitungen

Zeitungen zeichnen sich durch Aktualität, Publizität, Universalität, Periodizität und Fixierung in Schrift und Druck (sonst Online-Zeitungen) aus. Das heißt, sie erscheinen in kurzen Abständen (Tageszeitungen mindestens zweimal wöchentlich), sie berichten über aktuelle Ereignisse aus verschiedensten Bereichen und können weiter nach Erscheinungsweise (Tages-, Wochen- und Sonntagszeitungen), nach Vertriebsart (Kauf- oder Abonnementzeitungen) und Verbreitungsgebiet (lokal, regional, überregional) unterschieden werden. Gratiszeitungen zeichnen sich – wie der Name schon sagt – dadurch aus, dass sie nicht gekauft werden, sondern kostenlos zur Verfügung stehen. Sie finanzieren sich also ausschließlich über Werbung, weshalb sie eine grundsätzliche Werbefreundlichkeit aufweisen. Häufig liegen sie an Plätzen aus, die eine Nutzung wahrscheinlich machen (z. B. Straßenbahnen, Busse). Die Printauflagen der Zeitungen verlieren an Leser:innen und können ihre Gesamtreichweite nur über ihre digitalen oder E-Paper Angebote halten.

Das klassische Werbemittel in Zeitungen ist die Anzeige. Sie ermöglicht Kombinationen von geschriebenem Text und/oder Bildern in schwarz-weiß oder farbig, wobei Papier und drucktechnische Gegebenheiten der Farbigkeit oft Grenzen setzen. Dagegen sind Größe und Platzierung von Anzeigen sehr variabel und müssen sich nur bedingt an Seitenformate halten. Anzeigengrößen werden nach Anzahl der durch sie belegten Spalten und Zeilen (oft nach Millimetern) berechnet (sog. Werbegrundpreis). Allerdings finden sich vermehrt innovative Preis-Strategien der Verlage. Zwischenzeitlich differenzieren Kombi-Angebote für Zeitungsanzeigen und Werbeformaten in der jeweiligen Online-Ausgabe das Pricing. Eine Anzeige kann theoretisch von einspaltig-einzeilig (nur möglich bei Rubrikanzeigen) bis hin zu einer Doppelseite groß sein oder als Anzeigenstrecke mehrere Seiten belegen. Als werbliche Sonderformen, die aber dennoch vom redaktionellen Kontext getrennt sind, gelten bei Zeitungen Beilagen, also der Zeitung beigelegte Prospekte, Folder oder Blätter. In einigen Fällen können auch die Titelseiten oder Titel- und Schlussseiten ganz werblichen Botschaften gewidmet sein. Einzelne Zeitungen bieten zudem die Möglichkeit, im Titelkopf des Blattes selbst zu werben. So kann die Werbebotschaft bereits im Zeitungsständer (und damit unabhängig vom Kauf) wahrgenommen werden.

Fallbeispiel Zeitungstitelkopf mit und ohne Werbung

Während die NZZ den Titelkopf allenfalls mit redaktionellen Verweisen auf eigene Inhalte verändert (siehe Abb. 8.3, unten), verkauft der Tagesanzeiger die lukrativen Flächen links und rechts des Titels als Anzeigenraum (siehe Abb. 8.3, oben). ◄

Vor- und Nachteile des Werbeträgers Zeitung werden in Abb. 8.4 zusammengefasst.

Abb. 8.3 Tages-Anzeiger und Neue Zürcher Zeitung jeweils vom 24. Juli 2009

VORTEILE	NACHTEILE
■ Publikum ist geografisch segmentierbar ■ Rezeption ist aktiv und konzentriert ■ Nutzung ist wiederholt und ortsungebunden möglich ■ Oft hohe Seriosität ■ Kostengünstige Produktion der Werbemittel ■ Zeitlich flexible Buchung ermöglicht kurzfristige Schaltung aktueller Werbeinhalte ■ Flexible Buchung nach Größe und Platzierung (Größen- und Platzierungsflexibilität) öffnet gestalterische Freiräume	■ Schwindende Reichweiten vor allem bei jugendlichen Zielgruppen (mit Ausnahme diverser Gratiszeitungen) ■ Informationsorientierte Vermittlungsleistung vernachlässigt emotionale Aspekte der Werbung ■ Eingeschränkte Darstellungsmöglichkeiten: Video und Audio nur in den Online-Ausgaben möglich, sonst Beschränkung auf Bild und Text ■ Technische Produktion, z.B. Druckqualität oder Farbigkeit, ist oft problematisch

Abb. 8.4 Werbeträger Zeitungen – ausgesuchte Vor- und Nachteile. (Eigene Darstellung)

8.4.2 Zeitschriften

Als Zeitschriften werden periodische Druckwerke bezeichnet, die zwar nicht so häufig wie Zeitungen, aber dennoch kontinuierlich (mindestens viermal jährlich) erscheinen. Während die Universalität der Berichterstattung bei Zeitschriften insgesamt abgeschwächt ist, sind allgemeine Publikumszeitschriften thematisch eher breit angelegt. Dagegen fokussieren thematisch und zielgruppenorientierte Zeitschriften, also Special-Interest-Zeitschriften (z. B. Sport-, Frauen-, Wohn- und Gartenzeitschriften, Wirtschaftspresse) auf ein Themenspektrum, das meist auf gut abgrenzbaren Zielgruppen abzielt. Die Aktualität der Ereignisse spielt dabei tendenziell eine eher untergeordnete Rolle. Zeitschriften sind ebenfalls in Schrift und Druck fixiert, mithin materiell greifbar. Da auch bei diesem Werbeträger die klassischen Printauflagen rückläufig sind, ergänzen auch Zeitschriftenverlage ihr Angebot um Online-Ausgaben. So verlieren 2022 gegenüber dem Vorjahr z. B. der Spiegel 8,6 % an Reichweite, COMPUTER BILD 14,7 % oder die BUNTE 5,4 % (vgl. PZ Online 2023). Auch werden zunehmend einzelne Titel, aber auch ganze Zeitschriftenfamilien eingestellt.

Auch in Zeitschriften ist die Anzeige das klassische Werbemittel. Sie ist ebenfalls größen- und platzierungsflexibel sowie tendenziell bildorientiert und farbig. Material- und drucktechnisch stehen jedoch mehr Möglichkeiten zur Verfügung als bei der Zeitung. So werden bei vielen Zeitschriften hochwertigere Papiere eingesetzt als im Zeitungsdruck, um Farbigkeit, Kontraststärke und Konturschärfe des Druckbilds zu steigern. Mit Druckmaschinen, die mehr als vier Farben verarbeiten, können nicht nur Farben sehr viel besser, oder verschiedene (z. B. regionale) Ausgaben gedruckt, sondern auch zusätzliche Effekte wie Glanz, Metallic- oder Duftstoffe appliziert werden.

Fallbeispiel Duftende Zeitschriften dank Add-ons

Besonders Parfummarken nutzen die unterschiedlichen Möglichkeiten, Miniatur-Warenproben durch sog. Add-ons an die Zielgruppe(n) zu bringen. Im Beispiel (siehe Abb. 8.5) nutzen Boss und Dior jeweils ein aufgeklebtes dünnes Kunststoff-Beutelchen, während Prada zwei davon auf einer Karton-Karte auf die Anzeige klebt. Sehr dezent und kaum erkennbar überklebt eine dünne transparente Klebefolie die direkt applizierte Duftprobe in der Burberry Goddess-Anzeige. Warum auch der Hinweis „DISCOVER THE SCENT" kaum wahrnehmbar ist, soll hier nicht näher hinterfragt werden. ◄

Entsprechend vielfältig sind hier auch die vom mediumsspezifischen Kontext getrennt ausgewiesenen Werbesonderformen: Einkleben zusätzlicher Postkarten oder Warenproben (Add-ons), ausklappbare oder speziell gefaltete Seiten, Einhefter und Beilagen. Vermehrt werden vorder- und rückseitige Anzeigen auch auf stärkeres Papier gedruckt, damit Rezipient:innen beim schnellen Durchblättern von der Anzeige gestoppt werden.

Die Vor- und Nachteile des Werbeträgers Zeitschriften werden in Abb. 8.6 zusammengefasst.

Abb. 8.5 Fallbeispiel Duftende Zeitschriften dank Add-ons. (Eigenes Foto, aufgenommen am 10.01.2024)

VORTEILE	NACHTEILE
■ Publikum ist thematisch segmentierbar ■ Aktive und intensive Nutzung ist wiederholt und ortsungebunden möglich ■ Kostengünstige Produktion der Werbemittel ■ Größen- und Platzierungsflexibilität öffnet gestalterische Freiräume ■ Hohe Druckqualität, mehr als 4-Farbdruck ■ Beduftung und Sonderformen, wie z.B. eingeheftete Warenproben, möglich ■ Werbefreundliche, thematisch passende Umfelder	■ Vielfalt ähnlicher Publikumszeitschriften erschwert Auswahl ■ Oft hohe Anzahl an Werbeeinschaltungen von Mitbewerber:innen ■ Eingeschränkte Darstellungsmöglichkeiten: Beschränkung auf Bild und Text. Video und Audio nur mit hohem Aufwand in den Printausgaben realisierbar und oft nur nach Medienwechsel zu rezipieren, sonst nur in den Online-Ausgaben möglich, ■ Eingeschränkte zeitliche Flexibilität

Abb. 8.6 Werbeträger Zeitschrift – ausgesuchte Vor- und Nachteile. (Eigene Darstellung)

8.4.3 Fernsehen

Eine Definition von Fernsehen erscheint auf den ersten Blick nahezu überflüssig, so geläufig ist das Medium. Allerdings stellt sich mehr und mehr die Frage: Was ist Fernsehen eigentlich genau? Gilt der Abruf aus der Mediathek und die Rezeption über ein Tablet auch als Fernsehen? Allgemein lässt sich jedoch festhalten, dass Fernsehen von der Übertragung audiovisueller Inhalte über terrestrische Frequenzen, Satellit oder Kabel bestimmt ist. Da das Internet übertragungstechnisch gesehen lediglich eine Variante satelliten- oder kabelgestützten Transports elektronischer Signale darstellt, bedarf es eigentlich keiner gesonderten Erwähnung. Andererseits verändert Fernsehen via Internet die Möglichkeiten, aber auch die Beschränkungen der TV-Werbung, weil z. B. mit dem Internet verbundene Fernsehgeräte (Smart-TVs) die Interaktionsmöglichkeiten deutlich vereinfachen oder TV-Spots auch auf Smartphones und Tablets mit kleinen und kleinsten Bildschirmen funktionieren müssen. Dagegen ist die Umgehung von Werbung durch den Einsatz von Ad Blockern oder zeitversetztes Fernsehen unter Umgehung bzw. schnellem Überspulen der Werbung nicht allein ein Phänomen des Internet-TVs.

In allen Fällen aber kann Fernsehen als tertiäres Medium eingestuft werden (vgl. Pross 1972), weil es sowohl beim Sender als auch beim Empfänger technische Ausstattung voraussetzt. Fernsehen wird ebenso wie Radio sowohl von Organisationen mit öffentlich-rechtlichem Auftrag als auch von privatwirtschaftlichen Veranstaltern betrieben. Mehr als Zeitungen und Zeitschriften unterliegt der Rundfunk (so der Oberbegriff für Fernsehen und Radio) in vielen Ländern, darunter auch den meisten europäischen, zusätzlichen Regulierungsmaßnahmen, wie z. B. der Begrenzung der Werbezeit.

> **Fallbeispiel: Wann, wo und in welcher Form ist Fernsehen Fernsehen?**
>
> Wie in Abb. 8.7 veranschaulicht, läuft das Fernsehprogramm nicht nur auf unterschiedlichen Empfangs- und Wiedergabegeräten vom klassischen TV-Gerät bis zum Smartphone. Es wird zudem in Echtzeit, zeitversetzt oder als Stream ausgestrahlt. ◄

Abb. 8.7 Fallbeispiel Fernsehen (Bildmontage aus eigenen Fotos, aufgenommen am 09.01.2024)

Das klassische Werbemittel im Fernsehen ist der TV-Spot (Video). Er kombiniert gesprochenen, bisweilen auch statisch oder animiert eingeblendeten Text, Musik, Gesang, Geräusche, Stand- und Bewegtbilder und ist üblicherweise zwischen wenigen Sekunden und max. einer Minute lang. Dabei ist die zeitliche Beschränkung vor allem auf die hohen Schaltkosten zurückzuführen, die auf Basis der Einschaltquoten und der Länge des Spots kalkuliert werden. Die Kombinationsmöglichkeiten der einzelnen Elemente bieten vielfältige Optionen für Emotionalität und Suggestivität. Auch im Fernsehen haben sich spezifische Formen von Spots ausdifferenziert, die deutlich als Werbung markiert sind, so z. B. Tandem- oder Reminderspots. Dabei folgen einem ersten, so genannten Basisspot für ein Angebot mehrere Spots für andere Werbeobjekte, bevor der Reminder (Auffrischspot) zum ersten Angebot gesendet wird. Auch der Einbau von Response-Elementen, wie z. B. Gewinnspielen, kann in diese Kategorie eingeordnet werden. Andere Formen, wie z. B. Werbung im Splitscreenverfahren, zeigen eine deutliche Tendenz, in den redaktionellen Inhalt integriert zu werden – wenn auch nur präsentationstechnisch. Beim Splitscreen wird der Bildschirm so geteilt, dass ein Teil für die Ausstrahlung von TV-Spots zur Verfügung steht, während im anderen das mediumsspezifische Programm (weiter)läuft.

Abb. 8.8 bietet eine Übersicht über die Vor- und Nachteile des Werbeträgers Fernsehen.

VORTEILE	NACHTEILE
■ Oft noch bevölkerungsweite Reichweite (Breitenmedium) ■ Oft als glaubwürdig und unverzichtbar eingestuft ■ Aufmerksamkeitsstark durch multisensorische Gestaltungsmöglichkeiten ■ Geeignet für emotionale Ansprache und für den Aufbau von Images und Marken ■ Möglichkeit der Demonstration von Anwendungen und Produkten ■ Täglich verfügbarer Nachweis der Werbeträgerleistung (Einschaltquote, bzw. Pay per View)	■ Streuverluste (Reichweitenüberhang bei spezifischen Publika) ■ Zunehmende Werbevermeidung durch Zapping, Switching, AdBlocking und zeitversetztes Fernsehen ■ Vielfach noch einschränkende Rezeptionscharakteristika (vorgegebene Rezeptionsgeschwindigkeit und eingeschränkte Wiederholbarkeit, noch weitgehende wenn auch schwindende Ortsgebundenheit) ■ Eingeschränkte Termin-, Platzierungs- und Größenflexibilität ■ Relative hohe Kosten für Werbemittelproduktion und Schaltung

Abb. 8.8 Werbeträger Fernsehen – ausgesuchte Vor- und Nachteile. (Eigene Darstellung)

8.4.4 Radio

Als Radio bzw. Hörfunk bezeichnet man die Übertragung akustischer Inhalte über terrestrische Frequenzen, Satellit oder Kabel. Die Übertragung von Radio via Internet zeigt ähnliche Konsequenzen wie für das Fernsehen. Wie das Fernsehen ist auch Radio ein tertiäres Medium, für das Sender und Empfänger eine geeignete technische Ausstattung benötigen. Und ebenso wie beim Fernsehen greifen auch beim Hörfunk spezifische Regulierungsmaßnahmen.

> **Fallbeispiel Radio**
>
> Wie Fernsehen läuft auch Radio nicht nur auf unterschiedlichen Empfangs- und Wiedergabegeräten vom klassischen Radio-Empfänger (Tuner) über Fernseher, Tablets und Smartphones bis zum Autoradio (siehe Abb. 8.9). Radiosendungen werden zudem meist in Echtzeit, aber auch zeitversetzt oder als Stream ausgestrahlt. Radioplattformen im Internet, wie z. B. radio.de, swissradioplayer.ch oder radio-osterreich.at, bieten zudem eine Vielzahl von Sendern, die nach unterschiedlichen Kriterien, wie Region, Inhalte, Musikrichtungen oder einfach nur in alphabetischer Reihenfolge kategorisiert sind. ◄

Parallelitäten finden sich auch bei der Betrachtung der Werbemittel: Der Spot (Audio) – hier der Radio-Spot – bleibt das klassische Werbemittel. Und analog zum Fernsehen kommen auch hier ähnliche Sonderformen wie Tandemspots oder Spots mit integrierten Response-Elementen zum Einsatz. Weitaus stärker eingeschränkt als im TV zeigen sich die Gestaltungsmöglichkeiten von Spots im Hörfunk. Denn diese beschränken sich ausschließlich auf akustisch Wahrnehmbares: auf Sprache, Musik, Gesang und Geräusche. Zwar wäre es theoretisch denkbar, Spots, wie auch mediumsspezifischen Content, z. B. Musiktitel, Hörspiele oder Podcasts mit Videos oder Live-Bildern zu unterlegen, doch müsste das Ergebnis dann eher als Fernsehen bezeichnet werden.

In Abb. 8.10 werden Vor- und Nachteile des Werbeträgers Radio kurz zusammengefasst.

8.4 Medien als Werbeträger und ihre Werbemittel

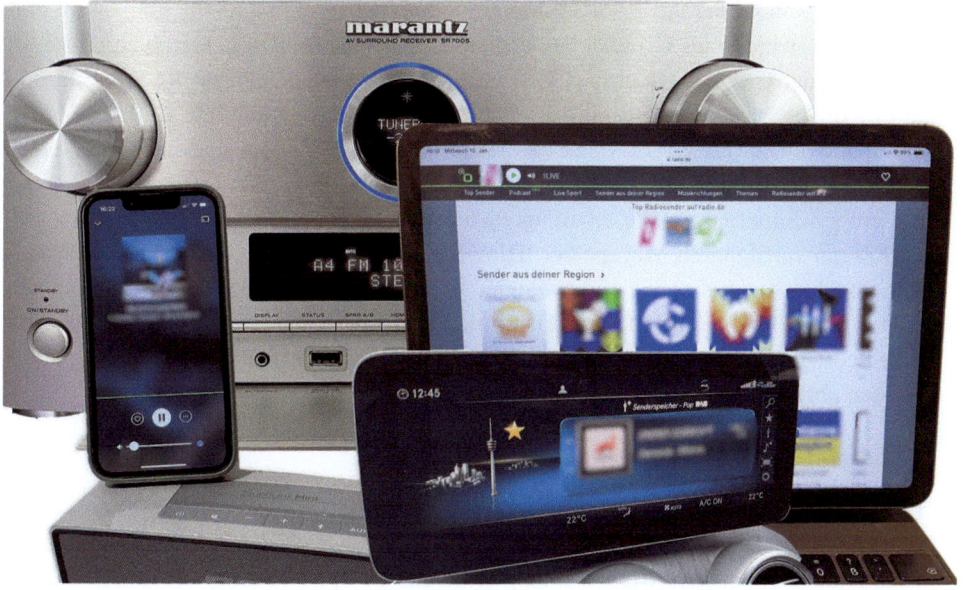

Abb. 8.9 Fallbeispiel Radio. (Bildmontage aus eigenen Fotos, aufgenommen am 10.01.2024)

VORTEILE	NACHTEILE
■ Noch hohe Reichweiten und Nutzungszeiten	■ Nebenbei- und Begleitmedium, d.h. Radiorezeption ist flüchtig
■ Außer-Haus-Nutzung möglich und üblich	■ Schlechtes Image der Radiowerbung als einfältig, laut und marktschreierisch
■ Geografische und tageszeitliche Segmentierbarkeit des Publikums möglich	■ Einschränkung der Werbebotschaft auf klare, unkomplizierte und akustisch gut darstellbare Aspekte, keine Bildvermittlung
■ Zielgruppensegmentierung durch Sender-, Programm- und Sendezeitenwahl	
■ Zeitlich flexible Buchung ermöglicht kurzfristige Schaltung aktueller Werbeinhalte	
■ Relativ niedrige Kosten für Werbemittelproduktion und Schaltung	

Abb. 8.10 Werbeträger Radio – ausgesuchte Vor- und Nachteile. (Eigene Darstellung)

8.4.5 Außenwerbung

Bei weitem nicht so stark wie in der Online- und Mobile-Werbung, aber dennoch innovationsfördernd, zeigt sich die Digitalisierung in Kombination mit LED-Beleuchtungstechnik im Bereich der Außenwerbung. Folgt man der Zuschreibung des deutschen Fachverbands Aussenwerbung, dann umfasst die Plakatwerbung zahlreiche Werbeträger, beginnend mit der altbekannten Litfaßsäule für den Anschlag von Plakaten mehrerer Werbungtreibender (Allgemeinstelle) oder eines Werbungtreibenden (Ganzstelle). Plakatwände im Maß 2,5 × 3,5 Meter – oder 18/1 für 3 mal 6 Druckbogen im Format DIN A0 – werden als Großfläche bezeichnet. Sind sie hinterleuchtet, werden sie als Megalights oder CityLightBoards (CLB) vermarktet. Meist zeigen sie im Wechsel drei unterschiedliche Motive. CityLightPoster (CLP) funktionieren ähnlich, sind aber hochformatig und mit ca. 1,2 × 1,75 Meter (4/1) deutlich kleiner. Zudem sind sie nur in Netzen buchbar, deren Größe deutlich variiert. Zur Plakatwerbung zählen ferner die 5,2 × 3,7 Meter großen Superposter, die an Baugerüsten und Fassaden in Größen zwischen 100 und 1000 qm verfügbaren Megaposter (BlowUps), Brückenposter, elektronische Videoboards und Infoscreens sowie Videowände, Anzeigetafeln und Banden in Sportstätten (vgl. Hoffmann 1999, S. 471 ff.). In Österreich und der Schweiz weichen die Maße für unterschiedliche Außenwerbeformen teilweise erheblich von den hier für Deutschland genannten ab.

Fallbeispiel Statische Außenwerbung auf Megapostern

Deutlich größer als die Großfläche wirken klassische gedruckte Megaposter an Gebäuden. Dass die Reduktion der Gestaltungsoptionen auf Standbild und Text durch Kreativität kompensiert werden kann, zeigt das Beispiel in Abb. 8.11, welche drei Megaposter am Mietwagen-Parkhaus des Flughafens Hannover zeigt. ◄

Bei allen elektronischen Außenwerbeträgern hat, wie eingangs erwähnt, die Digitalisierung in Kombination mit immer fortschrittlicherer LED-Technologie zu einem Entwicklungsschub geführt: Schnelle Prozessoren und kleinere LED-Leuchtpunkte haben Ruckel- und Aufpixel-Effekte bei der Wiedergabe bewegter Bilder auf elektronischen Außenwerbeträgern so stark reduziert, dass Passanten optisch ansprechende Bild- und Videosequenzen rezipieren können.

Abb. 8.11 Megaposter am Flughafen Hannover. (Oxfordian Kissuth 2012)

8.4 Medien als Werbeträger und ihre Werbemittel

Abb. 8.12 Elektronische Außenwerbung am Times Square, NY. (Eigenes Foto, aufgenommen am 02.05.2016)

Fallbeispiel Elektronische Außenwerbung

Die digitalisierte, elektronische Weiterentwicklung des Plakats zeigt sich besonders konzentriert an hochfrequentierten Standorten, wie z. B. am Times Square in New York (siehe Abb. 8.12). Ironie dabei: Technisch wäre es möglich, auf den vernetzten und digitalisierten Werbeflächen redaktionelle Inhalte einzuspielen, was aber dazu führen würde, dass diese Inhalte die Werbung stören würden. Wohl auch deshalb laufen die aktuellen „Breaking-News" in eigenen, von der Werbung getrennten Display-Bändern. ◄

Mit Ausnahme privat vermieteter Gerüstplanen sind alle genannten Werbeformen allgemein verfügbar, zentral zu buchen und werden professionalisiert und institutionalisiert vermarktet. Als Wettbewerbsargumente führen ihre Anbieter:innen eine von anderen Werbeträgern unerreicht hohe Akzeptanz bei den Rezipient:innen und ein vergleichsweise günstiges Preis-/Leistungsverhältnis (vgl. Günther 2000, S. 36) ins Feld.

Eine Zusammenfassung der Vor- und Nachteile des Werbeträgers Plakat finden Sie in Abb. 8.13.

Außenwerbemittel, insbesondere alle plakatähnlichen Formate, decken nur einen Teil der Out-of-Home Medien (OOH) ab. Nicht einbezogen sind an dieser Stelle diejenigen Bereiche der OOH, die in Zonen platziert sind, in denen die Rezipient:innen nicht durch andere Informationsangebote abgelenkt sind. Sie sollen dort die volle Aufmerksamkeit der

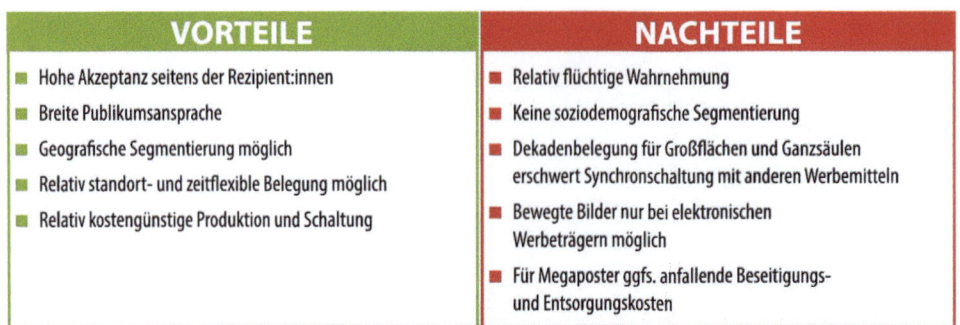

Abb. 8.13 Werbeträger Plakat – ausgesuchte Vor- und Nachteile. (Eigene Darstellung)

Rezipient:innen gewinnen. Die oft als Ambient Medien bezeichneten Möglichkeiten „sind Out of Home-Medien im unmittelbaren Lebensumfeld („Ambiente") bestimmter Zielgruppen, die in der Regel nach Anlässen (z. B. Einkauf, Geschäftsreise, Freizeit, Urlaub) und Orten (z. B. Schwimmbad, Kneipe/Restaurant, Kino, Flughafen/Flugzeug) eingeteilt werden" (vgl. Fachverband Aussenwerbung o. J.).

8.4.6 Verkehrsmittel

Werbung im öffentlichen Raum ist aber nicht allein auf statische Werbeträger beschränkt, sondern findet sich auch an Fahrzeugen und anderen Verkehrsmitteln. Die Kategorisierung in Außenwerbung und Verkehrsmittelwerbung ist deshalb nicht absolut trennscharf und überlappt sich fallweise auch mit Werbung in Ambient Medien. Zur Verkehrsmittelwerbung zählen neben der Werbung an und in Bussen und Bahnen des öffentlichen Personennahverkehrs auch die Werbung an Fahrzeugen kommunaler Betriebe, wie z. B. der Müllabfuhr, an Taxis, LKW und Güterwagen sowie Werbung an und in Verkehrsmitteln der Deutschen Bahn AG und anderen Bahnbetreibern. Auch Werbung an und in Flugzeugen verschiedener Luftfahrtgesellschaften zählt zur Verkehrsmittelwerbung.

Fallbeispiel Verkehrsmittelwerbung

Die Gestaltung von Werbung an Verkehrsmitteln unterliegt zum einen gelegentlich sehr restriktiven Rahmenbedingungen der Flächenanbieter:innen. So stellen z. B. manche städtische Verkehrsunternehmen nur die Rückseiten ihrer Busse oder schmale Flächen an der Dachreling von Straßenbahnen zur Verfügung. Zum anderen muss die Gestaltung Design und Funktionalitäten des jeweiligen Fahrzeugs selbst beachten. Wie das Beispiel dieses City-Busses aus Kopenhagen in Abb. 8.14 zeigt, kann hohe Kreativität auch in diesem Fall die eine oder andere Restriktion kompensieren. ◄

Die Vor- und Nachteile des Werbeträgers Verkehrsmittel werden in Abb. 8.15 zusammengefasst.

8.4 Medien als Werbeträger und ihre Werbemittel

Abb. 8.14 Verkehrsmittelwerbung von Bates Y&R für den Zoo in Kopenhagen. (Taylor 2010)

VORTEILE	NACHTEILE
■ Hohe Akzeptanz seitens der Rezipient:innen	■ Relativ flüchtige Wahrnehmung
■ Breite Publikumsansprache	■ Keine soziodemografische Segmentierung
■ Geografische Segmentierung möglich	■ Restriktionen durch Flächenanbieter:innen und/oder Fahrzeug-Gegebenheiten
■ Dauerpräsenz im Alltag der Rezipienten	■ Bewegte Bilder fast nur bei OnBoard-Werbemitteln möglich
■ Auffällige Gestaltung möglich	■ Ggfs. anfallende Beseitigungskosten

Abb. 8.15 Werbeträger Verkehrsmittel – ausgesuchte Vor- und Nachteile. (Eigene Darstellung)

Generell müssen – anders als in der Mediawerbung – gerade in der Außenwerbung zu den reinen Kosten für Produktion und Schaltung oft auch jene für die Entfernung der Werbung und ggfs. jene für die Entsorgung des Werbeträgers hinzugerechnet werden. So verlangen z. B. die meisten Anbieter:innen von Verkehrsmittelwerbung, dass Busse, Bahnen oder Flugzeuge nach Ablauf der Belegungsdauer in neutral lackiertem Zustand zurückgegeben werden. Welche Gestaltungsoptionen sich bieten zeigen beispielhaft die Verkehrsbetriebe Zürich mit der Vollbemalung einer Straßenbahn (VBZ TrafficMedia 2023).

8.4.7 Online-, Mobile- und Social Media Werbung

Die höchste Entwicklungsdynamik aller Werbeträger zeigt sich bei den Online-, Mobile- und Social Media-Angeboten. Werbemittel für diese Werbeträger können auditive und visuelle Inhalte in beliebiger Variation mischen (Multimedialität), können also Text, Bild, Audio und Video gleichermaßen verbreiten und zusätzlich automatische oder interaktive Animationen beinhalten. Die Verlinkung innerhalb eines Angebots bzw. unterschiedlicher Angebote miteinander bietet auch für die Werbung mannigfaltige Chancen und Risiken.

Entsprechend vielfältig sind die Werbemittel, die sich bei diesen Werbeträgern finden. Reine Textanzeigen sind wohl die meistgenutzten Werbemittel im Internet, doch liegt ihr Haupteinsatzgebiet vor allem in der Suchmaschinenwerbung (SEA für Search Engine Advertising). Dagegen kommt die neben den Textanzeigen am häufigsten anzutreffende Online- und Mobile-Werbeform der Displaywerbung vor allem dort zum Einsatz, wo redaktionelle Inhalte geliefert werden. Man könnte auch sagen, dass sich die Displaywerbung zum digitalen Pendant von Printanzeigen und Rundfunkspots für Internet und Mobile entwickelt hat. Bekanntestes Werbemittel der Displaywerbung ist der Banner in all seinen Variationen. Hier werden stationäre oder bewegte statische Banner und animierte Banner, die sich bewegende Elemente enthalten, von Rich-Media-Bannern unterschieden. Letztere sind interaktiv und dialogfähig und weisen mit ihren unterschiedlichen Bezeichnungen vor allem auf die notwendige Software für Produktion und Nutzung und die entsprechenden technischen Restriktionen hin (vgl. Rosic 2022).

> **Fallbeispiel Rich-Media-Banner**
>
> Das Beispiel in Abb. 8.16 zeigt links eine typische Google-Seite: Zuerst werden als „Gesponsert" ausgewiesene Textanzeigen ausgespielt, bevor weiter unten organische Suchergebnisse angezeigt werden. Auf der Blog-Seite von Hub-Spot (rechts) werden Rich Media-Banner dargestellt. ◀

Interstitials sind der Unterbrecherwerbung analoge Sonderwerbeformen in der Online-Kommunikation, bei denen sich beim Aufrufen einer Seite automatisch eine beliebig große Werbefläche öffnet. Als abgeschwächte Variante davon ließen sich die PopUps bezeichnen, weil sie sich gemeinsam mit der annavigierten Seite öffnen und nicht statt dieser.

Dennoch sieht sich die Online- und vor allem die Mobile-Werbung zunehmender Kritik bzw. steigender Werbeverweigerung ausgesetzt und mit dem Einsatz sogenannter Ad Blocker konfrontiert. So beklagen Verlage und Portale, dass Ad Blocker die Reichweite der auf ihren Seiten geschalteten Werbung so beschneiden, dass ihnen jährlich weltweit zwischen 15 und 30 % der Werbeeinnahmen oder mehrere Milliarden US-Dollar an Einnahmen entgehen würden (vgl. Vibetrace 2023). Umgekehrt rechtfertigen Nutzer:innen den Einsatz von Ad Blockern damit, dass immer aufwändigere Werbung immer größere Datenmengen und Bandbreiten erforderten, die sie bezahlen müssten, und die Werber:innen zu wenig gegen Malvertising unternähmen, also gegen gefälschte Werbung, die Schadsoftware, Viren und Trojaner auf ihre Systeme schleusten.

An dieser Stelle sei jedoch auch darauf hingewiesen, dass der Nachweis der Werbeträgerleistung und des Werbemittelkontakts in der Online- und Mobile-Kommunikation neue Dimensionen erreicht hat (siehe Abschn. 8.3), auch wenn nach wie vor noch Diskussionsbedarf bezüglich der Standards der Messkriterien besteht. Bereits bei Anwen-

8.4 Medien als Werbeträger und ihre Werbemittel

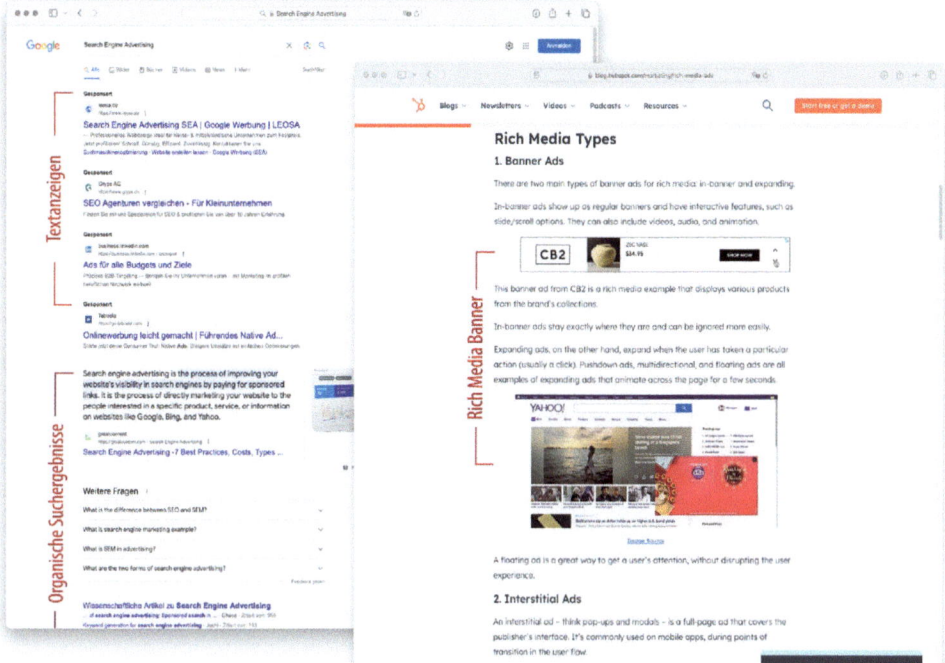

Abb. 8.16 Textanzeigen und Rich Media Banner Ads. (Eigene Bildmontage unter Verwendung von Screenshots einer Google-Suche nach „Search Engine Advertising" und Riserbato 2022, aufgerufen am 11.01.2024, rote Hervorhebungen durch die Verfasser:innen)

dung nicht-reaktiver, technischer Messungen, wie z. B. Logfile-Analysen, können Kriterien wie Hits, Page Impressions, Visits oder Ad Impressions erfasst werden. Via Ad Clicks hat sich auch ein direkter Erfolgsnachweis für Online-Werbung etabliert, der u. a. auch das sogenannte Affiliate-Marketing möglich macht, in dem Werbungtreibende ihren Affiliate-Partner:innen Werbemittel – in der Regel Banner oder Text-Links – bereitstellen, die diese auf ihren Webseiten veröffentlichen und dafür von den Werbungtreibenden eine Provision erhalten, wenn sich daraufhin der gewünschte Erfolgsfall einstellt (z. B. Bestellung, Terminvereinbarung, Kauf).

Über den direkten Erfolgsnachweis kann letztlich auch die Werbeträgerleistung vergütet werden (Performance-Based Pricing: IAB/PWC 2009, S. 12 f.). Jedoch lassen die technischen Messungen allein keine Aussagen über die hinter den Nachfragen stehenden Nutzer:innen zu und sind somit nur „die halbe Miete". Zudem beklagen werbungtreibende Firmen den sogenannten Ad Fraud, also das Vortäuschen von Reichweiten, Klicks oder Ansichten, die es gar nicht gibt (vgl. Slefo 2016; Hassan 2023). Auf die Problematik, dass unerwünschte Inhalte als Werbeumfeld auftauchen und somit die Markensicherheit (Brand Safety) nicht gewährleistet werden kann, wurde bereits hingewiesen.

Eine Sonderkategorie sind viele Social Media Angebote, die typische programmintegrierte Werbung darstellen, also den mediumsspezifischen Kontext in Inhalt und Ge-

VORTEILE	NACHTEILE
■ Stetig steigende Reichweiten und Nutzungszeiten	■ Manche Werbungtreibende sind vom Dialog mit emanzipierten Kund:innen überfordert
■ Zielgruppensegmentierung und individuelles Targeting zur Vermeidung von Streuverlusten	■ Optik und Funktionalitäten der rezipierten Werbung sind abhängig von der technischen Ausstattung der Nutzer:innen und der Leistungsfähigkeit der Netze
■ Vielfältigste, multisensorische Gestaltungsoptionen	
■ Interaktivität ermöglicht aktive Integration der und Dialog mit den Rezipient:innen	■ Ad Blocking reduziert Erlöse der Werbeträger
	■ Malvertising gefährdet Akzeptanz von Online- und Mobile-Werbung
■ Direktes Interagieren (Terminvereinbarung, Bestellung, Kauf o.ä.) ohne Medienwechsel möglich	
■ Unabhängigkeit von Zeit und Ort beim Empfang der Werbebotschaften	■ Ad Fraud verfälscht Leistungsbilanz und schädigt Werbungtreibende
■ Nachweis der Werbeträgerleistung in Echtzeit bis hin zur direkten ökonomischen Erfolgsmessung	■ Brand Safety ist nicht immer gewährleistet: Unerwünschte Werbeumfelder können nicht völlig ausgeschlossen werden
■ Leistungsbezogene Bezahlung	

Abb. 8.17 Online-, Mobile- und Social Media-Werbung – ausgesuchte Vor- und Nachteile. (Eigene Darstellung)

staltung imitieren oder ersetzen. Bei der programmintegrierten Werbung werden Produkte, Unternehmen und Marken gezielt in Filmhandlungen, Sendungsabläufe oder redaktionelle Kontexte integriert und bestimmen meist deren Aufbau, Ablauf und Dramaturgie. Darunter fallen z. B. Werbeplatzierungen von Influencer:innen, aber auch firmeneigene Kanäle oder YouTube Filme, z. B. „Apple at Work" oder „Cloud Cultures" von Microsoft.

Die wichtigsten Vor- und Nachteile der Online-, Mobile- und Social Media Werbung werden in Abb. 8.17 zusammengefasst.

> **Zusammenfassung**
> *Mediastrategie und Mediaplanung bilden neben Kreativstrategie und kreativer Umsetzung das Herzstück des Werbeprozesses. Beide Bereiche – Media und Kreation – bedingen sich dabei bis zu einem gewissen Grad gegenseitig. Dabei gibt die Mediastrategie den groben Rahmen für Auswahl und Belegung geeigneter Werbeträger sowie für das Zeit- und Finanzbudget vor, während diese dann in der Mediaplanung konkretisiert werden. Ziel ist es, einen unter Kosten- und Leistungsaspekten optimalen Transport der Werbebotschaft zur Zielgruppe zu gewährleisten. Daher wirkt sich die Ausdifferenzierung der Medienlandschaft in Paid, Owned und Earned Media auf die Entwicklung einer Mediastrategie ebenso aus wie die Veränderung des Medienangebots durch die fortschreitende Digitalisierung. Letztere hat neben Online-Versionen bisher analoger Medien auch originär neue digitale Medienangebote hervorgebracht, die die Komplexität in der Mediaplanung sowohl in der Inter-, als auch in der Intramediaselektion erhöhen.*

> *Neben der klassischen Mediaplanung hat sich Programmatic Advertising für die automatisierte Buchung, Ausspielung und Verwaltung digitaler Anzeigen etabliert. Um die Potenziale personalisierter User-Profile und individualisierter Ausspielmöglichkeiten nutzen zu können, ist in diesem Bereich ein eigenes Ökosystem entstanden.*
>
> *Im abschließenden Vergleich der Vor- und Nachteile verschiedener Medien als Werbeträger zeigen sich denn auch die ganze Vielfalt, aber auch die spezifischen Unterschiede der Medienangebote für die Werbung.*

▶ **Empfohlene Literatur** Unger et al. 2013; Busch 2016

Literatur

Bender, Gunnar. 2011. Die Marketingrevolution in Zeiten von Web 2.0 – Herausforderungen und Chancen für ein neues beziehungsaktives Kundenmanagement. In *Web 2.0*, Hrsg. Gianfranco Walsh, Berthold H. Hass und Thomas Kilian, 143–157. Berlin, Heidelberg: Springer.

Berry-Ivy, Katrina. 2021. Creating an effective social media strategy. *Communication: Journalism Education Today* 22-24.

Brecheis, Dieter, und Frank Herberg. 2015. Profil in aller Stille – Audio beacons ermöglichen Werbern umfassendes Tracking auch jenseits von IP-Adress-Zuordnungen. *SWITCHcert Report zu aktuellen Trends im Bereich IT-Security und Privacy* 4–5.

Bundesverband Digitale Wirtschaft (BVDW) e.V. 2023. Programmatic Advertising: Code of Conduct. https://www.bvdw.org/zertifizierungen/programmatic-advertising-code-of-conduct/. Zugegriffen: 30. Oktober 2023.

Busch, Oliver. 2016. The Programmatic Advertising Principle. In *Programmatic Advertising: The Successful Transformation to Automated, Data-Driven Marketing in Real-Time*, Hrsg. Oliver Busch, 3–16. Cham: Springer.

Ebbinghaus, Uwe. 2015. Sieh einer an, der neue Fernseher spioniert uns aus: Datensammler Smart-TV. *Frankfurter Allgemeine Zeitung*, 17. Juni.

Fachverband Aussenwerbung. o. J. Überraschen mit Out of Home: OOH Medien/Ambient Media. https://faw-ev.de/out-of-home-medien-ambient-media/. Zugegriffen: 16. Januar 2024.

Frey-Vor, Gerlinde, Gabriele Siegert, und Hans-Jörg Stiehler. 2008. *Mediaforschung*. Konstanz: UVK Verlagsgesellschaft.

Fritz, Wolfgang. 2004. *Internet-Marketing und Electronic Commerce: Grundlagen – Rahmenbedingungen – Instrumente : mit Praxisbeispielen*, 3. Aufl. Wiesbaden: Gabler.

Günther, Vera. 2000. Wir müssen draußen bleiben. *media & marketing* (12): 36.

Hasebrink, Uwe. 1997. Ich bin viele Zielgruppen: Anmerkungen zur Debatte um die Fragmentierung des Publikums aus kommunikationswissenschaftlicher Sicht. In *Zielgruppen, Publikumssegmente, Nutzergruppen: Beiträge aus der Rezeptionsforschung*, Hrsg. Hans-Bernd Brosius und Helmut Scherer, 262–280. München: R. Fischer.

Hassan, Nage. 2023. Ad Fraud: Definition, Arten & Schutzmaßnahmen. https://blog.hubspot.de/marketing/ad-fraud. Zugegriffen: 16. Januar 2024.

Hoffmann, Klaus. 1999. Außenwerbung. In *Das grosse Handbuch Werbung*, Hrsg. Michael Geffken, 469–476. Landsberg/Lech: Verlag Moderne Industrie.

Horizont Content Studio. 2023. Audienzz lanciert die OpenAI-getriebene Contextual-Intelligence Plattform "semantIQ". https://www.horizont.net/marketing/nachrichten/contextual-intelligence-audienzz-lanciert-openai-gestuetzte-loesung-fuer-praezise-anzeigenplatzierung-und-brand-safety-213200. Zugegriffen: 6. Oktober 2023.

IAB Spain. 2017. Programmatic Advertising. https://iabaustralia.com.au/resource/infographic-the-programmatic-ecosystem/. Zugegriffen: 16. Januar 2024.

IAB/PWC. 2009. IAB Internet Advertising Revenue Report: 2008 Full-Year Results. https://www.iab.com/insights/2008-full-year-iab-internet-advertising-revenue-report/. Zugegriffen: 30. Oktober 2023.

Kloss, Ingomar. 2003. *Werbung: Lehr-, Studien- und Nachschlagewerk*, 3. Aufl. München, Wien: R. Oldenbourg Verlag.

Kopp, Leonardo. 2016. Worauf müssen Sie beim Programmatic Advertising achten? https://www.iab-switzerland.ch/2016/11/17/worauf-muessen-sie-bei-programmatic-advertising-achten/. Zugegriffen: 6. Oktober 2023.

Korff-Sage, Kirsten. 1999. *Medienkonkurrenz auf dem Werbemarkt: Zielgruppendifferenzierung in der Angebotsstrategie der Werbeträger Presse, Rundfunk und Fernsehen.* Berlin: E. Schmidt.

Koschnick, Wolfgang J. 1995. *Standard-Lexikon für Mediaplanung und Mediaforschung in Deutschland: (Ergänzungsbände für Österreich und die Schweiz)*, 2. Aufl. München, New Providence, London, Paris: Saur.

Koschnick, Wolfgang J. 2003. *Focus-Lexikon Werbeplanung, Mediaplanung, Marktforschung, Kommunikationsforschung, Mediaforschung*, 3. Aufl. München: Focus-Magazin-Verlag.

Lammenett, Erwin. 2021. *Praxiswissen Online-Marketing: Affiliate-, Influencer-, Content-, Social-Media-, Amazon-, Voice-, B2B-, Sprachassistenten- und e-Mail-Marketing, Google Ads, SEO*, 8. Aufl. Wiesbaden: Springer Gabler.

McStay, Andrew. 2016. *Digital Advertising.* Basingstoke: Palgrave Macmillan.

McStay, Andrew. 2017. 3.1 Micro-Moments, Liquidity, Intimacy and Automation: Developments in Programmatic Ad-tech. In *Commercial Communication in the Digital Age*, Hrsg. Gabriele Siegert, Bjørn von Rimscha und Stephanie Grubenmann, 143–160: De Gruyter.

Oxfordian Kissuth. 2012. Parkhaus gegenüber Terminal A des Flughafens Hannover. Fassadenwerbung des Autovermieters Sixt. https://commons.m.wikimedia.org/wiki/File:Hannover_Airport_-_Parkhaus.jpg. Zugegriffen: 11. Oktober 2023.

Pepels, Werner. 2023. *Grundlagen der Mediaplanung.* Berlin: Duncker & Humblot.

Pross, Harry. 1972. *Medienforschung: Film, Funk, Presse, Fernsehen.* Darmstadt: Habel.

PZ Online. 2023. Media-Analyse 2023-II: Motorpresse gewinnt gegen den Trend Leser hinzu. https://www.pz-online.de/media-analyse-2023-ii-motorpresse-gewinnt-gegen-den-trend-leser-hinzu/. Zugegriffen: 6. Oktober 2023.

Riserbato, Rebecca. 2022. Rich Media Ads: 6 Steps to Create Them + Brand Examples. https://blog.hubspot.com/marketing/rich-media-ads. Zugegriffen: 16. Januar 2024.

Rosic, Verica. 2022. Was ist Rich Media? Rich Media Banner Ads erklärt. https://www.cleverclip.ch/blog/rich-media. Zugegriffen: 16. Januar 2024.

Schweiger, Günter, und Gertraud Schrattenecker. 2021. *Werbung: Einführung in die Markt- und Markenkommunikation*, 10. Aufl. München: UVK Verlagsgesellschaft.

Sjurts, Insa (Hrsg.). 2011. *Gabler Lexikon Medienwirtschaft*, 2. Aufl. Wiesbaden: Gabler.

Slefo, George P. 2016. Ad Fraud Will Cost $7.2 Billion in 2016, ANA Says, Up Nearly $1 Billion: Study Recommends Better Understanding of Programmatic Supply Chain. *AdAge*, 19. Januar.

Strott, Runa. 2022. *Einführung in Die Mediaplanung: Grundlagen Für Klassische und Digitale Kanäle.* Wiesbaden: Springer Fachmedien.

Taylor, Lesley Ciarula. 2010. Copenhagen commuters get a big, slithering surprise. *Toronto Star*, 2. Dezember.

textbroker. 2023. Paid Media, Owned Media, Earned Media. https://www.textbroker.de/paid-media-owned-media-earned-media. Zugegriffen: 6. Oktober 2023.

Tropp, Jörg. 2019. *Moderne Marketing-Kommunikation: Grundlagen, Prozess und Management markt- und kundenorientierter Unternehmenskommunikation*, 3. Aufl. Wiesbaden: Springer VS.

Unger, Fritz, Nadia-Vittoria Durante, Enrico Gabrys, Rüdiger Koch, und Rainer Wallersbacher. 2002. *Mediaplanung: Methodische Grundlagen und praktische Anwendungen*, 3. Aufl. Heidelberg: Physica-Verlag.

Unger, Fritz, Wolfgang Fuchs, und Burkard Michel. 2013. *Mediaplanung: Methodische Grundlagen und praktische Anwendungen*, 6. Aufl. Berlin, Heidelberg: Springer Gabler.

VBZ TrafficMedia. 2023. Vollbemalung Tram. https://trafficmedia.vbz.ch/produkt/vollbemalung-tram/. Zugegriffen: 30. Oktober 2023.

Vibetrace. 2023. Neueste Werbeblocknutzung und Statistiken, die Sie kennen müssen: Adblocking Statistics 2022. https://vibetrace.com/de/2022-AdBlocking-statistiken/. Zugegriffen: 16. Januar 2024.

Webrepublic. o. J. Programmatic Advertising aus User-Sicht. https://webrepublic.com/fileadmin/redaktion/pdf/infographics/webrepublic-infografik-programmatic-advertising.pdf. Zugegriffen: 16. Januar 2024.

Wessbecher, Hugo E., und Fritz Unger. 1991. *Mediapraxis: Werbeträger, Mediaforschung und Mediaplanung*. Heidelberg: Physica-Verlag.

World Federation of Advertisers (WFA). 2023. Global Alliance for Responsible Media. https://wfanet.org/leadership/garm/about-garm. Zugegriffen: 6. Oktober 2023.

Konfliktkonstellationen in der Werbung 9

Inhaltsverzeichnis

9.1 Konfliktkonstellation Werbungtreibende – Agenturen 250
9.2 Agenturinterne Konfliktkonstellationen 256
9.3 Konfliktkonstellationen in Buchung, Platzierung und Abrechnung 258
9.4 Konfliktkonstellationen in Partizipation und Datenschutz 263
9.5 Werbekritik, moralische und ethische Konflikte 266
Literatur 274

Überblick

Sowohl im Werbeprozess und in den Akteurskonstellationen als auch in der Kreativ- und Mediaplanung treten immer wieder Probleme und Konflikte zutage. Auch die Werbung als Ganzes ist nicht frei von Kritik und Konflikten. Diese verschiedenen Konfliktkonstellationen sollen in diesem Kapitel differenziert betrachtet werden:

Eine Konfliktursache ergibt sich aus der kausalen Auftragslogik in der Werbung. Informationsungleichheiten zwischen Auftraggeber:in (Unternehmen) und Auftragnehmer:in (Agentur) können zu typischen Prinzipal-Agent-Problemen führen. Ähnliche Informationsungleichheiten setzen sich intern in der Agentur fort und können dort die Zusammenarbeit erschweren. Auch in bestimmten Schritten des Werbeprozesses zeigen sich typische Konfliktkonstellationen, besonders in der Buchung und Abrechnung von Online-Werbung, was aktuell vor allem unter dem Stichwort „Brand Safety" diskutiert wird. Darüber hinaus stellt die volatile, aber dringend benötigte Partizipationsbereitschaft der Nutzer:innen ebenso eine Herausforderung dar wie die diversen Datenschutzbestimmungen.

© Der/die Autor(en), exklusiv lizenziert an Springer Fachmedien Wiesbaden GmbH, ein Teil von Springer Nature 2024
G. Siegert, D. Brecheis, *Werbung in der Medien- und Informationsgesellschaft*, Studienbücher zur Kommunikations- und Medienwissenschaft, https://doi.org/10.1007/978-3-658-43633-9_9

> *Die sehr grundlegende Kritik an der Werbung bezieht sich zum einen darauf, dass Werbung eine tragende Unterstützungsfunktion für das kapitalistische Wirtschaftssystem übernimmt und einer umfassenden Kommerzialisierung der Welt Vorschub leistet. Zum anderen führen Tabubrüche und Verstöße der Werbung gegen moralische Normen zu Konflikten und Kritik. Letztere ergeben sich daraus, dass Rezipient:innen oder Organisationen Werbebotschaften in einer bestimmten Weise unterschiedlich interpretieren und sich dadurch gegebenenfalls verletzt fühlen (können).*

9.1 Konfliktkonstellation Werbungtreibende – Agenturen

Der Werbeprozess ist durch die Komplexität von Entscheidungssituationen charakterisiert, an denen entlang der Auftragslogik viele verschiedene Akteur:innen beteiligt sind. Zugleich wird dieser Prozess durch weitere Orientierungen, Interessen und Einflüsse geprägt. Informationsungleichheiten zwischen Auftraggeber:in (Unternehmen) und Auftragnehmer:in (Agentur) in dieser kausalen Auftragslogik führen zu einem Brennpunkt unterschiedlicher Interessen. Aus institutionenökonomischer Perspektive (vgl. dazu: Williamson 1985; Furubotn und Richter 1991; Richter und Furubotn 2010) können diese als Prinzipal-Agent-Problem oder Delegationsproblem beschrieben werden (vgl. Schachtner 2002; Schierl 2003, S. 97 ff.; Schaaf 2010; Schierl und Oberhäuser 2016):

Danach ist die Beziehung zwischen auftraggebendem Unternehmen (Prinzipal:in) und Agentur (Agent:in) zwar einerseits von der Auftragslogik bestimmt, andererseits kann die auftraggebende Seite nicht alles im Detail vorgeben, sie kann somit die Agent:in nicht völlig steuern. Zudem verfügt die Agent:in, hier also die Werbeagentur, – zumindest in den meisten Fällen – über das größere Expertenwissen, weil der Prinzipal, also das werbungtreibende Unternehmen, gewisse Sachverhalte gar nicht umfassend beurteilen kann. Hätte der Prinzipal nämlich die gesamten Kenntnisse und Fähigkeiten, könnte er die Aufgabe selbst übernehmen und müsste sie nicht delegieren. Die beauftragte Agentur hat also einen klaren Informationsvorsprung. Zudem würde eine umfassende Kontrolle über die Agententätigkeit zu hohe Kosten verursachen; sie ist insofern nicht zielführend. Deshalb hat die Agent:in einen mehr oder minder großen Entscheidungsspielraum in ihrer Tätigkeit.

Betrachtet man die Agenturleistung zudem richtigerweise als Kontraktgut (vgl. Schachtner 2002, S. 43 ff.), verkompliziert dies die Beziehung nochmals. Denn diese Leistung ist eben kein industriell gefertigtes Massenprodukt, für das, wie z. B. bei Autos, technische Vorgaben bestehen und das vorab produziert und gelagert werden kann. Eine Agenturleistung als Kontraktgut ist vielmehr eine individuell auf die Auftraggeber:innen zugeschnittene komplexe Dienstleistung. In diese Gesamtleistung gehen viele Einzelleistungen unterschiedlicher Ausrichtung ein, sie ist von gewisser zeitlicher Dauer, hochgradig individuell zugeschnitten, bedarf der Integration der Kund:innen und hat einen hohen Abstimmungsbedarf.

9.1 Konfliktkonstellation Werbungtreibende – Agenturen

> „Beide für die Moral-Hazard-Gefahr mögliche Ursachen – Hidden Action und Hidden Information – sind somit von Bedeutung: Der Informationsvorsprung der Werbeagentur ergibt sich sowohl aus der unvollständigen Kontrolle ihrer Arbeit (Hidden Action) als auch aus ihrer Kompetenz (Hidden Information). … Weil das werbungtreibende Unternehmen das kreative Potential der Agentur nutzen will, verbleiben trotz Briefing und möglicher Zwischenpräsentationen weitgehende Spielräume für die Agentur." (Schachtner 2002, S. 49)

Entscheidungen darüber, was kreativ ist, ob Werbeideen neu sind, ob die Werbebotschaften wirklich den Lebenswelten der Zielgruppen entsprechen u. v. m., verbleiben damit oft im Entscheidungsbereich der Agenturen. Agenturleistungen sind damit wie viele andere Dienstleistungen Erfahrungs- und Vertrauensgüter. Die Unternehmen bzw. ihre Vertreter:innen weichen der Entscheidungsproblematik gelegentlich – und unprofessionell – dahingehend aus, dass sie nur beurteilen, ob die Kampagnen bzw. Werbebotschaften ihnen selbst gefallen und nicht der anvisierten Zielgruppe.

Dies wird dann zum Problem, wenn man die Grundannahme der Institutionenökonomik ins Spiel bringt, nach der sich Individuen opportunistisch verhalten. Bei Prinzipal:in und Agent:in zeigt sich dieser Opportunismus darin, dass sie (neben anderen) ihre eigenen Interessen verfolgen. Während aber das Eigeninteresse des werbungtreibenden Unternehmens der Auftragslogik entspricht, kann das Eigeninteresse der Agentur dieser Logik auch zuwiderlaufen; zumindest stimmt es nicht immer völlig mit ihr überein. Denn Kund:innen beanspruchen hohe Werbewirkung zu möglichst niedrigen Kosten. Die Agentur ihrerseits ist zum einen daran interessiert, selbst Gewinne zu erzielen, also entweder hohe Entlohnungen zu erhalten oder aber ihre eigenen Kosten niedrig zu halten. Und sie ist zum anderen nicht nur an Werbewirkung, sondern auch an einem möglichst hohen Kreativitätsgrad der gestalteten Werbung interessiert, weil sie sich dadurch branchenintern positionieren kann (vgl. Schierl 2003, S. 108 ff.). Wie in Kap. 5 skizziert, ist Kreativität für die Positionierung einer Agentur ein unabdingbares, identitätsstiftendes und wettbewerbsunterscheidendes Aushängeschild. Was sich auch in der Beziehung Auftraggeber:in – Werbe- und Kommunikationsagentur niederschlägt. Zu Recht bezeichnet der GWA das „Kunde-Agentur-Verhältnis" als spannungsgeladenes Thema (vgl. GWA 2023a) Die Beziehung stellt sich vor Vertragsabschluss und während der laufenden Vertragsbeziehung idealtypisch wie in den Abb. 9.1 und 9.2 dar.

Zur Lösung des stets latenten und immer wieder thematisierten Konflikts versuchen viele Agenturen, Einfluss auf das werbungtreibende Unternehmen zu gewinnen. Dies bringt zudem weitere Vorteile mit sich. So zeigt der Grad, in dem Agenturen z. B. die Produktentwicklung, die Marken- und die Kommunikationspolitik mitbestimmen können, auch ihre Relevanz als professionelle Berater:in an. Großer Einfluss sichert die Langfristigkeit der Kund:innen-Agentur-Beziehungen – und damit der Umsätze und Erträge. Und er hat gute Chancen, in Fachpublikationen entsprechend gewürdigt zu werden. In der Werbegeschichte lassen sich bis heute immer wieder Beispiele solcher Beziehungen nachweisen, so etwa die Verbindung von Leo Burnett und Marlboro, Helmut Schmitz bei DDB und Volkswagen, Michael Schirner bei GGK und IBM oder Oliviero Toscani und Benetton (vgl. Aebi 2003, S. 370).

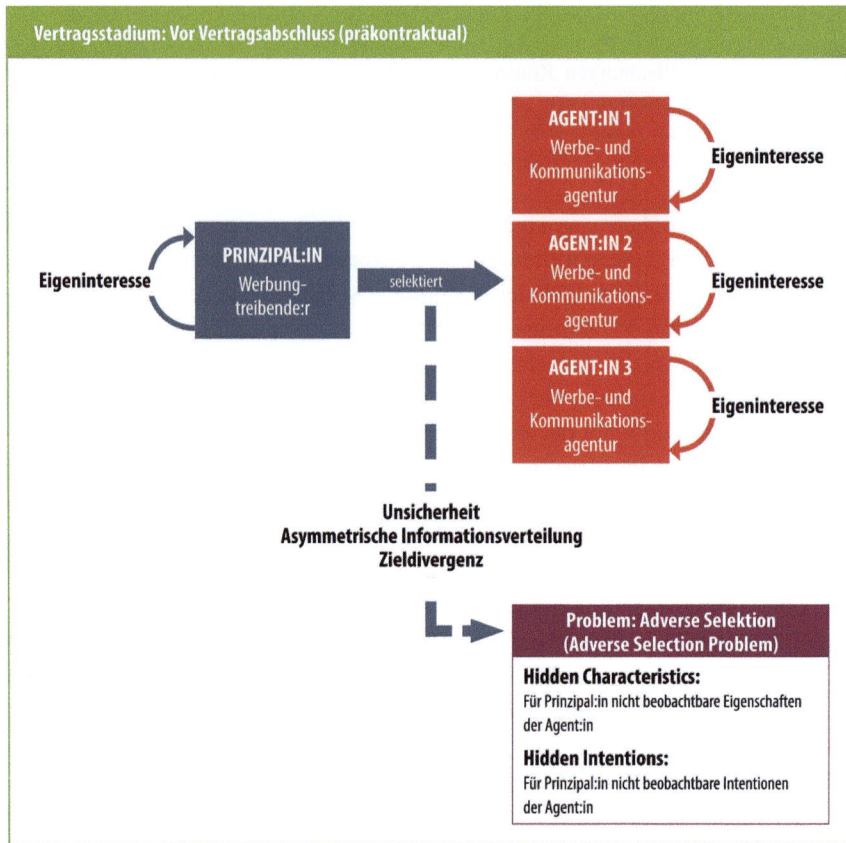

Abb. 9.1 Prinzipal-Agent-Probleme vor Vertragsabschluss. (Eigene Darstellung)

Insgesamt besteht also auf Seiten der Werbungtreibenden eine Unsicherheit bzgl. der Qualität der Agentur und ihrer Leistung. Das erschwert die Auswahl einer Agentur und auch die Beurteilung ihrer Leistung; denn Werbungtreibende könnten die „falsche" Agentur auswählen oder aber die angebotene Leistung als einzigartig annehmen, obwohl Teile anderer Leistungen wieder verwertet wurden, die entweder für andere Kund:innen entwickelt waren und von diesen verworfen wurden oder – meist in anderem Branchenumfeld – schon einmal verkauft wurden. Eine Qualitätsbeurteilung von Agenturen auf Basis harter Fakten ist letztlich nicht einmal im Nachhinein möglich, weil aufgrund der schwierigen Zuordnung der Wirkungen zu einer bestimmten Werbung keine wirkliche ex-post-Beurteilung möglich ist. Immerhin können bei digital ausgespielter Werbung Reaktionen von Rezipient:innen, die zu weiteren Online-, Mobile- und Social Media Aktivitäten führen, technisch genau erfasst werden, weshalb dort auch eine konkretere Überprüfung möglich ist.

Ansonsten bleibt die Unsicherheit bezüglich der Qualität der Agentur und ihrer Leistung bestehen. Nicht umsonst bietet der GWA umfassende Hilfestellungen für die Aus-

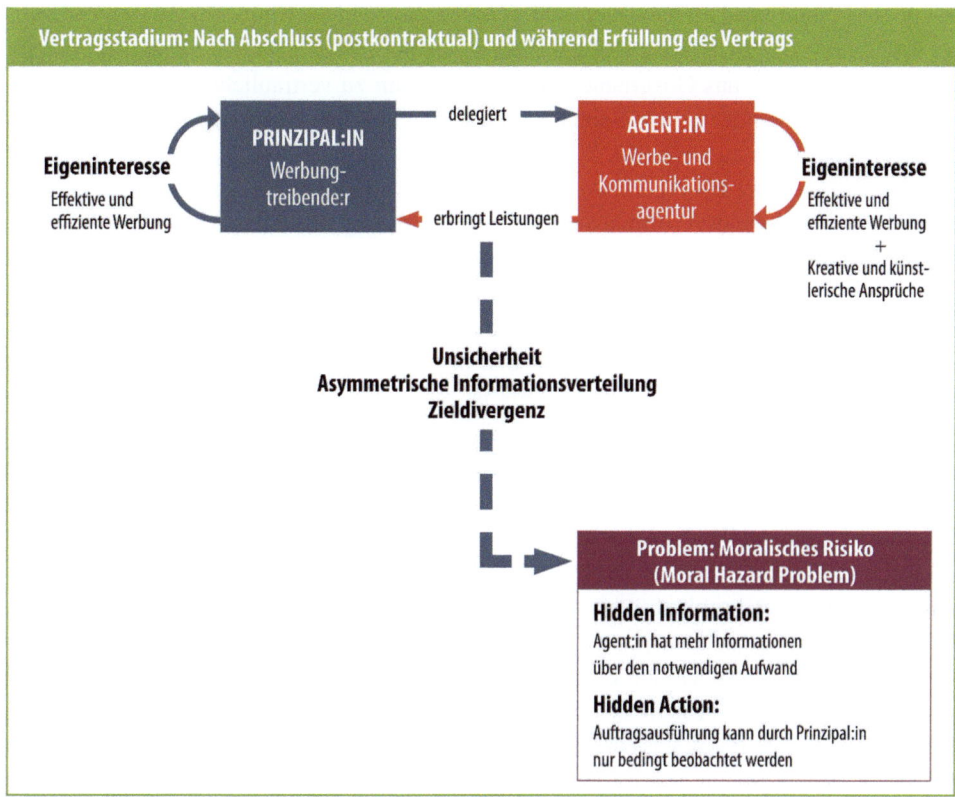

Abb. 9.2 Prinzipal-Agent-Probleme während des laufenden Vertrags. (Eigene Darstellung)

wahl und die Beziehung zu einer Agentur an (vgl. GWA 2023b). Qualitätsunsicherheit führt dazu, dass andere Aspekte zu Schlüsselinformationen werden und ihnen Signaling-Kompetenz zukommt. Aspekte, die zwar nicht die Leistung selbst darstellen und ihre Qualität beweisen, die diese aber anzeigen sollen: Bekannte Agenturnamen, gewonnene Auszeichnungen (die damit wiederum der strategischen Selbstbehauptung dienen), aber auch der Agenturstandort und die -räumlichkeiten sowie die Präsentations- und Überzeugungsfähigkeiten der Agenturvertreter:innen können so die Auswahlentscheidung beeinflussen.

Für Werbeagenturen spielt es also eine wesentliche Rolle, Vertrauen in ihre Leistungsfähigkeit zu schaffen (vgl. Meyer 1998, S. 10 f.). Die diskutierte Problematik führt allerdings nicht – wie zu erwarten wäre – zu besonders langjährigen Kund:innen-Agentur-Beziehungen. Vielmehr ging die Dauer der Geschäftsbeziehungen seit den sechziger Jahren bis Ende der neunziger Jahre kontinuierlich auf eine Beziehungsdauer von durchschnittlich zwei Jahren zurück (vgl. Schierl 2003, S. 109). Dies wirkt zunächst umso paradoxer, je deutlicher wird, dass ein Wechsel der Agentur für Werbungtreibende nicht nur neue Unsicherheiten bezüglich der Auswahl einer neuen Agentur schafft. Vielmehr verursacht ihnen ein Agenturwechsel Mehraufwand für Neu-Auswahl, Einarbeitung und die Eindämmung des Abflusses an Know-how, das die Berater:innen der alten Agentur mit eingebracht haben. Auf der anderen Seite kann es aus Governance Gründen und um zu vertrauliche Beziehungen zwischen Akteur:innen der beiden Seiten zu vermeiden, angezeigt sein, die Agentur in regelmäßigen Abständen zu wechseln.

Fluktuationen bei den Verantwortlichen in den werbungtreibenden Unternehmen wie den Agenturen verändern oftmals die Beziehung dahingehend, dass trotz erfolgreicher Werbung neue Wettbewerbspräsentationen eingefordert oder Agenturen gewechselt werden. Die relativ enge und auch persönliche Beziehung zwischen Kund:in und Auftragnehmer:in (vgl. bereits: Zuberbier 1982, S. 2391) kann einerseits dann schwierig werden, wenn die jeweils neuen Unternehmens- und die Agenturvertreter:innen persönlich nicht miteinander zurechtkommen. Andererseits ist dies insofern dem Organisationsverhalten geschuldet, als z. B. neue Produktmanager:innen nicht einfach die Ideen und Strategien ihrer Vorgänger:innen weiterverfolgen, sondern sich durch neue Ideen bemerkbar machen wollen und müssen. Dies endet nicht selten in einer Veränderung der Werbestrategie, häufiger aber im bloßen Wechsel der Agentur.

Auf Agenturseite stellt sich neben dem Druck, Neugeschäft akquirieren zu müssen, vor allem ein Loyalitätsproblem, wenn plötzlich die „eingeschworene" Parteilichkeit zu Altkund:innen und ihren Marken und Produkten durch die Loyalität zu neuen, ggfs. sogar konkurrierenden Unternehmen ersetzt werden muss. Die Frage, ob Loyalität so schnell entwickelt werden kann, stellt sich berechtigterweise. Ein gängiger Weg, diese Paradoxien aufzulösen, besteht darin, dass die Kund:innen die Agentur, nicht aber die Betreuer:innen wechseln, weil diese zur neuen Agentur übersiedeln (vgl. w&v 2005, S. 10).

Um insgesamt die Unsicherheiten der Qualitätsbeurteilung zu überwinden, setzen viele Unternehmen auf verschiedene weitere Maßnahmen, wie z. B. das Screening, also das Einholen von Informationen über Agenturen mittels Desk Research, ersten Gesprächen (vgl. Dahlhoff 1999, S. 264 ff.) und externen Suchhilfen, die Überprüfung von Qualitäts-Signalen, Zwischenpräsentationen, das Einschalten von Berater:innen, die Durchführung von Markt- und Werbeforschungstests oder die Schaffung von Anreiz- und Kontrollsystemen, ohne die Probleme vollständig lösen zu können. Einen Überblick über mögliche Maßnahmen, Probleme im Vorfeld oder Nachgang eines Agenturentscheids zu minimieren, zeigt Abb. 9.3.

Auch die Diskussionen um Agenturvergütungssysteme lassen sich letztlich auf diese Probleme zurückführen. Nicht immer allerdings eignen sich diese Maßnahmen, um die werbliche Effizienz und Effektivität zu steigern. Stattdessen arten sie oft in wechselseitiges Misstrauen und puren Preisdruck aus. Die Beurteilung der Maßnahmen im Hinblick auf ihre Diskriminierungsfähigkeit fällt ebenfalls unterschiedlich aus. Während Wettbewerbspräsentationen aufgrund ihres Selbstselektionscharakters nach Dirk Schachtner (2002, S. 74 f. und 211) sehr gut geeignet sind, Agenturen unter den Unsicherheiten von Prinzipal-Agent-Bedingungen auszuwählen, hängt die Eignung von Werbe-Awards als Qualitätssignal stark von den Beurteilungskriterien des jeweiligen Wettbewerbs ab. In seiner eigenen empirischen Untersuchung zeigt Schachtner (2002) aber deutlich, dass die

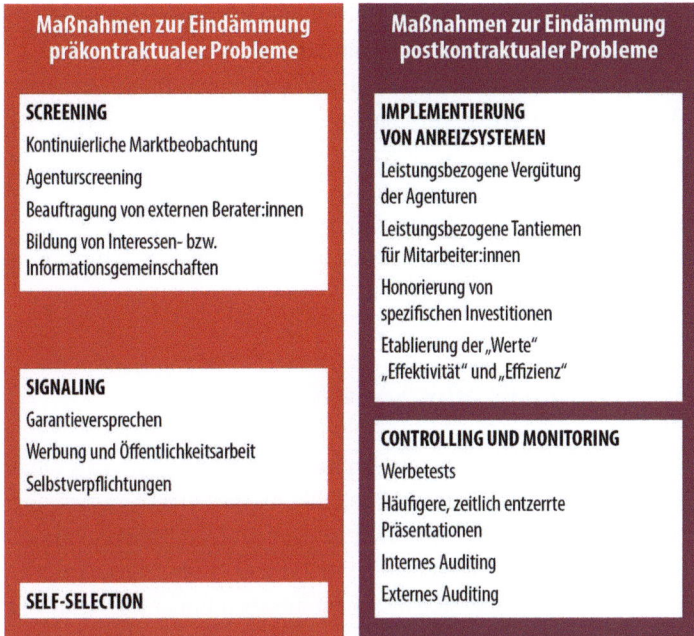

Abb. 9.3 Mögliche Maßnahmen zur Eindämmung präkontraktualer wie postkontraktualer Probleme. (Schierl 2003, S. 135, siehe auch Schierl und Oberhäuser 2016)

Reputation der Werbeagentur ein probates Mittel für Werbungtreibende ist, die Unsicherheit in der Agenturauswahl zu reduzieren. Damit wird der Reputationsaufbau für Agenturen auch ökonomisch lohnenswert.

Eine weitere „Irritation" im Beziehungsgeflecht der Agenturen kann in einer übergroßen Menge an Tests gesehen werden. Eigentlich sind Marktforschungs- und Werbewirkungstests, die in den einzelnen Phasen des Werbeprozesses Anwendung finden, Instrumente um die Werbeproduktion zu professionalisieren. Sie werden dann zur Irritation, wenn es nur noch um das Abwälzen von Entscheidungen geht. Denn die Entscheidungsmacht und die Verantwortlichkeiten werden dadurch von den eigentlich verantwortlichen Personen und Institutionen, wie den Marketingleiter:innen, den Product oder Brand Manager:innen und dem Unternehmen bzw. dessen Marketing- und/oder Werbeabteilung, auf die unpersönlichen Ergebnisse der Tests verlagert. Damit gewinnen z. B. methodische Standards Einfluss auf die Entscheidungsströme im Werbeprozess. Marktforschung hat dann eine Alibifunktion. Auch wenn die Ergebnisse solcher Tests nicht realistisch eingestuft, sondern in ihrer Aussagekraft über- oder unterschätzt werden, können sie schnell zu Mainstream-Werbung führen, die zwar für sich genommen Wirkung zeigt, aber im Kontext der Angebotsvielfalt einer Medien- und Informationsgesellschaft nicht genügend Aufmerksamkeit mobilisieren kann.

Vor allem Kreative beklagen sich darum nicht selten darüber, dass Werbung „zu Tode getestet wird" (vgl. Aebi 2003, S. 201 ff.). Gleichwohl entwickeln sie selbst ein sehr eigenwilliges Verhältnis zu Tests, akzeptieren sie dann, wenn die eigene Werbung gut abschneidet und kritisieren sie, wenn dies nicht der Fall ist (vgl. Nerdinger 1990, S. 116). Zugleich zeigt der vermehrte Einsatz von Tests aber auch, dass Werbungtreibende ein zwiespältiges Verhältnis zur Kreativität haben; denn einerseits ist Kreativität genau das, was sie bei Agenturen nachfragen, andererseits ist sie aber auch das, was sich schwierig bis nicht beurteilen lässt und deshalb suspekt bleibt. Da Kreativität schwer fassbar ist, weicht man diesem Definitionsdilemma nicht selten durch beispielhafte Werbemittel oder Personalisierung aus und verweist auf herausragende kreative Leistungen oder Personen als Benchmark für Kreativität.

9.2 Agenturinterne Konfliktkonstellationen

Vor diesem Hintergrund lebt die Agenturleistung insgesamt davon, dass hierarchische Anweisungen fallweise durch Vertrauen, Verlässlichkeit und Selbstverpflichtung ersetzt werden. Die erste Herausforderung an Agenturen ist deshalb die Organisation der Leistungserstellung. Hier gilt es zum einen, die kreativen und die ökonomischen Ansprüche innerhalb der Agentur zu koordinieren, wobei sich die ökonomischen Imperative und die kreativen Imperative wechselseitig beeinträchtigen können. Dass diesem Spannungsfeld einer „ökonomisch gebändigten Kreativität" zentrale Bedeutung zugerechnet wird, kommt angesichts seiner Verankerung im organisatorischen Herzen einer Agentur nicht von ungefähr. Die optimale Erstellung der Werbeleistung hängt insofern nicht unwesentlich davon ab, ob und wie es gelingt, die Interessen der Agentur als Ganzes mit den Interessen einzelner Abteilungen und vor allem mit den Interessen der einzelnen Werber:innen in Einklang zu bringen.

Daneben entsteht ein weiteres Spannungsfeld dort, wo einzelne Mitarbeitende als nicht „einzuordnende Individualitäten" (vgl. Heck 1982, S. 2636) eben diese Individualitäten zu Lasten ihres Teams oder des Gesamtoutputs der Agentur pflegen und ggfs. sogar noch kultivieren. Hier sind die koordinierenden Führungsqualitäten des Managements ebenso gefragt wie beim Austarieren des dritten agenturspezifischen Spannungsfeldes: dem der Generationen. Obgleich in allen Organisationen anzutreffen, wird es für Agenturen aufgrund der in der Werbung vorherrschenden Jugendlichkeitsorientierung besonders relevant, wenn Berufserfahrung auf der einen und Jugendlichkeit auf der anderen Seite die Klingen kreuzen.

Im Innenleben von Agenturen finden sich also strukturelle Konfliktkonstellationen als Prinzipal-Agent-Beziehung (vgl. Schierl 2002, S. 439 ff. und 2003, S. 100 ff.). Ebenso wie die Agentur gegenüber den Kund:innen (vgl. Abschn. 9.1), sind letztlich auch die operativen Einheiten gegenüber der Agenturleitung als Agent:innen oder im wechselseitigen Verhältnis einmal als Prinzipal:innen, ein andermal als Agent:innen zu sehen. Die jeweils zuständigen Einheiten haben einen Informationsvorsprung gegenüber den anderen Abteilungen oder der Agenturleitung, den sie – opportunistisches Verhalten vorausgesetzt – für die Erreichung ihrer eigenen und nicht der gemeinsamen Ziele einsetzen können. Zugleich können sie aufgrund der Informationsasymmetrie auch nicht beliebig kontrolliert werden.

Und opportunistisches Verhalten findet sich innerhalb der Agentur, weil die je berufsspezifische Identität (z. B. als Kreative/r) auch für einzelne Abteilungen und Personen zur strategischen Selbstbehauptung wird. Dies führt dann innerhalb von Agenturen zu „werbetypischen" Konfliktkonstellationen.

So werden Kontakter:innen zu Agent:innen mit Informationsvorsprung gegenüber dem Kreativteam in der Agentur, wenn es darum geht, die Ergebnisse der Kommunikation mit ihren Kund:innen weiterzugeben. Von ihrer Ausbildung und ihrer kundenorientierten Funktion her stärker an ökonomischer Effizienz und Effektivität einer Kampagne interessiert, wirken Kontakter:innen zumindest vordergründig den Zielen ihrer Kund:innen oft mehr verpflichtet als denen ihres Agenturteams. Umgekehrt werden Kreative zu Agent:innen mit Informationsvorsprung gegenüber dem Beratungsteam in der Agentur, wenn sie ihr Wissen um neue Gestaltungstrends, technische Verfahren oder auch ihre besten Ideen nicht ins Team einbringen, sondern selbstreferenziell mit anderen Kreativen teilen, weil sie der Meinung sind, dass diese ihre Arbeit „tatsächlich" würdigen können. Vor diesem Hintergrund wiegt es besonders schwer, wenn Kontakter:innen aufgrund von Wissensmängeln und der schwierigen Operationalisierung das offizielle Ziel der Effizienz und Effektivität von Werbung durch das informelle Ziel der Kundenzufriedenheit ersetzen und sich in vorwegnehmender Anpassung an die Wünsche der Kund:innen (vgl. Nerdinger 1990, S. 91; Schierl 2002, S. 441) üben. Kommt dazu mangelndes Verständnis beider Seiten füreinander, sind Konflikte, Frustration und Resignation hier wie dort vorprogrammiert.

> **Fallbeispiel: Konfliktkonstellation auf der Ebene der Berufsrollen**
>
> „Dieses Phänomen verhält sich nun wirklich in jeder Agentur, die ich kenne so. Es handelt sich dabei schliesslich um einen klassischen Konflikt und der wird immer so sein."
>
> „Ich denke, dass es in 95 % der Fälle zu Konflikten kommt. Weil der Kreative das Gefühl hat, der Berater hat sowieso keine Ahnung, und der soll jetzt zum Kunden rennen und die Pappen abliefern. Und der Berater denkt, der Kreative, mit denen kann man ja nicht reden, die sind total ausgeflippt. Wir leben das komplett anders … Aber sie haben recht, in 95 % der Fälle gibt es Konflikte, und das ist eine der grössten Tragödien, denn genau dort geht Qualität verloren, genau dort gibt es Reibungsflächen, gibt es Energieverluste, Intrigen."
>
> Aussagen von Werbeexperten aus dem Jahr 2004 zum Spannungsverhältnis Berater – Kreative (Studie zur Werbung in der Schweiz). (Siegert et al. 2004). ◄

Immer wieder unternehmen daher Agenturen Versuche, diesen Konfliktherd zu entschärfen, indem z. B. Kreative die Möglichkeit bekommen, selbst direktes Feedback der Kund:innen zu erfahren und mit diesen direkt zu kommunizieren. Das Problem dieses Lösungsansatzes liegt darin, dass kreative Prozesse nicht bereits zu Beginn mit praktisch-ökonomischen Restriktionen konfrontiert werden können, weil sonst gerade die kreative Freiheit als Nährboden für innovative Ideen auf der Strecke bleibt. Damit wird Kreativität zum Organisationsproblem, zur typischen Konfliktkonstellation und zur ständigen Herausforderung für Agenturen. Deren Geschäftsleitung muss tagtäglich die Quadratur des Kreises in der Form gelingen, dass der Arbeitsprozess strukturiert und kontrolliert abläuft, zugleich aber kreative Potenziale in allen Phasen des Werbeprozesses freigesetzt und Frustrationen so weit wie möglich eingedämmt werden können. Dabei haben sich sowohl formelle Maßnahmen, wie z. B. Round-Table-Gespräche, als auch informelle Maßnahmen, wie die Schaffung von Freiräumen und Begegnungszonen, bewährt, um den Erfahrungsaustausch und das Gespräch zwischen den verschiedenen Gruppen in der Agentur zu etablieren (vgl. Zuberbier 1982, S. 2394).

Neben diesen internen Aufgaben sehen sich Agenturen und ihre Mitarbeitenden einer zweiten gravierenden Heraus- teilweise auch Überforderung von außen gegenüber: dem ständigen Wandel der Werbung und ihrer gesellschaftlichen, technologischen und ökonomischen Umfelder. Berufsmäßig müssen Werbeakteur:innen den Wandel kontinuierlich reflektieren. Sie müssen permanent die Veränderungen innerhalb der Zielgruppen, in der Zielgruppenzusammensetzung, bei den Konsumwünschen, dem Kaufverhalten, der Sprache, den technischen Produktionsbedingungen u. v. m. berücksichtigen. So bescheren z. B. kurze Update-Intervalle für Gestaltungs-Software oder die kontinuierliche Weiterentwicklung von generativer KI vielen Agenturen hohen monetären und zeitlichen Aufwand für Beschaffung und Schulung. Und auch wenn generative KI mittlerweile viele kreative (Vor-)Prozesse übernehmen kann, müssen die Prompts dazu, also das möglichst genaue Briefing für die KI, fachkundig formuliert werden.

So ist auch der Berufsstand der Werber:innen und ihrer Spezialisierungen ständigen Veränderungen unterworfen, was insofern zu Spannungen führt, als damit ein Bedeutungs- und Reputationsverlust bzw. -gewinn einzelner Personen, Berufsgruppen und Agenturen in der Werbung verbunden ist (vgl. Heck 1982, S. 2636). Es bedarf eigentlich keiner gesonderten Erwähnung, dass die Dynamik der Digitalisierung diese Change-Prozesse und ihre Implikationen deutlich verschärft hat und weiterhin verschärfen wird. Damit einher geht auch ein nochmaliger Bedeutungsgewinn für die Aus- und Fortbildung von Agenturmitarbeitenden, die die fachliche Kompetenz sicherstellen soll. Weil künftig eher mehr als weniger Spezialist:innen koordiniert werden müssen, kommt der Entwicklung und Etablierung von Teamarbeitsprinzipien eine wegweisende Rolle zu (vgl. bereits: Zuberbier 1982, S. 2377).

9.3 Konfliktkonstellationen in Buchung, Platzierung und Abrechnung

Wie in Kap. 8 skizziert, wird via Mediaplanung die Werbebotschaft zur Zielgruppe transportiert, es werden Werbeträger ausgewählt und Zeitpunkt sowie Häufigkeit der jeweiligen Belegung festgelegt. Die Werbeträgerauswahl orientiert sich an verschiedenen Kriterien, wie Auflage und technische Reichweite, Netto-Reichweite und Brutto-Reichweite, Kontaktwahrscheinlichkeit, Zielgruppenaffinität und Tausenderkontaktpreis. Diese Werte werden entweder per Mediaforschung und/oder über eine technische Messung generiert. Beim Behavioral und beim Programmatic Advertising werden dazu die Daten des Such-, Nutzungs- und Transaktionsverhaltens über eine oder mehrere Quellen erschlossen, und die Buchung verläuft in vielen Fällen automatisiert via Real Time Bidding. Die identifizierten werberelevanten Internetplätze werden dann in automatisierten, ultraschnellen Trading-Auktionen vermarktet, in denen die Ad Impressions bestimmter Nutzer:innen an den Meistbietenden versteigert werden.

Programmatic Advertising und Real Time Bidding bringen – rein theoretisch – Nachfrageinteresse und Angebotsversprechen fast vollständig zur Deckung, liefern also zielgruppen- oder zielpersonenspezifische Ansprache, und ermöglichen so weitgehend streuverlustfreie und daher kostengünstige Werbeschaltungen. Dennoch haben sich – vor allem mit der Entwicklung von Social Media Plattformen und News Feeds – zwei typische Konfliktkonstellationen entwickelt: Suchmaschinen-Ranking und Brand Safety.

Die Platzierungen im Ranking der Suchmaschinenergebnisse sind von Kriterien abhängig, die die Suchmaschinenbetreiber:innen festlegen und kommunizieren. Alle Betreiber:innen honorieren dabei u. a., wie oft und wie hochrangig eine Seite vernetzt ist. Damit wird die quantitative und qualitative Verlinkung das Kernelement der Online-Aufmerksamkeitsgewinnung. Eine Verlinkung kann jedoch auch entsprechend arrangiert werden: Zum einen mit der sog. White Hat Search Engine Optimization. Damit wird die Suchmaschinen-Optimierung bezeichnet, die zwar vorhandene Spielräume ausnutzt, aber nur verschlagwortet und verlinkt, was eine Online-Seite auch tatsächlich hergibt. Zum anderen lässt sich Verlinkung aber auch mittels der sog. Black Hat Search Engine Optimization arrangieren. Dabei werden Schlagwörter vergeben und Verlinkungen eingebaut, die mit dem Inhalt der Seite nichts zu tun haben, um im Suchergebnis eben möglichst hoch gerankt zu werden. Übliche Techniken dabei sind „Hidden Texts or Links …Keyword Stuffing … Doorway Pages … Cloaking … Link Farms…" (Sharma et al. 2019, S. 688; vgl. auch: Lewandowski 2023, Ribeiro Issa und Marques dos Santos 2022). Linkfarmen sind eine Ansammlung von Webseiten im Internet, die einzig zu dem Zweck eingerichtet sind, möglichst viele Verlinkungen arrangieren zu können und bei denen entsprechend Hyperlinks gekauft werden können:

> „Website owners can purchase links from a link farm owner, and thus increase their ranking with Google. This trade is also known as the 'black market for links'" (Segev 2010, S. 69).

Weil die Werbungtreibenden bei dieser Art von Suchmaschinen-Optimierung für etwas zahlen, was keinen realen Gegenwert hat, werden sie zu Opfern von Ad Fraud, und es entsteht eine typische Konfliktkonstellation. Online-Buchungen werden meist automatisiert leistungsabhängig abgerechnet (Performance Based Pricing (PBP)), deshalb erhöht die so vorgetäuschte Aufmerksamkeit bei zwei von drei üblichen Abrechnungsmodellen (Pay-per-Click) und pro Interessent:in/Adresse (Pay-per-Lead) (vgl. Lammenett 2021, S. 58 ff.) die Kosten. Dies verschlimmert die vor allem für Werbungtreibende mit kleineren Budgets problematische Situation, dass der Auktionscharakter des Real Time Bidding eine präzise Planung der Kosten vereitelt und eine genaue Begleitung wichtig ist (vgl. Kopp 2016). Obwohl die Konfliktkonstellation theoretisch auch bei anderen Formen der Werbung vorkommen kann – z. B. können Plakatwände an Standorten stehen, an denen sie partiell verdeckt sind und daher nicht gesehen werden können – ist ihr Ausmaß nur bei der Online-Werbung so groß.

Eine weitere typische Konfliktsituation ergibt sich dort, wo genaue Begleitung von Online-Werbeschaltungen gefordert ist, weil insbesondere bei News Feeds nicht kontrolliert werden kann, in welchem konkreten inhaltlichen Umfeld die Werbebotschaften platziert werden. So sehen sich Werbungtreibende immer wieder damit konfrontiert, dass ihre Werbebotschaft im Umfeld von problematischen Posts, Hate Speech, Hetze oder anderen unerwünschten Inhalten auftaucht. Sie haben schon in vielen Fällen entsprechend mit dem Abzug von Werbegeldern gedroht und entsprechende Brand Safety Tests eingefordert (vgl. u. a. Sloane 2021a, c).

Hate Speech, also Hassrede, ist ein rechtlich nicht klar abgegrenzter Begriff, der zudem stark vom gültigen Rechtsrahmen bestimmt wird und vorsichtig zu verwenden ist, weil er meist mit einer Begrenzung der Meinungsfreiheit einhergeht (vgl. u. a. Hong 2018; Lehmann 2018). Er ist auch sprachlich nicht einfach zu fassen (Marx 2018), kann für Werbebotschaften problematisch sein und stellt insofern eine typische Konfliktkonstellation dar. Dies vor allem, weil durch Kontexteffekte die Werbewirkung und die Reputation der beworbenen Produkte, Marken und Unternehmen negativ beeinträchtigt werden könnten (vgl. u. a. Lee et al. 2021).

Deshalb entwickelt sich seit Beginn der 2023er-Jahre unter dem Begriff Brand Safety die Sicherheit des Werbeumfeldes für beworbene Marken zum Thema:

> „Brand safety refers to ensuring that a brand's ad should not appear adjacent to content or in a context that can damage the advertised brand" (Lee et al. 2021, S. 354).

Ausführlich berichtet auch Garett Sloane in der Fachzeitschrift Ad Age über dieses Problem (vgl. Sloane 2021a, b, c, d). Die Medien- und Online-Branche hat auf diese Herausforderung mit Varianten von Selbstregulierung geantwortet (vgl. auch Kap. 8): Seit 2016 gibt es einen Code of Conduct (CoC) Programmatic Advertising der Branchenverbände Bundesverband Digitale Wirtschaft (BVDW), IAB Switzerland und IAB Austria. Die unterzeichnenden Agenturen verpflichten sich zu Transparenz, Qualität und Sicherheit in der programmatischen Werbung (Bundesverband Digitale Wirtschaft 2023). Seit 2019 gibt es zudem eine Global Alliance for Responsible Media (GARM), die sich demselben Ziel im internationalen Kontext verpflichtet sieht (vgl. World Federation of Advertisers 2023).

Einige Social Media Anbieter haben mit spezialisierten Anbietern Programme aufgebaut, die die Sicherheit des Werbeumfeldes bestätigen sollen (third-party verification), z. B. Meta In-Stream Video Brand Safety (vgl. Media Rating Council 2024) oder OpenSlate bzw. DoubleVerify für TikTok (vgl. Sloane 2021d). Dass ähnliche Maßnahmen nicht immer gelingen, zeigt das Fallbeispiel Twitter/X:

Fallbeispiel Twitter und Blue Checks

Die Plattform X, vormals Twitter, versuchte mit dem Verkauf von sog. Blue Checks, die vor Elon Musks Übernahme von Twitter als Service zugeteilt wurden, die Authentizität der Account-Inhaber:innen zu garantieren. Definitiv wurde aber zu wenig Aufmerk-

Abb. 9.4 Twitter Blue Checks und „verified" Fake Accounts. (Ali 2022)

samkeit in die Qualitätskontrolle investiert, wie auch die vielen „verified" Elon Musk Accounts belegen. Die Fake-Tweets hatten aber auch – wie im Fall der Pharmafirma Eli Lilly (siehe Abb. 9.4) – ernsthafte monetäre Konsequenzen in Form von fallenden Aktienkursen (vgl. u. a. Lee 2022):

> „"Quickly, blue checks became a **brand safety** issue. By late last week, one major media holding company issued a warning about the possibility of **brands** being attacked on Twitter by bad actors armed with newly purchased blue checks. A leader at the holding company, who spoke on the condition of anonymity, said that the potential for impersonation was the latest sign that Twitter is going downhill as a place for advertisers, and Musk's attempts to calm the atmosphere by talking with top advertisers did not inspire confidence" (Sloane 2022).
>
> "Several high profile Twitter users and celebrities lost their verification status on Thursday, including Beyoncé, Pope Francis, and Oprah Winfrey. President Donald Trump – who has not tweeted since he was allowed to return to the platform after being banned – has also been unverified. Some celebrity users – including basketball star LeBron James, author Stephen King and Star Trek's William Shatner – pledged not to join Twitter Blue. All three still had blue checks on Friday after Musk said he paid for them himself" (Paul 2023).
>
> "Countless users bought Twitter Blue to use it on "verified" parody accounts of all sorts of things, places, and people – from impersonations of pharmaceutical giant Eli Lilly to Donald Trump's former lawyer Rudy Giuliani. Honestly, Twitter hasn't been this much fun in a long time"" (Ali 2022). ◂

Mittlerweile reagieren Social Media Plattformen wie YouTube, Facebook, Instagram oder TikTok auf diese Bedenken der Werbungtreibenden und bieten spezifische Werbeplätze (inventory settings) in unterschiedlichen Risikostufen an, wie z. B. „expanded" (high-risk), „standard" (medium) and „limited" (low-risk) inventory settings (Griffin 2023).

Auch wenn das übergreifende Interesse der Werbewirtschaft sehr stark an das Thema „werbefreundliche Umfelder" anschließt, geht das Thema „Brand Safety" weit darüber hinaus. Deshalb propagiert Griffin (2023) mit Verweis auf andere Autor:innen stattdessen

CONTENT CATEGORY	BRAND SAFETY FLOOR – Content not appropriate for any advertising support
Adult & Explicit Sexual Content	• Illegal sale, distribution, and consumption of child pornography • Explicit or gratuitous depiction of sexual acts, and/or display of genitals, real or animated
Arms & Ammunition	• Promotion and advocacy of Sales of illegal arms, rifles, and handguns • Instructive content on how to obtain, make, distribute, or use illegal arms • Glamorization of illegal arms for the purpose of harm to others • Use of illegal arms in unregulated environments
Crime & Harmful acts to individuals and Society, Human Right Violations	• Graphic promotion, advocacy, and depiction of willful harm and actual unlawful criminal activity – Explicit violations/demeaning offenses of Human Rights (e.g. human trafficking, slavery, self-harm, animal cruelty etc.), • Harassment or bullying of individuals and groups
Death, Injury or Military Conflict	• Promotion, incitement or advocacy of violence, death or injury • Murder or Willful bodily harm to others • Graphic depictions of willful harm to others • Incendiary content provoking, enticing, or evoking military aggression • Live action footage/photos of military actions & genocide or other war crimes
Online piracy	• Pirating, Copyright infringement, & Counterfeiting
Hate speech & acts of aggression	• Behavior or content that incites hatred, promotes violence, vilifies, or dehumanizes groups or individuals based on race, ethnicity, gender, sexual orientation, gender identity, age, ability, nationality, religion, caste, victims and survivors of violent acts and their kin, immigration status, or serious disease sufferers.
Obscenity and Profanity, including language, gestures, and explicitly gory, graphic or repulsive content intended to shock and disgust	• Excessive use of profane language or gestures and other repulsive actions that shock, offend, or insult.
Illegal Drugs/Tobacco/e-cigarettes/Vaping/Alcohol	• Promotion or sale of illegal drug use – including abuse of prescription drugs. Federal jurisdiction applies, but allowable where legal local jurisdiction can be effectively managed • Promotion and advocacy of Tobacco and e-cigarette (Vaping) & Alcohol use to minors
Spam or Harmful Content	• Malware/Phishing
Terrorism	• Promotion and advocacy of graphic terrorist activity involving defamation, physical and/or emotional harm of individuals, communities, and society
Debated Sensitive Social Issue	• Insensitive, irresponsible and harmful treatment of debated social issues and related acts that demean a particular group or incite greater conflict;
Misinformation	• Misinformation is defined as the presence of verifiably false or willfully misleading content that is directly connected to user or societal harm

Abb. 9.5 Brand Safety Floor – Content not appropriate for any advertising support. (GARM 2022, S. 3)

den Begriff „Brand Suitability". Dies soll darauf verweisen, dass die Werbewirtschaft klaren Einfluss auf die Moderationsleitlinien und auf die Plattform-Governance der Social Media Anbieter hat. Wie umfassend die „Brand Risks" definiert werden, zeigt der von der Global Alliance for Responsible Media (GARM) herausgegebene Leitfaden zu „Brand Safety Floor + Suitability Framework" (GARM 2022, Auszug siehe Abb. 9.5).

Die in Abb. 9.5 aufgelisteten Risiken sind teils interpretationsbedürftig, denn es ist keineswegs klar, was z. B. unter „Excessive use of profane language or gestures and other repulsive actions that shock, offend, or insult" genau zu verstehen ist. Gleichwohl werden diese Medieninhalte im Framework als hohe Risiken eingestuft. Obwohl also in weiten Teilen nachvollziehbar und verständlich, kann Brand Suitability zu massiver Einflussnahme von Berichterstattung und medialen Chancen ausarten. Dies wurde bereits in den früheren Arbeiten zum Einfluss der Werbung auf Medieninhalte kritisiert (vgl. u. a. Siegert et al. 2010; Siegert und von Rimscha 2016) und kann wie Sophie Bishop (2021, S. 4) am Beispiel des ehemaligen Disney Stars Miley Cyrus aufzeigt, massive Konsequenzen haben. Mit dem Wandel vom braven Teenie Star (Hannah Montana) hin zu stark sexualisierten Auftritten war sie – vorübergehend – zum „Brand Risk" geworden.

9.4 Konfliktkonstellationen in Partizipation und Datenschutz

Vor allem im Hinblick auf Kostenorientierung und Effizienzsteigerung der Werbung bauen viele Online-, Mobile- und Social Media Werbekampagnen auf die Partizipation von Nutzer:innen. Deren Partizipationsbereitschaft ist in Quantität und Qualität aber nicht beliebig strapazierbar, sondern vielmehr sehr volatil (vgl. dazu auch Hoffmann et al. 2015, S. 121 f.). Sie kann ausgesprochen hoch und intensiv sein, wie verschiedene Social Media Challenges belegen. So erzielte die sog. Tipp-Experience, bei der Nutzer:innen einen Werbespot für einen Korrekturroller durch Eingabe eines Verbs in der Headline verändern konnten, 2010 innerhalb von 36 h eine Million und innerhalb der nächsten 99 Tagen weitere 34,5 Mio. Views, was sich in einer 30 %igen Umsatzsteigerung für Tipp-Ex in Europa auch in harten ökonomischen Fakten niedergeschlagen hatte (Buzzman Buzzman (2010); vgl. auch Fallbeispiel in Kap. 7).

Entsprechende Werbung kann jedoch auch ins Leere oder den Zielen der Werbungtreibenden diametral entgegenlaufen. Diese Gefahr besteht insbesondere beim sog. Crowd Sourcing. In dessen Rahmen fordern Werbungtreibende Nutzer:innen auf, etwas zu gestalten, um es im Anschluss von einer Jury oder der Online-Community bewerten zu lassen und den Siegerentwurf mit einem Preisgeld und/oder der Umsetzung in ein reales Angebot zu prämieren. So ist z. B. das Toyota-Logo – bereits 1936 (!) – in einem damals noch offline durchgeführten Crowd Sourcing entstanden (vgl. Dämon 2011).

> **Fallbeispiel „Pril schmeckt lecker nach Hähnchen"**
>
> Im Jahr 2011 erntete Henkel einen Shitstorm für ein Crowd Sourcing, in dem Nutzer:innen aufgefordert worden waren, ihren Entwurf für die Flasche des Geschirrspülmittels Pril einzureichen. Henkel hatte versprochen, dass die drei Siegerentwürfe umgesetzt und ihre Gestalter:innen ein Preisgeld erhalten sollten. Die Beurteilung überließ Henkel zunächst der Online-Community, die auf die drei ersten Plätze aber Entwürfe wählte, die entweder den guten Geschmack oder geltendes Verbraucherschutzrecht verletzt hätten. Mit der Begründung, dass es Manipulationen beim Online-Ranking gegeben hätte, setzte eine von Henkel zusammengerufene Jury die drei Entwürfe nach hinten und zog sich damit den Unmut der Online-Community, Häme aus Fachkreisen und einen Imageschaden zu.
>
> Partizipation kann zum Problem werden, wenn sich die Vorstellungen der Werbungtreibenden (Abb. 9.6, links) und der Community (Abb. 9.6, rechts) nicht zur Deckung bringen lassen. ◄

Um ähnliche Probleme zu vermeiden, müssen Partizipationsbedingungen relativ eng eingegrenzt werden, was aber dazu führen kann, dass die Teilnahmebereitschaft hinter den Erwartungen der Werbungtreibenden zurückbleibt. Dennoch setzen diese immer wieder auf vergleichbare Aktionen wie im Fallbeispiel Arosa Tourismus (siehe Abb. 9.7) dokumentiert.

Abb. 9.6 Fallbeispiel Pril Crowd Sourcing. (Eigene Bildmontage unter Verwendung von Tißler 2011)

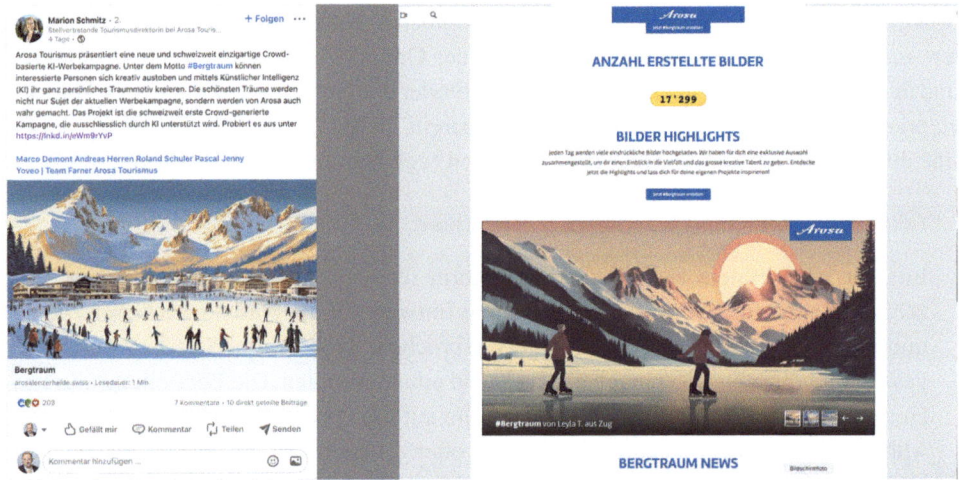

Abb. 9.7 Fallbeispiel Arosa Bergtraum. (Eigene Bildmontage: links: Teaser auf Social Media (Schmitz 2024), rechts: eines der mehr als 17.000 Motive auf der Webseite von Arosa Tourismus (2024))

Fallbeispiel „Träumen künstliche Intelligenzen von Skiferien in Arosa?"

Die Tourismuswerbung der Graubündner Feriendestination Arosa Lenzerheide hat im Januar 2024 Nutzer:innen aufgefordert, auf ihrer Webseite mittels KI ein Sujet für eine Werbekampagne für den Ort zu erstellen. Zur Motivation wurden Preise und die Veröffentlichung der besten Motive ausgelobt. In weniger als acht Tagen sind mehr als 17.000 Motive eingereicht worden. ◄

Wo sich solche Erfolge nicht einstellen, werden Partizipation und Aufmerksamkeit aber auch manipuliert und vorgetäuscht, indem Likes, Sharings und Fans über Bots und

Fake-Accounts generiert werden, um diese kommerziell zu handeln und dafür einzusetzen, Nutzerzahlen zu erzeugen, die auf realem Weg nicht erreicht werden könnten (vgl. zu diesen und ähnlichen Phänomenen: Lewandowski 2023; Dellarocas et al. 2013).

Noch weit intensiver gestalten sich die Problemkonstellationen zwischen Werbung und Datenschutz – und dies nicht erst, seit mit dem Internet das datengetriebene Marketing und die datengestützte Werbung ihren Siegeszug angetreten haben. Vielmehr zeigen sich Reibungspunkte bereits in der analogen Direktwerbung, auch wenn die technischen Möglichkeiten von Big Data, Tracking und Profilbildung eine ganz andere Dimension der Erhebung, Qualifizierung, Speicherung und Verwendung von Daten ermöglichen (vgl. Brecheis 2017. S. 16). Daraus sind verschiedene Problemkonstellationen entstanden.

Im Kern der Diskussion steht der Konflikt, dass (nicht nur) Werbungtreibende großes Interesse daran haben, möglichst viel über Kund:innen und mögliche Kund:innen zu wissen, um Angebote und ihre Kampagnen so effizient wie möglich zu gestalten. Als Königsweg dazu sehen die meisten eine möglichst umfangreiche Sammlung von Daten, die sie aus eigenen Kundendaten, wie z. B. persönliche Daten für Kundenkarten und damit verknüpfte Kaufhistorie, generieren, aber auch von Fremdfirmen zukaufen. Verbraucher:innen dagegen äußern immer wieder Unbehagen darüber, dass sie zum einen nicht wissen, wo, wer überhaupt welche Daten erhebt und zum andern nicht wissen, was mit diesen Daten dann geschieht – auch wenn sie dann in der Wirklichkeit der täglichen Online-, Mobile- und Social Media Nutzung sowie dem Gebrauch sog. Smart Devices diese Daten eher freizügig und sorglos preisgeben. Dieses als „Privacy Paradox" bezeichnete Verhalten ist inzwischen Thema zahlreicher Untersuchungen (vgl. Bundeskartellamt 2020, S. 45 f.).

Das Unbehagen der Verbraucher:innen und Befürchtungen, dass ihre persönlichen Daten in falsche Hände gelangen könnten, zeigen, dass die Konsument:innen ihr Recht auf Informationelle Selbstbestimmung auch durch Werbungtreibende bedroht sehen. Das Unbehagen der Verbraucher:innen und die geäußerten Befürchtungen, dass ihre persönlichen Daten in falsche Hände gelangen könnten, zeigen, dass die Konsument:innen ihr Recht auf informationelle Selbstbestimmung auch durch Werbungtreibende bedroht sehen. Neben dieser eher emotionalen Seite wird aber auch zunehmend eine ökonomische Seite diskutiert. Immer mehr Unternehmen erkennen, dass Daten ein lukratives Einnahmespektrum Buzzman (2010) werden und damit kommerzialisiert werden können (vgl. hierzu ausführlicher Jöns 2019; Thouvenin 2017; Burgess 2023). Daten werden zur Handelsware und im Gegensatz zu den wenigen Adressverlagen, die im analogen Direktmarketing Daten an Werbungtreibende verkauft haben, entdecken im Markt für digitale Daten immer mehr Anbieter aus zunächst entfernt wirkenden Branchen, neue Geschäftsfelder. So sammeln z. B. Auto- und Autozubehörhersteller Daten aus dem Betrieb der Autos. Auch Sprachassistenten wie Apples Siri oder Amazons Alexa bringen ihren Anbietern Daten-Einnahmen, die über den Verkaufspreis weit hinausgehen.

Dabei muss prinzipiell angenommen werden, dass die meisten Smart Devices, also Geräte, die via WLAN mit dem Internet verbunden werden, Daten an ihre Hersteller zurücksenden. Das Spektrum der „smartisierten Produkte" reicht dabei von professionellen Maschinen über smarte Puppen, Zahnbürsten, Sex Toys und Kühlschränken bis zu Smart TVs und Smart Home-Steuerungen oder anderen Geräten im Internet der Dinge (Internet of Things, IoT) (vgl. Bosch Digital Blog o. J). Auch Medienhäuser der ersten Generation haben die Verwertung der Daten ihrer Leser:innen aus analogen Zeiten in die digitale Gegenwart übergeführt. So weisen Trackersuchen auf den Onlineseiten auch von als Qualitätszeitungen anerkannten Medien bis zu vierzig Tracker nach.

Problematisch dabei ist, dass den Verbraucher:innen zum einen gar nicht bewusst oder bekannt ist, dass ihre smarten Geräte ihre Daten oder gar ihr Verhalten aufzeichnen und an Datensammelstellen schicken. Zum anderen haben sie aber auch gar nicht die Möglichkeit, diesem Datensammeln zu widersprechen oder es zu stoppen, wenn sie ihre Geräte weiterhin nutzen wollen. Das 2015 geäußerte Statement des ehemaligen CEOs eines der größten Autoherstellers der Welt „Your car´s data are mine!" (Brecheis und Herberg 2015) zeigt, mit welchem Verständnis Unternehmen das Thema betrachtet haben, bis Jurist:innen die Frage des Datensammelns nicht nur aus der Sicht des Datenschutz-, sondern auch aus der des Eigentumsrechts beleuchtet haben (vgl. Thouvenin 2017).

Zur Problemeindämmung finden sich zum einen freiwillige Lösungsvorschläge, wie z. B. die mehrfach getätigte und dann doch immer wieder verschobene Ankündigung von Google, in seinem Webbrowser Webseiten zu sperren, die mit Third Party Cookies User:innen tracken (vgl. Haufe 2022). Zuvor hatten bereits Apple in seinem Safari- und Modzilla im Firefox-Browser das webseitenübergreifende Tracken von User:innen untersagt. Zum anderen greifen inzwischen aber auch gesetzliche Regelungen, wie die im Mai 2018 in Kraft getretene Europäische Datenschutz-Grundverordnung EU-DSGVO oder das seit September 2023 geltende Datenschutzgesetz der Schweiz. Beide Rechtsgrundlagen sehen teils dramatische Strafen bei Zuwiderhandlungen gegen ihre Bestimmungen vor, insbesondere bei Weitergabe persönlicher Daten an Dritte ohne die Zustimmung der Betroffenen (vgl. Liu 2023). Dagegen lässt die Aktualisierung der EU Privacy Richtlinie aus dem Jahr 2002, mit der u. a. der Einsatz von Cookies ohne Zustimmung der User:innen definitiv verboten werden sollte, nach wie vor auf sich warten (vgl. Fanta 2023).

Letztlich liegt es aber vor allem im Eigeninteresse der Werbungtreibenden, eine Balance zu finden zwischen ihrem Bedarf an personenbezogenen Daten zur Gestaltung effizienter Werbung und dem Bedürfnis der Konsument:innen an informationeller Selbstbestimmung und dem Schutz ihrer persönlichen Daten vor Missbrauch und kommerzieller Verwertung ohne Einwilligung.

9.5 Werbekritik, moralische und ethische Konflikte

Aus einer Perspektive der politischen Ökonomie der Werbung liegt der grundlegende ethische Konflikt in ihrer Unterstützungsfunktion für ein kapitalistisches Gesellschaftssystem:

> „In this context, the academic objective is to consider the economic, political, and societal functions of (media) advertising, which are necessary in the interest of the fundamental continuation of capitalist production and capitalist relations of life, in the general context of so-

9.5 Werbekritik, moralische und ethische Konflikte

cietal conflicts of power, access, and distribution. In doing so, the elementary economic and ideological functions of advertising for the existence and further development of the market economy and capitalist economic and societal systems become recognisable. This means that there is a fundamental importance of advertising for the entire material, economic, social, political and cultural human life" (Knoche 2023, S. 123 f.).

Werbung ist demnach nicht einfach ein Nebenprodukt kapitalistischer Produktionsweise, sondern geradezu das «Lebenselixier» der Kulturindustrie (Horkheimer und Adorno 1947 zitiert nach Knoche 2023, S. 124). Neben Produkt- und Markenwerbung sowie Werbung für ganze Industriebereiche dient vor allem Konsumentenwerbung zur Rechtfertigung einer grundlegenden gesellschaftlichen Konsumorientierung mit all ihren Konsequenzen. Mit Bezug zu den Arbeiten von Karl Marx, Max Horkheimer und Theodor Adorno sowie Wolfgang Fritz Haug problematisiert Manfred Knoche (2023) die systemische Manipulation und die durch Werbung verursachte Reduzierung des Menschen auf ökonomisch relevante Aspekte und die Produktion falscher Bedürfnisse und eines falschen Bewusstseins.

In der systemischen Kritik trifft sich diese Perspektive mit dem Bereich der Werbekritik, die die übergreifende Kommerzialisierung von Medien und Öffentlichkeit diskutiert. Darüber hinaus thematisiert die Werbekritik bzw. Werbeethik aber auch einzelne Werbebereiche oder -themen, die ethische Konflikte hervorrufen (vgl. u. a. Beard 2008; Drumwright und Murphy 2009; Haas et al. 2016; Förster und Weish 2017). Verschiedene Akteur:innen benennen ethische Konflikte, die von einer außer Kontrolle geratenen Werbung als Ganzes bis hin zu einzelnen Themen, wie z. B. Geschlecht, ethnische Zugehörigkeit oder Religion reichen:

> „The agents of advertising critique questioning these advertising practices and debating their individual and social consequences can be roughly categorized into three groups (besides legal regulation[2]): (1) actors of a general consumerism critique, (2) self-regulation by the branch itself, and (3) advertising interest groups of civil society's" (Förster & Weish 2017, S. 21).

Bereits im Abschn. 3.1.5 wurde darauf verwiesen, dass Werbebotschaften und -inhalte oft „Zündstoff" für gesellschaftliche Auseinandersetzungen über herrschende gesellschaftliche Werte, Tabus, Moral und Unmoral sind. Nicht nur in diesen Diskussionen, sondern auch in vielen wissenschaftlichen Untersuchungen geht es um die in und mit der Werbung verbundenen manifesten und latenten Bedeutungen. Denn während der Begriff Werbebotschaft auf die formal-gestalterischen Aspekte verweist, zielt der Begriff Bedeutung auf den Sinn, der mit der Botschaft transportiert oder in der Rezeption interpretiert und konstruiert wird. Da Rezipient:innen Werbebotschaften vor dem Hintergrund ihres Geschlechts, Alters, ihrer Gruppenzugehörigkeit, ihrer Erfahrung, Sozialisation und vieler anderer Kriterien unterschiedlich interpretieren (können), könnte eine Bedeutung, die einer Werbebotschaft von einzelnen Personen zugeordnet wird, zwar in eben diesem Sinn gemeint gewesen sein, sie muss es aber nicht.

Die wissenschaftliche Beschäftigung mit Werbeinhalten thematisiert denn auch häufig Bedeutungen, die bei Werberezipient:innen auf Kritik stoßen und/oder öffentliche – zum Teil hitzige – Diskussionen verursachen, von denen aber unklar ist, ob sie im Mittelpunkt der Überlegungen der Werbeproduzent:innen gestanden haben. Sie können hier nur anhand von Beispielen und ansatzweise vorgestellt werden. Ebensowenig kann eindeutig geklärt werden, ob Werbungtreibende und ihre Agenturen mehrdeutige Werbebotschaften bewusst einsetzen, um eine öffentliche Skandalisierung und eine entsprechende Diskussion von Produkt, Marke oder Unternehmen zu erzielen. Da die Werbebranche die Brisanz solcher Diskussionen aber seit langem erkannt hat, wurden mit dem Deutschen und dem Österreichischen Werberat sowie der schweizerischen Lauterkeitskommission Gremien der freiwilligen Selbstkontrolle geschaffen, die bei Beschwerden von Rezipient:innen, aber auch von Konkurrent:innen aktiv werden.

Interpretationsspielraum findet sich z. B. bei Werbung, die von einigen Rezipient:innen als sexistisch oder geschlechtsdiskriminierend eingestuft wird, von anderen aber nicht. Frauen ordnen Werbung oft als sexistisch ein, die von Männern nicht so interpretiert wird, was ganz deutlich auf die Konstruktion von Geschlechterstereotypen und die damit verbundene Diskriminierung verweist (vgl. dazu u. a.: Reichert und Lambiase 2003; Holtz-Bacha 2011). 50 % der beim Deutschen Werberat eingegangenen Beschwerden betrafen 2021 das Thema Geschlechtsdiskriminierung in der Werbung (vgl. Deutscher Werberat 2022). Bei der Schweizerischen Lauterkeitskommission (2022, S. 42) bezogen sich 2021 dagegen nur 23,7 % der Beschwerden auf dieses Thema, ähnlich wie in Österreich, wo der Österreichische Werberat 2021 106 Beschwerden zur geschlechterdiskriminierenden Werbung bearbeitet hat, was 25,67 % aller Fälle entspricht (Österreichischer Werberat 2024).

Obwohl die Interpretationen nicht beliebig sind, lassen sich einige Beschwerden gut nachvollziehen, während andere Vorwürfe das eine oder andere Fragezeichen aufwerfen.

> **Fallbeispiel „Sexistisch und diskriminierend?"**

Das Modegeschäft Burger Men & Women warb jahrelang mit Plakaten, die ein leicht bekleidetes Paar in erotischer Pose zeigen. Während jene Plakate, in denen die männlichen Models im Vordergrund stehen, nicht beanstandet wurden, führten die, bei denen die Frauen im Vordergrund stehen, immer wieder zur Kritik (Motive aus 2006 siehe Abb. 9.8). Die unterschiedliche Bewertung der Motive begründete die Fachstelle für Gleichstellung der Stadt Zürich wie folgt:

> „In fast gleicher Inszenierung wie beim Burger-Männerplakat wird hier mit einem Frauentorso geworben. Der aktive Part liegt bei den Männerhänden. Die Frau ist damit beschäftigt, sich die Brüste zu bedecken und hat daher ihre Hände nicht frei. Die Aussage des Bildes ist eine andere; die Gelassenheit, die im Männerplakat zum Ausdruck kommt, findet sich hier nicht" (Stadt Zürich – Fachstelle für Gleichstellung o. J.-a). ◀

Eine ähnlich ungleiche Bewertung erotischer Posen männlicher und weiblicher Modelle in der Werbung findet sich auch 18 Jahre später in Großbritannien im Fall von

9.5 Werbekritik, moralische und ethische Konflikte 269

Abb. 9.8 Werbesujets des Modegeschäfts Burger 2006. (Stadt Zürich – Fachstelle für Gleichstellung o. J-a und o. J-b)

Werbesujets der Wäschemarke Calvin Klein: Sie wird mit dem Slogan „Calvins or nothing" vermarktet. Auf Instagram werben u. a. das US-Model Kendall Jenner und die britische Musikerin FKA Twigs für die Marke. Dem Slogan folgend zeigen sich beide halb nackt. Halbnackt zeigt sich auch der für seine Hauptrolle in der Netflix-Serie „The Bear" mit einem Golden Globe ausgezeichnete Schauspieler Jeremy Allen White in einer Instagram Reel, die ebenfalls für Calvin Klein wirbt. Während diese Reel trotz eindeutig erotischer Posen unbeanstandet geblieben war, musste sich die britische Advertising Standards Authority ASA im Januar 2024 mit zwei Beschwerden befassen, die in den Plakaten mit Kendall Jenner und FKA Twigs eine Degradierung beider Frauen zu stereotypen Sexobjekten sahen und ein Veröffentlichungsverbot forderten (vgl. Jeitziner 2024). Dieses Verbot sprach die ASA für das FKA Twigs-Plakat aus, nicht aber für die Motive mit Kendall Jenner, wobei Calvin Klein insgesamt gerügt wurde: „We told Calvin Klein Inc. to ensure that future ads did not irresponsibly objectify women and were targeted appropriately" (ASA 2024).

Der Beurteilung der ASA widersprach FKA Twigs in einer Stellungnahme auf ihrem Instagram-Account wie folgt:

> „i do not see the 'stereotypical sexual object' that they have labelled me. i see a beautiful strong woman of colour whose incredible body has overcome more pain than you can imagine. in light of reviewing other campaigns past and current of this nature, i can't help but feel

there are some double standards here. so to be clear…i am proud of my physicality and hold the art i create with my vessel to the standards of women like josephine baker, eartha kitt and grace jones who broke down barriers of what it looks like to be empowered and harness a unique embodied sensuality. thank you to ck and mert and marcus who gave me a space to express myself exactly how i wanted to – i will not have my narrative changed." (Twigs 2024)

> **Fallbeispiel „Nicht beanstandet – gerügt – verboten: Unterschiedliche Standards bei der Bewertung von Sexismus?"**
>
> Abb. 9.9 zeigt Screenshots von Motiven zweier Calvin Klein Kampagnen, die Anfang 2024 zu Diskussionen darüber geführt haben, ob männliche und weibliche (Halb-)Nacktheit in der Werbung unterschiedlich bewertet werden (die beiden Kendall-Motive sind nicht mehr als Werbemotive verfügbar und wurden als Screenshot der Online-Ausgabe von „Glamour" übernommen). ◄

Ähnlich große Interpretationsspielräume finden sich bei Werbung, die sich religiöser Motive und Symbole bedient – meist, um die beworbenen Objekte zu überhöhen und einen anderen Sinnzusammenhang zu eröffnen. Inwieweit die Instrumentalisierung entsprechender Zeichen und Symbole dann allerdings als Normbruch und Provokation interpretiert wird und empörte Diskussionen über die Unmoral der Werbung hervorruft, oder auch „nur" zum Rückzug der entsprechenden Motive führt, ist wie im Bereich sexistischer Werbung nicht nur von individuellen, sondern auch von gesellschaftlichen Kontexten abhängig. So führte z. B. die Verwendung des „christlichen Abendmahl-Topos", wie es Leonardo da Vinci gemalt hat (u. a. 1994 von der Textilfirma Otto Kern verwendet), noch meist zum öffentlichen Protest. Die Verwendung von Symboliken anderer Religionen kann, wie z. B. in streng muslimischen Ländern dagegen zu weit ernsteren Konsequenzen führen. Die beispielhaft skizzierten Bereiche – sexistisch-diskriminierende Werbung und

Abb. 9.9 Werbesujets aus zwei 2024er Kampagnen von Calvin Klein. (Eigene Bildmontage unter Verwendung von Calvin Klein Inc. 2024; Glamour 2023; Jeitziner 2024)

Werbung mittels religiöser Symboliken – spielen, wenn auch nicht immer bezweckt, mit der Provokation. Sie provozieren Empörung, weil Werbung mit diesen Inhalten von einem Teil der Adressat:innen als Verletzung von Normen verstanden wird. Und sie generieren eben dadurch öffentliche Anschlusskommunikation und moralische Diskurse (vgl. Jäckel und Reinhardt 2002, S. 530).

Solche Normverstöße finden sich aber auch bei all jener Werbung, die mit der Darstellung von Gewalt, Elend und Tod arbeitet. Die Kritik dagegen richtet sich dabei nicht gegen die Thematisierung dieser Inhalte als solche, sondern gegen deren Instrumentalisierung für Werbezwecke. Da provokante Werbung aber sowohl Aufmerksamkeit generiert als auch via moralischer Folgediskurse den Namen des werbungtreibenden Unternehmens, des beworbenen Objekts und ggfs. sogar der Werbeagentur auf die öffentliche Agenda setzt bzw. dort hält, müsste man die entsprechenden Motive Michael Jäckel und Jan D. Reinhardt (2002, S. 540 ff.) folgend auch anders auf deren Werbewirkung untersuchen. Eine besondere Bedeutung erhalten Normverstöße aller Art, wenn mit der Werbung gezielt Kinder angesprochen werden.

Darüber hinaus ändert sich die Vorstellung davon, was als angemessen gelten kann, im Zeitverlauf. Die teils sehr emotional aufgeladenen öffentlichen Diskurse um moralische Standards und Deutungen in den 2020er-Jahren treffen die Werbung im Kern, weil sie schnell jenseits der Provokation zu erheblichen Reputationsschäden für Marken und Unternehmen führen können. Bei einigen Themen, wie z. B. Nachhaltigkeit, LGBTQI+ Themen oder gendergerechter Sprache wird den Werbungtreibenden nicht selten Opportunismus und Anbiederung unterstellt. Sie setzen die Werbung vermehrt dem Vorwurf des «Washings» aus (z. B. Green, Rainbow oder Woke Washing).

Fallbeispiel: The Bud Light Boycott

2023 setzte Budweiser seine Bierwerbung auf die Trans-Influencerin Dylan Mulvaney (siehe Abb. 9.10). Diese führte zu nicht intendierten Folgen:

> „It's been a disastrous 2023 for Bud Light. America's dethroned bestselling beer found itself in hot water back in April, when transgender TikTok star Dylan Mulvaney promoted Bud Light on her social media platforms as part of a planned partnership. The post received transphobic backlash, with conservatives calling for a boycott.
> On the other side, members of LGBTQ+ communities and their allies also rejected the brand for failing to quickly speak out and stand by Mulvaney.
> In the statement, Bud said: "The privacy and safety of our employees and our partners is always our top priority. As we move forward, we will focus on what we do best – brewing great beer for everyone and earning our place in moments that matter to our consumers"" (Stewart 2023; auch Liederman 2023). ◄

Wie sehr sich die Vorstellung davon, was als angemessen gelten kann, im Zeitverlauf ändert, lässt sich auch an der Anzahl und Art von Beschwerden bei den entsprechenden Gremien der Selbstkontrolle ablesen.

Bud Light alienated LGBTQ+ consumers over its botched response to right-wing abuse leveled at Mulvaney Bud Light, Rob Kim/Getty Images

Abb. 9.10 Bud Light Werbung mit Trans-Influencerin Dylan Mulvaney. (Stewart 2023)

> **Fallbeispiel: Ausgesuchte Beschwerdefälle aus 50 Jahren**
>
> Aus den 1970er-Jahren:
> „‚Alte Schuhe wirken ärmlich', so warb ein Schuhhändler in einer Anzeige. Das empfanden Beschwerdeführer als Diskriminierung von Bürgern, die sich keine neuen Schuhe leisten können. Die Anzeige wurde gestoppt."
>
> Aus den 1980er-Jahren:
> „Plakatwerbung für Küchen: „Psychiater sucht Küche, die alle Tassen im Schrank hat." Beschwerden aus der Bevölkerung, die der Werberat teilt: Der Werbetext macht psychisch kranke Menschen lächerlich und ist damit herabwürdigend."
>
> Aus den 1990er-Jahren:
> „In einem Kinospot eines Elektronikfachmarkts flüstert ein alter Mann auf dem Sterbebett dem herbeigeeilten Priester ins Ohr: „Bei XY gibt's Sonderangebote" Das hielten Bürger für menschenunwürdig, was der Werberat dem Händler mitteilte. Der zog den Spot zurück."
>
> Aus den 2000er-Jahren:
> „Ein Textilfabrikant schaltete eine Anzeige in Zeitschriften mit dem Bild eines jungen Mannes, der seinen Fuß in den Nacken eines vor ihm auf dem Bauch liegenden älteren Mannes drückte. Das Menschen verachtende und gewalthaltige Motiv zog der Produzent zurück."
>
> Aus den 2010er-Jahren:
> „In einer Fernsehwerbung wird einer Katze ein Speicher-Chip in den Nacken gesteckt, woraufhin sich diese in eine Rakete verwandelt. Nach Ansicht des Beschwerdeführers zeigte der Spot tierquälerische Handlungen, verbunden mit der Gefahr der Nachahmung durch die Zuschauer. Das sah der Werberat nicht so: Bei der Szene handele es sich offen-

9.5 Werbekritik, moralische und ethische Konflikte

sichtlich um eine Computeranimation. Eine Gefahr, dass durch den Spot Tierhalter auf die Idee kämen, ihrem Haustier ebenfalls einen Chip einzusetzen, sei nicht gegeben."

Aus den 2020er-Jahren (2021):

„In einem TV-Spot wurde in junges Pärchen in seiner Wohnung gezeigt. Während der Mann auf der Couch lag und auf sein Handy tippte, installierte die Frau einen Receiver. Mitten im Installationsvorgang brach die Wand auseinander und ein großer Fernseher erschien. In der nächsten Szene wurden beide auf einer Couch vor diesem Fernseher gezeigt und der Slogan „Für alle Internet Kund:innen" eingeblendet. Ein Beschwerdeführer fühlte sich als Mann von dieser Werbung durch die Formulierung „Kund:innen" verbal wie visuell ausgeschlossen und diskriminiert. Dieser Argumentation konnte sich der Werberat nicht anschließen, im Gegenteil sei die im Spot gewählte Formulierung gerade inklusiv und schließe weibliche wie männliche Personen sowie alle, die sich weder weiblich noch männlich verstehen, ein."

(Deutscher Werberat 2023) ◄

> **Zusammenfassung**
>
> *Im vorangegangenen Kapitel wurde zunächst geklärt, dass in der Beziehung zwischen den kollektiven Akteur:innen Werbungtreibende und Agenturen dann Konflikte entstehen, wenn jeweilige Eigeninteressen dominieren: Während Werbungtreibende daran interessiert sind, die Kosten zu minimieren und dafür möglichst viel Aufmerksamkeit beim Publikum zu generieren, versuchen Agenturen in der Regel, ihre Einnahmen zu maximieren und Aufmerksamkeit nicht nur beim Publikum, sondern auch bei anderen Agenturen und Wettbewerber:innen ihrer Kund:innen zu erzielen, um Reputation aufzubauen, die eine wichtige Säule für die Vermarktung der eigenen Angebote bildet. In der Folge breitet sich ein komplexes, teilweise konfliktbehaftetes Spannungsfeld aus, auf dem sich die einzelnen Akteur:innen für-, mit- und gegeneinander engagieren.*
>
> *Spannungen lassen sich indes nicht nur zwischen Werbungtreibenden und ihren Agenturen beobachten. Sie wirken vielmehr auch innerhalb der Werbe- und Kommunikationsagenturen zwischen Kreativen und Berater:innen. Auslöser dafür sind in den meisten Fällen Auseinandersetzungen um die adäquate Balance zwischen ökonomischer Orientierung auf der einen und Aufmerksamkeit suchender Kreativität auf der anderen Seite. Im Modell des Prinzipal-Agent-Ansatzes lassen sie sich auch theoretisch fassen. Der Erfolg der dort entwickelten Problemlösungen hängt in der Praxis jedoch stark vom Willen und Handeln der realen Akteur:innen ab.*
>
> *Mit der zunehmenden Bedeutung von Online-, Mobile- und Social Media Werbung sind mit Ad Fraud und Brand Safety bzw. Brand Suitability zwei neue Problemkonstellationen für die Werbung im Bereich Buchung, Platzierung und Abrechnung entstanden. Das Abrechnen von Werbeausspielungen, die vor allem in der Suchmaschinen-Werbung entweder gar nicht, auf nicht existierenden verlinkten Webseiten oder in nicht-lesbaren Formaten präsentiert werden, verursacht Werbungtreibenden enormen finanziellen Schaden. Ein solcher sowie ein hoher Reputations-*

schaden entsteht, wenn Werbebotschaften in unpassenden oder unangemessenen Umfeldern platziert werden. Daher sind in den letzten Jahren verschiedene Initiativen entstanden, um Werbungtreibenden eine bessere Orientierung zu geben, wie sie Brand Safety bzw. Brand Suitability erreichen können.

Datengetriebenes Marketing und datenbasierte Werbung bringen per se das Problem mit sich, dass die Werbung eine wohldosierte Balance finden muss zwischen der Begehrlichkeit der Werbungtreibenden, möglichst viel Daten über potenzielle Kund:innen zu sammeln und dem Bedürfnis nach Privatsphäre und dem Schutz der eigenen Daten auf Seite ebendieser potenziellen Kund:innen. In den Fällen, in denen das nicht gelingt, müssen Werbungtreibende damit rechnen, dass gesetzgebende Institutionen immer restriktivere Gesetze und Verordnungen zum Datenschutz erlassen.

Reaktanz zeigen Rezipient:innen auch dort, wo Werbung auf deren Partizipationsbereitschaft abzielt, diese aber entweder falsch oder überbelastend anlegt. Empathie und Balance sind auch hier die Schlüsselkriterien dafür, dass Kampagnen, die Partizipation einfordern, Erfolge einbringen. Dabei sei darauf verwiesen, dass Partizipation und ökonomischer Erfolg nicht kausal miteinander verbunden sind.

Schließlich ist Werbung schon immer mit allgemeiner Kritik sowie mit ethischen oder moralischen Problemstellungen konfrontiert gewesen. Ihre Kritiker:innen sehen sie zumindest in unterstützender, wenn nicht in verantwortlicher Funktion für überbordenden Konsum und ungezügelten Kapitalismus. Das Manövrieren mit Tabubrüchen oder Normverstößen – sei es aus reiner Lust an kreativer Provokation, sei es aus Kalkül zur Generierung von Anschlusskommunikation – führt immer wieder zu Protesten, denen die Werbewirtschaft mit der Bildung von Anlaufstellen für Beschwerden begegnet. Deren Entscheidungen sind ebenso wie solche von Gerichten allerdings nicht immer unumstritten.

▶ **Empfohlene Literatur** Schierl und Oberhäuser 2016; Griffin 2023; Bishop 2021; Förster und Weish 2017

Literatur

Aebi, Jean Etienne. 2003. *Einfall oder Abfall: Was Werbung warum erfolgreicher macht.* Mainz: Schmidt.
Ali, Shirin. 2022. The Parody Gold Created by Elon Musk's Twitter Blue. *Slate,* 11. November.
Arosa Tourismus. 2024. Arosa macht Träume wahr: Crowdsourcing #Bergtraum. https://arosalenzerheide.swiss/de/Arosa/Bergtraum. Zugegriffen: 22. Januar 2024.
ASA – Advertising Standards Authority. 2024. ASA Ruling on Calvin Klein Inc. https://www.asa.org.uk/rulings/calvin-klein-inc-g23-1194611-calvin-klein-inc.html. Zugegriffen: 9. Februar 2024.
Beard, Fred K. 2008. How Products and Advertising Offend Consumers. *Journal of Advertising Research* 48 (1): 13–21. https://doi.org/10.2501/S0021849908080045.

Bishop, Sophie. 2021. Influencer Management Tools: Algorithmic Cultures, Brand Safety, and Bias. *Social Media + Society* 7 (1): 205630512110030. https://doi.org/10.1177/20563051211003066.

Bosch Digital Blog. o. J. Bosch IoT Suite connects cars, mobile machinery, and baby buggies. https://blog.bosch-digital.com/bosch-iot-suite-connects-cars-mobile-machinery-and-baby-buggies/. Zugegriffen: 6. Februar 2024.

Brecheis, Dieter. 2017. Innovation, Disruption, Irritation: Stand und Entwicklungsperspektiven der Online-Werbung. In *Werbung – Online*, Hrsg. Rolf H. Weber und Florent Thouvenin, 5–22. Zürich: Schulthess.

Brecheis, Dieter, und Frank Herberg. 2015. Gone in less than 60 seconds – from car theft to automotive data hacking. *SWITCHcert Security Report* (1/2): 3–4.

Bundeskartellamt. 2020. Sektoruntersuchung Smart-TVs: Bericht. https://www.bundeskartellamt.de/SharedDocs/Publikation/DE/Sektoruntersuchungen/Sektoruntersuchung_SmartTVs_Bericht.html. Zugegriffen: 6. Februar 2024.

Bundesverband Digitale Wirtschaft (BVDW) e.V. 2023. Programmatic Advertising: Code of Conduct. https://www.bvdw.org/zertifizierungen/programmatic-advertising-code-of-conduct/. Zugegriffen: 30. Oktober 2023.

Burgess, Matt. 2023. How Your New Car Tracks You. https://www.wired.com/story/car-data-privacy-toyota-honda-ford. Zugegriffen: 6. Februar 2024.

Buzzman. 2010. The Tipp-Experience: A hunter shoots a bear: Video als Wettbewerbsbeitrag für das Cannes Lions International Festival of Creativity. https://www.youtube.com/watch?v=RcGaTzFV-pw. Zugegriffen: 5. Februar 2024.

Calvin Klein Inc. 2024. Instagram Post vom 4.01.2024. https://www.instagram.com/p/C1rjX_3Oq0v/?utm_source=ig_embed&utm_campaign=embed_video_watch_again. Zugegriffen: 9. Februar 2024.

Dahlhoff, H.-Dieter. 1999. Die Agenturauswahl. In *Das grosse Handbuch Werbung*, Hrsg. Michael Geffken, 257–274. Landsberg/Lech: Verlag Moderne Industrie.

Dämon, Kerstin. 2011. Crowdsourcing: Back dir dein Produkt. *WirtschaftsWoche,* 10. November.

Dellarocas, Chrysanthos, Zsolt Katona, und William Rand. 2013. Media, Aggregators, and the Link Economy: Strategic Hyperlink Formation in Content Networks. *Management Science* 59 (10): 2360–2379. https://doi.org/10.1287/mnsc.2013.1710.

Deutscher Werberat. 2022. Grafiken zur Bilanz 2021: Beschwerdegrund Geschlechterdiskriminierende Werbung 2021/2020. https://werberat.de/grafiken-zur-bilanz-2021/. Zugegriffen: 5. Januar 2024.

Deutscher Werberat. 2023. Beschwerdefälle aus 49 Jahren Werberat. https://werberat.de/bilanzen/rueckblick/. Zugegriffen: 5. Januar 2024.

Drumwright, Minette E., und Patrick E. Murphy. 2009. The Current State of Advertising Ethics: Industry and Academic Perspectives. *Journal of Advertising* 38 (1): 83–108. doi: https://doi.org/10.2753/JOA0091-3367380106.

Fanta, Alexander. 2023. Herzstillstand für das digitale Briefgeheimnis: ePrivacy-Verordnung. https://netzpolitik.org/2023/eprivacy-verordnung-herzstillstand-fuer-das-digitale-briefgeheimnis/#netzpolitik-pw. Zugegriffen: 9. Februar 2024.

Förster, Kati, und Ulrike Weish. 2017. 1.1 Advertising Critique: Themes, Actors and Challenges in a Digital Age. In *Commercial Communication in the Digital Age*, Hrsg. Gabriele Siegert, Bjørn von Rimscha und Stephanie Grubenmann, 15–36. Berlin, Boston: De Gruyter.

Furubotn, Eirik Grundtvig, und Rudolf Richter. 1991. *The New Institutional Economics: A Collection of Articles from the Journal of Institutional and Theoretical Economics.* Tübingen: Mohr.

GARM. 2022: GARM Brand Safety Floor Suitability Framework. https://wfanet.org/knowledge/item/2022/06/17/GARM-Brand-Safety-Floor%2D%2DSuitability-Framework-3. Zugegriffen: 8. Januar 2024.

Glamour. 2023. Kendall Jenner Stars in Her Sexiest Calvin Klein Campaign Yet _ Glamour. https://www.glamour.com/story/kendall-jenner-stars-in-her-sexiest-calvin-klein-campaign-yet. Zugegriffen: 9. Februar 2024.

Griffin, Rachel. 2023. From brand safety to suitability: advertisers in platform governance. *Internet Policy Review* 12 (3). https://doi.org/10.14763/2023.3.1716.

GWA. April 2023a. Die GWA Studie zu Agentur-Kunden-Beziehungen: Ein Blick zurück und nach vorn. https://www.gwa.de/content/uploads/2021/01/Agentur-Kunden-Beziehungen_digitale-Version_310523.pdf. Zugegriffen: 6. Oktober 2023.

GWA. 2023b. Die richtige Agentur finden: Unterstützung für Ihre Suche nach dem besten Agenturpartner. https://www.gwa.de/die-richtige-agentur. Zugegriffen: 24. Oktober 2023.

Haas, Hannes, Petra Herczeg, und Kathrin Karsay. 2016. Werbung – Ethik – Moral. In *Handbuch Werbeforschung*, Hrsg. Gabriele Siegert, Werner Wirth, Patrick Weber und Juliane A. Lischka, 57–76. Wiesbaden: Springer VS.

Haufe. 2022. Google stoppt Werbe-Cookies erst 2024. https://www.haufe.de/compliance/management-praxis/google-chrome-ohne-werbe-cookies_230130_579510.html. Zugegriffen: 9. Februar 2024.

Heck, Friedhelm. 1982. Die Werbeberufe. In *Die Werbung. Handbuch der Kommunikations- und Werbewirtschaft: Band 3: Die Werbe- und Kommunikationspolitik*, Hrsg. Bruno Tietz, 2620–2638. Landsberg am Lech: Verlag Moderne Industrie.

Hoffmann, Christian Pieter, Christoph Lutz, und Robin Poëll. 2015. *DIVSI-Studie: Beteiligung im Internet: Wer beteiligt sich wie?* Hamburg.

Holtz-Bacha, Christina (Hrsg.). 2011. *Stereotype? Frauen und Männer in der Werbung*, 2. Aufl. Wiesbaden: VS Verlag für Sozialwissenschaften.

Hong, Mathias. 2018. Hate Speech im Internet – Grundrechtliche Rahmenbedingungen ihrer Regulierung. In *Recht & Netz*, Hrsg. Marion Albers und Ioannis Katsivelas, 59–87. Baden-Baden: Nomos.

Horkheimer, Max, und Theodor W. Adorno. 1969 [1947]. *Dialektik der Aufklärung: Philosophische Fragmente*. Frankfurt a.M.: S. Fischer.

Jäckel, Michael, und Jan D. Reinhardt. 2002. Aufmerksamkeitsspiele: Anmerkungen zu provokanter Produktionen und Rezeptionen. Entwicklungen und Perspektiven. In *Die Gesellschaft der Werbung: Kontexte und Texte, Produktionen und Rezeptionen, Entwicklungen und Perspektiven*, Hrsg. Herbert Willems, 527–547. Wiesbaden: Westdeutscher Verlag.

Jeitziner, Denise. 2024. Nur eines dieser Bilder ist anstössig – raten Sie mal, welches: Analyse zu verbotener Calvin-Klein-Werbung. *Tages-Anzeiger*, 17. Januar.

Jöns, Johanna. 2019. *Daten als Handelsware*. Baden-Baden: Nomos.

Knoche, Manfred. 2023. Advertising – a Necessary "Elixir of Life" for Capitalism: On the Critique of the Political Economy of Advertising. *tripleC: Communication, Capitalism & Critique. Open Access Journal for a Global Sustainable Information Society* 21 (2): 122–139. https://doi.org/10.31269/triplec.v21i2.1469.

Kopp, Leonardo. 2016. Worauf müssen Sie beim Programmatic Advertising achten? https://www.iab-switzerland.ch/2016/11/17/worauf-muessen-sie-bei-programmatic-advertising-achten/. Zugegriffen: 6. Oktober 2023.

Lammenett, Erwin. 2021. *Praxiswissen Online-Marketing: Affiliate-, Influencer-, Content-, Social-Media-, Amazon-, Voice-, B2B-, Sprachassistenten- und e-Mail-Marketing, Google Ads, SEO*, 8. Aufl. Wiesbaden: Springer Gabler.

Lee, Bruce Y. 2022. Fake Eli Lilly Twitter Account Claims Insulin Is Free, Stock Falls 4.37%. *Forbes*, 12. November.

Lee, Chunsik, Junga Kim, und Joon Soo Lim. 2021. Spillover Effects of Brand Safety Violations in Social Media. *Journal of Current Issues & Research in Advertising* 42 (4): 354–371. https://doi.org/10.1080/10641734.2021.1905572.

Lehmann, Janina. 2018. Hate Speech: Rechtsansprüche und Rechtsprechung. In *Recht & Netz*, Hrsg. Marion Albers und Ioannis Katsivelas, 89–126. Baden-Baden: Nomos.

Lewandowski, Dirk. 2023. Search Engine Optimization (SEO). In *Understanding Search Engines*, Hrsg. Dirk Lewandowski, 175–190. Cham: Springer International Publishing.

Liederman, Emmy. 2023. Bud Light's Response To Dylan Mulvaney Backlash Displays Dangers of Shallow Advocacy: The brand worked to isolate the trans creator from its core demographic while benefiting from her reach. *AdWeek,* 20. April.

Liu, Stephanie. 2023. It's 10 p.m. – Do You Know Where Your Data Is Going? https://www.forrester.com/blogs/its-10-pm-do-you-know-where-your-data-is-going/. Zugegriffen: 9. Februar 2024.

Marx, Konstanze. 2018. Hate Speech – Ein Thema für die Linguistik. In *Recht & Netz*, Hrsg. Marion Albers und Ioannis Katsivelas, 37–57. Baden-Baden: Nomos.

Media Rating Council (MRC). 2024. Accredited Services: Digital. https://mediaratingcouncil.org/accreditation/digital. Zugegriffen: 5. Januar 2024.

Meyer, Anton. 1998. Dienstleistungs-Marketing: Grundlagen und Gliederung des Handbuches. In *Handbuch Dienstleistungsmarketing*, Hrsg. Anton Meyer, 3–22. Stuttgart: Schäffer-Poeschel.

Nerdinger, Friedemann W. 1990. *Lebenswelt „Werbung": Eine sozialpsychologische Studie über Macht und Identität*. Frankfurt am Main, New York: Campus Verlag.

Österreichischer Werberat. 2024. Statistik. https://www.werberat.at/statistik.aspx. Zugegriffen: 5. Januar 2024.

Paul, Kari. 2023. Fake accounts chaos and few sign-ups: the first day of Twitter Blue was messy. *The Guardian,* 22. April.

Reichert, Tom, und Jacqueline Lambiase. 2003. *Sex in Advertising: Perspectives on the Erotic Appeal*. Mahwah, N.J.: L. Erlbaum.

Ribeiro Issá, Riaze Miguel, und Jose Paulo Marques dos Santos. 2022. Structuring Best Practices of Search Engine Optimization for Webpages. In *Marketing and Smart Technologies*, Hrsg. José Luís Reis, Eduardo Parra López, Luiz Moutinho und José Paulo Marques dos Santos, 191–209. Singapore: Springer Nature Singapore.

Richter, Rudolf, und Eirik Grundtvig Furubotn. 2010. *Neue Institutionenökonomik: Eine Einführung und kritische Würdigung*, 4. Aufl. Tübingen: Mohr (Siebeck).

Schaaf, Daniela. 2010. *Testimonialwerbung mit Sportprominenz: Eine institutionenökonomische und kommunikationsempirische Analyse*. Köln: Halem.

Schachtner, Dirk. 2002. *Die Beziehung zwischen werbungtreibendem Unternehmen und Werbeagentur: Theoretische Systematisierung und empirische Überprüfung eines Prinzipal-Agenten-Modells*. Wiesbaden: Deutscher Universitäts-Verlag.

Schierl, Thomas. 2002. Der Werbeprozess aus organisationsorientierter Perspektive. In *Die Gesellschaft der Werbung: Kontexte und Texte, Produktionen und Rezeptionen, Entwicklungen und Perspektiven*, Hrsg. Herbert Willems, 429–443. Wiesbaden: Westdeutscher Verlag.

Schierl, Thomas. 2003. *Werbung im Fernsehen: Eine medienökonomische Untersuchung zur Effektivität und Effizienz werblicher TV-Kommunikation*. Köln: Halem.

Schierl, Thomas, und Kai Peter Oberhäuser. 2016. Akteure und Akteurskonstellationen in der Werbung. In *Handbuch Werbeforschung*, Hrsg. Gabriele Siegert, Werner Wirth, Patrick Weber und Juliane A. Lischka, 101–124. Wiesbaden: Springer VS.

Schmitz, Marion. 2024. LinkedIn-Post „Bergtraum". https://www.linkedin.com/posts/schmitz-marion_bergtraum-activity-7153498099728990208-_bkm. Zugegriffen: 6. Februar 2024.

Schweizerische Lauterkeitskommission. 2022. *Tätigkeitsbericht 2021: Lauterkeit in der kommerziellen Kommunikation*.

Segev, Elad. 2010. *Google and the digital divide: The bias of online knowledge*. Oxford: Chandos Pub.

Sharma, Dushyant, Rishabh Shukla, Anil Kumar Giri, und Sumit Kumar. 2019. A Brief Review on Search Engine Optimization. *Proceedings of the 9th International Conference on Cloud Computing, Data Science and Engineering – Conference 2019* 687–692.

Siegert, Gabriele, Sibylle Eberle, Priska Amstutz, und Nathan Thomas. 2004. *Werbung in der Schweiz aus Sicht der Werbebranche: Ergebnisse einer Expertenbefragung. Projektbericht.* Zürich.

Siegert, Gabriele, Werner A. Meier, und Josef Trappel. 2010. Auswirkungen der Ökonomisierung auf Medien und Inhalte. In *Einführung in die Publizistikwissenschaft*, 3. Aufl., Hrsg. Heinz Bonfadelli, Otfried Jarren und Gabriele Siegert, 519–545. Bern, Stuttgart, Wien: Haupt.

Siegert, Gabriele, und Bjørn von Rimscha. 2016. Der Einfluss der Werbung auf Medieninhalte. In *Handbuch Werbeforschung*, Hrsg. Gabriele Siegert, Werner Wirth, Patrick Weber und Juliane A. Lischka, 183–198. Wiesbaden: Springer VS.

Sloane, Garett. 2021a. Twitter, Facebook move to give marketers an audit of brand safety: Both platforms make progress responding to Media Rating Council scrutiny to satisfy brands. *AdAge*, 26. Juli.

Sloane, Garett. 2021b. Facebook expands brand safety controls in News Feed and Instagram: Promises third-party verification for 'topic exclusions', which advertisers have been testing for months. *AdAge*, 22.November.

Sloane, Garett. 2021c. From Facebook to Meta – a timeline of the social giant's pivotal year: 2021 included brand safety concerns, Apple data changes and a whistleblower – all culminating in a name change. *AdAge*, 27. Dezember.

Sloane, Garett. 2021d. TikTok is racing to guarantee brand safety on its video feed: TikTok, Facebook, Instagram and Twitter all competing for chance to prove their feeds are suitable for ads. *AdAge*, 22. November.

Sloane, Garett. 2022. Fake Twitter accounts are the latest safety concern for advertisers: Marketers are besieged by phony check marks making mockeries of the public accounts. *AdAge*, 14. November.

Stadt Zürich – Fachstelle für Gleichstellung. o. J-a. Nicht-sexistische Werbung: Burger, Plakataushang in Zürich, Mai 2006. https://www.stadt-zuerich.ch/prd/de/index/gleichstellung/themen/Rollenbilder/sexistische_werbung/ihre_meinung/nicht_sexistisch.html. Zugegriffen: 5. Januar 2024.

Stadt Zürich – Fachstelle für Gleichstellung. o. J-b. Sexistische Werbung: Burger, Plakat-Aushang in Zürich, September 2006. https://www.stadt-zuerich.ch/prd/de/index/gleichstellung/themen/Rollenbilder/sexistische_werbung/ihre_meinung/sexistisch.html. Zugegriffen: 5. Januar 2024.

Stewart, Rebecca. 2023. The Biggest Brand Fails of 2023, and What They Taught Us: Not all publicity is good publicity. *AdWeek*, 20. Dezember.

Thouvenin, Florent. 2017. Wem gehören meine Daten?: Zu Sinn und Nutzen einer Erweiterung des Eigentumsbegriffs. *Schweizerische Juristen-Zeitung* (2): 21–32.

Tißler, Jan. 2011. Wenn Social Media aus dem Ruder läuft: Pril „Hähnchengeschmack". https://t3n.de/news/social-media-ruder-lauft-pril-hahnchengeschmack-305271/. Zugegriffen: 6. Februar 2024.

Twigs, FKA. 2024. Instagram Post vom 11.01.2024. https://www.instagram.com/p/C18d5xRIncg/?utm_source=ig_embed&ig_rid=a22ccab2-8b08-4ff1-871a-61c369bdc3c9. Zugegriffen: 9. Februar 2024.

w&v. 2005. DDB greift sich das ganze Paket. *w&v* (17): 10.

Williamson, Oliver E. 1985. *The Economic Institutions of Capitalism: Firms, Markets, Relational Contracting.* New York: The Free Press.

World Federation of Advertisers (WFA). 2023. Global Alliance for Responsible Media. https://wfanet.org/leadership/garm/about-garm. Zugegriffen: 6. Oktober 2023.

Zuberbier, Ingo. 1982. Die Werbeagentur – Funktionen und Arbeitsweisen. In *Die Werbung. Handbuch der Kommunikations- und Werbewirtschaft: Band 3: Die Werbe- und Kommunikationspolitik*, Hrsg. Bruno Tietz, 2373–2406. Landsberg am Lech: Verlag Moderne Industrie.

Prototyp I: Werbung ohne mediumsspezifischen Kontext – Direktwerbung, Out-of-Home-, Ambient- und Retail-Medien

10

Inhaltsverzeichnis

10.1	Definition und Rahmenbedingungen	280
10.2	Spezifika zu Akteurskonstellationen und Werbeprozess	284
10.3	Spezifika zur Kreativstrategie und -umsetzung – Werbeinhalte und Werbebotschaften	290
10.4	Spezifika zur Mediastrategie und -planung – Werbemittel und Werbeträger	294
10.5	Spezifika zu Werbewirkung und Werbeerfolg	299
Literatur		302

> **Überblick**
>
> *Werbung und ihre Erscheinungsformen differenzieren sich immer weiter aus. Mit der Folge, dass das gesamte Feld der Werbung immer unübersichtlicher wird. Im diesem Lehrbuch versuchen wir, dieses unübersichtliche Feld realer Werbeformen anhand von fünf Prototypen zu kategorisieren und zu beschreiben:*
>
> *Im Prototyp I (Kap. 10) fassen wir alle Werbeformen ohne mediumsspezifischen Kontext zusammen, namentlich Direkt- und Out-of-Home-Werbung sowie Werbung mit Ambient- und Retail-Medien. Prototyp II (Kap. 11) umfasst die klassische Mediawerbung in ihren analogen und digitalen Erscheinungsformen. Auch die hybride Werbung in Prototyp III (Kap. 12) wird in analoger und digitaler Form dargestellt. Erscheinungsformen, bei denen Werbung ein von unabhängigen Medien erstelltes redaktionelles Programm ersetzt, ordnen wir dem Prototyp IV (Kap. 13) – Werbung als Content Creation – zu. Und im Prototyp V (Kap. 14) befassen wir uns mit Crossmedialer Werbung.*

> *Dabei stützen wir uns zur Systematisierung auf die u. E. ebenso wichtigen wie geeigneten Kriterien, die wir bereits in Abschn. 2.3 vorgeschlagen haben: auf den Personalisierungsgrad der Werbung, auf ihre Integration in den mediumsspezifischen Kontext und auf den Grad ihrer Interaktivität.*
>
> *Analyse und Darstellung der Prototypen folgen dabei für alle fünf gleichbleibend dem Aufbau des Buches: Nach Akteurskonstellationen und Werbeprozess betrachten wir Kreativstrategie und -umsetzung sowie Werbeinhalte und -botschaften. Im Anschluss widmen wir uns der Mediaplanung sowie den einzelnen Werbemitteln und Werbeträgern, um schließlich Aussagen zu Werbewirkung und Werbeerfolg zu treffen.*

10.1 Definition und Rahmenbedingungen

▶ Werbung, die völlig für sich steht, also ohne jedwede Art an zusätzlichem Text, Bild, Audio und Video auskommen muss, wird im Folgenden als Werbung ohne mediumsspezifischen Kontext bezeichnet. Sie kann an ein anonymes Massenpublikum wie auch an spezifische Zielgruppen adressiert sein. In einem sehr eingeschränkten Maß könnte sie sogar personalisiert sein. Sie dient überwiegend der Informationsvermittlung. Nur bedingt lassen sich Interaktions- bzw. Transaktionsaktivitäten verknüpfen.

Werbung ohne mediumsspezifischen Kontext muss früher wie auch heute ohne weiteren inhaltlichen Kontext auskommen, nutzt also auch keine redaktionell tätigen Medien als Werbeträger und kann nicht von deren Potenzial als Aufmerksamkeitsbündler profitieren. Dies hat den Nachteil, dass die Werbung selbst die Aufmerksamkeit der Rezipient:innen gewinnen muss. Aber es hat auch den Vorteil, dass diese Werbung als Substitutionsmöglichkeit genutzt werden kann, wenn Werbeträger, die redaktionelle Umfelder bieten, nicht (mehr) zur Verfügung stehen, weil sie mit Werbeverboten für verschiedene Produkte, wie z. B. Tabak, belegt werden.

Im Rahmen von Prototyp I finden sich Out-of-Home-Medien (OoH), Ambient-Medien oder Retail-Medien (vgl. auch Thäsler 2023). Bei allen drei Bezeichnungen handelt es sich um Sammelbegriffe für oft sehr verschiedene, zum Teil in diesen Prototyp passende Werbephänomene. Ihnen allen ist gemein, dass sie versuchen, ihr Publikum in allen Lebensbereichen werblich zu erreichen. Besonders in solchen, in denen Rezipient:innen Zeit „vertreiben" wollen oder müssen oder sich bewusst der Werberezeption widmen können. Die Werbung erobert also mehr denn je öffentliche und teilöffentliche Räume.

Mit OoH-Medien wird ein großer Teil der klassischen Außenwerbung bezeichnet. Als Ambient-Medien werden jene Platzierungsmöglichkeiten geführt, die im täglichen Lebensumfeld (z. B. im Restaurant, im Fitnessstudio oder in Toilettenhäuschen) auftauchen und als potenzielle Werbeträger dienen können, obwohl sie eigentlich nicht in erster Linie dafür konzipiert sind: so u. a. Eintrittskarten, Skiliftbügel, Zuckerbeutel, Parkscheine oder Zapfpistolen an Tankstellen.

10.1 Definition und Rahmenbedingungen

Abb. 10.1 Fallbeispiel Ambient-Werbung auf Zapfsäulen. (Herring 2024)

> **Fallbeispiel: Specsavers – Optiker wirbt auf Zapfpistolen**
>
> Die britische Optikerkette „Specsavers" schaltet Ambient-Werbung auf dem Rücken von Zapfpistolen an Tankstellen (siehe Abb. 10.1). Auf die Angabe einer nicht näher belegten Zahl von 3017 Menschen, die falschen Treibstoff tanken, folgt der Verweis, dass sie besser zu Specsavers gegangen wären. ◀

Ambient-Medien „überraschen" sozusagen die Rezipient:innen mit Werbung an ungewöhnlichen Orten und Stellen (vgl. „total coverage" in Kap. 1). Retail-Medien eröffnen Platzierungsmöglichkeiten für Werbeformate im Handel, also direkt am Ort des Kaufs.

Die Werbung dieses Prototyps hat sich vor allem in zwei Dimensionen wesentlich weiterentwickelt: der Personalisierung und der Interaktivität.

Personalisierung: Vom Massenpublikum über die Zielgruppen zu einzelnen Zielpersonen

In der Regel war die Werbung ohne mediumsspezifischen Kontext früher unindividualisiert, richtete sich also an eine Vielzahl unterschiedlichster Menschen, die nicht oder nur bedingt nach soziodemografischen Merkmalen, Lebensstilen oder anderen Kriterien selektiert werden konnten. Beispiele dafür sind Handzettel, Flyer, Postwurfsendungen, die jedem Haushalt zugestellt werden, Plakate, CityLightPosters oder CityLightBoards und die meisten Formen der Verkehrsmittelwerbung.

Dem ökonomischen Charakter der Werbung ist inhärent, dass Werbungtreibende in aller Regel versuchen, ihre Ziele mit möglichst geringem Aufwand zu erreichen. Ein Weg dazu ist die Minimierung von Streuverlusten, also jener Kosten, die entstehen, wenn sich Werbung an Adressat:innen richtet, für die deren Inhalte nicht gedacht oder nicht relevant sind. Deshalb wird auch bei den Werbeformen des Prototyps I zunehmend nach räumlichen Kriterien, sozio- oder psychodemografischen Merkmalen oder Lebensstilen abgegrenzt. Beispiele dafür sind Postwurfsendungen, die nur nach Art und Alter eines Hauses segmentierten Haushalten zugestellt werden, Banden- und andere Sportstättenwerbung, oder Werbung in Umfeldern, die nach Interessengebieten spezifizierbar sind, wie z. B. Theater, Skigebiete, Fitness-Clubs, Do-It-Yourself-Werkstätten oder Werbung am Point of Sales (PoS). Einen weitreichenden, wenn auch eher praxisorientierten Überblick über das weite Feld der Außenwerbung geben Hofe und Rost (2005).

Die Digitalisierung ermöglicht zudem eine neue Dimension der Personalisierung, wenn z. B. in der traditionellen Direktwerbung via Brief, Prospekt, Katalog o. ä. die individuelle Adresse und Anrede verwendet wird. Im Online-Bereich wird dies nochmals professionalisiert. Aus Daten, die Rezipient:innen vor oder während der Rezeption eines Werbemittels mehr oder weniger freiwillig geliefert haben oder liefern, sowie aus getrackten Suchmaschinenanfragen, Verhaltens- oder Bestellhistorien z. B. in Sozialen Medien lassen sich scharfe und aussagekräftige Konsumentenprofile gewinnen. Diese können dann in der Werbeansprache eingesetzt werden.

Nochmals profilierter lässt sich personalisierte Werbung dann ausspielen, wenn in Kombination mit dem Internet der Dinge (IoT) die Identität des/der Rezipient:in zweifelsfrei geklärt ist. Dies, wenn sich z. B. eine Person, um ihre persönliche Fitnesshistorie weiterzuschreiben oder persönliche Geräteeinstellungen zu generieren, mit ihrem persönlichen Profil in ein entsprechendes System einloggt.

Interaktivität: Von nicht-interaktiver Ein-Weg- über interaktive zur transaktiven Zwei-Wege-Kommunikation

Früher war Werbung ohne mediumsspezifischen Kontext im Normalfall Ein-Weg-Kommunikation ohne Rückkanal, bezog also die Rezipient:innen nicht mit ein. Die technologische Entwicklung, allen voran die Möglichkeiten von Smartphones mit 5G Mobilfunk und seinen hohen Datenübertragungsraten sowie QR-Codes bieten die Möglichkeit einer Response-Gestaltung, wenn auch mit einem Medienbruch. Dann wird die Werbung zur Zwei-Wege-Kommunikation.

Rezipient:innen können auf diesem Weg als Kommunikations- oder Handelspartner:innen eingebunden werden, sich mit mehr oder weniger Engagement beteiligen, eigene Kommentare, Bilder, Videos oder Rezensionen veröffentlichen, sich registrieren oder direkt online bestellen. Die so geforderte Partizipation kann bis zur Ko-Kreation von Werbebotschaften reichen. Zunehmend werden daher u. a. interaktive Plakate, CityLightPosters und -Boards und weitere interaktive Formen von Digital-Signage-Werbemitteln, z. B. wie Infoscreens oder Werbeterminals, eingesetzt.[1] Sie werden auch unter dem Begriff Digital Out-of-Home (DOoH)-Medien gefasst.

---

[1] Dabei ist anzumerken, dass der Begriff Digital Signage auch alle nichtinteraktiven Werbeträger einschließt, die zentral vom Werbungtreibenden angesteuert werden können, um schnell und einfach Inhalte zu aktualisieren bzw. synchron zu halten.

10.1 Definition und Rahmenbedingungen

Bei der direktesten und am höchsten personalisierten Werbeform ohne weiteren Medieninhalt – der Face-to-Face-Kommunikation – ist sowohl die auf Akteur:innen beschränkte Kommunikation als auch die Transaktivität tatsächlich gegeben. Sie reicht vom klassischen Anbahnungsgespräch an der Haustür privater Kund:innen bzw. dem ebenso klassischen Außendienstbesuch im Business-2-Business-Bereich über die Verkaufsparty für Tupperwaren oder Schmuck bis hin zum Beratungsgespräch im Handel. Meist gehen solche Werbegespräche ansatzlos in Verkaufsgespräche über. Sie bilden einen individuellen Dialog mit der Möglichkeit direkter Bestellung, Bezahlung oder Bewertung. In diesem Kontext bleibt abzuwarten, inwieweit sich Systeme künstlicher Intelligenz in den Beratungs- und Verkaufsgesprächen breit durchsetzen und eine entsprechende Akzeptanz erlangen.

Neben ihren personal unadressierten und adressierten Formen hat sich die Direktwerbung im Prototyp I vielfältig ausdifferenziert, wie dies in Abb. 10.2 skizziert ist. Dort sind aber jene Formen der Direktwerbung, die als Werbung mit mediumsspezifischen Kontext dem Prototyp II zuzurechnen sind, noch nicht einmal berücksichtigt. Zu diesen Werbemitteln zählen u. a. Add-On- und Couponanzeigen, Preisausschreiben und andere Werbemittel in medialen Umfeldern wie Zeitungen oder Zeitschriften.

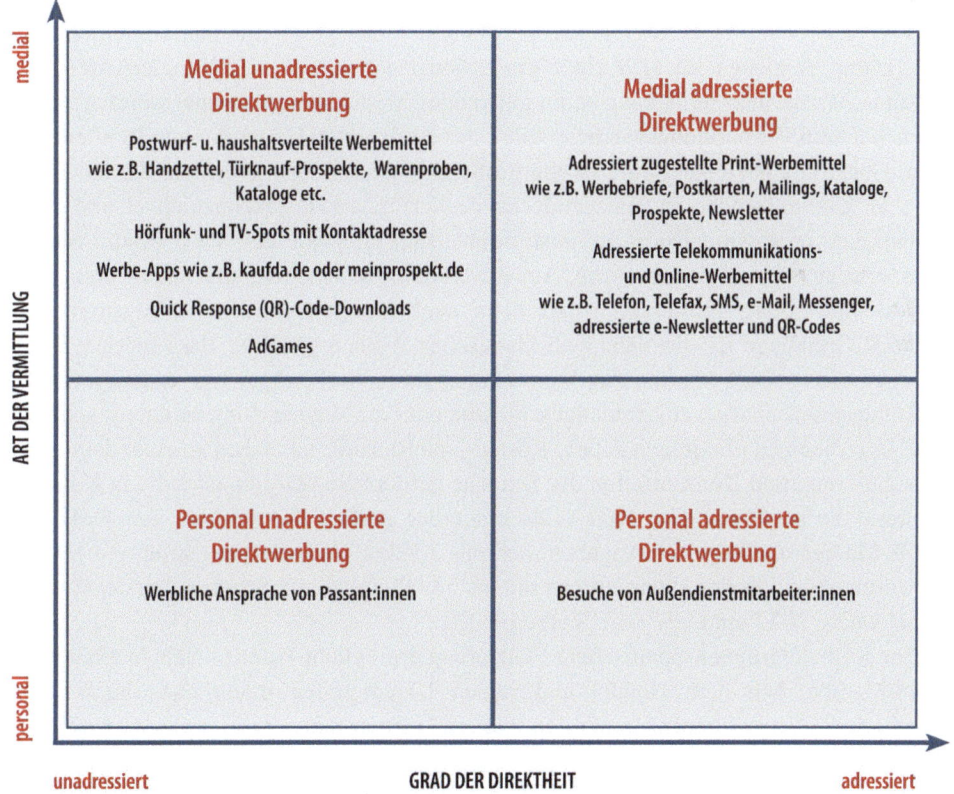

Abb. 10.2 Erscheinungsformen der Direktwerbung. (Eigene Darstellung)

10.2 Spezifika zu Akteurskonstellationen und Werbeprozess

Da medienspezifische Inhalte in diesem Prototyp fehlen, gibt es in der Auftragslogik auch keine Medienorganisationen oder Social Media Plattformen als institutionalisierte und professionalisierte Akteur:innen auf der Angebotsseite von Werberaum und -zeit. An ihre Stelle tritt ein nahezu unüberschaubarer Mix äußerst heterogener Akteur:innen, Werbeträger und Werbemittel, der eine ans Chaotische grenzende Vielfalt und Verschiedenartigkeit an Auftragslogiken mit sich bringt (vgl. auch Marter 2023).

So sind bei vielen Werbeformen Werbungtreibende und Besitzer:innen der Werbeträger und -mittel identisch. In der Auftragslogik tauchen dann allenfalls Spezialist:innen für die Produktion oder die Distribution auf. Auch bei fremdgenutzten Werbeträgern und -mitteln finden sich teils unprofessionalisierte und nicht-institutionalisierte Akteur:innen, wie z. B. Besitzer:innen von Heißluftballons, Transportunternehmen, die ihre Fahrzeuge als Werbeflächen selbst vermarkten, oder Hausbesitzer:innen, die ein Baugerüst zur temporären Anbringung eines Mega- oder BlowUp-Posters anbieten. Solche Werbeträger und -mittel treten als zeitlich und/oder räumlich begrenzte Einzelaktionen nur kurzzeitig und/oder lokal, allenfalls regional in Erscheinung. Meist sind sie nicht allgemein verfügbar, planbar oder buchbar, sondern werden entweder selbst genutzt oder in einer Art „closed shop" von ihren Anbieter:innen in deren lokalen, persönlichen oder geschäftlichen Umfeldern lanciert. Damit entziehen sie sich einer professionalisierten und institutionalisierten Vermarktung. Wo die aber fehlt, kann kaum mit validen Mediadaten gerechnet werden, was zu einem weiteren Vermarktungshandicap führt: der erschwerten Erfassung und Beurteilung.

Im Gegensatz dazu steht eine zweite große Gruppe von Werbeformen, die durch allgemeine, kontinuierliche und flächendeckende Verfügbarkeit gekennzeichnet und deren Vermarktung professionalisiert und institutionalisiert ist sowie auf Basis valider Mediadaten erfolgt. Die sog. klassische Außenwerbung, immer häufiger unter dem Titel OoH-Mediawerbung firmierend, folgt denn auch weitgehend der Auftragslogik aus Abb. 6.8. Grundlage für die Nähe zum klassischen Werbeprozess ist, dass sich die Besitzer:innen dieser OoH-Medien zur Vermarktung ihrer Werbeträger mit anderen zu Vermarktungsgesellschaften zusammengeschlossen oder die Vermarktung an darauf spezialisierte Unternehmen übertragen haben. Kosten- und Rabattdruck haben zu einer deutlichen Konsolidierung und Konzentration der Branche geführt. So betreibt etwa die in Köln domizilierte Ströer SE & Co. KGaA als einer der größten Vermarkter von OoH und DOoH-Medien nach eigenen Angaben mehr als 300.000 Werbeträger (Ströer o. J.). 60 % des Umsatzes erzielt das Unternehmen mit ca. 58.000 lokalen Werbekunden, der Bereich DOoH wuchs 2022 um 60 % (vgl. Rotberg 2022).

Eine weit zielgruppenspezifischere Platzierung ermöglicht Point-of-Sale-Werbung mit Retail-Medien. Mit dem Handel und seinen Unternehmen treten dazu auch semi-professionelle Vermarkter:innen auf den Plan. Sie vermarkten schon immer Werbeflächen und zunehmend auch Werbezeiten (z. B. im InStore-Radio oder -TV) am PoS zumeist an die ihnen zuliefernde Industrie. Als semi-professionell lassen sich Handelsunternehmen deshalb bezeichnen, weil sie einerseits bei ihren Kund:innen wie bei ihren Lieferant:innen als professionelle Akteur:innen institutionalisiert sind und ökonomische Strukturen, Prozesse und Werkzeuge bestens beherrschen. Andererseits gehört die Vermarktung von PoS-Werberessourcen nicht zu ihrem Kerngeschäft. Sie kann allenfalls als eine, dieses Kerngeschäft begleitende und unterstützende Unterfunktion gesehen werden. Sie muss es sogar dann, wenn der Handel den Preis für die Belegung von PoS-Flächen und -zeiten nicht an deren Werbewirkung orientiert festsetzt, sondern an seinen allgemeinen Konditionenzielen (vgl. Wieking 2005, S. 19). Oder wenn er die Aufnahme eines Artikels in sein Sortiment von der Belegung seiner PoS-Werberessourcen abhängig macht. Schließlich muss noch darauf verwiesen werden, dass der Handel teilweise diese Ressourcen bisweilen Dritten gar nicht zur Verfügung stellt, sondern seinen eigenen Marken vorbehält. Wo er aber Dritten die Möglichkeiten gibt, auf seinen Flächen und Kanälen zu werben, dann wird deren Vermarktung mittlerweile oft an professionelle Akteur:innen ausgelagert. Dies wird auch im Begriff der Retail-Medien verdeutlicht (vgl. Zunke 2023).

Einen großen Schritt in Richtung Personalisierung geht die Werbung im Handel auf Basis von iBeacons. Sind Läden, Märkte, Einkaufscenter und -straßen mit sog. Beacons ausgestattet, erfassen diese die mit entsprechenden Apps der Handelsunternehmen oder Einkaufsstätten geladenen Mobilgeräte und zeichnen auswertbare Lauflinien und Verweildauern der Gerätebesitzer:innen auf. Dann können die Händler:innen auch aktuelle Angebote, also kontextfreie Werbung an die Zielgruppe „Ladenbesucher:innen" verschicken. Wird die automatisch erfolgende Smartphone-Anmeldung im iBeacon-Netz mit den Kundendatenbanken der Anbieter:innen abgeglichen, lassen sich diese Angebote auch spezifisch auf einzelne Kund:innen bzw. deren Profile zuschneiden (vgl. intelliAd 2015). Um diese vormals sehr gehypte Technologie ist es in den 2020er-Jahren aber eher ruhig geworden.

Dagegen finden sich digitale Grossbildschirme mit oder ohne Möglichkeit zu Inter- oder Transaktion in zunehmendem Maß in Tankstellenshops, Einkaufscentern oder Baumärkten, wie im nachstehenden Fallbeispiel beschrieben.

Fallbeispiel EasyKauf – Transaktive Instore-Werbung

Digitale sog. Kiosksysteme bringen transaktive Werbemöglichkeiten ohne Kontext für spezifische Zielgruppen – hier Gartenbesitzer:innen – direkt an den Point of Sale (siehe Abb. 10.3). Sie ermöglichen es dem stationären Handel, Artikel oder Artikelvariationen zu bewerben, für die z. B. in den Regalen kein Platz mehr ist. Kund:innen können dann die Warenverfügbarkeit prüfen, direkt bestellen und je nach Warenverfügbarkeit sofort bezahlen und mitnehmen, in einem Lager abholen oder die Lieferung disponieren. ◄

In die Kategorie der professionellen Vermarkter:innen fallen mittlerweile auch Vermarkter:innen von Werbeflächen an und in Sportstätten und anderen abgrenzbaren interessensspezifischen Umgebungen, wie z. B. Golfclubs, Bühnen, Bergbahnen, Fitnessstudios: Jenseits der klassischen Mediaagenturen übernehmen Makler:innen, Agenturen oder andere, oft von den Anbieter:innen selbst gegründete und getragene Vermittler:innen die Bereitstellung buchungsrelevanter Daten, die Erstellung entsprechender Unterlagen und die Distribution dieser Unterlagen an Werbungtreibende und deren Agenturen. Der Grad ihrer Professionalisierung und Institutionalisierung zeigt erhebliche Bandbreiten. Abb. 10.4 zeigt ein Beispiel der externen Vermarktung zielgruppenspezifischer (D)OoH-Medien in Skigebieten.

Abb. 10.3 Fallbeispiel EasyKAUF. (Theis 2016)

Abb. 10.4 Externe Vermarktung zielgruppenspezifischer (D)OoH-Medien in Skigebieten. (Feratel 2024)

10.2 Spezifika zu Akteurskonstellationen und Werbeprozess

Je stärker die Werbeformen auf Interaktivität ausgelegt sind, desto eher verschwinden die unprofessionalisierten und nicht-institutionalisierten Akteur:innen. Denn der technische Aufwand, Interaktivität zu ermöglichen und zu steuern, stellt gewisse Anforderungen an Professionalisierung und Investitionsbereitschaft. Im Gegenzug führt die technische Installation von Interaktivitätsmöglichkeiten dazu, dass – ebenfalls technisch abgestützt – Nutzungsdaten erhebbar werden, die für eine kontinuierliche und flächendeckende Vermarktung zur Verfügung stehen. Interaktive Werbung mit DOoH-Medien folgt denn auch weitgehend der Auftragslogik im Werbeprozess. Je nach Art der Interaktion müssen dabei Spezialist:innen aus den Bereichen ICT, Distribution und Logistik hinzugezogen werden. Zudem wird der Austausch zwischen Werbungtreibenden und Agentur zur Klärung von Realisierungsfragen in der Regel intensiver.

Im Fall von Transaktionen kommt ferner hinzu, dass die Werbungtreibenden diesem direkten Austausch gewachsen sein müssen. Nur professionelle, investitionsfähige und feedbackorientierte Akteur:innen können den technischen und organisatorischen Aufwand leisten, den Transaktivität erfordert. D.h. die Werbungtreibenden müssen in der Lage sein, auch große Mengen von Informationszuflüssen oder Bestellungen sofort abwickeln zu können. Im Fall digitaler Güter muss die Auslieferung sofort funktionieren (z. B. beim Download eines Musikstücks), im Fall von Esswaren müssen die frische Zubereitung und eine frische-erhaltende Auslieferung gewährleistet sein (z. B. bei Pizza). Eine reibungslose Logistik wird in diesem Fall zum Kernelement eines gelungenen Transaktionsprozesses.

Abb. 10.5 zeigt, dass ggfs. auch der Austausch zwischen der Zentrale der Werbungtreibenden und ihren Filialen, Franchisenehmer:innen oder Kooperationspartner:innen von der Art der Interaktivität beeinflusst werden kann.

> **Fallbeispiel: Interaktives Plakat in der Außenwerbung**
>
> Um die langen Öffnungszeiten von McDonald's Restaurants zu bewerben, entwickelte das Zürcher Büro der Werbe- und Kommunikationsagentur TBWA 2014 ein schwarzes Plakat, das seine eigentliche Werbebotschaft erst dann zeigte, wenn es mit einem Blitzlicht fotografiert wurde. Das Foto diente gleichzeitig als Gutschein, der bei der McDonald's Filiale eingelöst werden konnte, die im Fließtext der Werbebotschaft genannt wurde.
>
> Der Text neben dem Kamerasymbol im oberen Teil der Abb. 10.5 enthält die Aufforderung „Mit Blitzlicht Plakat fotografieren". Im Fließtext unten erscheint die Aufforderung: „Dieses Foto bei McDonald's Stadelhofen zeigen und ab 21 Uhr zu jedem Menu Medium gratis einen Cheeseburger genießen."
>
> Konkrete Nutzungsdaten könnten dann ebenso wie Daten über konkrete Registrierungs- bzw. Kaufakte mit all ihren Spezifika als Eintrittstor für weitere Personalisierung genutzt werden. ◄

Wie oben kurz angesprochen findet sich hochgradige Personalisierung mittlerweile auch in der Direktwerbung. Dort werden Adressat:innen direkt angesprochen und zwar via Mailing, Prospekt oder Katalog. Deshalb treten neben Werbungtreibenden, Werbeagenturen und Produktionsfirmen weitere Akteur:innen auf den Plan – insbesondere Adressvermarkter:innen und Verteilunternehmen. Neben den Sicherheitsrisiken erweisen

Abb. 10.5 Fallbeispiel Interaktives Plakat der Agentur TBWA für McDonald´s. (Werbewoche 2015)

sich unabhängig vom Interaktivitätsgrad vor allem Störungen der Privatsphäre durch unerwünschte und unaufgefordert zugestellte Werbung in Form von Direct Mails, Spam oder Call-Center-Anrufen als generelles Problem personalisierter Werbung (vgl. Abschn. 9.3).

Als weitere große Akteursgruppe neben Werbungtreibenden, Agenturen und Adressmakler:innen treten bei der traditionellen Direktwerbung die Verteilunternehmen auf. Dabei präsentiert sich nicht nur in Deutschland vor allem die Post als eine Art multifunktionale Generalunternehmerin mit dem Charakter einer zentralen Plattform für die Direktwerbung (vgl. Deutsche Post o. J.). Auch in der Schweiz (Die Schweizerische Post 2024) und in Österreich (Österreichische Post o. J.). haben sich die jeweiligen Post-Unternehmen mit einem vergleichbaren Angebot positioniert. Der Auszug aus der Homepage der Schweizerischen Post in Abb. 10.6 zeigt deren Angebot, das das gesamte Spektrum analoger und digitaler Direktwerbung sowie das der Retail-Medien in ihren Filialen und Poststellen abdeckt.

10.2 Spezifika zu Akteurskonstellationen und Werbeprozess

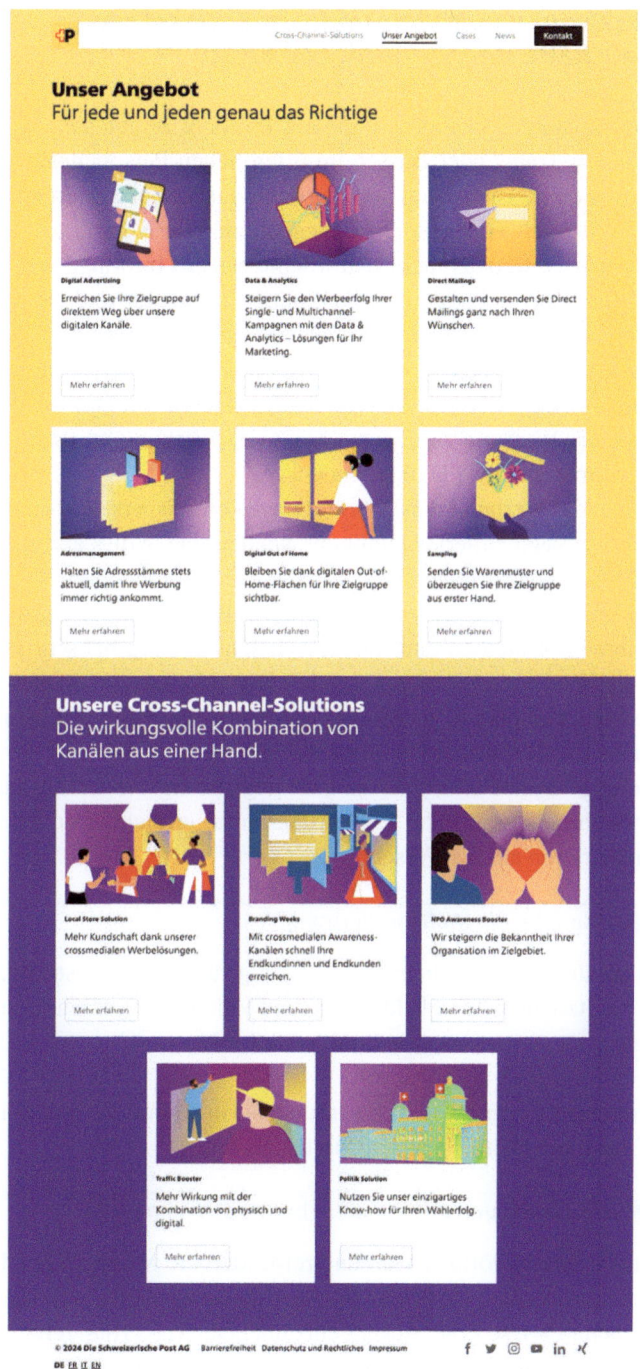

Abb. 10.6 Die Schweizerische Post (2024) als Direktwerbeplattform

10.3 Spezifika zur Kreativstrategie und -umsetzung – Werbeinhalte und Werbebotschaften

Botschaften und Inhalte der Werbung in diesem Prototyp zeigen sich äußerst heterogen: So muss Werbung an Trams oder Bussen im öffentlichen Personennahverkehr ihre Botschaft in kürzester Zeit transportieren und von daher hoch konzentriert verdichtet werden, ohne ihre Verständlichkeit zu verlieren. Dagegen kann ein Miniposter im Inneren einer Tram oder eines Busses weitaus mehr und leseintensivere Informationen enthalten, weil den Fahrgästen mehr Zeit bleibt, das Werbemittel zu betrachten und die Botschaft zu verarbeiten. Dabei stehen beide im Aufmerksamkeitswettbewerb zur Smartphonenutzung der Rezipient:innen. Da letztere sich im Fall von Werbung im Prototyp I eben nicht mit mediumsspezifischem Kontext befassen und von daher ohnehin mit dem Medium beschäftigt sind, in dem auch die Werbung zu finden wäre, muss Werbung im Prototyp I heutzutage eine hohe Wahrnehmungsschwelle überwinden.

Denn wenn sich die Werbung dieses Prototyps an ein disperses, also nach keinen Kriterien gefiltertes bzw. segmentiertes Publikum wendet, tut sie dies als eine Art kommunikativer Monolith: freistehend ohne ein Text-/Bild-Umfeld redaktionellen Charakters und ohne Eingriffsmöglichkeiten der Adressat:innen. Das führt dann wie gezeigt dazu, dass die Wahrnehmung ihrer Botschaften und Inhalte von sehr flüchtig bis sehr intensiv weit gespreizt ist und die Werbung alleine aus sich heraus wirken muss. Schnelle Erfassbarkeit und allgemeine Verständlichkeit sind dafür Grundvoraussetzung. In Layout oder Dramaturgie müssen also alle Gestaltungskomponenten – Bild, Text, Audio, Video, Verweise und Disclaimer – so abgestimmt sein, dass sie sich gegenseitig verstärken und die Werbung trotz flüchtiger Wahrnehmung hohe Erinnerungswerte erreicht. Der Erfolgsfaktor liegt also in der Konzentration auf das Wesentliche.

> **Fallbeispiel Werbung für die (Außen-)Werbung**
>
> Plakate sind idealtypische Werbemittel, die völlig für sich allein stehen, also ohne jedwede Art an zusätzlichem Text, Bild, Audio und Video auskommen müssen. Manchmal werben sie auch für sich selbst, wie in Abb. 10.7. ◄

In ihrer extremsten Form ist Außenwerbung – vor allem im Bereich der Ambient-Werbung – auf das reine Firmenlogo reduziert.

> **Fallbeispiel Maximal reduzierte Ambientwerbung – Logo im Feld**
>
> Spezialisierte Anbieter eröffnen Werbungtreibenden die Möglichkeit, dort wo Rezipient:innen einen größeren Landstrich von oben sehen können, ein riesiges Logo in eine homogene Fläche (Wiese oder Acker) einzumähen. Abb. 10.8 zeigt ein Beispiel für diese Art der Werbung. ◄

Abb. 10.7 Fallbeispiel Werbung für die (Außen-)Werbung. (Eigenes Foto, aufgenommen am 12.07.2016)

Abb. 10.8 Field Ad als Ambient-Werbung. (FAM o. J.a)

Wenn die Werbung dieses Prototyps interaktiv wird, ist das generell voraussetzungsreicher und letztlich auch herausfordernder als Ein-Weg-Kommunikation. Dies vor allem, weil der zweite Kommunikationsweg die Komplexität erhöht und der Rückkanal wie auch die technische, intellektuelle oder körperliche Interaktionsfähigkeit seitens der Werbungtreibenden sowie der Rezipient:innen über den Werbeerfolg entscheiden. Zudem besteht die Gefahr, dass der Sensationseffekt, der durch die Interaktion ausgelöst werden kann, die eigentliche Botschaft überdeckt.

Eine weitere Herausforderung für die Gestaltung von Werbebotschaft und -inhalt entsteht aus dem Paradox heraus, dass die Wahrnehmung kontextfreier Werbung prinzipiell flüchtig und „nebenbei" geschieht, Interaktion aber ein Grundmaß an Aufmerksamkeit und Zeit beansprucht. Die Werbebotschaft muss im Grunde also ein zweistufiges Nutzen- oder sogar Mehrwertversprechen abgeben: Auf Stufe eins muss die Frage nach dem Nutzen beantwortet werden, den Rezipient:innen haben, wenn sie interaktiv werden. Stufe zwei beantwortet dann Fragen nach dem Nutzen des beworbenen Produkts. Zur Forderung nach kurzen und prägnanten Botschaften kommt dementsprechend die nach einer überzeugenden Handlungsaufforderung dazu. Diese kann z. B. an die Neugierde oder den Spieltrieb appellieren, aber auch die Ratio nach dem Schema ansprechen: „Wenn Sie jetzt dies oder das tun, bekommen Sie sofort einen Profit in dieser oder jener Form."

Soll diese Werbung auch in eine Transaktion münden, muss die Werbebotschaft nicht nur ein zweistufiges Nutzenversprechen abgeben, sondern dieses Nutzenversprechen auch konkret in der Transaktion umsetzen. Die reibungslose Verknüpfung zur Prozessorganisation in Produktion und Distribution ist damit essenziell. Zu den zwei genannten Stufen muss die Werbebotschaft so stark sein, dass sie einen Handlungsimpuls (Transaktion) auslösen kann.

Sollen statt eines dispersen, unsegmentierten Publikums konkrete Zielgruppen angesprochen werden, so müssen unterschiedlichste Rezeptionssituationen berücksichtigt werden. Text und Bild können in diesem Fall jedoch wesentlich pointierter ausfallen, weil die Adressatengruppen deutlich schärfer profiliert sind als die anonyme Masse. Auf den ersten Blick sieht sich die Gestaltung einer doppelten Herausforderung ausgesetzt: Zum einen bedingt der – mit Ausnahme der per Postwurf zugestellten oder haushaltverteilten Werbung – plakative Charakter der Werbeträger eine reduzierte Gestaltung von Text, Bild und Layout.

> „Es liegt nahe, dass ein Medium, dessen Grundvoraussetzung … eine schnelle Kommunikation ist, möglichst wenig Informationen und somit wenig Text enthalten sollte … Über diese Ansicht … herrscht unter Werbetheoretikern … wie Werbepraktikern eine seltene Einigkeit" (Schierl 2001, S. 264).

Zum anderen bringt es die zunehmende Ausdifferenzierung von Zielgruppen mit sich, dass Akzeptanz und Erfolg einer Werbebotschaft zunehmend davon abhängen, dass es ihr vor allem in der Kommunikation mit sehr homogenen Special-Interest-Zielgruppen, wie z. B. Opernfreund:innen, Slackliner:innen, oder Aerosol-Junkies (ironische Szene-Selbstbezeichnung von Graffiti-Sprayer:innen) gelingt, deren Sprach- und Bildwelten aufzunehmen und authentisch darzustellen (vgl. Aebi 2003, S. 97). Auf den zweiten Blick ergibt sich aus der engeren Fokussierung jedoch der Vorteil, dass die Botschaft mittels Codes und Chiffren, die in der Zielgruppe bekannt sind, kürzer und schneller kommuniziert werden kann als über alltagsgebräuchliche Texte und Bilder. In DOoH-Medien kann dies via Dynamic Creative Optimization technisch gemanagt werden (vgl. Zayer 2023, S. 299).

Abb. 10.9 zeigt beispielhaft eine zielgruppenspezifische Ambient-Werbung, die Science-Fiction und Fantasy Fans ansprechen soll.

Wesentlich mehr Raum und Zeit zur Informationsvermittlung bleibt einer Botschaft bei jenen Werbemitteln, die per Postwurf oder Haushaltverteilung zugestellt oder in interessenspezifischen Umfeldern verteilt werden, wie z. B. ein Prospekt zur Dacherneuerung in vor 20 Jahren gebauten Ein- und Zweifamilienhaussiedlungen oder ein Tauchreisen-Katalog bei Teilnehmer:innen am Tauchkurs im städtischen Hallenbad.

Kann man auf zielgruppenspezifische Sprache, Bildsprache, Codes und Symbole zurückgreifen, steigt auch die Wahrscheinlichkeit, dass Interaktivität gelingt, obwohl sie eine komplexere Komposition der Werbebotschaft mit sich bringt. Denn damit haben die Werbenden Instrumente zur Hand, die kurze und schnell rezipierbare Werbebotschaften

Abb. 10.9 Zielgruppenspezische Werbung ohne mediumsspezifischen Kontext: Werbung eines Fantasy- und Science Fiction-Ladens auf der Herrentoilette des Einkaufszentrums, in dem sich der Laden befindet. (Eigenes Foto, aufgenommen am 27.06.2016)

begünstigen und erst noch in weiteren Schritten für den Aufbau von Reputation in der Zielgruppe eingesetzt werden können. Ob zielgruppenspezifische Werbung des Prototyps I tatsächlich Transaktionen auslöst, ist fraglich, weil die eher flüchtige Wahrnehmung der Werbung mit der Zeit beanspruchenden, aktiven Transaktion verknüpft werden müsste. Dies, obwohl die Produkte selbst viel eher eine Registrier-, Bestell- oder Kaufhandlung auslösen dürften. Ein interaktives Plakat in einem Fitnessstudio würde entsprechend auch nur Sportbekleidung bewerben, die dann per Link direkt bestellt werden kann.

Je personalisierter die Werbeform dieses Prototyps ist, desto tiefer dringt sie in die Privatsphäre der Rezipient:innen ein. Deshalb muss den Werbebotschaften der Spagat gelingen, einerseits genügend Aufmerksamkeit zu erreichen, andererseits aber nicht als störend empfunden zu werden. Denn dann würden sie unweigerlich Akzeptanz und Wohlwollen verlieren. Dies gilt, wenn auch in unterschiedlichen Akzentuierungen, für analog-dingliche Werbemittel ebenso wie für digital-virtuelle. Der Vorteil letzterer: Die Botschaften lassen sich hier mit den gleichen emotionalisierenden Elementen (Text, Audio, Video) aufladen wie die eines TV- oder Video-Spots.

Schließlich will interaktive personalisierte Werbung Feedbacks, wie das Liken und Sharen erzeugen. Das macht im erfolgreichen Fall die Werbeadressat:innen zu Absender:innen der Werbebotschaft, ggfs. gar zu Botschafter:innen der beworbenen Marke. Dazu muss aber die Werbebotschaft besonders witzig, traurig oder skandalös – eben außergewöhnlich – sein und ein entsprechend hohes Aktivierungspotenzial haben.

10.4 Spezifika zur Mediastrategie und -planung – Werbemittel und Werbeträger

Welche Einflussfaktoren zu berücksichtigen sind, hängt stark von der Art der gewählten Werbeträger und Werbemittel ab. So kommen z. B. Handzettel mit aufgedrucktem QR-Code ohne technische, elektronische oder digitalisierte Mehrausrüstung aus. Dagegen sind interaktive Plakate zumindest von einer zuverlässigen Energieversorgung abhängig. Dazu muss je nach Art der Interaktion und der vorgesehenen Reaktion durch den Werbungtreibenden eine stabile Mobile-Verbindung gewährleistet sein. Auch schafft die Art der intendierten Interaktion solcher Werbeformen Abhängigkeiten von der Interaktionsfähigkeit der Rezipient:innen. Ein aufgedruckter QR-Code, der einen Rabatt im nächsten Geschäft verspricht, funktioniert nicht, wenn die Rezipient:innen kein Smartphone mit geeigneter App haben oder im Fallbeispiel 10,5 (McDonald's) das Blitzlicht nicht funktioniert. Mit einer Verbreitung von 81,1 % in Deutschland (Statista 2024a), 89 % in Österreich (Statista 2024b) und 93,3 % in der Schweiz (Statista 2024c) kann die Ausstattung mit einem Mobiltelefon – in den meisten Fällen ein Smartphone – jedoch als Standard vorausgesetzt werden. Dennoch muss darauf geachtet werden, dass die eingesetzte Technik keine Partizipationshürden aufbaut.

Neben solchen technischen Fragen ist bei fix installierten Werbeträgern die Standortwahl eines der zentralen Erfolgskriterien für interaktive, kontextfreie Werbung, da die Werbung die Aufmerksamkeit und Zeit der Passant:innen beansprucht: Während eine

10.4 Spezifika zur Mediastrategie und -planung – Werbemittel und Werbeträger

Platzierung direkt am Rand einer stark befahrenen Autobahn für ein nicht-interaktives Plakat durchaus Sinn macht, wäre sie beim Einsatz eines interaktiven Plakats weder einer guten Werbewirkung noch der Verkehrssicherheit zuträglich. Dagegen steigen an Standorten mit hoher Fußgängerfrequenz oder an solchen, an denen viele Menschen warten müssen, die Erfolgsaussichten. Zudem müssen die technischen Fähigkeiten und vor allem die Bereitschaft und die Fähigkeit der Nutzer:innen, derart aktiv zu werden, berücksichtigt werden.

Als Kontext sind zudem länderspezifische Buchungsgewohnheiten zu berücksichtigen, in denen sich auch die Nutzung widerspiegelt: So liegt der Anteil der Außenwerbung am Gesamtbruttowerbemarkt in der Schweiz mit rund 20 % massiv höher als in Deutschland mit unter 10 % (vgl. Rotberg 2023; Fachverband Aussenwerbung 2024).

Generell ist das Spektrum der Werbeträger und Werbemittel weit gespannt und reicht von persönlich verteilten Warenproben über Skyposter, die von Flugzeugen über den Himmel gezogen werden bis zu Floating Billboards (Fallbeispiel siehe Abb. 10.10), die auf von motorisierten Schwimmpontons an belebten Stränden entlang gezogen werden.

Dieses Spektrum mit allen Besonderheiten und Spezifika in allen Tiefen auszuleuchten würde den Rahmen dieser Einführung weit überschreiten. Deshalb sei hier auf den aktuellen Sammelband von Kai-Marcus Thäsler (2023) zu Out-of-Home Kommunikation verwiesen.

Auswahl und Festlegung der einzelnen Werbeträger finden bei professioneller Vorgehensweise im Rahmen einer auf Erkenntnissen der Mediaforschung basierten Mediaplanung

Abb. 10.10 Außenwerbung am Strand: Floating Billboard. (Eigenes Foto, aufgenommen am 06.02.2014)

Abb. 10.11 Leistungsvermögen von Fix- und Programmatic Buchung von DOoH-Medien im Vergleich. (mediaschneider 2022, S. 16)

statt. Sind die Werbeträger digital buchbar, können sie auch im Programmatic Media Buying gebucht und abgerechnet werden. Abb. 10.11 zeigt als Überblick einen Leistungsvergleich zwischen Fix- und Programmticbuchungen der Digitalen Out-of-Home-Medien.

Professionelle Vermarkter:innen stellen Werbungtreibenden auch für die Außenwerbung aktuelle, valide und oftmals unabhängig kontrollierte Media-Daten für die von ihnen betreuten Werbeträger zur Verfügung. So wurden bereits Ende der 1960er bis Anfang der 1970er-Jahre in Großbritannien, der Schweiz und der Bundesrepublik Deutschland verschiedene Modelle zur quantitativen und qualitativen Bewertung von Plakaten entwickelt und bis zum heutigen Tag weiter verfeinert (vgl. Himmels und Peters 1991, S. 70 ff.; Scheier 2005, S. 268 ff.; Opfer 2005, S. 291 ff.; Engel 2023). Reichweitenuntersuchungen sind mittlerweile ähnlich professionell angelegt und durchgeführt wie die klassischen Untersuchungen für Print und TV (vgl. z. B. Arbeitsgemeinschaft Media-Analyse und Media-Micro-Census GmbH 2021).

Zielgruppensegmentierung bedarf dabei sinnvoller Grundlagen. Diese können entweder geografischer Art sein wie im Fall von Out-of-Home Medien (z. B. im Fitness-Studio), durch Eigenschaften und Handlungen der Nutzer:innen definiert sein (z. B. Motorradfahrer:innen) oder Charakteristika ihrer Geräte wie z. B. bestimmte Apps einbeziehen (z. B. Pokémon-Go-Spieler:innen). Von der Interaktionsfähigkeit der Nutzer:innen und ihrer Geräte ist auch abhängig, ob sich entsprechend Daten zur Reichweite und Teilnahme der Nutzer:innen gewinnen und in der Vermarktung einsetzen lassen.

Zunehmend nutzt die Außenwerbung neben geografischen oder soziodemografischen auch psychografische oder nach Lifestyle-Kriterien unterscheidende Segmentierungsverfahren. So haben z. B. Verteilorganisationen und die Deutsche Post AG mit Verfahren der mikrogeografischen Marktsegmentierung Alter, Zustand und Charakter von Häusern, Sozialmilieus und andere Selektionsmerkmale erfasst, um Werbungtreibenden eine streuverlustminimierte Verteilung von Prospekten, Katalogen oder anderen Werbemitteln ohne Kontext anbieten zu können.

Besonders Werbung mittels Ambient-Medien zielt auf spezifische Adressat:innen und verspricht, die Zielgruppe möglichst streuverlustfrei in einem ihr angenehmen Umfeld zu erreichen. Der Umsatz von Ambient-Medien nimmt in Deutschland entsprechend zu (vgl. FAM 2023). „Stadioncards", die an den Sitzlehnen in Fußballstadien kleben, Poster in den Umkleidekabinen von Fitness-Studios oder auch die klassische Bierdeckelwerbung wollen kein Massenpublikum erreichen, sondern ausgesuchte Zielgruppen.

Da Werte wie der Tausenderkontaktpreis nicht gut anwendbar sind, müssen andere Kriterien die Auswahl von Ambient-Medien begründen. Es finden sich – wenn auch nur vereinzelt – Studien zur Reichweite, wie etwa der AmbientMeter, eine seit 2005 jährlich durchgeführte Studie, um die Leistungsfähigkeit österreichischer Ambient-Werbeträger und -mittel mit anderen Werbeformen vergleichbar zu machen (vgl. TMC 2023).

Für die Mobile-Werbung via Smartphone oder Tablet bieten sich personalisierbare interaktive Werbemittel an, die mittlerweile auch wesentlich ansprechender gestaltet werden können als monochrome Mobiltelefonwerbung noch vor einigen Jahren. Dennoch bleibt zu beachten, dass die Beziehung zwischen Sender:innen und Empfänger:innen noch mehr an Anonymität verliert als im stationären Internet. Dies macht die Kommunikationsbeziehung zwar persönlicher, erhöht aber den „Störfaktor" von Werbung massiv. Zumal die Rezipient:innen den Empfang mobiler Werbung mit Bandbreite und – sofern sie Mobiltarife ohne Flatrate nutzen – auch mit Gebühren bezahlen müssen. Deshalb werden unaufgefordert zugeschickte individualisierte Botschaften auf ein mobiles Endgerät nicht nur als Eingriff in die Privatsphäre verstanden:

> „The mobile medium is potentially even more intrusive than other interactive marketing channels. The main reasons are its ubiquity and personal identity." (Rodriguez Perlado und Barwise 2005, S. 269).

Personalisierte Mobile Werbung erfordert also wie keine andere ein Höchstmaß an Fingerspitzengefühl, Vertrauen, Glaubwürdigkeit und Fairness. Dies gilt auch oder sogar im Besonderen für GPS- oder Beacon- gesteuerte personalisierte Mobile Werbung. Sie ist deshalb reizvoll, weil dank der Verknüpfung von Mobilnummer, Geräte-Standort und Kundenprofil ein auf den Nutzenden zugeschnittenes persönliches Angebot in Echtzeit auf dessen/deren Smartphone geschickt werden kann.

> „Insbesondere die Kombination von Digitaler Außenwerbung und mobiler Werbung erfreut sich unter Werbungtreibenden zunehmender Beliebtheit, da sie die große und schnelle Reichweite der DOoH-Medien (zusammen mit der Möglichkeit eines Zielgruppen-Targetings) mit der individualisierten Ansprache und den Interaktionsmöglichkeiten der Mobilen Werbung verbindet." (Goldberg 2023, S. 210).

Auf diese Weise lassen sich z. B. Last-Minute-Kinokarten oder persönlich bevorzugte Convenience-Produkte bestens bewerben (vgl. Schäfer 2003, S. 120). Ein nahezu prototypisches Beispiel dafür findet sich seit 2014 in einer der nach Aussagen ihrer Verwaltung belebtesten Einkaufsstraßen der Welt, der Londoner Regent Street (siehe Abb. 10.12).

Regent Street to become Europe's first to integrate pioneering technology

Regent Street is set to become the first shopping street in Europe to pioneer a unique mobile phone app which delivers exclusive, personalised content to shoppers about what's on offer during their visit.

03 June 2014

The app communicates with beacons in each store so that as shoppers walk past, they receive alerts by Bluetooth about a range of things, from information about new products and upcoming events to exclusive offers only available to those shopping on the Street that day. Using beacons is a new innovation which has only previously been trialled by a handful of retailers and by using Bluetooth this comes at no cost to the user.

As well as providing content, the app is also intuitive, building a profile for each shopper so that the content they receive is tailored to their individual preferences. It will also enable shoppers to better explore what the street has to offer, helping them plan their visits and introducing them to new brands that align with their interests.

Abb. 10.12 Einführung der Beacon-Technologie in der Regent Street. (The Crown Estate 2014, vgl. auch Venkataramanan 2016)

Werden keine Beacons im Mobile-Bereich eingesetzt, so lässt sich personalisierte interaktive Werbung auch mittels QR-Codes auf analogen Werbemitteln erreichen. Mit ihnen lässt sich eine Brücke schlagen zwischen Online-, Mobile- und Printmedien (vgl. Rieger und Linnemüller 2008, S. 12).

10.5 Spezifika zu Werbewirkung und Werbeerfolg

Es wurde bereits darauf hingewiesen, dass ein Teil der Anbieter:innen von Werbeträger des Prototyps I wenig professionalisiert und nicht-institutionalisiert vermarktet und in den meisten Fällen keine qualifizierten oder durch unabhängige Forschung validierten Aussagen zur Werbewirkung treffen kann. Dagegen greifen die professionell-institutionalisierten Vermarkter:innen in diesem Segment nicht nur auf quantitative, sondern zunehmend auch auf qualitative Forschung zurück, um Belegung, Umfeld- bzw. Standortqualität und Wirkungen darstellen und nachweisen zu können (vgl. Günther 2000, S. 36). Dennoch wird die ohnehin schwierige Messung der Werbewirkung allgemein für Werbung ohne mediumsspezifischen Kontext nochmals komplizierter (vgl. Preuß 2023).

Werbungtreibende beurteilen Wirkung indes nicht allein nach Reichweite, Akzeptanz und erreichter Sympathiewerte. Deshalb versuchen vor allem die Vermarkter:innen von Plakat- und Verkehrsmittelwerbung mit Hilfe intensiver Forschungsanstrengungen mehr Transparenz bezüglich der Werbenutzung und -wirkung zu schaffen. Aktuelle Modellierungen von Reichweiten bei OoH-Medien basieren auf zahlreichen Datenquellen wie Mobilitätsstudien, Verkehrszählungen oder Plakatgeometrie. Wegeberechnungen und Verkehrsmodelle sowie Kontaktbewertungen komplettieren das Modell (vgl. Buhr 2023). Ähnlich funktioniert der in Österreich 2013 eingeführte Outdoor Server Austria, der die Frequenzlandschaft, eine Werbeträgerklassifizierung sowie eine Mobilitätsstudie miteinander kombiniert (vgl. Erd und Hofstätter 2020, S. 263 ff.)

Bei DOoH-Medien lassen sich darüber hinaus mit Messdaten von WiFi-Trackern einfache Frequenzen ermitteln. Facetracker können eine grobe Zielgruppeneinschätzung in Echtzeit geben, und Geotracking liefert den aggregierten Aufenthaltsort im Werbeumfeld, der allerdings nur begrenzte Aussagekraft hat (vgl. Goldberg 2023). Der Einsatz digitalisierter Geräte erlaubt es aber auch, z. B. Eyetracking-Studien bei Bandenwerbung, Plakaten oder PoS-Werbung mit einer Art Lesebrille, einem sog. „Head-Mounted System" durchzuführen (vgl. Kaindel et al. 2020, S. 153 f.).

Generell kann davon ausgegangen werden, dass Interaktivität das Involvement der Rezipient:innen und damit die Aufnahme der Werbebotschaft steigert (vgl. Naab und Schlütz 2016, S. 225 f.), mithin also eine größere Erfolgswahrscheinlichkeit bietet als rein persuasive Ein-Weg-Kommunikation. Findet solche Interaktivität statt, setzt also z. B. ein viraler Effekt ein, wird die Werbebotschaft eher rezipiert, durchbricht also eher die Aufmerksamkeitsschwelle. Ein wesentlicher Werbeerfolg ist dann bereits eine hohe „Weiterleitungsrate".

Interaktive Werbeträger ohne mediumsspezifischen Kontext bieten darüber hinaus den Vorteil, dass der Erfolg direkt messbar ist, wenn die Interaktion registriert werden kann.

So kann der Scan eines QR-Codes auf einem Poster in der S-Bahn und der dadurch initiierte Aufruf einer Website ebenso festgestellt werden wie die Zahl der abgegebenen McDonald´s-Gutscheine im Fallbeispiel zu den interaktiven Plakaten (siehe Abb. 10.5). Technologisch ist es sogar möglich, die Plakatwand mit Fotosensoren auszurüsten, die die Zahl der geschossenen Blitzlichtfotos registrieren und via Internet oder Mobilfunk zur Auswertung schicken. Damit könnten die Werber:innen dann z. B. Besuchsfrequenzen im Tagesverlauf feststellen oder Echtzeit-Vergleiche zwischen zwei Plakatstandorten anstellen, was immer häufiger auch getan wird. Sind Werbemittel transaktiv, werden in der Regel noch mehr Daten geliefert, weil Registrierung, Bestellung oder Kauf zusätzlich persönliche Angaben benötigen. Diese Daten dienen dann nicht nur der Vermarktung, sondern können entweder weiterverkauft oder getauscht oder zur Vorbereitung eigener personalisierter Werbung eingesetzt werden. Denn ist ein/e Nutzer:in erst einmal mit allen Präferenzen und konkreten Bestellungen registriert, hat er/sie also eine Kauf-/Bestellhistorie, kann ihr/ihm auch personalisierte Werbung (z. B. nur für ihre/seine Lieblingspizza) zugestellt werden.

Die konkreten Werbewirkungen werden mittlerweile umfassend untersucht, ergeben aber selten ein eindeutiges Bild. Das heißt die verschiedenen Grundlagen und Interpretationen müssen erst noch fundiert aufgearbeitet werden. So sind z. B. Fragen noch nicht grundlegend geklärt, wie ein Text-Kommentar oder eine Rezension im Vergleich zu einem hochgeladenen Video zu werten ist, und wie viel er tatsächlich zum Erreichen der vorgegebenen Werbeziele beiträgt.

Auch die Segmentierung des Marktes in Zielgruppen setzt eine systematische, valide Forschung voraus (vgl. Kotler et al. 2022, S. 341 ff.). Dementsprechend versuchen viele Anbieter:innen die Richtigkeit „ihrer" Zielgruppenabgrenzung mit Hilfe gültiger Daten aus der Wirkungsforschung und aus Erfolgskontrollen zu belegen. Um noch präzisere Daten über Zielgruppen und ihre spezifische Nutzung eruieren zu können, werden auch GPS-basierte Standortanalysen, Mobilitäts- und Frequenzstudien sowie mit diversen Umfeldfaktoren gekoppelte Navigationssysteme eingesetzt (vgl. Schmidt 2005). Bei post- und haushaltverteilter Werbung kommen in der Regel Methoden und Analysen zum Einsatz, die sich in der Direktwerbung bewährt haben.

Wirkungsstudien zur Werbung mit Ambient-Medien waren lange Zeit rar. Da dieser Bereich jedoch wächst, finden sich mittlerweile vermehrt Untersuchungen dazu. Sie dienen u. a. dazu, die Kombination von Medien-Belegungen bei einer Ambient-Kampagne zu optimieren (vgl. FAM o. J.b; Erd und Hofstätter 2020, S. 266 f.)

Hochindividualisierte, personale Werbung, wie z. B. ein Verkaufsgespräch, hat gegenüber allen anderen Werbeformen des Prototyps I einen entscheidenden Vorteil: Sie ist direkter als jede andere Werbeform. Werbemittel und Kundenresponse können markiert und damit bestimmten Werbeaktionen zugeordnet werden. Und diese Zuordnung erlaubt – zumindest quantitativ – auch dann relativ zuverlässige Aussagen, wenn der Response außerhalb des Werbeformats erfolgt. Reaktionsgeschwindigkeit, Responsequote und -qualität (z. B. reine Infoanforderung oder sofortiger Direktkauf) sind damit ebenso zu ermitteln, wie das Kosten-/Erlösverhältnis und andere wirtschaftliche Kennzahlen.

Zusammenfassung

Dieses Kapitel befasst sich mit den äußerst heterogenen Werbeformaten des ersten von fünf Prototypen der Werbung – der Werbung ohne mediumsspezifischen Kontext. Diese Art der Werbung steht singulär ohne einen anderen inhaltlichen Kontext und nutzt keine redaktionell erstellten Medien als Werbeträger. Daher kann sie auch nicht von deren Potenzial als Aufmerksamkeitsbündler profitieren. Stattdessen finden sich die Werbeformen des Prototyps I in oder auf Out-of-Home-, Ambient- oder Retail-Medien. Unter den Prototyp gefasst sind aber auch Direktwerbung, Verkaufsgespräche, Handzettel, Flyer oder Postwurfsendungen.

Oft zielen diese Werbeformen darauf ab, das Publikum in seiner alltäglichen Umgebung und an unkonventionellen Orten zu erreichen. Zwar wird zunehmend nicht mehr ein disperses Publikum angesprochen, sondern konkretere Zielgruppen, das Personalisierungspotenzial ist aber (noch) begrenzt. Dagegen lässt sich die Tendenz beobachten, dass Werbung des Prototyps I zunehmend interaktiv gestaltet wird: Getrieben von Digitalisierung und leistungsfähiger Datenübertragungstechnologie weicht die passive Rezeption aktivem Engagement bis hin zu echten Transaktionen. Auch wenn diese bislang immer noch über ein zusätzliches Medium, primär via Smartphone, abgewickelt werden muss.

Herausfordernd sind die Akteurskonstellationen und Werbeprozesse im Prototyp I: Denn hier finden sich nicht nur professionell-institutionalisierte Anbieter:innen von Werbeträgern. Vielmehr sehen sich Werbungtreibende einer großen Vielfalt an nicht- oder nur teil-professionellen und nicht- bzw. teil-institutionalisierten Akteur:innen gegenüber. Dementsprechend können Mediaplaner:innen einerseits auf gut seriös erhobene und valide Daten zurückgreifen, andererseits sind verschiedene Werbeträger nicht einmal in ihrer Reichweite erfasst.

Es ist selbsterklärend, dass Werbeinhalte, -formate und -botschaften aufgrund der Vielfältigkeit des Feldes ebenso uneindeutig zu fixieren sind, wie Werbeträger und Werbemittel. Entsprechend gestaltet sich die Messung von Werbewirkung und -erfolg überaus komplex. Bei einigen Werbeformen ist sie aufgrund fehlender valider Daten mehr oder weniger bzw. überhaupt nicht realisierbar. Dennoch eröffnen die Erscheinungsformen der Werbung des Prototyps I ein enormes Potenzial für kreative Werbung mit Impact, das durch die Digitalisierung verschiedener Werbeträger nochmals interessanter wird.

▶ **Empfohlene Literatur** Hofe und Rost 2005; Thäsler 2023; FAM o. J.c; Bundesverband Digitale Wirtschaft (BVDW) 2024

Literatur

Aebi, Jean Etienne. 2003. *Einfall oder Abfall: Was Werbung warum erfolgreicher macht.* Mainz: Schmidt.

Arbeitsgemeinschaft Media-Analyse und Media-Micro-Census GmbH. 2021. ma 2021 Out of Home: Methoden-Steckbrief zur Berichterstattung. https://www.agma-mmc.de/index.php?eID=dumpFile&t=f&f=10456&token=a3e2be8769eff22614540fe873ac76fc71fe5c54. Zugegriffen: 3. April 2024.

Buhr, Jan. 2023. Das Modellieren der Reichweiten von Out-of-Home: Wie die Leistungswerte von Plakatmedien im öffentlichen Raum entstehen. In *Out-of-Home-Kommunikation: Von der Technik über Gestaltung bis zur Werbewirkung und ROI-Messung – mit vielen Beispielen*, Hrsg. Kai-Marcus Thäsler, 159–178. Wiesbaden: Springer Fachmedien.

Bundesverband Digitale Wirtschaft (BVDW) e.V. 2024. Retail Media. https://www.bvdw.org/themen/retail-media/. Zugegriffen: 3. April 2024.

Deutsche Post. o. J. Deutsche Post Direkt. https://www.deutschepost.de/de/d/deutsche-post-direkt.html. Zugegriffen: 29. März 2024.

Die Schweizerische Post. 2024. Werbung, die ankommt: Erreichen Sie Ihre Zielgruppe einfach und erfolgreich. https://advertising.post.ch/de/. Zugegriffen: 29. März 2024.

Engel, Dirk. 2023. Auf den Weg zur Mediastrategie: Welche Studien und Tools helfen, Out-of-Home im Mediamix zu positionieren. In *Out-of-Home-Kommunikation: Von der Technik über Gestaltung bis zur Werbewirkung und ROI-Messung – mit vielen Beispielen*, Hrsg. Kai-Marcus Thäsler, 221–233. Wiesbaden: Springer Fachmedien.

Erd, Johanna, und Markus Hofstätter. 2020. Exkurs: Überblick über die österreichischen Mediastudien. In *Werbe- und Kommunikationsforschung: Methoden – Stärken/Schwächen – Anwendungsbeispiele*, Hrsg. Carina Wagner-Havlicek und Harald Wimmer, 247–274. Baden-Baden: Nomos Verlagsgesellschaft.

Fachverband Aussenwerbung. 2024. Marktdaten zu Out of Home-Medien. https://faw-ev.de/out-of-home-marktdaten. Zugegriffen: 29. März 2024.

FAM – Fachverband Ambient Media. o. J.a. Field Ads: Blühende Werbefelder. https://www.fachverband-ambientmedia.de/field-ads-bluhende-werbefelder/. Zugegriffen: 29. März 2024.

FAM – Fachverband Ambient Media. o. J.b. Forschung. https://www.fachverband-ambientmedia.de/forschung/. Zugegriffen: 3. April 2024.

FAM – Fachverband Ambient Media. o. J.c. Webseite des Fachverbands Ambient Media. https://www.fachverband-ambientmedia.de/. Zugegriffen: 3. April 2024.

FAM – Fachverband Ambient Media. 2023. Traumwerte für Ambient Media: Umsatzplus von 42,1%. https://www.fachverband-ambientmedia.de/traumwerte-fuer-ambient-media-umsatzplus-von-421/. Zugegriffen: 3. April 2024.

Feratel. 2024. Werbung am Berg: Unser MediaMix. https://www.feratel.ch/unser-service/out-of-home-kampagnen. Zugegriffen: 29. März 2024.

Goldberg, Frank. 2023. Dynamische Leistungswerterfassung für Digital-Out-of-Home-Medien: Die Public & Private Screens Studie. In *Out-of-Home-Kommunikation: Von der Technik über Gestaltung bis zur Werbewirkung und ROI-Messung – mit vielen Beispielen*, Hrsg. Kai-Marcus Thäsler, 179–211. Wiesbaden: Springer Fachmedien.

Günther, Vera. 2000. Wir müssen draußen bleiben. *media & marketing* (12): 36.

Herring, James. 2024. Specsavers take over petrol pump caps in latest campaign. https://www.famouscampaigns.com/2024/03/specsavers-take-over-petrol-pump-caps-in-latest-campaign. Zugegriffen: 29. März 2024.

Himmels, Gerd, und Dieter Peters. 1991. *Plakatwerbung in Deutschland: Eine kleine Enzyklopädie.* Bergisch-Gladbach.

Hofe, Klaus G., und Monika Rost (Hrsg.). 2005. *Außenwerbung: Wer macht was? Wie geht es? Was kostet es?*, 3. Aufl. Freiburg im Breisgau: creativ collection.
intelliAd. 2015. A Beacon Love Story: Wie Sie mit Beacons Kunden dauerhaft für sich gewinnen. https://www.intelliad.de/einsteigerguide-beacons/. Zugegriffen: 29. März 2024.
Kaindel, Clara, Flora Messerklinger, und Harald Wimmer. 2020. Apparative Verfahren der Werbeforschung. In *Werbe- und Kommunikationsforschung: Methoden – Stärken/Schwächen – Anwendungsbeispiele*, Hrsg. Carina Wagner-Havlicek und Harald Wimmer, 151–179. Baden-Baden: Nomos Verlagsgesellschaft.
Kotler, Philip, Gary Armstrong, Lloyd C. Harris, und Hongwei He. 2022. *Grundlagen des Marketing*, 8. Aufl. Hallbergmoos/Germany: Pearson.
Marter, Siegfried. 2023. Die Geschäftsgrundlage von Außenwerbung – Geschäftsmodelle, Pachtverträge, kommunale und private Pachtgeber. In *Out-of-Home-Kommunikation: Von der Technik über Gestaltung bis zur Werbewirkung und ROI-Messung – mit vielen Beispielen*, Hrsg. Kai-Marcus Thäsler, 93–115. Wiesbaden: Springer Fachmedien.
mediaschneider. 2022. OOH & DOOH: 2. Medientag 2022. https://www.mediaschneider.com/wp-content/uploads/03_ooh-dooh.pdf. Zugegriffen: 3. April 2024.
Naab, Teresa K., und Daniela Schlütz. 2016. Nutzung von Werbung: Selektion und Vermeidung persuasiver Inhalte. In *Handbuch Werbeforschung*, Hrsg. Gabriele Siegert, Werner Wirth, Patrick Weber und Juliane A. Lischka, 223–242. Wiesbaden: Springer VS.
Opfer, Gundula. 2005. Reichweitenmessung für Plakatanschlagstellen in Deutschland. In *Focus-Jahrbuch 2005: Beiträge zu Werbe- und Mediaplanung, Markt-, Kommunikations- und Mediaforschung*, Hrsg. Wolfgang J. Koschnick, 291–314. München.
Österreichische Post. o. J. Persönlich werben & informieren. https://www.post.at/g/c/persoenlich-werben. Zugegriffen: 29. März 2024.
Preuß, Alexander. 2023. Zur Messung der Wirkung von Out-of-Home: Vorstellung der Methode des ökonometrischen Modellings und Darstellung der Ergebnisse einer Metaanalyse zur Wirkung von Out-of-Home. In *Out-of-Home-Kommunikation: Von der Technik über Gestaltung bis zur Werbewirkung und ROI-Messung – mit vielen Beispielen*, Hrsg. Kai-Marcus Thäsler, 253–270. Wiesbaden: Springer Fachmedien.
Rieger, Volker, und Arne Linnemüller. 2008. *Mobile Tagging: New Business Opportunities through 2D-Barcodes*. Opinion Paper 2008/10 der Detecon International GmbH. Bonn.
Rodriguez Perlado, Virginia, und Patrick Barwise. 2005. Mobile Advertising: A Research Agenda. In *Advertising, Promotion, and New Media*, Hrsg. Marla R. Stafford und Roland J. Faber, 261–277. Armonk, N.Y.: M.E. Sharpe.
Rotberg, Florian. 2022. Ströer – König in der Krise. https://invidis.de/2022/11/stroeer-koenig-in-der-krise/. Zugegriffen: 1. März 2024.
Rotberg, Florian. 2023. Schweiz – Der Gipfel der Außenwerbung. https://invidis.de/2023/09/schweiz-der-gipfel-der-aussenwerbung/. Zugegriffen: 29. März 2024.
Schäfer, Dirk. 2003. Tank-Tipps. Coupons und Fußballgrüße. *Absatzwirtschaft* (5): 120–121.
Scheier, Christian. 2005. Wie wirken Plakate? Neue Methoden und Erkenntnisse. In *Focus-Jahrbuch 2005: Beiträge zu Werbe- und Mediaplanung, Markt-, Kommunikations- und Mediaforschung*, Hrsg. Wolfgang J. Koschnick, 265–290. München.
Schierl, Thomas. 2001. *Text und Bild in der Werbung: Bedingungen, Wirkungen und Anwendungen bei Anzeigen und Plakaten*. Köln: Herbert von Halem Verlag.
Schmidt, Hans. 2005. Ja wo laufen sie denn? *w&v* (23): 58–59.
Statista. 2024a. Statistiken zur Smartphone-Nutzung in Deutschland. https://de.statista.com/themen/6137/smartphone-nutzung-in-deutschland/#topicOverview. Zugegriffen: 29. März 2024.
Statista. 2024b. Statistiken zur Smartphone-Nutzung in Österreich. https://de.statista.com/themen/3654/smartphone-nutzung-in-oesterreich/#topicOverview. Zugegriffen: 29. März 2024.

Statista. 2024c. Statistiken zur Smartphone-Nutzung in der Schweiz. https://de.statista.com/themen/3581/smartphone-nutzung-in-der-schweiz/#topicOverview. Zugegriffen: 29. März 2024.

Ströer. o. J. Out-of-Home (OOH) – Kommunikation mitten im Leben. https://www.stroeer.de/werben-mit-stroeer/aussenwerbung/. Zugegriffen: 1. März 2024.

Thäsler, Kai-Marcus (Hrsg.). 2023. *Out-of-Home-Kommunikation: Von der Technik über Gestaltung bis zur Werbewirkung und ROI-Messung – mit vielen Beispielen.* Wiesbaden: Springer Fachmedien.

The Crown Estate. 2014. Regent Street to become Europe's first to integrate pioneering technology. www.thecrownestate.co.uk/news-and-media/news/2014/regent-street-to-become-europe-s-first-to-integrate-pioneering-technology. Zugegriffen: 20. Juli 2016.

Theis, Ralf. 2016. easyKAUF – die Schnittstelle zwischen online und offline. https://www.flagbit.de/blog/easykauf-die-schnittstelle-zwischen-online-und-offline/. Zugegriffen: 12. Januar 2024.

TMC The Media Consultants. 2023. Ambient Media Promotions: Digital Out of Home. https://tmc.at/wp-content/uploads/2023/04/AM-23-PK.pdf. Zugegriffen: 12. Januar 2024.

Venkataramanan, Madhumita. 2016. High street shops will track your phone to ping you the best deals. https://www.wired.com/story/smartphone-shopping-bargains-with-beacons/. Zugegriffen: 3. April 2024.

Werbewoche. 2015. Blitzlichtgewitter für McDonalds. https://www.werbewoche.ch/de/werbung/2015-02-01/blitzlichtgewitter-fur-mcdonalds/. Zugegriffen: 1. März 2024.

Wieking, Klaus. 2005. Die Schlacht um das Regal. *w&v* (21): 16–22.

Zayer, Claudia. 2023. Programmatic OoH: Ein Medium erfindet sich neu – Digitale Außenwerbung im Spannungsfeld zwischen Massenmedium und Mikrotargeting. In *Out-of-Home-Kommunikation: Von der Technik über Gestaltung bis zur Werbewirkung und ROI-Messung – mit vielen Beispielen*, Hrsg. Kai-Marcus Thäsler, 289–302. Wiesbaden: Springer Fachmedien.

Zunke, Karsten. 2023. Retail Media – eine Mediengattung wird erwachsen. https://www.absatzwirtschaft.de/retail-media-eine-mediengattung-wird-erwachsen-250338/. Zugegriffen: 29. März 2024.

Prototyp II: Klassische analoge und digitale Mediawerbung

Inhaltsverzeichnis

11.1	Definition und Rahmenbedingungen	306
11.2	Spezifika zu Akteurskonstellationen und Werbeprozess	311
11.3	Spezifika zur Kreativstrategie und -umsetzung – Werbeinhalte und Werbebotschaften	315
11.4	Spezifika zur Mediastrategie und -planung – Werbemittel und Werbeträger	318
11.5	Spezifika zu Werbewirkung und Werbeerfolg	323
Literatur		327

Überblick

Werbung und ihre Erscheinungsformen differenzieren sich immer weiter aus. Mit der Folge, dass das gesamte Feld der Werbung immer unübersichtlicher wird. Im diesem Lehrbuch versuchen wir, dieses unübersichtliche Feld realer Werbeformen anhand von fünf Prototypen zu kategorisieren und zu beschreiben:

Im Prototyp I (Kap. 10) fassen wir alle Werbeformen ohne mediumsspezifischen Kontext zusammen, namentlich Direkt- und Out-of-Home-Werbung sowie Werbung mit Ambient- und Retail-Medien. Prototyp II (Kap. 11) umfasst die klassische Mediawerbung in ihren analogen und digitalen Erscheinungsformen. Auch die hybride Werbung in Prototyp III (Kap. 12) wird in analoger und digitaler Form dargestellt. Erscheinungsformen, bei denen Werbung ein von unabhängigen Medien erstelltes redaktionelles Programm ersetzt, ordnen wir dem Prototyp IV (Kap. 13) – Werbung als Content Creation – zu. Und im Prototyp V (Kap. 14) befassen wir uns mit Crossmedialer Werbung.

> *Dabei stützen wir uns zur Systematisierung auf die u. E. ebenso wichtigen wie geeigneten Kriterien, die wir bereits in Abschn. 2.3 vorgeschlagen haben: auf den Personalisierungsgrad der Werbung, auf ihre Integration in den mediumsspezifischen Kontext und auf den Grad ihrer Interaktivität.*
>
> *Analyse und Darstellung der Prototypen folgen dabei für alle fünf gleichbleibend dem Aufbau des Buches: Nach Akteurskonstellationen und Werbeprozess betrachten wir Kreativstrategie und -umsetzung sowie Werbeinhalte und -botschaften. Im Anschluss widmen wir uns der Mediaplanung sowie den einzelnen Werbemitteln und Werbeträgern, um schließlich Aussagen zu Werbewirkung und Werbeerfolg zu treffen.*

11.1 Definition und Rahmenbedingungen

▶ Klassische Mediawerbung bezeichnet Werbung, die in einen anderen Inhalt eingebettet ist und mit diesem zusammen über Medien im weitesten Sinne verbreitet wird, aber deutlich als von diesem inhaltlichen Teil getrennt ausgewiesen wird. Sie hat einerseits den Vorteil, dass der Inhalt die Aufmerksamkeit des Publikums gewinnt und bündelt, steht aber andererseits vor der Herausforderung, gegen diese bzw. mit diesen zusätzlichen Texten, Bildern, Audios und Videos bestehen zu müssen.

In Kombination mit Medienangeboten, die wirklich von einem Massenpublikum und nicht in erster Linie von einzelnen Publikumssegmenten genutzt werden, lässt sich dann von massenmedialer Werbung sprechen. Die Werbung entspricht infolgedessen klassischer Massenkommunikation – der Definition von Gerhard Maletzke (1963) folgend also jener Kommunikationsform, bei der Aussagen öffentlich, durch technische Verbreitungsmittel, indirekt und einseitig an ein disperses Publikum vermittelt werden. Schon immer galt aber, dass nicht „irgendein" Publikum angesprochen werden soll, sondern „… institutionally effective audiences that have social meaning and/or economic value within the system" (Ettema und Whitney 1994, S. 5). Ein klar als Werbung gekennzeichneter Fernsehspot in einem TV-Vollprogramm mit nationaler Reichweite zu bester Sendezeit würde dieser Form am ehesten entsprechen.

> **Fallbeispiel: BAUHAUS bucht „Best Seconds"**
>
> Die Tagesschau der ARD ist die meistgesehene Nachrichtensendung im deutschen Fernsehen. Den als „Best Minutes" bzw. „Best Seconds" vermarkteten letzten Spot vor Sendungsbeginn belegt in diesem Beispiel (siehe Abb. 11.1) die Baumarktkette BAUHAUS zur Ansprache eines dispersen Publikums via Massenmedium. ◄

11.1 Definition und Rahmenbedingungen

Abb. 11.1 Massenmediale Werbung. (Schobelt 2022)

Die Werbeformen in diesem Prototyp entsprechen am ehesten den traditionellen Vorstellungen von Werbung und werden deshalb auch im größten Teil der Werbeliteratur ausgiebig untersucht und thematisiert. Die meisten der in Kapitel fünf, sechs, sieben und acht dieses Lehrbuchs erläuterten Akteur:innen, Prozesse und Akteurskonstellationen gelten prototypisch für diese Werbung.

Die Werbung dieses Prototyps hat sich im Wesentlichen entlang zweier Kriterien entwickelt:

Personalisierung: Vom Massenpublikum über die Zielgruppen zu einzelnen Zielpersonen
Längst wird nicht nur ein disperses und passives Massenpublikum angesprochen. Die Werbewirtschaft tendiert dazu, entweder durch die Gestaltung der Werbebotschaft und die Auswahl der Werbeträger den Adressatenkreis auf spezifische Zielgruppen einzuengen oder die Werbung personalisiert auszuspielen. Zielgruppenspezifische klassische Mediawerbung spricht nicht mehr Rezipient:innen und Konsument:innen als disperse anonyme Masse an, sondern besser abgegrenzte, schärfer profilierte und damit für die beworbenen Objekte relevante Zielgruppen. Neben einer verbesserten Relevanz für die Adressat:innen bietet zielgruppenspezifische Werbung zudem den Vorteil, Streuverluste eingrenzen zu können.

Als Zielgruppen werden aber nicht nur tatsächliche Käufer:innen und Verwender:innen von Produkten, Leistungen und Marken eingestuft, sondern auch potenzielle Nachfrager:innen sowie Personen, die die Kaufentscheidungen anderer maßgeblich beeinflussen können. So sind z. B. Jugendliche in mehrerer Hinsicht eine begehrte Zielgruppe. Denn zum einen verfügen sie selbst über immer höhere Budgets, um Dinge zu kaufen oder

Dienstleistungen in Anspruch zu nehmen. Zum anderen streben Werbungtreibende danach, sie möglichst frühzeitig an sich zu binden. Als besonders attraktive und wichtige Zielgruppe gelten Jugendliche aber auch und vor allem deshalb, weil sie in einigen Bereichen (z. B. Auto, Computer, Handy, Urlaub) die Konsumentscheidungen ihrer Eltern, Großeltern und anderer Personen in ihrem Umfeld beeinflussen.

Als prototypische Beispiele für zielgruppenspezifische klassische Mediawerbung lassen sich hier u. a. eine Anzeige in einer Frauenzeitschrift, ein TV-Spot in einem Zielgruppensender, wie z. B. MTV, D-Maxx oder Sport1, oder ein auf Instagram ausgespieltes Reel nennen.

> **Fallbeispiel: Lancôme in „keinem normalen Frauenmagazin"**
>
> Bis zu ihrem vom neuen Eigentümer RTL-Group verfügten Aus im Jahr 2023 verstand sich „BARBARA" als „kein normales Frauenmagazin". Sie wandte sich damit an Leser:innen mit einem gewissen Anspruch an niveauvoller Unterhaltung und Information. An diese Zielgruppe richtete sich auch die auf zwei Folgeseiten platzierte Werbung für eine regenerierende Peptid-Crème von Lancôme. Während die erste Seite (Abb. 11.2, oben rechts) in ihrer Gestaltung eng ans Redaktionslayout angelehnt ist und kaum als Werbung auffällt, muss sich die zweite Seite (Abb. 11.2 unten rechts) gegen eine enorme optische Vielfalt des redaktionellen Teils durchsetzen. ◄

Abb. 11.2 Zielgruppenspezifische Werbung in einem Frauenmagazin. (Lancôme 2023a und 2023b, eigene Montage)

11.1 Definition und Rahmenbedingungen

Dass Werbung zusammen mit einem mediumsspezifischen Inhalt verbreitet, aber getrennt von diesem ausgewiesen und zudem personalisiert wird, wird durch zwei Entwicklungen möglich. Erstens müssen Adresse und Ansprache der Beworbenen mit relativ geringem Aufwand personalisiert werden können. Zweitens müssen mediale Inhalte auf der Basis von Datenbanken personalisiert und dann in digitaler Form zu geringen Kosten verbreitet werden können. Beide Entwicklungen eröffnen die Option, personalisierte Werbebotschaften auch in den traditionellen Offline-Medien zu schalten. Voraussetzung dafür ist aber eben, dass einerseits die Adressen und Namen der Rezipient:innen gespeichert sind (wie z. B. bei Zeitungs- und Zeitschriftenabonnements) oder anderweitig in produktionsfähiger Form verfügbar sind. Andererseits muss die Produktion personalisierter Medien technisch machbar und wirtschaftlich sinnvoll sein; denn Personalisierung bei Offline-Medien kann mit einem nicht zu unterschätzenden Aufwand verbunden sein.

> **Fallbeispiel: Jaguar wirbt offline, aber personalisiert**
>
> 2008 schaltete der Autohersteller Jaguar in der Zeitschrift Cicero eine Anzeige und druckte auf die integrierte Antwortkarte die individuelle, persönliche Anrede und Adresse jedes Cicero-Abonnenten (siehe Abb. 11.3, Adresse wg. Persönlichkeitsschutz unleserlich gemacht). ◄

Abb. 11.3 Personalisierte Werbung in traditionellem Offline-Medium. (Eigene Montage)

Interaktivität: Von Nicht-interaktiv über interaktiv zu transaktiv
Aufgrund dieses stark erhöhten Aufwands ist personalisierte Werbung meist mit Inter- und Transaktionsmöglichkeiten verknüpft. Denn der aktive Austausch mit Rezipient:innen ist eigentlich das, was angestrebt wird, wenn dieser Aufwand für die Personalisierung betrieben wird. Die Werbungtreibenden wollen ja gerade, dass die Rezipient:innen zu Kommunikations- und Handelspartner:innen werden, die kommentieren, User Generated Content publizieren, ko-kreieren, sich registrieren, rezensieren oder direkt bestellen bzw. kaufen oder weiterempfehlen. Beispiele für solche Formen von Werbung sind Newsletter, aber auch personalisierte Printwerbung wie im Fallbeispiel der Abb. 11.3.

Kommen Interaktions- und Transaktionsmöglichkeiten ins Spiel, wird aus der einseitigen eine Zwei-Wege-Kommunikation. Die Werbeformen müssen dann also Feedbackoptionen bieten und z. B. in Form aufgedruckter QR-Codes oder Like- bzw. Share-Buttons Optionen zur Interaktivität eröffnen. Die bereits genannte Anzeige in einer Frauenzeitschrift oder der TV-Spot auf D-Max müssen also zumindest jeweils z. B. einen QR-Code zeigen, der den Rezipient:innen via Smartphone schnelle, einfache Feedback- und Mitsprachemöglichkeiten, eröffnet, auch wenn es dazu einen Medienwechsel braucht. Bei smarten oder auch connected TVs, in Online-Medien und Social Media Plattformen sind diese Verschränkungen technisch kein Problem. Als prototypisch kann z. B. in Adresse, Anrede und Angebot personalisierte Displaywerbung in Nachrichtenaggregatoren oder Social Media Accounts gelten. Hier spielen sog. Hypervideos eine zunehmend wichtige Rolle, also interaktive Videos, die sich durch ein Video-Backbone und anklickbare Bereiche bzw. Hyperlinks auszeichnen, die den Zugriff auf die gewünschten Informationen ermöglichen (vgl. Ortiz & Moya 2024, S. 21 f.).

Transaktivität stellt letztlich „nur" eine Steigerungsform von Interaktivität dar. Immer werden technische Rückkanäle gebraucht. Dennoch bringen einige Details transaktiver Werbeformen spezifische Konsequenzen mit sich: Transaktivität benötigt eine intensivere Partizipation der Nutzer:innen. Gefragt ist also ein aktiver Austausch, bei dem die als Mitglieder einer Zielgruppe oder als Einzelpersonen Angesprochenen zu Kommunikations- und Handelspartner:innen werden. Wie oben erwähnt ist es das Ziel, dass sie sich mit viel Engagement beteiligen, indem sie z. B. einen eigenen Kommentar, eigene Bilder oder Videos veröffentlichen, sich registrieren, rezensieren oder direkt bestellen bzw. kaufen. Diese Partizipation kann bis hin zur Co-Creation von Werbebotschaften reichen.

Allerdings erweisen sich z. B. etwaige Rechtsfolgen gewollter oder auch ungewollter Transaktionen als ganz wesentliche Diskriminierungsgröße zu interaktiven Werbeformen. Denn ggfs. entstehen aus solchen Transaktionen bindende Verträge, deren Folgen zwingend vor Vertragsabschluss kommuniziert werden müssen. Ein klar als Werbung ausgewiesener Spot mit gleichzeitiger Bestellmöglichkeit in einem Social Media Account kann hier als Beispiel dienen.

11.2 Spezifika zu Akteurskonstellationen und Werbeprozess

Die Struktur der Werbekommunikation entspricht im Fall der als getrennt ausgewiesenen nicht interaktiven Werbung in Massen- bzw. Zielgruppenmedien der in Abb. 6.8 skizzierten Auftragslogik mit den entsprechenden Einflüssen und Interessenskonstellationen.

Besonders hingewiesen sei aber auf die Ausdifferenzierung der Akteur:innen und auf den Machtzuwachs bei einigen von ihnen: Während sich auf Agenturseite die Mediaagenturen als eigenständige Organisationen etabliert haben, haben sich auf Seiten der Medien Vermarkter:innen und Verkäufer:innen von Werberaum und -zeit als eigenständige Akteur:innen positioniert. Bei der Beschaffung und Buchung von Werberaum und -zeit sitzen sich also auf beiden Seiten des Verhandlungstisches Organisationen mit entsprechend großen Machtressourcen gegenüber. Besonders zeigt sich diese Konzentration der Auftraggeber:innen und der Medien im Bereich der Fernsehwerbung.

So wird z. B. nahezu die gesamte in Deutschland buchbare TV-Werbezeit von vier großen Gruppen vermarktet: Ad Alliance (für die meisten RTL-Programme, VOX, n-tv), Seven.One Media (o. J.) (u. a. SAT.1, Pro7, Kabel1, sixx), ARD MEDIA (alle ARD-Programme) und dem ZDF Werbefernsehen. Diese Konzentration verstärkt sich, wenn man bedenkt, dass z. B. Ad Alliance nach eigenen Angaben neben 8 TV-Sendern, 93 Print-Titeln und 69 Audiomarken auch 339 digitale Medienangebote vermarktet (Ad Alliance o. J.). Auf Seiten der Mediaagenturen vereinigten 2023 die Mitglieder der Organisation der Mediaagenturen im Gesamtverband Werbeagenturen GWA (OMG) – nach eigenen Angaben – einen großen Teil des Marktvolumens auf sich.

Bei der als getrennt ausgewiesenen Werbung in Zielgruppenmedien gewinnen Forschungseinrichtungen zudem einen besonderen Einfluss, weil sie über die Zielgruppendefinition und -konkretisierung implizit bereits an der strategischen Ausrichtung der Unternehmen mitwirken, wenn diese ihre Geschäftsfelder und Märkte nach Zielgruppen segmentieren. Dieser Einfluss im Abwicklungsprozess kommt immer dann zum Tragen, wenn es um die Definition, Abgrenzung, Erfassung und Beschreibung von Zielgruppen geht. Damit entsteht eine Abhängigkeit des Werbeprozesses von Forschungsstandards; denn erst wenn u. a. soziale Lage, Lebensziel, Lebensführung, Grundorientierungen, Mediennutzung, Freizeitinteressen und Wohnsituation konzeptionell als diskriminierende Faktoren erarbeitet und empirisch erfasst werden können, können sie auch Eingang in die Werbepraxis finden. Umgekehrt können Fehler in der Konzeption oder der empirischen Umsetzung solcher Lebensstilgruppen erstaunliche Folgen haben.

In diesem Zusammenhang gewinnen auch diejenigen Akteur:innen an Bedeutung, die die entsprechenden umfassenden Untersuchungen zu diesen Lebensstilkonzeptionen finanzieren, d. h. nicht selten die Medienorganisationen, gelegentlich aber auch große Agenturen wie z. B. Conrad & Burnett. Medien und Institutionen der Publikums- und Mediaforschung (wie z. B. die Arbeitsgemeinschaft Media-Analyse AG.MA e. V.) verbuchen einen weiteren Machtzuwachs, weil sie maßgeblich bestimmen, ob Lebensstilaspekte in die kontinuierliche Erhebung der Mediennutzung aufgenommen werden. Denn erst, wenn Lebensstilaspekte in der Media-Analyse erhoben und dokumentiert sind, können sie als

Kriterien der Mediaselektion Eingang in die Mediaplanung finden. Damit erbringt die empirische Markt-, Medien- und Publikumsforschung mit ihren Definitionen, Segmentierungen und Typologisierungen insgesamt erst den Nachweis der Existenz solcher Zielgruppen, „erweckt" sie mithin erst durch ihr Wirken zum Leben, wie man am Fallbeispiel der auch als GfK Roper Consumer Styles (siehe Abb. 11.4 und 11.5) bekannten Regionalen Consumer Styles der Marktforschungsgesellschaft GfK sehen kann.

Im Fall der personalisierten – und meist interaktiven – Werbung ändert sich die Auftragslogik, weil ein großer Teil dieser Werbung via Programmatic Media Buying gebucht wird (vgl. Abschn. 8.3).

Bei der personalisierten inter- und transaktiven Werbung kommen mit Plattformbetreiber:innen, Datenaggregator:innen oder Data Warehouses sowie spezialisierten Börsen und Auktionshäusern (Ad Exchanges) neue Akteur:innen ins Spiel. Im Gegenzug verlieren andere Akteur:innen, wie z. B. Mediaagenturen, aber auch Medienunternehmen, an Bedeutung, da die Schaltung der personalisierten Werbung mehr auf der Basis vorhandenen Such-, Nutzungs- und Transaktionsverhaltens als auf Werbeträgervorteilen beruht. Und schließlich können Nutzer:innen zu Absender:innen der Werbung werden, wenn sie Werbung viral weiterleiten.

In diesem Bereich ist die Konzentration der Anbieter:innen von Werbeflächen und -zeiten nochmals deutlich größer als im Markt der klassischen Medien, weil hier die auch als Tech-Gi-

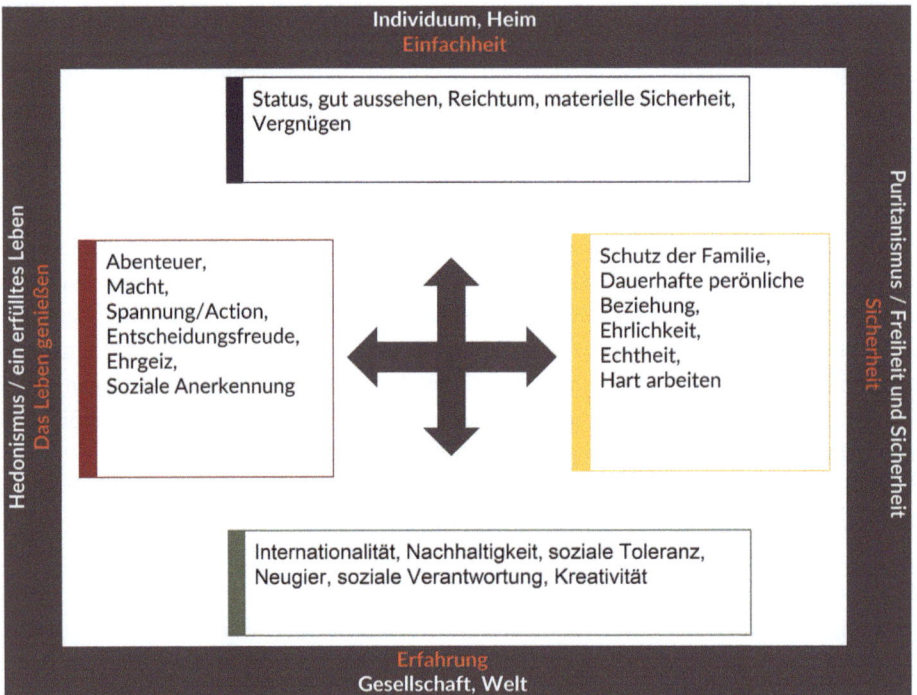

Abb. 11.4 GfK Roper Consumer Styles: Vier Bedürfnisorientierungen der neun Lebensstil-Zielgruppen. (GfK, o. J., S. 4)

11.2 Spezifika zu Akteurskonstellationen und Werbeprozess

Abb. 11.5 Die neun Lebensstil-Zielgruppen der GfK Roper Consumer Styles im Überblick. (GfK, o. J., S. 5)

ants bekannten dominanten Medienunternehmen der zweiten Generation, also Plattformbetreiber:innen und Social Media Anbieter:innen, beteiligt sind. Sie sind oft diejenigen, die erstens Third Party Daten anbieten, zweitens eine personalisierte Zusammenstellung der Inhalte liefern können und drittens Interaktionsmöglichkeiten technisch sichern. Sie sind zudem diejenigen Akteur:innen, die auch ohne Cookies wirtschaftlich erfolgreich sein können. Vor allem aber sind sie diejenigen, die den Großteil der Erlöse in diesem Geschäft abschöpfen.

Denn obwohl neben Werbeagenturen und Produktionsfirmen nach wie vor Adressvermarkter:innen und Verteilunternehmen der traditionellen Direktwerbung in diesem Feld aktiv sind, spielen vor allem die Anbieter:innen eine wichtige Rolle, die relevante IP- oder Email-Adressen sowie Handy-Telefonnummern oder die Daten des Such-, Nutzungs- und Transaktionsverhaltens sammeln. Waren das früher die Online-Ableger klassischer Medienunternehmen, die durch attraktive Online-Inhalte und den Zugriff auf Archivmaterial Adressdaten gewinnen konnten, sind es heute weit intensiver Plattformbetreiber:innen wie Alphabet/ Google, Meta/Facebook, Instagram, WhatsApp oder Amazon. Sie können die entsprechenden, für personalisierte und inter- bzw. transaktive Werbung benötigten Daten aus Milliarden von Accounts, Suchanfragen, Posts oder Bestellungen generieren und vermarkten. Sie bieten aber auch verstärkt redaktionelle Inhalte an, die sie jedoch meist nicht selbst produziert haben.

Die Organisation der Mediaagenturen (OMG) schätzt, dass im Jahr 2023 zwei Drittel aller Investitionen in digitale Werbeträger und mit 26,3 Mrd. € ca. 38 % aller Werbeinvestitionen in Deutschland auf die Konten von Google, Amazon und Meta wanderten. Danach verdiente Google 6,160 Mrd. €, Meta 1,691 Mrd. € und Amazon 2,127 Mrd. €, während im Vergleich TV linear 3,696 Mrd. € und Zeitungen insgesamt 1,700 Mrd. € umsetzen konnten (vgl. OMG 2023). Suchmaschinen haben dabei (noch) eine besondere

Marktmacht, die sich aus ihrem Geschäftsmodell ergibt (vgl. Lewandowski 2020, S. 980 ff.). Allerdings sehen Branchenriesen wie Google durch die rasante Verbreitung von KI-gesteuerten Chatbots dieses Geschäftsmodell bedroht (vgl. Weck 2022).

Bei personalisierter Werbung können zudem Datenbank- und Content-Management- sowie Content-Syndication-Standards zum Tragen kommen und einen nicht unmaßgeblichen Einfluss gewinnen. Dabei ist Content-Syndication als eine Art Mehrfachverwertung zu sehen. Hier kann die Nutzung von thematisch passenden Inhalten bei einem Content-Provider einzeln oder im Abonnement gekauft werden. Durch entsprechende technische Standards ist es dann möglich, die Inhalte einfach zu aktualisieren und flexibel in das restliche Online-Angebot einzupassen.

Interaktivitätsoptionen eröffnen darüber hinaus die Möglichkeit, dass Nutzungsdaten erhoben werden können und für die Markt- und Publikumsforschung ebenso zur Verfügung stehen wie für eine kontinuierliche und flächendeckende Vermarktung. Zudem können mit den generierten Daten Zielgruppendefinitionen überprüft, reale Profile erstellt und verbessert sowie zukünftige Vorhaben vermarktet werden. Inwiefern die Zielgruppenorientierung in diesem Rahmen nur als Zwischenschritt hin zur personalisierten transaktiven Werbung zu sehen ist, kann diskutiert werden. Möglicherweise macht eine gute Zielgruppendefinition und -beschreibung die personalisierte Ansprache nämlich obsolet oder zumindest unwirtschaftlich.

Denn aufgrund hoher technischer und/oder wirtschaftlicher Hürden findet Personalisierung in den meisten Online- vor allem aber in Offline-Medien dergestalt statt, dass nicht die einzelnen Inhalte personalisiert sind. Wohl aber ist deren Komposition einzigartig auf eine Zielperson hin ausgerichtet bzw. wird sie von dieser kuratiert. Nach wie vor sind also sowohl inhaltliche als auch werbliche Botschaften oft auf Zielgruppen ausgerichtet, und personalisiert sind einzig die Zusammenstellung der Gestaltungskomponenten oder Anrede und Adresse.

Lange wurde die Frage diskutiert, wem die derart generierten Daten denn überhaupt gehören, mithin wer sie weiterverwenden und vermarkten darf. Gehören sie den Rezipient:innen, denn von diesen werden sie ja produziert? Gehören sie den Zielgruppenmedien, denn in deren Kontext wird die sie generierende Werbung angeboten? Gehören sie den Werbungtreibenden, denn diese sind letztlich für die Botschaften verantwortlich und haben deren Umsetzung bezahlt? Oder gehören sie gar denjenigen, die die technische Grundlage dafür liefern, denn ohne diese würden die Daten nicht gesammelt werden können (vgl. hierzu ausführlich auch Thouvenin 2017)?

Mittlerweile wird diese Frage bereits in den Nutzungsbedingungen und Datenschutzrichtlinien der globalen Plattformen geklärt. Wer deren Services nutzen will, muss diesen Bedingungen und Richtlinien nolens volens zustimmen. Und dort ist meist geregelt, dass die Daten den Plattformbetreiber:innen gehören, die aber den Nutzenden nach Datenschutz-Grundverordnung (DSGVO) der Europäischen Union und anderen länderspezifischen Datenschutzgesetzen gewisse Rechte einräumen müssen.

Dennoch lässt sich vermuten, dass in einem frühen Konzeptionsstadium der Werbung Jurist:innen einbezogen werden müssen. Dies auch, weil z. B. geklärt werden muss, ab wann genau ein Kaufvertrag als zustande gekommen gilt, oder wem weitergehend nicht nur die Daten, sondern auch die Nutzungsrechte an von Rezipient:innen geliefertem User

Generated Content gehören. Das kann – muss aber nicht – die ohnehin bestehenden Konfliktpotenziale zwischen Werbungtreibendem und Agentur oder innerhalb der werbungtreibenden Organisation (Stichwort: „Werbe- gegen Rechtsabteilung") oder innerhalb der Agentur vergrößern.

Unabhängig davon führt die zumindest inszenierte interpersonelle Kommunikation zu einem zwar technisch vermittelten, aber dennoch direkten Kontakt zwischen Werbungtreibenden und Werbeadressat:innen. Daraus resultieren spezifische Erwartungen an die Kommunikation – z. B. in Bezug auf die Antwort- und Reaktionsgeschwindigkeit auf Seiten der Werbungtreibenden. Um Enttäuschungen der Rezipient:innen vorzubeugen, müssen die Werbungtreibenden in Organisation und Funktionen die entsprechende Dialogfähigkeit gewährleisten können.

11.3 Spezifika zur Kreativstrategie und -umsetzung – Werbeinhalte und Werbebotschaften

Adressiert die klassische Mediawerbung ein disperses Publikum, d. h. unterschiedlichste Menschen, die weder nach Soziodemografie noch nach Lebensstilen unterschieden werden, kann sich die kommunikative Leitidee in einer Werbebotschaft nicht auf für Subgruppen spezifische Zeichen und Symbole beziehen, sondern muss allgemein verständlich sein. Denn „eigenwillige" Texte oder Bilder können bei dieser Form von Werbung von einigen Rezipient:innen schnell als Tabubrüche aufgefasst werden und/oder Missverständnisse provozieren (vgl. Abschn. 9.5).

Dabei sind die eingesetzten Werbeformen positiven wie negativen Kontexteffekten durch inhaltliche und redaktionelle Umfelder ausgesetzt (vgl. Mattenklott 2016). Werbungtreibende müssen also darauf achten, dass Medieninhalte nicht zur Konkurrenz der Werbebotschaft werden und die Nutzer:innen von Feedback abhalten (siehe dazu auch Abb. 11.2). Zugleich soll – trotz allgemeinverständlicher Symbolik – die Werbung oft die Rezipient:innen zur Interaktion oder Transaktion „verführen". Das bereits mehrfach angesprochene zweistufige Nutzen- oder Mehrwertversprechen der Werbung muss letztlich auch hier eingelöst werden. Und zwar in der Form, dass nicht nur der Nutzen des beworbenen Angebots deutlich gemacht wird, sondern auch der Nutzen, den Rezipient:innen haben, wenn sie interaktiv werden – dies kombiniert mit einer überzeugenden Handlungsaufforderung.

Teilweise bedeutet dies für Werbebotschaften und -inhalte, dass Disclaimer, gesetzlich vorgeschriebene Rechtshinweise und u. U. größere Vertragstexte entweder im Werbemittel untergebracht werden müssen oder auffällige, die Gestaltung störende Hinweise angebracht werden müssen, wo diese zu finden sind. Während es in Online-Medien relativ einfach ist, ein Pop-Up-Fenster zwischenzuschalten und das Einverständnis der Rezipient:innen durch Anklicken des „Akzeptieren"-Buttons zu erzwingen, stellt dies die Gestalter:innen von Offline-Werbung vor große Herausforderungen.

Einfacher lassen sich die eingesetzten Gestaltungselemente bei der Kreation der Werbebotschaft fokussieren, wenn sich die Werbung an mehr oder weniger genau abgegrenzte und bestimmbare Zielgruppen richtet. Texte, Bilder, Musik und die Darsteller:innen müssen hier nicht dem Massengeschmack entsprechen, sondern können wesentlich ausgeprägter angelegt und im Sinne der Zielgruppenaffinität schärfer profiliert werden. Gleiches gilt für Consumer Benefit, Reason Why und Tonality. Alle Gestaltungselemente können auf den typischen Sprachgebrauch der Zielgruppe und deren Bedeutungszuweisung zu spezifischen Bildern und Zeichen zurückgreifen, wobei die Gestaltungselemente umso schärfer konturiert sein können, je stärker eine Zielgruppe auch einer eigenen Subkultur entspricht, wie das Fallbeispiel für Tourismuswerbung in einer Mountainbike-Zeitschrift (siehe Abb. 11.6) zeigt. Dies kann theoretisch so weit gehen, dass durchschnittliche Rezipient:innen die Werbebotschaft gar nicht verstehen bzw. nicht richtig interpretieren können.

Fallbeispiel: Tourismuswerbung in Mountainbike-Zeitschrift

Für viele Mountainbiker:innen ist das Angebot an „Single Trails" ein wichtiges Qualitätskriterium für die Wahl einer Ferien- oder Freizeit-Destination (siehe Anzeige in Abb. 11.6). Für Rezipient:innen, die nicht wissen, dass damit Pfade gemeint sind, die so eng sind, dass keine zwei Biker:innen nebeneinander fahren können, erschließt sich damit eines der wichtigsten Argumente für die Buchung der beworbenen Destination nicht. Die Aussage „Single Trails" wird damit zum Code, der der angesprochenen Zielgruppe: „An diesem Ort versteht man etwas von Mountainbiking!". ◄

Abb. 11.6 Fallbeispiel: Codes in der Zielgruppenansprache. (Bike Welt Willingen 2024, eigenes Foto)

11.3 Spezifika zur Kreativstrategie und -umsetzung – Werbeinhalte und …

Dass die Werbung dazu bestimmte Vorstellungen strapaziert, Typen produziert oder auf Stereotypen reduziert, ist nachvollziehbar. In der wissenschaftlichen Literatur finden sich dementsprechend Studien zu Geschlechterstereotypen (vgl. z. B. Borstnar 2002; Holtz-Bacha 2011), zur Inszenierung von Alter und Senioren (vgl. z. B. Willems 2002; Jäckel et al. 2002) und zu Kindern und Jugendlichen (vgl. z. B. Lange 2002; Naderer und Matthes 2016). Kinder und Jugendliche sind zudem für Werbungtreibende besonders attraktive und zugleich heikle Zielgruppen: Attraktiv, weil sie über zunehmend steigende Budgets verfügen und leichter für neue Produkte begeistert werden können, heikel, weil hier auf ethische Grundsätze und Richtlinien des Kinder- und Jugendschutzes besondere Rücksicht zu nehmen ist.

Die „Verführungsabsicht" der Werbung wird bei Jugendlichen und besonders bei Kindern besonders kritisch betrachtet. Obwohl nur ein geringer Teil der Kinder den Werbebotschaften uneingeschränkt glaubt (vgl. Kommer und Meister 2002, S. 849), kann nicht automatisch auf eine kompetente und emanzipierte Umgangsweise der Kinder mit Werbung geschlossen werden. So werden zu Recht besondere Maßnahmen für die Fernsehwerbung, die sich an Kinder richtet, gefordert, z. B. deutlichere Trennungszeichen zu Beginn und Ende von Werbeblocks in Kinderprogrammen. Dies gilt in noch viel stärkerem Maß für die Online- und Mobile-Werbung (vgl. Lampert et al. 2021).

Texte, Bilder, Audios und Videos sind bei zielgruppenspezifischer Mediawerbung also so gewählt, dass vor allem die anvisierte Zielgruppe die Werbebotschaften decodieren kann. Dementsprechend sind auch die Medienumfelder ausgerichtet, bzw. wird die Werbung überhaupt nur in solchen Umfeldern geschaltet. Aus Perspektive der Werbewirtschaft sollen redaktionelle Umfelder positive Kontexteffekte auslösen: die redaktionellen Umfelder sollen also die Werbebotschaft unterstützen, aber nicht zu stark konkurrenzieren, und schon gar nicht konterkarieren. Geht die Unterstützung weit, lässt sich auch von hybrider Werbung sprechen (vgl. Kap. 12).

Während die Botschaften und Inhalte bei zielgruppenorientierter Werbung bereits deutlich auf die Ton- und Bildwelten eben dieser Zielgruppen abgestimmt werden müssen, gilt dies bei personalisierten Werbebotschaften in weit stärkerem Maß. Allerdings erweist sich die entsprechende Adaption als überaus schwierig, gilt es doch theoretisch, Texte, Bilder, Videos oder Audios individuellen Vorlieben anzupassen. Da Menschen jedoch gerade das Verständnis und die Bedeutungszuweisung von Sprache und Bildern im Austausch mit ihrer Umwelt entwickeln und vor allem die so entwickelten Interpretationen permanent mit ihren Referenzgruppen abgleichen, genügt in den meisten Fällen eine detaillierte Zielgruppenbestimmung, um den Rezipient:innen das Gefühl zu geben, sie würden individuell angesprochen. Die eigentliche Herausforderung ist dagegen, keine Aversion gegen und keine Reaktanz auf das Quasi-Eindringen in die Privatsphäre zu erzeugen.

Ist Werbung inter- oder transaktiv konzipiert, können Werbebotschaften bereits mit wenig Engagement der Nutzer:innen, also z. B. nur durch Drücken eines Like- oder Share-Buttons, eine virale Verbreitung erfahren. Dennoch müssen die Werbeformate über ein hohes Aktivierungspotenzial verfügen, um dies zu erreichen. Es muss also starke Anreize für Inter- und Transaktivität mit einer konkreten Handlungsauslösung geben. Virale Werbeformate, wie z. B. Empfehlungen, stellen sich eben meist nicht von selbst ein, sondern müssen in ausgeklügelter Planung durch das werbungtreibende Unternehmen und seine Agenturen initiiert und stimuliert werden.

11.4 Spezifika zur Mediastrategie und -planung – Werbemittel und Werbeträger

Bei den Werbeformen des Prototyps II stehen alle Medien und Plattformen als Werbeträger zur Verfügung, die einen eigenen, teils redaktionell erstellten Inhalt anbieten. Zeitungen, Zeitschriften, Fernsehen, Radio, Online- und Mobile-Angebote sowie Social Media Plattformen bieten Werbungtreibenden die Möglichkeit, ihre Werbung im Rahmen der angebotenen Inhalte, aber erkennbar von diesen getrennt, zu vertreiben. Als typische Werbemittel finden sich TV- und Radio-Spots oder Anzeigen sowie ihre jeweiligen Online- und Mobile-Pendants. Die zur Verfügung stehenden Werbeträger und ihre Werbemittel weisen spezifische Vor- und Nachteile auf (siehe Abschn. 8.4) und werden in erprobten und systematischen Verfahren nach spezifischen Kriterien der Mediastrategie und -planung ausgewählt und gebucht (siehe Abschn. 8.1 bis 8.2).

Allerdings führen der anhaltende Werbewandel, konjunkturelle Schwankungen und die Verschiebung der Werbeinvestitionen zwischen den Werbeträgern bei jenen Mediengattungen zunehmend zu wirtschaftlichen Problemen, von denen Werbungtreibende ihre Investition wegverlagern. So zeigt die Werbestatistik der OMG teilweise dramatische Veränderungen im deutschen Werbemarkt des Jahres 2023 (siehe Abb. 11.7).

Während im deutschen Werbemarkt 2023 Google mit 6,16 Mrd. € und einem Plus von 12 % zum Vorjahr zu den Topverdienern gehört, verlieren die Publikumszeitschriften 10 % zum Umsatz des Vorjahres und setzen nur noch 669,3 Mio. € um. Der Zuwachs im deutschen Total TV Segment lässt sich vor allem auf In Stream Video, d. h. Video-basierte Plattformen (YouTube, TikTok, Instagram, Prime) zurückführen, die bereits einen Anteil von 35 % der dortigen Netto-Werbeumsätze auf sich vereinen (vgl. OMG 2023). Ähnliche Trends zeigen sich für den europäischen (vgl. IAB Europe 2023, S. 31) und den US-amerikanischen Markt (vgl. PwC/IAB 2023; S. 15). Im europäischen, wie im US-amerikanischen Online-Werbemarkt dominiert aber immer noch die Werbung via Suchmaschinen (Search) mit über 40 % (vgl. zu Suchmaschinen auch Lewandowski 2020).

11.4 Spezifika zur Mediastrategie und -planung – Werbemittel und Werbeträger

Werbemarkt 2023: 26,3 Mrd. € / +4,6 % (2022: 25,2 Mrd. €)*
Netto-Werbeumsatz 2023 (Veränderungen in % vs. Vorjahr)

Google: 6.160 Mrd.€ (+ 12,0 %), davon YT 0,888 Mrd.€ (+ 12,0 %)
Meta: 1.691 Mrd.€ (+ 10,0 %), davon Video 0,53 Mrd. € (+ 10,0 %)
Amazon: 2.127 Mrd.€ (+ 15,0 %), davon Retail 2.070 Mrd., Prime 57,5 Mio.
tik tok: 0.220 Mrd.€ (+ 12%)

- TV linear: 3.696 Mrd.€ (- 8,0 %)
- In Stream Video (ohne YT, Insta, tiktok, Prime): 0.284 Mrd. (+ 6,0 %)
- Online (ohne GAM): 4.434,52 Mrd. € (+ 6,0 %)
- Retail (ohne Amazon): 0,460 Mrd.€
- Zeitungen gesamt: 1.700 Mrd.€ (+1,0 %)
- Publikumszeitschriften: 0.669,3 Mrd.€ (- 10,0 %)
- HF: 0.715,6 Mrd.€ (+/- 0,0 %)
- OOH: 1.208,9 Mrd.€ (+ 4,5 %)
- In Stream Audio: 0.102,6 Mrd. € (+ 10,0 %)
- Podcast: 0.042 Mrd. € (+ 7,0 %)
- Kino: 0.065 Mrd. € (+ 30,0 %)

Digital an gesamt = 58,9 %
GAM an gesamt = 37,9 %
GAM an Digital = 64,3 %
Retail gesamt: 2.530 Mrd.
In Stream Video an Total TV = 34,9 %

* Medien wie oben aufgeführt + Verzeichnismedien (-15,0 %), Anzeigenblätter (+ 1,0 %) Fachzeitschriften Print (+/- 0,0 %)
Quelle: Google, Meta, Amazon, tik tok, Retail: Daten für 2022 und 2023: OMG Estimate Nov. 2023
TV/TZ/PZ/OOH/HF/VZ/AZ/FZ: ZAW Jahrbuch 2023, In Stream Video: ZAW/VAUNET, abzgl. You Tube und Meta Video, Podcast: BVDW
Online = ZAW Display abzgl. In Stream Video ZAW/VAUNET
Zeitungen = TZ+WZ+SZ,
eigene Berechnungen OMG, Stand: November 2023

Abb. 11.7 Der Werbemarkt in Deutschland 2023. (OMG 2023)

Neben den quantitativen Verschiebungen beklagen viele Anbieter:innen von Werberaum und -zeit, dass das Werbeverhalten einzelner Branchen und Unternehmen unüberschaubarer, die Zeithorizonte für Werbestrategien kürzer und der Werbeeinsatz generell noch spontaner geworden seien. Der umfassende Einsatz von Künstlicher Intelligenz sowohl in der Medien- als auch in der Werbeproduktion erweist sich als kontinuierliche Herausforderung mit positiven wie auch kritischen Effekten.

Die Entwicklung von Programmatic Advertising hat darüber hinaus die Auswahl von Werbeträgern und Werbemitteln stark verändert (vgl. Abschn. 8.3), vor allem, weil Programmatic Advertising mittlerweile – zumindest im US-amerikanischen Markt – das dominante Platzierungsverfahren ist (vgl. PwC/IAB 2023, S. 17). Der Kern des Ökosystems Programmatic Advertising ist die Automatisierung und der dadurch ermöglichte kanal- und anbieterübergreifende Einkauf bzw. Verkauf spezifischer Werbeplätze in Echtzeit (vgl. Busch 2016, S. 7 f.). Nun stehen nicht mehr die Vor- und Nachteile einzelner Werbeträger im Fokus, sondern die über verschiedenste Endgeräte hinweg erhobenen Daten des Nutzerverhaltens. Während auf der Nachfrageseite sog. Demand-Side-Platforms (DSP) bereitstehen, sind es auf der Angebotsseite Sell-Side-Platforms oder Supply-Side-Platforms (SSP). Beide Seiten greifen auf eine Data-Management-Platform (DMP) zu. Auf der DMP werden in Echtzeit und anbieter- und kanalübergreifend Online- und Offlinedaten erhoben, verwaltet und zur individualisierten Ansprache von Nutzer:innen bereitgestellt. Die Verwaltung, die Auslieferung (Schaltung) und das Tracking samt Abrechnung von Online-Werbemitteln erledigen die ebenfalls auf beiden Seiten installierten Ad-Server.

Abb. 11.8 Der Programmatic Poop Funnel. (Hoffman 2022, eigene Übersetzung)

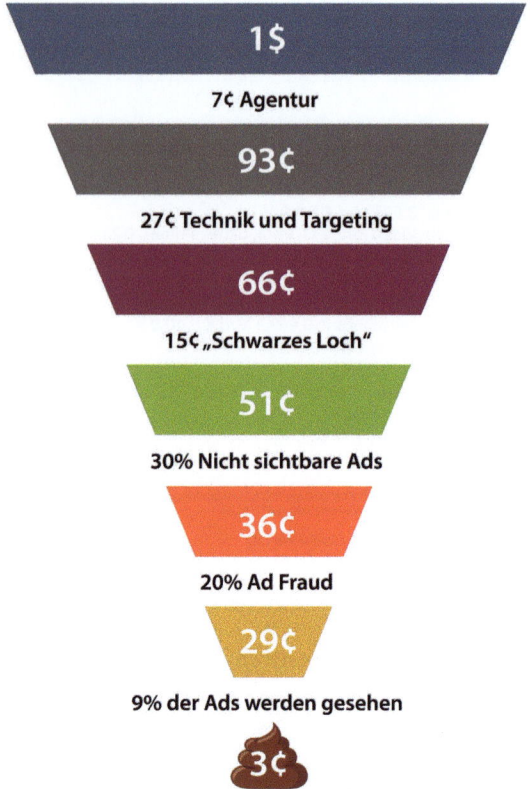

Vereinzelte Stimmen von Brancheninsidern der Mediaplanung kritisieren, dass ein eingesetzter Werbedollar im Programmatic Media Buying gerade einmal für 3 Cent intendierte Aufmerksamkeit produziert, wie dies Bob Hoffman mit seinem viel diskutierten Programmatic Poop Funnel (siehe Abb. 11.8) zu beweisen versucht:

Neben der Wirtschaftlichkeitsfrage steht das Programmatic Media Buying einer weiteren Herausforderung gegenüber. Weil gerade bei Social Media Plattformen nur schwer kontrolliert werden kann, in welchem inhaltlichen Umfeld die Werbung platziert ist, sehen sich Werbungtreibende damit konfrontiert, dass ihre Werbebotschaft im Umfeld von problematischen Posts, Hate Speech oder anderen unerwünschten Inhalten auftauchen kann, was negative Kontexteffekte haben kann. Der Bedarf nach sicheren Umfeldern für Werbung (Brand Safety) hat nicht nur zur Selbstregulierung der Branche geführt, sondern auch zu Verfahren, die die Sicherheit bestätigen sollen, sowie zu einem nach Risiko abgestuften Platzierungsverfahren (vgl. Abschn. 9.3). So werden die inhaltlichen Umfelder wieder relevant.

11.4 Spezifika zur Mediastrategie und -planung – Werbemittel und Werbeträger

Besonders deutlich geworden ist dies 2020, als nach dem gewaltsamen Tod des US-Bürgers George Floyd rassistische und Hass-Posts die sozialen Medien geflutet hatten. Nachdem sich vor allem Facebook und Instagram zunächst geweigert hatten, Forderungen nach Sperrung solcher Posts nachzukommen, organisierte die Bewegung #stophateforprofit einen Boykott von Werbungtreibenden, dem sich weit mehr als 500 Unternehmen anschlossen. Ein spürbarer Einbruch des Börsenwerts des Facebook-Mutterkonzerns zwang dessen Gründer Mark Zuckerberg schließlich zum Einlenken bis zu einem gewissen Grad (vgl. Naftulin et al. 2020).

Im März 2024 gab das deutsche Outdoor Unternehmen VAUDE in Social Media-Posts und dem eigenen Blog auf der Firmenwebsite bekannt, dass man im Umfeld von Fakenews, Hatespeech und Rassismus nicht mehr werben werde:

> „We stand up for diversity, fairness and responsibility and take a firm stance against disinformation and discrimination of any kind. We are therefore concerned about the current developments in social channels and do not want to support them financially through advertising revenue. It is also important to us to position our brand in a good and constructive environment that is compatible with our values" (VAUDE 2024a).

So hat VAUDE nach der Unterstützung eines österreichischen Rechtsradikalen durch Elon Musk seinen X-Account geschlossen und die bezahlte Werbung auf Social Media aufgrund der fehlenden Brand Safety eingestellt (siehe Abb. 11.9).

Soll eine konkrete Zielgruppe angesprochen werden, sind Medienangebote, die eindeutig auf eine werberelevante Zielgruppe ausgerichtet sind und dies entsprechend belegen können, im Vorteil. Mit einer hohen Zielgruppenaffinität (vgl. Abschn. 6.3.2) können sie – je nach Werberelevanz der Zielgruppe – mangelnde Reichweite kompensieren. Dieser Tendenz entsprechend finden sich auf der Ebene der Medienangebote überwiegend zielgruppenspezifische Titel und Sendungen. Dabei lässt sich berechtigterweise behaupten, dass sich die Publikumsorientierung der Medien an der Zielgruppenorientierung der Werbewirtschaft ausrichtet, wenn sie nicht gar von dieser überlagert wird.

Aus der Perspektive der Werbungtreibenden ermöglicht es die Zielgruppenorientierung, werbliche Botschaften sehr viel konkreter auf Alter, Geschlecht, aber auch auf Einstellungen oder Konsumwünsche sowie gruppenspezifische Sprach- und Bilderwelten abstimmen und die Werbung der jeweiligen Mediennutzung angepasst platzieren zu können. Dass damit den Menschen nicht in ihrer gesamten individuellen Vielschichtigkeit als Person Rechnung getragen wird, erscheint klar. Es ist aber auch gar nicht Absicht des Vorgehens, denn letztlich zählen für die Werbung allein die für die Werbung relevanten Aspekte einer Person. Einen Musterfall, wie bei der Auswahl zielgruppenspezifischer Werbeträger idealerweise vorzugehen ist, liefert der OMG in Zusammenarbeit mit der Agentur diemedia (siehe LAE/diemedia 2021).

Die häufig kritisierte Konzentration von Medieninhalten und Werbung auf die allgemein als werberelevant eingestufte Zielgruppe der 14- bis 49-jährigen beruht auf der in der Werbepraxis noch immer verbreiteten Annahme, Personen über 49 Jahren würden die von ihnen bevorzugten und verwendeten Marken nicht mehr wechseln, und Werbung würde

Abb. 11.9 Beispiel Brand Safety. (VAUDE 2024b)

somit ohne Wirkung bleiben. Sogar unter dem Druck der demografischen Entwicklung ändert sich dies nur sehr langsam. Daher reduziert sich auch das Angebot an traditionellen Zielgruppenmedien. So hat z. B. die RTL-Gruppe bei der Übernahme des Zeitschriftenverlags Gruner+Jahr im Jahr 2022 angekündigt, zu Beginn des Jahres 2024 23, überwiegend auf ältere Zielgruppen ausgerichtete Magazine (wie z. B. Barbara, GEO Saison, Brigitte-Woman) einzustellen und andere (wie z. B. P.M. oder Landlust) zu verkaufen – dies trotz massiver Proteste von Leser:innen und Belegschaft (vgl. Niggemeier 2023; Borgers 2023).

Eine über die Konzentration auf enge Zielgruppen hinausgehende Personalisierung von Werbeträgern und Werbemitteln gelingt bei traditionellen Offline-Medien nur selten. Sie ist viel eher in der Online- und Mobile-Kommunikation sowie bei Social Media Plattformen zu finden. Denn dort können über Datenbank-, Content-Syndication- und Content-Management-Systeme Inhalte nicht nur die Anrede, sondern auch die Angebote personalisiert werden, weil in den jeweiligen Datenprofilen Präferenzen erkenn- und nutzbar werden.

Analoges gilt für Inter- und Transaktionsoptionen: Zeitungen, Zeitschriften, Fernsehen und Radio stehen als Werbeträger zur Verfügung, solange sie eine Option zur Interaktivität bieten. Diese medienseitig bereitzustellen kann aber wie gezeigt für alle Werbeträger außer Online und Mobile ein aufwändiges, manchmal gar nicht realisierbares Unterfangen sein. Zumal weitere Faktoren, wie z. B. die Nutzbarkeit einer stabilen Internet- oder Mobile-Verbindung, Voraussetzung für gut funktionierende interaktive Werbung sind. Wenn Interaktivität nur mittels Medienbruch via Smartphone, Tablet oder nur über eine spezifische App hergestellt werden kann, müssen die angesprochenen Nutzer:innen auch damit umgehen können.

Im Fall konkreter Transaktionen kommt hinzu, dass nicht nur die entsprechenden technischen Vorkehrungen gewährleistet sein müssen, sondern auch, dass Rezensionen, Bestellungen und Käufe nachvollziehbar, gesetzeskonform und rechtssicher durchgeführt werden können. Folgerichtig muss die dahinterstehende Logistik funktionieren, und es dürfen keine unnötigen Transaktionshürden (z. B. komplizierte Bezahlmodelle) aufgebaut werden, um die Transaktionsbereitschaft und -fähigkeit der Nutzer:innen nicht über Gebühr zu strapazieren.

11.5 Spezifika zu Werbewirkung und Werbeerfolg

Die Verfahren zum Nachweis von Wirkungen und Erfolg in den Werbeformen dieses Prototyps sind vielfältig und seit langem erprobt, auch weil die Werbeformen Klassiker und seit Jahrzehnten im Einsatz sind (vgl. u. a. Schlütz 2016; Hofer und Fahr 2016; Arendt 2016; Felser 2023; Wagner-Havlicek und Wimmer 2020). Mögliche Erfolge von Werbung sind vielfältig: Werbung ist erfolgreich, wenn sie zu Anschlusshandlungen in Absatz- und Beschaffungsmärkten aber auch zu Anschlusskommunikation in sozialen Netzwerken führt sowie in einer internen Perspektive zwischen Unternehmensangehörigen und letztlich zu medialer Anschluss-Berichterstattung (vgl. Tropp 2019, S. 606). Bevor es aber zu konkreten, als Erfolg zu verbuchenden Handlungen seitens der Rezipient:innen kommt, müssen in der Regel verschiedene Stufen der Werbewirkungen erzielt werden.

Zwar weiß man viel darüber, wie und wie lange und welche Werbung genutzt wird (vgl. u. a. Naab und Schlütz 2016). So werden z. B. Aufmerksamkeits-, Erinnerungs- und Imagewerte erhoben, die – auch im Vergleich zu den Werten der Konkurrenz – Auskunft über Werberezeption und -wirkung geben können. Dennoch lassen sich Wirkungen immer nur bedingt auf eine spezifische Werbung zurückführen, weil die Umweltbedingungen nicht konstant gehalten werden können. Mit Verfahren wie Testmärkten, Mini-Testmärkten und Testmarktsimulationen versucht man diesem Problem zu begegnen. Zugleich gilt es, die positiven wie negativen Kontexteffekte durch redaktionelle Umfelder zu analysieren.

Denn diese schlagen durchaus auf die Werbung durch und beeinflussen Werbeerfolg und Werbewirkung (vgl. Mattenklott 2016).

Um Werbewirkungen zu untersuchen, werden sowohl qualitative (wie z. B. Gruppendiskussionen) als auch quantitative Methoden eingesetzt, wobei sich die Methoden der wissenschaftlichen Werbewirkungsforschung von denjenigen der kommerziellen unterscheiden. Wahrnehmung wird vor allem mit Eye-Tracking-Studien erfasst. Ungestützte und gestützte Recall-Messungen (Erinnern) und Recognition-Messungen (Wiedererkennen) sind typische Standards in der kommerziellen Werbewirkungsforschung; Attitude-toward-the-ad und attitute-toward-the-brand sind dagegen typische Modelle für die Untersuchung verschiedener Einstellungskomponenten (vgl. Schlütz 2016, S. 548 ff.; Felser 2023, S. 641 ff.). Apparative Verfahren (z. B. Messung von Augenbewegung, Hautwiderstand oder Herzaktivität) in der Werbewirkungsforschung sollen dabei Validitätsprobleme anderer Verfahren überwinden (vgl. Hofer und Fahr 2016, S. 573 ff.; Kaindel et al. 2020).

Kinder sind vor diesem Hintergrund auch in der Werbewirkungsforschung eine wichtige, gesondert untersuchte Zielgruppe, weil für sie häufig ein umfassenderes Verständnis von Werbewirkung gefordert wird, das auch pädagogische Perspektiven integriert. Dabei geht es auch um Media, Online und Advertising Literacy (vgl. Naderer et al. 2021).

Inter- wie transaktive Werbeformen eröffnen die Möglichkeit, Werbeerfolg und -wirkung direkt zu überprüfen, weil die Inter- bzw. Transaktion registriert wird. Neben Messungen der Werbewirkung mit klassischen Verfahren, bildet das Ausmaß, in dem sich Adressaten wirklich interaktiv verhalten, eine erste Erfolgskontrolle für die Werbung. Auch wenn die sog. 90-9-1-Regel, die angibt, dass 90 % der Nutzer eher passiv sind und sich nur ca. 10 % in unterschiedlicher Intensität beteiligen, eher als Daumenregel aufzufassen ist, lässt sich nach wie vor vermuten, dass die Anzahl der Nutzer:innen, die interaktiv werden, begrenzt ist. Erfolge der eigenen Werbebotschaften dürfen deshalb nie bezogen auf idealtypische Kennzahlen gemessen werden, sondern können nur im Vergleich mit dem durchschnittlichen Partizipationsverhalten gewertet werden.

In der Regel werden daher die Daten von jenen professionellen und institutionalisierten Medienanbieter:innen vermarktet, die den Umgang mit validen und systematisch erhobenen Nutzungsdaten gewohnt sind. Aktuell werden verschiedenste Aktivitäten und Online-Anschlusskommunikation gemessen. Konkret lassen sich über Tracking-Verfahren und Logfile-Analysen Art, Zeit und Intensität der Nutzung z. B. von Internet- oder Mobilfunkwerbung erfahren (vgl. auch Hofstätter 2020). So erfasst z. B. Google Analytics sechs Grundfunktionen:

> „Analyse: Folgende „Standard"-Key-Performance-Indicators können in Echtzeitberichten oder benutzerdefinierten Berichten analysiert werden: Usetime (= durchschnittliche Besuchsdauer), Page Impressions (= ein Seitenaufruf), Visits (= ein zusammenhängender Nutzungsvorgang), Bounce Rate (= prozentueller Anteil der Besucher, die die Seite bereits nach dem 1. Seitenaufruf verlassen). Dabei gibt es Anpassungsoptionen bei der Segmentierung.
>
> Content: Es kann analysiert werden, welche Teile einer Webseite besonders erfolgreich sind. Ebenso die beliebtesten Seiten und über welche Keywords in Suchmaschinen oder auf vorangegangenen Seiten diese Seiten aufgerufen wurden.

Mobile: Hier lässt sich der Gesamtwert einer App ermitteln. Der Weg vom Erstkontakt über den Download und die Verwendung verfolgen oder die Leistung mobiler Anzeigen messen.

Conversions: Über den sogenannten Zieltrichter wird visualisiert, wie viele Personen eine Aktion durchgeführt haben (Conversion-Rate). Auch Multi-Channel-Trichter können verwendet werden.

Social Media: Facebook, Instagram sowie weitere soziale Medien können damit analysiert werden. Ihre Auswirkungen auf die Conversions, welche Seiten dieser Portale vor einem Webseitenbesuch angesehen wurden (bzw. woher der Verweis kam) oder welche Inhalte der Webseite wo geteilt werden.

Werbung: Google Analytics bietet auch die Möglichkeit, entsprechende Tools zu integrieren, um gezielt Kampagnen messen zu können. Alle diese Funktionen können auch kombiniert und gefiltert werden" (Hofstätter 2020, S. 189).

Damit kann aus den gewonnenen Daten das Profil der Adressat:innen weiter geschärft und verfeinert werden. Derart generierte Kennzahlen geben den entsprechenden Ist-Zustand wieder, um gegebenenfalls Korrekturen bei den Werbezielen durchführen zu können. Dies gilt auch bei traditionellen Werbeformaten, die eine Responsemöglichkeit haben. So gibt z. B. der Rücklauf von Antwortkarten oder die Scanrate von QR-Codes in Printanzeigen Auskunft über den Erfolg der entsprechenden Werbebotschaft. Auch qualitative Aspekte, wie die Responsequalität (nur Informationsanforderung oder sofortiger Direktkauf), können so erfasst werden.

Nicht zu unterschätzen ist zudem die Rolle, die eWord-of-Mouth (eWOM) und Empfehlungen spielen. Werbliche Effekte können dann hervorgerufen werden, wenn die besprochenen Produkte bzw. Leistungen zum einen als nützlich empfunden werden und zum anderen die Nutzer:innen in der Lage sind, persönliche Bezüge herzustellen („cognitive personalization") (vgl. Xia und Bechwati 2008). Das Vertrauen der User in solche Empfehlungen und der Zusammenhang mit Online-Meinungsführer:innen werden auch in anderen Studien als Schwerpunkte dargestellt (vgl. Übersicht bei Bauer et al. 2008, S. 63). Gerade bei der subtilen Platzierung werblicher Aussagen in Social Media Accounts von Prominenten wird Online-Meinungsführerschaft relevant. Denn wenn Nutzer:innen z. B. auf X oder Facebook die Tätigkeiten und persönlichen Vorlieben von Prominenten, die sich dort mitteilen, als Followers verfolgen (Pull-Marketing), lernen sie neben anderem auch deren Präferenzen für bestimmte Marken und Produkte kennen, die dann ggfs. von Fan- und Nachahmereffekten profitieren können.

Bei eWOM bevorzugen Rezipient:innen emotional-positiv geschriebene Kommentare, weil sie eher Unterstützung für ihre Kaufentscheidung suchen. In Bezug auf die Glaubwürdigkeit gibt es keine eindeutigen Forschungsergebnisse, auch weil zu viele Variablen zu berücksichtigen sind (vgl. Fahr und Bell 2016, S. 342 f.).

Grundsätzlich ist bislang auch kaum geklärt, wie viel z. B. eine ausführliche Empfehlung unterschiedlicher User:innen zum Erreichen der Werbeziele beiträgt. Nachvollziehbar ist, dass die häufige Nennung von Werbung oder Marke deren Online-Präsenz verbessert. Insofern kann die Partizipationsintensität als ein Indikator für Popularität gewertet werden und sich via Popularity Bias (siehe: u. a. Zhao et al. 2013) hochschaukeln. Als weiterer Ankerpunkt für Anschlusskommunikation können auch Kommentare und Rezensionen dienen (siehe z. B. Neuberger und Quandt 2018, S. 11) und dazu beitragen, weitere Nutzer:innen zu gewinnen.

> **Zusammenfassung**
> *Dieses Kapitel befasst sich mit den Erscheinungsformen der Werbung, die lange Zeit als „klassische Werbung" bezeichnet wurden. Mithin mit Werbung, die in zunächst analogen, inzwischen auch digital verfügbaren Massen- und Zielgruppenmedien, wie Tageszeitungen, Zeitschriften, Radio und TV erscheint. Im Prototyp II sind Anzeigen und Spots aber deutlich erkennbar von den Inhalten getrennt, die in zumeist professionellen Redaktionen erstellt worden sind. Anders als die Medien, die für Werbeformate des Prototyps I Werbeträger sind, könnten jene in Prototyp II also auch ohne Werbung ihren medialen Auftrag erfüllen, wären sie in den meisten Fällen nicht auf die Finanzierung durch Werbung angewiesen.*
>
> *Die Werbeformen des Prototyps II profitieren einerseits davon, dass die Medien, in deren Inhalte sie – wenn auch als Werbung ausgewiesen und getrennt – eingebettet sind, Aufmerksamkeit bündeln können. Andererseits müssen sie so gestaltet sein, dass sie in diesem „Eins-zu-Eins-Aufmerksamkeitswettbewerb" gegen ihr mediales Umfeld wahrgenommen werden. Dieses gleichzeitige Mit- und Gegeneinander von Medien und Werbung zeigt sich auch in der Ausdifferenzierung beider. Medienhäuser und Sendeanstalten haben im Zuge der Digitalisierung Online-Ausgaben und Streaming-Formate entwickelt, die von der Werbung dankend angenommen worden sind. Nicht zuletzt, um von breit streuender Werbung in Massenmedien über zielgruppenspezifische Angebote hin zu personalisierter Werbung zu kommen. Dabei zeigt sich, dass Personalisierung ebenso wie Inter- oder Transaktivität mit Hilfskonstruktionen wie QR-Codes oder Medienwechseln zwar leistbar sind. Doch steht dem in den meisten Fällen ein im Vergleich zur Online-, Mobile- oder Social Media-Werbung deutlich erhöhter Aufwand entgegen.*
>
> *In Bezug auf Akteurskonstellationen und Werbeprozesse wird dafür deutlich, dass Medienhäuser, Radio- und Fernsehanstalten und -sender als professionelle Anbieter:innen auf eine lange Tradition begleitender Forschung und einen reich gefüllten Pool valider Daten zugreifen können. Werbeinhalte und -botschaften sind dementsprechend elaboriert und ihre Kreation basiert teilweise auf seriösen Forschungsdaten. Die stehen auch für die Messung von Werbewirkung und -erfolg zur Verfügung, auch wenn letztere nicht allein auf die Gestaltung der Werbung zurückzuführen ist.*

▶ **Empfohlene Literatur** Lewandowski 2020; Hofstätter 2020; Siegert et al. 2016, Teil 4 und 5; Felser 2023

Literatur

Ad Alliance. o.J. Zielgruppen heißen bei uns Treffergruppen: ATV-Portfolio. https://www.ad-alliance.de/cms/portfolio/atv/portfolio.html. Zugegriffen: 5. April 2024.

Arendt, Florian. 2016. Implizite Messverfahren in der Werbewirkungsforschung. In *Handbuch Werbeforschung*, Hrsg. Gabriele Siegert, Werner Wirth, Patrick Weber und Juliane A. Lischka, 593–611. Wiesbaden: Springer VS.

Bauer, Hans H., Isabel Martin, und Carmen-Maria Albrecht. 2008. Virales Marketing als Weiterentwicklung des Empfehlungsmarketing. In *Interactive Marketing im Web 2.0+: Konzepte und Anwendungen für ein erfolgreiches Marketingmanagement im Internet*, 2. Aufl., Hrsg. Hans H. Bauer, Dirk Große-Leege und Jürgen Rösger, 57–71. München: Vahlen.

Bike Welt Willingen. 2024. Inserat. *Bike – Das Mountainbike-Magazin*, 04/2024.

Borgers, Michael. 2023. Das wird aus Landlust, art und Co.: Gruner+Jahr-Ausverkauf von RTL. https://www.deutschlandfunk.de/gruner-jahr-ausverkauf-von-rtl-100.html. Zugegriffen: 10. April 2024.

Borstnar, Nils. 2002. Der Mann als Motiv: Das Konstrukt der Männlichkeit in der Werbung. In *Die Gesellschaft der Werbung: Kontexte und Texte, Produktionen und Rezeptionen, Entwicklungen und Perspektiven*, Hrsg. Herbert Willems, 691–709. Wiesbaden: Westdeutscher Verlag.

Busch, Oliver. 2016. The Programmatic Advertising Principle. In *Programmatic Advertising: The Successful Transformation to Automated, Data-Driven Marketing in Real-Time*, Hrsg. Oliver Busch, 3–16. Cham: Springer.

Ettema, James S., und D. Charles Whitney. 1994. The Money Arrow: An Introduction to Audiencemaking. In *Audiencemaking: How the Media Create the Audience*, Hrsg. James S. Ettema und D. Charles Whitney, 1–18. Thousand Oaks, London, New Delhi: Sage.

Fahr, Andreas, und Marina Bell. 2016. Wirkung innovativer Onlinewerbung: Theoretische Ansätze und empirische Befunde. In *Handbuch Werbeforschung*, Hrsg. Gabriele Siegert, Werner Wirth, Patrick Weber und Juliane A. Lischka, 321–352. Wiesbaden: Springer VS.

Felser, Georg. 2023. Messung der Werbewirkung und Methoden der Marktforschung. In *Werbe- und Konsumentenpsychologie*, Georg Felser, 5. Aufl., 631-655. Berlin, Heidelberg: Springer.

GfK. o.J. GfK Regionale Consumer Styles: Deutschland. https://www.gfk-geomarketing.de/fileadmin/gfkgeomarketing/de/marktdaten/erlaeuterungen/DE_GfK_Marktdaten_Regionale_Consumer_Styles_Deutschland_Erlaeuterung.pdf. Zugegriffen: 5. April 2024.

Hofer, Matthias, und Andreas Fahr. 2016. Apparative Messungen in der Werbewirkungsforschung. In *Handbuch Werbeforschung*, Hrsg. Gabriele Siegert, Werner Wirth, Patrick Weber und Juliane A. Lischka, 573–592. Wiesbaden: Springer VS.

Hoffman, Bob. 2022. The programmatic poop funnel. https://www.campaignasia.com/article/the-programmatic-poop-funnel/475018. Zugegriffen: 10. April 2024.

Hofstätter, Markus. 2020. Logfile-Analyse und Google Analytics. In *Werbe- und Kommunikationsforschung: Methoden – Stärken/Schwächen – Anwendungsbeispiele*, Hrsg. Carina Wagner-Havlicek und Harald Wimmer, 181–195. Baden-Baden: Nomos Verlagsgesellschaft.

Holtz-Bacha, Christina (Hrsg.). 2011. *Stereotype? Frauen und Männer in der Werbung*, 2. Aufl. Wiesbaden: VS Verlag für Sozialwissenschaften.

IAB Europe. 2023. AdEx Benchmark Report 2022. https://iabeurope.eu/knowledge_hub/iabeurope-adex-benchmark-2022-study/. Zugegriffen: 10. April 2024.

Jäckel, Michael, Christoph Kochhan, und Natalie Rick. 2002. Ist Werbung aktuell? Ältere Menschen als „Werbeträger". In *Die Gesellschaft der Werbung: Kontexte und Texte, Produktionen und Rezeptionen, Entwicklungen und Perspektiven*, Hrsg. Herbert Willems, 675–690. Wiesbaden: Westdeutscher Verlag.

Kaindel, Clara, Flora Messerklinger, und Harald Wimmer. 2020. Apparative Verfahren der Werbeforschung. In *Werbe- und Kommunikationsforschung: Methoden – Stärken/Schwächen – Anwendungsbeispiele*, Hrsg. Carina Wagner-Havlicek und Harald Wimmer, 151–179. Baden-Baden: Nomos Verlagsgesellschaft.

Kommer, Sven, und Dorothee M. Meister. 2002. Im Blickpunkt der Forschung: Kinder und Werbung. In *Die Gesellschaft der Werbung: Kontexte und Texte, Produktionen und Rezeptionen, Entwicklungen und Perspektiven*, Hrsg. Herbert Willems, 841–868. Wiesbaden: Westdeutscher Verlag.

LAE/diemedia. 2021. LAE Anwendungsbeispiel: Mustercase zum gezielten Einsatz der LAE für Entscheiderzielgruppen am Beispiel der LAE 2021. https://www.lae.de/fileadmin/user_upload/mustercase/LAE_Mustercase_2021.pdf. Zugegriffen: 10. April 2024.

Lampert, Claudia, Anne Schulze, und Stephan Dreyer. 2021. „Das könnte Werbung sein": Wahrnehmung, Verständnis und Umgang mit Onlinewerbung durch Kinder. *MedienPädagogik: Zeitschrift für Theorie und Praxis der Medienbildung* 43:1–18. https://doi.org/10.21240/mpaed/43/2021.07.22.X.

Lancôme. 2023a. Ein Hoch auf die Peptide!: Werbeanzeige. *BARBARA – kein normales Frauenmagazin,* Heft Nr. 75, Mai 2023, S. 81.

Lancôme. 2023b. Rénergie H.P.N. 300-Peptide Cream: Werbeanzeige. *BARBARA – kein normales Frauenmagazin,* Heft Nr. 75, Mai 2023, S. 83.

Lange, Andreas. 2002. Werbung zwischen Sein und Werden: Inszenierungsmuster von Kindheit und Kindern in der kommerziellen Gesellschaft. In *Die Gesellschaft der Werbung: Kontexte und Texte, Produktionen und Rezeptionen, Entwicklungen und Perspektiven*, Hrsg. Herbert Willems, 821–840. Wiesbaden: Westdeutscher Verlag.

Lewandowski, Dirk. 2020. Status Quo und Entwicklungsperspektiven des Suchmaschinenmarkts. In *Handbuch Medienökonomie*, Hrsg. Jan Krone und Tassilo Pellegrini, 965–987. Wiesbaden: Springer Fachmedien.

Maletzke, Gerhard. 1963. *Psychologie der Massenkommunikation: Theorie und Systematik.* Hamburg: Hans Bredow-Institut.

Mattenklott, Axel. 2016. Wirkung von Werbung im redaktionellen Kontext. In *Handbuch Werbeforschung*, Hrsg. Gabriele Siegert, Werner Wirth, Patrick Weber und Juliane A. Lischka, 281–298. Wiesbaden: Springer VS.

Naab, Teresa K., und Daniela Schlütz. 2016. Nutzung von Werbung: Selektion und Vermeidung persuasiver Inhalte. In *Handbuch Werbeforschung*, Hrsg. Gabriele Siegert, Werner Wirth, Patrick Weber und Juliane A. Lischka, 223–242. Wiesbaden: Springer VS.

Naderer, Brigitte, Nils S. Borchers, Ruth Wendt, und Thorsten Naab. 2021. Advertising Literacy. How Can Children and Adolescents Deal with Persuasive Messages in a Complex Media Environment? *MedienPädagogik: Zeitschrift für Theorie und Praxis der Medienbildung* (Special Issue Nr. 43). doi: 10.21240/mpaed/43.X.

Naderer, Brigitte, und Jörg Matthes. 2016. Kinder und Werbung: Inhalte, Wirkprozesse und Forschungsperspektiven. In *Handbuch Werbeforschung*, Hrsg. Gabriele Siegert, Werner Wirth, Patrick Weber und Juliane A. Lischka, 689–712. Wiesbaden: Springer VS.

Naftulin, Julia, Tyler Sonnemaker, Juliana Kaplan, und Tanya Dua. 2020. The biggest companies no longer advertising on Facebook due to the platform's lack of hate-speech moderation. https://www.businessinsider.com/companies-no-longer-advertising-on-facebook-after-poor-speech-moderation-2020-6?r=US&IR=T. Zugegriffen: 10. April 2024.

Neuberger, Christoph, und Thorsten Quandt. 2018. Internet-Journalismus: Vom traditionellen Gatekeeping zum partizipativen Journalismus? In *Handbuch Online-Kommunikation*, Hrsg. Wolfgang Schweiger und Klaus Beck, 1–21. Wiesbaden: VS Verlag für Sozialwissenschaften.

Niggemeier, Stefan. 2023. Der Letzte macht das Heft aus. https://uebermedien.de/85914/der-letzte-macht-das-heft-aus/. Zugegriffen: 10. April 2024.

OMG. 2023. OMG-Analyse Werbemarkt 2023: Nettoumsätze sind digital: Pressemitteilung. https://www.omg-mediaagenturen.de/presse/pressemitteilungen/detailansicht/news/omg-analyse-werbemarkt-2023-60-prozent-der-nettoumsaetze-sind-digital/?tx_news_pi1%5Bcontroller%5D=News&tx_news_pi1%5Baction%5D=detail&cHash=a60587492b516279935b83ceca5d6671. Zugegriffen: 5. April 2024.

Ortiz, María-J., und José A. Moya. 2024. Hypervideo as a tool for interactive advertising. *Communication & Society* 37 (1): 21–40. https://doi.org/10.15581/003.37.1.21-40.

PwC/IAB. 2023. Internet Advertising Revenue Report: Full-year 2022 results. https://www.iab.com/wp-content/uploads/2023/04/IAB_PwC_Internet_Advertising_Revenue_Report_2022.pdf. Zugegriffen: 10. April 2023.

Schlütz, Daniela. 2016. Klassische Methoden der Werbewirkungsforschung. In *Handbuch Werbeforschung*, Hrsg. Gabriele Siegert, Werner Wirth, Patrick Weber und Juliane A. Lischka, 547–571. Wiesbaden: Springer VS.

Schobelt, Frauke. 2022. Werbeplatzierung: Diese Marken werben vor der „Tagesschau". https://www.onetoone.de/artikel/db/525575frs.html. Zugegriffen: 5. April 2024.

Seven.One Media. o.J. Unsere starken Marken. https://www.seven.one/portfolio. Zugegriffen: 05.04.2024.

Siegert, Gabriele, Werner Wirth, Patrick Weber, und Juliane A. Lischka (Hrsg.). 2016. *Handbuch Werbeforschung*. Wiesbaden: Springer VS.

Thouvenin, Florent. 2017. Wem gehören meine Daten?: Zu Sinn und Nutzen einer Erweiterung des Eigentumsbegriffs. *Schweizerische Juristen-Zeitung* (2): 21–32.

Tropp, Jörg. 2019. *Moderne Marketing-Kommunikation: Grundlagen, Prozess und Management markt- und kundenorientierter Unternehmenskommunikation*, 3. Aufl. Wiesbaden: Springer VS.

VAUDE. 2024a. VAUDE sets an example against disinformation, hate speech and racism. https://www.vaude.com/de/en/blog/post/vaude-leaves-platform-x-and-stops-social-media-advertising.html. Zugegriffen: 10. April 2024.

VAUDE. 2024b. Wo Worte den Respekt verlieren: LinkedIn Post. https://www.linkedin.com/feed/update/urn:li:activity:7176864831906414592/. Zugegriffen: 10. April 2024.

Wagner-Havlicek, Carina, und Harald Wimmer (Hrsg.). 2020. *Werbe- und Kommunikationsforschung: Methoden – Stärken/Schwächen – Anwendungsbeispiele*. Baden-Baden: Nomos Verlagsgesellschaft.

Weck, Andreas. 2022. Existenzielle Bedrohung: ChatGPT sorgt bei Google für „roten Alarm". https://t3n.de/news/bedrohung-fuer-google-chatgpt-1523730/. Zugegriffen: 5. April 2024.

Willems, Herbert. 2002. Werbung als Kulturelles Forum: Das Beispiel der Konstruktion des Alter(n)s. In *Die Gesellschaft der Werbung: Kontexte und Texte, Produktionen und Rezeptionen, Entwicklungen und Perspektiven*, Hrsg. Herbert Willems, 633–655. Wiesbaden: Westdeutscher Verlag.

Xia, Lan, und Nada Nasr Bechwati. 2008. Word of Mouse: The Role of Cognitive Personalization in Online Consumer Reviews. *Journal of Interactive Advertising* 9 (1): 3–13. https://doi.org/10.1080/15252019.2008.10722143.

Zhao, Xiangyu, Zhendong Niu, und Wei Chen. 2013. Opinion-Based Collaborative Filtering to Solve Popularity Bias in Recommender Systems. In *Database and Expert Systems Applications: DEXA 2013*, Hrsg. Hendrik Decker, Lenka Lhotská, Sebastian Link, Josef Basl und A. Min Tjoa, 426–433. Berlin, Heidelberg: Springer.

Prototyp III: Analoge und digitale, hybride bzw. (programm-)integrierte Werbung

12

Inhaltsverzeichnis

12.1	Definition und Rahmenbedingungen	332
12.2	Spezifika zu Akteurskonstellationen und Werbeprozess	336
12.3	Spezifika zur Kreativstrategie und -umsetzung – Werbeinhalte und Werbebotschaften	340
12.4	Spezifika zur Mediastrategie und -planung – Werbemittel und Werbeträger	344
12.5	Spezifika zu Werbewirkung und Werbeerfolg	347
Literatur		351

Überblick

Werbung und ihre Erscheinungsformen differenzieren sich immer weiter aus. Mit der Folge, dass das gesamte Feld der Werbung immer unübersichtlicher wird. Im diesem Lehrbuch versuchen wir, dieses unübersichtliche Feld realer Werbeformen anhand von fünf Prototypen zu kategorisieren und zu beschreiben:

Im Prototyp I (Kap. 10) fassen wir alle Werbeformen ohne mediumsspezifischen Kontext zusammen, namentlich Direkt- und Out-of-Home-Werbung sowie Werbung mit Ambient- und Retail-Medien. Prototyp II (Kap. 11) umfasst die klassische Mediawerbung in ihren analogen und digitalen Erscheinungsformen. Auch die hybride Werbung in Prototyp III (Kap. 12) wird in analoger und digitaler Form dargestellt. Erscheinungsformen, bei denen Werbung ein von unabhängigen Medien erstelltes redaktionelles Programm ersetzt, ordnen wir dem Prototyp IV (Kap. 13) – Werbung als Content Creation – zu. Und im Prototyp V (Kap. 14) befassen wir uns mit Crossmedialer Werbung.

> *Dabei stützen wir uns zur Systematisierung auf die u. E. ebenso wichtigen wie geeigneten Kriterien, die wir bereits in Abschn. 2.3 vorgeschlagen haben: auf den Personalisierungsgrad der Werbung, auf ihre Integration in den mediumsspezifischen Kontext und auf den Grad ihrer Interaktivität.*
>
> *Analyse und Darstellung der Prototypen folgen dabei für alle fünf gleichbleibend dem Aufbau des Buches: Nach Akteurskonstellationen und Werbeprozess betrachten wir Kreativstrategie und -umsetzung sowie Werbeinhalte und -botschaften. Im Anschluss widmen wir uns der Mediaplanung sowie den einzelnen Werbemitteln und Werbeträgern, um schließlich Aussagen zu Werbewirkung und Werbeerfolg zu treffen.*

12.1 Definition und Rahmenbedingungen

▶ Hybride oder auch (programm-)integrierte Werbung umfasst Werbeformen, die nur bedingt oder nicht als Werbung erkennbar sind. Diese Werbeformen sind gezielt und meist thematisch nahtlos in die medialen Umfelder eingebettet und imitieren deren Inhalt und Gestaltung teilweise. Das heißt die Werbung wird immer zusammen mit den mediumsspezifischen Kontexten verbreitet. Durch ihre Integration in die Inhalte beeinflusst sie diese in besonderer Weise und bestimmt nicht selten deren Thema, Aufbau, Ablauf, Dramaturgie und in Einzelfällen auch den Veröffentlichungstermin.

Beispielhaft können Publireportagen (Infomercials), redaktionell gestaltete Werbung (Advertorials), aber auch Placements genannt werden. Zudem verweisen die Begriffe (Digital) Native Advertising, In Feed Advertising oder Branded Entertainment auf denselben Sachverhalt. Allen Formen und Formaten dieses Prototyps ist nicht nur gemein, dass die Vermeidung der Werbung durch die Rezipient:innen verhindert werden soll. Vielmehr sollen auch Glaubwürdigkeit und Image der Medieninhalte auf die werbliche Botschaft übertragen werden. Bereits die Begrifflichkeiten wie Advertorial (Advertisement und Editorial), Advertainment (Advertising und Entertainment) und Infomercial (Information und Commercial) belegen die Verschmelzung ursprünglich getrennter Genres und Formate.

Diese Art der Werbung wird seit Mitte der 1980er-Jahre in der Publizistik- und Kommunikationswissenschaft, u. a. unter dem frühen Begriff Schleichwerbung, problematisiert (vgl. dazu u. a. Baerns 1992, 1996 und 2004; Schaar 2001; Laukemann 2002; Siegert et al. 2007; Volpers und Holznagel 2009; Steininger und Woelke 2008; Siegert und von Rimscha 2016). Zwar hatte sich seinerzeit die Diskussion an Product Placements entzündet, doch wird sie auch als Diskussion über die neuen Formen weitergeführt. Nicht zu-

12.1 Definition und Rahmenbedingungen

letzt deshalb, weil zu vermuten ist, dass anstelle des erwünschten Glaubwürdigkeitszuwachses für die Werbung ein Glaubwürdigkeitsverlust für die Medien resultiert.

Da es eine fast unüberschaubare Vielfalt und Innovation an Werbeformen gibt, ist es sehr schwer, diese vom originären mediumsspezifischen Kontext zu unterscheiden. Wenn die Werbung aber nicht klar erkannt werden kann, muss eine Täuschungsabsicht unterstellt werden. Deshalb ist eben diese Unterscheidung z. B. für Regulierungsmaßnahmen ausschlaggebend. Dennoch bleiben diverse Herausforderungen für die Regulierung bestehen. Van Reijmersdal und Rozendaal (2020, S. 380 f.) skizzieren fünf Herausforderungen in Bezug auf die Kenntlichmachung von Werbung, damit Regulierung funktionieren kann:

1) Alle Akteur:innen müssen überzeugt davon sein, dass die transparente Offenlegung in ihrem Interesse ist und den Standards der Branche entspricht.
2) Da Nutzer:innen ja inzwischen auch selbst Inhalte produzieren, müssen sie möglichst früh über die Pflicht zur Kennzeichnung von Werbung aufgeklärt werden.
3) Die Bedingungen und Situationen, wann eine Kennzeichnung gefordert ist, müssen geklärt und die Richtlinien zur Kennzeichnung klar definiert sein.
4) Es ist wichtig, dass Verantwortliche bei Verstößen gegen eine evtl. Kennzeichnungspflicht zur Rechenschaft gezogen werden.
5) Die Kennzeichnung muss verständlich sein.

Dabei muss von der Erkennbarkeit einer werblichen Botschaft durch eine:n durchschnittlich verständige:n Mediennutzer:in ausgegangen werden, wenn zu entscheiden ist, ob es sich bei einem Content um hybride Werbung oder um originären mediumsspezifischen Inhalt handelt. Ab welchem Grad hybride Werbung als problematisch anzusehen ist, hängt aber nicht nur von den rechtlichen Rahmenbedingungen und der Mediengattung ab, sondern auch von der Dramaturgie und dem Zweck des Contents. Besonders gravierend ist diese Hybridisierung bei Nachrichten im Rahmen des Native Advertisings.

> **Fallbeispiel: John Oliver über Embedded Advertising**
>
> Wie weitreichend sich die Einbettung von Werbung in Nachrichteninhalte gestalten und auswirken kann, erläuterte bereits 2015 der Satiriker John Oliver in seiner vom Pay-TV Sender HBO ausgestrahlten Show „Last Week Tonight with John Oliver" (siehe Abb. 12.1). Auch wenn seine Aussagen immer noch aktuell und höchst unterhaltsam sind, hat sich die Definition von Native Advertising seither in Richtung Content Creation weiterentwickelt. Daher erfolgt eine vertiefte Auseinandersetzung erst in Kap. 13. ◀

Neben der Integration spielen aber auch bei den Werbeformen des Prototyps III Personalisierung und Interaktivität eine Rolle, auch wenn sie sich nicht entlang dieser zwei Kriterien entwickelt haben:

Abb. 12.1 Fallbeispiel: Die Einbettung von Werbung in Nachrichteninhalte. (HBO 2015)

Personalisierung: Vom Massenpublikum über die Zielgruppen zu einzelnen Zielpersonen

Die Werbebotschaft und der Inhalt, in den sie integriert ist, muss bei zielgruppenspezifischer Werbung noch einmal deutlich besser passen, da sonst die Werbeabsicht allzu offensichtlich wird. Gleichzeitig bieten sich zielgruppenspezifische Inhalte besser für die Integration der Inhalte an. Native Advertising auf Sportseiten und in Sportsendungen können hierfür als Beispiele dienen.

Eine Personalisierung der Werbung ist bei den Werbeformen des Prototyps III nicht einfach umzusetzen. Denn da die Werbung in den Inhalt integriert ist, müsste folglich der Inhalt personalisiert werden können. Es reicht also nicht, wenn die Werbung die Rezipient:innen persönlich anspricht. Konsequent zu Ende gedacht müsste sie vielmehr so aussehen, dass sich z. B. in Zeitungs- und Zeitschriftenartikeln, Radio- oder Fernsehsendungen, Kinofilmen oder Serien spezifische, an den Präferenzen der Zielperson orientierte Placements finden. Dies würde dann z. B. konkret bedeuten, dass im Fall des Rezipienten A James Bond einen Aston Martin fährt und mit einem iPhone kommuniziert, während er im Fall der Rezipientin B im offenen Maserati-Spider vorfährt und mit einem Samsung Galaxy telefoniert.

Dieses fiktive Beispiel zeigt, dass personalisierte hybride Werbung zwei Grundvoraussetzungen erfüllen müsste: Zum einen müssen bei jedem Kauf oder Abruf eines Print-Mediums oder jeder Rezeption einer TV-Sendung, einer Serie oder eines Films die einzelnen Rezipient:innen namentlich bekannt und in ihren Konsum- und Markenpräferenzen profiliert sein, und zudem muss dieses Profil den Werbungtreibenden auch zugänglich sein. Zum zweiten müssen sich sowohl die Inhalte wie auch die Werbung, die in erstere integriert ist, bis zu einem gewissen Grad personalisieren lassen. Daher ist es wenig wahrscheinlich, dass diese Werbeformen kurz- und mittelfristig in klassischen Offline-Massenmedien zu finden sein werden.

Beide Anforderungen können im Online-Bereich wesentlich einfacher und kostengünstiger umgesetzt werden. So kann die Zusammenstellung der Inhalte z. B. bei Online-Newsportalen personalisiert sein. Diese Zusammenstellung basiert dann auf detaillierten Nutzerprofilen. In solche personalisierten Online-News lassen sich dann je nach Profil andere Advertorials, Placements oder Native Advertising einfügen. Im oben genannten Beispiel hieße das, dass Rezipient A ein Advertorial über das neue iPhone eingespielt bekommt, während Rezipientin B ein Advertorial zum neuen Samsung S7 präsentiert wird.

Inhalte, die im Kern personalisiert sind, finden sich nur auf bestimmten Social Media Plattformen; denn dort kommen solche Formen von Kontext ins Spiel, die nicht medial produziert sind, sondern weitgehend von den Nutzer:innen gestaltet werden. Dennoch bleibt das Vorhaben kompliziert. Und falls der Aufwand dafür überhaupt betrieben wird, dann ist zu erwarten, dass mindestens Interaktivitätsoptionen eingeplant werden.

Interaktivität: Von Nicht-interaktiv über interaktiv zu transaktiv

Soll Werbung im Prototyp III inter- oder transaktiv sein, ergibt sich ein Problem: Denn hier wird Werbung ja gerade deshalb hybrid gestaltet, um die werbliche Absicht zu verschleiern. Um aber Inter- oder Transaktivität (so sich diese auf die Werbung und nicht auf den medialen Inhalt bezieht) anzuregen, muss gerade der Charakter als Werbeform mindestens teilweise offengelegt werden. Bei Transaktionen, also z. B. Empfehlungen oder Bestellungen, wird in jedem Fall offensichtlich, wer die Kommunikations- und Handelspartner:in ist, nämlich das werbungtreibende Unternehmen.

Rein technisch muss diese Zwei-Wege-Kommunikation bei Offline-Werbeformen (z. B. Advertorials) über Smartphones oder Tablets realisiert werden, bei Online-Werbeformen (z. B. Placement in Online-Videos) funktioniert dies dagegen problemlos meist mit einem Klick. Beispielhaft dafür wären Produkte, die in (zielgruppenspezifischen oder personalisierten) Videoszenen online oder im interaktiven Fernsehen platziert sind und mittels eines Klicks bestellt werden können. Hier zeigt sich nochmals der eigentliche Widerspruch in den Intentionen von hybrider, in den mediumsspezifischen Kontext integrierter Werbung und Inter- bzw. Transaktivität, da besonders Transaktionen neben formalen auch oft rechtlichen Anforderungen genügen müssen, die „verdeckte" Werbung nicht erfüllen kann. Denn bei Transaktionen muss den Rezipient:innen vor der Durchführung der Transaktion bekannt sein, dass sie eine solche auslösen und zu welchen Bedingungen sie das tun – auch wenn wohl die wenigsten Rezipient:innen seitenlange Vertragsbedingungen durchlesen, bevor sie den „Akzeptieren"- oder „Rechtskräftig Bestellen"-Button drücken.

Besonders gut gelingt die Integration werblicher Botschaften in mediumsspezifische Kontexte dagegen im Influencing und im In-Game-Advertising. Hier zeigen sich jedoch andere Besonderheiten, weshalb beide Bereiche im Kap. 13 erläutert werden.

12.2 Spezifika zu Akteurskonstellationen und Werbeprozess

Insgesamt bleibt festzuhalten, dass konkrete Informationen zu Ablaufprozessen, Kosten und Erfolgsmessungen der Werbeformen dieses Prototyps immer noch meist nur in Form einzelner Medienberichte vorliegen. So bringen Printmedien durchaus des Öfteren Berichte über Product Placement, und dies vor allem dann, wenn der öffentliche Rundfunk involviert ist. Sie thematisieren aber eher selten, dass hybride bzw. (programm-)integrierte Werbung auch in Printmedien gang und gäbe ist, und äußern sich selten zu Art und Ausmaß dieser Werbung in privaten (oft mit Printmedienunternehmen verbundenen) Rundfunksendern oder Online-Angeboten. Deshalb sei hier explizit festgehalten, dass Product Placement nur eine mögliche Form der hybriden bzw. (programm-)integrierten Werbung ist und Fernsehen nur einen möglichen Werbeträger dafür darstellt. Eine allein darauf bezogene Diskussion greift also entschieden zu kurz. Seit der mit der Finanzkrise 2008 verbundenen Medienkrise hat sich die Diskussion deutlich in Richtung Native Advertising verschoben. Es geht dann auch nicht im Kern darum, ob Rezipient:innen diese Werbeform erkennen (können), sondern darum, wie beeinflussbar die Redaktionen in den Medienhäusern sind (vgl. Siegert und von Rimscha 2016). Denn hybride bzw. (programm-)integrierte Werbung beruht nicht selten auf Koppelgeschäften zwischen Produzent:innen und Werbekund:innen.

Tatsächlich erfolgt die Bezahlung hybrider bzw. (programm-)integrierter Werbung häufig nicht monetär, sondern mittels materieller Gegenleistungen, indem z. B. bei Videoproduktionen notwendige Requisiten und Locations zur Verfügung gestellt werden (Beistellungen). Ähnliche Koppelgeschäfte liegen den Kooperationen von Werbewirtschaft und Printmedien oder Hörfunksendern, wie z. B. bei Medienpartnerschaften anlässlich mehr oder weniger großer Events oder bei der Auslobung von Wettbewerben, zugrunde. Die werbungtreibende Wirtschaft stellt die Preise für solche Wettbewerbe gegen mehr oder weniger umfassende positive Erwähnung zur Verfügung. Zum Teil wird die Integration werblicher Inhalte auch mit der Schaltung klassischer Werbung vergütet.

> „Bei der Frankfurter Agentur entwickeln Redakteure Formate (natürlich für Kund:innen; Anmerkung der Buchautor:innen), die dann wiederum über die Redaktion Sendern angeboten werden. Damit sich die Sender ‚nicht vergewaltigt fühlen' wie Kaiser sagt, gibt es meistens Jahreszusagen für die klassische Werbung" (Richter 2005, S. 25).

Der Möglichkeiten sind viele. Die Modalitäten der einzelnen Transfers sind allerdings nicht unerheblich; denn wenn Gelder fließen, dann ist in vielen Ländern beim Rundfunk ein wichtiges Indiz für den Tatbestand der Schleichwerbung gegeben. In Deutschland ist im Medienstaatsvertrag (vgl. Bundesländer 2022) z. B. Folgendes geregelt:

> „§2 Begriffsbestimmungen …
> (2) Im Sinne dieses Staatsvertrages ist …
> 9. Schleichwerbung … Eine Erwähnung oder Darstellung gilt insbesondere dann als zu Werbezwecken beabsichtigt, wenn sie gegen Entgelt oder eine ähnliche Gegenleistung erfolgt, …

12.2 Spezifika zu Akteurskonstellationen und Werbeprozess

§8 Werbegrundsätze, Kennzeichnungspflichten ...
(7) Schleichwerbung und Themenplatzierung sowie entsprechende Praktiken sind unzulässig. Produktplatzierung ist gestattet, außer in Nachrichtensendungen und Sendungen zur politischen Information, ... Sendungen, die Produktplatzierung enthalten, müssen folgende Voraussetzungen erfüllen:
1. die redaktionelle Verantwortung und Unabhängigkeit hinsichtlich Inhalt und Platzierung im Sendeplan müssen unbeeinträchtigt bleiben, ...
Auf eine Produktplatzierung ist eindeutig hinzuweisen. Sie ist zu Beginn und zum Ende einer Sendung sowie bei deren Fortsetzung nach einer Werbeunterbrechung oder im Hörfunk durch einen gleichwertigen Hinweis angemessen zu kennzeichnen. Die Kennzeichnungspflicht entfällt für Sendungen, die nicht vom Veranstalter selbst oder von einem mit dem Veranstalter verbundenen Unternehmen produziert oder in Auftrag gegeben worden sind, wenn nicht mit zumutbarem Aufwand ermittelbar ist, ob Produktplatzierung enthalten ist; hierauf ist hinzuweisen" (Bundesländer 2022, §2, Absatz. 2, Ziffer 9 sowie §8, Absatz 7).

Ob Werbe- und Mediaagenturen wirklich Profit aus dem Trend zu hybrider Werbung ziehen, wie teilweise behauptet wird, muss allerdings bezweifelt werden. Denn klassische Werbe- und Mediaagenturen sind nicht die typischen Vermittler:innen für (programm-)integrierte Werbeangebote. Zwar können sie im Namen ihrer Kund:innen bei Printmedien auf eine Berücksichtigung im redaktionellen Teil hinwirken oder gemeinsam mit den Medien Gewinnspiele und Wettbewerbe konzipieren, für andere Werbeformen haben sich aber spezialisierte Anbieter:innen etabliert. Zugleich haben auch Produktionsgesellschaften eigene Abteilungen für Placement ausdifferenziert. Bereits für Klaus Bente (1990, S. 83) zielte diese Zunahme von Spezialabteilungen der Programmproduzent:innen auf die Ausschaltung der Vermittler:innen. Damit vermischen sich aber die Produktions- und die Distributionsebene der Werbung: Werbemittel, Werbeumfeld und Werbeträger werden eins.

Da sowohl die Transfer-Modalitäten als auch die Akteur:innen und Formen hybrider (programm-)integrierter Werbung vielfältig sind, verläuft deren Auftragslogik nicht analog zur der in Abb. 6.10 skizzierten. U.a. fehlen teils die klassischen Akteur:innen der Produktion, während sich neue Akteur:innen institutionalisiert und professionalisiert haben. Inwieweit diese den gesamten Werbeprozess betreuen (können), bleibt fraglich. Die Werbeagenturen verlieren tendenziell – selbst dann, wenn sie noch als Vermittler hybrider Werbung aktiv sind – die Entwicklung und Umsetzung der kreativen Strategie und die Produktion der Werbemittel.

Die neuen Akteurskonstellationen bringen aber eine Vielfalt und Verschiedenartigkeit an Auftragslogiken mit sich. U.a. gewinnen die Produzent:innen und die Medien selbst mehr Macht und Einfluss auf den Ablaufprozess. Vor allem, wenn Medienschaffende von „sharing our storytelling competencies with the customers" (HBO 2015, siehe Fallbeispiel Abb. 12.1) sprechen.

Da die Initiative für hybride und (programm-)integrierte Werbung nicht ausschließlich von der Werbewirtschaft, sondern nicht selten aktiv von den Produzent:innen, den Medien und ihren Vermarkter:innen ausgeht, können auch andere Akteur:innen am Anfang der Auftragslogik stehen. Ihre Angebote können vorgeben, wie der weitere Ablauf der Werbe-

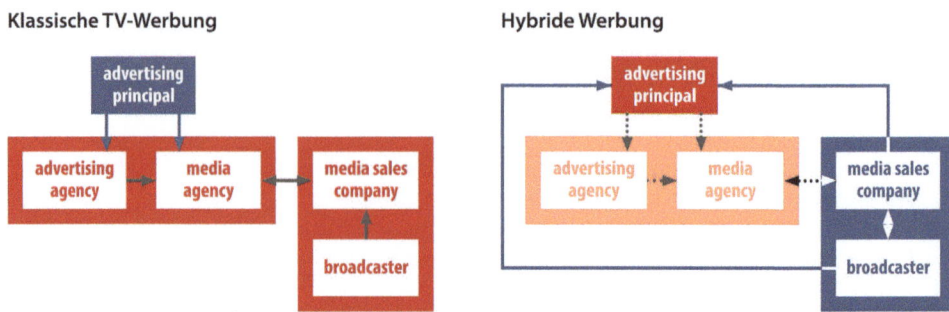

Abb. 12.2 Der idealtypische Werbeprozess bei klassischer versus hybrider Werbung. (von Rimscha und Rademacher 2008, S. 77 und 85)

gestaltung und -produktion aussehen wird. Daneben können zahlreiche neue Akteur:innen ins Geschehen involviert sein. Die Kontakte können auf der persönlichen, aber auch auf der organisatorischen Ebene verlaufen und sehr direkt oder aber über viele zwischengeschaltete Intermediäre geregelt sein. Wie stark die Umsetzung der werblichen Absicht dann in der ursprünglichen journalistisch-künstlerischen Umsetzung aufgeht oder aber spezielle Abläufe verlangt, ist von Fall zu Fall verschieden. Abb. 12.2 zeigt die grundlegenden Unterschiede am Beispiel klassischer TV- vs. hybrider Werbung in schematisierter Form.

Damit werden die Beziehungen zwischen Auftraggeber:innen und Auftragnehmer:innen wieder zurückgeworfen auf die grundlegenden Probleme der Prinzipal-Agent-Problematik (siehe Abshcn. 9.1). Denn hybride Werbung ist in noch viel stärkerem Ausmaß ein Kontraktgut, eine individuell auf die Auftraggeber:innen zugeschnittene komplexe Dienstleistung. Auch muss für diese Fälle angenommen werden, dass sich Personen opportunistisch verhalten. Weil es zugleich einen hohen Abstimmungsbedarf mit nicht werblich, sondern kreativ, ästhetisch oder dramaturgisch orientierten Organisationen und Personen gibt, können die Interessen der Beteiligten weiter auseinander liegen als bei der klassischen Mediawerbung. Damit ist die Entscheidung für hybride Werbung mit Unsicherheiten und potenziellem Kontrollverlust für die Werbungtreibenden verbunden (vgl. Karrh et al. 2003, S. 146).

Wenn hybride Werbung mit Inter- und Transaktivität verknüpft wird, komplizieren sich diese Akteurskonstellationen nochmals: Zum einen sind die in Journalismus und Unterhaltungsproduktion Arbeitenden wichtig, weil ihre „Storytelling-Kompetenzen" bei verschiedenen Werbeformen eingesetzt werden. Zum anderen kommen professionelle Akteur:innen der technischen Seite hinzu, die die Inter- und Transaktivität sicherstellen. Und schließlich gewinnen die Nutzer:innen an Bedeutung, weil ihre Partizipation sie zu Distributor:innen machen kann. Die Akteurskonstellationen kommen dann in einen Zustand mehr oder weniger permanenten Seitenwechsels – wer eben noch Rezipient:in der Werbung war, wird z. B. durch den Druck auf den „Tell-a-Friend"-Button Distributeur:in.

Dieser kontinuierlich mögliche Seitenwechsel in der Akteurskonstellation kann besonders ausgeprägt sein: Inhalteproduzent:innen werden zu Absender:innen von Werbung;

12.2 Spezifika zu Akteurskonstellationen und Werbeprozess

Werbungtreibende delegieren die Kontrolle über den Werbeprozess teilweise an eben diese mit der Gefahr des Kontrollverlusts – möglicherweise diskutiert dann das Publikum vor allem über die Qualität des James Bond Films anstatt über die platzierten Marken. Werden Rezipient:innen zu Produzent:innen und Distributeur:innen, kann sich die Werbekommunikation vom Medieninhalt völlig loslösen und sich zeitweise nur noch zwischen den Rezipient:innen abspielen. Dann besteht die Gefahr, dass die Werbungtreibenden die Kontrolle über den Werbeprozess und seine kommunikativen Wirkungen völlig verlieren.

Dies hat Folgen in zwei entgegengesetzten Richtungen: Wird die Werbung positiv aufgenommen, werden Personen zu Markenbotschafter:innen und verleihen damit der Werbebotschaft nochmals eine höhere Glaubwürdigkeit. Wird die Werbung negativ aufgenommen und stößt auf Missfallen, werden Beschwerden an die Person, die sie distribuiert hat, und nicht an das werbungtreibende Unternehmen oder die Werbeagentur gerichtet. Insgesamt kann sich die virale Verbreitung eines Werbemittels somit schnell der Kontrolle und Steuerung durch die Werbungtreibenden entziehen. Aus deren Sicht muss deshalb dafür gesorgt werden, dass die Werbebotschaft – auch wenn sie sich verselbstständigen sollte – und trotz der Integration in einen Inhalt mit dem zu bewerbenden Produkt bzw. der Leistung, mit der Marke oder dem Unternehmen verbunden wird und bleibt.

Das Fehlen standardisierter Prozesse macht den Ablauf also volatil, kann sich aber dennoch zu einer Win-win-Situation für Werbungtreibende Medienunternehmen aber auch für Plattformbetreiber:innen entwickeln. Die Daten, die bei Inter- und Transaktionen in wesentlich größerem Ausmaß und Umfang generiert werden können, weisen den Werbeerfolg direkt nach und können dazu beitragen, die Prinzipal-Agent-Problematik abzumildern.

Besonders ausgeprägt zeigt sich der kontinuierlich mögliche Seitenwechsel in der Akteurskonstellation, wenn er nur Mitglieder der Zielgruppe oder die Zielgruppe als Community bzw. virtuelles soziales Netzwerk involviert. Brand Communities und Social Media erhalten in der Auftragslogik dann eine besondere Bedeutung. In Brand Communities treffen sich Kenner:innen, Liebhaber:innen oder Fans einer Marke und generieren ihren eigenen mediumsspezifischen Inhalt, in den dann auch werbliche Botschaften integriert sein können. Jenseits der reinen werblichen Kommunikation können Brand Community Mitglieder aber auch Anwender- oder Gebrauchshinweise, Produktempfehlungen oder persönliche Daten austauschen. Verschiedene Autor:innen schreiben Brand Communities daher eine besondere Bedeutung zu (vgl. auch McAlexander et al. 2002).

> „A brand community is a specialized, non-geographically bound community, based on a structured set of social relationships among admirers of a brand. It is specialized because at its center is a branded good or service. Like other communities, it is marked by a shared consciousness, rituals and traditions, and a sense of moral responsibility" (Muniz und O'Guinn 2001, S. 412).

Der Begriff wird auch auf die kommerzielle Verwendung von virtuellen sozialen Netzwerken bezogen (vgl. Jahn und Meyer 2013, S. 176). Online-Mitglieder von Brand Communities sind einerseits einer Marke gegenüber überwiegend positiv eingestellt und bekunden dies auch öffentlich. Andererseits sind sie auch sehr anspruchsvoll, was die Kommunikation mit dem werbungtreibenden Unternehmen bzw. seinen Agenturen angeht. Goodwill und Nutzertreue gehen also einher mit einer eher geringen Fehlertoleranz. Dies kann für die Werbungtreibenden nochmals einen Kontrollverlust bedeuten. Denn der kontinuierlich mögliche Seitenwechsel in der Akteurskonstellation ist hier ganz besonders ausgeprägt: Wer sich am Fotowettbewerb eines Kameraherstellers, der in eine entsprechende Online Brand Community eingebunden ist, beteiligt, wird einerseits vom Umworbenen zur Ko-Produzent:in und Distributeur:in von Werbung, andererseits auch zur kenntnisreichen Kritiker:in.

12.3 Spezifika zur Kreativstrategie und -umsetzung – Werbeinhalte und Werbebotschaften

Dass sich (programm-)integrierte bzw. hybride Werbung (vgl. auch Schierl 2003, S. 65 ff.) nicht oder nur bedingt erkennen lässt, hat folgende Gründe:

1. Sie ist ins jeweilige Umfeld thematisch optimal eingebettet („werbefreundliche Umfelder" oder „Brand Suitability"), (siehe Abb. 12.3).

Abb. 12.3 Fallbeispiel: Programmintegration durch Einbettung ins redaktionelle Umfeld und Imitation der Gestaltung des mediumsspezifischen Kontexts. (BMW Bikes 2009, S. 19)

12.3 Spezifika zur Kreativstrategie und -umsetzung – Werbeinhalte und …

2. Sie imitiert den mediumsspezifischen Kontext in Inhalt und Gestaltung (siehe Abb. 12.3 und 12.4).
3. Sie ersetzt den mediumsspezifischen Kontext (dieser Fall wird in Kap. 13 unter dem Titel Content Creation gesondert betrachtet).

Fallbeispiel: BMW Bikes – Alles Anzeige oder was?

Das Fallbeispiel in Abb. 12.3 zeigt eine doppelte Integration: Die Anzeige ist optimal ins thematische Umfeld „Sommer-Fitness" eingebettet. Und sie imitiert den mediumsspezifischen Kontext derart gut, dass man versucht, die Kennzeichnung „Anzeige" nur auf die rechte Spalte mit den abgebildeten Bikes zu beziehen. Erst nach dem Lesen des – vermeintlich – redaktionell erstellten Artikels wird klar, dass die komplette rechte Seite eine Anzeige für BMW Bikes ist. ◄

Fallbeispiel: eBay statt Programm

Imitation der Gestaltung mediumsspezifischer Kontexte am Beispiel einer Anzeige von eBay in der Programmzeitschrift TV Spielfilm (siehe Abb. 12.4): Obwohl im grünen Balken explizit als Anzeige gekennzeichnet, lässt sich die rechte Seite kaum als Anzeige erkennen und von der linken redaktionell erstellten Seite unterscheiden. ◄

Abb. 12.4 Fallbeispiel: Integration durch Imitation. (eBay 2006, S. 49)

Für das Kapitel Werbebotschaften und -inhalte können keine umfangreichen Ausführungen gemacht werden, ist es doch gerade das primäre Spezifikum (programm-)integrierter bzw. hybrider Werbung, dass sie in vorhandene Inhalte mehr oder weniger intensiv eingewoben wird oder diese imitiert. Die Werbebotschaft ist dementsprechend auch nicht offensichtlich werbend – das würde dem Konzept ja widersprechen. An den Einsatz z. B. von Placements wurde bereits sehr früh die Anforderung gestellt, dass letztere nicht aufgesetzt und übertrieben wirken oder den Handlungsablauf unterbrechen bzw. künstlich erscheinen lassen (vgl. Auer et al. 1988, S. 73 f.). Wie sehr jedoch die werbliche Absicht tatsächlich „versteckt" werden kann und wird, ist von Fall zu Fall unterschiedlich.

Wichtig für alle Formen hybrider oder (programm-)integrierter Werbung ist allerdings ein unter Werbeaspekten positiver Kontext. Was dabei jeweils als positiv zu werten ist, ist ebenfalls fall- und zielgruppenspezifisch. Damit negative Kontexte Produkte, Leistungen oder Marken und deren Image nicht schädigen, werden diese im Rahmen des sog. „Product Replacements" bzw. der „Brand Suitability" immer dann durch Fantasie-Produkte oder -marken ersetzt, wenn werbungtreibende Unternehmen verhindern, dass ihre Produkte oder ihre Leistungen in aggressive, gewalttätige Kommunikation oder Handlungen verstrickt oder gar als Instrumente von Gewaltakten oder als Auslöser von Unglücken eingesetzt werden. Welche Fluggesellschaft möchte schon, dass gerade ihre Flugzeuge filmwirksam abstürzen? Anders gelagert sind Placements in Actionszenen. Denn dann wird das platzierte Werbeobjekt als „Retter in der Not" inszeniert und der Kontext ist, wenn auch gewalttätig, je nach anvisiertem Zweck durchaus positiv zu werten. Umfragen dazu (vgl. Karrh et al. 2003) bestätigen, dass die positive Darstellung von Produkten, Leistungen oder Marken im Programm-Kontext immer noch der wichtigste Faktor für Placement-Entscheidungen ist, dicht gefolgt vom direkten Gebrauch des Produkts.

Die Hybridisierung konkretisiert sich in dem allgemeinen Trend in der Form, dass redaktionelle Inhalte immer werblicher werden und werbliche Inhalte immer unterhaltender. Westerbarkey (2004, S. 203) spricht vor diesem Hintergrund zu Recht von Differenzverlust, Metamorphosen, Transformationen und Assimilationen medialer Inhalte, Formate und Frames. Damit werden aber aus ehemals sich ergänzenden Medieninhalten und Werbebotschaften direkte Konkurrenten um die Aufmerksamkeit des Publikums.

Beide können sich klar an Zielgruppen richten und damit eine der Zielgruppe eigene Symbolik und Bilderwelt einsetzen und deren Vorlieben adressieren. So z. B. im Rahmen von Musik-Subkulturen. Denn auch Brand Placements in Musikstücken erfreuen sich einer gewissen Beliebtheit, wie das Fallbeispiel zu Placements in Musikstücken zeigt. Auch wenn solche Placements bereits früher vereinzelt bemerkbar waren, haben sie vor allem in Zeiten von Musikvideos, in denen die besungenen Marken dann auch noch gezeigt werden können, deutlich an Intention und systematischer Vermarktung zugelegt: Zunehmend werden Musiker:innen gesucht und gefunden, die Markennamen von Produkten und Unternehmen in ihre Songs und Videos einbauen (vgl. Sommer 2019).

> **Fallbeispiel: Placements in Musikstücken**
>
> „Diese Woche in den amerikanischen Pop-Charts ganz vorn mit dabei: Dolce & Gabbana, Burberry, Fendi, Gucci, Prada, Buick, Cadillac, Chevrolet, Mercedes. In der aktuellen Nummer 1 besingt Beyoncé eine Diamantenkette von Cartier, in der Nummer 2 fantasiert der Rapper Ludacris über BHs aus dem Hause Louis Vuitton. Derselbe Ludacris plaudert auf Platz 3 zusammen mit Snoop Dogg über Holiday Inn und Hennessy (dessen Cognac auch auf Platz 6 auftaucht). Auf Platz 4, im Song Damn!, rollen Chevrolet und Cadillac herein. Erst auf Platz 5 (Here Without You) kommt aus irgendwelchen Gründen kein einziger Markenartikel vor. Des Weiteren in den Top 20: Dolce & Gabbana (Platz 11), die Luxusschuhe von Manolo Blahnik (14). Auf Platz 20 rappt Fabolous: „Relaxing in the Benz/Credit cards are no limit/So you don't worry about maxing when you spends." Sinngemäß: Kaufen, kaufen, kaufen! ….
>
> Und es müssen eben nicht immer Werbespots sein. Nachdem sich Busta Rhymes voriges Jahr mit der Single Pass The Courvoisier 20 Wochen lang in den US-Charts gehalten hatte, stieg der Absatz des darin besprochenen Cognacs weltweit um fast 20 %. Da störte es auch nicht, dass Busta Rhymes angab, selbst lieber Hennessy zu trinken. Der französische Hersteller beteuert übrigens, den Rapper zu diesem Werbefeldzug keineswegs angestiftet zu haben" (von Rutenberg 2003, S. 55).
>
> Zur Veranschaulichung ist ein entsprechendes Musikvideo von Busta Rhymes im Literaturverzeichnis verlinkt (Busta Rhymes 2014). ◄

Was die Personalisierung kontext-integrierter Werbung betrifft, so ist diese zwar technisch machbar, verschwendet aber Potenzial, wenn sie Inter- und Transaktivität nicht zulässt. Neben den technischen Voraussetzungen für solche Formen – die sich stetig weiterentwickeln werden, solange Kommerzialisierungspotenzial vermutet wird –, spielen Akzeptanz und Reaktanz der Rezipient:innen eine wesentliche Rolle. Das bedeutet auch, dass die Ansprache als Kombination aus Medieninhalten und integrierter Werbung auf die einzelnen Rezipient:innen abgestimmt sein müsste. Zudem werden im deutschsprachigen Raum damit auch Detailfragen relevant, wie z. B. jene, ob alle Zielpersonen mit dem inzwischen allgegenwärtigen „Du" und unter Verwendung ihres Vornamens angesprochen werden können, oder ob nicht genauer abgeklärt sein müsste, ob die Person lieber gesiezt werden will. Dass zudem in Deutschland, Österreich und der Schweiz akademische, Adels- und andere Titel in völlig unterschiedlicher Wichtigkeit verwendet werden, zeigt, welch überaus komplexe Anforderungen für Werbebotschaften, aber auch für Medieninhalte sich allein aus dem Thema der Zielpersonenansprache ergeben können.

Neben der allgemeinverständlichen oder zielgruppen- bzw. zielpersonenspezifischen Symbolik, derer sich sowohl die hybride und (programm-)integrierte Werbung und mit ihr auch die Medieninhalte bedienen müssen, muss im Fall inter- bzw. transaktiver Werbeformen ein hohes Aktivierungspotenzial hinzukommen. Denn gerade bei den Werbeformen des Prototyps III müssen die Rezipient:innen zur Inter- bzw. Transaktion motiviert werden, ohne dass der eigentliche werbliche Charakter der hybriden bzw. (programm-)integrierten Werbebotschaft zu deutlich zu Tage tritt. Erschwerend kommt hinzu, dass der mediumsspezifische Kontext nicht zur Konkurrenz der Werbebotschaft werden darf. Er muss vielmehr die eigentliche Aktivierung leisten, also das bereits mehrfach angesprochene zweistufige Nutzen- oder Mehrwertversprechen der Werbung tragen. Soll er Interaktivität stimulieren oder über Netze weiterverbreitet werden, müssen Informations- oder Unterhaltungsnutzen (z. B. Humor), ästhetische Qualität oder innovativer Inhalt so erkennbar ausgeprägt sein, dass die Werbebotschaft sowohl gegenüber dem mediumsspezifischen Inhalt als auch im allgemeinen Aufmerksamkeitswettbewerb überhaupt überleben kann.

Dabei muss sich hybride Werbung nahtlos mit den Inhalten verknüpfen, darf also nicht künstlich und übertrieben wirken oder den Handlungsablauf erkennbar beeinflussen. Zugleich muss dieser gesamte Inhalt dann Inter- bzw. Transaktion ermöglichen, ohne dass die persuasive Absicht zu deutlich wird. Auf das zugrunde liegende Dilemma zwischen der Intention der Integration und der Intention der Transaktion wurde bereits hingewiesen. Folglich eignen sich auch nicht alle Formen hybrider Werbung gleich gut. Bei vielen Formen, z. B. bei Home Order Television (Teleshopping), Placements und Game-Shows, dürfte der Wechsel in die Transaktion aber unproblematisch sein, auch weil Konsum und Produktnutzung dort Themen des Inhalts sind bzw. sein können.

Werbeträger, Werbemittel, Botschaften und Inhalte verschwimmen im Fall von Online Brand Communities in einem. Die Botschaften tendieren hin zur interpersonellen Kommunikation. Die Integration werblicher Botschaften in die Inhalte und Strukturen einer Online Brand Community oder eines Social Networks bieten den werbungtreibenden Unternehmen eine einzigartige Gelegenheit mit ihren „Fans" oder „Followers" zu interagieren und sie in die Markenkommunikation einzubeziehen, also im wahrsten Sinne des Wortes Customer-Relationship-Management (CRM) zu betreiben (Jahn und Meyer 2013). Damit werden die Mitglieder zu Ko-Produzent:innen der Werbung und als Markenbotschafter:innen wichtig. Zugleich werden Online Brand Communities als Instrumente zur Beeinflussung von Empfehlungen aktiv bewirtschaftet (vgl. Bauer et al. 2008, S. 61).

12.4 Spezifika zur Mediastrategie und -planung – Werbemittel und Werbeträger

Als Träger für Werbung des Prototyps III sind die klassischen Medien im weitesten Sinne zu fassen, mithin Zeitungen, Zeitschriften, Radio, TV und massenmediale Online-Inhalte sowie Social Media Plattformen. Sie sind es, die jene Inhalte überhaupt generieren und distribuieren, in die die werblichen Botschaften integriert werden. Wie in Abb. 12.2. gezeigt, sind sie aber nicht immer diejenigen, mit denen hybride Werbung ausgehandelt wird. Oft fungieren Akteur:innen auf der vorgelagerten Produktionsstufe, wie z. B. Formatproduzent:innen, als Ansprechpartner:innen.

Zugleich lassen sich für hybride und (programm-)integrierte Werbung keine typischen Werbemittel ausmachen, denn die Einbindung in den Kontext bedeutet ja gerade, dass eben keine eigenen Werbemittel produziert werden. Im Folgenden wird deshalb von Werbeformen gesprochen, denn solche lassen sich sehr wohl differenzieren. Auch sind für die einzelnen Werbeträger jeweils andere Formen hybrider Werbung typisch. Tendenziell integrieren z. B. Zeitungen viel stärker PR-Material als Werbung, aber auch hier finden sich redaktionell gestaltete Anzeigenseiten. Und mit Native Advertising hat hybride Werbung die Printmedien in vollem Umfang erreicht. Insgesamt sind die Formen wesentlich vielfältiger als dies die Diskussion um Product Placement vermuten lässt. Baerns (2004) und Bornkamm (2004) zeigen sehr deutlich, dass hybride Werbung nicht nur eine lange Tradition hat, sondern auch mediengattungsübergreifend zu finden ist und dies trotz vielfältiger rechtlicher Regelung und berufsethischer Richtlinien. So ist z. B. bei Zeitschriften- und Online-Tests schwer zu erkennen, ob die gegebenen Verbraucherhinweise und Produkttests wirklich objektiv und ohne Werbeeinfluss konzipiert wurden.

Werbungtreibende, die auf ihre hybride bzw. (programm-)integrierte Werbung Feedback erwarten, werden diese Werbung im digitalen Fernsehen oder in Online-, Mobile oder Social Media-Angeboten platzieren (Harms et al. 2005). Suchmaschinen haben darüber hinaus mit Paid Inclusion (Inhalteanbieter:innen bezahlen dafür, in den Datenbestand einer Suchmaschine aufgenommen bzw. bevorzugt indexiert zu werden) und Paid Placement (diese Inhalte werden bei Suchanfragen auch noch bevorzugt ausgespielt) hybride Werbeformen angeboten, die nach Angaben von Lewandowski (2020, S. 973 ff.) aber zwischenzeitlich eingestellt wurden. Kontextbasierte Werbung ist dagegen ein klassisches Geschäftsmodell mit Potenzial für hybride Werbung.

> „Da die kontextbasierte Werbung als Antwort zu einer Suchanfrage ausgegeben wird, können die sog. Werbetreffer *als Suchergebnisse* betrachtet werden, die sich von den organischen Ergebnissen zwar hinsichtlich ihrer Herkunft unterscheiden, jedoch für den Suchenden entsprechend seiner Suchanfrage relevant sein können. ... Während bei den Textanzeigen auf den Suchergebnisseiten der Kontext aus den Suchanfragen generiert wird, gibt es auch von Google angebotene kontextbasierte Werbung, die in den Kontext von Inhaltsseiten gestellt wird" (Lewandowski 2020, S. 975 ff., Hervorh. im Original).

Die im Zitat implizit angesprochenen Werbeformen „Google Ads" und „Google AdSense" (siehe Abb. 12.5) können, müssen aber nicht Basis für hybride Werbung sein. Das ist abhängig von der Kennzeichnung und ihrer Sichtbarkeit.

Ein für viele Akteur:innen attraktives und deshalb sehr zukunftsträchtiges Feld sind Kooperationen zwischen Werbungtreibenden, Agenturen, Produzent:innen und TV-

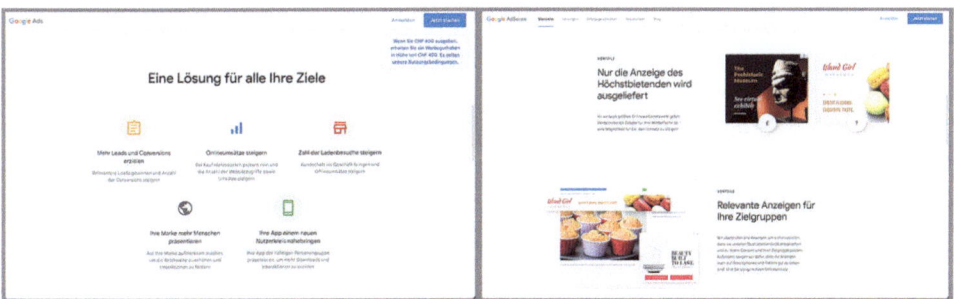

Abb. 12.5 Kontextbasierte Werbung mit Google Ads und Google AdSense. (Eigene Bildmontage aus Google Ads o. J und Google AdSens o. J.)

Sendern. Ergebnisse dieser Kooperationen sind unterschiedliche Formen hybrider bzw. (programm-)integrierter Werbung, die unter dem Begriff „Programming" gefasst werden (vgl. auch Kap. 13). Die Umsetzung des Konzepts ist jedoch nicht so einfach, wie es klingt. Häufig berücksichtigt eine zu deutlich ausgeprägte parteiliche Perspektive der Werbung die Bedürfnisse der Fernsehzuschauer:innen zu wenig (vgl. Feldmeier 2005, S. 48).

> **Fallbeispiel: Opel Adam in Germany's Next Top-Model**
>
> „Den Opel Adam bekommt man in Los Angeles normalerweise nicht zu sehen. In den USA verkauft Opel den Wagen gar nicht. Doch bei ‚Germany's next Topmodel' ist das anders. Hier fahren gleich fünf von den Kleinwagen durchs Bild. In einer Szene bringen die Autos die Teilnehmerinnen der Casting-Sendung zu ihrer neuen Unterkunft in LA.
>
> ‚Der Moment, wo wir mit unseren Koffern aus den Lofts kamen, standen auf einmal ganz viele Opel Adams da. Sah echt krass aus und wir haben uns richtig gefreut.'…
>
> Gleich mehrere Einstellungen zeigen die Autos ganz deutlich. In einer anderen Szene der Staffel wird der Adam mal eben zum Hauptmotiv für ein Fotoshooting in einer Wüste. Auf Nachfrage erklärt Opel, ‚Germany's next Topmodel' sei schon seit Jahren ein wichtiger Baustein der Marketing-Strategie. Im Klartext: Opel und Pro Sieben schließen einen Vertrag. Und dann fließt Geld, damit das Produkt in der Sendung auftaucht. ‚Werbung' würden die Verantwortlichen so etwas niemals nennen. Sie sprechen lieber von ‚Produktplatzierung'" (Hammer 2017).
>
> Begleitend zur Fernsehstaffel, in der die Teilnehmerinnen von Germany's Next Top Model verschiedene Challenges in oder mit einem Opel Adam bestehen mussten, bewarb Opel das Sondermodell des Wagens mittels einer Influencer-Kampagne ‚Be You. Be ADAM' (Beispiel der Kampagne siehe Abb. 12.6) auf Social Media sowie auf der eigenen Webseite. ◄

Programming macht aber nicht beim Fernsehen halt, sondern verlagert sich zunehmend auf andere Bereiche der Unterhaltungsbranche und verändert z. B. das bislang bereits bestehende „Bündnis" von Musik und Werbung. Üblich ist mittlerweile, dass Pop- oder

Abb. 12.6 Fallbeispiel Programming: Opel Adam und Germany's Next Top Model. Hier ein Sujet aus der begleitenden Influencer-Kampagne. (MeinAuto.de 2017)

HipHop-Interpreten zur Einführung eines neuen Produkts, z. B. eines PKW-Modells, einen Song komponieren und Fernsehsender diese Story aufgreifen (vgl. Richter 2005, S. 25). Besonders intensiv macht sich Programming auch bei großen und teuren Kino-Produktionen bemerkbar (siehe Fallbeispiel Abb. 12.7).

12.5 Spezifika zu Werbewirkung und Werbeerfolg

Die Bekanntmachung eines Produkts, einer Leistung oder einer Marke kann durch (programm-)integrierte bzw. hybride Werbung üblicherweise nicht geleistet werden. Vielmehr scheint die Bekanntheit des beworbenen Objekts bzw. seiner Marke für den Erfolg programmintegrierter Werbung zwingende Voraussetzung zu sein. Anders gelagert ist der Fall jedoch dann, wenn die Marke bekannt ist, das Neuprodukt jedoch erst eingeführt wird. Diesen Weg beschritten bzw. beschreiten z. B. Automobilhersteller wie BMW, Jaguar oder Aston Martin, die ihre neuen Modelle jeweils in einem aktuellen James Bond Film platziert hatten, oder Mercedes Benz in der Jurassic-Filme-Reihe (siehe Abb. 12.7).

> **Fallbeispiel: Urzeitechsen promoten neues Automodell**
>
> „1997 hatte die Mercedes-Benz M-Klasse ihren ersten öffentlichen Auftritt im Hollywood-Streifen ‚Vergessene Welt: Jurassic Park'. 18 Jahre später feiert das neue GLE Coupé sein Debut in der Fortsetzung ‚Jurassic World'. Mercedes-Benz nutzt den neuen Dinosaurier-Film für die Promotion des GLE. Aber auch die G-Klasse als AMG 6 × 6, der Unimog und einige Sprinter spielen eine Rolle in der lang erwarteten Fortsetzung der ‚Jurassic Park'-Trilogie" (auto.de 2015). ◄

Abb. 12.7 Fallbeispiel Programming bei Filmen: Mercedes vermarktet sein neues Modell GLE Coupé im Jurassic Park Sequel ‚Jurassic World'. (auto.de 2015)

In der Werbewirkungsforschung zur (programm-)integrierten bzw. hybriden Werbung dominieren Untersuchungen zu Placements. Lange spielte dabei die Erkennbarkeit der Werbung eine wichtige Rolle. Woelke (2004b, S. 190) hält u. a. fest, dass die Unterscheidbarkeit von redaktionellen und werblichen Inhalten maßgeblich vom Format des redaktionellen Angebots abhängt. Andere Untersuchungen (vgl. auch Karrh et al. 2003) bestätigen dies insoweit als sie feststellen, dass die Art des Programms Einfluss auf die Wirkungen von Placements hat – und zwar sowohl bezüglich der Beurteilung als auch der Empathie. Auch die Aufdringlichkeit der Gestaltung von Placements und die Integration in die Handlung beeinflussen die Werbewirkung. Gleiches gilt für die Darstellungshäufigkeit, die Verwendung im Kontext, die Bekanntheit der Marke sowie die Auffälligkeit der Werbung. Seitens der Rezipient:innen spielen Programminvolvement und -bewertung sowie Persuasionswissen, Akzeptanz und Soziodemografie der Nutzer:innen eine Rolle (vgl. Koch 2016, S. 375 ff.).

Jedoch ist die Erkennbarkeit des Produkts oder der Marke keine zwingende Voraussetzung für die Wirkung des Placements. Zudem erzeugen Werbespots tendenziell mehr Aufmerksamkeit als kontextintegrierte Werbung (vgl. u. a. Woelke 2004a, S. 149 ff.).

Der Imagetransfer vom inhaltlichen Umfeld auf die Werbung und das beworbene Angebot lässt sich für manche Formen hybrider bzw. (programm-)integrierter Werbung ebenso nachweisen (vgl. Schemer et al. 2008) wie eine Einstellungsänderung bei Product Placements. Und dies, ohne dass sich die Proband:innen an die Platzierung erinnern konnten (vgl. Mere-Exposure-Effekt: Matthes et al. 2007; Schemer et al. 2007). Eben deshalb zielt integrierte Werbung häufig auf Imageaufbau und -transfer, besonders wenn sie sich an spezifische Zielgruppen wendet. Der Imagetransfer kann dabei auch wechselseitig sein: vom Inhalt zur Werbung und vom beworbenen Objekt auf den mediumsspezifischen Kontext. Besonders gelungene Beispiele (programm-)integrierter bzw. hybrider Werbung basieren häufig auf einem fundiert untersuchten Fit zwischen Kontext und Werbebotschaft bzw. beworbener Marke. Dann bleibt erstens die werbliche Absicht unbemerkt, und zweitens ist die Richtung des Imagetransfers wechselseitig. Ob das Placement dann aber gut erinnert wird, ist fraglich:

> „Zum eingefügten *Apple*-Computer äußerten Befragte nicht etwa eine Werbevermutung, sondern schlussfolgerten, dass die Produzenten mit der Integration den Eindruck eines modernen, extraschicken und trendigen Büros erzeugen wollen" (Woelke 2004a, S. 262, Fussnote 95; Hervorhebung im Original).

Der Imagetransfer vom redaktionellen Umfeld zur Werbung und zum beworbenen Produkt, lässt sich auch für andere Formen nachweisen, so z. B. beim Einsatz von Marken in Rap-Videos. Dort kann das Image des Stars einen positiven oder – bei ungeliebten Stars – einen negativen Einfluss auf die Einstellung zur Marke haben (vgl. Schemer et al. 2008).

12.5 Spezifika zu Werbewirkung und Werbeerfolg

Auch hier muss aufgrund der hohen Einzelfall-Spezifizierung die Generalisierung und Übertragbarkeit von Erkenntnissen gut überlegt sein.

Untersuchungen darüber, ob die Glaubwürdigkeit des mediumsspezifischen Inhalts durch Placements leidet, zeigen ein differenzierteres Bild. Erstens steigt mit steigender Zahl von Placements deren Erkennbarkeit, zweitens wird dies nicht als störend wahrgenommen, solange das Involvement in den Inhalt groß genug ist, und drittens werden Glaubwürdigkeit und Bewertung des mediumsspezifischen Kontexts davon nicht beeinflusst (vgl. Wirth et al. 2009). So zeigt sich z. B. im Fall von Advertorials in Printmedien, dass Advertorials stärker involvieren als Anzeigen und zugleich noch glaubwürdiger sind (vgl. Gleich 2016, S. 360 f.).

Durch Placements initiierte Auswahlhandlungen lassen sich in experimentellen Studien teilweise nachweisen (vgl. Koch 2016, S. 388). Zudem kann bei hybrider Werbung mit Inter- und Transaktionspotenzial nachvollzogen werden, wer, wie lange, wie oft, wie intensiv, an welchen Stellen mit welchen Beiträgen teilgenommen hat, ob die Person eher auf Input von redaktioneller Seite, von anderen Nutzer:innen (und falls ja, von welchen anderen) oder auf den werblichen Input reagiert – und wie intensiv. Fallweise erlaubt die Inter- bzw. Transaktivität auch, nachzuvollziehen, an welchen Orten Nutzer:innen aktiv werden. Diese Datenfülle verbessert die Nutzerprofile und lässt sich entsprechend weiterverwerten oder gewinnbringend weiterverkaufen.

Einen anderen Theorieansatz wählen Borchers und Woelke (2020), indem sie die Verarbeitung von Werbebotschaften als Konstruktion von Bedeutung und Genre hervorheben. Dann nämlich geht es darum, welche Botschaften von den Nutzer:innen überhaupt als Werbung eingestuft werden, welche Bewältigungsstrategien sie systematisch berücksichtigen und inwiefern Persuasions-, Agenten- und Themenwissen eine Rolle spielen. Falls aber die Rezipient:innen hybride Werbung und ihre persuasive Absicht nicht als solche erkennen, bleibt die Frage, wie sie diese denn kategorisieren. Eine derartige theoretische Konzeption hätte somit letztlich auch Auswirkungen auf die Erhebung und Analyse empirischer Werbewirkungsdaten.

Im Online-Bereich können die via Inter- bzw. Transaktionen gewonnenen Daten aber sehr detailliert sein. Sie können daher für eine ausführliche Erfolgskontrolle herangezogen werden, auch wenn noch zu klären ist, welchen konkreten Wert einzelne Transaktionen haben. Wie oben bereits erwähnt, können so gewonnene Daten zur Profilbildung, zur weiteren Vermarktung oder zum Weiterverkauf genutzt werden.

Bei Online Brand Communities lässt sich der tatsächliche Erfolg aus der Partizipationsrate und -intensität, also aus dem Engagement der Mitglieder und dem Fandom ablesen (vgl. Jahn und Meyer 2013). Dann lässt sich auch evaluieren, ob die Mitglieder intensiver aufeinander oder eher auf den Input der Werbung reagieren, und welche Eigenschaften ein solcher Input aufweisen muss.

Zusammenfassung

In diesem Kapitel steht die hybride oder auch (programm-)integrierte Werbung im Mittelpunkt. Da Konsument:innen die Rezeption von als solcher erkennbarer Werbung zunehmend verweigern, reagieren Werbungtreibende mit dem Einsatz von Werbung, die eben nicht als solche erkennbar ist. Dabei profitieren sie vom steigenden Interesse vieler Medienanbieter:innen, vor allem aber von Produzent:innen mediumsspezifischer Inhalte, solche Möglichkeiten anzubieten. Der Prototyp III ist daher geprägt von Werbeformen, die sich mehr oder weniger nahtlos in mediumsspezifische Inhalte integrieren und sich somit gegenseitig bedingen: Wo kein Inhalt, in den sich Werbung integrieren kann, verfügbar ist, dort gibt es logischerweise auch keine hybride oder (programm-)integrierte Werbung.

Wo beide aber zusammen erscheinen, verändert sich die Ablauflogik des Werbeprozesses, teilweise seine Akteurskonstellation und insbesondere die Werbeformen. Da sich diese ja an ihren jeweiligen Kontext anpassen oder gar in ihm aufgehen, um nicht als Werbung erkannt zu werden, lassen sich im Prototyp III keine eigenständigen Werbemittel finden. Inhalte und Botschaften sind mit dem umgebenden Kontext aufs engste verzahnt. Zudem gelten vor allem für Offline-Medien erschwerte Bedingungen für den Fall, dass die Werbung personalisiert werden soll. Immerhin müsste dafür ja der redaktionell erstellte Kontext ebenfalls personalisiert werden. Den gleichen Balanceakt zwischen der «Enttarnung» hybrider oder (programm-)integrierter Werbung und ihrer Wirkung müssen inter- oder transaktive Formen des Prototyps III leisten. Mehr noch: zusätzlich zur Generierung von Aufmerksamkeit müssen sie Rezipient:innen auch noch motivieren, inter- oder transaktiv zu werden.

Daher nutzen viele Werbungtreibende hybride Werbung vor allem dazu, ihre Marke bekannter zu machen oder ein bestehendes Markenimage auszubauen, zu stärken oder in eine neue Richtung zu verändern. Zur Lancierung neuer Produkte oder Angebote nutzen denn auch meist nur bekannte Markenanbieter:innen die Werbeformen im Prototyp III. Sie profitieren vom wechselseitigen Imagetransfer zwischen beworbenem Angebot und mediumsspezifischen Kontext. Da dieser bei unbekannten Marken nicht stattfindet, wäre für alle anderen Anbieter:innen ein entsprechender Einsatz kaum sinnvoll.

Eher schwierig gestaltet sich auch die Wirkungs- und Erfolgskontrolle hybrider oder (programm-)integrierter Werbung, auch wenn hierzu in den letzten Jahren vor allem experimentelle Studien durchgeführt worden sind.

▶ **Empfohlene Literatur** Siegert und von Rimscha 2016, Borchers und Woelke 2020, van Reijmersdal und Rozendaal 2020

Literatur

Auer, Manfred, Udo Kalweit, und Peter Nüßler. 1988. *Product Placement: Die neue Kunst der geheimen Verführung.* Düsseldorf, Wien: Econ.

auto.de. 2015. Jurassic World: Mercedes-Benz setzt sich mit Dinosauriern in Szene. https://www.auto.de/magazin/jurassic-world-mercedes-benz-setzt-sich-mit-dinosauriern-szene/. Zugegriffen: 24. April 2024.

Baerns, Barbara. 1992. *Journalistische Gratwanderungen: Zur Trennung von Werbung und Programm.* Berlin.

Baerns, Barbara. 1996. *Schleichwerbung lohnt sich nicht! Plädoyer für eine klare Trennung von Redaktion und Werbung in den Medien.* Neuwied: Luchterhand.

Baerns, Barbara. 2004. Leitbilder von gestern? Zur Trennung von Werbung und Programm. In *Leitbilder von gestern? Zur Trennung von Werbung und Programm: Eine Problemskizze und Einführung*, Hrsg. Barbara Baerns, 13–42. Wiesbaden: VS Verlag für Sozialwissenschaften.

Bauer, Hans H., Isabel Martin, und Carmen-Maria Albrecht. 2008. Virales Marketing als Weiterentwicklung des Empfehlungsmarketing. In *Interactive Marketing im Web 2.0+: Konzepte und Anwendungen für ein erfolgreiches Marketingmanagement im Internet*, 2. Aufl., Hrsg. Hans H. Bauer, Dirk Große-Leege und Jürgen Rösger, 57–71. München: Vahlen.

Bente, Klaus. 1990. *Product Placement: Entscheidungsrelevante Aspekte in der Werbepolitik.* Wiesbaden: Deutscher Universitäts-Verlag.

BMW Bikes. 2009. Wirf den Motor an! Werbeanzeige. *MEN'S HEALTH,* 07/2009.

Borchers, Nils S., und Jens Woelke. 2020. Epistemological and methodical challenges in the research on embedded advertising formats: A constructivist interjection. *Communications* 45 (3): 325–349. https://doi.org/10.1515/commun-2019-0119.

Bornkamm, Joachim. 2004. Redaktionelle Werbung – Kriterien der Rechtsprechung. In *Leitbilder von gestern? Zur Trennung von Werbung und Programm: Eine Problemskizze und Einführung*, Hrsg. Barbara Baerns, 43–57. Wiesbaden: VS Verlag für Sozialwissenschaften.

Bundesländer. 2022. Medienstaatsvertrag (MStV). https://www.die-medienanstalten.de/fileadmin/user_upload/Rechtsgrundlagen/Gesetze_Staatsvertraege/Medienstaatsvertrag_MStV.pdf. Zugegriffen: 30. Januar 2023.

Busta Rhymes. 2014. Pass The Courvoisier Part II (Long Version) ft. P. Diddy, Pharrell. https://www.youtube.com/watch?v=o4ZUaxyPoZ8. Zugegriffen: 19. April 2024.

eBay. 2006. Werbeanzeige. *TV Spielfilm,* Heft 23, 2006.

Feldmeier, Sonja. 2005. Viel Marke, wenig Zuschauer. *w&v* (24): 48–49.

Gleich, Uli. 2016. Wirkung von Sonderwerbeformen in Fernsehen, Radio und Print. In *Handbuch Werbeforschung*, Hrsg. Gabriele Siegert, Werner Wirth, Patrick Weber und Juliane A. Lischka, 353–371. Wiesbaden: Springer VS.

Google Ads. o. J. Eine Lösung für alle Ihre Ziele. https://ads.google.com/intl/de_ch/start/overview-ha/. Zugegriffen: 24. April 2024.

Google AdSens. o. J. Das Potenzial Ihrer Webseite ausschöpfen: Mit Google AdSense ganz einfach Einnahmen erzielen. https://adsense.google.com/intl/de_de/start/. Zugegriffen: 24. April 2024.

Hammer, Benjamin. 2017. Schleichwerbung oder Produktplatzierung?: Germany's next Topmodel. https://www.deutschlandfunk.de/germany-s-next-topmodel-schleichwerbung-oder-100.html. Zugegriffen: 24. April 2024.

Harms, Thomas, Michaela Namuth, und Lothar Derichs. 2005. Im Königreich der roten Knöpfe. *w&v innovation* (1): 10–12.

HBO. 2015. Last Week Tonight with John Oliver: Native Advertising. https://www.youtube.com/watch?v=E_F5GxCwizc. Zugegriffen: 12. April 2024.

Jahn, Benedikt, und Anton Meyer. 2013. Konsumenten-Engagement auf Social Media Plattformen – Marken-Fanpages als Instrument für das Kundenbeziehungsmanagement (CRM). In *Dienstleistungsmanagement und Social Media: Potenziale, Strategien und Instrumente Forum Dienstleistungsmanagement*, Hrsg. Manfred Bruhn und Karsten Hadwich, 171–185. Wiesbaden: Springer Gabler.

Karrh, James A., Kathy Brittain McKee, und Carol J. McKee. 2003. Practitioners' evolving views on product placement effectiveness. *Journal of Advertising Research* 43 (2): 138–149. https://doi.org/10.2501/JAR-43-2-138-149.

Koch, Thomas. 2016. Wirkung von Product Placements: Einflussfaktoren, theoretische Grundlagen und empirische Befunde. In *Handbuch Werbeforschung*, Hrsg. Gabriele Siegert, Werner Wirth, Patrick Weber und Juliane A. Lischka, 373–394. Wiesbaden: Springer VS.

Laukemann, Marc. 2002. *Fernsehwerbung im Programm: Die zunehmende Kommerzialisierung des Fernsehprogramms im Zeitalter einer Ökonomisierung der Aufmerksamkeit als verfassungs-, wettbewerbs- und rundfunkrechtliches Problem*. Frankfurt am Main, Bern: Peter Lang.

Lewandowski, Dirk. 2020. Status Quo und Entwicklungsperspektiven des Suchmaschinenmarkts. In *Handbuch Medienökonomie*, Hrsg. Jan Krone und Tassilo Pellegrini, 965–987. Wiesbaden: Springer Fachmedien.

Matthes, Jörg, Christian Schemer, und Werner Wirth. 2007. More than meets the eye: Investigating the hidden impact of brand placements in television magazines. *International Journal of Advertising* 26 (4): 477–503. https://doi.org/10.1080/02650487.2007.11073029.

McAlexander, James H., John W. Schouten, und Harold F. Koenig. 2002. Building Brand Community. *Journal of Marketing* 66 (1): 38–54. https://doi.org/10.1509/jmkg.66.1.38.18451.

MeinAuto.de. 2017. Opel Adam bei „Germany's next Topmodel" 2017. https://www.meinauto.de/news/opel-adam-bei-germanys-next-topmodel-2017. Zugegriffen: 24. April 2024.

Muniz, Albert M., und Thomas C. O'Guinn. 2001. Brand Community. *Journal of Consumer Research* 27 (4): 412–432. https://doi.org/10.1086/319618.

Richter, Kerstin. 2005. Eine Radio-Show für den Müllmann. *w&v* (20): 22–26.

Schaar, Oliver. 2001. *Programmintegrierte Fernsehwerbung in Europa: Zum Stand der kommunikationsrechtlichen Regulierung in Europa*. Baden-Baden: Nomos Verlagsgesellschaft.

Schemer, Christian, Jörg Matthes, und Werner Wirth. 2007. Werbewirkung ohne Erinnerungseffekte? Eine experimentelle Studie zum Mere-Exposure-Effekt bei Product Placements. *Zeitschrift für Medienpsychologie* 19 (1): 2–13. https://doi.org/10.1026/1617-6383.19.1.2.

Schemer, Christian, Jörg Matthes, Werner Wirth, und Samuel Textor. 2008. Does „Passing the Courvoisier" always pay off? Positive and negative evaluative conditioning effects of brand placements in music videos. *Psychology & Marketing* 25 (10): 923–943. https://doi.org/10.1002/mar.20246.

Schierl, Thomas. 2003. *Werbung im Fernsehen: Eine medienökonomische Untersuchung zur Effektivität und Effizienz werblicher TV-Kommunikation*. Köln: Herbert von Halem.

Siegert, Gabriele, und Bjørn von Rimscha. 2016. Der Einfluss der Werbung auf Medieninhalte. In *Handbuch Werbeforschung*, Hrsg. Gabriele Siegert, Werner Wirth, Patrick Weber und Juliane A. Lischka, 183–198. Wiesbaden: Springer VS.

Siegert, Gabriele, Werner Wirth, Jörg Matthes, Karin Pühringer, Patrick Rademacher, Christian Schemer, und Bjørn von Rimscha. 2007. *Die Zukunft der Fernsehwerbung: Produktion, Verbreitung und Rezeption von programmintegrierten Werbeformen in der Schweiz*. Bern: Haupt.

Sommer, Stefan. 2019. Marken im Hiphop: Warum Eure Lieblingsrapper wegen Schleichwerbung bald vor Gericht landen könnten. https://www.br.de/puls/musik/aktuell/rin-187-ufo-361-puma-nike-adidas-deutschrap-marken-100.html. Zugegriffen: 19. April 2024.

Steininger, Christian, und Jens Woelke. 2008. Separating TV ads from TV programming. What we can learn about program-integrated advertising from economic theory and research on media use. *Communications* 33 (4): 455–471. https://doi.org/10.1515/COMM.2008.028.

van Reijmersdal, Eva A., und Esther Rozendaal. 2020. Transparency of digital native and embedded advertising: Opportunities and challenges for regulation and education. *Communications* 45 (3): 378–388. https://doi.org/10.1515/commun-2019-0120.

Volpers, Helmut, und Bernd Holznagel. 2009. *Trennung von Werbung und Programm im Fernsehen: Zuschauerwahrnehmung und Regulierungsoptionen.* Berlin: Vistas.

von Rimscha, M. Bjørn, und Patrick Rademacher. 2008. The actor set-up of TV advertising. A new process for hybrid formats. *Studies in Communication Science* 8 (2&3): 75–93. https://doi.org/10.5167/uzh-6146.

von Rutenberg, Jürgen. 2003. Was reimt sich auf Gucci? *Die Zeit,* 13. November.

Westerbarkey, Joachim. 2004. Die Assimilationsfalle oder was eigentlich vorgeht: Ein Plädoyer für anschlussfähige Unterscheidungen. In *Leitbilder von gestern? Zur Trennung von Werbung und Programm: Eine Problemskizze und Einführung*, Hrsg. Barbara Baerns, 193–204. Wiesbaden: VS Verlag für Sozialwissenschaften.

Wirth, Werner, Jörg Matthes, Christian Schemer, und Ilona Stämpfli. 2009. Glaubwürdigkeitsverlust durch programmintegrierte Werbung? Eine Untersuchung zu den Folgen von Produktplatzierungen in Informationssendungen. *Publizistik* 54 (1): 64–81.

Woelke, Jens. 2004a. *Durch Rezeption zur Werbung: Kommunikative Abgrenzung von Fernsehgattungen.* Köln: Herbert von Halem.

Woelke, Jens. 2004b. Unterscheiden Zuschauer zwischen Werbung und Programm? Möglichkeiten der kommunikativen Abgrenzung von Fernsehgattungen. In *Leitbilder von gestern? Zur Trennung von Werbung und Programm: Eine Problemskizze und Einführung*, Hrsg. Barbara Baerns, 175–191. Wiesbaden: VS Verlag für Sozialwissenschaften.

Prototyp IV: Werbung als Content Creation – Werbung anstelle des Programms

Inhaltsverzeichnis

13.1	Definition und Rahmenbedingungen	356
13.2	Spezifika zu Akteurskonstellationen und Werbeprozess	364
13.3	Spezifika zur Kreativstrategie und -umsetzung – Werbeinhalte und Werbebotschaften	368
13.4	Spezifika zur Mediastrategie und -planung – Werbemittel und Werbeträger	369
13.5	Spezifika zu Werbewirkung und Werbeerfolg	370
Literatur		374

Überblick

Werbung und ihre Erscheinungsformen differenzieren sich immer weiter aus. Mit der Folge, dass das gesamte Feld der Werbung immer unübersichtlicher wird. Im diesem Lehrbuch versuchen wir, dieses unübersichtliche Feld realer Werbeformen anhand von fünf Prototypen zu kategorisieren und zu beschreiben:

Im Prototyp I (Kap. 10) fassen wir alle Werbeformen ohne mediumsspezifischen Kontext zusammen, namentlich Direkt- und Out-of-Home-Werbung sowie Werbung mit Ambient- und Retail-Medien. Prototyp II (Kap. 11) umfasst die klassische Mediawerbung in ihren analogen und digitalen Erscheinungsformen. Auch die hybride Werbung in Prototyp III (Kap. 12) wird in analoger und digitaler Form dargestellt. Erscheinungsformen, bei denen Werbung ein von unabhängigen Medien erstelltes redaktionelles Programm ersetzt, ordnen wir dem Prototyp IV (Kap. 13) – Werbung als Content Creation – zu. Und im Prototyp V (Kap. 14) befassen wir uns mit Crossmedialer Werbung.

> *Dabei stützen wir uns zur Systematisierung auf die u. E. ebenso wichtigen wie geeigneten Kriterien, die wir bereits in Abschn. 2.3 vorgeschlagen haben: auf den Personalisierungsgrad der Werbung, auf ihre Integration in den mediumsspezifischen Kontext und auf den Grad ihrer Interaktivität.*
>
> *Analyse und Darstellung der Prototypen folgen dabei für alle fünf gleichbleibend dem Aufbau des Buches: Nach Akteurskonstellationen und Werbeprozess betrachten wir Kreativstrategie und -umsetzung sowie Werbeinhalte und -botschaften. Im Anschluss widmen wir uns der Mediaplanung sowie den einzelnen Werbemitteln und Werbeträgern, um schließlich Aussagen zu Werbewirkung und Werbeerfolg zu treffen.*

13.1 Definition und Rahmenbedingungen

Insgesamt hat sich die Werbung wie prognostiziert (vgl. Siegert 2013, S. 36 f.) entwickelt: Obwohl Werbung nach wie vor darauf ausgerichtet ist, zu verkaufen, will sie auch unterhalten, sie will Geschichten erzählen, sie will in Gespräche und in Empfehlungen eingebunden sein, will dass man über sie spricht, will Nutzer:innen beteiligen und mit ihnen interagieren. Dazu benötigt sie nur noch bedingt traditionelle Medien und ihre Storytelling-Kompetenzen, sondern erzählt ihre eigenen Geschichten, kreiert ihre eigenen Inhalte und ist in der Lage, diese über neue und teils eigene Kanäle (Owned Media) zu verbreiten. Werbung wird damit zur Content Creation. In der Literatur wird der Begriff Content Creation allerdings auch benutzt, um die Kreation der Werbeinhalte bei allen Werbeformen zu beschreiben. Davon grenzt sich die hier verwendete Bedeutung ab.

▶ Werbung als Content Creation bezeichnet einen Prototypen mit vielfältigen Formaten, denen allen gemein ist, dass sich die Werbung nicht als solche erkennen lässt, weil sie entweder die mediumsspezifischen Inhalte vollständig ersetzt oder aber von den Rezipient:innen als Inhaltersatz genutzt und interpretiert wird, obwohl Ihnen die Werbeabsicht bekannt sein könnte.

Formate, die wir hier unter Content Creation fassen, können z. B. sein: Native Advertising und Branded Content, Influencing, In-Game-Advertising und Advergames, aber auch Home Order Television. Wenn sich Werbung als Content Creation noch traditioneller Medien bedient, dann bestimmen Produkte, Unternehmen und Marken sehr viel stärker als bei hybrider und (programm-)integrierter Werbung den Aufbau, Ablauf und die Dramaturgie der Inhalte wie das Fallbeispiel zu Burger King's Chicken Sandwich World Championship (siehe auch Abb. 13.1) zeigt.

Fallbeispiel Werbung als Content Creation: Burger King´s Chicken Sandwich World Championship

2004 wurde die TV-Show „Chaos im Hühnerstall" ausgestrahlt. Dabei kämpften in einem großen Käfig zwei als Hühner verkleidete Menschen, die die beiden Burger King

Sandwiches „Tender-Crisp" und „Spicy Tender-Crisp" symbolisierten. Der in allen Kampfstilen vom Boxen bis zum Wrestling geführte Kampf sollte – vor allem bei jungen, männlichen Zuschauern – die Frage wecken: Welches der beiden Hühner/Sandwiches ist besser?

Der Veranstalter Burger King hatte für die Show ein einstündiges Zeitfenster beim Pay-TV-Sender DirecTV zu einem nicht genannten Preis gebucht. Beworben wurde das Event mit einer nationalen Anzeigenkampagne (siehe Abb. 13.1) und einer speziellen Webseite, auf der auch gewettet werden konnte, welches Sandwich gewinnt. Laut Burger King gaben über fünf Millionen Amerikaner:innen ihre Stimme ab (vgl. Absatzwirtschaft asw-com Newsletter 46/2004 vom 10.11.2004). ◄

Abb. 13.1 Burger King Chicken Sandwich World Championship. (Consumer Time Capsule 2004)

Allgemein ist der Einfluss der Werbung auf Aufbau, Ablauf und Dramaturgie von Medieninhalten schon seit langem Thema in der publizistik- und kommunikationswissenschaftlichen Debatte. Unter dem Stichwort „Ökonomisierung" (vgl. u. a. Siegert et al. 2010; Siegert und von Rimscha 2016) wird die Ausrichtung redaktioneller Medien auf werberelevante Zielgruppen und ihre Interessen kritisch diskutiert. Es ist jedoch nicht nachvollziehbar, welche Ausrichtung am Anfang eines redaktionell gestalteten Inhalts stand oder wann ein Medieninhalt soweit kippt, dass er zu einer reinen Werbeveranstaltung wird. Markante Beispiele für Sendungsabläufe, die überdurchschnittlich durch werbliche Interessen bestimmt sind, waren die verschiedenen Stefan Raab-Shows, wie z. B. die „TV total WOK WM". Hier entschied das Verwaltungsgericht Berlin, dass die 2006 und 2007 von ProSieben ausgestrahlten WOK WM Shows gegen das Verbot der Schleichwerbung verstoßen hätten und sich die Sendungen als „Dauerwerbesendung" deklarieren mussten (vgl. Verwaltungsgericht Berlin 2008). Inwiefern dies bereits als Content Creation eingestuft werden kann, ist umstritten und soll hier nicht weiterverfolgt werden.

Home Order Television ist dagegen ein Beispiel, das sehr klar als Content Creation eingestuft werden kann, auch wenn der Content „nur" eine Verkaufssendung ist. Andere Beispiele für Werbung als Content Creation sind die Weiterentwicklungen von Advertainments und Advertorials. Mit einigen Minuten Dauer sind Advertainments, also serienähnliche Werbespots, wesentlich länger als klassische Werbespots. Sie imitieren in Handlung und Dramaturgie klassische Serien, ohne eine direkte werbliche Botschaft zu enthalten. Meist sind Advertainments auf Owned Media oder Social Media Plattformen abrufbar, weil sich dort die Spotlänge nicht direkt in Kosten niederschlägt. Die eigenen YouTube Kanäle von Firmen wie Apple oder Microsoft zeigen wie ausgedehnt dieses Feld sein kann. Owned Media kann sich auch so weit entwickeln, dass aus dem werbungtreibenden Unternehmen ein Medienunternehmen wird, wie bei Red Bull Media House. Die Analogie zu Advertainments in den Printmedien sind Advertorials.

Beide können als Content Creation bezeichnet werden, weil die werbungtreibenden Unternehmen die Werbung derart ausbauen, dass sie zum eigenen Inhalt, die Marke zum Medium wird (vgl. dazu Baetzgen und Tropp 2013). Daher münden sie in Native Advertising, dessen Definition weitgehend identisch ist mit der von Werbung als Content Creation.

> „Native advertising goes beyond the presentation of persuasive content within an editorial content as do other known embedded advertising techniques such as product placement. … native advertising relies on absorption in the content at which the audience is looking. In other words, native advertising is not embedded in an editorial content but takes on the appearance of the content itself …" (Naderer et al. 2020, S. 273 mit Referenz zu Taylor (2017) und Wojdynski and Evans (2016)).

Werbung als Content Creation ist dabei keineswegs ein völlig neuer Prototyp. Bereits in Vor-Online Zeiten wurden Bilder-Geschichten in Heftform genutzt, um Marken ins Ge-

13.1 Definition und Rahmenbedingungen

spräch zu bringen. So wurde z. B. „Lurchi", ein Salamander, der die gleichnamige Schuhmarke transportierte, eingesetzt, um zu belegen, welch' tolle Abenteuer man mit den richtigen Schuhen bewältigen kann (siehe Fallbeispiel, Abb. 13.2 und 13.3). Mittlerweile haben sich daraus Bücher entwickelt, die gekauft werden können.

> **Fallbeispiel: Lurchi, der Salamander der gleichnamigen Schuhmarke**
>
> Der Werbechef der Schuhmarke Salamander war angeblich in den 1950er-Jahren verantwortlich für die Ideenfindung und die Texte. Früh gab es Bücher und Hefte über Lurchis Abenteuer, z. B. auch in Schuhgeschäften, die die Marke Salamander führten. Mittlerweile hat Lurchi, der Salamander, ein eigenes Online-Leben (siehe Abb. 13.2 sowie 13.3). ◄

Ein weiteres Beispiel für Content Creation sind sog. Magaloge, d. h. redaktionelle, aufbereitete Kataloge, bei denen Inhalte und Geschichten im Vordergrund stehen und die Produktpräsentationen sich nahtlos in diese Inhalte einfügen, was insgesamt in einen hohen Unterhaltungs- und Informationswert mündet. Sie sollen so das Einkaufserlebnis steigern und dafür sorgen, dass das Werbemittel öfter zur Hand genommen wird. Vor allem Versender:innen und Warenhäuser setzen immer noch Magaloge (Kombination aus Maga-

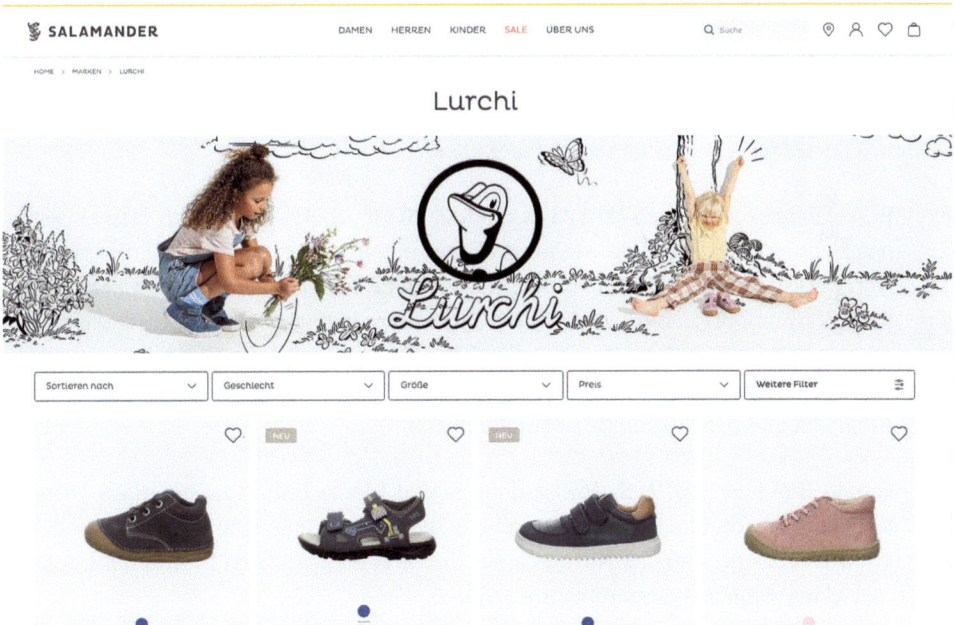

Abb. 13.2 Fallbeispiel: Lurchi im Webshop. (Schuhhaus Klauser GmbH & Co. KG o. J.)

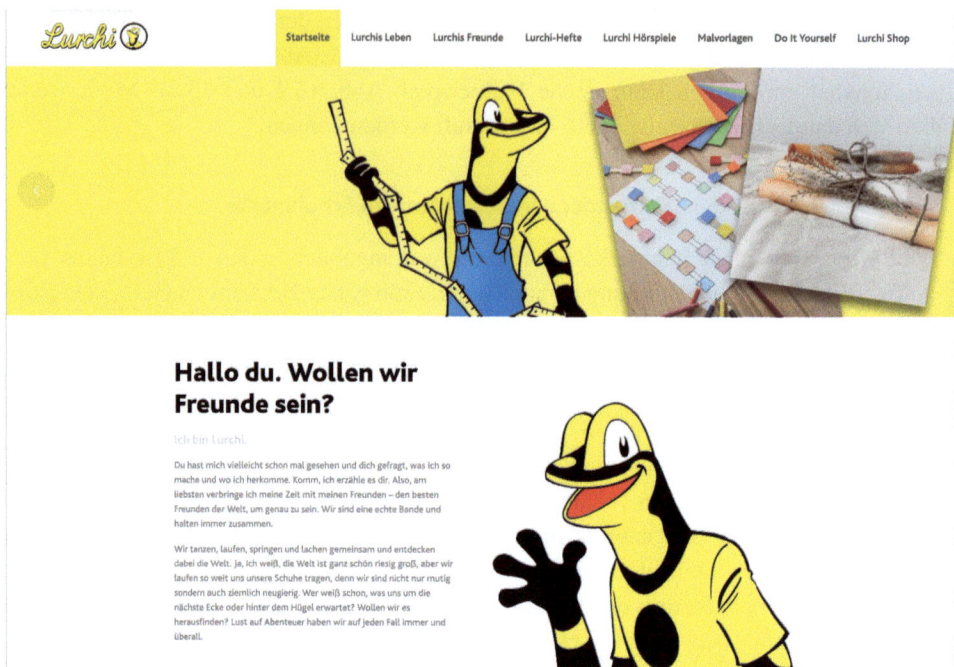

Abb. 13.3 Fallbeispiel: Lurchis Welt. (SMP Retail GmbH 2024)

zin und Katalog) ein. Während aber Home Order Television und Magaloge einen eher kleinen Marktanteil an Werbung als Content Creation ausmachen, sind neben Native Advertising und Branded Content die beiden dominierenden Bereiche Social Media Influencer:innen sowie In-Game Advertising und Advergames.

▶ In Anlehnung an Schach (2018a, S. 20 und 2018b, S. 31) lassen sich Influencer:innen definieren als digitale Meinungsführer:innen, denen aufgrund ihres digitalen Netzwerks, ihrer Persönlichkeitsstärke, einer bestimmten Themenkompetenz und ihren kommunikativen Aktivitäten themenspezifische Glaubwürdigkeit zugesprochen wird und die folglich die Einstellungs- und Verhaltensabsichten ihrer Follower:innen beeinflussen können und zudem eine Vorlage für Empathie, sozialen Vergleich und parasoziale Beziehungen bieten.

Enke und Borchers (2019, S. 262) ordnen Social Media Influencer:innen als Drittakteur:innen ein, die durch die Produktion und die Verbreitung von Inhalten sowie die Interaktion und das persönliche Auftreten auf Social Media-Kanälen bestimmte Funktionen in der Unternehmenskommunikation erfüllen.

„Wir definieren Social Media Influencer Marketing als den organisatorisch gesteuerten, zielgerichteten Einsatz von Kommunikation innerhalb der Marktsphäre, die sich an Social Media Influencer richtet oder Aktivitäten von Social Media Influencern einschließt, die als strategisch wesentlich für Marketingziele identifiziert wurden, z. B. den Verkauf und Kauf von Produkten, Dienstleistungen oder Ressourcen" (Enke und Borchers 2019, S. 272, eigene Übersetzung).

In-Game-Advertising und Advergames sind ein weiteres typisches Beispiel für Werbung als Content Creation. Der Gewinn aus der Nutzung der integrierten Werbung kann dabei so hoch sein, dass er die Reaktanz der User:innen gegenüber der Werbung überwindet. Der Trend zu In-Game Advertising und Advergames hat in den letzten 15 Jahren immense Fahrt aufgenommen. Analog dazu hat sich auch die wissenschaftliche Literatur entwickelt (vgl. u. a. van Berlo et al. 2021; Anubha und Jain 2024; Ghosh et al. 2022; João und Casas 2023).

▶ In Anlehnung an Terlutter und Capella (2013, S. 95 f.) versteht man unter In-Game-Advertising die Einbindung von Produkten, Unternehmen oder Marken in ein digitales Spiel. Das Hauptziel solcher Spiele ist es, die Spieler:innen zu unterhalten. Ähnlich wie bei Placements in Filmen bieten Spieleanbieter:innen diese Werbeplätze an. Um ein kohärentes Spielerlebnis zu bieten, sind diese Spiele jedoch nicht auf Werbeplatzierungen angewiesen. Die in der Regel kostenlosen Advergames unterscheiden sich davon, weil sie speziell für die Markenkommunikation und -werbung konzipiert und entwickelt werden. Das Hauptziel von Advergames ist es, eine aussagekräftige Botschaft für die beworbene Marke zu vermitteln und eine höhere Besucherzahl auf den Websites der Marke zu erreichen.

Ein Prototyp und zugleich mit bis zu 40 Mio. Spieler:innen ein ausgesprochen erfolgreiches Advergame war Anfang der 2000er-Jahre die „Moorhuhnjagd" der Whisky-Marke Johnnie Walker (vgl. Klein und Eppmann 2020, S. 488). Es ist insofern ein prototypisches Beispiel für Advergames, weil es einfach ist und problemlos in kurzen Pausen auf Tablets oder Smartphones gespielt werden kann.

Obwohl beim In-Game Advertising Produkte, Services, Unternehmen oder Marken oftmals sichtbar und erkennbar als Werbung in die Spielhandlung eingebunden sind, werden sie hier ebenfalls als Content Creation eingestuft. Dies, weil sie durch die Vielfalt der Integrationsmöglichkeiten, die Interaktivität und die Länge der Auseinandersetzung mit der eigentlichen Handlung verbunden sind. Zudem haben die viel größeren kognitiven Ressourcen, das hohe Maß an Engagement und die hohe Aufmerksamkeit, die beim Spielen nötig sind, Auswirkungen auf die Informationsverarbeitung (vgl. João und Casas 2023, S. 13970).

Auch für Werbung als Content Creation lassen sich Feststellungen entlang zweier Kriterien machen:

Personalisierung: Vom Massenpublikum über die Zielgruppen zu einzelnen Zielpersonen
Werbung als Content Creation lässt sich ebenfalls zielgruppenspezifisch ausrichten. Als konkretes Beispiel kann das folgende gelten: Der Sägenhersteller Stihl veranstaltet seit

Die STIHL TIMBERSPORTS® Disziplinen

Bei STIHL TIMBERSPORTS® messen sich die Athletinnen und Athleten in insgesamt bis zu sechs traditionellen Disziplinen des Sportholzfällens – je nach **Wettkampfformat**. Drei Disziplinen werden mit der Axt ausgeführt, drei mit der Säge. Zu den Axtdisziplinen gehören **Underhand Chop**, **Standing Block Chop** und **Springboard**. Die drei Sägedisziplinen sind **Stock Saw**, **Single Buck** und **Hot Saw**.

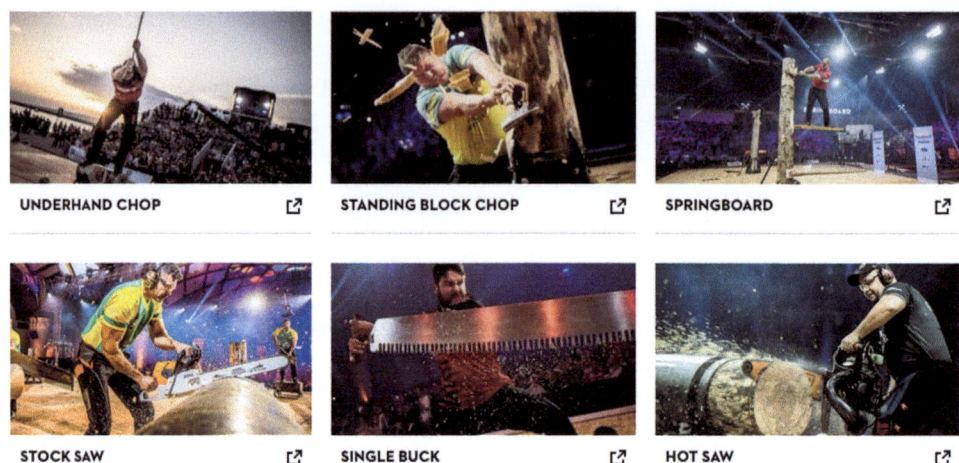

Abb. 13.4 Fallbeispiel: Stihl Timbersports. (Andreas Stihl AG & Co. KG o. J.-b)

Langem statt klassischer Werbung unter der mittlerweile geschützten Marke „Stihl Timbersports" u. a. Holzfäller-Wettbewerbe (siehe Abb. 13.4) und investiert den größten Teil des Werbetats in die mediale Verbreitung dieser Wettbewerbe. Mittlerweile gibt es weitere Sponsor:innen bei diesen nun etablierten Sportwettbewerben, z. B. Liebherr, Ford und Jacques Lemans, sowie eine eigene Kollektionen an Kleidung und Zubehör (vgl. Andreas Stihl AG & Co. KG o. J.-a).

Eine Personalisierung der Werbung in diesem Prototyp IV ist nicht einfach umzusetzen, weil selten eine ganze Geschichte nur für eine Person produziert wird. Mit dem Einsatz von KI könnte sich das jedoch ändern. Bestimmte Formen von Inhalten, wie z. B. Online-Spiele oder interpersonelle Kommunikation auf Social Media Accounts, die weitgehend einen personalisierten Verlauf nehmen, wären Beispiele um eine interaktive und personalisierte Werbung als Content auszuspielen.

Auch geben im In-Game-Advertising und in Advergames die Spieler:innen die Profildaten meist selbst preis und müssen zu Spielbeginn Identitäten und oftmals Ausstattungen und Umgebungen bestimmen. Ein virtuelles Fußballspiel, bei dem die Spieler:innen vor dem Start zwingend wählen müssen, aus welchen Bereichen Marken auf Stadion-Banden oder Spieler-Trikots auftauchen sollen, kann hier als Beispiel dienen. Komplizierter wird die Gestaltung von Werbebotschaften und Inhalten, wenn die Profildaten umfassend aus der vergangenen Nutzungs-, Interaktions- und Transaktionshistorie zusammengestellt worden sind oder zugekauft wurden, denn dann könnte der Eingriff in die Privatsphäre offensichtlich sein. Das hohe Aktivierungspotenzial ergibt sich durch den Inhalt selbst. Das Dabeisein und Mitmachen übt ja gerade jenen Reiz aus, der es der Werbung erlaubt, sich in das allgemeine Partizipationsklima einzuordnen.

Interaktivität: Von nicht-interaktiver Ein-Weg- über interaktive zur transaktiven Zwei-Wege-Kommunikation
Bei Werbung als Content Creation sind Interaktions- und Transaktionsmöglichkeiten oftmals integraler Bestandteil und stören auch nicht, so z. B. bei Social Media Influencer:innen oder bei Home Order Television. Gerade weil sie oft als neutrale Empfehlungen interpretiert werden, können die Interaktions- und Transaktionsmöglichkeiten auch als weitere Hilfe zum schnellen Kauf eingeordnet werden. Bei anderen Formen wie eigenem Content auf Owned Media könnten Interaktions- und Transaktionsmöglichkeiten aber den Erzählfluss der Geschichten stören, besonders dann, wenn bei Transaktionen, den Rezipient:innen vor der Durchführung der Transaktion bestimmte rechtliche Formalia bekannt zu machen sind.

Werbung als Content Creation führt insgesamt zu Formaten, die sich auch als Strategische Kommunikation oder PR einstufen lassen bzw. von einigen Autor:innen als solche eingeordnet werden. Legt man aber die einfache Unterscheidung von Ian R. Bruce (1999, S. 473) zu Grunde, wonach sich Werbung als „to sell" von PR als „to tell or to establish beneficial relationships" unterscheidet, dann sind diese Formate sicher – auch – der Werbung zuzuordnen.

Die Aussage von Schmidt (2002, S. 102 f.), wonach Literatur, Journalismus, PR und Werbung zusammen ein kompliziertes Netz von Optionen der Wirklichkeits- und Wahrheitsverhältnisse aufspannen, kann auf alle anderen Formen der Vermittlung wie eben Audios und Videos übertragen werden. Sie gilt im Besonderen für Werbung als Content Creation (siehe auch Abschn. 2.2):

> „Aussagenproduktion kann Authentizität oder Fiktionalität anstreben, sie kann interesselos oder interessegebunden sein, kann uns Zustandsberichte oder Images vermitteln oder uns in Wunschwelten entführen. Und die schwierige Aufgabe der Aktanten in Mediengesellschaften besteht darin, herauszufinden, wann welcher Diskurs geführt wird und auf welche Wirklichkeits- und Wahrheitsbedingungen man sich dementsprechend einstellen muss" (Schmidt 2002, S. 102 f.).

Wenn man zudem davon ausgeht, dass die Verarbeitung von Werbebotschaften die Konstruktion von Rezipient:innen ist (vgl. Borchers und Woelke 2020) und wahlweise als Werbung oder Empfehlung interpretiert wird, dann können Rezipient:innen die Authentizität bzw. Fiktionalität oder die Interessengebundenheit nicht erkennen. Oder aber es ist ihnen egal, welcher Diskurs geführt wird und auf welche Wirklichkeits- und Wahrheitsbedingungen sie sich einstellen müssen, solange die Themen in ihre Lebenswirklichkeit passen.

Wir konzentrieren uns bei diesem Prototyp IV im Folgenden auf die extremen Formen der Hybridisierung, wie sie sich besonders zeigen in 1. Native Advertising und Branded Content, 2. Social Media Influencer:innen und 3. In-Game Advertising und Advergames.

13.2 Spezifika zu Akteurskonstellationen und Werbeprozess

Werbung als Content Creation kann – wenn sie über traditionelle Medien ausgespielt wird – auf verschiedenen Geschäftsmodellen basieren. Zum einen erhält im Bartering ein Rundfunkunternehmen die Ausstrahlungsrechte an einem vom Werbungtreibenden und seinen Agenturen produzierten Beitrag gegen die Überlassung der in diesem Beitrag vorgesehenen Werbezeit. Obwohl die eigentliche Werbung also als getrennter Spot gesendet wird, haben die Beiträge selbst meist werblichen Charakter, z. B. durch die Verwendung von Slogans. Von Programming wird dann gesprochen, wenn die Werbewirtschaft konkreten Einfluss auf die Programmgestaltung hat. Deutlicher bezeichnet dies noch der Begriff „Advertiser Founded Programming (AFP)". Interessant dabei ist, dass nicht nur immer mehr Unternehmen an der Stoff- und Drehbuchentwicklung von Formaten, Filmen und Serien beteiligt werden wollen, sondern auch immer mehr Produzent:innen und Medien sich bereit erklären, Unternehmen dabei zu integrieren. Der Werbeprozess wird dabei insofern „auf den Kopf" gestellt, als die werbungtreibende Wirtschaft nicht alleiniger Anfangspunkt des Prozesses ist, sondern Ideen und Konzeptionen von anderen Akteur:innen entwickelt und den Werbungtreibenden angeboten werden.

Ansonsten zeigen sich bei der Werbung des Prototyps IV relativ traditionelle Prozessschritte, auch wenn Borchers und Enke (2021, S. 11) für strategische Influencer-Kommunikation davon ausgehen, dass viele der Managementroutinen neu entwickelt werden müssen (siehe Abb. 13.5).

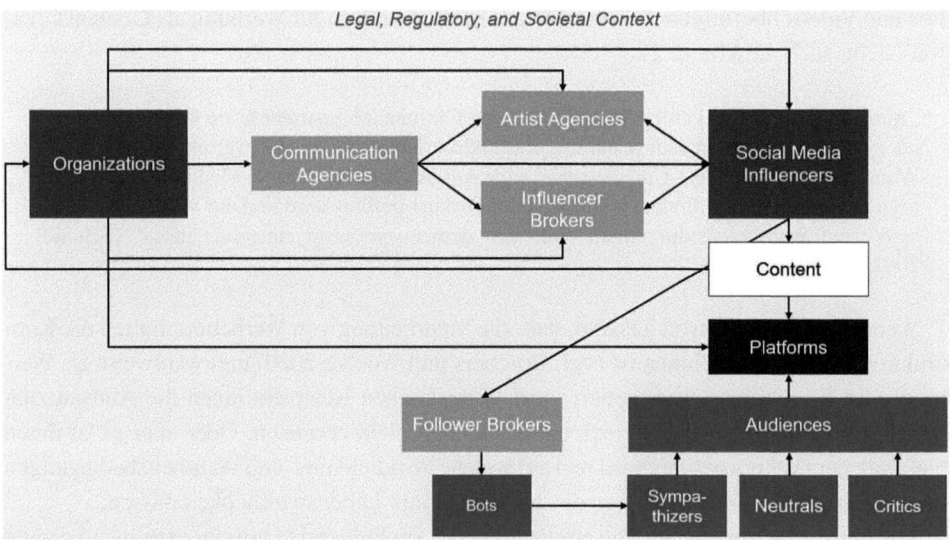

Abb. 13.5 Akteur:innen und Prozesse im strategischen Handlungsfeld der Social Media Influencer-Kommunikation. (Enke und Borchers 2019, S. 273)

13.2 Spezifika zu Akteurskonstellationen und Werbeprozess

Table 1. Set of Marketer Techniques for Controlling Influencer Conduct.

Control objective	Mode of control			
	Simple	Technical	Bureaucratic	Concertive
Preforming decisions	– Scripts – Interaction takeover	– Choices for influencers – Nudging	– Contracts – Briefings	
Detecting and discouraging deviations	– Approval processes			– Feedback – Evaluation
Developing identification				– Influencer selection – Long-term relationships

Abb. 13.6 Kontrolltechniken für die Zusammenarbeit mit Influencer:innen. (Borchers 2023, S. 11)

Auch bei Werbung als Content Creation erscheinen die Beziehungen zwischen Auftraggeber:innen und Auftragnehmer:innen als typische Prinzipal-Agent-Problematik (siehe Abschn. 9.1), denn die Formate sind in noch viel stärkerem Ausmaß ein Kontraktgut, d. h. eine individuell auf die Auftraggeber:innen zugeschnittene komplexe „Einzelanfertigung". Unter der Annahme opportunistischen Verhaltens ergibt sich dadurch ein immenser Abstimmungsbedarf mit kreativ, ästhetisch oder dramaturgisch orientierten Organisationen und Personen, bei dem auf übergroße Kontrolle verzichtet werden muss. Borchers (2023) sieht diesen Kontrollverzicht insbesondere bei Social Media Influencer:innen gegeben und nötig, weil durch größere Autonomie die Influencer:innen auch viel authentischer agieren können, wodurch in Folge ein größerer Persuasionseffekt und mehr Effektivität bei den Follower:innen entsteht (vgl. auch Lammenett 2021, S. 144). Die Werbebranche adressiert diesen Kontrollverlust aber mit angepassten Kontrolltechniken. Diese Kontrolltechniken unterscheiden sich weniger stark von denen im klassischen Werbeprozess als anzunehmen (siehe Abb. 13.6). Sie lassen sich so auch für Native Advertising und Branded Content denken:

Dass mit Social Media Influencer:innen (SMI) aber mittlerweile professionelle, sich ihrer Rolle bewusst seiende Akteur:innen im Werbeprozess verankert sind, zeigt die auf halbstrukturierte leitfadengestützte Interviews basierende Studie von Kühn und Riesmeyer (2021):

> „Die Ergebnisse zeigen, dass SMI als werbekompetent gekennzeichnet werden können: Sie kennen ihre Funktionen (Rollenverständnis: Wissensdimension) und sind sich der damit verbundenen Wirkung ihres medialen Auftritts auf ihre Follower*innen bewusst (Rolleninterpretation: Einstellungsdimension). Auf Basis dieses Wissens und des Bewusstseins wählen sie konkret Inhalte für die Selbstdarstellung aus, konstruieren ihr mediales Erscheinungsbild bewusst und entscheiden sich proaktiv, inwieweit sie mit ihren Follower*innen interagieren (Rollenkonstruktion: Handlungsdimension)" (Kühn und Riesmeyer 2021, S. 67 f.).

Influencer:innen besitzen – u. a. aufgrund der parasozialen Beziehung, die zwischen Influencer:innen und Follower:innen besteht – eine höhere Glaubwürdigkeit und Authentizität als andere Formen der Werbung, auch wenn sie als Vermittler:innen kommerzieller Botschaften für Marken auftreten (vgl. u. a. Sweeney et al. 2022). Insofern werden sie für viele Werbestrategien zum wichtigen Bestandteil. Bezahlt werden Influencer:innen für ihre werbliche Tätigkeit auf Basis fixer oder variabler Geldbeträge, aber auch mit geldwerten Vorteilen, dem Zugang zu Events und Locations, Unterstützung und Bewerbung (vgl. Borchers und Enke 2021, S. 6).

Auch bei vielen anderen Formen von Werbung als Content Creation liegt die Konzeption und Produktion und zum Teil die Distribution des eigentlichen Inhalts in den Händen professioneller auf den ursprünglichen Unterhaltungszweck ausgerichteter Produzent:innen, Filmmacher:innen, Spieleentwickler:innen etc. Werbungtreibende Unternehmen bzw. ihre Agenturen bedienen sich im Werbeprozess dann auch dieser Akteur:innen, um ein möglichst optimales Ergebnis zu erhalten.

Fallbeispiel: In-Game Advertising

Nathan Thomas, ehemaliger Senior Vice President Data Sales at Playwire (siehe Abb. 13.7), on In-Game Advertising:

„While video games are certainly a newer medium in the portfolio of traditional advertising channels like print, television or radio, advertising in video games and around gaming content is certainly not new at this point. In fact, the earliest examples of in-game video advertising well predate online advertising as a whole. From early advertiser sponsored games like Tapper released in 1984 by Budweiser (Wikipedia 2024a), to actual in-game billboards by Pizza Hut in 1989's NES title Teenage Mutant Ninja Turtles 2 (Comeau 2022), advertisers quickly realized gaming environments to be an enticing and immersive way to reach consumers.

Rapid technological advances in personal computers, the transformative power of the internet, and subsequently, the all-encompassing mobile revolution, have all been major contributing factors to the current state of in-game advertising. However, while the popularity of video gaming is undeniable, and has now crossed well into the mainstream assortment of entertainment options for all ages and demographics, there is ironically a substantial lag of advertising spend and general awareness of the medium's importance. While the global video games market reached an estimated $184 billion in revenue in 2023 (Wijman 2024) (which is over 5 times the global movie box office revenues of $33.9 Billion (Mitchell 2024)), and the time spent gaming by Gen Z consu-

Abb. 13.7 Nathan Thomas, ehemaliger Senior Vice President Data Sales bei Playwire. (Thomas 2024)

mers officially surpassed their TV usage (Zhou 2023), the total U.S. games ad revenue was "only" $7.53 billion (iab. und Advertiser Perceptions 2024) – a tiny fraction of the total US ad spend of $515.1 Billion (marketing charts 2024). Therefore, in-game advertising has substantial opportunities for growth ahead of itself, which will undoubtedly lead to not only a greater (and adequate) share of the advertising market, but also new ad formats, integrations, and countless other opportunities.

Looking at the current market, we have various actors involved besides the major console developers like Nintendo, Sony, or Microsoft. Broadly speaking, we have game developers and publishers on one side, and agencies and advertisers on the other. The level and mix of intermediaries involved in the process of selling and placing in-game advertising, as well as the offered ad formats can vary dramatically, as can the technology and systems used to serve these in-game ads. Regarding ad formats, we can discern between very custom and unique placements, all the way to standardized online ad formats like banners, or video. The following list is not complete, and sometimes lines between the ad formats can blur.

Starting at the most custom level, and while somewhat lacking a standardized name, **intrinsic ad placements** are seamlessly and natively integrated into the gameplay, making them the most impactful, but also most experimental and prohibitively expensive. Examples of such executions are deep but temporary brand integrations within a game, like having the ability to play as Thanos (from the Marvel comics) after catching the infinity gauntlet within Fortnite by Epic Games (Wikipedia 2024b). These forms of gamified and interactive product placements are typically executed by the game developer directly with the advertiser (or their agency) and are most likely what one would think of when discussing in-game advertising. The whole process from selling and creating, to booking, placing, and measuring such in-game advertising is typically very custom and not standardized across the industry.

While still custom but slightly less expensive, **branded worlds** are a bit more standardized and interchangeable. Here a brand can have a custom gameplay experience, like branded levels, a mini game within a game, or a branded island. In addition to the game developer and advertiser, these can also be offered by additional intermediaries like sales houses that have partnered with the game developer, such as Playwire did when working with Roblox, to offer an in-game Lunchables experience for Kraft (Playwire 2023).

The last and arguably oldest custom format but nowadays most likely the least used, are **hardcoded or static** in-game advertisements. These are built inside the game and cannot be changed after the game is released. This also requires direct collaboration between the developer and brand. An early example was mentioned above with Teenage Mutant Ninja Turtles.

As we move on from custom formats and deep intrinsic in-game integrations, we enter the realm of **standardized advertising formats like banners and video ads** as well as advertising types like **pre-roll, interstitials, and rewarded placements.** These formats are most commonly used in mobile app, web or PC based online video games. Given their standardization and the use of these formats in regular online advertising outside of video gaming, all the various common actors in the adtech ecosystem can be involved. This ranges from app mediation platforms like Admob, to supply side platforms like Magnite, to demand side platforms like The Trade Desk and much more. Each of these individual actors could fill whole chapters in a following book. The monetization of such standardized ad inventory can then either be managed directly by the game developer/publisher or by a specialized intermediary handling monetization via programmatic channels and/or direct sales teams. Often these ad formats are a bit less "in-game" but more "around" the actual game play. For example, **a standard banner ad** can be placed at the bottom of the screen within a mobile app game, or a user must watch a video ad as a **pre-roll** before the game begins or as part of an **interstitial** (a full screen ad that stops the game or is in-between levels/gameplay); or lastly, a **rewarded or incentivized ad placement**, where the user receives in-game currency or similar for interacting with an ad (e.g. watching a video, clicking to an advertiser's website and more). There are more in-game applications of these traditional ad formats, such as video billboards within Roblox, or natively integrated dynamic banner ads within Apps. But as highlighted above, the big difference between standard formats and custom in-game activations is that these formats can be planned, executed, and measured via the standard online advertising technologies and platforms as well as programmatic buying mechanisms.

While advertisers will want to reach consumers where they spend their time and within their medium of choice, even more so than with traditional channels, it is imperative within the realm of video game advertising to keep the user experience and the effect on gameplay in mind. While users are accustomed to ads at this point, nothing would bring more negative brand association than if a user's gameplay was adversely affected. The future will show which ad formats prevail and how the advertising and the gaming." ◄

13.3 Spezifika zur Kreativstrategie und -umsetzung – Werbeinhalte und Werbebotschaften

Was Lammenett (2021, S. 144) für Influencer Marketing festhält, lässt sich im Grundsatz für alle weiteren Formen von Prototyp IV-Werbung als Content Creation festhalten:

> „Im Gegensatz zu klassischer Werbung wird der gesamte Kreativprozess an die Influencer ausgelagert. Der Werbetreibende erstellt lediglich ein Briefing. Der eigentliche Content wird vom Influencer erstellt. In manchen Modellen hat der Werbetreibende auch noch einen gewissen Einfluss auf den Kreativprozess. In anderen Modellen muss er dem Influencer vertrauen und sich überraschen lassen, was sich manchmal sehr lohnen kann. Bisweilen kann das günstiger sein, als den Kreativprozess an eine Werbeagentur auszulagern oder selbst zu versuchen, kreativ zu sein; …" (Lammenett 2021, S. 144).

Andere Autor:innen (z. B. Borchers und Enke 2021, S. 3) bestätigen diese Feststellung und verweisen ebenfalls auf die Bedeutung des Briefings, aber auch auf die Chancen, die entstehen, da Social Media Influencer:innen die Sprache und symbolischen Codes der adressierten Zielgruppe wesentlich versierter und authentischer einsetzen können als Werbeagenturen (vgl. auch: Nguyen 2018, S. 155 ff.).

Auch bei allen anderen Werbeformen von Prototyp IV wird die eigentliche Kreation auf andere Akteur:innen ausgelagert. Der Inhalt, der das eigentliche Herzstück der Werbung ist, ist hier deshalb umso wichtiger für die zu erreichenden Werbeziele. Denn wie bei traditionellen Medien wirkt sich bei den Werbeformen von Prototyp IV, so z. B. bei In-Game Advertising (vgl. z. B. Yoo und Eastin 2017), der umgebende Kontext auf die Verarbeitung der darin beworbenen Marken aus. Auch bei Branded Entertainment ermöglicht der Inhalt eine reichhaltige Markenerfahrung, wenn er auch entsprechend hochwertige, fesselnde, authentische Unterhaltung bietet. Dafür stellen van Loggerenberg et al. (2021, S. 176 ff.) sieben Prinzipien auf:

„4.3.1 Branded Entertainment Must Ideally be Generated by the Brand Itself ...
4.3.2 Branded Entertainment Narrative Must Align With the Brand's Identity ...
4.3.3 Branded Entertainment Narrative Must be Original ...
4.3.4 Branded Entertainment Narrative Must Embody Emotional Meaning ...
4.3.5 Branded Entertainment Narrative Must Have a Genuine Intent to Entertain ...
4.3.6 Branded Entertainment Narrative Must be Believable ...
4.3.7 Branded Entertainment Narrative Must Imbue a Sense of Considered Craft" (van Loggerenberg et al. 2021, S. 176 ff.).

Zugleich stellen sie auf Basis von qualitativen Experteninterviews fest, dass von den sieben Grundsätzen drei wesentlich häufiger genannt werden als die anderen: die Ausrichtung auf die strategische Markenidentität, die tatsächliche emotionale Bedeutung der Unterhaltung und die echte Absicht zu unterhalten, um dem Eindruck einer verkappten Werbeinitiative entgegenzuwirken (van Loggerenberg et al. 2021, S. 179).

13.4 Spezifika zur Mediastrategie und -planung – Werbemittel und Werbeträger

Da die Distribution des Inhalts komplett auf den gewählten Inhalt ausgerichtet ist, kann nicht von einer eigentlichen Mediastrategie bzw. -planung gesprochen werden. Dass Social Media Influencer:innen ihre Aktivitäten auf Social Media Plattformen ausüben ist selbstredend. Die Mediastrategie bzw. -planung kann hier lediglich bestimmte Plattformen bevorzugen oder andere ignorieren. Kost und Seeger (2020, S. 136 f.) verweisen auf drei Kriterien, die die Auswahl von Kommunikationskanälen, auf denen die Influencer:innen agieren, leiten: Die Etablierung, die Marketingfreundlichkeit und die Nutzerzahlen der Plattform.

Des Weiteren erfolgt die Mediaplanung als Auswahl von Influencer:innen, die sich u. a. an Reichweite und Reputation, aber auch an Relevanz und Qualität der Inhalte ausrichtet. Danach kann, wie in Abb. 13.8 dargestellt, eine Art Pyramide erstellt werden.

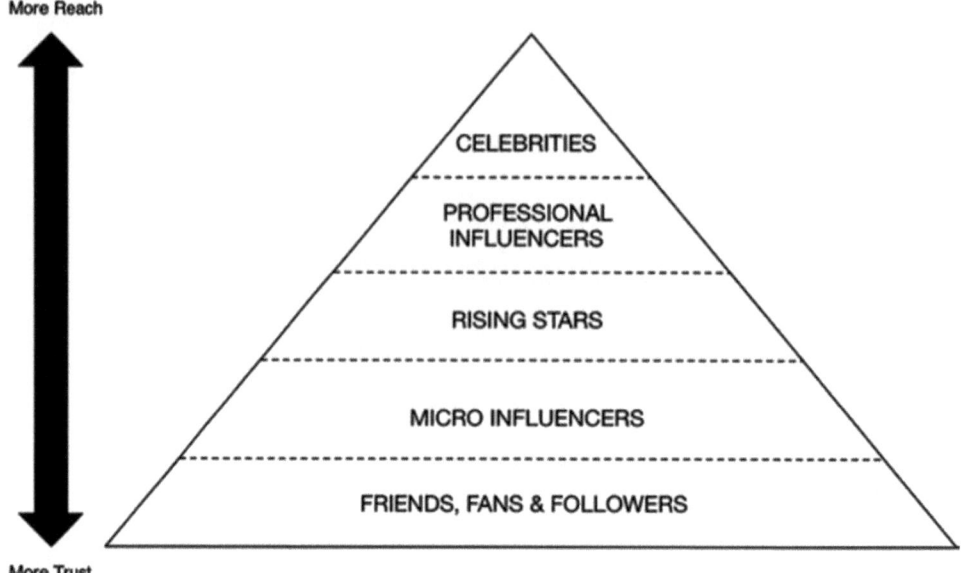

Abb. 13.8 Kategorien von Influencer:innen. (Nguyen 2018, S. 151)

Eine andere Kategorisierung treffen Kost und Seeger (2020, S. 46), wenn sie zwischen Connectors, Mavens und Salespeople unterscheiden.

Bei In-Game Advertising und Advergames werden die Spiele fast ausschließlich online und mobile angeboten. Je nachdem, ob eine Internetverbindung dauerhaft gegeben sein muss, kann die Werbung nur statisch oder auch dynamisch platziert werden. Der gesamte Prozess vom Verkauf und der Erstellung bis hin zur Buchung, Platzierung und Messung solcher In-Game-Werbung ist oft sehr individuell und nur bedingt standardisiert (siehe Fallbeispiel zu In-Game Advertising). Klar ist aber:

> „All of it is interactive, live, and high-attention inventory, so the rules for traditional media strategy do not usually apply to in-game advertising and brands must creatively communicate the brand story through gaming" (Pyschny 2022).

Andere Beispiele wie Native Advertising und Branded Content sind in der Wahl der Träger eigentlich frei, tendieren aber deutlich zu audiovisuellen Formaten, die teils über traditionelle Medien ausgespielt werden, teils online über entsprechende Plattformen oder auch über eigene Kanäle.

13.5 Spezifika zu Werbewirkung und Werbeerfolg

Mittlerweile finden sich viele Studien zu den Effekten der einzelnen Subthemen von Werbung als Content Creation sowie zur Erkennbarkeit dieser Werbeformen und der problematischen Transparenz gegenüber den Nutzer:innen.

Folgt man dem Ansatz von Borchers und Woelke (2020), dann ist die Verarbeitung von Werbebotschaften eine Konstruktion von Bedeutung und Genre. Es geht dann darum, welche Botschaften von den Nutzer:innen überhaupt als Werbung eingestuft werden, welche Bewältigungsstrategien sie systematisch berücksichtigen und inwiefern Persuasions-, Agenten- und Themenwissen eine Rolle spielen. Ob die Absender:innen des Kommunikationsangebots dieses als Werbung platzieren, ist dagegen von untergeordneter Bedeutung. YouTube-Nutzer:innen können also ein Tutorial für ein Gerät sehen und dieses Tutorial als Empfehlung und nicht als Werbung einstufen, obwohl für die Verwendung gerade dieses Geräts bezahlt wurde.

Auch in traditionelleren Studien geht es oft um die Erkennbarkeit und Einordnung von Werbung als Content Creation. Von 623 US-Werbestudierenden, die trotz ihres Wissensvorsprungs als repräsentativ anzusehen sind, identifizierten 95,3 % ein horizontales Banner richtig als Werbung, während ein Fünftel einen redaktionellen Nachrichtenbeitrag fälschlicherweise als Werbung einstufte. Ca. jede:r Vierte stufte einen Artikel, der an prominenter Stelle als „sponsored content" gekennzeichnet war, nicht als Werbung ein und begründete dies u. a. damit, dass es sich nur um Informationen handele und nicht versucht wird, etwas zu verkaufen (vgl. Kendrick und Fullerton 2021, S. 214 ff.).

Dies bestätigen auch Studien, die die Transparenz und Erkennbarkeit von Native Advertising in komplexen Online-Medienumgebung thematisieren. Für Naderer et al. (2020, S. 276 ff.) ist es deshalb von entscheidender Bedeutung, wie die Offenlegung umgesetzt wird, welche persuasiven Techniken die Native Advertising Inhalte einsetzen und welche individuellen Voraussetzungen die Rezipient:innen mitbringen. Von besonderer Bedeutung ist dies für die Zielgruppen der Kinder und Jugendlichen, die trotz Offenlegung ihr konzeptionelles Überzeugungswissen nicht aktivieren, d. h. Native Advertising Artikel nicht als Werbung identifizieren. Werbungtreibende können danach die Inhalte beruhigt als Native Advertising kennzeichnen, weil vor allem Jugendliche kaum auf Sponsoring-Hinweise achten und folglich die Wirksamkeit des Inhalts an sich nicht beeinflusst wird. Auch hier erscheint es aber wichtig, dass die werblichen Inhalte konsumrelevante Informationen vermitteln oder das Publikum wirklich unterhalten (vgl. Weitzl et al. 2020).

Basierend auf Daten aus qualitativen Interviews unterscheiden Stürmer und Einwiller (2023) vier Typen von Nutzer:innen von Native Advertising, Sponsored Content und Inhalten auf Owned Media: Neutrale und Enthusiast:innen akzeptieren diese Werbeformen aus unterschiedlichen Gründen, während Betrachter:innen und Kritiker:innen eher skeptisch sind, Täuschung sehen und Reaktanz zeigen.

Besonders in Bezug auf Social Media Influencer:innen wird häufig die Authentizität und in diesem Kontext die besondere Glaubwürdigkeit betont. So analysieren Riesmeyer et al. (2021) die Selbstdarstellung von Jugendlichen auf Instagram und die wichtige Rolle, die Influencer:innen bei einigen dieser Jugendlichen spielen können, weil sie sich als Vorbilder inszenieren, die sich mit ähnlichen Themen beschäftigen wie die Jugendlichen. Sie dienen dann als Inspirationsquelle und werden als sympathisch und nah an der eigenen Lebenswelt wahrgenommen.

Bei der Erkennbarkeit von Native Advertising spielt auch die Glaubwürdigkeit des Werbungtreibenden eine wichtige Rolle. Eine hohe Glaubwürdigkeit des werbungtreibenden Unternehmens bzw. der Marke führt dann dazu, dass einer werblichen Botschaft die gleich hohe Glaubwürdigkeit zugewiesen wird wie einem redaktionell erstellten Nachrichtenbeitrag und folglich weniger Manipulationsgefühle entstehen (vgl. Krouwer et al. 2021).

Der Inhalt selbst beeinflusst auch bei In-Game Advertising und Advergames die Verarbeitung und Wirkung der beworbenen Marken. Advergames werden aufgrund ihres spielerischen und fesselnden Charakters allgemein als wirksames Werbeformat angesehen. Zugleich sind – wie van Berlo et al. (2021) in ihrer Meta-Analyse zeigen – die empirischen Belege für bestimmte Werbewirkungen nicht eindeutig, ja teils widersprüchlich. Die Autor:innen stellen aber gleichwohl fest, dass im Allgemeinen (1) die Nutzer:innen eine positivere Einstellung zu Advergames haben als zu anderen Werbeformaten; (2) über ein Advergame vermittelte Marken- und Produktinformationen weniger wahrscheinlich in Erinnerung behalten werden als bei Integration in andere Werbeformate; (3) Werbespiele persuasiv zu sein scheinen (positiver Effekt auf Markeneinstellung und Kaufabsicht), (4) die Spieler:innen sich später eher für das beworbene Produkt entscheiden; und (5) im Vergleich zu anderen Arten von Werbung Advergames weniger wahrscheinlich als Werbung erkannt werden. Mit zunehmendem Alter schwächt sich die Überzeugungskraft von Advergames aber ab (6).

In zwei unabhängigen Experimenten weisen Yoo und Eastin (2017) für In-Game Advertising dagegen nach, dass sowohl positive wie negative Spielkontexte die Erinnerungen und die Einstellungen von Spieler:innen in Bezug auf Marken beeinflussen, weil sie ein hohes Maß an kognitiver Anstrengung erfordern. In Bezug auf die Aufmerksamkeit, d. h. für die Bekanntmachung einer neu eingeführten Marke, wäre danach also ein neutraler Kontext von Vorteil, in Bezug auf die Markenbewertung, d. h. für eine bereits etablierte Marke, aber ein positiver Spielkontext. Anders dagegen stellen Ingendahl et al. (2023) fest, dass nur Marken, die während positiver Spielerfahrungen auftauchen, von der Platzierung profitieren, nicht aber Marken, die während negativer Spielerfahrungen auftauchen.

> „That is, with the progress of technologies, advertisers will be able to determine the optimal times, locations, and occasions for situating advertising messages based on the player's current situation in the playing. Following the conventions of traditional advertising media planning, the metrics of in-game advertising effectiveness largely rely on the number of ad impressions and exposures, their frequency, and the cost per 1000 impressions (CPM). Practitioners currently use a tracking system that calculates the time, size, and angle of exposure to in-game ads (Murphy 2008). Further, to improve advertising accountability, advertisers place targeted ads tailored to a user's geographic location and demographic profile (Murphy 2008). However, measurements of in-game advertising based on traditional advertising metrics found in the quantitative aspects of media exposure may be insufficient to determine the effectiveness of advertising in highly sophisticated media such as video games. The measurement of in-game advertising effectiveness should be advanced to include the qualitative aspects of message experiences, such as the contextual influences coming from game stories. It is important for advertisers to find ways to customize and update the in-game advertisements to which a player is exposed based on the context the player is currently experiencing" (Yoo und Eastin 2017, S. 627).

Im direkten Vergleich zwischen Advergames und In-Game Advertising zeigen erste Studien (vgl. Ghosh et al. 2022), dass Kinder eine positivere Einstellung und Kaufabsicht haben, wenn die Marke in einem Advergame beworben wird, als in einem In-Game-Werbeformat, während es bei Erwachsenen genau umgekehrt zu sein scheint. Außerdem moderiert die Markenvertrautheit in unterschiedlicher Weise die Beziehung zwischen Gamification-Format, Alter und Markeneinstellung; das Engagement der Nutzer:innen im Spiel wiederum wirkt sich positiv auf die Beziehung und auf die Kaufabsicht aus. Eine ähnliche Studie (vgl. Anubha und Jain 2024, S. 37) zeigt, dass die Übereinstimmung zwischen der Spieleumgebung und der beworbenen Marke wie auch die Interaktivität der Werbung sowohl die Einstellung gegenüber der Werbung als auch die Kaufabsicht der beworbenen Marke steuern. Folglich sollten Werbungtreibende versuchen, Werbung zu platzieren, die mit der Spielumgebung kongruent ist und zugleich die Werbung so interaktiv wie möglich zu gestalten, z. B. mit Gratisgeschenken, die für den Kauf von zusätzlichen Leben oder Spielmaterial ausgegeben werden können.

Zusammenfassung
In diesem Kapitel steht Werbung als Content Creation im Mittelpunkt. Dieser Prototyp IV beinhaltet viele verschiedenartige Formen und Formate, wobei im Kapitel hauptsächlich Native Advertising, Branded Content, Social Media Influencer:innen sowie In-Game Advertising und Advergames behandelt werden.

Für sie wie für die vielen nicht behandelten Formate gilt, dass sich die Werbung nicht als solche erkennen lässt oder Rezipient:innen die Werbung als Inhalteersatz nutzen und interpretieren, obwohl Ihnen die Werbeabsicht bekannt sein könnte. Das heißt sie ersetzen die mediumsspezifischen Inhalte vollständig. Insofern bestimmen bei der Werbung dieses Prototyps Produkte, Unternehmen und Marken sehr viel stärker als bei hybrider und (programm-)integrierter Werbung den Aufbau, Ablauf und die Dramaturgie der Inhalte. Oft aber werden gar keine traditionellen Medien für die Verbreitung genutzt.

Werbung als Content Creation gab es auch bereits in früheren Jahren, allerdings nicht in diesem Umfang und dieser Vielfältigkeit. Die Ablauflogik des Werbeprozesses, die Akteurskonstellation und die konkreten Werbeformen weisen einerseits relativ traditionelle Prozessschritte auf und nehmen andererseits ihren Anfang oft nicht bei der werbungtreibenden Wirtschaft sondern bei anderen Akteur:innen wie Filmemacher:innen, Spieleentwickler:innen oder Social Media Influencer:innen. Letztlich sind auch große Konsolenentwickler:innen wie Nintendo, Sony oder Microsoft mit dabei.

Insofern ist der Prozess selbst durch Kontrollverzicht der Werbungtreibenden geprägt, aber auch durch angepasstere Kontrolltechniken. Gerade bei Influencer:innen muss auf weitgehende Kontrolle verzichtet werden. Aber auch beim In-Game

> *Advertising variiert der gesamte Prozess vom Verkauf und der Erstellung bis hin zur Buchung, Platzierung und Messung von hoch standardisiert bis hin zu sehr individuell und nicht standardisiert in Abhängigkeit des konkreten Formats, das gewählt wird.*
>
> *Auch die Kreation ist bei allen Werbeformen von Prototyp IV auf die bereits genannten anderen Akteur:innen ausgelagert. Insofern kann auch nicht von einer eigentlichen Mediastrategie bzw. -planung gesprochen werden, weil sich auch die Verbreitung komplett an die gewählten Inhalte und Formate anpasst.*
>
> *Aufgrund der Vielfältigkeit der Formate von Werbung als Content Creation finden sich auch viele Wirkungsstudien zu den einzelnen Subthemen. Oft wird dabei auf die Erkennbarkeit dieser Werbeformen und auf die problematische Transparenz gegenüber den Nutzer:innen fokussiert. Der Einfluss von Influencer:innen auf Kinder und Jugendliche wird in mehreren Studien diskutiert, aber auch die Glaubwürdigkeit von Marken. Zugleich interessiert, inwiefern Effekte tatsächlich der Werbung zugeschrieben werden können, wo doch diese gar nicht erkannt wird.*

▶ **Empfohlene Literatur** Borchers und Enke 2021; Borchers 2023; Naderer et al. 2020; van Berlo et al. 2021

Literatur

Andreas Stihl AG & Co. KG. o.J.-a. Stihl Timbersports. https://www.stihl-timbersports.com/de. Zugegriffen: 22. Mai 2024.

Andreas Stihl AG & Co. KG. o.J.-b. Stihl Timbersports: Die Königsklasse im Sportholzfällen. https://www.stihl.ch/de/service-events/stihl-live-erleben/stihl-timbersports#geschichte. Zugegriffen: 22. Mai 2024.

Anubha, und Ajay Jain. 2024. In-game advertising and brand purchase intentions: an SOR perspective. *Global Knowledge, Memory and Communication* 73 (1/2): 24–44. https://doi.org/10.1108/GKMC-02-2022-0050.

Baetzgen, Andreas, und Jörg Tropp (Hrsg.). 2013. *Brand Content: Die Marke als Medienereignis.* Freiburg: Schäffer-Poeschel.

Borchers, Nils S. 2023. To Eat the Cake and Have It, too: How Marketers Control Influencer Conduct within a Paradigm of Letting Go. *Social Media + Society* 9 (2): 205630512311673. https://doi.org/10.1177/20563051231167336.

Borchers, Nils S., und Nadja Enke. 2021. Managing strategic influencer communication: A systematic overview on emerging planning, organization, and controlling routines. *Public Relations Review* 47 (3): 1–13. https://doi.org/10.1016/j.pubrev.2021.102041.

Borchers, Nils S., und Jens Woelke. 2020. Epistemological and methodical challenges in the research on embedded advertising formats: A constructivist interjection. *Communications* 45 (3): 325–349. https://doi.org/10.1515/commun-2019-0119.

Bruce, Ian R. 1999. Public Relations and Advertising. In *The Advertising Business: Operations, Creativity, Media Planning, Integrated Communications*, Hrsg. John Philip Jones, 473–483. Thousand Oaks: Sage.

Comeau, Adrian. 2022. A Brief History of Advertising in Video Games. https://medium.com/reverb/a-brief-history-of-advertising-in-video-games-615339e2053f. Zugegriffen: 22. Mai 2024.

Consumer Time Capsule. 2004. Burger King Chicken Sandwich World Championship. https://www.youtube.com/watch?v=RxOT_2Ih_d8. Zugegriffen: 16. Mai 2024.

Enke, Nadja, und Nils S. Borchers. 2019. Social Media Influencers in Strategic Communication: A Conceptual Framework for Strategic Social Media Influencer Communication. *International Journal of Strategic Communication* 13 (4): 261–277. https://doi.org/10.1080/1553118X.2019.1620234.

Ghosh, Tathagata, Sreejesh S., und Yogesh K. Dwivedi. 2022. Brands in a game or a game for brands? Comparing the persuasive effectiveness of in-game advertising and advergames. *Psychology & Marketing* 39 (12): 2328–2348. https://doi.org/10.1002/mar.21752.

iab., und Advertiser Perceptions. 2024. Changing the Game: How Games Advertising Powers Performance. https://www.iab.com/wp-content/uploads/2024/03/IAB_AP_Changing_The_Game_March_2024.pdf. Zugegriffen: 22. Mai 2024.

Ingendahl, Moritz, Tobias Vogel, Alexander Maedche, und Michaela Wänke. 2023. Brand placements in video games: How local in-game experiences influence brand attitudes. *Psychology & Marketing* 40 (2): 274–287. https://doi.org/10.1002/mar.21770.

João Belmiro do Nascimento, und Alexandre Luzzi Las Casas. 2023. Systematic mapping of in-game advertising & advergames. *Revista de Gestão e Secretariado (Management and Administrative Professional Review)* 14 (8): 13967–13988. https://doi.org/10.7769/gesec.v14i8.2250.

Kendrick, Alice, und Jami A. Fullerton. 2021. Can US advertising students recognize an ad in editorial's clothing (native advertising)? A partial replication of the Stanford "Evaluating information" test. *Journal of Marketing Communications* 27 (2): 207–228. https://doi.org/10.1080/13527266.2019.1655086.

Klein, Kristina, und René Eppmann. 2020. Spielbasiertes Marketing – Marketing weiterdenken mit Spielen und Spieldesign. In *Marketing Weiterdenken: Zukunftspfade für eine marktorientierte Unternehmensführung*, Hrsg. Manfred Bruhn, Christoph Burmann und Manfred Kirchgeorg, 487–507. Wiesbaden: Springer Fachmedien.

Kost, Julia F., und Christof Seeger. 2020. *Influencer Marketing*. Stuttgart, Deutschland: UTB.

Krouwer, Simone, Karolien Poels, und Steve Paulussen. 2021. "Trust Me, I'm an Advertiser". The Influence of Message Sidedness and Advertiser Credibility on Readers' Perceptions of Native Advertisements. In *Advances in Advertising Research (Vol. XI)*, Hrsg. Martin K. J. Waiguny und Sara Rosengren, 105–117. Wiesbaden: Springer Fachmedien.

Kühn, Jessica, und Claudia Riesmeyer. 2021. Brand Endorsers with Role Model Function: Social Media Influencers' Self-Perception and Advertising Literacy. *MedienPädagogik: Zeitschrift für Theorie und Praxis der Medienbildung* 43:67–96. https://doi.org/10.21240/mpaed/43/2021.07.25.X.

Lammenett, Erwin. 2021. *Praxiswissen Online-Marketing: Affiliate-, Influencer-, Content-, Social-Media-, Amazon-, Voice-, B2B-, Sprachassistenten- und e-Mail-Marketing, Google Ads, SEO*, 8. Aufl. Wiesbaden: Springer Gabler.

marketing charts. 2024. US Offline Media Spend in 2023 and the Outlook for 2024. https://www.marketingcharts.com/advertising-trends/spending-and-spenders-231961#. Zugegriffen: 22. Mai 2024.

Mitchell, Rob. 2024. Gower Street Analytics Estimates 2023 Global Box Office Hit $33.9 Billion. https://gower.st/articles/gower-street-analytics-estimates-2023-global-box-office-hit-33-9-billion/. Zugegriffen: 22. Mai 2024.

Murphy, David. 2008. Marketers look to keep score with in-game advertising. https://www.campaignlive.co.uk/article/marketers-look-keep-score-in-game-advertising/789613. Zugegriffen: 22. Mai 2024.

Naderer, Brigitte, Jens Seiffert-Brockmann, Jörg Matthes, und Sabine Einwiller. 2020. Native and embedded advertising formats: Tensions between a lucrative marketing strategy and consumer fairness. *Communications* 45 (3): 273–281. https://doi.org/10.1515/commun-2019-0143.

Nguyen, Lan Anh. 2018. Influencer Relations: Der neue King of Content. In *Influencer Relations: Marketing und PR mit digitalen Meinungsführern*, Hrsg. Annika Schach und Timo Lommatzsch, 147–161. Wiesbaden: Springer Fachmedien.

Playwire. 2023. Playwire Earns Numerous Awards for Custom Kraft Heinz Lunchables Game Development on Roblox. https://www.youtube.com/watch?v=at22sEtZLE4. Zugegriffen: 22. Mai 2024.

Pyschny, Thomas. 2022. Does in-game advertising have the potential to bring in the eyeballs and the ad dollars? https://www.ey.com/en_ch/technology/does-in-game-advertising-have-the-potential-to-bring-in-the-eyeballs-and-the-ad-dollars. Zugegriffen: 24. Mai 2024.

Riesmeyer, Claudia, Amelie Hagleitner, und Pauline Sawatzki. 2021. The Visual Self: The Connection between Adolescents' Self-Presentation on Instagram and Their Ability to Recognize and Evaluate Advertising Content. *MedienPädagogik: Zeitschrift für Theorie und Praxis der Medienbildung* 43:41–66. https://doi.org/10.21240/mpaed/43/2021.07.24.X.

Schach, Annika. 2018a. Von Two-Step-Flow bis Influencer Relations: Die Entwicklung der Kommunikation mit Meinungsführern. In *Influencer Relations: Marketing und PR mit digitalen Meinungsführern*, Hrsg. Annika Schach und Timo Lommatzsch, 3–21. Wiesbaden: Springer Fachmedien.

Schach, Annika. 2018b. Botschafter, Blogger, Influencer: Eine definitorische Einordnung aus der Perspektive der Public Relations. In *Influencer Relations: Marketing und PR mit digitalen Meinungsführern*, Hrsg. Annika Schach und Timo Lommatzsch, 27–47. Wiesbaden: Springer Fachmedien.

Schmidt, Siegfried J. 2002. Werbung oder die ersehnte Verführung. In *Die Gesellschaft der Werbung: Kontexte und Texte, Produktionen und Rezeptionen, Entwicklungen und Perspektiven*, Hrsg. Herbert Willems, 101–119. Wiesbaden: Westdeutscher Verlag.

Schuhhaus Klauser GmbH & Co. KG. o.J. Lurchi im Web-Shop. https://www.salamander.de/shop. Zugegriffen: 24. März 2024.

Siegert, Gabriele. 2013. From "the end of advertising as we know it" to "beyond content"?: Changes in advertising and the impact on journalistic media. In *Journalism and Media Convergence*, Hrsg. Heinz-Werner Nienstedt, Stephan Russ-Mohl und Bartosz Wilczek, 29–40. Berlin, Boston: De Gruyter.

Siegert, Gabriele, Werner A. Meier, und Josef Trappel. 2010. Auswirkungen der Ökonomisierung auf Medien und Inhalte. In *Einführung in die Publizistikwissenschaft*, 3. Aufl., Hrsg. Heinz Bonfadelli, Otfried Jarren und Gabriele Siegert, 519–545. Bern, Stuttgart, Wien: Haupt.

Siegert, Gabriele, und Bjørn von Rimscha. 2016. Der Einfluss der Werbung auf Medieninhalte. In *Handbuch Werbeforschung*, Hrsg. Gabriele Siegert, Werner Wirth, Patrick Weber und Juliane A. Lischka, 183–198. Wiesbaden: Springer VS.

SMP Retail GmbH. 2024. Lurchis Welt. https://www.lurchis-welt.de/. Zugegriffen: 22. Mai 2024.

Stürmer, Lina, und Sabine Einwiller. 2023. Is this advertising or not, and do I care? Perceptions of and opinions regarding hybrid forms of content. *Journal of Marketing Communications* 29 (2): 161–178. https://doi.org/10.1080/13527266.2022.2154065.

Sweeney, Emma, Margaret-Anne Lawlor, und Mairead Brady. 2022. Teenagers' moral advertising literacy in an influencer marketing context. *International Journal of Advertising* 41 (1): 54–77. https://doi.org/10.1080/02650487.2021.1964227.

Taylor, Charles R. 2017. Native Advertising: The Black Sheep of the Marketing Family. *International Journal of Advertising* 36 (2): 207–209. https://doi.org/10.1080/02650487.2017.1285389.

Terlutter, Ralf, und Michael L. Capella. 2013. The Gamification of Advertising: Analysis and Research Directions of In-Game Advertising, Advergames, and Advertising in Social Network Games. *Journal of Advertising* 42 (2–3): 95–112. https://doi.org/10.1080/00913367.2013.774610.

Thomas, Nathan. 2024. LinkedIn Profilbild. https://www.linkedin.com/in/nathanthomas3/. Zugegriffen: 24. Mai 2024.

van Berlo, Zeph M. C., Eva A. van Reijmersdal, und Martin Eisend. 2021. The Gamification of Branded Content: A Meta-Analysis of Advergame Effects. *Journal of Advertising* 50 (2): 179–196. https://doi.org/10.1080/00913367.2020.1858462.

van Loggerenberg, Marthinus J. C., Carla Enslin, und Marlize Terblanche-Smit. 2021. Creating Branded Entertainment that Resonates: Perspectives of Multinational Award Winners. In *Advances in Advertising Research (Vol. XI)*, Hrsg. Martin K. J. Waiguny und Sara Rosengren, 167–182. Wiesbaden: Springer Fachmedien.

Verwaltungsgericht Berlin. 2008. Ausstrahlung der TV total WOK WM 2006 und 2007 verstieß gegen das Schleichwerbungsverbot: Urteil vom 11.12.2008 – Az. VG 27 A 132.08. https://medien-internet-und-recht.de/volltext.php?mir_dok_id=1830. Zugegriffen: 16. Mai 2024.

Weitzl, Wolfgang J., Jens Seiffert-Brockmann, und Sabine Einwiller. 2020. Investigating the effects of sponsorship and forewarning disclosures on recipients' reactance. *COMM* 45 (3): 282–302. https://doi.org/10.1515/commun-2019-0113.

Wijman, Tom. 2024. Newzoo's games market revenue estimates and forecasts by regions and segment for 2023. https://newzoo.com/resources/blog/games-market-estimates-and-forecasts-2023. Zugegriffen: 22. Mai 2024.

Wikipedia. 2024b. Advertising in video games. https://en.wikipedia.org/wiki/Advertising_in_video_games. Zugegriffen: 22. Mai 2024.

Wikipedia. 2024a. Tapper (video game). https://en.wikipedia.org/wiki/Tapper_(video_game). Zugegriffen: 22. Mai 2024.

Wojdynski, Bartosz W., und Nathaniel J. Evans. 2016. Going Native: Effects of Disclosure Position and Language on the Recognition and Evaluation of Online Native Advertising. *Journal of Advertising* 45 (2): 157–168. https://doi.org/10.1080/00913367.2015.1115380.

Yoo, Seung-Chul, und Matthew S. Eastin. 2017. Contextual advertising in games: Impacts of game context on a player's memory and evaluation of brands in video games. *Journal of Marketing Communications* 23 (6): 614–631. https://doi.org/10.1080/13527266.2016.1155074.

Zhou, Danjing. 2023. Gen Z engages with games for 12 hours per week on average – How much time do consumers spend on media platforms? https://newzoo.com/resources/blog/how-much-time-do-consumers-spend-on-media-platforms. Zugegriffen: 22. Mai 2024.

14

Prototyp V: Crossmediale Werbung

Inhaltsverzeichnis

14.1	Definition und Rahmenbedingungen	380
14.2	Spezifika zu Akteurskonstellationen und Werbeprozess	386
14.3	Spezifika zur Kreativstrategie und -umsetzung – Werbeinhalte und Werbebotschaften	388
14.4	Spezifika zur Mediastrategie und -planung – Werbemittel und Werbeträger	389
14.5	Spezifika zu Werbewirkung und Werbeerfolg	391
Literatur		394

> **Überblick**
> *Werbung und ihre Erscheinungsformen differenzieren sich immer weiter aus. Mit der Folge, dass das gesamte Feld der Werbung immer unübersichtlicher wird. Im diesem Lehrbuch versuchen wir, dieses unübersichtliche Feld realer Werbeformen anhand von fünf Prototypen zu kategorisieren und zu beschreiben:*
> *Im Prototyp I (Kap. 10) fassen wir alle Werbeformen ohne mediumsspezifischen Kontext zusammen, namentlich Direkt- und Out-of-Home-Werbung sowie Werbung mit Ambient- und Retail-Medien. Prototyp II (Kap. 11) umfasst die klassische Mediawerbung in ihren analogen und digitalen Erscheinungsformen. Auch die hybride Werbung in Prototyp III (Kap. 12) wird in analoger und digitaler Form dargestellt. Erscheinungsformen, bei denen Werbung ein von unabhängigen Medien erstelltes redaktionelles Programm ersetzt, ordnen wir dem Prototyp IV (Kap. 13) – Werbung als Content Creation – zu. Und im Prototyp V (Kap. 14) befassen wir uns mit Crossmedialer Werbung.*

> *Dabei stützen wir uns zur Systematisierung auf die u.E. ebenso wichtigen wie geeigneten Kriterien, die wir bereits in Abschn. 2.3 vorgeschlagen haben: auf den Personalisierungsgrad der Werbung, auf ihre Integration in den mediumsspezifischen Kontext und auf den Grad ihrer Interaktivität.*
>
> *Analyse und Darstellung der Prototypen folgen dabei für alle fünf gleichbleibend dem Aufbau des Buches: Nach Akteurskonstellationen und Werbeprozess betrachten wir Kreativstrategie und -umsetzung sowie Werbeinhalte und -botschaften. Im Anschluss widmen wir uns der Mediaplanung sowie den einzelnen Werbemitteln und Werbeträgern, um schließlich Aussagen zu Werbewirkung und Werbeerfolg zu treffen.*

14.1 Definition und Rahmenbedingungen

▶ Crossmediale Werbung bedient sich unterschiedlicher, inhaltlich, formal und funktional komplementär und/oder konditional verknüpfter Werbemittel, um die anvisierten Rezipient:innen an möglichst vielen und unterschiedlichen Kontaktpunkten zu erreichen. Neben dieser Verknüpfung verschiedener Werbeträger und Werbemittel ist eine zugrunde liegende konsistente Werbebotschaft konstituierendes Merkmal crossmedialer Werbung.

Die Werbeformen in Prototyp V unterscheiden sich demnach von denen der Prototypen I bis IV darin, dass sie keine primären Werbemittel, sondern Kombinationen von Werbemitteln darstellen. Da sie aber in diesen Kombinationen durchaus emergente Eigenschaften entwickeln, die über die reine Addition der Eigenschaften der einzelnen Werbemittel hinausgehen, sollen sie hier als eigenständiger Prototyp behandelt werden. Crossmediale Werbung ist dabei keineswegs eine erst durch die Digitalisierung oder das Internet ermöglichte Innovation – schon immer haben einzelne Kampagnen verschiedene Werbemittel und Werbeträger kombiniert (vgl. Hoffjann 2018, S. 43). Bereits zu Zeiten klassisch-analoger Werbung hatte sich dafür die Bezeichnung „Media-Mix" etabliert. Sie greift dann, wenn eine Kampagne mehr als ein Werbemittel nutzt und beschreibt in der Werbepraxis das Ergebnis der Mediaplanung und damit letztlich Zahl und Zeiten der vorgesehenen Schaltungen und die Art der Werbeträger und Werbemittel – und zwar unabhängig von der Qualität ihrer Verknüpfungen.

Üblicherweise bezieht sich der Begriff Media-Mix damit auf multimediale Kampagnen. Der Unterschied zu crossmedialen Kampagnen liegt darin, dass in multimedialen Kampagnen die Werbemittel und Werbeträger additiv nebeneinanderstehen, um eine möglichst hohe Zielgruppenabdeckung zu erreichen. Auch wenn sie die gleichen Botschaften, Key Visuals, Slogans und Gestaltungselemente des Corporate Designs transportieren,

14.1 Definition und Rahmenbedingungen

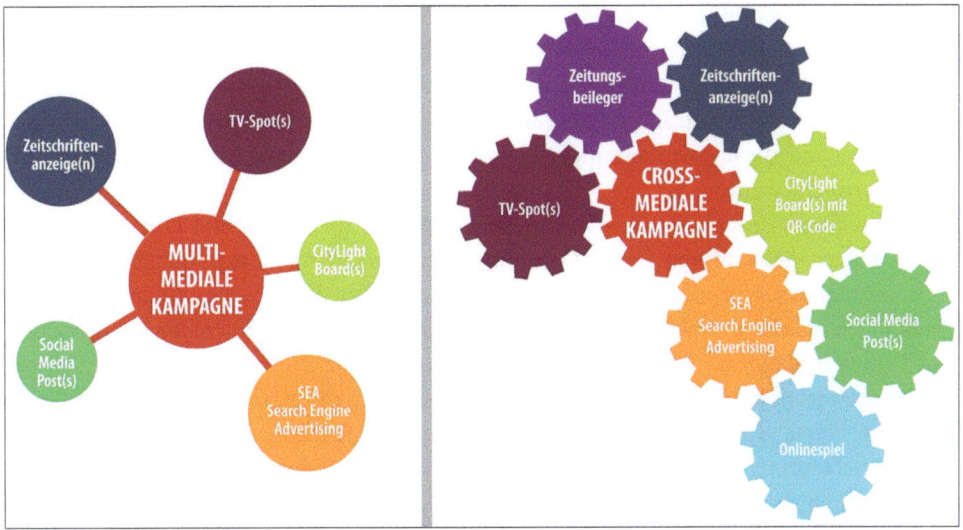

Abb. 14.1 Multi- und crossmediale Werbekampagnen im schematischen Vergleich. (Eigene Darstellung)

werden die Werbemittel in multimedialen Kampagnen aber ohne gegenseitige Verweise aufeinander ausgespielt.

Dagegen sind in crossmedialen Kampagnen die eingesetzten Werbemittel und Werbeträger auch funktional, komplementär und teilweise sogar konditional miteinander verbunden (vgl. Schweiger 2016, S. 303 und Lin et al. 2021, S. 1573), wie der Vergleich aus Abb. 14.1 zeigt:

In zahlreichen Veröffentlichungen finden sich zudem weitere neuere Begrifflichkeiten, wie z. B. „Multi-Channel", „Omni-Channel" oder „Cross-Channel", die von multimedialer und crossmedialer Werbung abzugrenzen sind. Auch wenn sie von verschiedenen Autor:innen und vor allem Werbepraktiker:innen im Zusammenhang mit Werbung gebraucht werden (vgl. Kingfluencers 2022, S. 25), stehen sie aus unserer Sicht in den meisten Fällen eher in Bezug zu Vertriebskanälen und Einkaufsstätten (vgl. hierzu auch Deges 2023, S. 165 f. und 245 ff. sowie Funck 2021, S. 332 ff.). Daher werden wir sie nicht im Zusammenhang mit den Werbeformen des Prototyps V nutzen und statt dessen dafür die Begriffe multi- und crossmediale Werbung verwenden.

Seltener geworden sind zudem rein monomediale Werbekampagnen, die ausschließlich mit nur einem Werbemittel – z. B. TV-Spot oder Zeitungs- oder Zeitschriftenanzeige oder Suchmaschinenbanner – arbeiten (vgl. Schweiger 2016, S. 301). Dies ist aus mehreren Gründen plausibel:

Zum einen sehen sich Werbungtreibende mit einer fortschreitenden Fragmentierung des Publikums massenmedialer Werbeträger konfrontiert. Rezipient:innen nutzen nicht nur unterschiedliche Inhalte, sondern auch unterschiedliche Medien, Informations- und

Unterhaltungsquellen in unterschiedlichen Situationen – aus der viel zitierten Customer Journey ist ein hochkomplexes Wegenetz für Kommunikation, Inter- und Transaktionen zwischen Rezipient:innen und Werbungtreibenden geworden. Mit der Belegung nur eines Werbeträgers könnten also erstens nicht mehr alle Mitglieder einer Zielgruppe und diese zweitens nicht immer in den geeigneten Momenten oder Umfeldern erreicht werden.

Zum anderen differenzieren sich die Bezugsquellen für Waren und Dienstleistungen aus: Anbieter:innen öffnen ihren Kund:innen nicht mehr nur einen Bezugskanal, wie z. B. stationäres Einzelhandelsgeschäft, Autohaus oder Bankfiliale. Vielmehr stehen Kund:innen bei vielen Anbieter:innen mehrere Bezugsquellen offen. Zu den oben genannten kommen dann z. B. Onlineshops von Einzelhandelsunternehmen, die Online-Gebrauchtwagenbörsen großer Autohersteller:innen oder die Smartphone App für Bankgeschäfte hinzu. Solche Multi- bzw. Cross-Channel-Vertriebsstrategien befeuern damit eine Betriebsformendynamik, die Touchpoints, Customer Journey und Kommunikationsmöglichkeiten verändert (vgl. IFH Retail Consultants 2014, S. 22).

> „If marketing has a top priority, it's to reach consumers at the moments that most influence their decisions. We have always sought out those touch points, the moments when consumers are open to influence. For many years, those touch points have been understood as linear. But today, those concepts fail to capture all the touch points during a consumer decision journey" (Online Marketing Group 2016).

Darüber hinaus sind unterschiedlichen Werbeträgern und Werbemitteln spezifische Stärken und Schwächen inhärent (vgl. dazu auch Abschn. 8.4). Deshalb kombinieren Werbungtreibende und Mediaplaner:innen einzelne Werbeträger und Werbemittel zu multi- oder crossmedialen Kampagnen. Sie versprechen sich davon vor allem, dass crossmediale Werbung spezifische Schwächen einzelner Werbemittel kompensieren kann oder seitens der Rezipient:innen bessere Lerneffekte im Sinne der Werbezielerreichung erzielt werden können, wenn eine Werbebotschaft in unterschiedlichen Gestaltungskomponenten (z. B. Bild UND Video, Text UND Audio) umgesetzt wird (vgl. Schweiger und Schmitt-Walter 2009, S. 351).

Schließlich liegt ein weiteres Argument für den Einsatz crossmedialer Werbung darin, dass Kampagnen des Prototyps V nahezu unbegrenzte Möglichkeiten zur Personalisierung und zur Inter- bzw. Transaktivität bieten. Dies macht sie für den Einsatz zum Aufbau und zur Weiterentwicklung von (Marken-)Geschichten im Rahmen des Storytellings (vgl. Kingfluencers 2022, S. 14) besonders geeignet.

Personalisierung: Vom Massenpublikum über die Zielgruppen zu einzelnen Zielpersonen

Crossmediale Werbung kann zum einen dazu genutzt werden, persönliche Daten zuerst einmal zu generieren. So kann sich eine crossmediale Kampagne wie im Blackberry-

Beispiel in Kap. 7 von der anonymen Massenansprache im SuperBowl-TV-Spot zur personalisierten Werbung auf Basis der Facebook-Profile von Rezipient:innen entwickeln, die sich – wie im Spot angegeben – via Facebook-Login beim Werbungtreibenden angemeldet hatten. Sie kann aber auch mit personalisierter oder zielgruppenspezifischer Ansprache starten, um in der Folge via virale Verbreitung noch größere Zielgruppen oder gar ein möglichst breites Massenpublikum zu erreichen, wie dies im später folgenden Fallbeispiel „Ferien in Graubünden" (siehe Abb. 14.3) gelungen ist.

Die Stärke crossmedialer Kampagnen liegt hierbei eben gerade darin, dass die einzelnen Werbemittel nach Bedarf und gemäß ihrem Potenzial z. B. für die Personalisierung zusammengestellt werden können. So finden sich immer häufiger Kombinationen aus klassischen Out-of-Home-Werbemitteln mit personalisierter Online-Werbung, um z. B. ein Neuprodukt schnell bekannt zu machen, zugleich aber mit diesem Neuprodukt Kund:innen gezielt anzusprechen, um sie zum Beitritt in die Brand Community oder zum Abonnieren eines Newsletters zu motivieren.

Interaktivität: Von Nicht-interaktiv über interaktiv zu transaktiv
Crossmediale Werbekampagnen ohne inter- oder transaktive Einzelelemente zu konzipieren, hieße, eines der großen Potenziale der Werbung im Prototyp V nicht auszuschöpfen. Auch hier gilt, was zur Personalisierung bereits festgehalten wurde: die Kombination einzelner, aber miteinander verknüpfter Werbemittel erlaubt es, nahezu jede Spielart von Inter- oder Transaktivität einzubringen. Dies reicht von einfachen Likes über die Teilnahme an Challenges wie im folgenden Fallbeispiel der „Unbreakable-Glass-Challenge" (siehe Abb. 14.2) bis dahin, dass Rezipient:innen selbst Teil der Werbebotschaft werden, wie im Fallbeispiel von Graubünden Tourismus (vgl. Abb. 14.3).

Fallbeispiel: Die „Unbreakable-Glass-Challenge"

Um die Unzerstörbarkeit von Glas, das mit einer speziellen Folie des Herstellers 3M ausgerüstet worden war, zu beweisen, platzierte 2005 ein 3M-Vertriebspartner zwischen zwei Scheiben einer Wartehallenverglasung in Vancouver Geldscheine, die den Gegenwert von 3 Mio. kanadischen Dollar symbolisierten. Wer die Glasscheibe mit Fußtritten zerstören würde, sollte diese 3 Mio. Dollar bekommen. Die Aktion wurde gefilmt (Standbilder siehe Abb. 14.2) und in sozialen Medien geteilt. Sie lief nur einen Tag, weil das Glas der Tortur durch etwa 100 Teilnehmer:innen standhielt, nicht aber der Rahmen. Dennoch wird der Wert an Earned Media aus der Aktion auf ca. 1 Mio. Dollar geschätzt – bei einem Einsatz von ca. 6000 Dollar. ◀

"$3 million" inside a Vancouver bus stop to test a 3M security film. (Rethink Communications)

Abb. 14.2 Challenge als Start einer crossmedialen Kampagne. (Chan 2023)

Wie Crossmedia funktioniert und zu welchen Effekten gut gemachte crossmediale Werbekampagnen führen können, lässt sich nicht nur anhand der „Unbreakable Glass Challenge" belegen. Da ein Buch die Komplexität solcher Kampagnen nur bedingt wiedergeben kann, sei auf die Case-Videos hingewiesen, die die Schweizer Goldbach Group AG auf der Website ihres seit 2004 durchgeführten Crossmedia Awards publiziert (vgl. Goldbach Group 2024). Leider ist der Case-Film des Silber-Award-Gewinners „Graubündner Bergdörfer" dort nicht mehr verfügbar, aber auf YouTube immer noch einsehbar (Graubünden Tourismus 2016). Dem ursprünglichen Fall entnommen, ist ein Chart, das um die Zuordnung der einzelnen Werbemittel der Kampagne zu den Teilkuben des IPI-Cubes (vgl. Abschn. 2.3, Abb. 2.6) ergänzt wurde. Anhand der daraus resultierenden Abb. 14.3 lässt sich der Ablauf der crossmedialen Kampagne nachvollziehen.

> **Fallbeispiel: Ferien in Graubünden**
>
> In der crossmedialen Kampagne (siehe Abb. 14.3) wurden Passant:innen am Zürcher Hauptbahnhof an einer modifizierten Plakatstelle eingeladen, spontan in ein Bündner Bergdorf zu reisen und dort selbst Motiv der Plakatstelle zu werden. Der dokumentierende Film wurde anschließend an Medienredaktionen weitergeleitet und sorgte dafür, dass aus einem Facebook-Post an 140.000 Follower letztlich 11 Mio. Views auf Facebook, YouTube und Newsportalen generiert wurden. Insgesamt erreichte die Kampagne 80 Mio. Menschen, was mehr als einer Verfünfhundertfachung der Startaudience entspricht. ◄

14.1 Definition und Rahmenbedingungen

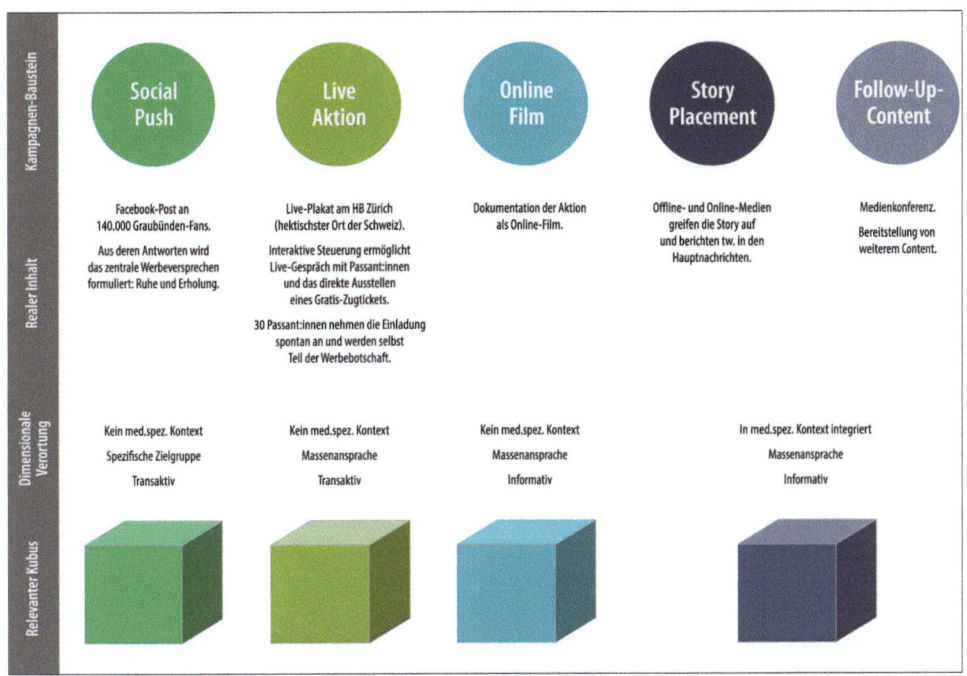

Abb. 14.3 Ablauf einer crossmedialen Werbekampagne. (Eigene Darstellung unter Zugrundelegung eines Charts aus dem nicht mehr verfügbaren Fall von Graubünden Tourismus)

Will man reale crossmediale Werbung systematisieren, zeigt sich die Erklärungskraft des IPI-Cubes: In seinem dreidimensional aufgespannten Verortungsraum lassen sich nicht nur die einzelnen Bausteine crossmedialer Kampagnen einordnen, sondern auch die Beziehungen zwischen ihnen darstellen (siehe Abb. 14.4). Dadurch könnten einzelne crossmediale Kampagnen besser miteinander verglichen werden.

Beiden Beispielen, der „Unbreakable-Glass-Challenge" und den „Ferien in Graubünden" ist der enorme Impact viraler Verbreitung gemeinsam (siehe auch Abschn. 14.4). Werbungtreibende versuchen mit besonders aufmerksamkeitsstarken Werbemitteln – zumeist Videospots oder Reelz auf Social Media oder aufmerksamkeitsstarken Out-of-Home-Werbemaßnahmen – Rezipient:innen zum Liken, Empfehlen oder Teilen bzw. Weiterleiten des Werbemittels zu motivieren und damit die exponentielle Verbreitung zum Nulltarif voranzutreiben (Earned Media).

Viele crossmediale Werbekampagnen versuchen vergleichbare virale Effekte zu initiieren und Rezipient:innen zu Inter- und Transaktivität im Sinne der Werbeziele zu motivieren, auch wenn sie dabei oft mehr Aktivität seitens der Nutzer:innen fordern als ein reines Anklicken eines Like-, Share- oder Tell-a-Friend-Buttons. So sollen besonders in den Sozialen Medien Rezipient:innen ihre Erfahrungen mit Produkten bzw. Leistungen an andere in Chats, Blogs oder Foren weitergeben oder Rezensionen für Online-Shops bereitstellen. Werbungtreibende nehmen dabei in Kauf, dass sich durch virale Verbreitung und eWord-of-Mouth (eWoM) die Werbebotschaft verändern und sich ihrer Kontrolle entziehen kann.

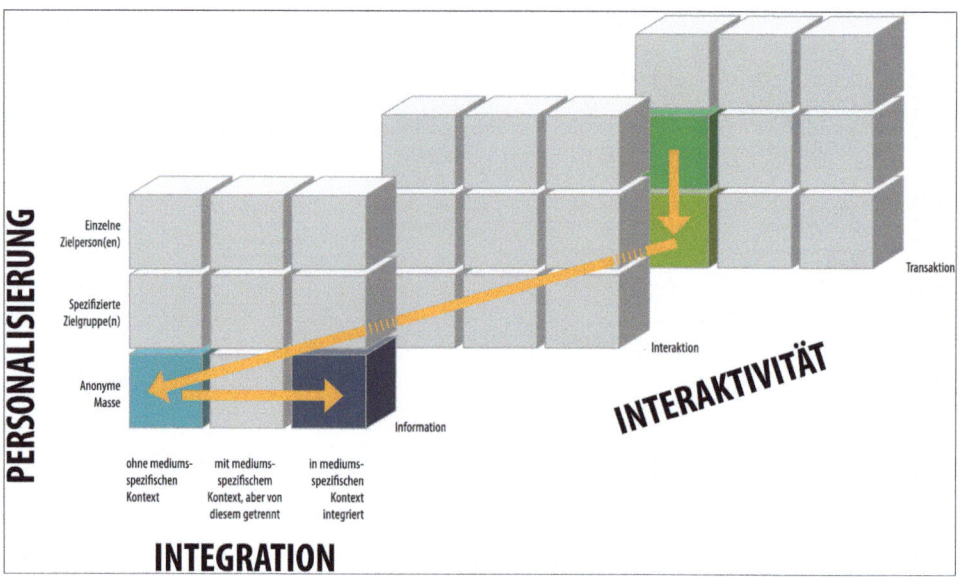

Abb. 14.4 Verortung der einzelnen Elemente einer crossmedialen Werbekampagne im IPI-Cube als möglicher Weg zur besseren Vergleichbarkeit von Crossmedia. (Eigene Darstellung)

14.2 Spezifika zu Akteurskonstellationen und Werbeprozess

Es liegt auf der Hand, dass die Komplexität, die sich mit dem Einsatz crossmedialer Werbung entfaltet, sowohl den Werbeprozess als auch die Akteurskonstellationen beeinflusst. So galten Spezialist:innen und Agenturen, die sich mit Online-, Mobile- oder Social Media-Werbung befassten, noch zu Beginn der 2000er-Jahre als Exot:innen, die in aller Regel eigenständig und im Auftragsverhältnis mit klassischen Werbeagenturen arbeiteten. Heute führen nahezu alle großen Werbe- und Kommunikationsagenturen diese Kompetenzen als Inhouse-Angebot, wenn auch ggfs. in einer eigenen Unit oder als Spezialeinheit im Agenturnetzwerk.

Zugleich haben sich viele der ehemals „kleinen" Spezialist:innen zu Full-Service Werbe- und Kommunikationsagenturen weiterentwickelt. Dagegen nutzen gerade aktuelle crossmediale Kampagnen vermehrt Influencer:innen für die Verbreitung der Werbebotschaft in deren Communities oder starten mit ihrer Hilfe Challenges oder Contests, um den Dialog mit den anvisierten Zielgruppen in Gang zu bringen (vgl. Kingfluencers 2022, S. 18). Vor allem, wenn analoge und Online-, Mobile oder Social Media-Werbemittel kombiniert werden, sind zudem Rezipient:innen als Schöpfer:innen von User Generated Content an der (Weiter-)Entwicklung crossmedialer Kampagnen beteiligt:

> „Consumers are no longer passive receivers of brand messages sent by marketing organizations; instead, they are in the process of becoming active information seekers and communication generators (Schultz und Patti 2009) as well as co-authors of brand stories (Gensler et al.

14.2 Spezifika zu Akteurskonstellationen und Werbeprozess

2013). In the new online-offline context, firms integrate empowered consumers into their communications, manage both firm- and user-generated content, and mediate multiway social interactions" (Vernuccio et al. 2022, S. 519 f.).

Auch auf Seiten der Werbevermarkter:innen haben sich Konstellationen herausgebildet, die crossmediale Angebote aus einer Hand realisieren können. So bietet z. B. der ehemalige reine Außenwerbungsvermarkter Ströer heute nach eigenen Angaben Werbungtreibenden neben analogen und digitalen OoH-Medien Zugriff auf mehr als 1000 Websites mit einer Reichweite von mehr als 49 Mio. Unique Users im Monat. Mit StröerX hat der Vermarkter zudem die komplette Palette des Dialogmarketings im Portfolio und kann damit nicht nur crossmediale Kampagnen aus einer Hand realisieren, sondern auch weitreichend personalisieren (Ströer o. J.). Auch die Gründung der Vermarkterin „Ad Alliance" im Jahr 2017 erfolgte gemäß dem nachstehenden Fallbeispiel und der Abb. 14.5 u. a., um optimale Crossmedia-Lösungen anbieten zu können:

> **Fallbeispiel: RTL und Gruner + Jahr gründen Ad Alliance**
>
> Die Mediengruppe RTL Deutschland und der Verlag Gruner + Jahr haben im Jahr 2016 ihre Vermarktungszusammenarbeit intensiviert und ihre Vermarkter, die IP Deutschland und Gruner + Jahr e|MS, 2017 die AdAlliance gegründet. AdAlliance ist ein typischer Anbieter von Crossmedia-Lösungen, dessen Leistungsspektrum die gesamte Medienlandschaft inklusive Events überspannt (vgl. Abb. 14.5). ◄

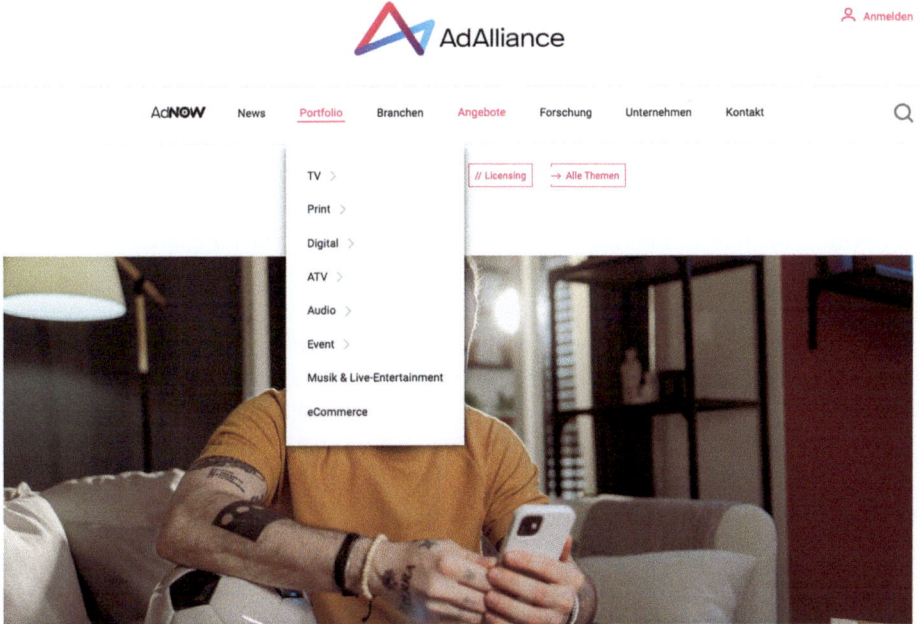

Abb. 14.5 Angebotsportfolio der AdAlliance. (AdAlliance 2024)

Zugleich tangiert crossmediale Werbung auch die organisatorische Trennung von Marketing und Werbung sowie Public Relations innerhalb der Organisationen. Das heißt auch die werbungtreibenden Unternehmen müssen organisatorisch funktionsübergreifende Koordinationsmechanismen aufbauen, damit eine konsistente Markengeschichte erzählt werden kann, ganz im Sinne der Integrierten Organisationskommunikation (siehe auch Abschn. 2.2). Oftmals stehen dem organisatorische Hindernisse entgegen, nicht nur in Bezug auf die Organisationsstruktur, sondern auch in Bezug auf die Organisationskultur, weil crossmediale Werbung eine auf Offenheit, Risikomanagement und Kundenorientierung ausgerichteten Denkweise voraussetzt (vgl. Vernuccio et al. 2022, S. 533).

An verschiedenen Stellen wurde bereits darauf verwiesen, dass Werbungtreibende mit einem mehr oder weniger großen Maß an Kontrollverlusten rechnen müssen, wenn Rezipient:innen oder Influencer:innen an der Co-Kreation von Werbung beteiligt sind. Dies gilt für und hat Einfluss auch auf den Werbeprozess bei crossmedialen Kampagnen. Denn hier sind zum einen die einzelnen Werbemittel miteinander verknüpft. Zum anderen ist aber bei der Konzeption der Kampagne in vielen Fällen noch gar nicht sicher, welches Ergebnis z. B. eine in die Kampagne integrierte Challenge bringen wird und ob dieses im Sinne der Werbeziele ist oder nicht.

Folglich fordern crossmediale Kampagnen von Werbungtreibenden und ihren Agenturen ein hohes Maß an Flexibilität und Reaktionsgeschwindigkeit, wenn sie inter- oder transaktive Elemente enthalten, auf die im weiteren Verlauf aufgebaut werden soll. Professionelle Erfahrung der Werbungtreibenden oder ihrer Agenturen und die Entwicklung möglicher Alternativen können maßgeblich zur Minimierung solcher Risiken beitragen.

14.3 Spezifika zur Kreativstrategie und -umsetzung – Werbeinhalte und Werbebotschaften

Crossmediale Werbung bedeutet nicht, einheitliche Botschaften über verschiedene Werbeträger und Touch Points zu verbreiten, sondern basierend auf einer gemeinsamen Kommunikationsstrategie komplementäre Botschaften und Bedeutungen zu kreieren und in passenden Medien zu publizieren, sodass daraus eine mehrfach integrierte konsistente Kommunikation für die Nutzer:innen entsteht. Diesbezüglich betonen Vernuccio et al. (2022, S. 530) drei Schlüsselkriterien für die Integration in der Kreativstrategie und -umsetzung, also in der Gestaltung von Werbeinhalten und Werbebotschaften: 1. die Integration von kreativer Ideenfindung und strategischer, datengesteuerter Planung. 2. die Online- und Offline-Integration von unternehmensgenerierten Inhalten und nutzergenerierten Inhalten auf der Basis einer dynamischen „Orchestrierungs"-Perspektive und nicht aus einer unrealistischen „Kontroll"-Perspektive. 3. die Konsistenz der Inhalte über Online- und Offline-Medien hinweg, die auf einer kundenzentrierten Sichtweise beruht. Damit sollen die Werbeziele besser erreicht werden, was fallweise auch belegt werden kann. Bereits Huang (2020) kann in einem 2×2 Online Experiment zeigen, dass mit der Verwendung verschiedener Anzeigenversionen mit einem einheitlichen Thema positivere werbebezogene Gedanken, eine erhöhte Glaubwürdigkeit der Werbung und ein gesteigertes Erlebnisvergnügens einhergehen. Dies im Vergleich zur reinen Wiederholung derselben

Werbung. Aber es ist essenziell, dass die Variationen sich auf ein einheitliches Werbethema beziehen, das konsistent in alle ausgespielten Formate und Formen integriert ist.

> „Das konstituierende Merkmal von Crossmedia-Werbung ist also die Integration der Werbekommunikation, die hauptsächlich über Verweise als Scharnier zwischen den einzelnen Werbemitteln bzw. -trägern erreicht wird" (Schweiger und Schmitt-Walter 2009, S. 352).

Das Gemeinsame und die Verweise können dabei sprachlicher oder bildlicher Natur sein. Die unterschiedlichen Werbemittel können also über ein einheitliches und wiedererkennbares Erscheinungsbild als Key Visuals, Logos, Slogans oder Farben- und Bilderwelten kommunizieren, müssen sich aber inhaltlich und funktional ergänzen und die Rezipient:innen zur Nutzung motivieren sowie als willkommene Orientierung dienen (vgl. Schweiger und Schmitt-Walter 2009, S. 367 f.). Dabei fungiert z. B. ein Key Visual als visuelles Grundmotiv, das die Positionierung einer Marke oder eines Unternehmens abbildet und das den langfristigen visuellen Auftritt von Marken und Unternehmen definiert. So wie es z. B. beim Reinigungsmittel „Meister Proper" der Fall ist, das einen muskulösen Mann mit Glatze als Key Visual einsetzt, um die Assoziationen zum „starken" Reinigungsprodukt zu transportieren (vgl. Hütten und Stumpf 2016, S. 68). Key Visuals, Logos, Slogans oder Farben- und Bilderwelten können bzw. müssen mittlerweile auch auf den Daten aufbauen, die von den Rezipient:innen gesammelt werden können.

Um die unterschiedlichen Formen, in denen Text in einer crossmedialen Kampagne vorkommen kann, zu untersuchen oder auch zu planen, schlägt Schmidt (2016) einen sprach- und textwissenschaftlichen Ansatz vor. Dabei stützt er sich auf Frames, weil Wissen als Bedeutung in einem Frame enthalten ist:

> „Damit also ‚gelungene' (d. h. in diesem Fall gewollte) Assoziationen seitens der Anspruchsgruppen zu einer Marke geleistet werden können, müssen die verbalen und/oder nonverbalen Reize so ausgerichtet sein, dass sie auch markenrelevante Standardwerte von Vorwissen der Rezipienten durch die Textbestandteile auslösen können. Erst durch die Aktivierung von Standardwerten – bei Marken ihre Kernbestandteile – kann eine adäquate Assoziationsleistung erreicht werden" (Schmidt 2016, S. 171).

Und offensichtlich ist: Sind hohe Reichweiten in den Werbezielen festgeschrieben, so sollte auf eine möglichst unterhaltsame Gestaltung der Werbemittel (i. d. R. Filme oder Videos) mit z. T. prominenten Protagonist:innen zurückgegriffen werden.

14.4 Spezifika zur Mediastrategie und -planung – Werbemittel und Werbeträger

Crossmediale Werbung ist mehr als die Kombination von Werbeträgern im Media-Mix, weil die eingesetzten Werbemittel und Werbeträger auch funktional, komplementär und teilweise sogar konditional miteinander verbunden sind (vgl. Abb. 14.1). Dennoch gehört eine kluge Kombination von Werbeträgern in der zu Grunde liegenden Mediastrategie und -planung notwendig zur crossmedialen Werbung dazu. Dabei geht es einerseits darum, eine möglichst hohe Zielgruppenabdeckung zu erreichen und andererseits die Stärken der einzelnen Werbeträger (vgl. Kap. 8) optimal auszunutzen und funktional, fallweise konditional miteinander zu verknüpfen.

Die üblichen Leistungskriterien, wie Auflage und technische Reichweite, Netto-Reichweite und Brutto-Reichweite, Opportunity to Contact (OTC), Zielgruppenaffinität, Tausenderkontaktpreis (TKP) sowie werbefreundliches Umfeld und Brand Safety, kommen hier ebenfalls zum Tragen. Auch für crossmediale Kampagnen werden Zielgruppen aber auf der Basis ihres Such-, Nutzungs- und Transaktionsverhaltens ausgemacht und ihre Ansprache via Programmatic Advertising bzw. Programmatic Media Buying geplant.

Je nach Datenlage und -menge kann bei crossmedialer Werbung dann zielgruppen- und zielpersonenspezifisch adressiert werden. Die Datenschutzpräferenz der Verbraucher:innen hat aber einen wesentlichen Einfluss auf die Targeting-Präzision der Werbekampagne und beeinflusst somit die Präzisionsentscheidung des Werbetreibenden und die Wirksamkeit der crossmedialen Mediastrategie. Damit tangiert sie letztlich auch die Akteurskonstellationen im Werbeprozess, weil ggfs. die Einnahmen der Werbetreibenden aus einer Kooperation mit einer Plattform die Kooperationskosten, die daraus entstehen, nicht decken (vgl. Liu et al. 2023).

Insgesamt muss in Mediastrategie und -planung geklärt sein, welche Teilfunktionen (z. B. große Reichweite oder emotionale Ansprache) den jeweiligen Werbeträgern zukommen, ob es ein dominantes Medium, also ein Lead-Medium, gibt und inwieweit die anderen Werbeträger dann zur Kampagne beitragen. Zudem ist die zeitliche Koordination und Integration der Werbeträger ausschlaggebend, um 1) die Kontinuität der Werbebotschaft sicherzustellen (vgl. auch: Hütten und Stumpf 2016, S. 68) und 2) das unbeabsichtigte Wiederholungslernen sowie mittels unterschiedlichen Gestaltungsoptionen das Lernen insgesamt zu verbessern (vgl. Schweiger und Schmitt-Walter 2009, S. 351). So weisen z. B. Hatzithomas et al. (2024, S. 603 ff.) nach, dass sich die Einstellung von Rezipient:innen zu Marken, die crossmedial in formal und inhaltlich abgestimmten TV- und Online-Spots beworben werden, verbessert. Und auch wenn sich crossmediale Werbung – etwas eingeschränkt – nur auf die Koordination von verschiedenen Social Media Plattformen bezieht, lässt sich Huang (2020, S. 415) folgend zeigen, dass die Nutzung mehrerer Social Media Plattformen für die Durchführung einer Werbekampagne effektiver ist als die Nutzung einer einzelnen Plattform.

Eine weitere wichtige Komponente von Mediastrategie und -planung ist die Koordination und Integration von Paid, Owned und Earned Media, auch weil die Reichweite und die Glaubwürdigkeit dieser drei Bereiche stark variiert. Zudem können vor allem Owned und Earned Media die Gesamtkosten der Verbreitung positiv beeinflussen. Earned Media nehmen in der Mediastrategie und -planung nochmals eine besondere Rolle ein. Die als authentisch eingestufte Anschlussberichterstattung und -kommunikation durch Nutzer:innen oder Medien erscheint zwar einerseits sehr kostengünstig, birgt aber andererseits auch den bereits angesprochenen Kontrollverlust in sich. Dieser Kontrollverlust kann zwar mit einem hohen Maß an Flexibilität und Reaktionsgeschwindigkeit, einem Denken in Szenarios und der Vorbereitung von Alternativen adressiert werden, treibt aber dann die Gesamtkosten wiederum in die Höhe.

Für die Anschlusskommunikation durch Nutzer:innen hat sich auch der Begriff „virales Marketing" durchgesetzt, auch wenn es sich dabei oft „nur" um „virale Kommunikation" handelt. So definiert beispielsweise Wilson (2018) virales Marketing als …

> „… any strategy that encourages individuals to pass on a marketing message to others, creating the potential for exponential growth in the message's exposure and influence. Like viruses, such strategies take advantage of rapid multiplication to explode the message to thousands, to millions." (Wilson 2018; zu ähnlichen Definitionen siehe Bauer et al. 2008, S. 65).

Wilson verweist auf sechs Elemente, die virales Marketing auszeichnen, wobei nicht alle Elemente immer zwingend gegeben sein müssen:

„An effective viral marketing strategy:

- Gives away products or services,
- Provides for effortless transfer to others,
- Scales easily from small to very large,
- Exploits common motivations and behaviors,
- Utilizes existing communication networks,
- Takes advantage of others' resources" (Wilson 2018).

Seit Jahren wird rege diskutiert, ob virales Marketing mit seinem Versprechen auf große Wirkung zu geringen Kosten nur in einigen Fällen wirklich funktioniert und sein Erfolg im Masseneinsatz in Frage gestellt werden muss, wie bereits Wilson im Jahr 2000 vermutete. Dass einzelne virale Kampagnen dennoch gelingen, lässt sich anhand zahlreicher Beispiele ebenso belegen (vgl. Schaaf 2009) wie das Ausmaß der viralen Verbreitung. So wurde z. B. das bei YouTube platzierte Nike-Video „Touch of Gold" mit dem brasilianischen Fußballer Ronaldinho das erste, das im September 2005 die Eine-Million-Ansichten-Grenze übersprang und im Folgenden mehr als 28 Mio. Mal aufgerufen wurde. Das zum zehnjährigen „Going-online-Jubiläum" gedrehte Nachfolgevideo war im Sommer 2016 dann nochmals mehr als 3,5 Mio. mal aufgerufen worden.

14.5 Spezifika zu Werbewirkung und Werbeerfolg

Auf das unbeabsichtigte Wiederholungslernen und das Lernen insgesamt wurde bereits verwiesen. Aber insgesamt ist es nicht einfach, Werbewirkung und Werbeerfolg crossmedialer Werbung des Prototyps V zu belegen. So muss auch darauf hingewiesen werden, dass hohe Reichweiten der Werbung und immense virale Effekte nicht zwangsläufig ökonomischen Erfolg für das Angebot nach sich ziehen müssen, wie das Fallbeispiel der „Evian Babies" zeigt.

> **Fallbeispiel: Evian Babies 2009**
>
> 2009 lancierte die Mineralwassermarke Evian einen Werbespot mit Rollschuh laufenden Babys auf YouTube (Standbild siehe Abb. 14.6). Er generierte so schnell so viele Klicks, dass beim Stand von 14 Mio. Views nach wenigen Tagen nicht nur Werbefachzeitschriften wie w&V, werbewoche oder Horizont, sondern verschiedene andere Medien darüber berichteten. Weil in vielen Berichten der Spot eingebettet war, wurden aus den 14 bald 50 Mio. Ansichten, was den „Evian Babies" einen Eintrag ins Guinness Buch der Rekorde einbrachte. Zugleich verlor Evian im Jahr 2009 Marktanteile und fast 25 % seiner Umsätze (vgl. Edwards 2013). ◄

Hatzithomas et al. (2024, S. 627 ff.) haben aufbauend auf der dualen Systemtheorie von Kahneman (2011) ein Modell der Auswirkung von crossmedialer Werbung auf die Markeneinstellung vorgeschlagen. Dabei zeigen sie, dass der Effekt der Medienexpositionsarten auf die Markeneinstellung nicht direkt ist, sondern vielmehr durch kognitive Belastung, subjektives Verständnis und TV-Werbe-Engagement vermittelt wird. Und sie heben die kognitive Belastung als Schlüsselelement für das Verständnis der Reaktionen der Verbraucher:innen auf crossmediale Werbung hervor. Obwohl ihre Mehr-Methoden-Studie auch belegt, dass es sehr schwierig ist, eindeutige Effekte zu beweisen, weil viele Variablen einspielen, geben sie drei Strategietipps in Bezug auf die kognitive Belastung:

Abb. 14.6 Mit mehr als 50 Mio. Views offizieller Weltrekordhalter der viralen Werbung: Der YouTube-Spot von Evian aus dem Jahr 2009. (Evian 2009)

„First, although there is a modern trend towards using media and devices simultaneously, sequential exposure produces superior outcomes, such as reduced cognitive load, increased ad recall, subjective message comprehension, ad engagement and brand attitude. As a result, the emphasis should be on selecting advertising vehicles that achieve high levels of engagement, as well as developing highly engaging campaigns to limit consumers' media-multitasking. Second, under sequential media exposure conditions, the high fit between campaign ads can further decrease cognitive load and boost ad effectiveness. This is evident in low-involvement products for which consumers usually show low levels of cognitive interest and, as a result, cannot easily integrate the information from the different advertisements into a cognitive schema. Third, synced advertising can mitigate the negative consequences of simultaneous media consumption. However, positive advertising effectiveness results only when an online ad is displayed synchronously (and not a few seconds earlier) with a TV commercial from the same campaign. In some cases, synchronous commercials can reverse almost all the detrimental effects of media multitasking, achieving results identical to those obtained during sequential media exposure" (Hatzithomas et al. 2024, S. 629 f.).

Diese Komplexität belegt auch die bereits erwähnte Studie von Huang (2020), die die Wirkung der Plattformstrategie und der Inhaltsstrategie auf die Kaufabsicht untersucht, wobei sie zwei Vermittlungswege einbezieht, eine kognitive und eine erfahrungsbezogene. Danach löst die Variation von Inhalten gegenüber der Wiederholung von Inhalten positivere werbebezogene Gedanken aus, erhöht die Glaubwürdigkeit der Werbung und steigert das Erlebnisvergnügen. Dies führt insgesamt zu einer Steigerung der Kaufabsicht.

> **Zusammenfassung**
> *In diesem Kapitel wird crossmediale Werbung als eigener Prototyp V diskutiert. Obwohl sich die Formen crossmedialer Werbung nicht durch eigene Werbemittel auszeichnen, sondern durch Kombinationen von Werbemitteln, werden sie als eigenständiger Prototyp behandelt. Dies, weil in crossmedialen Kampagnen die eingesetzten Werbemittel und Werbeträger funktional, komplementär und teilweise sogar konditional miteinander verbunden sind, sich also aufeinander beziehen. Eine cross- bzw. multimediale Herangehensweise ist bei allen größeren Kampagnen mittlerweile Standard in der Werbebranche.*
>
> *Mit crossmedialer Werbung sollen alle Mitglieder einer Zielgruppe mittels unterschiedlicher Medien und Informations- und Unterhaltungsquellen in unterschiedlichen Situationen erreicht werden und den mit der Differenzierung von Bezugsquellen für Waren und Dienstleistungen ausdifferenzierten Touchpoints, Customer Journeys und Kommunikationsmöglichkeiten begegnet werden. Zudem lassen sich die spezifischen Stärken und Schwächen unterschiedlicher Werbeträger und Werbemittel adressieren, um die Werbeziele besser zu erreichen.*
>
> *Damit eine Kampagne nicht ein bloßes Aneinanderreihen unterschiedlicher Werbeträger und Werbemittel wird, sondern eine wirkliche crossmediale Werbekampagne, müssen Werbeträger und Werbemittel aufeinander bezogen und inte-*

griert gedacht und geplant werden, sodass eine konsistente und animierende Markengeschichte entfaltet werden kann. Diese Integration der Werbekommunikation kann inhaltlich nur über sprachliche oder bildliche sowie sich inhaltlich und funktional ergänzende Verweise als Scharniere zwischen den einzelnen Werbemitteln bzw. -trägern gelingen.

Zahlreiche crossmediale Werbekampagnen koordinieren und integrieren Paid, Owned und Earned Media und zielen insbesondere auf letztere. Mit viraler Kommunikation lassen sich oft kostengünstig Verbreitungseffekte erzielen, aber zugleich entgleitet eine Kampgane der Kontrolle von Agenturen und Werbungtreibenden. Dem zu begegnen, erfordert von allen beteiligten Akteur:innen Flexibilität und eine schnelle Reaktionsgeschwindigkeit sowie eine über enge Funktionsgrenzen hinaus offene Denkweise.

Und auch wenn Werbewirkungen und -erfolge schwer nachzuweisen sind, kann mit crossmedialer Werbung auf bessere Lerneffekte und verbesserte Einstellungen sowie fallweise einer erhöhten Kaufabsicht gerechnet werden.

▶ **Empfohlene Literatur** Schweiger 2016; Vernuccio et al. 2022; für praktische Beispiele: Goldbach Group (o. J.)

Literatur

AdAlliance. 2024. Portfolio. https://www.ad-alliance.de/cms/angebote/angebots-highlights.html. Zugegriffen: 5. Juni 2024.

Bauer, Hans H., Isabel Martin, und Carmen-Maria Albrecht. 2008. Virales Marketing als Weiterentwicklung des Empfehlungsmarketing. In *Interactive Marketing im Web 2.0+: Konzepte und Anwendungen für ein erfolgreiches Marketingmanagement im Internet*, 2. Aufl., Hrsg. Hans H. Bauer, Dirk Große-Leege und Jürgen Rösger, 57–71. München: Vahlen.

Chan, Kenneth. 2023. That time $3 million was put inside a Vancouver bus shelter to test the glass. https://dailyhive.com/vancouver/3m-three-million-dollars-vancouver-bus-stop-cash-stunt. Zugegriffen: 30. Mai 2024.

Deges, Frank. 2023. *Grundlagen des E-Commerce*, 2. Aufl. Wiesbaden: Springer Fachmedien.

Edwards, Jim. 2013. Evian's Babies, The Most Successful Viral Ad Campaign Of All Time, Roll Again. https://www.businessinsider.com/evians-babies-the-most-successful-viral-ad-campaign-of-all-time-roll-again-2013-4. Zugegriffen: 30. Mai 2024.

Evian. 2009. Evian Babies Werbung. https://www.youtube.com/watch?v=il4iIU3pWlE. Zugegriffen: 30. Mai 2024.

Funck, Dirk. 2021. Multi-Channel vs. Omni-Channel: Vertriebskanäle bestimmen und kombinieren. In *Digitales Management und Marketing*, Hrsg. Stefan Detscher, 329–347. Wiesbaden: Springer Fachmedien.

Gensler, Sonja, Franziska Völckner, Yuping Liu-Thompkins, und Caroline Wiertz. 2013. Managing Brands in the Social Media Environment. *Journal of Interactive Marketing* 27 (4): 242–256. https://doi.org/10.1016/j.intmar.2013.09.004.

Goldbach Group. o. J. Crossmedia Award: Hall of Fame. https://goldbach.com/ch/de/events/crossmedia-award/hall-of-fame. Zugegriffen: 10. Juli 2024.

Goldbach Group. 2024. Goldbach Crossmedia Award 2024. https://goldbach.com/ch/de/events/crossmedia-award/award-2024. Zugegriffen: 30. Mai 2024.

Graubünden Tourismus. 2016. Best of Graubünden: Spontan in die Bündner Berge? Nichts einfacher als das. https://www.youtube.com/watch?v=l8Y5MDVhZDQ. Zugegriffen: 30. Mai 2024.

Hatzithomas, Leonidas, Fotini Theodorakioglou, Kostoula Margariti, und Christina Boutsouki. 2024. Cross-media advertising strategies and brand attitude: the role of cognitive load. *International Journal of Advertising* 43 (4): 603–636. https://doi.org/10.1080/02650487.2023.2249342.

Hoffjann, Olaf. 2018. Crossmedialität in der Unternehmenskommunikation – Chancen, Barrieren und Lösungen. In *Crossmedialität im Journalismus und in der Unternehmenskommunikation*, Hrsg. Kim Otto und Andreas Köhler, 43–62. Wiesbaden: Springer Fachmedien.

Huang, Guanxiong. 2020. Platform Variation and Content Variation on Social Media: A Dual-Route Model of Cognitive and Experiential Effects. *Journal of Promotion Management* 26 (3): 396–433. https://doi.org/10.1080/10496491.2019.1699633.

Hütten, Antje S. J., und Marcus Stumpf. 2016. Dealing with Stereotypes and Cross Media Challenges in Corporate Communication. In *Crossmedia-Kommunikation in kulturbedingten Handlungsräumen: Mediengerechte Anwendung und zielgruppenspezifische Ausrichtung*, Hrsg. Christopher M. Schmidt, 65–77. Wiesbaden: Springer Fachmedien.

IFH Retail Consultants (Hrsg.). 2014. *Handelsszenario 2020 – Zwischen Online und Offline*. Köln: Discount und Mehrwert.

Kahneman, Daniel. 2011. *Thinking, fast and slow*. New York: Farrar, Straus and Giroux.

Kingfluencers. 2022. Connecting the Dots: Guide to Omnichannel Digital Storytelling for Brands. https://kingfluencers.com/free-ebook-omnichannel-storytelling/. Zugegriffen: 30. Mai 2024.

Lin, Cheng-Hsuan, Hui-Fei Lin, Benjamin Yeo, und Pei-Chih Lin. 2021. The Influence of Social TV Multitasking Behavior on the Effectiveness of Cross-Media Advertising. *International Journal of Communication* 15:1570–1594.

Liu, Juan, Weijun Zhong, Jianqiang Zhang, und Shu'e Mei. 2023. The effectiveness of cross-platform targeted advertising strategy. *Electronic Commerce Research*. https://doi.org/10.1007/s10660-022-09659-0.

Online Marketing Group. 2016. Cross Channel Marketing. http://onlinemarketinggrp.com/services/cross-channel-marketing. Zugegriffen: 17. Juli 2016.

Schaaf, Daniela. 2009. *Testimonialwerbung mit Sportprominenz: Eine institutionenökonomische und kommunikationsempirische Analyse*. Vortrag, Deutsche Sporthochschule Köln, 28 April 2009.

Schmidt, Christopher M. 2016. Frame-semantische Netze als Mittel der crossmedialen Markenführung. In *Crossmedia-Kommunikation in kulturbedingten Handlungsräumen: Mediengerechte Anwendung und zielgruppenspezifische Ausrichtung*, Hrsg. Christopher M. Schmidt, 165–186. Wiesbaden: Springer Fachmedien.

Schultz, Don E., und Charles H. Patti. 2009. The evolution of IMC: IMC in a customer-driven marketplace. *Journal of Marketing Communications* 15 (2–3): 75–84. https://doi.org/10.1080/13527260902757480.

Schweiger, Wolfgang. 2016. Crossmedia-Werbung und ihre Wirkung. In *Handbuch Werbeforschung*, Hrsg. Gabriele Siegert, Werner Wirth, Patrick Weber und Juliane A. Lischka, 299–318. Wiesbaden: Springer VS.

Schweiger, Wolfgang, und Nikolaus Schmitt-Walter. 2009. Crossmedia-Verweise als Scharnier zwischen Werbeträgern: Eine Inhaltsanalyse von Fernseh-, Zeitungs-, Zeitschriften- und Plakatwerbung. *Publizistik* 54 (3): 347–371. https://doi.org/10.1007/s11616-009-0057-6.

Ströer. o. J. Unser Portfolio für Ihre Onlinekommunikation. https://www.stroeer.de/werben-mit-stroeer/onlinewerbung/portfolio. Zugegriffen: 31. Mai 2024.

Vernuccio, Maria, Ludovica Cesareo, Alberto Pastore, und Philip J. Kitchen. 2022. Managerial and organizational perspectives on online–offline integration within integrated marketing communication: toward a holistic conceptual framework. *International Journal of Advertising* 41 (3): 519–540. https://doi.org/10.1080/02650487.2021.1897432.

Wilson, Ralph F. 2000. The Six Simple Principles of Viral Marketing. *Online Web Marketing* (70).

Wilson, Ralph F. 2018. The Six Simple Principles of Viral Marketing. https://www.practicalecommerce.com/viral-principles. Zugegriffen: 30. Mai 2024.

MIX
Papier aus verantwortungsvollen Quellen
Paper from responsible sources
FSC® C105338

If you have any concerns about our products,
you can contact us on
ProductSafety@springernature.com

In case Publisher is established outside the EU,
the EU authorized representative is:
**Springer Nature Customer Service Center GmbH
Europaplatz 3, 69115 Heidelberg, Germany**

Printed by Libri Plureos GmbH
in Hamburg, Germany